专家法官审判业务指导系列

JUDICIAL COGNIZANCE AND KEY CASE JUDGMENT

ON DIFFICULT PROBLEMS OF ECONOMIC CRIME

经济犯罪疑难问题

司法认定与要案判解

陈增宝 著

法律出版社
LAW PRESS·CHINA

代序:行走在理论与实践之间

——刑事审判二十年的经历与思考

我于1997年8月通过省级机关公务员考试进入浙江省高级人民法院工作,一来就在刑庭,转眼已经过去了二十年。2017年8月,根据组织安排,我从刑二庭副庭长转岗到研究室任主任。作为一名员额法官,在研究室工作期间,我仍然与刑二庭结对办案,承担一定数量的经济犯罪案件审判工作任务。一路走来,我觉得这整整二十年的刑事审判工作经历饱含维护社会公平正义的法治情怀,一直行走在理论与实践之间,虽然忙碌辛苦,但感到非常充实,办案、作文、搞研究,往事历历在目,值得作一番总结、回顾,遂萌生了以编著本书作个纪念的想法。书稿的点点滴滴,无不凝聚着我这二十年的心血和汗水,同时也凝聚着刑庭同人的集体智慧和无私关心。

一、结缘刑事审判

1997年,记得当时浙江省高级人民法院只有一个刑庭,全庭60余人,分三个办案组和一个综合组,当时还没有专门的速录员、司法雇员,我被分在办案二组,当时一个书记员要配合十几个法官办案,需要手工装订案卷,在老师的指导下还可承办一些相对简单的案件,虽然辛苦一些,但学习锻炼的机会多,可以吸收各家的长处,业务上手相对较快,容易成长为业务骨干。印象中老刑庭的综合组最为强大,集中了全庭的业务精英,在全省法院系统乃至公、检、法系统均享有较高的威望,对下指导起来自然最有权威。在我们小年轻眼里,那个时候综合组的同志个个是公认的审判业务专家,是解决审判疑难问题“有求必应”的好老师,耳濡目染,时间长了也在我们心中埋下了一定向他们学习、刻苦钻研业务的种子。2000年8月,省高级人民法院党组决定将老刑庭一分为二,成立刑二庭,专门从事经济犯罪、职务犯罪和危害国家安全、涉外涉港澳台等刑事案件的审判工作,与当时的最高人民法院刑二庭对口。与此同时,全省部分中级人民法院也成立了刑二庭,与省高级人民法院刑二庭对口。我有幸成为刑二庭的一员。

二、我与综合调研:参与司法业务文件的起草工作

刑二庭成立后,在分管院庭领导的关心下,我有幸调到综合组工作,开始从事大量的综合调研和经济犯罪对下指导工作,有这个机会,自然也很投入。回顾起来,我先后参加最高人民法院、省高级人民法院重点调研课题多项,对内幕交易、职务犯罪司法解释、刑法和刑诉法修正案等30余件征求意见稿提出书面意见,先后执笔或参与起草了《关于严格依法认定自首的通知》《全省法院刑事审判疑难问题研讨会纪要》《全省法院经济犯罪疑难问题研讨会纪要》《关于加强刑事案件指定辩护工作的若干意见》《关于办理骗取贷款、票据承兑、金融票证罪有关法律适用问题的会议纪要》《关于当前办理集资类刑事案件适用法律问题的会议纪要(二)》《关于当前办理集资类刑事案件适用法律问题的会议纪要(三)》《关于审理建筑领域职务犯罪和经济犯罪案件若干问题的解答》《关于办理建筑施工企业从业人员犯罪案件若干适用法律问题的会议纪要》《关于办理涉外定牌加工等侵犯知识产权刑事案件有关法律适用问题的会议纪要》《关于办理“电商代运营”诈骗案件适用法律若干问题的会议纪要》等一批司法业务文件,不少文件以省公、检、法联合会签的形式下发全省执行。

值得一提的是,浙江地处东南沿海,经济较为发达,近十几年来,集资类案件持

续高发。特别是2007年下半年以来，国家货币政策从紧，央行多次上调存款准备金率和基准利率，严格控制货币信贷总量和控放节奏，银根紧缩，贷款难度加大，加上受全球金融危机的影响，国内社会资金供需紧张，不但催生了各种新型非法集资犯罪活动，原有的非法集资犯罪活动也在加速暴露，形势严峻。因发案早，浙江省对这块的司法理论研究也就走在了全国前列，由省高级人民法院刑二庭牵头，省公、检、法先后出台了三个处置非法集资类案件的会议纪要。其中，浙江省高级人民法院、省人民检察院、省公安厅分别于2008年12月、2011年7月下发的《关于当前办理集资类刑事案件适用法律若干问题的会议纪要》(以下简称《会议纪要》)、《关于当前办理集资类刑事案件适用法律若干问题的会议纪要(二)》(以下简称《会议纪要(二)》)在贯彻落实宽严相济刑事政策，有效、重点打击危害严重的非法金融活动，实现刑事司法的法律效果和社会效果的有机统一等方面发挥了重要作用，受到国务院“处非办”的好评，并将《会议纪要(二)》转发给全国各省、自治区、直辖市人民政府办公厅，供各地处置非法集资案件时参考，同时希望浙江省司法机关继续深入研究。之后，我们在调研中发现，各地公、检、法在办理集资类案件过程中对刑民交叉问题的处置等法律适用问题分歧较大，认识不一、处置混乱。为了继续掌握集资类案件的审理现状，统一刑民交叉问题的法律适用尺度，探索科学、合理的处置模式和工作机制，浙江省高级人民法院决定成立课题组，对此展开专题调研。课题组由分管刑事审判的院领导亲自带队，刑二庭、民二庭等部门法官参加，自2012年3月开始分头赴杭州、宁波、温州、台州、丽水、绍兴、舟山、金华、嘉兴、衢州、湖州11个中级人民法院和临安、普陀、温岭、乐清、德清、江山6个案件相对较多的基层人民法院展开实地调研，召开座谈会共计26场。座谈分两种形式：一种是法院系统座谈会，主要由中级人民法院和辖区至少3个基层人民法院的立案、执行以及负责民间借贷、非法集资类犯罪案件审理的刑庭、民庭、审监等业务部门的资深法官参加；另一种是相关部门座谈会，主要邀请当地市、县(区)公安局经侦大队、检察机关负责批捕、公诉的部门及当地政府“处非办”(金融办)等业务部门人员参加。课题组通过座谈、收集典型事例和做法、查阅案卷、统计数据等形式，掌握了集资类案件审理的基本情况，并对全省各地做法和存在的问题进行了专题研究，形成《关于集资类案件刑民交叉问题的调研报告》，该调研报告主体部分在《刑事审判参考》2013 年第 89 集刊登。在调研基础上，课题组认为，浙江省公、检、法于 2008 年、2011 年出台的《会议纪要》《会议纪要（二）》在集资类案件中较好地贯彻了宽严相济的刑事政策，在合理控制犯罪打击面、维护正常的生产经营秩序等方面发挥了重要作用。在当时的形势下，仍要继续坚持贯彻落实宽严相济的刑事政策，突出打击重点，防止“民事行为刑事化”处理。在审判实践中，造成刑民界限不清的主要原因是公、检、法三机关个别执法者对非法吸收公众存款罪构成的本质特征理解存在偏差，脱离立法本意机械地执行有关司法文件规定。在课题组的建议下，浙江省于 2013 年继续通过省公、检、法三机关联合出台《关于当前办理集资类刑事案件适用法律问题的会议纪要（三）》的形式，进一步强化全省各级公安、检察、法院办案人员对相关问题的理解和把握，进一步厘清刑民界域，提高审查案件性质的能力。我作为课题组成员，全程参与了调研。因此，在本书编写过程中，我对上述部分地方性司法业务文件的理解与适用进行了解读，介绍了浙江省司法机关对有关经济犯罪疑难问题的裁判标准，供理论与实践参考。

在刑二庭工作期间，根据庭长的安排，我负责经济犯罪疑难问题研究小组的组织运行，全庭法官轮流举办经济犯罪审判业务讲座，我直接承担了部分业务讲座。记得当时为了准备“单位犯罪疑难问题”的业务讲座，我查阅了大量的参考资料、收集相关案例，形成了 3 万余字的讲稿，取名为《单位犯罪的具体裁判》，讲座内容得到了全庭法官同人的好评。本书第二章“单位犯罪疑难问题司法认定与要案判解”的有关内容基本上来源于该讲稿。

三、我与疑难案例：力求把每起刑事案件当作作品来完成

我从事刑事审判二十年，最大的体会是，案件无小事。死刑案件人命关天，非

死刑的一般案件，只要判刑，对老百姓来说，都是天大的事情，务必慎之又慎，秉公办案。特别是在互联网时代，社会价值更加多元，小案子也会导致严重的危害后果，或引发大炒作。我们只有将审判纳入法律、社会和人民的多维视角，坚持实体公正与程序公正并重，严格恪守罪刑法定、罪刑相适应的基本原则，始终坚持以人民为中心，密切联系群众，尊重常识、常情、常理，方能万无一失。近年来，在院、庭领导的指导下，我先后担任主审法官或审判长审理了浙江首例引渡司法审查案，杭州市原副市长许某某受贿、贪污、滥用职权案，案卷上千宗且非法集资规模高达55亿元、损失14.7亿元的丽水银泰集团非法集资案等一批经济、职务犯罪大要案，案件处理效果良好，有的被《人民法院报》、中央电视台等媒体宣传报道，或被《刑事审判参考》《人民司法》等作为典型案例。

尤其是我担任承办法官审结大韩民国向中华人民共和国请求引渡诈骗犯罪嫌疑人朴某某一案，值得一提。2010年4月，在时任浙江省高级人民法院院长齐奇大法官亲自担任审判长主持下，成功办结最高人民法院指定受理的浙江首例引渡司法审查案，韩国驻华领事馆官员和40多家媒体旁听庭审，此案当庭宣告符合准予引渡条件的裁定并获得最高人民法院核准，充分彰显了法治中国的良好形象，被《人民司法》选登为典型案例并载入《浙江高院年鉴》。本案涉罪特点和难点在于被请求引渡人涉嫌经济犯罪，不同于我国其他引渡案一般系暴力、涉毒等刑事犯罪，如何显示人民法院公正、文明的执法形象，提升涉案效果，对合议庭来说是一个重大的全新课题。同时也是国内迄今为止为数不多的几起引渡案件之一。

2005年，我作为承办法官审理温州市建设集团原总经理余某某贪污一案，该案法律争议最大，很有研讨价值。该案指控贪污数额达1.16亿元，在浙江省前所未有。难点在于被告人是否构成贪污以及贪污完成时间、数额的判定。检察机关以案发时诚达公司的总资产为指控数额。辩护人认为贪污的完成时间应界定在1997年3月，而当时诚达公司的资产为负资产，根本无钱可贪，要求宣告无罪。一审认定贪污完成时间为2001年3月、数额6000多万元。二审认定，被告人采取虚构公司股东、虚假转让公司股权置换股东的方法逐步将国有公司变为其个人控制的公司，构成贪污罪。贪污完成的时间应认定为1997年3月并以该时间诚达公司的所有者权益体现的数额作为贪污数额，根据二审评估报告等证据，宜认定为1034万元。鉴于贪污的财物均能追回等情节，从死缓改判为无期徒刑，同时发司法建议对同案犯予以追究，全面挽回国家损失，受到温州国资委等部门的好评。

令人欣慰的是，面对这些疑难案件，我每次都能力求保持高度的法官职业热情，以强烈的责任感和使命感去审判和研究，特别是十分注重案件事实证据的审查和审理报告的制作，确保案件事实关、证据审查关和法律适用关，力求把案件办成"铁案"。就案例研究而言，我的体会是，审理报告认真制作，说理充分、论证严密，事后稍作修改，就是一篇好的案例评析文章。本书选编的这些疑难案例分析，大多是我这二十年间结合自己所办案件陆续创作的成果，有的已经在《人民司法》《刑事审判参考》《案例指导》等刊物上发表，有的还曾经获了奖。比如，发表于《人民司法》2012年第2期的案例评析文章《非法集资类犯罪的司法认定》，获《人民司法》杂志社举办的2012年度"武陵山杯"有奖征文一等奖；发表于《人民司法》2007年第3期的论文《利用公司合作的形式拿钱是否构成受贿罪》，获《人民司法》杂志社举办的2007年度"盛京杯"有奖征文三等奖；发表于《人民司法》2008年第10期的论文《挪用公款一天用于虚假验资的量刑考量》，获《人民司法》杂志社举办的2008年"东莞杯"征文比赛二等奖。

在法官学院培训授课过程中，曾经有学员问我，你是怎样喜欢上案例研究的？我的回答是，当时年纪轻，在办案过程中喜欢与人争论，但口才不好，往往争不过别人，所以只有把它写下来，写给别人看，写着写着，就练出来了。记得2000年时，我还是个书记员，在记录一个诈骗案件合议庭评议时，看到合议庭法官对案件究竟定诈骗罪还是应定侵占罪争议很大。在一旁记录的我，不是合议庭成员，自然没有插嘴的机会，但受合议庭成员讨论的启发，我事后对该案案情作了一定简化，总结了争议焦点与裁判分歧原因，写了一篇短文《两案情节相似定性却不同——非法占有目的的产生时间对定罪有影响》，发表于2000年6月14日的《检察日报》。此后，读研期间，在浙江大学光华法学院阮方民教授的指导下，我将"论刑法中的非法占有目的的产生时间"作为攻读法学硕士学位论文的选题，旨在倡导在刑法法理中引入"非法占有目的的产生时间"这一概念，全面系统深入地研究了"非法占有目的的产生时间"对定罪量刑的影响及其具体的刑法功用，扩充成6万多字的硕士论文，最终被浙江大学评为2003年度优秀硕士论文，论文的主体部分以《"非法占有目的的产生时间"之研究》为题，发表于《中国刑事法杂志》2004年第2期。此次，我将硕士论文的部分内容也纳入本书第五章"占有型经济犯罪疑难问题的司法认定与要案判解"。

四、促进理论与实践的良性互动：为刑事法治贡献绵薄之力

站在法治的立场，法官的使命无疑在于适用具有确定性的法律，但是法律的确定性总是相对而言，在罪刑法定的视野下，刑事法官依然不应是法律工匠和办案机器，因为，案件并非按规范设计的模式发生，司法实践始终离不开法官能动性地解释刑法。法官解释主观能动性的正确发挥，最终难离法学理论的恰当寻引，从而引发了理论与实践的互动。而案例是实践的载体和"法治的细胞"，是法官理性和良知的结晶。每个案例都具有一定的裁判结果和裁判理由，先前案例的裁判理由对此后的刑事裁判无疑具有参考指导作用。但案例的裁判理由往往就事论事，难以直接指导办案，对案例的简单展示和考察往往也难以发现理论上的不足，倾听来自实践的呼声，从中感受理论与实践的互动，有必要对活生生的案例特别是疑难案例进行比较深入的剖析与评述，透过具体裁判理由的表象，发现"裁判的理念与方法"，切身体会和真正认识裁判原理、固化价值判断，促进理论与实践的深度融合。基于以上考虑，本书在探讨经济犯罪疑难问题的一般认定基础上，重点转向要案判

解，运用真实的疑难案例，来深化对有关经济犯罪审判实务疑难问题的阐述和研究，以资理论与实践。

二十年，弹指一挥间。这二十年，国家的刑事法治建设取得了前所未有的进步与发展。刑法先后进行10次修改和完善，罪刑法定、人权保障、刑法谦抑等现代法治理念已逐渐深入人心，成为我国刑法的基础理念。党的十八大以来，在法治中国高歌猛进的征途中，在全面推进依法治国的社会主义法治大道上，全国各级法院切实贯彻中央改革决策部署，紧紧围绕习近平总书记提出的“让人民群众在每一个司法案件中感受到公平正义”的总目标，牢牢把握司法为民、公正司法的工作主线，狠抓执法办案第一要务，强化过硬队伍建设，积极稳妥地推进司法体制改革，以其沉稳坚定的步伐，砥砺前行，各项工作亮点纷呈，成绩斐然。尤其是在推进以审判为中心的诉讼制度改革、防范和纠正冤假错案等方面取得了显著成效。当然，我们也应当清醒地看到，全面构建以审判为中心的刑事诉讼制度，仍然是一项长期、复杂的系统工程，还需要全社会的共同努力。作为一名法官，我深感实现和维护刑事司法公正的责任重大，使命光荣，我愿不断加强学习研究，积极投身审判实践，有效促进法学理论与司法实践的良性互动，继续为刑事法治添砖加瓦，为法治中国事业贡献绵薄之力。

丁文壤

2018年6月9日于杭州

目　录

Chapter 1

第一章 经济犯罪中自首立功疑难问题的司法认定与要案判解

自首和立功是我国《刑法》规定的一项重要量刑制度，是惩办与宽大相结合刑事政策的具体体现形式，是党和国家与犯罪作斗争的成功经验。实践证明，严格依法认定自首和立功，并适当从宽处理，对鼓励犯罪人自动投案、及时查清犯罪事实、分化瓦解犯罪势力、节约国家司法资源，有效地实现刑罚目的具有十分重大的现实意义。但是，近年来实务界在自首和立功情节的司法认定以及相应的刑罚裁量过程中也出现了一些不容忽视的问题，有的该认定自首立功的没有认定，影响了公正处罚；有的对自首立功的条件掌握过于宽泛，将与自首、立功本质特征不符的行为认定为自首、立功；有的则因掌握标准不统一而出现操作混乱的局面；个别办案人员甚至为了给被告人从轻判处刑罚，故意作虚假认定。而涉及的这些案件本身又往往是人民群众较为关注的各种经济犯罪尤其是贪污受贿、挪用公款等职务犯罪案件，在这些案件中出现掌握司法裁判标准不统一甚至违法认定自首、立功，滥用自首和立功情节，在一定程度上影响了职务犯罪的打击力度，在社会上也产生了负面影响，极易使自首、立功等法定量刑制度成为个别人员办“关系案”“人情案”甚至“金钱案”的工具和借口，严重破坏司法职务的廉洁性，损害法律的尊严和判决的权威。调研显示，职务犯罪案件呈现出缓刑、免予刑事处罚等轻刑适用率偏高的趋势，有立法、司法、办案机制、案件特点以及社会环境等多方面原因。其中，自首、立功等量刑情节的认定和运用不够规范、严肃，尤其值得注意。比如，在监察体制改革之前，长期以来，在被纪检监察机关采取“两规”“两指”措施期间交代罪行是否认定为自首，地方上意见分歧很大，有的不加区分地将犯罪分子在纪检监察机关调查期间交代问题的一律认定为自首。因部分职务犯罪案件是经纪检监察机关查办后移交司法程序的,这样就直接导致了相当数量的案件被不当轻判。随着《刑法修正案(九)》对贪污贿赂罪等有关法律的修改和最新司法解释的出台,职务犯罪的刑罚配置更趋合理化,以及在国家监察体制改革逐步深入等大背景下,规范和统一自首立功的法律适用标准,尤其是让职务犯罪和经济犯罪的自首立功问题重新回归严格司法的轨道,做到严格依法认定自首和立功,对于维护刑法的严肃性和权威性,依法保障被告人合法权益,全面实现刑事司法公正,让人民群众在每一个司法案件中感受到公平正义,意义十分重大。故本章拟择其要者,对自首立功若干疑难问题的司法认定先作探讨,同时选择若干真实的个案对经济犯罪中的自首立功问题加以评述,并对自首立功的裁判依据和现有的相关案例进行整理作配套资料索引附后,供理论和实践参考。

第一节　自首立功疑难问题的司法认定

针对自首和立功问题,最高人民法院、最高人民检察院先后出台了一系列的司法解释和规范性文件,地方司法机关也付出不少努力,在统一司法尺度、维护司法公正等方面发挥了重要作用。比如,1998 年 5 月 9 日出台的最高人民法院《关于处理自首和立功具体应用法律若干问题的解释》对于正确认定自首和立功,对具有自首或者立功表现的犯罪分子依法适用刑罚,发挥了非常重要的作用。为规范司法实践中对自首和立功制度的运用,更好地贯彻落实宽严相济的刑事政策,根据《刑法》《刑事诉讼法》和最高人民法院《关于处理自首和立功具体应用法律若干问题的解释》规定,最高人民法院、最高人民检察院于 2009 年 3 月 12 日联合发布了《关于办理职务犯罪案件认定自首、立功等量刑情节若干问题的意见》,就职务犯罪案件办理中自首、立功、如实交代犯罪事实、赃款赃物追缴等量刑情节的认定和处理问题,提出了具体意见。这是"两高"在 2008 年 11 月 20 日发布《关于办理商业贿赂刑事案件适用法律若干问题的意见》之后,针对当前职务犯罪案件刑罚适用中的突出问题,为坚决贯彻依法从严惩处腐败分子的方针而制定的一个重要司法文件。与此同时,针对刑事司法工作中对自首认定的标准掌握不一等实际情况,浙江省高级人民法院也曾单独或会同浙江省人民检察院、浙江省公安厅先后出台《关于严格依法认定自首的通知》(以下简称《通知》)等地方性司法文件,在准确把握自首和立功的本质特征基础上,明确了新形势下各种自首和立功法律适用问题的具体意见。这是地方司法机关在既定法律规定框架内,总结司法实践经验,为规范全省司法机关对自首或立功问题的掌握,严格依法认定自首和立功,准确适用法律和司法解释,统一司法尺度、实现司法公正的一项重要举措。从掌握的资料来看,目前理论界对《刑法》规定和司法解释中有关自首立功构成要件的理解与适用已有不少阐述,本书主要结合地方性司法文件精神和审判实践体会,从司法认定的角度,对自首和立功认定中的几个疑难问题再作探究。

一、自首疑难问题的司法认定

(一)自首本质的司法认定

根据《刑法》的规定,自首是指犯罪以后自动投案、如实供述自己的罪行的行为。自首的本质特征在于犯罪分子犯罪后自愿主动交由国家审判。在实践中,应当严格依照《刑法》和司法解释的有关规定,根据自首的本质特征分析与认定自首,不得突破法律和司法解释的明确规定,扩大自首的适用范围,损害司法公正。

自首立功的具体认定问题,归根结底都与人们对自首立功的本质认识存在分歧有关。本质问题一旦解决,相关具体问题往往也就迎刃而解。概括起来,当前带有一定普遍意义的涉及自首立功认定的疑难问题主要表现在十二个方面:一是犯罪以后自动投案的认定问题;二是犯罪人向所在单位、城乡基层组织及有关人员投案的认定问题;三是陪送子女亲友归案与扭送子女亲友归案的区分问题;四是侦查人员通过搜寻发现犯罪人使其归案与犯罪人主动去司法机关投案途中被司法机关发现而归案的甄别问题;五是因形迹可疑被盘问后交代犯罪事实与有犯罪嫌疑被审查后交代的区别问题;六是纪检监察机关审查期间的自首认定问题;七是单位犯罪的自首认定问题;八是被网上通缉人员自首的认定问题;九是余罪自首的认定问题;十是立功的线索来源问题;十一是立功中的协助抓捕问题;十二是对自首、立功案件的量刑把握问题。

(二)犯罪后自动投案的司法认定

犯罪以后自动投案的认定问题,是当前自首认定中的核心问题,浙江省出台的司法文件在司法解释的基础上,从三个方面来明确这一难题的一般处理意见。第一,明确了通常情况下犯罪以后自动投案的内涵与外延。我们认为,所谓犯罪以后自动投案,是指犯罪人(均指犯罪嫌疑人、被告人)被抓获之前或者犯罪人尚未归案之前,自己主动向司法机关投案等候处理的行为。具体包括犯罪后,犯罪事实未被发觉之前,或者犯罪事实被发觉但犯罪人未被发觉,或者犯罪人已被发觉但未受到司法机关讯问、传唤及未被采取其他强制措施之前,甚至犯罪人被通缉、追捕被抓获之前的主动投案行为。通常情况下,只要犯罪人在司法机关将其抓获之前主动投案的,均可认定为自动投案。第二,明确了可以视为自动投案的常规情形。我们认为,犯罪人因病、伤或者为了减轻犯罪后果,自己一时不能前往投案而先委托他人代为投案,或者先以信电投案自己随后就到案的,应视为自动投案。第三,从不能认定为自动投案的角度进行了补充界定。我们研究认为,只有投案的想法而无投案的行为,不是自动投案。

(三)犯罪人向所在单位、城乡基层组织及有关人员投案的司法认定

犯罪人向所在单位、城乡基层组织及有关人员投案的认定,是自动投案认定中经常发生争议的问题之一。在司法实践中,少数犯罪人所在单位、基层组织或人员碍于情面或事后出于袒护行为人,帮助行为人制造自首条件、编造虚假理由,因而给自首的司法判断带来困难。为此,浙江省的有关司法文件从三个方面作了强调:第一,地点上强调“就近”原则。我们认为,犯罪人向所在单位、城乡基层组织或者

其他有关负责人员投案的,一般应当在地点上就近。第二,时间上强调“迅速”原则。即犯罪人向所在单位、城乡基层组织或者其他有关负责人员投案的,一般应当在时间上迅速进行。第三,实质上强调“有必要”。犯罪人犯罪后向司法机关投案属于常态,而向所在单位、城乡基层组织及有关人员投案则是非常态的情况,因此有必要作一些限制,有关司法文件强调“必要”原则是正确的。此外,我们在有关司法文件中还反向指出,如果犯罪人向所在单位、基层组织及有关人员陈述了犯罪事实,但仅仅是要求保护自己或家人,表明自己行为的正当性、被迫性等,甚至要求有关人员为其掩饰,并无投案接受处理表示的,不是自动投案。

(四)陪送子女亲友归案与扭送子女亲友归案的司法认定

根据前述分析,自首的本质特征在于犯罪人自身的主动性。因此,浙江省的《通知》等地方性司法文件在陪送子女亲友归案与扭送子女亲友归案的区分问题上,突出了犯罪人本人是否愿意、本人的意志,抓住了自首的本质特征。我们认为,陪送子女亲友归案,“一般是指在犯罪人自己不愿意自动投案的情况下,对犯罪人进行规劝、教育使犯罪人同意而陪同其一起到司法机关的行为”。这种情况归案并不违背犯罪人的意志,应当认定为自动投案。而扭送是指“犯罪人被群众或家长亲友强行押送至司法机关的行为,包括将其麻醉、捆绑送至司法机关”。这种情况下的归案,对犯罪人来说不具有主动性,不构成自动投案。此外,有关司法文件还照顾到家长扭送子女归案的价值取向问题,将此类案件作为特殊情况加以进一步放宽处理,因此,又指出,“在家长亲友扭送途中,犯罪人又不反对归案且归案后主动交代犯罪事实的,应当认定为自动投案”。

(五)侦查人员通过搜寻发现犯罪人使其归案与犯罪人主动去司法机关投案途中被司法机关发现而归案的司法认定

关于侦查人员通过搜寻发现犯罪人使其归案与犯罪人主动去司法机关投案途

中被司法机关发现而归案的甄别问题,我们认为,应当注意从以下两个方面加以把握:一是犯罪人准备投案或者正在投案途中即被司法机关捕获的,应当视为自动投案,但是“要有充分的证据证明”。即“认定此类为自动投案,必须有充分的证据证明犯罪人确系准备投案或者正在投案途中,而不能仅凭犯罪人的辩解”。二是侦查人员根据线索主动搜寻发现犯罪人,从而归案的,不能仅仅因为犯罪人没有逃跑、听从侦查人员的传唤就认定为自动投案。

(六)形迹可疑型自首与犯罪嫌疑的司法认定

形迹可疑型自首与犯罪嫌疑的区分与判断问题,是自首认定中的重点难点问题。最高人民法院《关于处理自首和立功具体应用法律若干问题的解释》规定,罪行尚未被司法机关发觉,仅因形迹可疑,被有关组织或者司法机关盘问、教育后,主动交代自己罪行的,应当视为自动投案。但在司法实践中,究竟是形迹可疑还是犯罪嫌疑,区分起来确存在困难,经常发生争议,也极易成为个别人员钻法律空子的借口。

其实,从法律规定和司法解释的历史演变来看,关于罪行尚未被司法机关发觉,仅因形迹可疑,被有关组织或者司法机关盘问、教育后,主动交代自己罪行的,应当视为自动投案,认定自首的问题,是最高人民法院《关于处理自首和立功具体应用法律若干问题的解释》新增加的内容,过去没有。主要针对有些人形迹可疑,经盘问、教育,就交代了司法机关尚未掌握的罪行这种情况。这一规定,体现了惩办与宽大相结合的刑事政策,对于鼓励犯罪分子实施犯罪后投案自首、节约司法资源、提高诉讼效率具有重要意义。但在司法实践中,犯罪嫌疑人经盘问、教育后交代自己犯罪的原因、背景多种多样,情况复杂,是否都认定自首,要注意掌握形迹可疑盘问后交代犯罪事实与有犯罪嫌疑审查后交代的区别。对此,我们认为应当从以下三个方面加以把握和规范:

第一,应当注意从形迹可疑与犯罪嫌疑的概念界定入手。所谓形迹可疑是指有关组织或者司法机关没有任何证据证明被盘问的人可能涉嫌某项犯罪,仅仅因为被盘问的人表现不正常,神色慌张,行踪诡异,使有关组织或者司法机关对其产生怀疑。形迹可疑经盘问、教育后交代可视为自动投案。而所谓犯罪嫌疑是司法机关掌握了一定的线索或者证据,证明该人可能涉嫌某项犯罪。有犯罪嫌疑审查后交代不能认定为自动投案。

第二,要把握区分形迹可疑与犯罪嫌疑的具体操作标准。形迹可疑与犯罪嫌疑,主要看在盘问时对被盘问人的怀疑是否有具体的依据与刑事犯罪相联系。如在被盘问人身上、身边当场发现、查出毒品、枪支等违禁品,或者发现其身边有疑似犯罪的赃物、凶器等作案工具,身上有血迹、打斗伤痕等,应当认为有犯罪嫌疑。某案发生后,在一定范围内围追堵截发现可疑人员,经盘问交代实施该案的,因已将其与具体案件相联系,故不属形迹可疑。如果对被盘问人的怀疑仅仅是一种抽象的怀疑,而不能和具体的犯罪联系起来的,应当认为是形迹可疑。

第三,针对在逃的被追捕、通缉的犯罪人要具体情况具体分析。对于在逃的被追捕、通缉的犯罪人来说,其犯罪嫌疑已经被特定的司法机关掌握。但是,如果其在其他还不掌握其犯罪嫌疑的地方,仅因形迹可疑,被有关组织或者司法机关教育、盘问时,交代了被追捕通缉的犯罪事实,也可以认定为自动投案。

(七)纪检监察机关调查期间自首的司法认定

纪检监察部门是我国查处职务犯罪案件的重要办案机关。“双规”或“留置”[①]调查措施是纪检监察机关办案的一项重要措施,实践中对调查期间交代的犯罪事实,是否认定为自首,往往争议较大。可以说,纪检监察机关调查期间的自首认定问题,是一个极为复杂且争议颇多的难点问题。据我们了解,过去各省司法机关的掌握标准也不一致。我们反对被告人在纪委、监察机关交代的,一律认定为自首的观点和做法,也反对被告人在被“双规”后交代问题,一律不予认定自首的观点和做法。此类案件中自首的认定,应当根据《刑法》关于自首的立法精神和本质特征来

---

① 2017年10月18日,党的十九大报告中提出,制定国家监察法,依法赋予监察委员会职责权限和调查手段,用留置取代“两规”措施。

掌握,不可一概而论。一般情况下,应按以下几个原则加以处理:第一,犯罪人主动到纪检监察机关交代犯罪事实的,或者在纪检监察机关找其谈话前交代主要犯罪事实的,应当认定自首;第二,犯罪人在纪检监察机关找其谈话后交代犯罪事实的,不能认定自首;第三,纪检监察机关根据举报等途径掌握的线索,经查不实,但犯罪人主动交代了主要犯罪事实的,以自首论;第四,犯罪人在交代了被掌握的犯罪事实以外,又交代了不为纪检监察机关所掌握的不属于同种罪行的其他犯罪事实,对该不同种罪行,以自首论,属同种罪行的,不认为是自首。此外,有关司法文件还指出,纪检监察机关工作人员与犯罪人单位领导一起找犯罪人谈话的,视为纪检监察机关谈话。

(八)单位犯罪自首的司法认定

目前,单位已成为有别于自然人犯罪的另一类犯罪主体。但是我国《刑法》规定自然人可以适用自首,而对单位能否构成自首则无明确规定,有关的司法解释也不明确。最高人民法院、最高人民检察院、海关总署于2002年7月发布的《关于办理走私刑事案件适用法律若干问题的意见》对这一问题有所规定,在办理单位走私犯罪案件中,对单位集体决定自首的或单位直接负责的主管人员自首应当认定为单位自首。但由于司法实践的复杂性和案件的多样性,司法机关对单位犯罪的自首认定仍然存在巨大的争议,单位犯罪的自首认定问题已经成为自首认定中亟待明确的新问题。对此,我们研究后在有关司法文件中提出了以下几条处理意见:

第一,单位决定自首,或者单位的代表人、负责人决定代表单位自首,或者单位犯罪的直接负责的主管人员自首,单位不反对的,可以认定为犯罪单位自首。

第二,参与单位犯罪的原单位负责人或者主管人员,离职后或者离开该单位后,举报原单位犯罪的,单位不构成自首,如果该参与犯罪的人仅仅出于举报的目的,自己不投案,该人也不构成自首。

第三,没有参与单位犯罪的单位高层人员在职时或者离职后举报,能代表单位的其他负责人并未同意自首的,均构不成单位自首。

第四，单位自首的，全案可以认定为自首，其他参与单位犯罪的人员也可以视为自首。但是，其他参与单位犯罪的人员潜逃或者归案后不认罪及不如实供述自己所参与的犯罪事实的，不能认定为自首。

第五，仅参与单位犯罪的直接责任人员自首，只能对其本人认定自首，对犯罪单位和其他单位犯罪的直接负责的主管人员、直接责任人员不能因此认定自首。

（九）被网上通缉人员自首的司法认定

司法实践中，有的行为人虽被网上通缉，但因通缉以外的案由，被通缉机关以外的司法机关抓获后，如实供述被通缉的犯罪事实，是否可以认定其有自首情节，存在争议。对此类案件的自首认定问题，我们认为，不能一概而论。

一般情况下，行为人被通缉的，司法机关可以通过网络查询犯罪嫌疑人、被告人的基本情况掌握其被通缉的犯罪事实，故其归案后先交代已经被公安机关通缉的犯罪事实的行为，不能认定为自首。

但是，如果有证据证明，即使犯罪嫌疑人或被告人先行实施的犯罪行为已被当地的司法机关掌握，但因地处偏僻、路途遥远或通信不便等客观原因，使现行侦查、起诉或审判该犯罪嫌人、被告人的办案机关，通常难以了解到或发现被通缉事实的，在这样特定的情况下，行为人主动交代被公安机关通缉的犯罪事实的，应当认定为自首。

（十）取保候审期间脱离监管又投案自首的司法认定

根据最高人民法院《关于处理自首和立功具体应用法律若干问题的解释》第1条的规定，"自动投案"是指犯罪事实或者犯罪嫌疑人、被告人未被司法机关发觉，或者虽被发觉，但犯罪嫌疑人尚未受到讯问、未被采取强制措施时，主动直接向公安机关、人民检察院或者人民法院投案的行为。对于取保候审期间脱离监管，后又投案的情况，能否认定自首，在实践中争议较大。对此不宜一概而论，而需要按先前归案时是否存在自动投案的情节，区分两种情形分别加以认定：

第一种情形：犯罪嫌疑人或被告人先前不存在自动投案的情节。其被抓获归案后，接受了讯问并被采取取保候审的强制措施，司法机关此时已经掌握了犯罪嫌疑人、被告人的犯罪事实和证据，并告知了其在取保候审期间应履行保证随传随到的到案义务，但该犯罪嫌疑人、被告人在取保候审期间脱离监管，逃跑之后又再次主动归案，即使其如实供述了犯罪事实，但因已不具备自动投案的前提条件，一般情况下也不宜认定其行为构成自首。从自首的立法精神来看，《刑法》设立自首从轻处罚制度的本意是为了鼓励犯罪分子主动投案，节约司法资源。而该类犯罪分子在取保候审期间潜逃，不仅延误诉讼，还可能导致司法成本的明显增加。从社会导向来看，如果认定自首，还极易引发犯罪分子为了达到从轻处罚的目的，或钻法律的空子，或滋生司法腐败，人为制造“自首”，产生不良的社会效果。综合考虑，对此种情形不宜认定为自首。

第二种情形：犯罪嫌疑人或被告人先前存在自动投案的情节。比如，被告人因走私普通货物罪而于 2010 年自动到海关缉私部门投案，后来被取保候审。一审开庭时如实供述了自己的走私罪行。开庭之后，他发现自己可能会被判实刑，于是避而不见，多年不归，致使法院中止审理，此案至今未对他宣判。现在他又自愿回来向法院报到，要求从轻处罚。对此，本书认为，被告人先前存在自动投案的情节，在法庭上亦如实供述了自己的罪行，在宣判之前、取保候审期间因害怕受到刑事处罚潜逃，后又主动归案的，符合自首的构成特征，应当认定为自首，但在量刑时应当考虑其避而不见，多年不归，构成潜逃这一从重情节，不予从轻处罚或较小幅度从轻处罚。

（十一）余罪自首的司法认定

刑法理论上的余罪自首，是指犯罪人因犯罪被查获归案后，又主动如实地交代了自己尚未被司法机关发觉的其他罪行的事实。我国有的学者将之简称为余首。对于余首，现行《刑法》没有作出称谓，但于《刑法》第 67 条第 2 款作了具体规定：

“被采取强制措施的犯罪嫌疑人、被告人和正在服刑的罪犯,如实供述司法机关还未掌握的本人其他罪行的,以自首论。”该规定为刑事审判实践中适用余首制度提供了法律依据。但由于立法本身的概括性、不明确和实践的多样性,理论界和实务部门对余首的具体适用不无争议。本书认为,余罪自首的适用条件主要有:

1. 适用对象要合格

余首适用的对象仅限于已经被采取强制措施的犯罪嫌疑人、被告人和正在服刑的罪犯。行为人是否已被采取强制措施,是余首区别于一般自首的根本所在。立法之所以作出上述区分,本意则在于余首的行为人人身自由受到强制而无法主动、直接地实施投案行为,因而只能“以自首论”。值得注意的是,刑事诉讼意义上的强制措施,是指《刑事诉讼法》规定的拘传、取保候审、监视居住、拘留和逮捕,并不包括行政拘留或劳动教养等。有的行为人因实施与其犯罪无关的一般违法行为而被行政拘留或劳动教养,期间如实交代司法机关尚未掌握的犯罪事实,不应当纳入余首主体的评价范围,实际上属于一般自首中的“罪行尚未被司法机关发觉,仅因形迹可疑被有关组织或者司法机关盘问、教育后,主动交代自己的罪行”之情形。

2. 要符合自首本质

构成余首的本质特征必须是主动如实供述。主动如实供述自己的罪行、自愿接受审判是自首的本质特征。余首是自首的特殊表现形式,自然须符合一般自首的本质特征,即要求行为人自动如实地供述。所谓如实供述自己的罪行,是指犯罪分子全部交代自己的罪行,不缩小,不扩大,实事求是。当然,有的犯罪分子虽然对部分犯罪事实交代不实,或者没有交代,但是交代了主要的、基本的犯罪事实仍应认为其作了如实供述。有的虽作了交代,但接着又避重就轻,推卸罪责,甚至翻供,否认余罪,以逃避法律追究,则不能认为其如实供述。总体来讲,这一点与一般自首的认定条件是一样的。

3. 必须“尚未掌握”

余首行为人供述的内容必须是司法机关尚未掌握的罪行。如果司法机关对余罪已经掌握在先,自然就不存在余罪自首的问题,关键在于判断司法机关是否已掌握。我们认为,司法机关是否已经掌握,主要应从三方面审查:一看司法机关是否知道犯罪已经发生。如果司法机关尚不知道犯罪已经发生,则当属尚未掌握。二看司法机关是否知道犯罪人是谁。有的司法机关虽然知道犯罪已经发生,但不知道犯罪人是谁,则亦属尚未掌握。三看司法机关是否知道犯罪人就是余首的行为人。若司法机关虽然知道犯罪已发生并知道犯罪人是谁,但不知道犯罪人就是已被采取强制措施的余首行为人,也应视作尚未掌握。

4. 属于“本人其他罪行”

要适用余首,还要求供述的必须是司法机关尚未掌握的本人的其他罪行。如果供述的不是本人罪行,而是他人的罪行,则不属余首,此在刑事审判实践中一般没有问题。问题在于,对“其他罪行”是否包括同种罪行,理论界和实务部门均存在不同的认识。有人认为,自首的本质特征是悔罪,是愿意主动如实地交代罪行,愿意承担法律后果,犯罪人的这种愿望不应因其供述的是司法机关掌握的同种或异种罪行而受到限制;从《刑法》规定看,立法上对其他罪行并未作任何限制,从理论上讲本人的其他罪行自然应包括本人的同种罪行和非同种罪行,最高人民法院1998年发布的《关于处理自首和立功具体应用法律若干问题的解释》(以下简称《1998年司法解释》第2条对《刑法》相关规定作出限制性的解释即将其他罪行限制为不同种罪行有违立法原意,因而主张对司法解释作出相应修改,对如实供述同种罪名的罪行,也应以自首论。我们认为,本人其他罪行不应包括同种类的犯罪,主动供述司法机关未掌握的同种类犯罪,只能认为是坦白,而不是自首。主要理由有四:一是如实供述自己的罪行是犯罪嫌疑人、被告人应尽的义务。已被采取强制措施的犯罪嫌疑人、被告人供述本人的同种罪行应属如实供述自己的罪行,不是自首。二是如果承认同种罪行可以“余首”,则不利于引导犯罪嫌疑人、被告人及时交代全部罪行。因为,同种罪行的迟交代,可构成余首,早交代反而不构成自首,容易形成早交代不如迟交代、审讯时不交代等到审讯后自己主动交代的不正常现象,不利于司法机关及时、彻底地查明案件事实,也会造成有限的司法资源浪费。三是从立法精神看,自首的应该在少数。一种犯罪的不同几笔,后交代不能以自首论,否则以自首论的面会过宽。自首条件的随意放宽,有违立法精神。四是对交代同种罪行的,按坦白处理,同样可以做到罪刑相适应。这一点,《1998年司法解释》第4

条已有明确规定："被采取强制措施的犯罪嫌疑人、被告人和已宣判的罪犯，如实供述司法机关尚未掌握的罪行，与司法机关已掌握的或者判决确定的罪行属同种罪行的，可以酌情从轻处罚；如实供述的同种罪行较重的，一般应当从轻处罚。"审判实践中可以直接适用。所以，那种认为现行做法不有利于鼓励犯罪分子主动交代罪行、提高破案质量和效率的担心也是多余的。①

（十二）自首情形下的量刑把握

量刑公正是刑事审判公正的最终落脚点，自然也是自首认定中的最终落脚点。换言之，自首的认定，最终是为了解决案件的量刑问题。在司法实践中，个别办案人员不顾犯罪的社会危害性、作案的手段、行为人的主观恶性等具体情节，一旦认定被告人为自首，就大幅度从轻、减轻、免除处罚，甚至利用自首这一法定从轻、减轻情节办关系案、人情案，损害司法公正的实现，破坏司法廉洁，必须坚决予以纠正。为防止这种错误做法的出现，切实维护刑事司法公正，浙江省近年来出台的有关司法文件根据罪刑相适应的刑法原则，对自首案件的量刑把握提出了指导性意见，即对于自首的犯罪分子，是否给予从轻、减轻、免除刑罚，要根据具体案情来确定：

第一，要看犯罪事实。一般的案件可以对犯罪人从轻处罚。总的犯罪事实刚达到上一档量刑标准，从轻处罚仍不能体现自首从宽精神的，可以减轻处罚；罪行较轻的，可以免除刑罚；罪行极其严重的，也可以不予从轻处理。

第二，要看犯罪人在案件中的地位、作用。地位作用基本相当的犯罪人之间，不能因为其中一人有自首情节而将量刑差距拉得过大，更不能因起主要作用的犯罪人有自首情节而在量刑上轻于起次要作用的犯罪人。

第三，要看自首质量。出于悔罪而自首的，或者为了从宽处理而自首的，一般可予从宽处罚。对于视为自首的应与典型的自首在量刑时有所区别。在犯罪前就

① 陈增宝、吴建峰：《余罪自首适用条件探析》，载《人民司法》2004 年第 1 期。

准备自首的,或得知行政执法机关要将案件移送公安机关而向公安机关自首的,纪检监察机关调查期间或得知纪检监察机关要将案件移送检察机关而向检察机关自首的,被纪检监察机关"双规"或被司法机关采取强制措施后潜逃再来自首的,以及自首后反复翻供的等,一般不予从轻处理,更不能由此给予减轻、免除刑罚。

二、立功疑难问题的司法认定

《刑法》第68条明文规定了立功的构成条件和从宽处罚制度,最高人民法院的相关司法解释对此亦作了进一步明确的规定,但由于实践的多样性,使得立功在具体认定上仍产生了不少争议。本书择其要者,探讨三个问题。

(一)什么是立功的本质

一般认为,和自首认定一样,认定立功也应根据其本质特征进行。但对什么是立功的本质,人们的认识并不统一。有的认为,立功的本质是犯罪分子实施了有利于国家与社会的行为,为国家与社会作出贡献,即"有用性";有的则认为立功的本质是犯罪分子在犯罪后有将功补过、弃旧图新的认罪悔罪表现,即"悔罪性"。由于对立功本质的认识不同,引出了人们对下文即将分析的协助抓捕犯罪嫌疑人未果的行为能否认定立功、立功是否可不问来源等具体问题的争论。

本书认为,立功的本质是司法机关的有用性和行为人的悔罪性的统一。[①] 理由是,刑法设立立功从宽处罚制度,不仅因为立功表现可以帮助司法机关及时侦破案件,还因为立功表现表明行为人犯罪后的人身危险性有一定程度的减小。从《刑法》的规定看,立功须符合两个条件:一是揭发他人犯罪行为,并查证属实;二是提供重要线索从而得以侦破其他案件。条件中强调了"查证属实"和"得以侦破",突出了立功行为的效果。如果经查证不实或没有使其他案件得以侦破,则不属于立

---

① 陈增宝:《立功认定中的几个疑难问题》,载《人民法院报》2004年1月12日版。

功。立功不仅是一种表现,而且必须要有某种实际效果,这就是立功的“有效性”或称对司法机关的“有用性”。

不可否认,多数的行为人立功都有利己的动机,但毕竟反映了犯罪分子有将功赎罪、改过从善的愿望,表明其人身危险性一定程度的减小,对立功“有效性”的过分强调未免显得过于功利,对行为人而言有失公正。且掌握过严,也不利于鼓励立功,最终又会影响功利目的的实现。所以,从制度的设计精神讲,不看到和不肯定立功的“悔罪性”之意义,难以达到价值追求的平衡,也会导致实践的尴尬。所以,立功的认定应强调“有效性”与“悔罪性”的结合。

(二)协助司法机关抓捕未果的行为能否认定为立功

司法实践中,人们对犯罪分子协助司法机关抓捕未果的行为能否认定为立功,意见分歧较大。例如,犯罪分子黄某实施抢劫后投案自首,并主动要求协助公安机关抓捕其同村在逃的犯罪嫌疑人张某,在公安机关的安排下,黄某以商量事情为由,将张某诱至公安人员埋伏的地点,但因张某凶猛,与公安人员搏斗后得以逃脱。法院在审理过程中,对黄某行为能否构成立功有两种截然不同的意见:

第一种意见认为,应认定为立功。理由是,司法解释规定只要求具备“协助抓捕”的行为,而没有要求客观上必须抓获其他犯罪嫌疑人(包括同案犯)。

第二种意见则认为,不应该认定为立功。理由是,此类立功不仅要求行为人有协助抓捕行为,还要求他犯被捕结果的实现。

本书认为,黄某的行为应认定为立功,但上述两种意见的理由均不正确。从黄某协助抓捕的行为看,其有悔罪表现,具备立功的“悔罪性”特征。关键在于,立功是否以“有效性”为必要条件以及黄某的行为是否具备“有效性”的特征。前者涉及立功本质的认识,后者涉及有效性的判断。

根据前述分析,立功的本质应是“悔罪性”与“有效性”的结合,所以关键在于确定黄某的行为是否“有效”。从案情来看,黄某协助公安人员抓捕未果的责任不在黄某,而是由于对方过于凶猛或警方采取的措施不当所致,将最后的责任归于黄某显失公平。须知,该案张某的最终逃脱,并非因为黄某的协助行为欠积极有效,不具有"有效性"而造成。所以,本书认为,黄某的行为应视为"有效",认定其立功。

(三)规劝同案犯投案自首能否认定为立功

我国《刑法》第68条和最高人民法院《关于处理自首和立功具体应用法律若干问题的解释》对犯罪分子列举了5种立功表现:(1)犯罪分子到案后有检举、揭发他人犯罪行为,经查证属实;(2)提供侦破其他案件的重要线索,经查证属实;(3)阻止他人犯罪活动;(4)协助司法机关抓捕其他犯罪嫌疑人(包括同案犯);(5)具有其他有利于国家和社会的突出表现的。在实践中,经常出现被告人归案后,在取保候审期间,通过自身言语、信件、电话甚至委托他人等方式规劝其他犯罪嫌疑人(包括同案犯)投案自首的情况,然后对该行为能否认定为立功,以及究竟如何适用法律,争议较大。一种观点认为,被告人在取保候审期间劝说其他犯罪嫌疑人(包括同案犯)投案自首的行为不属于协助司法机关抓捕其他犯罪嫌疑人(包括同案犯)的行为,也不属于其他有利于国家和社会的突出表现,不属于司法解释中应当认定立功表现的5种情形,故认定立功无司法解释依据;另一种观点认为,这种行为比协助抓捕犯罪嫌疑人(包括同案犯)的行为效果还要好,应该认定为立功表现。

本书认为,被告人规劝其他犯罪嫌疑人(包括同案犯)投案自首的行为应该认定为立功表现。

首先,从立功的本质来看,立功的本质是行为人"悔罪性"与客观行为的"有效性"的统一,规劝其他犯罪嫌疑人(包括同案犯)投案自首的行为完全符合立功的本质特征。

其次,规劝其他犯罪嫌疑人(包括同案犯)投案自首实际上已经超过了协助抓捕犯罪嫌疑人达到的效果,符合刑法规定立功的立法目的和初衷,应当认定为立功予以鼓励和倡导。

最后，规劝其他犯罪嫌疑人（包括同案犯）投案自首在本质上属于广义的协助行为。《全国法院审理毒品犯罪案件工作座谈会纪要》指出，共同犯罪中同案犯的基本情况，包括同案犯姓名、住址、体貌特征、联络方式等信息，属于被告人应当供述的范围，公安机关据此抓获同案犯的，不应当认定为立功。关于协助抓捕问题，认定被告人是否构成该项立功，应当根据被告人在公安机关抓获同案犯中是否确实起到了协助作用。如经被告人当场指认、辨认抓获了同案犯；带领公安人员抓获了同案犯；被告人提供了不为有关机关所掌握或者有关机关按照正常工作程序无法掌握的同案犯藏匿的线索，抓获了同案犯等情况，均属于协助司法机关抓获同案犯，应认定为立功。被告人规劝其他犯罪嫌疑人（包括同案犯）投案自首，不同于如实供述犯罪事实，已经超出了交代同案犯身份信息、体貌特征、联系方式、藏匿地址等基本信息的范畴，有明显的具体协助行为。此外，根据最高人民法院《关于处理自首和立功若干具体问题的意见》第5条规定，犯罪分子具有下列行为之一，使司法机关抓获其他犯罪嫌疑人的，属于《关于处理自首和立功具体应用法律若干问题的解释》第5条规定的“协助司法机关抓捕其他犯罪嫌疑人”：（1）按照司法机关的安排，以打电话、发信息等方式将其他犯罪嫌疑人（包括同案犯）约至指定地点的；（2）按照司法机关的安排，当场指认、辨认其他犯罪嫌疑人（包括同案犯）的；（3）带领侦查人员抓获其他犯罪嫌疑人（包括同案犯）的；（4）提供司法机关尚未掌握的其他案件犯罪嫌疑人的联络方式、藏匿地址的，等等。根据举轻明重的解释学原理，被告人规劝其他犯罪嫌疑人（包括同案犯）投案自首的情况，可归入上述“按照司法机关的安排，以打电话、发信息等方式将其他犯罪嫌疑人（包括同案犯）约至指定地点的”情形之中。

（四）立功是否可不问线索来源

因立功信息、线索来源有问题而引发能否认定立功之争论的情况，主要有三：

一是“买功”的行为能否认定为立功？所谓“买功”行为即采取不正当手段收买他人犯罪事实和犯罪线索，以逃避法律制裁的行为，如有的在押人员（包括已决犯和未决犯)将司法机关未掌握的自己的余罪告诉其他在押人员,让其他在押人员揭发自己的余罪来换取金钱等“实惠”,同时使其他的在押人员获得减刑。

二是利用职务之便获取的信息能否用来立功。这又分两种表现:一种为一些执法人员在犯罪后能否利用在犯罪前执行职务中获取的信息来立功;另一种为在看守所内部,所方为便于管理,往往指定某一犯罪嫌疑人为羁押号的号长或担任一定职务,对其他犯罪嫌疑人进行监管,该号长或担任一定职务者在执行职务过程中,获知他人未被发觉的罪行,并向司法机关检举,能否认定为立功。

三是来源于家属打探的信息能否认定为立功,如宋某因涉嫌抢劫罪在押,其亲属为使宋某不被判死刑,遂雇人四处打探线索,后来发现有一在逃的杀人犯藏匿于某地。后通过律师转告宋某,宋某向办案机关检举揭发,后抓获了该杀人犯,宋某是否构成立功。

上述来源较为特殊的情况能否认定为立功,关键还在于对立功本质要有全面、正确的把握。如果认为,立功的本质仅仅是其“有效性”,那么对立功的信息、线索来源应在所不问,只要“有用”即可。据此,上述情况都应认定为立功;反之,如果认为立功的本质要求“悔罪性”,那么上述情况不能反映行为人本人具有悔罪表现,不能认定为立功。如前述的“买功行为”,虽对侦破案件可能“有用”,但行为人的“人身危险性”并未减小,且可能给监管秩序造成破坏;家属的行为不能代表犯罪嫌疑人、被告人本人具有悔罪表现;利用过去职务之便获取的信息来立功也是如此。本书认为,上述行为虽然“有用”,但不能反映犯罪分子本人有悔罪表现,不宜认定为立功。

第二节 经济犯罪中自首立功要案判解

案例是实践的载体和“法治的细胞”,是法官智慧的结晶。每个案例都具有一定的裁判结果和裁判理由,先前案例的裁判理由对此后的刑事裁判无疑具有参考指导作用。但案例的裁判理由往往就事论事,难以直接指导办案,对案例的简单展示和考察往往也难以发现理论上的不足，倾听来自实践的呼声，从中感受理论与实践的互动，因而有必要对活生生的案例特别是疑难案例进行比较深入的剖析与评述，透过具体裁判理由的表象，发现“裁判背后的理念与方法”，切身体会和真正认识裁判原理，促进理论与实践的深度融合。基于以上考虑，本书在探讨经济犯罪中自首立功等疑难问题的一般认定基础上，重点转向要案判解，运用真实的疑难案例，来深化对有关经济犯罪审判实务疑难问题的阐述和研究，以资理论与实践。

1. 如何认定犯罪嫌疑人“确已准备去投案”

——林正满抢劫案

裁判要旨

一、根据司法解释规定，除了主动、直接向司法机关投案，犯罪嫌疑人具有“经查实确已准备去投案，或者正在投案途中，被公安机关捕获的”情形的，也应当视为自动投案。

二、对犯罪嫌疑人“确已准备去投案，或者正在投案途中”的认定应当根据主客观相统一原则，以其实施的活动如被捕获时是否反抗、是否准备外逃、有无在第一时间如实供述犯罪等为基础，综合考虑事前、事中以及事后的各种行为表现进行整体判断。对那些仅有投案想法的纯心理活动，客观上无任何投案行为或意思表示的犯罪嫌疑人不能认定为自动投案。

三、本案被告人没有准备投案自首的主观动机和意思表示，被公安机关捕获时拒不交代犯罪，其行为不构成自首。

案号索引

一审：浙江省温州市中级人民法院(2008)温刑初字第186号；

二审：浙江省高级人民法院(2008)浙刑二终字第174号；

复核审：最高人民法院。

基本案情

原公诉机关：温州市人民检察院

被告人:林正满,男,1983年12月2日出生,汉族,浙江省苍南县人,农民。

温州市中级人民法院经公开审理查明:

2008年3月3日晚11时许,被告人林正满敲门进入浙江省苍南县新安乡路边村林氏宗祠旁同村村民李陈娥的小杂货店,假装购物,乘李不备之机行窃,被发现后,即用手捂住李陈娥的嘴,将其推倒在地,捧其头部撞击地面,致其昏迷,又从店内取来菜刀切割被害人李陈娥的颈部致其当场死亡,劫得现金200余元人民币及合计价值210元人民币的新安江香烟3包、利群香烟12包等物,逃离现场。经法医鉴定,被害人李陈娥系遭他人锐器割颈致颈部动、静脉断裂出血,引起失血性休克而死亡。

温州市人民检察院认为,被告人林正满的行为构成抢劫罪,提请法院依法惩处。

被告人林正满对起诉书指控的事实没有异议。其辩护人提出:被害人李陈娥的过激言语是导致本案发生的诱因;林正满没有积极追求被害人死亡后果;林正满在归案前已经有自首的主观动机和意思表示;林正满平时表现良好,归案后认罪态度好等。

审　判

温州市中级人民法院认为,被告人林正满以非法占有为目的,采取暴力手段,入户劫取他人财物,致人死亡,其行为已构成抢劫罪。被告人林正满系被公安人员抓获归案后才如实供认自己的犯罪事实,辩护人有关其具有自首主观意思表示等辩护意见,与事实不符,不予采纳。被告人林正满抢劫杀人手段极其残忍,后果和罪行极其严重,依法应予严惩。依照《中华人民共和国刑法》第二百六十三条第(一)、(五)项、第四十八条第一款、第五十七条第一款、第三十六条、第六十四条及相关民事法律规定,判决:被告人林正满犯抢劫罪,判处死刑,剥夺政治权利终身,并处没收个人全部财产。同时判令被告人林正满赔偿附带民事诉讼原告人经济损失。

一审宣判后,被告人林正满不服,提出上诉。

林正满上诉及其二审辩护人分别提出,林在被抓获之前曾打电话给侦查人员,有自首的表示和准备,归案后作了如实的供述,应当视为自动投案、构成自首,原判在量刑时没有从轻处罚不当;案发当晚其两次进入被害人小店,第一次系购物,因没有带钱而向被害人赊账,被害人就对他进行数落,被害人的过激言语是导致本案发生的诱因;其尚不属罪大恶极、判处死刑必须立即执行的罪犯,要求依法改判。

出庭的检察员认为,原判认定被告人林正满抢劫致人死亡的事实清楚,证据确实、充分,原判定罪正确,量刑适当,上诉、辩护理由不能成立,并称根据公安机关出具的抓获经过、情况说明等证据,林正满与办案民警电话联系时并没有自首的意思表示,更没有承认杀人抢劫系其所为,被抓获后,也没有当场承认犯罪,其行为不构成自首;其在侦查阶段对自己杀人抢劫的动机供认在案,供认杀害被害人是怕被发现,并不是因为事先受到被害人的言语刺激而报复,上诉、辩护称被害人事先过激的言语是导致本案的诱因等理由不能成立,建议驳回上诉,维持原判。

浙江省高级人民法院经审理查明,原判认定的事实清楚,证据确实、充分。关于上诉、辩护理由。经查:(1)在卷的侦破报告、抓获经过、情况说明等证据证实,公安机关通过侦查掌握林正满有犯罪嫌疑,并通知其亲属转告潜逃的林正满回来配合调查,林正满获悉后在外地给办案民警拨打电话,编造谎言、有意隐瞒自己的行踪,并没有投案自首的主观动机和意思表示,苍南县公安机关通过技术侦查等手段锁定其行踪,并在当地公安机关的配合下将其抓获归案,林正满被抓时拒不交代犯罪,经过审查才被迫如实供述自己的罪行,依照法律规定,其行为显然不构成自首。故林正满上诉及其二审辩护人称其有自首的主观愿望和意思表示、应当视为自动投案、认定自首等理由与事实及法律不符,不予采信。(2)被告人林正满自侦查阶段至法院审判阶段对自己因经济拮据而前往李陈娥小店盗窃、遭李发现并喊叫后怕被他人发现而杀害李陈娥等动机多次供认在案,所供与其杀人后从被害人身上及店内劫取现金、香烟并立即销赃等一系列客观行为表现相符,其主观上具有非法占有他人钱财的故意,并不是因为事先受到被害人的言语刺激而进行报复;被害人对抢劫案件的发生不存在刑法意义上的过错。故林正满上诉及其二审辩护人称被害人事先过激的言语是导致本案的诱因等理由不能成立,不予采信。

浙江省高级人民法院认为,被告人林正满以非法占有为目的,采取暴力手段劫取他人财物,并致人死亡,其行为已构成抢劫罪。被告人林正满盗窃被发现后,持菜刀对同村年已七旬的老妇来回切割其颈部,将其当场杀害,犯罪手段极其残忍,情节恶劣,无法定从轻情节,依法应当严惩。原判定罪正确,量刑适当。审判程序合法。被告人林正满上诉及其辩护人分别提出原判量刑过重,要求从轻处罚的理由不足,不予采纳。遂驳回其对刑事部分的上诉,维持死刑判决,并依法报请最高人民法院核准。最高人民法院已核准被告人林正满死刑。

法官评述

自首的认定问题是本案争议的焦点,主要涉及如何根据自首的本质特征,认定犯罪嫌疑人"确已准备去投案,或者正在投案途中"?一审、二审的裁判理由具有一定的指导意义。

1998 年最高人民法院《关于处理自首和立功具体应用法律若干问题的解释》(以下简称《司法解释》)第一条第(一)项规定 7 种应当视为自动投案的情形,体现了犯罪嫌疑人投案的主动性和自愿性这一本质特征。根据《司法解释》第 1 条第 1 项的规定,除了主动、直接向司法机关投案,犯罪嫌疑人具有"经查实确已准备去投案,或者正在投案途中,被公安机关捕获的"情形的,也应当视为自动投案。该规定在一定程度上放宽了自首的认定条件,对于贯彻宽严相济的刑事政策具有重大意义。但在审判实践中,各方对如何认定犯罪嫌疑人"确已准备去投案,或者正在投案途中"容易发生争议。尤其是在行为人客观上"确已准备去投案"缺乏显著表现的情况下,是否具有投案意愿作为犯罪嫌疑人的一种内心意思本身具有主观性、不可视性、难以把握等特点,往往没有直接证据可以用来证明,司法机关难以直截了当地作出准确判定。大量的案例显示,主观上没有投案意愿的行为人被捕获后也往往通过各种手段或狡辩来模糊司法人员审查的视线,借此证实或表明自己"确已准备去投案,或者正在投案途中",要求认定其具有自首从轻处罚情节,企图逃避应有的追究。对此,我们认为,对犯罪嫌疑人"确已准备去投案,或者正在投案途中"的认定要件坚持主客观相统一的原则,要从主、客观两方面全面考量。是否有投案意思,虽然看不见、摸不着,但作为主观心理状态必然要通过人的客观行为表现出来。如果说明行为人"已准备去投案或者正在投案途中"的外化行为越多、越全面,则认定的准确度自然越高。一般情况下,在判断行为人主观心理态度时,应当以其实施的活动如被捕获时是否反抗、是否准备外逃、有无在第一时间如实供述犯罪等为基础,综合考虑事前、事中以及事后的各种主客观因素进行整体判断。对那些仅有投案想法的纯心理活动,但客观上无任何投案行为或意思表示的犯罪嫌疑人也不能认定为自动投案。

本案系公安机关通过侦查掌握林正满有犯罪嫌疑,并通知其亲属转告潜逃的林正满回来配合调查,林正满获悉后在外地给办案民警拨打电话,编造谎言、有意隐瞒自己的行踪,并没有投案自首的主观动机和意思表示,苍南县公安机关通过技术侦查等手段锁定其行踪,并在当地公安机关的配合下将其抓获归案,林正满被抓时拒不交代犯罪,经过审查才被迫如实供述自己的罪行,依照法律规定,其行为不构成自首。具体分析如下:

1. 公安机关通过事先排查掌握犯罪嫌疑人林正满的犯罪证据在先。在案证据显示,2008 年 3 月 4 日凌晨,苍南县公安局“110”指控中心接到群众报警称:新安乡路边村林氏祠堂旁小店内有人被杀死。公安机关遂派员赶赴现场勘查、访问,从现场香烟盒上提取到犯罪嫌疑人作案遗留的新鲜汗潜指纹、围巾等物证。根据调查访问情况,结合现场勘查,分析认为这是一起熟人入室抢劫案件,决定以案发现场路边村为重点,逐人排查。经排查,发现同村村民林正满在案发三天后突然去向不明,该林平时经常到被害人的小店内买东西,对案发现场环境比较熟悉,平时有戴围巾的习惯,案发后辞去了在该县宜山一工厂的工作,有重大作案嫌疑。此后,侦查人员多次到林正满家告诉其父母,让林正满与侦查员见面配合调查本案,要其父母想办法联系林正满,并将侦查员的手机号码留在了林家。

2. 犯罪嫌疑人林正满给办案民警拨打电话时有意隐瞒自己的行踪,没有投案的动机和意思表示,不能视为自动投案。根据公安机关出具的情况说明,2008 年 3 月 24 日,林正满确曾使用不能显示来电的号码打电话给侦查员,但谎称自己在上海做事,要过几天才能回来配合本案的调查,只字不提自己与本案有关。公安机关系通过技术手段,查明犯罪嫌疑人林正满实际在浙江省嘉兴市而不在上海。因此,其辩护人称其使用公用电话给警察打电话表明其没有隐瞒自己的行踪等理由与事实不符,其行为不符合自动投案的构成特征。

3. 犯罪嫌疑人林正满被捕获后否认自己有犯罪行为,系经过审查被迫供述罪行,其行为不构成自首。苍南县公安局掌握犯罪嫌疑人林正满的行踪后立即赶赴嘉兴,在当地公安机关的配合下,于 2008 年 3 月 25 日下午在浙江省嘉兴市将林正满抓获。经审讯,林正满拒不交代、否认自己有犯罪行为。系经过政策攻心、加大审讯力度后,犯罪嫌疑人林正满才被迫交代了抢劫杀人的犯罪事实。

综上,上诉、辩护称被告人在被抓获之前有自首的主观意思表示、应当认定为自动投案、构成自首等理由均不能成立,法院的裁判是正确的。

2. 如何认定职务犯罪中纪检监察机关审查期间的自首

——吴小富、邹金炎等私分国有资产、贪污、挪用公款案

裁判要旨

一、犯罪嫌疑人在被纪检监察机关采取调查措施期间交代犯罪能否认定为自首,应当根据刑法关于自首的立法本意和认定条件加以掌握,对纪委已掌握一定的线索和证据情况下,经过审查被迫交代受贿等犯罪事实的,不宜认定为自首。

二、三被告人在纪检监察机关已经基本掌握犯罪线索或犯罪事实的情况下被动交代,不符合自首的成立要件。吴小富、方永福归案后有一定的悔罪表现,三被告人归案后,主动退出全部赃款,均可酌情从轻处罚。

三、本案虽然在 2009 年最高人民法院、最高人民检察院发布《关于办理职务犯罪案件认定自首、立功等量刑情节若干问题的意见》之前审结,但与该意见的规定相符,具有典型指导意义。①

案号索引

一审:衢州市中级人民法院(2006)衢中刑初字第 37 号;

---

① 在本书编写过程中,国家监察体制改革全面启动,并以“留置”取代“两规”措施。但本节关于自首的探讨仍具有一定的参考价值,故在本书中予以保留。

二审:浙江省高级人民法院(2007)浙刑二终字第6号。

基本案情

被告人吴小富,男,1965年9月13日出生于浙江省开化县,原系开化县人民政府副县长。因本案于2005年11月4日被逮捕。

被告人邹金炎,男,1954年7月15日出生于浙江省开化县,原系开化县水利水电局办公室副主任。因本案于2005年11月4日被逮捕。

被告人方永福,男,1968年10月3日出生于浙江省开化县,原系衢州市巨江水电建设有限公司总经理。因本案于2005年11月4日被逮捕。

浙江省衢州市人民检察院以被告人吴小富、邹金炎、方永福分别犯私分国有资产罪、贪污罪、挪用公款罪,向衢州市中级人民法院提起公诉。

衢州市中级人民法院经审理查明:

被告人吴小富于1998年5月19日起担任开化县水利水电局局长,2001年2月22日被调任他职。被告人邹金炎于1998年10月18日起担任该局企业管理科副科长,后兼任开化县小水电结算中心会计。被告人方永福于1998年10月18日起担任该局办公室主任,2001年10月19日被调任他职。开化县水电实业公司、开化县小水电结算中心均系开化县水利水电局下属国有企业。

(一)私分国有资产

吴小富在担任开化县水利水电局局长后,为提高全局干部职工福利待遇,起意套取国有资金用于私分。1999年6月至2001年2月,吴小富与邹金炎、方永福等人先后三次套取国有资金共计160.385587万元。具体如下:

1. 1999年六七月间,吴小富授意他人将省水利厅下拨给该局的水保资金38.25万元,通过该局水保站以水土保持补助款的名义先下拨到该县华埠镇金星村、华东村和华民村,尔后以三个村归还该局借款名义将其中的30万元转回,避开局财务存入开化县水电实业公司账户,相关凭证交给邹金炎。

2. 2000年八九月间,吴小富提议并经局领导班子会议决定,采取虚假少收下属的钱江水利开发股份有限公司开化分公司应上缴局里的发电水费的方法套取国有资金,吴小富授意邹金炎、方永福具体运作。同年9月4日,该局给钱江水利开发股份有限公司开化分公司下达同意上年度发电水费按原比例的三分之二收取的抄告单。方永福编制了虚假的齐溪电站隧洞加固处理工程决算表，交给邹金炎。邹持该决算表从税务机关开具发票后，交由该分公司入账，从而以支付该虚假工程款的名义，套取该分公司应上交局里的国有资金67.985587万元。

3. 2001年1月，吴小富授意邹金炎、方永福从本局套取国有资金。方永福编制了虚假的东坑水库除险加固工程、碧家河水库除险加固工程决算表，交由吴小富签字后，由邹到税务机关开具发票，交局财务入账，从而以支付该两个虚假工程款名义从局里套取国有资金62.4万元。

2001年2月，吴小富即将离任，决定以给职工扩股、直接发存单的形式私分上述套取的国有资金，并授意邹金炎、方永福具体实施私分事宜。同年2~6月，邹金炎、方永福根据要求，按每股3000元，一般干部5股，中层干部6股，班子成员8股的标准将套取的国有资金用于全局干部职工在东坑水库一级电站的扩股支出，共计支出56.4万元。其中，吴小富分得8股，计24000元，邹金炎、方永福各分得6股，分别计18000元。同年2月，邹金炎、方永福还根据要求提取78万元，以银行存单的形式发给全局干部职工，共计支出70.4万元人民币。其中，吴小富分得3.6万元人民币，邹金炎、方永福各分得3万元人民币。

综上，吴小富伙同邹金炎、方永福以单位名义，私分国有资产合计126.8万元。案发后，赃款均被追回。

（二）贪污

2001年2月，邹金炎、方永福从开化县水电实业公司账户提取国有资金34034.71元，连同上述套取的国有资金私分后剩余部分尚有193885.04元。同月，吴小富提出必须要将该款处理完毕，邹金炎提议由三被告人侵吞，吴小富、方永福表示同意，后吴小富分得65200元，邹金炎分得63423元，方永福分得65262.04元。

2005年9月，因开化县审计局对开化县水利水电局例行审计，三被告人恐罪行败露，便将上述共同侵吞的款项及银行同期存款利息共计204720元退回。其中，吴小富退回69000元，邹金炎退回67000元，方永福退回68720元。9月6日，方永福以“集资款”名义将该204720元退还到东坑水库一级电站账户。

（三）挪用公款

2003年9月26日，邹金炎利用担任开化县小水电结算中心会计的职务便利，擅自从该中心借款15万元，用于归还其先前因从事营利活动在中国银行开化支行的15万元到期贷款。9月30日、10月22日，邹金炎分两次将该款予以归还。

审　判

衢州市中级人民法院经审理认为，被告人吴小富、邹金炎、方永福的行为均构成私分国有资产罪。吴小富、邹金炎、方永福还利用职务之便，侵吞公款19万余元，其行为均构成贪污罪。邹金炎利用职务之便挪用数额较大公款用于个人从事营利活动的行为还构成挪用公款罪。对三被告人应予并罚。公诉机关指控的罪名成立。被告人吴小富、邹金炎、方永福在被纪委审查期间均如实交代了各自的犯罪行为，对三被告人的行为可视为自首，可减轻处罚。遂依照《刑法》规定，作出一审判决如下：

1. 被告人吴小富犯贪污罪，判处有期徒刑七年，并处没收财产一万五千元人民币；犯私分国有资产罪，判处有期徒刑两年六个月，并处罚金一万元人民币；决定执行有期徒刑八年，并处没收财产一万五千元人民币、罚金一万元人民币。

2. 被告人邹金炎犯贪污罪，判处有期徒刑七年六个月，并处没收财产二万元人民币；犯私分国有资产罪，判处有期徒刑二年，并处罚金一万元人民币；犯挪用公款罪，判处有期徒刑一年；决定执行有期徒刑九年，并处没收财产二万元人民币、罚金一万元人民币。

3. 被告人方永福犯贪污罪，判处有期徒刑七年，并处没收财产一万五千元人民币；犯私分国有资产罪，判处有期徒刑一年六个月，并处罚金一万元人民币；决定执行有期徒刑七年九个月，并处没收财产一万五千元人民币、罚金一万元人民币。

4. 本案贪污及私分之赃款予以追缴。

宣判后，三被告人均不服，分别提出上诉。

浙江省高级人民法院审理认为，原审认定三被告人自首等事实不清，予以减轻处罚不当。依照《中华人民共和国刑事诉讼法》第一百八十九条第（三）项之规定，裁定：撤销原判，发回衢州市中级人民法院重新审判。

衢州市中级人民法院经重新审理认为,被告人吴小富、邹金炎、方永福身为国家工作人员,采取非法手段套取国有资金,并以单位名义将国有资金126.8万元人民币私分给个人,数额巨大,其行为已构成私分国有资产罪。被告人吴小富、邹金炎、方永福利用职务之便,侵吞公款19万余元,其行为已构成贪污罪。被告人邹金炎利用职务之便,非法挪用公款归个人使用,用于营利活动,数额较大,其行为已构成挪用公款罪。三被告人在纪委已经基本掌握犯罪线索或犯罪事实的情况下被动交代,不符合自首的成立要件。吴小富、方永福归案后有一定的悔罪表现,三被告人归案后,主动退出全部赃款,均可酌情从轻处罚。依照《中华人民共和国刑法》第三百八十二条第一款、第三百九十六条第一款、第三百八十三条第一款第(一)项、第三百八十四条第一款、第二十五条第一款、第六十七条第二款、第六十九条、第六十四条之规定,判决如下:

1. 被告人吴小富犯贪污罪,判处有期徒刑十年,并处没收财产一万元人民币,犯私分国有资产罪,判处有期徒刑二年,并处罚金一万元人民币。数罪并罚,决定执行有期徒刑十一年,并处罚金一万元人民币,并处没收财产一万元人民币。

2. 被告人邹金炎犯贪污罪,判处有期徒刑十一年,并处没收财产一万元人民币,犯私分国有资产罪,判处有期徒刑二年,并处罚金一万元人民币,犯挪用公款罪,判处有期徒刑一年。数罪并罚,决定执行有期徒刑十二年六个月,并处罚金一万元人民币,并处没收财产一万元人民币。

3. 被告人方永福犯贪污罪,判处有期徒刑十年,并处没收财产一万元人民币,犯私分国有资产罪,判处有期徒刑一年,并处罚金五千元人民币。数罪并罚,决定执行有期徒刑十年六个月,并处罚金五千元人民币,并处没收财产一万元人民币。

4. 本案贪污及私分之赃款予以追缴。

宣判后,邹金炎不服,向浙江省高级人民法院提出上诉。

邹金炎上诉及其二审辩护人提出,原审认定事实不清,适用法律不当:(1)私分国有资产部分,邹金炎的地位、作用明显次于其他被告人,而原判量刑未予体现;(2)贪污部分,私分该十九万余元系先前私分国有资产的继续,其性质不属贪污;(3)挪用公款部分,邹金炎借出该笔资金经领导口头同意,并出具借条,不属擅自借款,所借公款并未用于营利活动,故不构成挪用公款罪;(4)有自首情节,原判未予认定不当。其辩护人还称,如要认定邹金炎的行为构成贪污罪,则邹为从犯。邹金炎还称归案后认罪态度好,有悔罪表现,且系初犯。邹金炎及其辩护人均请求在查清事实的基础上予以改判。

浙江省高级人民法院经审理查明,原判认定的事实清楚,证据确实、充分。关于上诉、辩护理由,经查:(1)在套取国有资金中,邹金炎到税务机关开具正规发票并交相关部门入账,保管所套资金,后与方永福按要求具体实施私分,行为较积极。邹金炎的辩护人称邹的地位、作用明显次于其他被告人的意见不能成立,不予采信。(2)三被告人侵吞19万余元不是以集体名义私分,而纯系三被告人的个人行为,其行为不符合私分国有资产罪的构成要件,而系贪污行为。邹金炎及其辩护人称不属贪污的意见不能成立,不予采信。另外,邹金炎首先提起贪污犯意,并与他人具体实施分钱行为,所得赃款与其他被告人也基本相当,其在贪污中行为积极、主动,地位、作用突出。其辩护人称系从犯的意见不能成立,不予采信。(3)邹金炎称当时向开化县小水电结算中心借款征得单位领导同意,因无证据印证而无法确认。邹虽出具借条,但其利用职务之便违规借出亦属擅自借出公款。邹金炎挪用该15万元系用于循环归还其因从事营利活动而向银行的贷款,故可认定挪用公款用于个人从事营利活动。邹金炎与辩护人称不属擅自借款,所借公款并未用于营利活动的理由不能成立,不予采信。(4)邹金炎系在其挪用公款罪行被有关部门完全掌握的情况下被动归案,并无自动投案行为,归案后在有关部门已掌握其部分私分国有资产及全部贪污罪行后,其才交代自己的罪行。邹金炎及辩护人称有自首情节的理由不能成立,不予采信。

浙江省高级人民法院认为,被告人吴小富、邹金炎、方永福身为国家工作人员,违反国家规定,套取数额巨大的国有资金并以单位名义私分给个人,其行为均构成私分国有资产罪。吴小富、邹金炎、方永福还利用职务之便,侵吞公款19万余元,其行为均构成贪污罪。邹金炎利用职务之便挪用数额较大公款用于个人从事营利活动的行为还构成挪用公款罪。对三被告人应予并罚。邹金炎及其辩护人所提上诉、辩护理由均不能成立,不予采纳。原判定罪准确,审判程序合法,但法律并无贪污罪并处罚金、私分国有资产罪并处没收财产的规定,原判对邹金炎贪污罪并处罚金、私分国有资产罪并处没收财产,属适用法律错误,应予纠正。依照《中华人民共和国刑事诉讼法》第一百八十九条第(一)、(二)项,《中华人民共和国刑法》第三百八十二条第一款、第三百八十三条第一款第(一)项、第三百八十四条第一款、第三百九十六条第一款、第二十五条第一款、第六十九条之规定,判决如下:

1. 驳回邹金炎的上诉;

2. 撤销原判对邹金炎贪污罪并处罚金一万元、私分国有资产罪并处没收财产一万元,对邹金炎贪污罪并处没收财产一万元、私分国有资产罪并处罚金一万元;

3. 维持判决的其余部分。

现裁判已发生法律效力。

法官评述

本案是一起因自首认定错误被上级法院发回重审的职务犯罪案件,争议的焦点在于犯罪嫌疑人在纪检监察机关审查期间,交代纪检监察机关已经掌握的犯罪事实,能否认定为自首。在审理中,形成以下两种意见:

一种意见认为,纪检监察机关毕竟不是司法机关,犯罪分子在纪检监察机关调查期间交代犯罪事实的,因此时司法机关尚未对其采取强制措施,可认定为自动投案;

另一种意见认为,根据我国国情,纪检监察部门是办案机关,在查处贪污、受贿犯罪中起着非常重要的作用,司法实践中大部分职务犯罪案件都是由纪检监察机关前置调查后移送司法机关处理的,犯罪嫌疑人在被纪委采取调查措施期间交代犯罪能否认定为自首应当根据刑法关于自首的立法本意和认定条件加以掌握,在纪委已掌握一定的线索和证据的情况下,经过审查被迫交代受贿等犯罪事实的,不宜认定为自首。

本案审理中,二审法院采纳了上述第二种意见。我们认为,二审法院的裁判是正确的。本案虽然在2009年最高人民法院、最高人民检察院发布《关于办理职务犯罪案件认定自首、立功等量刑情节若干问题的意见》(以下简称《意见》)之前审结,但与该《意见》的规定相符,具有典型指导意义。

《意见》第1条第(1)、(3)项规定:“根据刑法第六十七条第一款的规定,成立自首需同时具备自动投案和如实供述自己的罪行两个要件。犯罪事实或者犯罪分子未被办案机关掌握,或者虽被掌握,但犯罪分子尚未受到调查谈话、讯问,或者未被宣布采取调查措施或者强制措施时,向办案机关投案的,是自动投案。在此期间如实交代自己的主要犯罪事实的,应当认定为自首。”“没有自动投案,在办案机关调查谈话、讯问、采取调查措施或者强制措施期间,犯罪分子如实交代办案机关掌握的线索所针对的事实的,不能认定为自首。”此处的办案机关除了公安、检察机关等具有侦查权的机关,还应当包括纪检、监察等法定职能部门。纪检监察机关宣布将被调查人叫去审查,一般都是得到举报、检举或通过其他工作途径已经掌握了一定的线索或证据。犯罪嫌疑人在接受纪检监察部门审查期间,被迫交代已被掌握的犯罪事实的,因缺乏归案的主动性和自愿性,不能认定为自首。否则,所有经过纪委审查的职务犯罪案件都可能构成自首,从而造成自首的泛滥,这既不符合自首的立法精神,也不利于反腐败斗争。

本案中,根据纪检监察部门出具的证明,2005年9月,中共开化县纪委根据审计和举报,发现邹金炎经手的财务工作混乱,存在违规出借资金给其他单位以及挪用公款情况。9月7日即对非党员邹金炎采取了“两指”措施。后通过查账,纪委发现小水电结算中心账目中有39.4万元的款项账目处理可疑,遂加大对邹金炎的谈话力度,最终查实了私分国有资产的事实。10月3日,根据邹金炎的交代,对方永福采取“两规”措施,在纪委调查组已经掌握邹、方挪用公款、参与套取国有资金发福利、私分国有资产等犯罪事实证据的情况下,方永福首先交代了其与吴小富、邹金炎私分公款的事实。同年9月20日,中共衢州市纪委对吴小富有关违纪情况开始进行初查,10月9日对其正式立案调查,之前已经掌握了吴套取国有资金私分及贪污事实,纪委第一次找吴谈话时吴没有意识到问题的严重性,没有及时交代,次日采取“双规”措施后,吴才如实作了交代。可见,在纪委对三被告人调查前,办案机关已经掌握其大部分或全部犯罪事实,三被告人缺乏归案的主动性,不符合自首的本质特征。故二审法院裁定撤销原判、发回重审,以及重审后没有认定自首,是正确的。

3. 如何认定经济犯罪中行政执法前置调查案件的自首

——何一平虚开用于抵扣税款发票案①

裁判要旨

一、本案税务行政执法机关通过群众举报、突击检查等途径掌握嘉成公司实施虚开发票违法犯罪的证据在先，公安机关在何一平到案前，已掌握嘉成公司及被告人何一平虚开用于抵扣税款发票的犯罪事实，并根据线索主动搜寻发现犯罪人，何一平亦没有自动投案，其接到公安机关电话通知后被动到案，且没有如实供述自己的罪行，系在接受审查后被迫交代犯罪，显然不是自首。

二、嘉成公司虽已被吊销企业法人营业执照，但不能因此免除单位及单位犯罪有关责任人员的刑事责任。鉴于公诉机关未对嘉成公司指控，故依法只追究对单位犯罪直接负责的主管人员何一平的刑事责任。

三、鉴于本案部分虚开的税款损失已经追回等具体情节，原判已对被告人何一平从轻处罚。

案号索引

一审：绍兴市中级人民法院(2009)浙绍刑初字第68号；

二审：浙江省高级人民法院(2009)浙刑二终字第172号。

基本案情

被告人何一平，男，1965年4月24日出生，原系浙江诸暨嘉成珍珠养殖有限公司董事长。因本案于2008年10月10日被逮捕。

浙江省绍兴市人民检察院以被告人何一平犯虚开用于抵扣税款发票罪向绍兴市中级人民法院提起公诉。

被告人何一平及其辩护人辩称，何一平系因金融危机导致不能全额退缴税款，认罪态度较好；何一平在公安机关未对其采取强制措施的情况下，主动到案并如实交代犯罪事实，应认定为自首。

---

① 本案例系韩大可法官提供，在此表示感谢。

绍兴市中级人民法院经公开开庭审理查明：浙江诸暨嘉成珍珠养殖有限公司（以下简称嘉成公司）系成立于2002年12月的中外合资经营企业，于2007年12月被当地工商部门吊销营业执照。2003年10月起该公司由被告人何一平担任董事长，负责公司的日常工作。2004年至2005年，为嘉成公司偷逃税款，被告人何一平在无相应实际珍珠业务交易的情况下，指使公司财务人员利用原先保存或者取得的珍珠投售人信息资料，采取重复开票、少售多开、虚填姓名、虚开发票后将对应货款转存等手段，以何惠龙、何建丽、何志潮、何秀军、詹军、何永锦、蔡建生、王纪荣、冯卫炎、何云山、袁汉明、屠仲江、何信汉、金利灿、宣杨勇、何欢金、石丁伟等为公司的珍珠投售人，先后虚开浙江省农业产品收购专用发票计225份，价税合计2280万余元人民币，虚开税款合计296万余元人民币，均已向当地税务机关申报抵扣。案发后，嘉成公司向税务部门补缴了部分税款。

另查明，本案系税务机关于2006年3月根据群众举报，组织专案组，通过突击检查等途径掌握嘉成公司实施虚开发票违法犯罪的证据后，将案件移交公安机关而查处。公安机关立案后电话通知何一平到案，何一平在第一份笔录中未供认主要犯罪事实，后在接受审查期间陆续供认。

审　判

绍兴市中级人民法院认为，被告人何一平身为公司主管人员，决定并指使员工为公司虚开用于抵扣税款的发票，数额巨大，情节特别严重，其行为已构成虚开用于抵扣税款发票罪。公诉机关指控的罪名成立，应予支持。何一平系接到电话通知后到案，此前公安机关已掌握其犯罪事实，虽依法不能认定为自首，但其归案后认罪态度较好，且能积极退税，有较好的悔罪表现，对其可予以酌情从轻处罚。辩护人就此提出的辩护意见予以采纳。依照《中华人民共和国刑法》第二百零五条第一、三、四款、第五十六条第一款、第六十四条之规定，判决：一、被告人何一平犯虚开用于抵扣税款发票罪，判处有期徒刑十四年，剥夺政治权利二年；二、本案违法所得继续追缴。

一审宣判后，被告人何一平不服，向浙江省高级人民法院提出上诉。

何一平上诉提出，其到案前公安机关掌握的是嘉成公司的犯罪事实，并非针对其个人,其主动到案,应认定为自首;归案后认罪态度好,积极退赔税款,原判量刑过重,要求从轻改判。

浙江省高级人民法院审理后认为,原判认定的事实清楚,证据确实充分。被告人何一平身为对诸暨嘉成珍珠养殖有限公司行为直接负责的主管人员,决定并指使公司人员虚开用于抵扣税款的发票,虚开的税款数额巨大,情节特别严重,其行为已构成虚开用于抵扣税款发票罪。本案税务行政执法机关通过群众举报、突击检查等途径掌握嘉成公司实施虚开发票违法犯罪的证据在先,公安机关在何一平到案前,已掌握嘉成公司及被告人何一平虚开用于抵扣税款发票的犯罪事实,并根据线索主动搜寻发现犯罪人,何一平亦没有自动投案,其接到公安机关电话通知后被动到案,且没有如实供述自己的罪行,系在接受审查后被迫交代犯罪,显然不是自首。嘉成公司虽已被吊销企业法人营业执照,但并不能因此免除单位及单位犯罪有关责任人员的刑事责任。鉴于公诉机关未对嘉成公司指控,故依法只追究对单位犯罪直接负责的主管人员何一平的刑事责任。鉴于本案部分虚开的税款损失已经追回等具体情节,原判已对被告人何一平从轻处罚。被告人何一平上诉提出原判量刑过重,要求从轻改判的理由不足,不予采纳。原判定罪及适用法律正确,量刑适当。审判程序合法。依照《中华人民共和国刑事诉讼法》第一百八十九条第(一)项,《中华人民共和国刑法》第二百零五条第一、三、四款、第五十六条第一款、第六十四条之规定,裁定:驳回上诉,维持原判。

主要问题

1. 司法机关掌握证据后电话通知犯罪嫌疑人到案,能否认定为自动投案?

2. 犯罪嫌疑人到案后陆续供述司法机关已经掌握的犯罪事实,能否认定为如实供述犯罪行为?

法官评述

一、办案机关掌握有关犯罪事实的证据在先,行为人接公安机关电话通知到案但缺乏投案意图的行为,不能认定为自动投案

在实践中,可能存在的疑问是,根据最高人民法院《关于处理自首和立功具体应用法律若干问题的解释》(以下简称《解释》)规定,公安机关通知(包括电话通知)犯罪嫌疑人的亲友,由其亲友将犯罪嫌疑人送去投案的,也视为自动投案;那么,犯罪嫌疑人直接接到公安机关通知后到案,能否认定为自动投案?

我们认为,自动投案的主要特征之一是犯罪嫌疑人在主观上要有主动性,有自愿将自己交付法律制裁的意图,对于公安机关通知犯罪嫌疑人的亲友、由其亲友将犯罪嫌疑人送去投案的情形,由于公安机关与犯罪嫌疑人之间尚无直接的意思联系,可以认定犯罪嫌疑人到案的行为有主动性,但一旦由公安机关直接通知犯罪嫌疑人后到案,犯罪嫌疑人的行为系在公安机关的直接要求甚至控制下所作,其行为是否具有主动性和自愿性,还需结合行为人是否具有投案自首的动机、意图以及到案后是否如实供述自己的罪行等客观行为表现加以分析,不可一概而论。2010年12月最高人民法院下发的《关于处理自首和立功若干具体问题的意见》(以下简称《意见》)列举的7种"视为自动投案"情形,也强调了犯罪嫌疑人投案的主动性和自愿性。对那些缺乏投案想法,前往公安机关仅仅是为了打探消息或为自己洗刷罪名、消除犯罪嫌疑的行为人,认定为投案自首,显然违背了自首的立法精神。

在案证据显示,本案系浙江省国税局稽查局经群众举报,于2006年3月组织专案组对诸暨市有关珍珠企业进行突击检查而案发。2006年10月,专案组通过对2004~2005年度嘉成公司开具每一份农业产品收购专用发票珍珠投售人的逐一调查等取证工作,查清嘉成公司虚开农业产品收购专用发票的事实,专案组同时也掌握了被告人何一平作为该公司主要负责人指使公司财务人员虚开发票的有关证据,诸暨市国税局于2006年11月作出补缴税款426万元、罚款321万元的决定,并于2007年11月15日将案件移送诸暨市公安局。法院审理后认为,本案税务行政执法机关通过群众举报、突击检查等途径掌握嘉成公司实施虚开发票违法犯罪的证据在先,公安机关在何一平到案前,已掌握嘉成公司及被告人何一平虚开用于抵扣税款发票的犯罪事实,并根据线索主动搜寻发现犯罪人,何一平亦没有自动投案;何一平接到公安人员的电话通知后,虽然自行前往公安机关,但归案初期并没有供认自己的罪行,主观上缺乏投案的动机,故其最终没有构成自动投案。

二、行为人被动到案，系在接受审查后被迫交代犯罪，不能认定为自首构成要件中的“如实供述自己的罪行”

《意见》第2条对“如实供述自己的罪行”的相关情形作了具体规定：犯罪嫌疑人多次实施同种罪行的，应当综合考虑已交代的犯罪事实与未交代的犯罪事实的危害程度，决定是否认定为如实供述主要犯罪事实。虽然投案后没有交代全部犯罪事实，但如实交代的犯罪情节重于未交代的犯罪情节，或者如实交代的犯罪数额多于未交代的犯罪数额，一般应认定为如实供述自己的主要犯罪事实。无法区分已交代的与未交代的犯罪情节的严重程度，或者已交代的犯罪数额与未交代的犯罪数额相当，一般不认定为如实供述自己的主要犯罪事实。本案系涉税案件，偷税数额的大小与犯罪情节的严重程度直接相关，犯罪嫌疑人归案后在第一次审讯中对主要犯罪事实予以否认，后才陆续交代主要犯罪事实，且系司法机关掌握其主要犯罪事实的相关证据在先，根据《意见》规定，其行为不能认定为“如实供述自己的罪行”。就此而言，本案被告人何一平的行为依法亦不能认定为自首。

第三节　自首立功的裁判依据与案例索引

一、现行法律、司法解释和司法文件索引

(一)现行法律、司法解释和司法业务文件

1.《中华人民共和国刑法》第67条(自首)、第68条(立功)

2.最高人民法院《关于处理自首和立功具体应用法律若干问题的解释》(1998年5月9日)

3.最高人民法院、最高人民检察院《关于办理职务犯罪案件认定自首、立功等量刑情节若干问题的意见》(2009年3月19日)

4.最高人民法院《关于处理自首和立功若干具体问题的意见》(2010年12月

22日）

（二）地方性司法业务文件

1. 浙江省高级人民法院、浙江省人民检察院《关于严格依法认定自首的通知》（2007年10月31日）

2. 浙江省高级人民法院刑二庭《关于全省法院经济犯罪疑难问题研讨会纪要（一）、（二）》（2005年3月1日、2006年6月29日）

3. 浙江省高级人民法院、浙江省人民检察院、浙江省公安厅《关于认定立功具体适用法律问题的若干意见》（2009年5月31日）

二、常见问题的裁判规则

（一）犯罪以后自动投案的裁判规则

自动投案，是指犯罪事实或者犯罪嫌疑人未被司法机关发觉，或者虽被发觉，但犯罪嫌疑人尚未受到讯问、未被采取强制措施时，主动、直接向公安机关、人民检察院或者人民法院投案。

——最高人民法院《关于处理自首和立功具体应用法律若干问题的解释》第1条（1998年5月9日）

根据《刑法》第六十七条第一款的规定，成立自首需同时具备自动投案和如实供述自己的罪行两个要件。犯罪事实或者犯罪分子未被办案机关掌握，或者虽被掌握，但犯罪分子尚未受到调查谈话、讯问，或者未被宣布采取调查措施或者强制措施时，向办案机关投案的，是自动投案。在此期间如实交代自己的主要犯罪事实的，应当认定为自首。

犯罪分子向所在单位等办案机关以外的单位、组织或者有关负责人员投案的，应当视为自动投案。

——最高人民法院、最高人民检察院《关于办理职务犯罪案件认定自首、立功等量刑情节若干问题的意见》第1条(2009年3月19日)

犯罪嫌疑人具有以下情形之一的,也应当视为自动投案:(1)犯罪后主动报案,虽未表明自己是作案人,但没有逃离现场,在司法机关询问时交代自己罪行的;(2)明知他人报案而在现场等待,抓捕时无拒捕行为,供认犯罪事实的;(3)在司法机关未确定犯罪嫌疑人,尚在一般性排查询问时主动交代自己罪行的;(4)因特定违法行为被采取劳动教养、行政拘留、司法拘留、强制隔离戒毒等行政、司法强制措施期间,主动向执行机关交代尚未被掌握的犯罪行为的;(5)其他符合立法本意,应当视为自动投案的情形。

——详见最高人民法院《关于处理自首和立功若干具体问题的意见》第1条(2010年12月22日)

犯罪以后自动投案,是指犯罪人(均指犯罪嫌疑人、被告人)被抓获之前或者犯罪人尚未归案之前,自己主动向司法机关投案等候处理的行为。包括犯罪后,犯罪事实未被发觉之前,或者犯罪事实被发觉但犯罪人未被发觉,或者犯罪人已被发觉但未受到司法机关讯问、传唤及未被采取其他强制措施之前,甚至犯罪人被通缉、追捕被抓获之前的主动投案行为。通常情况下,只要犯罪人在司法机关将其抓获之前主动投案的,均可认定为自动投案。

犯罪人因病、伤或者为了减轻犯罪后果,自己一时不能前往投案而先委托他人代为投案,或者先以信电投案自己随后就到案的,应视为自动投案。

只有投案的想法而无投案的行为,不是自动投案。

——详见浙江省高级人民法院、浙江省人民检察院《关于严格依法认定自首的通知》(2007年10月31日)

(二)犯罪人向所在单位、城乡基层组织及有关人员投案的裁判规则

犯罪嫌疑人向其所在单位、城乡基层组织或者其他有关负责人员投案的;犯罪嫌疑人因病、伤或者为了减轻犯罪后果,委托他人先代为投案,或者先以信电投案

的;罪行尚未被司法机关发觉,仅因形迹可疑,被有关组织或者司法机关盘问、教育后,主动交代自己的罪行的;犯罪后逃跑,在被通缉、追捕过程中,主动投案的;经查实确已准备去投案,或者正在投案途中,被公安机关捕获的,应当视为自动投案。

——最高人民法院《关于处理自首和立功具体应用法律若干问题的解释》第1条(1998年5月9日)

犯罪人向所在单位、城乡基层组织或者其他有关负责人员投案的,一般应当在地点和时间上就近、迅速、有必要。如果犯罪人向所在单位、基层组织及有关人员陈述了犯罪事实,但仅仅是要求保护自己或家人,表明自己行为的正当性、被迫性等,甚至要求有关人员为其掩饰,并无投案接受处理表示的,不是自动投案。

——详见浙江省高级人民法院、浙江省人民检察院《关于严格依法认定自首的通知》(2007年10月31日)

(三)区分陪送子女亲友归案与扭送子女亲友归案的裁判规则

犯罪嫌疑人被亲友采用捆绑等手段送到司法机关,或者在亲友带领侦查人员前来抓捕时无拒捕行为,并如实供认犯罪事实的,虽然不能认定为自动投案,但可以参照法律对自首的有关规定酌情从轻处罚

——详见最高人民法院《关于处理自首和立功若干具体问题的意见》第1条(2010年12月22日)

陪送子女亲友归案,一般是指在犯罪人自己不愿意自动投案的情况下,对犯罪人进行规劝、教育使犯罪人同意而陪同其一起到司法机关的行为。这种情况归案并不违背犯罪人的意志,应当认定为自动投案。扭送是指犯罪人被群众或家长亲友强行押送至司法机关的行为,包括将其麻醉、捆绑送至司法机关。在这种情况下归案,对犯罪人来说不具有主动性,不构成自动投案。但是在家长亲友扭送途中,犯罪人又不反对归案且归案后主动交代犯罪事实的,应当认定为自动投案。

——详见浙江省高级人民法院、浙江省人民检察院《关于严格依法认定自首的通知》(2007年10月31日)

(四)区分侦查人员通过搜寻发现犯罪人使其归案与犯罪人主动去司法机关投案途中被司法机关发现而归案的裁判规则

犯罪人准备投案或者正在投案途中即被司法机关捕获的,应当视为自动投案。但是认定此类为自动投案,必须有充分的证据证明犯罪人确系准备投案或者正在投案途中,而不能仅凭犯罪人的辩解。侦查人员根据线索主动搜寻发现犯罪人,从而归案的,不能仅仅因为犯罪人没有逃跑、听从侦查人员的传唤就认定为自动投案。

——详见浙江省高级人民法院、浙江省人民检察院《关于严格依法认定自首的通知》(2007 年 10 月 31 日)

(五)区分形迹可疑盘问后交代犯罪事实与有犯罪嫌疑审查后交代的裁判规则

罪行未被有关部门、司法机关发觉,仅因形迹可疑被盘问、教育后,主动交代了犯罪事实的,应当视为自动投案,但有关部门、司法机关在其身上、随身携带的物品、驾乘的交通工具等处发现与犯罪有关的物品的,不能认定为自动投案。

——详见最高人民法院《关于处理自首和立功若干具体问题的意见》第 1 条(2010 年 12 月 22 日)

形迹可疑是指有关组织或者司法机关没有任何证据证明被盘问的人可能涉嫌某项犯罪,仅仅因为被盘问的人表现不正常,神色慌张,行踪诡异,使有关组织或者司法机关对其产生怀疑。形迹可疑经盘问、教育后交代可视为自动投案。犯罪嫌疑是司法机关掌握有一定的线索或者证据,证明该人可能涉嫌某项犯罪。有犯罪嫌疑审查后交代不能认定为自动投案。区分形迹可疑与犯罪嫌疑,主要是看在盘问时对被盘问人的怀疑是否有具体的依据与刑事犯罪相联系。如在被盘问人身上、身边当场发现、查出毒品、枪支等违禁品,或者发现其身边有疑似犯罪的赃物、凶器等作案工具,身上有血迹、打斗伤痕等,应当认为有犯罪嫌疑。某案发生后,在一定范围内围追堵截发现可疑人员，经盘问交代实施该案的，因已将其与具体案件相联系，故不属形迹可疑。如果对被盘问人的怀疑仅仅是一种抽象的怀疑，而不能和具体的犯罪联系起来的，则应当认为是形迹可疑。

对于在逃的被追捕、通缉的犯罪人来说，其犯罪嫌疑已经被特定的司法机关掌握。但是，如果其在其他还不掌握其犯罪嫌疑的地方，仅因形迹可疑，被有关组织或者司法机关教育、盘问时，交代了被追捕通缉的犯罪事实，也可以认定为自动投案。

——详见浙江省高级人民法院、浙江省人民检察院《关于严格依法认定自首的通知》(2007 年 10 月 31 日)

(六)纪检监察机关审查期间自首的裁判规则

犯罪分子向所在单位等办案机关以外的单位、组织或者有关负责人员投案的，应当视为自动投案。

没有自动投案，在办案机关调查谈话、讯问、采取调查措施或者强制措施期间，犯罪分子如实交代办案机关掌握的线索所针对的事实的，不能认定为自首。

没有自动投案，但具有以下情形之一的，以自首论：(1)犯罪分子如实交代办案机关未掌握的罪行，与办案机关已掌握的罪行属不同种罪行的；(2)办案机关所掌握线索针对的犯罪事实不成立，在此范围外犯罪分子交代同种罪行的。

——最高人民法院、最高人民检察院《关于办理职务犯罪案件认定自首、立功等量刑情节若干问题的意见》第 1 条(2009 年 3 月 19 日)

犯罪人主动到纪检监察机关交代犯罪事实的，或者在纪检监察机关找其谈话前交代主要犯罪事实的，应当认定为自首；犯罪人在纪检监察机关找其谈话后交代犯罪事实的，不能认定为自首；纪检监察机关根据举报等途径掌握的线索，经查不实，但犯罪人主动交代了主要犯罪事实的，以自首论；犯罪人在交代了被掌握的犯罪事实以外，又交代了不为纪检监察机关所掌握的不属于同种罪行的其他犯罪事实，对该不同种罪行，以自首论，属同种罪行的，不认为是自首。

纪检监察机关工作人员与犯罪人单位领导一起找犯罪人谈话的，视为纪检监察机关谈话。

——详见浙江省高级人民法院、浙江省人民检察院《关于严格依法认定自首的通知》(2007 年 10 月 31 日)

(七) 单位犯罪自首的裁判规则

单位犯罪案件中，单位集体决定或者单位负责人决定而自动投案，如实交代单位犯罪事实的，或者单位直接负责的主管人员自动投案，如实交代单位犯罪事实的，应当认定为单位自首。单位自首的，直接负责的主管人员和直接责任人员未自动投案，但如实交代自己知道的犯罪事实的，可以视为自首；拒不交代自己知道的犯罪事实或者逃避法律追究的，不应当认定为自首。单位没有自首，直接责任人员自动投案并如实交代自己知道的犯罪事实的，对该直接责任人员应当认定为自首。

——最高人民法院、最高人民检察院《关于办理职务犯罪案件认定自首、立功等量刑情节若干问题的意见》第 1 条(2009 年 3 月 19 日)

单位决定自首，或者单位的代表人、负责人决定代表单位自首，或者单位犯罪的直接负责的主管人员自首，单位不反对的，可以认定为犯罪单位自首。参与单位犯罪的原单位负责人或者主管人员，离职后或者离开该单位后，举报原单位犯罪的，单位不构成自首，如果该参与犯罪的人仅仅出于举报的目的，自己不投案，该人也不构成自首。没有参与单位犯罪的单位高层人员在职时或者离职后举报，能代表单位的其他负责人并未同意自首的，均构不成单位自首。

单位自首的，全案可以认定为自首，其他参与单位犯罪的人员也可以视为自首。但是，其他参与单位犯罪的人员潜逃或者归案后不认罪及不如实供述自己所参与的犯罪事实的，不能认定为自首。

仅参与单位犯罪的直接责任人员自首，只能对其本人认定自首，对犯罪单位和其他单位犯罪的直接负责的主管人员、直接责任人员不能因此认定为自首。

——详见浙江省高级人民法院、浙江省人民检察院《关于严格依法认定自首的通知》(2007年10月31日)

单位自首是自首制度的一种,因此自首的成立条件同样适用于单位犯罪,即犯罪后自动投案,如实供述自己的罪行的,才能认定为自首。单位犯罪中的自首,一般根据下列原则分别认定:

(1)单位犯罪中直接负责的主管人员或经授权的其他直接责任人员自动投案、如实供述单位犯罪事实的,应当认定为单位自首。其他实施单位犯罪的自然人如实供述所犯罪行的,也成立自首。如果有的自然人拒不归案或归案后没有如实供述自己罪行的,对该自然人不予认定为自首。

(2)单位犯罪中的其他直接责任人员先行投案并如实供述罪行,直接负责的主管人员归案后亦能如实供述主要犯罪事实的,可以认定为单位自首;如果直接负责的主管人员拒不归案或归案后没有如实供述主要犯罪事实的,则只能对自动投案的其他直接责任人员认定为自首。

——详见浙江省高级人民法院刑二庭《关于全省法院经济犯罪疑难问题研讨会纪要(二)》

(八)自首中"司法机关尚未掌握"的裁判规则

根据《刑法》第67条第2款的规定,被采取强制措施的犯罪嫌疑人、被告人和已宣判的罪犯,如实供述司法机关尚未掌握的罪行,与司法机关已掌握的或者判决确定的罪行属不同种罪行的,以自首论。

——最高人民法院《关于处理自首和立功具体应用法律若干问题的解释》第2条(1998年5月9日)

犯罪嫌疑人、被告人在被采取强制措施期间,向司法机关主动如实供述本人的其他罪行,该罪行能否认定为司法机关已掌握,应根据不同情形区别对待。如果该罪行已被通缉,一般应以该司法机关是否在通缉令发布范围内作出判断,不在通缉令发布范围内的,应认定为还未掌握,在通缉令发布范围内的,应视为已掌握;如果该罪行已录入全国公安信息网络在逃人员信息数据库,则应视为已掌握。如果该罪行未被通缉、也未录入全国公安信息网络在逃人员信息数据库,则应以该司法机关是否已实际掌握该罪行为标准。

——详见最高人民法院《关于处理自首和立功若干具体问题的意见》第3条(2010年12月22日)

犯罪嫌疑人或被告人先行实施的犯罪行为虽然已经被当地的司法机关掌握,但对现行犯罪进行侦查的司法机关,通常情况下难以了解到或发现该先行发生的犯罪事实的,可以视为"司法机关尚未掌握"。

——详见浙江省高级人民法院刑二庭《关于全省法院经济犯罪疑难问题研讨会纪要(二)》

(九)立功线索来源的裁判规则

据以立功的线索、材料来源有下列情形之一的,不能认定为立功:(1)本人通过非法手段或者非法途径获取的;(2)本人因原担任的查禁犯罪等职务获取的;(3)他人违反监管规定向犯罪分子提供的;(4)负有查禁犯罪活动职责的国家机关工作人员或者其他国家工作人员利用职务便利提供的。

——最高人民法院、最高人民检察院《关于办理职务犯罪案件认定自首、立功等量刑情节若干问题的意见》第2条(2009年3月19日)

犯罪分子通过贿买、暴力、胁迫等非法手段,或者被羁押后与律师、亲友会见过程中违反监管规定,获取他人犯罪线索并"检举揭发"的,不能认定为有立功表现。

犯罪分子将本人以往查办犯罪职务活动中掌握的,或者从负有查办犯罪、监管职责的国家工作人员处获取的他人犯罪线索予以检举揭发的,不能认定为有立功表现。

犯罪分子亲友为使犯罪分子"立功",向司法机关提供他人犯罪线索、协助抓捕犯罪嫌疑人的,不能认定为犯罪分子有立功表现。

——详见最高人民法院《关于处理自首和立功若干具体问题的意见》第4条(2010年12月22日)

（十）立功中“协助抓捕其他犯罪嫌疑人”的裁判规则

犯罪分子具有下列行为之一，使司法机关抓获其他犯罪嫌疑人的，属于《关于处理自首和立功具体应用法律若干问题的解释》第五条规定的“协助司法机关抓捕其他犯罪嫌疑人”：(1)按照司法机关的安排，以打电话、发信息等方式将其他犯罪嫌疑人(包括同案犯)约至指定地点的；(2)按照司法机关的安排，当场指认、辨认其他犯罪嫌疑人(包括同案犯)的；(3)带领侦查人员抓获其他犯罪嫌疑人(包括同案犯)的；(4)提供司法机关尚未掌握的其他案件犯罪嫌疑人的联络方式、藏匿地址的，等等。

犯罪分子提供同案犯姓名、住址、体貌特征等基本情况，或者提供犯罪前、犯罪中掌握、使用的同案犯联络方式、藏匿地址，司法机关据此抓捕同案犯的，不能认定为协助司法机关抓捕同案犯。

——详见最高人民法院《关于处理自首和立功若干具体问题的意见》第5条(2010年12月22日)

（十一）自首、立功情形下量刑的裁判规则

对于具有自首情节的犯罪分子，应当根据犯罪的事实、性质、情节和对于社会的危害程度，结合自动投案的动机、阶段、客观环境，交代犯罪事实的完整性、稳定性以及悔罪表现等具体情节，依法决定是否从轻、减轻或者免除处罚以及从轻、减轻处罚的幅度。

对于具有立功情节的犯罪分子，应当根据犯罪的事实、性质、情节和对于社会的危害程度，结合立功表现所起作用的大小、所破获案件的罪行轻重、所抓获犯罪嫌疑人可能判处的法定刑以及立功的时机等具体情节，依法决定是否从轻、减轻或者免除处罚以及从轻、减轻处罚的幅度。

——最高人民法院、最高人民检察院《关于办理职务犯罪案件认定自首、立功等量刑情节若干问题的意见》第1条、第2条(2009年3月19日)

犯罪分子依法不成立自首,但如实交代犯罪事实,有下列情形之一的,可以酌情从轻处罚:(1)办案机关掌握部分犯罪事实,犯罪分子交代了同种其他犯罪事实的;(2)办案机关掌握的证据不充分,犯罪分子如实交代有助于收集定案证据的。

犯罪分子如实交代犯罪事实,有下列情形之一的,一般应当从轻处罚:(1)办案机关仅掌握小部分犯罪事实,犯罪分子交代了大部分未被掌握的同种犯罪事实的;(2)如实交代对于定案证据的收集有重要作用的。

——最高人民法院、最高人民检察院《关于办理职务犯罪案件认定自首、立功等量刑情节若干问题的意见》第3条(2009年3月19日)

对具有自首、立功情节的被告人是否从宽处罚、从宽处罚的幅度,应当考虑其犯罪事实、犯罪性质、犯罪情节、危害后果、社会影响、被告人的主观恶性和人身危险性等。自首的还应考虑投案的主动性、供述的及时性和稳定性等。立功的还应考虑检举揭发罪行的轻重、被检举揭发的人可能或者已经被判处的刑罚、提供的线索对侦破案件或者协助抓捕其他犯罪嫌疑人所起作用的大小等。

具有自首或者立功情节的,一般应依法从轻、减轻处罚;犯罪情节较轻的,可以免除处罚。类似情况下,对具有自首情节的被告人的从宽幅度要适当宽于具有立功情节的被告人。

虽然具有自首或者立功情节,但犯罪情节特别恶劣、犯罪后果特别严重、被告人主观恶性深、人身危险性大,或者在犯罪前即为规避法律、逃避处罚而准备自首、立功的,可以不从宽处罚。

对于被告人具有自首、立功情节,同时又有累犯、毒品再犯等法定从重处罚情节的,既要考虑自首、立功的具体情节,又要考虑被告人的主观恶性、人身危险性等因素,综合分析判断,确定从宽或者从严处罚。累犯的前罪为非暴力犯罪的,一般可以从宽处罚,前罪为暴力犯罪或者前、后罪为同类犯罪的,可以不从宽处罚。

在共同犯罪案件中,对具有自首、立功情节的被告人的处罚,应注意共同犯罪人以及首要分子、主犯、从犯之间的量刑平衡。犯罪集团的首要分子、共同犯罪的主犯检举揭发或者协助司法机关抓捕同案地位、作用较次的犯罪分子的,从宽处罚与否应当从严掌握,如果从轻处罚可能导致全案量刑失衡的,一般不从轻处罚;如果检举揭发或者协助司法机关抓捕的是其他案件中罪行同样严重的犯罪分子，一般应依法从宽处罚。对于犯罪集团的一般成员、共同犯罪的从犯立功的，特别是协助抓捕首要分子、主犯的，应当充分体现政策，依法从宽处罚。

——详见最高人民法院《关于处理自首和立功若干具体问题的意见》第8条（2010年12月22日）

对于自首的犯罪分子，是否给予从轻、减轻、免除刑罚，要根据具体案情来确定：

首先看犯罪事实。一般的案件可以对犯罪人从轻处罚。总的犯罪事实刚达到上一档量刑标准，从轻处罚仍不能体现自首从宽精神的，可以减轻处罚；罪行较轻的，可以免除刑罚；罪行极其严重的，也可以不予从轻处理。

其次看犯罪人在案件中的地位、作用。地位作用基本相当的犯罪人之间，不能因为其中一人有自首情节而将量刑差距拉得过大，更不能因起主要作用的犯罪人有自首情节而在量刑上轻于起次要作用的犯罪人。

最后看自首质量。出于悔罪而自首的，或者为了从宽处理而自首的，一般可予以从宽处罚。对于视为自首的应与典型的自首在量刑时有所区别。在犯罪前就准备自首的，或得知行政执法机关要将案件移送公安机关而向公安机关自首的，纪检监察机关调查期间或得知纪检监察机关要将案件移送检察机关而向检察机关自首的，被纪检监察机关“双规”或被司法机关采取强制措施后潜逃再来自首的，以及自首后反复翻供的等等，一般不予从轻处理，更不能由此给予减轻、免除刑罚。

——详见浙江省高级人民法院、浙江省人民检察院《关于严格依法认定自首的通知》（2007年10月31日）

三、自首立功疑难问题的案例索引

1. 庄保金抢劫案（载《刑事审判参考》第8集，第59号）

——犯罪嫌疑人一经传唤即如实供认犯罪事实的可否认定为自首

2. 姚伟林、刘宗培、庄晓华非法制造注册商标标识案（载《刑事审判参考》第9集，第66号）

——举报同案犯并如实交代自己参与共同犯罪事实的应否认定为自首

3. 杨永保等走私毒品案（载《刑事审判参考》第12集，第82号）

——仅因形迹可疑被公安机关盘问后即如实交代罪行的应认定为自首

4. 杜祖斌、周起才抢劫案（载《刑事审判参考》第33集，第255号）

——自动投案后没有如实供述同案犯是否构成自首

5. 王春明盗窃案（载《刑事审判参考》第45集，第354号）

——犯罪嫌疑人被公安机关传唤到案后，如实供述自己的罪行的，能否认定为自首

6. 董保卫、李志林等盗窃、收购赃物案（载《刑事审判参考》第48集，第381号）

——投案动机和目的是否影响自首成立

7. 周建龙盗窃案（载《刑事审判参考》第55集，第437号）

——向被害人投案的行为是否认定为自首

8. 田成志集资诈骗案（载《刑事审判参考》第59集，第464号）

——亲属提供线索抓获犯罪嫌疑人的能否认定自首

9. 沈利潮抢劫案（载《刑事审判参考》第59集，第468号）

——行政拘留期间交代犯罪行为的能否认定自首

10. 王志勤贪污、受贿案（载《刑事审判参考》第80集，第695号）

——余罪自首的证据要求与证据审查

11. 张某等抢劫、盗窃案（载《刑事审判参考》第80集，第702号）

——接受公安人员盘问时，当场被搜出与犯罪有关的物品后，才交代犯罪事实的，不视为自动投案

12. 蒋文正爆炸、敲诈勒索案（载《刑事审判参考》第80集，第703号）

——余罪自首中如何认定“不同种罪行”和“司法机关已掌握的罪行”

13. 刘长华抢劫案（载《刑事审判参考》第80集，第704号）

——如何判断行为人是属于“形迹可疑”还是“犯罪嫌疑”

14. 张春亭故意杀人、盗窃案(载《刑事审判参考》第81集,第718号)

——交代司法机关尚未掌握的案发起因构成其他犯罪的,是否属于自首

15. 汪某故意杀人、敲诈勒索案(载《刑事审判参考》第84集,第747号)

——如实供述的罪行与司法机关已经掌握的罪行在事实上密切关联的,不构成自首

16. 刘某、姚某挪用公款案(载《刑事审判参考》第84集,第755号)

——如何认定职务犯罪案件中的自首及把握"办案机关掌握的线索"范围

17. 徐凤抢劫案(载《刑事审判参考》第86集,第776号)

——公安机关确定犯罪嫌疑人并以其他名义通知其到案后,如实供述犯罪事实,但一审判决前翻供的,不认定为自首

18. 尚娟盗窃案(载《刑事审判参考》第86集,第780号)

——明知他人报案而留在现场,抓捕时亦无拒捕行为,且如实供认犯罪事实的,是否构成自首

19. 杨金凤、赵琪等诈骗案(载《刑事审判参考》第93集,第880号)

——自动投案的行为发生在犯罪嫌疑人被办案机关控制之后的是否成立自首

20. 陆骅、茅顺君、石国伟抢劫案(载《刑事审判参考》第42集,第331号)

——带领侦查人员抓捕同案犯未果后电话劝说自首的是否属于有立功表现

21. 吴灵玉等抢劫、盗窃、窝藏案(载《刑事审判参考》第63集,第499号)

——揭发型立功中"他人犯罪行为"的认定

22. 汪光斌受贿案(载《刑事审判参考》第72集,第607号)

——没有利用查禁犯罪职责获取的线索可以构成立功

23. 张令、樊业勇抢劫、盗窃案(载《刑事审判参考》第73集,第614号)

——协助抓获盗窃同案犯,该同案犯因抢劫罪被判处死缓,能否认定为重大立功

24. 王奕发、刘演平敲诈勒索案(载《刑事审判参考》第80集,第706号)

——"协助司法机关抓捕其他犯罪嫌疑人"立功情节的具体认定

25. 沈同贵受贿案(载《刑事审判参考》第80集,第707号)

——阻止他人犯罪活动，他人因未达刑事责任年龄而未被追究刑事责任的，行为人的阻止行为仍构成立功

26. 霍海龙等虚开用于抵扣税款发票案（载《刑事审判参考》第80集，第708号）

——劝说、陪同同案犯自首的，可认定为立功

27. 吴江、李晓光挪用公款案（载《刑事审判参考》第80集，第709号）

——职务犯罪中自首及协助抓捕型重大立功的认定

28. 石敬伟偷税、贪污案（载《刑事审判参考》第80集，第710号）

——被羁押期间将他人串供字条交给监管人员，对进一步查证他人犯罪起了一定的协助作用，虽不认定为立功，但可酌情从轻处罚

29. 胡国栋抢劫案（载《刑事审判参考》第80集，第711号）

——自首后主动交代获悉的同案犯的关押场所并予以指认的，构成立功

30. 刘伟等抢劫案（载《刑事审判参考》第80集，第712号）

——带领公安人员抓捕同案犯，未指认同案犯及其住处的，不认定为立功

31. 韩传记等抢劫案（载《刑事审判参考》第81集，第720号）

——提供同案犯的藏匿地点，但对抓捕同案犯未起到实质作用的，是否构成立功

32. 魏光强等走私、运输毒品案（载《刑事审判参考》第84集，第753号）

——提供线索并协助查获大量案外毒品，但无法查明毒品持有人的，是否构成立功

33. 胡俊波走私、贩卖、运输毒品，走私武器、弹药案（载《刑事审判参考》第87集，第801号）

——毒品犯罪案件中如何具体认定立功情节以及如何把握基于立功情节对被告人从轻处罚的界限

Chapter 2 第二章 单位犯罪疑难问题的司法认定与要案判解

站在法治的立场,法官的使命在于适用具有确定性的法律,但是法律的确定性总是相对而言,在罪刑法定的视野下,刑事法官依然不应是法律工匠和办案机器,因为,案件并非按规范设计的模式发生,司法实践始终离不开法官能动性地解释刑法。[①] 法官解释主观能动性的正确发挥,最终难离法学理论的恰当导引,从而引发了理论与实践的互动。单位犯罪在我国刑法体系中得以确立,就是我国刑事立法理论与实践长期互动的产物。自 1997 年《刑法》确立单位犯罪以来,刑事司法实践在基本服从单位犯罪理论指导的前提下,又在不断地丰富和完善相关的理论,从而进一步推动了我国单位犯罪理论向纵深发展,同时,实践也逐步显露出脱离甚至完全突破现有理论框架和书本立法的种种做法,带有"行动中的法"的特点,司法裁判中暴露出的新问题、新做法给理论出了众多难题,也使立法面临种种挑战,迫切需要理论创新,及时给予更合理的"循环阐释"与规范,回过来再指导实践,或完善立法。

第一节 单位犯罪疑难问题的司法认定

单位犯罪在我国刑事立法中,从无到有,到逐步走向完善,经历了数十年的发

---

① 关于刑法适用(法官)解释的专题研究和独到见解,参见孙公幸:《刑法适用解释论纲》,浙江大学 2003 年硕士学位论文。转引自阮方民、楼伯坤主编:《刑法发展新思域》,人民法院出版社 2006 年版。

展历程。我国1979年《刑法》没有规定单位犯罪。1987年1月22日全国人大常委会通过的《海关法》首次将单位规定为犯罪主体,在我国刑事立法史上首开规定单位犯罪的先河。[①] 随后我国立法机关又颁布了一系列单行刑法,如《关于惩治走私罪的补充规定》《关于惩治贪污罪贿赂罪的补充规定》《关于禁毒的决定》等,均具体规定了单位犯罪。现行《刑法》在总结多年立法和司法实践的基础上,在总则中专门分节规定了单位犯罪,在分则中也作了具体的规定,从而正式在刑法典中明确规定单位犯罪。从我国刑法的规定看,刑法对单位犯罪的单位和直接责任人员虽然大多采取"双罚制",但立法对单位犯罪中直接责任人员设定的处罚,与个人犯罪相比,一般要轻得多。在司法实践中,对单位犯罪实际所判的刑罚,与个人犯罪相比,也是如此。然而,大量以单位名义犯罪的案件显示,并非所有以单位名义实施的犯罪都是为了单位利益,犯罪所得归单位,不少自然人采用欺诈手段骗取一纸工商注册登记,或以进行犯罪为目的而设立公司、企业、事业单位,或成立单位后以实施犯罪为主要活动,这些人披上单位的外衣后,大肆实施违法犯罪活动,案发后便利用单位犯罪的幌子,逃避严厉的惩罚。如果对诸如此类的犯罪也作单位犯罪处理,则不但有违单位犯罪的处罚前提,而且会造成放纵犯罪,重罪轻罚,从而有损刑法的正义性。因此,在司法实践中依法界定单位犯罪主体资格,准确认定单位犯罪,对于刑事司法公正的实现意义重大。从实践的情况来看,在单位犯罪案件的审理过程中,主要有以下几个方面的司法疑难问题需要重点研究解决。

一、单位犯罪构成特征的司法认定

单位犯罪的司法认定,实际上也就是如何把握单位犯罪的构成特征问题。而概念定义是其构成特征的高度概括。遗憾的是,立法并没有规定单位犯罪的定义,这直接导致理论上一直众说纷纭,见仁见智,故单位犯罪的认定成为司法疑难不可

---

① 该法第47条规定:"企业、事业单位、国家机关、社会团体犯走私罪的,由司法机关对其主管人员和直接责任人员依法追究刑事责任;对该单位判处罚金,判处没收走私货物、物品、走私运输工具和违法所得。"(《中华人民共和国海关法》经2017年11月4日第四次修正,已无此条内容。)

避免。在全国人大常委会法制委员会1996年8月31日的刑法《修改草稿》中，单位犯罪的定义曾被界定为："企业、事业单位、机关、团体，为本单位牟取非法利益，经单位集体研究决定或者由负责人员决定，实施犯罪的，是单位犯罪。"此后的各个草案中，都是这种写法。按照这个定义，单位犯罪至少有这样几个特征：一是主体的类型包括企业、事业单位、机关和团体；二是在主观上必须具有为本单位谋取非法利益的目的；三是从犯罪意志上讲，犯罪行为必须是经过单位集体研究决定或者由负责人员决定。这三个特征，目的在于从不同角度合理地限定单位犯罪成立的范围，避免将一些貌似单位犯罪实为个人犯罪的情形作为单位犯罪处理。但是，将"为本单位牟取非法利益"作为单位犯罪的成立条件，不能完全包括《刑法分则》规定的所有单位犯罪，因为有些单位犯罪并非牟利型犯罪，有的单位犯罪还是过失犯罪，这些单位犯罪就很难说有什么非法牟利的目的。所以，后来的刑法修订草案中，单位犯罪的定义没有再作规定，而只是规定"公司、企业、事业单位、机关、团体实施的危害社会的行为，法律规定为单位犯罪的，应当负刑事责任"。1997年通过的《刑法》第30条完全保留了这一写法。1997年《刑法》第30条的这种规定，虽然避免了原来草案中的缺陷，但实际上并没有进一步明确规定单位犯罪的构成特征，而只是确立了一个原则：单位犯罪负刑事责任，以刑法分则性规范有规定为前提。因此，对于成立单位犯罪究竟应当具备哪些条件，需要司法人员在实践中根据《刑法》的规定进行创造性的法律适用。[①]

二、单位类型的司法认定

《刑法》第30条规定："公司、企业、事业单位、机关、团体实施的危害社会的行为，法律规定为单位犯罪的，应当负刑事责任。"该条规定实现了单位犯罪在刑法中的立法化，遗憾的是，我们的法律并没有对作为犯罪主体的"单位"的内涵予以明确规定。在我国，"单位"是一个极具本土化色彩、在日常生活中出现频率相当高、具

---

① 赵秉志、肖中华：《单位犯罪主体范围的确定》，载《检察日报》2002年3月8日版。

有多种含义的词语。[①] 因此，在一些经济犯罪特别是走私案件中，某个组织到底能不能视为《刑法》中的“单位”、该组织实施的危害行为究竟能否由其承担单位犯罪刑事责任，极易引起争议。对于什么样的“单位”可以成为犯罪主体，是单位犯罪司法认定中具体裁判的重点和难点。本书认为，在司法实践中，要确认某一组织是否具有刑法意义上的单位犯罪主体资格，首先要严格按照《刑法》第30条规定的单位类型确认“单位”。

尽管在日常工作生活中，单位的含义不太确定，“单位”这个词语所指的“物”多种多样，但一般都认为，并不是所有的各种意义上的“单位”均能成为单位犯罪意义上的单位，在《刑法》中就是指第30条规定的五种类型，即公司、企业、事业单位、机关和团体。

公司，是指依照公司法设立的有限责任公司和股份有限公司。值得一提的是，根据修改后《公司法》的规定，公司还应当包括一人有限责任公司（公司法所称一人有限责任公司，是指只有一个自然人股东或者一个法人股东的有限责任公司）。本书认为，一人有限责任公司与公司人格否认意义上的实质一人公司在设立条件、财务要求等方面有本质的区别，因此，不影响其成为单位犯罪主体。企业，是指除依公司法设立的公司以外，以营利为目的依法成立的从事生产、经营活动的经济组织，包括国有企业、集体所有企业，有法人资格的私营企业。事业单位，是指依法成立的科研、教育、文化、卫生、体育、新闻、出版等各种从事社会公益事业的组织。机关，是指各级国家权力机关、行政机关、军事机关、中国共产党的各级机关、政协机关，等等[②]；团体，包括人民团体和社会团体。人民团体，是指由国家组织成立的、财产属于国家所有的非营利性社会组织，包括工会、共青团、妇联，等等；社会团体，是

---

① 从历史和现实的情况考察，“单位”一词确具有多种含义，如所谓民法意义上的单位、行政法意义上的单位，乃至生活习惯意义上的单位等，就是在刑法不同条文中的“单位”一词，其范围也并非一致。原来在修改《刑法》的时候，也有很多人提出异议，认为这个词语的含义不确切，使用起来不规范。分别参见王作富：《刑法论衡》，法律出版社2004年版，第75页；熊选国：《刑法刑事诉讼法实施中的疑难问题》，中国人民公安大学出版社2005年版，第27～28页。

② 虽然《刑法》规定机关可以成为单位犯罪的主体，但在现实中是否追究某个机关的刑事责任应当慎重考虑，以实现法律效果和社会效果的统一。

指依法设立的各种基金会、学会,等等。这五种主体就是刑法中"单位"的界限。[①]本书认为,在司法实践中,应严格按照《刑法》第30条规定的五种单位类型界定单位犯罪中的"单位",必须以刑法规定的类型为限确认单位,这是坚持罪刑法定原则的必然要求和题中应有之义。

三、单位实质特征的司法认定

从《刑法》第30条的规定看,单位的类型是明确的,但仅按照这一条的文字规定显然还不能解决实际问题。因为,从字面上看,单位的范围是明确的,但是刑法采取这种以单位的客观存在形式为标准的列举,而不对单位本身的法律含义进行诠释,必然会导致许多或然因素的存在。[②] 实际上,由于单位存在的情况颇为复杂,如此概括地列举,远不能满足司法实践具体认定单位犯罪的需要。因此,研究单位成为犯罪主体的一般条件即共同的法律特征,从而明确刑法意义上单位的内涵和外延就非常重要。

目前,刑法学界对"单位"成为单位犯罪主体的条件或特征的看法并不一致,大致有以下三种观点:

第一种观点认为,作为犯罪主体的单位必须具有以下四个基本特征:(1)合法性,即单位必须是依照法律、法规设立,取得法律主体资格的社会组织;(2)组织性,即单位作为一种社会组织,必须由相当数量的基本固定的工作人员组成,具有一定的组织机构;(3)有一定的经费和财产,这不仅是单位开展社会活动的物质基础,也是单位履行法定义务的物质保证;(4)有一定的独立性,即在一定的范围内能够以自己组织的名义独立地进行社会活动,并独立地享有权利、承担义务。[③]

---

① 熊选国:《刑法刑事诉讼法实施中的疑难问题》,中国人民公安大学出版社2005年版,第28页。

② 宋茂荣、蒋林:《单位犯罪论》,载丁慕英等主编:《刑法实施中的重点难点问题研究》,法律出版社1998年版,第310页。

③ 王作富:《刑法论衡》,法律出版社2004年版,第75~85页;宋茂荣、蒋林:《单位犯罪论》,载丁慕英等主编:《刑法实施中的重点难点问题研究》,法律出版社1998年版,第310~311页;阮方民:《论单位犯罪的概念和构成》,载高铭暄、赵秉志主编:《刑法论丛》(第3卷),法律出版社1999年版,第51~54页,等等。

第二种观点认为,犯罪主体意义上的单位除具有以上四点基本特征以外,还须具有承担刑事责任能力的实质条件。①

第三种观点认为,上述两种观点实际上并无本质的区别,单位犯罪主体的特征其实应分为两个层次:第一个层次是单位的形式特征,即合法性、组织性、独立性和具有一定的经费和财产;第二个层次是单位的实质特征,即单位具有刑事责任能力,如果不加区别,将两个不同层次、不同性质的特征并列不妥。②

本书认为,上述第三种观点是比较有道理的。理由如下:

其一,将合法性、组织性、独立性和具有一定经费、财产作为认定单位主体资格的首要的形式条件无疑是正确的。如果一个所谓的单位,完全是非法成立的组织,或者虽然在形式上是依法成立的,但根本就没有什么组织机构,这样的“单位”实施的犯罪,实际上属于个人的共同犯罪。如果一个组织,根本就没有自己的经费和财产,那其根本不能对外独立履行权利义务,更谈不上承担刑事责任,也不能作为单位对待。

其二,将刑事责任能力完全排除在单位的基本特征之外,不符合刑法犯罪主体理论的固有原理。根据我国刑法理论通说,刑事责任能力是犯罪主体的犯罪能力和刑罚适应能力的有机统一。单位要成为犯罪主体,犹如自然人犯罪主体的条件必须达到刑事责任年龄和刑事责任能力一样,必然要求单位具有刑事责任能力。

其三,将单位的刑事责任能力与其他诸特征并列,在逻辑上确不能自圆其说。如果将两者并列,就意味着承认某一主体具有刑事责任能力但欠缺合法性、组织性、独立性和具有一定经费、财产四个要素中一个或多个要素之情形的存在,事实上,这种情况不可能存在,只要承认某一单位具有承担刑事责任的能力,那其他四个要素肯定是没有问题的。因此,第三种观点从形式和实质两个层次不同的角度阐述作为犯罪主体的单位应当具有的基本特征,是比较全面、合理的概括。

---

① 马松建、徐薇:《单位主体研究》,载《郑州大学学报》2000 年第 6 期;沙君俊:《单位犯罪的定罪与量刑》,人民法院出版社 2002 年版,第 64 ~67 页;臧冬斌:《单位犯罪主体范围探讨》,载《法学评论》2001 年第 6 期,等等。

② 黄京平、石磊:《单位犯罪主体的特征及存在形式研究》,载赵秉志主编:《刑事法治发展研究报告》(2004 年卷),中国人民公安大学出版社 2005 年版,第 258 ~259 页。

从上述可见，在司法实践中，要界定单位须严格从形式特征和实质特征两方面的条件审查限定“单位”的范围。同时，还需要注意的是：

(1)关于单位的“合法性”的理解和判断问题。这在理论界也有不同的看法，有的只强调合法性是指依法成立，①有的认为合法性不但包括依法成立，而且包括合法存在。② 本书认为，单位取得独立人格的前提和标志固然是依法成立，但单位成立后的情况并非一成不变，用合法性去继续解释和要求变化中的单位情况，是刑法追求实质公平正义的必然要求，对那种有单位之名却无单位之实的组织，若还承认其具有单位资格，势必将有损刑法的正义性。因此，本书完全赞同将合法性理解成包括依法成立和合法存在两层含义的观点。③

(2)关于刑事责任能力的主要判断标准。刑事责任能力是判断单位资格的实质条件，那么，如何判断单位是否具有刑事责任能力呢？本书认为，在实践中，合法性、组织性、独立性等要素均属于判断标准，但最主要的是要看该单位有无独立的财产和经费，是否为独立的核算单位，能否以自己的名义独立承担责任，即能不能独立地承担罚金。

四、独资、私营公司、企业主体资格的司法认定

关于独资、私营公司、企业是否一律可以成为单位犯罪的主体，理论界对这一问题历来存有争议。④ 最高人民法院于 1999 年 6 月 25 日公布的《关于审理单位犯

---

① 参见胡云腾：《单位犯罪主体》，载丁慕英等主编：《刑法实施中的重点难点问题研究》，法律出版社 1998 年版，第 375 页；陈泽宪主编：《新刑法单位犯罪的认定与处罚》，中国检察出版社 1997 年版，第 49～50 页，等等。

② 参见黄京平、石磊：《单位犯罪主体的特征及存在形式研究》，载赵秉志主编：《刑事法治发展研究报告》(2004 年卷)，中国人民公安大学出版社 2005 年版，第 259 页；何秉松主编：《刑法教科书》(上卷)，中国法制出版社 2000 年版，第 155 页；杨毓显：《单位犯罪主体之疑难问题新探》，载《学术交流》2002 年第 2 期，等等。

③ 关于合法性的程度问题，理论和实践中也存有不少争议，即合法性是否一定要求百分之百合法，确值得研究。依笔者浅见，将合法性理解成百分之百合法似乎过于苛刻了。

④ 李长坤、朱铁军：《“单位犯罪主体”问题探析》，载《江淮法治》2001 年第 7 期；郭敏峰：《单位犯罪主体若干问题探讨》，载《人民检察》2002 年第 8 期。

罪案件具体应用法律有关问题的解释》(以下简称《解释》)第1条对此已有明确规定,在实践中应当予以严格适用。该条规定:"刑法第三十条规定的'公司、企业、事业单位',既包括国有、集体所有的公司、企业、事业单位,也包括依法设立的合资经营、合作经营企业和具有法人资格的独资、私营等公司、企业、事业单位。"可见,《解释》只规定具有法人资格的独资、私营等公司、企业和事业单位,才能成为单位犯罪的主体,对那种不具有法人资格的独资、私营等公司、企业和事业单位当然不能认定为单位。因为这是对《刑法》第30条的解释,所以在司法实践中依照《解释》的规定确认单位,与上述提出要严格按照《刑法》第30条规定的单位类型确认"单位"的一般要求还是一致的。

五、单位分支机构或内设职能部门主体资格的司法认定

在现实经济生活中,许多单位、法人组织都可能设立分支机构或下属的职能部门(分支机构如分公司、工厂的分厂、银行的分支行,职能部门如公司中的部门、工厂的车间、机关中的处科室、大学的院系,等等),这些单位的分支机构或内设职能部门能否成为单位犯罪的主体,理论界争议较大,有的认为,单位的内设部门,或法人的分支机构犯罪的,可以或应当作为单位犯罪处理;[①]有的认为,不能作为单位犯罪处理;[②]有的认为分支机构的犯罪行为应作为单位犯罪处理,职能部门的犯罪行为应作为个人共同犯罪处理较为合适。[③] 有的则认为,需要具体问题具体分析,不能一概而论。[④]

在司法实践中,对上述问题的看法也不太一致。在刑法修改过程中,最高人民

---

① 参见熊选国:《刑法刑事诉讼法实施中的疑难问题》,中国人民公安大学出版社2005年版,第30页;陈兴良:《刑法适用总论》(上卷),法律出版社1999年版,第599页;朱广华、成效东:《单位的附属机构也能成为单位犯罪主体》,载《检察实践》2002年第4期,等等。

② 曹顺明:《论单位犯罪的主体范围》,载《河北法学》1998年第3期。

③ 白海峰:《法人犯罪主体式微》,载《检察理论研究》(总第16期);李僚义、李恩民:《中国法人犯罪的罪与罚》,中国检察出版社1996年版,第74页。

④ 蒋熙辉:《单位犯罪刑事责任探究与认定》,人民法院出版社2005年版,第280页;高爽:《单位内设机构犯罪主体资格刍议》,载《政法学刊》2004年第5期。

检察院曾建议对单位内设的部门、机构犯罪的问题作出专门规定，认为既非共同犯罪又非单位整体的犯罪，呼吁在立法上予以明确。① 最高人民法院于2001年1月发布的《全国法院审理金融犯罪案件工作座谈会纪要》就单位的分支机构或者内设机构、部门实施犯罪行为的处理问题提出如下指导性意见："以单位的分支机构或者内设机构、部门实施犯罪，违法所得亦归分支机构或者内设机构、部门所有的，应认定为单位犯罪。不能因为单位的分支机构或者内设机构、部门没有可供执行罚金的财产，就不将其认定为单位犯罪，而按照个人犯罪处理。"该纪要下发以后，理论界争议较大，最高人民法院、最高人民检察院、海关总署于2002年7月发布的《关于办理走私刑事案件适用法律若干问题的意见》对这一问题没有作出统一规定。

本书认为，关于单位分支机构或内设职能部门是否具有单位犯罪主体资格，是一个比较复杂的问题，在目前的立法前提下，需要运用单位犯罪主体资格的一般条件进行具体分析，不宜一概而论。

首先，单位分支机构或内设职能部门原则上可以成为单位犯罪的主体。从本质上看，无论分支机构还是内设部门，虽然不具有独立的法人资格，但是，它们犯罪毕竟不同于个人犯罪，"和个人共同犯罪有很大差别，把它们作为单位犯罪来处理，更有利于对它们正确地适用刑罚，也符合案件的实际情况"。②

其次，对不符合单位作为犯罪主体一般条件的分支机构或内设职能部门不能认定为单位犯罪。一方面，要从形式审查入手，对那些形式上缺乏独立性的分支机构或部门不能成立单位犯罪。在实践中，一些没有独立决策权和在一定范围内的财产处分权的企业法人的分支机构、机关的处室或派出机构、职能部门，往往实质上也没有独立承担刑事责任的能力，追究其刑事责任达不到应有的目的和效果，对其以组织名义实施的犯罪行为，只能以个人犯罪论处。另一方面，要注重实质审查，在司法实践中应严格审查该"单位"有无独立的财产和经费，能否以自己的名义承担刑事责任。

---

① 高铭暄、赵秉志主编：《新中国刑法立法文献资料总览》（下），中国人民公安大学出版社1998年版，第2637页。

② 熊选国：《刑法刑事诉讼法实施中的疑难问题》，中国人民公安大学出版社2005年版，第31页。

六、境外单位犯罪主体资格的司法认定

司法实践中,境外公司、企业或者其他组织实施、参与或雇用他人实施经济犯罪特别是走私犯罪时有发生。此类走私案件,主要有以下特点:(1)公诉机关一般以个人走私起诉;(2)有证据表明行为人只受雇于境外的企业、组织进行走私,具体行为人只领取佣金;(3)若对境外的企业、组织以单位走私犯罪处罚,却难以查明境外企业、组织的性质,且在判决后难以执行;(4)若以单位犯罪起诉,该单位不派诉讼代表人出庭,在这种情况下对境外企业、组织作出判决不能收到好的社会效果;(5)若以个人走私犯罪认定,在财产刑上,因当事人是境外人,难以执行。①

对境外单位能否成为单位犯罪主体资格的问题,本书认为,也要具体情况具体分析,以最大限度地实现法律效果和社会效果的有机统一。一般而言,根据对等原则,如果境外单位具备单位犯罪主体资格的,应以单位犯罪追究其刑事责任。如果现有证据无法确认境外单位具有合法资格,或不能认定其违法所得归单位所有的,则应当以个人犯罪来认定。

七、村委会能否作为单位犯罪主体的司法认定

近年来,村民委员会集体研究决定实行诸如滥伐林木等严重违法案件时有发生。我国《刑法》第30条规定:"公司、企业、事业单位、机关、团体实施的危害社会的行为,法律规定为单位犯罪的,应当负刑事责任。"此规定表明,能够成为单位犯罪的主体限于公司、企业、事业单位、机关、团体五类。村委会不属于上述规定中的前四类主体,但是否可将其归入团体范畴,在理论上和司法实践中均存有争议。由于对《刑法》第30条规定的单位犯罪主体是否包括村民委员会存在不同认识,实践中容易出现不同的处理结果,有的定罪处罚,有的不作犯罪处理,导致执法不统一,

---

① 苗有水:《走私犯罪的认定及法律适用》,载《人民司法》2002年第9期。

值得研究。对此，浙江省高级人民法院刑二庭于2005年3月1日印发的《全省法院经济犯罪疑难问题研讨会纪要》曾指出，“根据村委会的性质和职能，在司法实践中可以将其视为单位犯罪的主体”。但是，公安部于2007年3月1日针对内蒙古公安厅《关于村支书、村主任以村委会的名义实施犯罪可否构成单位犯罪的请示》作出的《关于村委会能否成为单位犯罪主体的批复》指出，“根据《刑法》第三十条的规定，单位犯罪主体包括公司、企业、事业单位、机关、团体。按照《村民委员会组织法》第二条的规定，村民委员会是村民自我管理、自我教育、自我服务的基层群众性自治组织，不属于《刑法》第三十条列举的范围。因此，对以村民委员会名义实施犯罪的，不应以单位犯罪论，可以依法追究直接负责的主管人员和其他直接责任人员的刑事责任”。

从理论上讲，本书仍然坚持认为村民委员会应作为单位犯罪的主体，而不应排除在单位犯罪以外。首先，根据《村民委员会组织法》规定，“村民委员会是村民自我管理、自我教育、自我服务的基层群众性自治组织”，以及“实行民主选举、民主决策、民主管理、民主监督”，村民委员会具有一定的组织形式，具有民事权利能力和独立承担义务的能力。其次，刑法未明确排除村民委员会作为单位犯罪主体，将村民委员会归入“团体”范畴并不违反罪刑法定原则。最后，村委会成员作为“其他单位的人员”可以成为《刑法》第271条职务侵占罪的犯罪主体，对此在最高人民法院案例中已予以认可，应当认为村委会可属于“其他单位”。

八、单位犯罪主体资格否认的司法认定

单位犯罪主体资格否定的刑法思想，肇始于民商法学中的公司人格否认或法人人格否认之法理。单位犯罪主体资格滥用的最主要后果，就是导致司法审判不能做到罪刑相适应，使重罪重罚、轻罪轻罚。在单位人格滥用的情况下，只有实行单位人格的否认，对其进行司法修正，转而直接追究该“单位”背后的、操纵“单位”的自然人或具有刑法意义的单位的刑事责任，才能实现罪刑相适应原则。一般认为，单位犯罪司法解释的规定体现了单位犯罪主体资格的司法否定

之精神,确立了单位犯罪主体资格司法否定的有关规则。但由于该司法解释不明确、欠周延、刑法理论对单位犯罪主体资格否定之研究相对薄弱,以致实践缺乏有力的理论支持等多方面原因,侦查机关、检察机关以及人民法院在办理单位走私犯罪等经济犯罪案件时仍然面临单位犯罪主体资格的否定难题。关于单位犯罪主体资格否定问题,本书将在下文中结合若干疑难案例作进一步的探讨,在此不再赘述。

九、单位犯罪主观方面的司法认定

对于单位犯罪的主观方面是否存在过失问题,当前在刑法学理论界有两种观点,第一种观点认为,单位犯罪既可以是故意也可以是过失,而且许多专家学者撰文论述认为,单位的法定代表人、主管人员、其他直接责任人员违反法律法规的规定,或不履行应尽特定义务,造成危害社会的结果,是单位过失犯罪,而且《刑法》第330条规定的妨害传染病防治罪、第332条妨害国境卫生检疫罪、第338条重大环境污染事故罪都是由单位实施的过失犯罪。

第二种观点认为,单位犯罪只能是故意犯罪,并且具有为单位谋取非法利益的犯罪目的。理由是:首先,谋取非法利益是单位犯罪的根本动机,这也是单位犯罪区别于自然人犯罪的根本标志,因而直接追求这种非法利益的罪过形式只能是故意,不可能是过失形式;其次,故意犯罪在刑法理论上分为直接故意和间接故意,对于妨害传染病防治罪、妨害国境卫生检疫罪、重大环境污染事故罪,该单位和单位的直接主管人员、其他直接责任人员对行为本身可能造成危害社会的后果应当是可以预料的、是明知的,既然明知这种可能性,就应当积极采取措施避免和预防这种危害后果的发生,没有采取措施或者不严格按照有关规定办理、不履行特定职责,就是对发生这种危害后果的放任,这种放任即属于间接故意,如果单位及主管人员充分考虑了发生危害社会结果的可能性,并且积极地采取措施、严格地按照有关规定办理,仍然发生了危害社会的结果,有充分证据证实单位和个人都没有责任,那么就属于无法预料的意外事件,不构成犯罪;如果单位及主管人员没有责任,而是直接责任人员不履行应尽职责，不按照有关规定和实际操作规程办理，则应当依照《刑法》有关规定追究其个人的刑事责任。

一般认为，单位犯罪主观上只能是故意，并且具有为单位谋取非法利益的犯罪目的。

十、单位“犯罪圈”的司法认定

本书认为，在司法上，单位或法人可以犯哪些罪，取决于各个国家刑事立法的不同选择和圈定。因此，不同的国家，其单位“犯罪圈”是不同的，譬如，在英国刑法中，总的原则是，对于一切法人，无论是股份有限公司或者国有化的企业、地方当局等，也无论是本国法人或者外国法人，除了以下两种情况，对其他犯罪都可以像对自然人犯罪一样，追究其刑事责任：

（1）某些犯罪由于其本身的性质不可能由法人实施的，如重婚罪、伪证罪、强奸罪、乱伦罪等。

（2）某些只能判处身体刑（如死刑、自由刑等）的犯罪，如谋杀罪等。但这类犯罪为数极少，因为英国现在除谋杀罪、叛逆罪和某些海盗罪以外，大多数犯罪都可判处罚金。[①]

但是，我国对单位犯罪采取了总则与分则相结合的立法模式，并在刑法总则中规定，法律规定为单位犯罪的，单位才应当负刑事责任。由此可见，我国刑法对单位“犯罪圈”有明确的边界，根据罪刑法定的要求，对于近年来出现的单位盗窃、单位骗贷等不能直接认定单位构成该罪是理所当然的。[②] 然而，国外情况却表明，我国单位能否犯盗窃罪、贷款诈骗罪等大量罪名在立法上尚有完善的余地。

---

① 参见何秉松：《法人犯罪与刑事责任》，中国法制出版社2000年版，第110页。

② 根据司法实践中遇到的情况，全国人民代表大会常务委员会于2014年4月作出的《关于〈中华人民共和国刑法〉第三十条的解释》指出，“公司、企业、事业单位、机关、团体等单位实施刑法规定的危害社会的行为，刑法分则和其他法律未规定追究单位的刑事责任的，对组织、策划、实施该危害社会行为的人依法追究刑事责任”。

第二节　单位犯罪要案判解

本书在前面论述单位犯罪疑难问题司法认定的一般原理基础上，从近年来笔者所在法院直接审判的有关单位犯罪案件以及最高人民法院刑一庭、刑二庭编辑出版的《刑事审判参考》、《经济犯罪审判指导与参考》（后改为《经济犯罪审判指导》）、最高人民检察院法律政策研究室编辑出版的《典型疑难案例评析》、北京市高级人民法院编辑出版的《经济犯罪名案精析》、上海市第二中级人民法院编辑出版的《刑事案例精选》等刊物选登的案例中选取单位犯罪案例20多个，试图以个案和疑难问题相结合的形式，全面揭示蕴含在单位犯罪具体裁判中的一般理论原理，提炼单位犯罪疑难问题的具体裁判规则。所选案例来自我国不同地域和不同级别的法院，大部分案例已经过有关单位的事先删选，因而具有一定的代表性，基本上能够反映目前单位犯罪疑难问题的司法类型和裁判情况。

1.“单位犯罪主体资格的司法否定”应该如何理解和把握

——银江公司、许华等走私普通货物案和林春华等走私普通货物案

裁判要旨

一、在立法承认单位具有犯罪主体资格的前提下，为了阻止单位犯罪主体资格的滥用以及实现刑法正义，司法审判机关可视案情对某些虽具有单位的形式，但实质上缺乏或丧失刑事责任能力的单位作为犯罪主体资格予以否认，直接追究单位背后自然人或其他单位的刑事责任。

二、根据司法解释规定，自然人为进行违法犯罪活动而设立的公司、企业、事业单位实施犯罪的，或者公司、企业、事业单位设立后，以实施犯罪为主要活动的，不以单位犯罪论处；盗用单位名义实施犯罪，违法所得由实施犯罪的个人私分的，依照《刑法》有关自然人犯罪的规定定罪处罚。在实践中，单位犯罪主体资格的否认

不应限于司法解释中已经明确的两种情形。

三、挂他人之名成立或因股东抽逃出资等原因演变而成的实质上的“一人公司”与《公司法》规定的“一人有限公司”有着本质区别。“一人有限公司”有着严格的注册条件和财务要求，对合法成立的“一人有限公司”，可以认定其具有单位犯罪主体资格。

四、单位被否定之后，有关涉案人员是否均以自然人个人共同犯罪处理不可一概而论，还需要结合案情，根据主客观相统一等刑法原则加以认定。

案例一

浙江省嘉兴市中级人民法院审理嘉兴市人民检察院指控被告单位宁波保税区银江经济发展公司、厦门银河房地产开发有限公司、被告人许华、贺宝良、林志、贺宝康、孙支宁犯走私普通货物罪、被告人许顺满犯包庇罪一案，于2003年7月26日作出(2003)嘉中刑初字第22号刑事判决。许华、宁波保税区银江经济发展公司、贺宝良、林志、厦门银河房地产开发有限公司、贺宝康不服，分别提出上诉。

原判认定，1996年下半年，担任被告单位宁波保税区银江经济发展公司(以下简称银江公司)法定代表人、董事长兼总经理的被告人贺宝良为给由银江公司租赁经营的重庆市酉阳卷烟厂购买烟叶，经人介绍结识了被告人许华。两人商定，由银江公司申请信用证融资，双方合作进口化工原料到国内销售，销售款为酉阳卷烟厂购买烟叶。同年10月11日，贺宝良代表银江公司与许华的富阳市华泰物资有限公司(以下简称华泰公司)签订联营协议。约定双方合作进口300吨至500吨丁基胶到国内销售，由华泰公司负责货物的销售和资金的回笼。贺宝良联系了时任厦门市利昂经贸发展有限公司(以下简称利昂公司)进出口二部经理和厦门象屿保税区联鸣进出口贸易有限公司总经理的被告人林志，要求林志为银江公司进口的货物在通关时提供帮助，并承诺支付相关费用，还决定让由其兼任法定代表人的被告单位厦门银河房地产开发有限公司(以下简称银河公司)监督、管理银江公司进口的化工原料。之后，林志委托厦门远华集团厦门经济特区东方保税品公司(以下简称东方保税品公司)的吴文演(现在逃)为银江公司进行非法通关。自1996年10月开始，许华以银江公司的名义与外商签订数份进口化工原料合同，并要求银江公司向银行申请开具信用证。贺宝良指使银江公司业务员周建军(另案处理)具体操办。经银江公司申请,中国工商银行杭州市分行和中国工商银行宁波保税区支行先后多次为银江公司进口的货物对外开具信用证。银江公司将信用证项下的提单等进口单证通过任银河公司总经理的被告人贺宝康等人交给林志。林志通过吴文演用东方保税品公司进出口保税仓库货物登记手册等材料将进口的化工原料存放于厦门市的保税仓库中。自1996年10月至1997年5月,许华的华泰公司和银江公司先后六次从厦门进口2000吨天然橡胶、1566.72吨丁基胶、80吨甲苯二异氰酸酯,货物共计价值4900余万元人民币。通过被告人林志的疏通,最终由吴文演以其他企业的进口料件加工复出口登记手册(以下简称加工手册)采用伪报贸易性质的方法为银江公司、华泰公司进口的上述化工原料非法通关,偷逃应缴的关税、增值税等税款共计3300余万元人民币。货物进口后,许华通过贺宝康与林志,并疏通了厦门铁路方面的关系,同时让华泰公司业务员即被告人孙支宁留在厦门具体负责货物的发运事宜。对到达厦门的货物,被告人孙支宁在征得银河公司的贺宝康等人同意后,办理货物的有关托运手续。许华将上述进口的化工原料运出厦门后均在国内销售。1997年3月,孙支宁联系发运的天然橡胶因无法提供报关单等合法的进口单证而被铁路公安机关查扣,孙告知许华,并向林志、贺宝康索要报关单证,林志、贺宝康等人均无法提供。许华通过不正当手段将查扣的货物取回。此后,孙支宁明知华泰公司货物进口是通过非法途径,仍按照许华的要求联系发运,其参与走私偷逃的税款数额为800余万元。

被告人贺宝康在贺宝良的授意下让银河公司代银江公司先后多次向林志及通过林志向吴文演支付非法的通关费用。事后,贺宝良为掩盖罪行,指使贺宝康和银江公司员工周建军、李德禄、陈敏(均另案处理)等人修改、隐匿银江公司和银河公司的会计账册、账簿。

被告人许顺满在其弟许华被公安机关采取强制措施后,将华泰公司的财务账册、业务资料等罪证转移至家中藏匿,为许华开脱罪责,严重影响了司法机关对许华的追究,直至2002年4月被杭州海关采取强制措施后才交代了账册等罪证的去向。

案发后,海关和公安机关从被告人许华、银河公司等处查封、扣押、冻结了 29 处房产、汽车、现金等财物(详见附表)。

原审以走私普通货物罪,分别判处被告人许华死刑,缓期二年执行,剥夺政治权利终身,并处没收其个人全部财产;判处被告单位银江公司罚金计五百万元人民币;判处被告人贺宝良有期徒刑八年;判处被告人林志有期徒刑三年;判处被告单位银河公司罚金计一百万元人民币;判处被告人贺宝康有期徒刑三年;判处被告人孙支宁有期徒刑二年。以包庇罪判处被告人许顺满有期徒刑三年。判令继续追缴被告人许华、被告单位银江公司、银河公司的走私违法所得八千三百零一万五千二百四十一元。扣押在案的赃款、赃物冲抵追缴款,其中十七套已抵押房产,拍卖后优先偿还杭州湾建筑工程公司的抵押债权和执行费用,剩余部分予以追缴。

其中,被告人许华上诉提出:李秋萍确系华泰公司股东,原判否定华泰公司法人人格的理由不能成立;认定走私犯罪所得实质上归其所有的证据不足,要求撤销原判,依法改判。

经查,李秋萍证言证实其是应许华的要求而出任华泰公司股东的,其本人并未实际出资。因此,虽然华泰公司在成立时不是以犯罪为目的,但李秋萍是挂名股东,华泰公司实质上是许华个人的企业。华泰公司的资产即为许华的个人财产。而且,银江公司进口的化工原料货值高达 4900 余万元,偷逃税款达 3300 余万元,而许华交给银江公司的款项仅 3000 余万元。华泰公司会计账簿上反映不出其余赃款的去向和用途。案发后,许华仍拒不交代其余赃款的去向,至今赃款仍被许华占有。浙江省高级人民法院于 2003 年 11 月 28 日作出(2003)浙刑二终字第 142 号刑事裁定如下:一、驳回被告人许华、被告单位银江公司、贺宝良、银河公司、贺宝康、林志的上诉;二、维持原判;三、核准以走私普通货物罪,判处被告人许华死刑,缓期二年执行,剥夺政治权利终身,并处没收其个人全部财产。①

---

① 本案例系徐爱明法官提供,在此表示感谢。具体案情详见浙江省高级人民法院(2003)浙刑二终字第 142 号刑事裁定书。

案例二

1997年1月至1998年7月,被告人林春华纠集合同案犯姜连生等人,利用威宏公司、新立新公司、新泽公司、经安公司,采取不报关、伪报品名、少报多进及假核销、假复出的手段,违反海关法规、逃避海关监管,大肆走私成品油44船,共计75.38万余吨,价值9.9亿余元,从中偷逃应缴税额3.47亿元,数额特别巨大,情节特别严重。被告为了走私还贿赂国家工作人员8名25次,共计91.8万元人民币、177万港元、10万美元,数额特别巨大,情节特别严重。一审中,被律师以案件系单位犯罪,犯罪主体是威宏公司等四公司,被告系犯罪单位的董事长,公司的经营利润用于员工福利和公司的扩大发展,其行为是公司行为,公诉方指控被告系个人犯罪证据不足等为由,为被告进行单位犯罪性质的辩护。

法院查明:(1)威宏公司名为2人公司,实际为1人公司,1人投资、1人控制、1人决定犯罪、违法所得归1人所有。(2)新泽公司和新立新公司是以虚假资料骗取工商登记的。(3)经安公司是无工商注册登记的虚构公司。

该案经广东省佛山市中级人法法院一审、广东省高院二审、最高法院核准、判决被告林春华犯走私普通货物罪,判处死刑,剥夺政治权利终身,并处没收个人全部财产;犯行贿罪,判处无期徒刑,剥夺政治权利终身,决定执行死刑,剥夺政治权利终身,并处没收个人全部财产。

本案的裁判理由是:以单位名义进行走私,违法所得归个人所有,是个人犯罪。①

法官评述

一、概念的澄清:什么是“以单位名义犯罪”

在审理单位犯罪案件时,经常使用“以单位名义”这一表述。其实,是否“以单位名义”并不是区分单位犯罪与个人犯罪的主要标准,只是一个中性的表述,我们不能过高估计其在单位犯罪认定中的作用。

---

① 参见最高人民法院刑一庭、刑二庭编:《刑事审判参考》(1999年第3辑)(总第3辑),法律出版社1999年版,第9页。

在现实经济生活中，单位犯罪本身大多数就是“以单位名义”进行，而有的单位犯罪，是“以个人的名义”进行，有的个人犯罪却“以单位名义实施”。后一种“以单位名义”中的单位，具体包括以下三种情况：第一种是真有单位，即所利用的名义上的单位是真实存在的，该单位本可以成为犯罪主体；第二种是虚有单位，即所利用的名义单位根本不存在，如上述案例二中的经安公司；第三种是非刑法主体的单位，即单位确实存在，有工商登记，但是该单位不符合刑法上对单位犯罪主体的要求，如个人独资企业、合伙企业等，本案中的威宏公司、新泽公司、新立新公司均因为属于一人公司、虚假注册公司而否定其单位犯罪主体的资格。

真有单位、虚有单位、非刑法主体的单位，其名义均可能被利用来犯罪。区别“以单位名义犯罪”的三种表现形式，具有重要意义。

首先，以真有单位名义犯罪，违法所得归个人所有，是个人犯罪。这是真正的或纯正的单位犯罪还是个人犯罪研究的现象，涉及如何区分单位意志还是个人意志，单位行为还是个人行为、单位利益还是个人利益。在认定中不涉及对单位本身性质的质疑。

其次，以虚有单位名义犯罪，是纯正的个人犯罪。虚有单位或虚构单位，连形式上的工商主体资格都没有，所以，也根本不存在违法所得归单位还是个人的认定问题。

最后，以非刑法主体的单位名义犯罪，是三种形式中最复杂的一种。问题的关键是单位形式上是存在的，只是不符合刑法对单位犯罪主体的要求。但由于刑法或刑法理论对单位犯罪主体的要求或条件不明确，所以，单位犯罪主体的认定问题就缺乏统一标准。又由于，单位犯罪主体的认定或否定，与民事主体的认定与否定密切关联，与行政审批权密切相关，就使得问题更加复杂。①

上述案例的裁判理由实质是建立在单位犯罪主体资格否定的基础上的，归属于前述第三种形式“以非刑法主体的单位名义犯罪”。即否定相关公司的单位犯罪主体资格。本书主要对如何理解和把握单位犯罪主体资格的司法否定制度进行研讨。

---

① 林荫茂：《单位犯罪裁判理由研究》，载《经济刑法》2003 年第 1 辑。

二、“单位犯罪主体资格的司法否定”的理解与把握

(一)单位主体资格否定的制度诱因

刑法对单位犯罪的处罚和对自然人犯罪处罚的差异性,是产生单位犯罪主体资格否认理论的制度诱因。① 从我国刑法的规定看,刑法对单位犯罪的单位和直接责任人员虽然大多采取双罚制,但立法对单位犯罪中直接责任人员设定的处罚,与个人犯罪相比,一般要轻得多。在司法实践中,对单位犯罪实际所判的刑罚,与个人犯罪相比,也是如此。显然,刑法对单位犯罪与自然人犯罪处罚的差异性,是建立在单位犯罪的直接责任人员与自然人个人犯罪的行为人在主观故意、客观行为、社会危害性等方面均存在区别的基础上。一般而言,同样的行为,行为人以单位名义为单位利益实施犯罪,与行为人为个人利益实施个人犯罪相比,前者主观恶性相对较小、责任较为分散,罪责相对要轻,而后者相对要重。② 所以,立法对单位犯罪与个人犯罪区别对待。然而,大量以单位名义犯罪的案件显示,并非所有以单位名义实施的犯罪都是为了单位利益,犯罪所得归单位,不少自然人采用虚报注册资本、抽逃出资、让他人做挂名股东等欺诈手段骗取一纸公司登记,或以进行违法犯罪为目的而设立公司、企业、事业单位,或成立单位后以实施犯罪为主要活动,这些人披上单位的外衣后,利用单位犯罪的幌子,逃避严厉的惩罚。如果对诸如此类的犯罪也作单位犯罪处理,则不但有违单位犯罪的处罚前提,而且会放纵犯罪,有损刑法的正义性。其中最主要的一条,就是不能做到罪刑相适应,使重罪重罚、轻罪轻罚。在上述情况下,只有实行单位人格的否认,不承认该“单位”具有刑法意义上的单位资格,即不承认其具有犯罪单位主体资格,通过刺破单位的“面纱”,转而直接追究该“单位”背后的、操纵“单位”的自然人或具有刑法意义的单位的刑事责任,以实现罪刑相适应原则。③

(二)单位犯罪主体资格否定的司法解释及其缺陷

从最高人民法院于1999年6月颁布的《解释》的规定来看,应当否定相关公

---

① 庄劲:《刍议刑法上之单位人格否认》,载人大报刊复印资料《刑事法学》2004年第3期。

② 相关的研究,参见陈光多:《犯罪单位研究》,载《浙江审判》2003年第8期。

③ 陈增宝:《单位犯罪主体资格的司法确认与否定》,载《中国刑事法杂志》2006年第1期。

司、企业、事业单位作为单位犯罪主体资格的情形发生在以下两种场合：一是个人为进行违法犯罪活动而设立的公司、企业、事业单位实施犯罪的，对这种情况有人称为“主观滥用型”；二是公司、企业、事业单位设立后，以实施犯罪为主要活动的，对这种情况有人称为“客观滥用型”。① 法学理论和实践部门一般都认为，该《解释》体现了刑法上的单位犯罪主体资格否认之精神，确立了单位犯罪主体资格司法否认的两条规则。但由于《解释》的不明确、欠周延、刑法理论对单位犯罪主体否认研究相对薄弱等多方面原因，侦查机关、检察机关以及法院在办理单位犯罪案件时仍然面临单位犯罪主体资格的否定难题，最主要的疑难问题有二：一是对《解释》已有规定的上述情形在司法实践中应该如何认定和把握；二是对《解释》尚未涉及的有关情形能否进行单位犯罪主体资格的刑法否定。

在司法实践中，对哪些单位应该否认其犯罪主体资格以及否认是否合理，往往是控辩双方争议的焦点和困扰法院审判的难点。大量的案例显示，除了被告人因为认定单位犯罪对自己有利而将大量本质上属个人犯罪的辩称单位犯罪外，有的侦查机关认为是单位犯罪，公诉机关却认为是个人犯罪，到了审判机关又认为是单位犯罪，有时就是在法院内部，也有一审认定单位犯罪，二审改为个人犯罪的情况，或者刚好相反，②总之，这种情况的存在，造成了单位犯罪司法的随意性以及此类案件发回重审率、改判率长期居高难下。因此，对包括法理基础、司法认定、适用场合等内容在内的单位犯罪主体资格否认制度展开系统、深入的研究已不仅是理论上的问题，更是司法实践的迫切需要。

（三）单位犯罪主体资格否定的理论渊源

1.“公司法人人格否认”原理

单位人格否认的思想，肇始于民法中的公司人格否认或法人人格否认，均以实现公平正义为理念，通过“揭开公司的面纱”，转而追究公司背后的股东的民事责任，以实现社会公平和正义。

---

① 谢嗣强、刘许：《法人犯罪的否定情形浅议》，载《广东经济管理学院学报》2003 年第 1、2 期（合刊）。

② 陈光多：《犯罪单位研究》，载《浙江审判》2003 年第 8 期。

2. 单位犯罪的固有原理

单位犯罪，在刑法理论上一般称为法人犯罪，是个人犯罪的对称。所谓个人犯罪，是指以自然人为主体的犯罪。而单位犯罪，是指以单位为主体的犯罪。[①] 就自然人犯罪主体而言，行为人一方面要达到法定刑事责任年龄，即必须具备犯罪主体的形式要件；另一方面还必须具有承担刑事责任的能力，这是成为犯罪主体的实质要件。同理，单位登上刑法的舞台成为单位犯罪主体也必须具备形式与实质两方面的要件，即既要有单位的必要形式，又要有承担单位犯罪的刑罚的能力。如果缺少其中一个要件，就应当排除在单位犯罪的主体范围之外。[②]

（四）单位犯罪主体资格否定的法律蕴意

本书认为，所谓单位犯罪主体资格的司法否定，是指在立法承认单位具有犯罪主体资格的前提下，为了阻止单位独立犯罪主体资格的滥用以及实现刑法正义，在司法实践中，由审判机关对某些虽具有单位的形式，但实质上缺乏或丧失刑事责任能力的单位作为犯罪主体资格予以否认，直接追究单位背后自然人或其他单位刑事责任的一种法律制度。根据定义，结合单位犯罪的特点，这一制度主要蕴含以下几层意义：

一是该单位一旦被否认自始不具有犯罪主体资格。此点与“法人人格否认”有别，就法人人格而言，其只是针对个案，是对公司在某一特定情况下已经丧失独立人格特性的一种确认和揭示，旨在追求个案中特定法律关系的具体妥当性和实质正义性，并不是对公司独立人格彻底的全面的否定。也就是说，它只是对股东在特定的法律关系中借助法人合法有效的外壳从事规避法律行为的否认，其法律效力仅局限于特定的当事人之间的法律关系，在该个案的特定法律关系之外，公司独立法人人格不容否定。而刑法意义上的单位作为犯罪主体，其认定标准具有统一性和恒定性，“单位”一旦在某一案件被否认具有犯罪主体资格，那么该“单位”在其他场合也不具有犯罪主体资格，即其自始不具有犯罪主体资格，这是刑法特殊性的表现。

---

① 陈兴良：《单位犯罪：以规范为视角的分析》，载人大报刊复印资料《刑事法学》2003 年第 5 期。

② 黎宏：《单位刑事责任论》，清华大学出版社 2001 年版，第 267 页。

二是单位主体资格的否定将产生特定的法律后果。主要有:(1)直接追究真正股东的刑事责任。(2)仅仅否认其具有刑法意义上的单位资格。单位犯罪主体资格否认的后果只是对某一“单位”否认其具有刑法意义上的单位资格,而不是对其他意义上的单位资格彻底的全面的否定。(3)程序上的后果,单位犯罪主体资格的否认是终局意义上的否认,不能否认其作为被告单位或上诉单位中的“单位”而存在。

三是适用单位犯罪主体资格否认的目的是实现刑法的公平正义性。这一制度的目的在于,追求诉讼价值的平衡,通过否认“单位”作为犯罪主体的独立性,来追究滥用者的法律责任,以维护社会的公平与正义,实现刑法的正义性。

四是单位犯罪主体资格否认制度只是一种司法规制。即该制度是一种司法上的事后救济,而非立法预设。从上述可见,单位犯罪主体资格否认制度是对刑法立法中的单位犯罪制度的有益补充和完善,是对滥用单位犯罪资格行为的一种修正和补救。

(五)单位犯罪主体资格否定之场合

本书认为,主要有以下几个问题需要探讨:其一,对公司否定单位主体资格是否限于司法解释规定的两种场合。根据《解释》的规定,以下两种场合应当否定相关公司作为单位犯罪主体资格:一是个人为进行违法犯罪活动而设立的公司实施犯罪的,对这种情况有人称为“主观滥用型”;二是公司设立后,以实施犯罪为主要活动的,对这种情况有人称为“客观滥用型”。[①] 但是,按公司法人人格否认原理,需要进行法人人格否认的场合不止以上两种,常见的情形有以下几种:

(1)公司与股东的人格混同。实践中公司与股东财产混同、业务混同从而造成人格混同的情形比较严重,公司虽在法律上具有独立的人格,但公司的人格只有象征意义,实际上已被股东控制。

(2)母、子公司间的人格混同。由于母、子公司间存有控制与被控制的关系,子公司虽系独立的法人实体,但没有自己独立的财产,故很难保证其自身意志的独立性。

---

① 谢嗣强、刘浒:《法人犯罪的否定情形浅议》,载《广东经济管理学院学报》2003年第1、2期(合刊)。

(3)企业相互投资引起的人格混同。表面上看似乎是两个相互独立的企业,但实际上已合为一体,从而产生公司与股东人格混同。

(4)姐妹公司间的人格混同。一人出资组成数个公司,各个公司表面上是彼此独立的,实际上在财产利益、盈余分配等方面形成一体,董事、监理相互兼任,且各个公司的经营决策等权利均由投资者一人掌握。

(5)存续中的实质的"一人公司"。有的投资者为了规避《公司法》对有限责任公司股东人数的限制,让夫妻、父母、子女或亲朋好友挂名,做挂名股东,而这些成立后所谓的有限公司资本实际均系一人出资,实际上公司成立时就是"一人股东",从而真正的股东就会将公司视为自己整体中的一部分,操纵整个公司,收益也归一人所有。

(6)采用虚假出资或抽逃注册资本手段成立"空壳公司"。[①]

(7)出于非法的目的成立公司以及成立后主要活动违法。

可见,公司法人人格否认的范围是比较广泛的。而目前,《解释》只列举了两种情形,显然尚不能涵盖上述七种情形。因此,在实践中,单位犯罪主体资格的否定场合问题就值得研究。依笔者浅见,单位犯罪主体资格的否认不应限于司法解释中已经明确的两种情形,一般而言,能进行法人人格否认的情形,在刑法中均可以考虑予以否认。事实上司法实践中已经对此有所突破。

值得指出的是,上述挂他人之名成立或因股东抽逃出资等原因演变而成的实质上"一人公司"与2006年1月1日实施的新《公司法》中规定的"一人有限公司"有着本质区别。该法规定的"一人有限公司"有着严格的注册条件和财务要求等规定。对合法成立的"一人有限公司",可以认定其具有单位犯罪主体资格。还应当指出的是,刑法与民法毕竟有别,在刑事司法实践中是否否认单位人格还应结合案情考虑其他情节(如犯罪所得的最终归属)、根据罪刑相适应原则和实现刑法正义的需要,充分合理发挥刑法适用解释的主观能动性,予以自由裁量。

---

① 随着注册资本登记制改革的实施,虚报注册资本罪和虚假出资罪、抽逃出资罪的适用范围已经作了调整。根据全国人大常委会于2014年4月24日作出的立法解释,《刑法》第158条、第159条的规定,只适用于依法实行注册资本实缴登记制的公司。

三、利用股东挂名成立公司犯罪所得实质归个人的不是单位犯罪

案例一中，许华进行走私活动虽以华泰公司的名义，但华泰公司实质上是许华个人的私营公司，华泰公司属不具备法人资格的虚假公司，其犯罪所得也并不归公司所有。因此，根据最高人民法院《关于审理单位犯罪案件具体应用法律有关问题的解释》的规定，华泰公司不是刑法意义上的单位，一审、二审法院对许华以个人犯罪论处是正确的。其上诉提出认定个人犯罪有误，要求改判的理由不能成立。

四、单位被否定后对所有涉案人员不一定均以自然人犯罪追究

任何单位犯罪都是通过具体的单位成员来实施的，没有这些单位成员的参与和从中作用，犯罪是不可能完成的，而且往往由多个单位成员参与其中、涉及多个环节的有关自然人，走私案件更是如此。在单位被否定后，追究“单位”犯罪中“单位人员”的刑事责任，是法律的必然要求和罪责自负原则的体现。但对上述凡是参与、需要追究刑事责任的人员能否一律认定为自然人个人共同犯罪呢？本书认为，单位被否定之后，有关涉案人员是否均以自然人个人共同犯罪处理不可一概而论，还需要结合案情，根据主客观相统一等刑法原则具体情况具体分析。

首先，对有关自然人原则上应作为“单位”负责人个人犯罪的共犯加以处理。因为，一般情况下，在“单位”犯罪主体资格被否定的案件中，“单位”的负责人以及参与犯罪的有关自然人对导致该“单位”人格被否定的特定事由事先均明知或者应当明知，譬如，有的公司企业设立的目的就是实施犯罪，有关自然人事先均知情，在单位人格否定后，对这些人员当然均应按照自然人共同犯罪的有关原则加以处理。

其次，在部分自然人对“单位”情况认识错误的场合，均作个人犯罪处理不妥，而仍应按单位犯罪论处。譬如，有的员工在参与“单位”组织的走私犯罪活动中，对所在“单位”从事走私犯罪事先是明知的，其有从事单位走私犯罪的主观故意，但是其对该“单位”就是为了实施犯罪活动而设立或设立后以实施走私犯罪为主要活动这一足以导致单位犯罪主体资格被否定的特定事由却不明知，其确不知道该“单位”的犯罪所得实质上是归某一老板个人所有，也没有任何证据证实其本人在实施犯罪过程中有谋得私利的情形，在这种情况下，如果对有关自然人也按个人共同犯罪的共犯处理，极有可能造成重判以致罪刑不相适应，同时也有违主客观相统一的刑法原则。因此,本书认为,诸如此类存在认识错误的场合,在对没有认识错误的自然人按个人共同犯罪处理的同时,对存有错误认识的有关自然人仍然可以按单位犯罪的直接责任人员追究刑事责任。在这种情况下,对"员工"与"老板"分离定性比较符合案件的实际,是实事求是的做法。

上述案例中,被告人孙支宁明知华泰公司的许华与他人进口的货物没有合法报关手续却继续发运到国内销售,其行为已构成走私普通货物罪,应依法惩处。虽然对许华以个人犯罪处理,但孙支宁犯罪时是华泰公司员工,其不明知犯罪所得是归许华个人所得,现有证据不能证实其在犯罪过程中谋得私利,故对其可以单位犯罪的直接责任人员追究刑事责任,一审、二审法院对孙支宁仍以单位犯罪处理符合主客观相统一的原则,是正确的。

2. 如何认定单位成立后"以实施犯罪为主要活动"

——戴海华贷款诈骗等案和张贞练虚开增值税专用发票案

裁判要旨

一、公司、企业、事业单位在设立后以实施犯罪为主要活动的准确认定,是进行单位犯罪主体资格否定的重要前提之一。单位是否以实施犯罪为主要活动,应根据单位实施走私行为的次数、频度、持续时间、单位进行合法经营的状况等因素综合考虑认定。

二、单位设立后,虽然有过一些正常的经营活动,但从一个相对确定的时间开始,仅仅从事犯罪活动,而不再从事正常经营活动的,应当认定为"以实施犯罪为主要活动"。

三、单位设立后,有过一些正常的经营活动,从一个相对确定的时间开始,虽其中还存在"正常的经营活动",但已演变成"以实施犯罪为主要活动的",其中少量的正常经营活动并不影响认定为"公司、企业、事业单位设立后,以实施犯罪为主要活动"。

案例一

1994年11月，被告人戴海华在没有资金的情况下，以本人和其弟戴海松为股东，由当时的浙江省海盐县城西信用社主任、副主任出具518000元资金的虚假证明，向海盐县工商局申请登记注册，成立海盐县豪迈物资有限公司（以下简称豪迈公司）。1996年至1997年，被告人戴海华在公司经营处于巨额亏损的情况下，虚构公司做钢材、服装生意的贷款理由，并采用私刻公章伪造担保等欺骗手段，从海盐县农村信用合作联社及下属的齐家、城西、元通、富亭等信用社先后贷款，分别用于归还前贷款、个人挥霍、赌博或行贿送礼等，合计共291万元到期无法归还。

1997年6月，被告人戴海华在中国农业银行海盐县支行（以下简称海盐农行）申领了个人信用卡，卡号为5359 150345001704，同年10月又以海盐县豪迈公司出纳梁玉明的名义申领副卡一张，卡号为5359 150345001712。1997年7月初，被告人戴海华为归还债务，在无信用基础的情况下，欺骗海盐农行信用卡部工作人员，取得海盐农行的特别授权后，用信用卡在广东东莞、上海金山巨额透支。其间，被告人戴海华利用两地银行间结算上的时间差，用后透支款还前透支款。截至1998年4月30日，被告人共透支39笔，透支额高达580万元。此后，海盐农行多次向被告人戴海华催款，被告人戴海华在无力归还的情况下，与海盐农行签订还款协议，承诺1998年8月31前还清透支款和利息。事后，被告人戴海华分文未还。

1997年8月至9月，被告人戴海华以海盐豪迈公司的名义向海盐电力实业集团有限责任公司虚开增值税专用发票价税合计210万元，抵扣税款305128.20元；又介绍海盐电力实业集团有限责任公司向海盐县沙龙贸易公司虚开增值税专用发票价税合计220万元，抵扣税额319618.12元；后又让海盐县沙龙贸易公司为自己虚开增值税专用发票价税合计217万元，抵扣税款315299.15元。上述合计抵扣税额940045.47元。

1995年10月至1998年春节期间，被告人戴海华为非法拆借资金、谋求银行工作人员在信用卡业务上违规操作，先后多次向他人行贿108012元。

2000年6月1日，被民警抓获后，被告人戴海华主动交代了尚未被司法机关掌握的贷款诈骗、虚开增值税专用发票以及行贿的犯罪事实。

浙江省嘉兴市中级人民法院审理后认为：被告人戴海华以非法占有为目的，采取虚构贷款理由、提供虚假担保的手段骗取金融机构贷款291万元，数额特别巨大，造成集体财产重大损失，构成贷款诈骗罪；被告人戴海华以非法占有为目的，利用信用卡进行恶意透支，金额达580万元，数额特别巨大，造成国家财产重大损失，构成信用卡诈骗罪；被告人戴海华为他人虚开、让他人为自己虚开和介绍他人虚开增值税专用发票，虚开的税款数额巨大，实际抵扣税额达940045.47元，构成虚开增值税专用发票罪；被告人戴海华为谋取不正当利益及在经济活动中，给予国家工作人员财物价值108012元，且导致国家利益遭受重大损失，情节严重，构成行贿罪。公诉机关指控的罪名成立。鉴于被告人因涉嫌信用卡诈骗罪归案后，主动交代了侦查机关尚未掌握的贷款诈骗、虚开增值税专用发票以及行贿犯罪的事实，依《刑法》第六十七条第二款之规定，对贷款诈骗罪、虚开增值税专用发票罪可以自首论，依法可以从轻处罚；依《刑法》第三百九十条第二款之规定，对行贿罪可以减轻处罚。据此，依法判决如下：

一、被告人戴海华犯贷款诈骗罪，判处有期徒刑十四年，并处没收财产五万元人民币；犯信用卡诈骗罪，判处无期徒刑，剥夺政治权利终身，并处没收财产十万元人民币；犯虚开增值税专用发票罪，判处有期徒刑十三年，并处没收财产五万元人民币；犯行贿罪，判处有期徒刑四年，决定执行无期徒刑，剥夺政治权利终身，并处没收财产二十万元人民币。

二、责令被告人戴海华向海盐县城西信用社退赔违法所得115万元人民币；向海盐县信用联社信托部退赔违法所得28万元人民币；向海盐县元通信用社退赔违法所得30万元人民币；向海盐县富亭信用社退赔违法所得28万元人民币；向海盐县齐家信用社退赔违法所得90万元人民币；向中国农业银行海盐县支行退赔违法所得580万元人民币。

一审判决后，在法定期限内，被告人未上诉，检察机关也未抗诉，判决已发生法律效力。[①]

---

① 本案例由原浙江省嘉兴市中级人民法院法官、现为最高人民法院法官王培中执笔，载最高人民法院刑二庭编：《经济犯罪审判指导与参考》(2003年第4卷)，人民法院出版社2004年版，第1页。

案例二

被告张贞练受聘任广东省湛江市贸易开发公司经理,1993年年底公司停止营业。1994年3月,张与他人合谋,计划以停业的公司名义为他人虚开增值税发票谋取非法利益。1994年4月,被告到湛江工商局和和税务局分别办理了营业执照年检和税务登记证,领取增值税发票。之后,在3个月内,被告张先后为四个单位虚开增值税专用发票72份,价款计1.7亿元,税款计2982万余元。受票单位用于非法抵扣,致使国家税款损失2132万余元。张贞练收取开票手续费计129万元,其中数千元用于支付本单位租赁房屋及职工开支等费用,其余大部分款项用于个人经商及挥霍。同年7月,被告人张贞练又向工商局申请湛江市贸易开发公司停业。本案经一审、二审和最高人民法院死刑核准,最终以张贞练犯虚开增值税专用发票罪判处死刑,剥夺政治权利终身,并处没收个人财产。①

法官评述

案例一中,被告人戴海华实施的贷款诈骗、信用卡诈骗、虚开增值税专用发票行为都利用了豪迈公司的名义,违法所得也是归单位所有、使用,而且行贿也是以单位名义实施,为单位谋取不正当利益,从形式上看,被告人的行为符合单位犯罪的构成特征。但审理法院最终以个人犯罪处理,法院之所以认定其为个人犯罪,主要是因为该公司设立后,以实施犯罪为主要活动,从而不以单位犯罪论处。案例二中,法院认定张贞练为个人犯罪的理由也是如此,本案的犯罪单位在恢复营业后的3个月内只从事虚开增值税发票的活动,应当认定为"以实施犯罪为主要活动"。在司法实践中,关键在于如何认定"以实施犯罪为主要活动"。

依照《解释》第2条的规定,公司、企业、事业单位在设立后是否以实施犯罪为主要活动的判断,是能否进行单位犯罪主体资格否定的重要前提之一。但《解释》公布以后,司法实践中对如何把握其中的"主要",经常发生争议。因此,最高人民法院、最高人民检察院、海关总署于2002年7月发布的《关于办理走私刑事案件适

---

① 参见最高人民法院刑一庭、刑二庭编:《刑事审判参考》(2001年第3辑)(总第14辑),法律出版社2001年版,第10页。

用法律若干问题的意见》第18条专门对此作了进一步的明确规定。该规定明确指出，“单位是否以实施犯罪为主要活动，应根据单位实施走私行为的次数、频度、持续时间、单位进行合法经营的状况等因素综合考虑认定”。本书认为，这虽然是针对走私案件作出的专门规定，但对于其他经济犯罪案件的审理亦具有参考意义。在司法实践中，认定“以实施犯罪为主要活动”时应当注意从以下几个方面加以把握：

一是对于单位设立后，虽然有过一些正常的经营活动，但从一个相对确定的时间开始，仅仅从事犯罪活动，而不再从事正常经营活动的，应当认定为“以实施犯罪为主要活动”。

二是对于单位设立后，有过一些正常的经营活动，但从一个相对确定的时间开始，虽其中还存在“正常的经营活动”，但已演变成“以实施犯罪为主要活动的”，其中少量的正常经营活动并不影响认定为“公司、企业、事业单位设立后，以实施犯罪为主要活动”。

三是认定是否“以实施犯罪为主要活动”应坚持全面考虑综合分析的认定模式。只有通过综合考虑、全面分析，经过周密的论证和整体判断，才能得出正确结论。

上述戴海华案为我们正确认定“以实施犯罪为主要活动”提供了一个可资参照的判例。在戴海华案中，“以实施犯罪为主要活动”的情节表现如下：从1996年年初开始，在公司巨额亏损、无力偿还债务的情况下，被告人戴海华虚构事实、隐瞒真相，采用私刻公章、伪造担保等欺骗手段，以豪迈公司的名义大量向金融机构贷款，除了少部分用于公司，绝大部分用于个人大肆挥霍、赌博、送礼、行贿等。与此同时，被告人戴海华还以豪迈公司的名义大肆进行信用卡诈骗，恶意透支39次，透支额高达580万元；被告人戴海华还利用公司为他人虚开、让他人为自己虚开、介绍他人虚开增值税发票，造成了国家税款的巨额损失。从豪迈公司1996年以后的经营状况来看，主要是依靠被告人戴海华从事贷款诈骗、恶意透支、虚开增值税专用发票以及行贿等犯罪活动来维持，基本上不再从事正常的经营活动。对于这种公司设立后，虽然有过一些正常的经营活动，但从一个相对确定的时间开始，就以实施一种或者多种犯罪为主要活动，不再从事正当经营活动的，应当认定为“公司设立后以实施犯罪为主要活动”，依照司法解释的规定，不以单位犯罪论处，而以自然人犯罪定罪处罚。

根据以上论述，在司法实践中，认定公司在设立后是否以实施犯罪为主要活动，应当根据公司的设立背景及其实施犯罪活动的时间、次数、数额、影响、后果等因素综合分析，慎重判断和认定是否符合“公司设立后以实施犯罪为主要活动”的特征。

3. 单位犯罪中的主管人员与直接责任人员之间如何区分主、从犯

——杨建杭、杭州天华人造毛皮有限公司等走私普通货物案

裁判要旨

一、被告人许晓钧原系杭州天华人造毛皮有限公司销售部经理，属单位犯罪中的“其他直接责任人员”，其明知义乌联胜玩具有限公司并无进出口经营权，未经海关许可并补缴应缴税额，在杨建杭的指使下擅自将保税货物销售给该公司，偷逃国家税款，构成走私普通货物罪，但在案证据表明，许晓钧已将无法结转核销的情况向杨建杭作了汇报，对犯罪不是起决定、组织、策划作用，且其未参与后期伪造出口合同、申领进料加工手册等走私活动，故二审法院认为许晓钧在本案的走私犯罪中起次要作用，亦属从犯。

二、单位犯罪案件中，相关自然人的立功、自首并不等同于单位自首、立功，在司法实践中应当注意加以区分。

案号索引

一审：杭州市中级人民法院（2001）浙杭刑初字第95号；

二审：浙江省高级人民法院（2001）浙刑二终字第201号。

基本案情

浙江省杭州市中级人民法院审理杭州市人民检察院指控被告单位杭州天华人造毛皮有限公司、被告人杨建杭、许晓钧、寿辉焕犯走私普通货物罪一案，于2001

年7月18日作出(2001)杭刑初字第95号刑事判决。被告人杨建杭、许晓钧不服,提出上诉。

审　判

原判认定:1995年七八月间,浙江省义乌联胜玩具有限公司吴厚金与杭州天华人造毛皮有限公司(以下简称天华公司)销售部经理许晓钧联系,要求购买长毛绒并提供了样品,根据样品须用进口晴纶纱加工,许向天华公司主持工作的副总经理杨建杭作了汇报。同年年底,杨建杭在公司中层干部会议上决定从有进出口经营权的单位转结进口保税晴纶纱加工成长毛绒后销售给无进出口经营权的义乌联胜玩具有限公司,进口保税料件的核销由销售部许晓钧负责以从其他外贸公司购买指标的方法解决。1996年年初,在杨建杭、许晓钧、寿辉焕等人参加的公司供销会议上,杨、许要求业务员尽量多办理核销。从1996年3月起,天华公司先后从江苏省常熟兴伟毛绒有限公司、盐城宏欣针织有限公司、盐城达阳针织绒有限公司、上海海晖毛绒有限公司购进进口保税晴纶纱,加工成长毛绒后部分分批内销给义乌联胜玩具有限公司。由于购买指标核销的事一直未成,许晓钧、寿辉焕将无法结转的情况向杨建杭汇报。在杨的指使下,寿辉焕采用伪造出口合同的方法,于1996年7月25日至1997年7月17日向杭州海关申领8本进料加工手册,共结转进口晴纶纱566.6吨。其中287.1吨晴纶纱加工成长毛绒后内销给义乌联胜玩具有限公司,价额6536161.67元人民币,偷逃应缴税款2717082.54元人民币。

原判还认定,被告人杨建杭在杭州海关调查处调查手册核销问题时,主动交代了上述走私事实,属自首。

原审认为,被告单位天华公司未经海关许可,擅自将用进口保税料加工的产品在国内销售,数额特别巨大,情节特别严重,已构成走私普通货物罪。被告人杨建杭系直接负责的主管人员,被告人许晓钧、寿辉焕系直接责任人员,杨建杭、许晓钧系主犯,寿辉焕系从犯。杨建杭在杭州海关调查处调查手册核销问题时,主动交代了有关组织及司法机关未掌握的走私犯罪事实,属自首。据此,以走私普通货物罪,判处被告单位天华公司罚金280万元人民币;判处被告人杨建杭有期徒刑五年;判处许晓钧有期徒刑五年;判处寿辉焕有期徒刑三年,缓刑四年。

被告人杨建杭及其二审辩护人提出杨有检举立功表现，请求减轻处罚；许晓钧及其二审辩护人提出许系从犯，原判认定其为主犯不当。出庭的浙江省人民检察院检察员认为原判定罪正确，量刑基本适当，对杨建杭的检举立功问题请本院核实后依法处理。

经审理查明，杭州海关保税处因天华公司申领的进料加工手册到期后仍未核销而移交至海关调查处调查，显然天华公司有将保税料件或其制成品在境内销售的走私犯罪嫌疑，海关有关部门已经掌握，杨建杭在海关调查处调查手册核销问题时所作的供述属坦白交代，原判认为杨交代了司法机关及有关组织未掌握的走私犯罪事实错误，认定为自首不当。此外，根据杭州海关走私犯罪侦查分局提供的证明材料，杨建杭检举揭发和提供侦破其他走私案件的线索，已查证属实，有立功表现，此上诉理由与辩护意见予以采纳。

浙江省高级人民法院审理认为，被告单位天华公司违反海关法规，未经海关许可，擅自将进口保税料件的制成品中在境内销售，偷逃应缴税款270余万元，情节特别严重，依照行为时的法律即全国人大常委会《关于惩治走私罪的补充规定》和现行刑法的规定，其行为均构成走私普通货物罪。被告人杨建杭系直接负责的主管人员，被告人许晓钧、寿辉焕系其他直接责任人员，均承担相应的刑事责任。根据刑法“从旧兼从轻”的原则，由于行为时的法律处刑较轻，故应适用行为时的法律定罪处刑。在走私犯罪中，被告人杨建杭起主要作用，系主犯；被告人寿辉焕起次要作用，系从犯；被告人许晓钧明知义乌联胜玩具有限公司并无进出口经营权，未经海关许可并补缴应缴税额，在杨建杭的指使下擅自将保税货物销售给该公司，偷逃国家税款，构成走私普通货物罪，但许晓钧已将无法结转核销的情况向杨建杭作了汇报，且许晓钧未参与后期伪造出口合同、申领进料加工手册等活动，故许晓钧在本案的走私犯罪中起次要作用，亦属从犯。许晓钧及其二审辩护人提出许不属主犯的意见予以采纳。根据被告人许晓钧、寿辉焕在本案中所起的作用，可予减轻处罚。被告人杨建杭的自首虽不成立，但坦白交代自己的犯罪事实，二审期间又有立功表现，故请求减轻处罚的意见予以采纳。原判定罪正确，对寿辉焕的量刑适当。审判程序合法。据此，依照《中华人民共和国刑事诉讼法》第一百八十九条第

(一)、(二)项,《中华人民共和国刑法》第十二条第一款、第二十六条第一、四款、第二十七条、第六十八条第一款、第七十二条第一款,全国人大常委会《关于惩治走私罪的补充规定》第五条第二款和最高人民法院《关于处理自首和立功具体应用法律若干问题的解释》第五条之规定,于 2001 年 12 月 25 日判决如下:一、撤销原判对被告人杨建杭、许晓钧的量刑部分,维持其他部分;二、被告人杨建杭犯走私普通货物罪,判处有期徒刑四年九个月;三、被告人许晓钧犯走私普通货物罪,判处有期徒刑三年六个月。[①]

法官评述

本案是一起典型的单位犯罪案件,一审、二审法院均认为在走私犯罪中,被告人杨建杭起主要作用,系主犯;被告人寿辉焕起次要作用,系从犯。主要分歧在于被告人许晓钧能否认定为从犯。被告人许晓钧原系杭州天华人造毛皮有限公司销售部经理,属单位犯罪中的"其他直接责任人员",其明知义乌联胜玩具有限公司并无进出口经营权,未经海关许可并补缴应缴税额,在杨建杭的指使下擅自将保税货物销售给该公司,偷逃国家税款,构成走私普通货物罪,但在案证据表明,许晓钧已将无法结转核销的情况向杨建杭作了汇报,对犯罪不是起决定、组织、策划作用,且其未参与后期伪造出口合同、申领进料加工手册等走私活动,故二审法院认为许晓钧在本案的走私犯罪中起次要作用,亦属从犯并无不当。值得指出的是,根据最高人民法院于 2000 年 9 月 3 日公布的针对湖北省高级人民法院的请示作出的《关于审理单位犯罪案件对其直接负责的主管人员和其他直接责任人员是否区分主犯、从犯问题的批复》,区分主从犯的最终目的是量刑的需要,出于罪刑相适应的价值追求,在审理单位故意犯罪案件时,对其直接负责的主管人员和其他直接责任人员,不一定都要区分主犯、从犯,一般情况下,按照其在单位犯罪中所起的作用判处刑罚即可。

另外,本案审理还表明,单位犯罪案件中,相关自然人的立功、自首并不等同于单位自首、立功,在司法实践中应当注意加以区分,不可混为一谈。

---

① 详见浙江省高级人民法院(2001)浙刑二终字第 201 号刑事判决。

4. 成为刑法意义上的单位须具备哪些限定条件

——谭某诈骗案和朱奕骥虚开增值税专用发票案

裁判要旨

一、只有依法成立、具有一定的组织机构、拥有一定财产或者经费，能够以自己名义承担责任的公司、企业、事业单位、机关、团体，才能成为单位犯罪的主体。

二、在实践中，一些没有独立决策权和在一定范围内的财产处分权的企业法人的分支机构、机关的处室或派出机构、职能部门，不仅形式上没有独立性，而且实质上也没有独立承担刑事责任的能力，对其以组织名义实施的犯罪行为，只能以个人犯罪论处。

三、单位承包经理在单位承包经营活动中为单位利益而实施的犯罪行为属于单位犯罪，其承担的不是个人犯罪责任，而是单位犯罪中直接负责的主管人员和直接责任人员的责任。

案例一

犯罪嫌疑人谭某，某粮油贸易公司业务员。

1998年3月，谭某与公司签订合同承包经营该公司一购销部。合同约定公司为购销部安排业务员，提供定额内流资和账户；购销部实行集体承包，个人负责制，自主经营，自负盈亏，费用自理，上交公司一定纯利。

1998年7月7日，谭某在火车站发货装车时，实际装运花生米358袋，计17.9吨，在填写铁路运输货票时虚报货物数量为1200袋，计60吨。并同时到中保财产保险公司火车站代办处办理货运保险，保险金额为30万元。当货物运输到站后，谭某得知花生米中途"被盗"，遂到保险公司报案索赔保险金210500元。因该案告破未得逞。

本案在审查起诉过程中，对谭某作为投保人故意虚构保险标的，骗取保险金的行为构成保险诈骗罪（未遂）没有异议，但对本案应认定为自然人犯罪还是单位犯罪存在两种意见。其中，持单位犯罪意见的人又有两种观点。一种观点认为应以粮贸公司作为单位犯罪主体；另一种观点认为应以购销部作为单位犯罪主体。检察机关最终以自然人犯罪起诉。[①]

案例二

被告人朱奕骥于1994年4月15日被其主管部门任命为江西省新余市经济技术发展总公司南方公司经理、法定代表人。同年5月，被告与总公司签订了承包经营南方公司（全民所有制单位）的协议书。南方公司的性质没有变。同年7月，被告以南方公司的名义向他人提供增值税专用发票5本，使他人虚开137份，价税合计51896万余元，其中税额7694万余元。受票单位实际抵扣增值税专用发票12份，抵扣税额633万余元，被告从中牟利16.7万元，并将非法所得大部分用于南方公司的经营。被告为做账掩盖上述事实，接受他人提供的虚开的增值税发票60份，虚开价税合计54843万余元，其中税额9677万余元。

江西省新余中级人民法院一审判决被告朱奕骥犯投机倒把罪，判处死刑，剥夺政治权利终身。

江西省高级人民法院二审改判被告犯虚开增值税专用发票罪，判处死刑，剥夺政治权利终身。

最高人民法院经复核查明有关事实，并认为被告系单位承包经理，其行为属单位犯罪，被告系单位犯罪的直接负责的主管人员和直接责任人员，应依法承担刑事责任。判决被告犯投机倒把罪，判处有期徒刑10年，并处没收全部财产。违法所得16.7万元予以追缴。

本案的裁判理由是：单位承包经理在单位承包经营活动中为单位利益而实施的犯罪行为属于单位犯罪，其承担的不是个人犯罪责任，而是单位犯罪中直接负责的主管人员和直接责任人员的责任。[②]

---

① 参见最高人民检察院法律政策研究室编：《典型疑难案例评析》2002年第2辑，中国检察出版社2002年版，第14页。

② 参见最高人民法院刑一庭、刑二庭编：《刑事审判参考》（1999年第1辑）（总第1辑），法律出版社1999年版，第21页。

法官评述

一、单位犯罪主体认定的一般思路

单位犯罪的主体认定是单位犯罪研究中的重要问题，可分两个层面加以探讨：

其一，静态层面，研究单位作为犯罪主体的性质和条件，涉及内容包括单位主体的要件、单位的范围、国家机关能否成为单位犯罪主体、单位内设机构能否成为单位犯罪的主体、合伙企业能否成为单位犯罪主体、单位成立后以实施犯罪为主要活动的单位否定问题、为犯罪而成立的单位其单位主体否定问题，等等。

其二，动态层面，是用单位主体的性质和条件去解释变化的单位情况，涉及单位的合并、分立、破产、注销、名为单位实为个人的认定问题、盗用单位名义实施犯罪问题、犯罪单位和犯罪集团的界限以及承包中的单位犯罪问题，等等。[①]

上述两个案例都属于单位犯罪的主体裁判范畴，既涉及静态层面，又涉及动态层面。

其中，案例一争议的焦点在于谭某的行为是否为单位行为以及购销部是否具有刑法意义上的单位资格，具体涉及要成为刑法意义上的单位需具备哪些限定条件、单位分支机构或部门是否具有刑法意义上的单位资格、公司所属购销部被集体承包后，其工作人员实施诈骗的行为是否属于单位犯罪等问题。

案例二争议的焦点在于具有刑法意义上的单位资格的"单位"被人承包后，其虚开犯罪能否按单位犯罪处理。

二、成为刑法意义上的单位应具备哪些限定条件

对于什么样的"单位"可以成为犯罪主体，是单位犯罪司法认定的重点和难点。由于刑法没有对作为犯罪主体的"单位"的内涵予以明确，在一些案件中，某个组织到底能不能视为刑法中的"单位"、该组织实施的危害行为究竟能否由其承担刑事责任，往往引起争议。因此，探究与确定单位的主体范围，有利于从主体的角度掌握区分单位犯罪与个人犯罪之界限。一般认为，不是所有的各种意义[②]上的"单

---

① 林荫茂：《单位犯罪裁判理由研究》，载《经济刑法》（第1辑），上海人民出版社2003年版，第50页。

② 如民法意义上的单位、行政法意义上的单位，乃至生活习惯意义上的单位等。

位”均能成为刑法意义上的单位,而应具备一些限定条件,主要有:一是在类型上,必须以刑法规定为限,即应严格按照《刑法》第30条界定单位。《刑法》第30条规定的“单位”有五种类型,即公司、企业、事业单位、机关和团体。二是在形式上,必须是依法成立的、具有一定组织机构的组织,才能作为单位犯罪的主体。如果一个所谓的单位,完全是非法成立的组织,或者虽然在形式上是依法成立的,但根本就没有什么组织机构,这样的“单位”实施的犯罪,实际上属于个人的共同犯罪。三是在责任能力方面,必须具备承担刑事责任的能力,否则应当排除在单位犯罪的主体范围之外。前一个条件没有问题,关键是后两个问题如何把握。就自然人而言,要成为犯罪主体,一个是必须达到法定的刑事责任年龄,另一个是具备相应的刑事责任能力。刑事责任的理论在自然人犯罪和单位犯罪中应该具有共同点,作为犯罪主体的单位,当然也必须具有一定的形式要件——依法成立、具有组织机构,和一定的实质要件——刑事责任能力。但是单位以什么为承担刑事责任能力的依据呢?本书认为,就是这个单位能不能独立地承担刑罚——我国刑法规定单位承担的刑罚只有罚金,所以,这个依据就是单位能不能独立地承担罚金,即单位是否具有相对独立性。单位是否具有相对独立性,不能仅仅看有无自己的名称、机构和场所,更重要的是看有无独立的财产和经费,有无独立的行为能力,能否以自己的名义承担责任;从追究单位犯罪刑事责任的目的与效果看,是否独立的核算单位,乃是衡量是否具有相对独立性的最重要标准。总之,只有依法成立、具有一定的组织机构、拥有一定财产或者经费,能够以自己名义承担责任的公司、企业、事业单位、机关、团体,才能成为单位犯罪的主体。上述两案中,粮贸公司和南方公司本身具有刑法意义上的单位资格。

三、单位分支机构或部门是否具有刑法意义上的单位资格

这是一个复杂的问题,因为许多单位法人组织都可能设立分支机构或下属部门,而它们的具体情况又非常繁杂,有的具有法人资格,有的则没有,有的可以独立承担民事责任,有的则不能承担。如银行的分行、支行、办事处,公安局的分局、交警支队、大队,铁路上的分局、段、站等,它们有的虽不具备法人资格,但其活动具有很大的独立性,并且以自己的名义进行活动,活动中其负责人都有决定权,无须单

位法人代表批准。对它们能否成为单位犯罪的主体,其刑事责任由谁来承担,本书认为,具体问题要具体分析,根据前述关于单位的限定条件,一级单位之下,不具有相对独立性的分支机构及部门,不应认定为刑法意义上的单位。在实践中,一些没有独立决策权和在一定范围内的财产处分权的企业法人的分支机构、机关的处室或派出机构、职能部门,如公司中的部门、工厂的车间、机关中的处室、大学的院系、学会中的分会,等等,这些单位不仅形式上没有独立性,而且实质上也没有独立承担刑事责任的能力,追究其刑事责任达不到应有的目的和效果,对其以组织名义实施的犯罪行为,只能以个人犯罪论处。本案中,由谭某个人承包的购销部是一级单位之下、不具有独立资格的部门,其借助公司提供的资金进行经营,没有自己固定的财产和经费,没有自己独立的财务体系,不是一个独立核算单位,因而不具有刑法意义上的单位资格。

当然,如果某些分支机构能够以自己的名义独立承担民事责任、有自己的内部组织机构、独立经济核算,则可视为单位犯罪的主体。一些下属挂靠单位,如果其具有独立的法人资格,也应当视为单位犯罪的主体。如某国有企业的下属挂靠公司,该公司本身具有独立的法人资格,只是定期向上级单位缴纳管理费,由于该公司实施了危害社会的犯罪行为,该公司即成为刑事案件的被告单位。

四、案例一中谭某的行为是否属于单位行为

单位犯罪与自然人犯罪的重要区别之一,就是经单位决策机构决定或负责人员、主管人员决定实施的犯罪行为,即单位是这一整体犯罪,在单位整体意志的体现及在整体意志支配下实施。单位意志不是单位内部某个成员的个人意志,也不是各个成员意志的简单单位。决策机构是指,有权作出决定实施某种行为或不实施某种行为的单位内部组织。如公司的董事会、企业的厂长办公会、机关的行政领导组织、团体的领导机构等,通过集体研究决定。由负责人员或主管人员决定是指,公司、企业的法定代表人,机关、团体的首长、领导决定实施的行为。如果有证据证实这些负责人没有任何责任,那么就是直接负责并且有决定权的主管人员,这些人员在单位中一般也担任一定的领导职务。本案中,谭某在实施保险诈骗前后,没有向任何领导汇报,完全是个人意思,该行为不是在单位意志的支配下实施,因而是个人行为。

此外,单位犯罪一般出于为单位谋取利益,从利益的最终归属这一客观事实要素可以推定有关行为是否是单位主观意志的体现、能否代表单位。显然,本案中,谭某的行为并不是为单位谋取利益,而是为自己承包的购销部,本质上是为个人谋取非法利益,就此而言,其行为应以个人行为定性为妥。因此,案例一不是单位犯罪,检察机关以自然人犯罪处理是正确的。

五、案例二中承包经理虚开增值税专用发票是否构成单位犯罪

该案以单位犯罪处理,法院的裁判理由是,单位承包经理在单位承包经营活动中,为承包单位利益而实施的犯罪行为,属于单位犯罪。

其实,承包企业是否成立单位犯罪,在司法实践中不无争议。对此,本书认为,不可一概而论,应具体情况具体分析。

一般而言,单位如何经营,即自己经营还是承包给他人经营,只是经营方式的不同而已,并不能从根本上改变单位的性质。故承包人在承包经营活动中为了承包单位利益而进行犯罪活动,是单位犯罪。案例二的裁判是正确的。

但是,在现实经济活动中,承包的形式多种多样。有的名为承包实为单位所有权转让给个人,原单位独立法律人格实质已经终结,所谓的“单位”实质上已经成为一人经营、一人决策、利益归承包人的个人企业(如“一脚踢”承包)。值得注意的是,虽然有的需要每年交纳一定的承包费,但其并非与经营业绩挂钩,仍不影响利益归属归个人的认定。此类承包企业,以个人犯罪处理为妥。①

---

① 上海市高级人民法院刑庭和上海市人民检察院公诉处于2002年4月联合发布的《刑事法律适用问题解答》规定:“个人承包企业能否成为刑法上的单位,应以发包单位(必须符合刑法上的单位标准)在被承包企业中有无资产投入为标准,分两种情况分别认定:(1)发包单位有资产投入的,因被承包企业是发包单位自主选择经营方式的结果,是发包单位资产所有权与经营权相分离的表现,并不因为发包而改变其资产属性和单位性质,对于该种个人承包企业所实施的犯罪行为,应以单位犯罪论处。(2)发包单位没有资产投入,其实际表现是发包单位仅仅提供营业执照,届时按约收取固定承包费。在该种情形下,因被承包企业的经营资本实际由承包者个人投入,且独立自主经营,主要收益归属于承包者个人所有。对于该种个人承包企业所实施的犯罪行为,可以个人犯罪论处。”该规定强调了发包单位本身是否有投资,实质上是强调利益归属是否具备“单位性、团体性”之单位主体特征。

5. 为单位利益实施犯罪能否一律认定为单位犯罪

——王某虚开增值税专用发票案

裁判要旨

一、利益归属的单位性，是认定单位意志的重要辅助标准，但并非对单位意志的认定起决定作用，更不足以仅凭此认定单位犯罪。

二、本案被告人王某让他人虚开增值税专用发票的行为未经单位集体研究决定或者由法定代表人决定实施，不属单位整体意志的体现；其个人擅自决定让他人为公司虚开增值税专用发票的行为实质上是其个人行为；某公司从犯罪中实际获得非法利益的客观事实不足以推定该公司具有单位犯罪的故意和行为。

基本案情

某公司系具有法人资格的福利企业，法定代表人为张某。王某系公司里负责生产、财务等内部事项的主管人员。2002年6月至12月，为平衡公司账目，王某擅自决定用虚开的增值税专用发票进行冲抵（事后该公司法定代表人张某对此事明确地表示反对），由其向他人提供税务登记号和开户行及具体开票金额，以支付6%手续费的方式，相继从某物资公司虚开来购货增值税专用发票4份，税额合计23万余元人民币。上述4份增值税专用发票均已入账抵扣。①

法官评述

本案在审理过程中，对王某的行为认定单位犯罪还是自然人犯罪，引起了争议。

一、利益归属在单位犯罪认定中的地位和作用

一般认为，单位的利益归属是认定单位犯罪最重要的要素。由于我国当前法人制度的不完善，特别是我们将国外的法人犯罪引进中国后改称单位犯罪，对那些非法人型单位，它们并不具备单位的独立意志能力，甚至在财产等方面也更多地与

---

① 金佩红、陈益民：《为单位利益实施犯罪能否认定为单位犯罪》，载《检察日报》2004年2月29日版。

股东相混同,所以在这些单位实施犯罪时,认定单位意志便异常困难。因此,实践中就将认定单位意志乃至单位犯罪的最大砝码压在了单位利益这一要素上。以单位名义实施犯罪谋取个人利益,当然不足以让人相信其是单位意志的体现。但是,利益归属于单位就可以反过来推出这样的行为一定是在单位意志的支配下实施的吗?撇开为了单位利益而杀人、盗窃,立法上为什么不规定为单位犯罪不论,单单在现行法律下来认定有关行为是否是单位意志的体现,仍然不无疑问。有关司法解释已经明确,单位成员擅自为单位牟取非法利益的,事后得到单位领导认可或默许的,才可以单位犯罪论处。所以,本书认为,利益归属的单位性,只是认定单位意志的一个重要辅助标准,并不能单独对单位意志的认定起到决定作用,更不足以认定单位犯罪。

二、本案表明为单位利益实施的犯罪不一定就是单位犯罪

本案是一起虚开增值税专用发票犯罪的案件。本书认为,王某的行为属于自然人犯罪,某公司不应承担相应的刑事责任,法院的裁判是正确的。理由如下:

其一,王某让他人虚开增值税专用发票的行为未经某公司单位集体研究决定或者由法定代表人决定实施,不属于单位整体意志的体现;

其二,王某个人擅自决定让他人为公司虚开增值税专用发票的行为实质上是其个人行为,而不是单位行为;

其三,从某公司从犯罪中实际获得非法利益的客观事实不足以推定该公司具有犯罪的故意和行为。

故本案只能由王某个人承担虚开增值税专用发票犯罪的刑事责任,属于自然人犯罪,而非单位犯罪。本案表明,仅从利益归属这一点尚不足以区分单位犯罪还是自然人犯罪,在司法实践中应加以注意。

6. 单位犯罪中直接负责的主管人员范围应该如何界定

——王璐林偷税案

裁判要旨

一、所谓"直接负责的主管人员",是指对单位犯罪负有直接责任的主管人员,而不是犯罪单位的主管人员。只有当单位的主管人员在单位犯罪中起组织、指挥、决策作用,所实施的行为与单位犯罪行为融为一体,成为单位犯罪行为组成部分的情况下,才能成为单位犯罪的直接负责的主管人员,对单位犯罪承担刑事责任。

二、本案中,被告人王璐林虽然是被告单位匡达制药厂的法定代表人,但并没有证据证明王璐林具有决定、批准、授意、指挥、组织偷逃税款的行为,故二审法院依法查明相关事实后,改判王璐林无罪。

三、单位犯罪与单位人员的失职行为存在区别,单位犯罪是在单位整体意志支配下实施的犯罪,一般表现为故意,而失职行为是指有关人员工作不负责任,未尽职责造成单位损失的行为,是个人行为,一般为过失。单位的法定代表人因失职行为,构成其他犯罪的,依法应承担相应的刑事责任。

基本案情

被告单位:北京匡达制药厂;被告人:王璐林。

北京匡达制药厂于1997年9月12日注册成立,法定代表人为王璐林,总经理为王彦霖,经济性质系股份合作制企业,主要生产的产品是"健骨生丸"。北京匡达制药厂于1998年2月6日至1998年12月23日,共生产健骨生丸566600盒。总经理王彦霖指令保管员肖春霞将其中的358313盒登记在药厂正式账上,其余208287盒采用不登记入库的方法,另做记录,药厂销售科人员可以打白条形式将药品领走。被告人王璐林在任北京匡达制药厂的法定代表人期间,于1998年1月至1999年1月,为北京针灸骨伤学院坏死性骨病医疗中心共打白条领出5123大盒健骨生丸,销售后的金额4508240元人民币(出厂价每大盒880元人民币)既没有在北京匡达制药厂登记入账,亦未向延庆县国税局申报纳税,致北京匡达制药厂偷逃增值税税款655043.42元人民币，占同期应纳税款额的52.97%。

检察院以被告单位北京匡达制药厂（以下简称匡达制药厂）、被告人王璐林涉嫌犯偷税罪向法院提起公诉。公诉机关认为被告单位匡达制药厂及被告人王璐林的行为均构成偷税罪，提请法院对被告单位匡达制药厂及被告人王璐林定罪处罚。被告单位匡达制药厂的诉讼代表人及辩护人对起诉书指控的事实未提出异议，但提出偷税行为系被告人王璐林个人利用担任匡达制药厂法定代表人的职务所实施，应当由被告人王璐林个人承担全部责任。被告人王璐林及其辩护人辩称，根据匡达制药厂的《章程》规定及领导分工，王璐林虽然是匡达制药厂的法定代表人，但不是偷税的直接责任人员，王璐林在主观方面没有控制匡达制药厂进行偷税的主观故意，在客观方面亦未实施控制和决定匡达制药厂偷税的犯罪行为；王彦霖系主管药厂的生产、库存、销售、申报纳税的直接责任人，在税务机关通知自查后仍拒绝缴纳税款，应由王彦霖承担法律责任，王璐林不构成偷税罪。

审　判

一审法院经审理认为，被告单位匡达制药厂及其直接责任人王璐林破坏了税收征管制度，扰乱了社会市场经济秩序，均已构成偷税罪，应予惩处，遂判决如下：

一、被告单位匡达制药厂犯偷税罪，判处罚金一百四十万元人民币。

二、被告人王璐林犯偷税罪，判处有期徒刑三年，缓刑三年，并判处罚金七十万元人民币。

一审宣判后，被告单位匡达制药厂及被告人王璐林不服，提出上诉。

二审法院经审理认为，被告单位匡达制药厂为偷逃税款，故意将生产的部分产品隐匿，销售后收入不入账，偷逃增值税税款655043.42元人民币，占同期应纳税款额的52.97%，其行为已构成偷税罪，依法应予惩处。被告人王璐林虽为匡达制药厂的法定代表人，但经法庭质证确认的证据证明，匡达制药厂由总经理王彦霖负责，将其中358313盒登记在药厂正式账上，其余208287盒采用不登记入库的方法，另做记录，可由药厂销售科人员以打白条形式领走，系王彦霖授意为之，无证据证明王璐林具有决定、批准、授意、指挥企业人员不列或少列收入从而偷税的行为。

故认定王璐林系匡达制药厂偷税犯罪直接负责的主管人员，应追究偷税罪的刑事责任证据不足，一审法院判决认定匡达制药厂构成偷税罪的证据确实、充分，审判程序合法，但量刑不当，应予改判。被告单位匡达制药厂及其辩护人所提对单位罚金过重、被告人王璐林及其辩护人所提王璐林的行为不构成偷税罪的上诉理由和辩护意见，本院予以采纳。据此，依法判决如下：（一）撤销北京市延庆县人民法院（2002）延刑初字第176号刑事判决主文，即被告单位匡达制药厂犯偷税罪，判处罚金一百四十万元人民币；被告人王璐林犯偷税罪，判处有期徒刑三年，缓刑三年，并判处罚金七十万元人民币。（二）被告单位匡达制药厂犯偷税罪，判处罚金七十万元人民币。（三）被告人王璐林无罪。[①]

法官评述

一、单位犯罪中"负直接责任的主管人员"范围应该如何确定

按照现行《刑法》的规定，在适用两罚制处罚单位犯罪时，实际受到处罚的受刑主体有两个：一个是单位自身，另一个则是单位中对单位犯罪负"直接责任的主管人员和其他直接责任人员"。尽管现行《刑法》中有不少解释性的条文，但关于何为对单位犯罪负有"直接责任的主管人员"，何为"其他直接责任人员"，则没有作出解释，理论界关于这一问题的理解也不尽相同。

本案中被告单位匡达制药厂将生产的部分产品隐匿，销售后收入不入账，偷逃增值税税款，其行为构成偷税罪，但能否以此追究其法定代表人王璐林的刑事责任，关键在于能否认定被告人王璐林属于该单位犯罪行为的"直接负责的主管人员"。

本书认为，所谓"直接负责的主管人员"，应是指对单位犯罪负有直接责任的主管人员，而不是犯罪单位的主管人员。具体而言，应从以下两个方面来加以把握：

一是直接负责的主管人员是在单位中实际行使管理职权的负责人员；

二是对单位具体犯罪行为负有主管责任。

---

① 参见康瑛：《北京匡达制药厂偷税案——如何认定单位犯罪直接负责的主管人员》，载最高人民法院编：《刑事审判参考》2003年第4集（总第33集），法律出版社2003年版。

上述两个条件缺一不可，如非单位的管理人员，就谈不上主管人员；如与单位犯罪无直接关系，就不能说对单位犯罪负有直接责任。司法实践中，一般说来，主管人员主要包括单位法定代表人、单位的主要负责人、单位的部门负责人等。但上述单位的主管人员并非在任何情况下都要对单位犯罪承担刑事责任。应当认为，只有在单位的主管人员在单位犯罪中起着组织、指挥、决策作用，所实施的行为与单位犯罪行为融为一体，成为单位犯罪行为组成部分的情况下，才能成为单位犯罪的直接负责的主管人员，对单位犯罪承担刑事责任。单位的法定代表人作为单位最主要的领导成员，一般情况下，在单位里对重要问题的决定起着至关重要的作用，但在单位实施犯罪的情况下，是否应承担刑事责任，同样不能一概而论，仍需视其是否具体介入了单位犯罪行为，在单位犯罪过程中是否起到了组织、指挥、决策作用而定。如果法定代表人主持单位领导层集体研究、决定或者依职权个人决定实施单位犯罪，当属"直接负责的主管人员"；反之，在由单位其他领导决定、指挥、组织实施单位犯罪、其本人并不知情的情况下，则不应以单位犯罪直接负责的主管人员追究其刑事责任。

本案中，被告人王璐林虽然是被告单位匡达制药厂的法定代表人，但并没有证据证明王璐林具有决定、批准、授意、指挥、组织偷逃税款的行为，二审法院依法查明相关事实后，改判王璐林无罪是正确的。

二、单位犯罪与单位人员失职行为的区分

对于单位领导人员疏于管理，对工作严重不负责任，不执行本单位或本行业以及其他有关的规章制度，致使所属部门放任自流，公然进行单位犯罪活动的情况，是否应当追究"直接负责的主管人员"的刑事责任，理论界存有争议。

一种意见认为，由于玩忽职守没有发现单位犯罪或者发现了未及时予以制止的领导人员，在单位犯罪中表现为消极的、被动的不作为。他们在单位犯罪中没有起指使、策划和决定作用，与单位犯罪的发生没有必然的因果关系，也不直接追求危害结果的发生，因此，他们对单位犯罪不负有直接责任；情节严重的可以玩忽职守罪依法追究刑事责任。

另一种意见认为，对单位犯罪中"直接负责的主管人员"不能作机械的、片面的理解。首先,所谓直接负责,是指对本单位或所属部门负有直接责任;其次,作为本单位的领导或主管人员,约束本单位遵守国家法纪是其应尽的职责,放弃这种职责就会使法人犯罪畅行无阻,当然应负失职的责任,而这种责任在刑事法律中自然就是刑事责任。因此,不能将"直接负责"简单地仅仅理解为决策、决定和策划。对法人犯罪采取放任态度的单位领导人可以被视为对单位犯罪负有直接责任。①

本书认为,根据我国处罚单位犯罪的立法宗旨和刑法规定的实际情况,对于由于单位领导人员的玩忽职守而导致属下的为单位利益和以单位名义实施犯罪的情况,不宜作为单位犯罪而追究其直接负责的主管人员的刑事责任。如果单位领导人员事前或事后对犯罪均不知情,不存在参与犯罪的行为,其疏于管理的行为和单位犯罪的发生并没有直接关系,而只有间接关系,不能对其追究单位犯罪中负直接责任的主管人员的刑事责任。应当认为,单位犯罪与单位人员失职行为是存在区别的,单位犯罪是在单位整体意志支配下实施的犯罪,一般表现为故意,而失职行为是指有关人员工作不负责任,未尽职责造成单位损失的行为,是个人行为,一般为过失。当然,单位的法定代表人因失职行为,构成其他犯罪的,依法应承担相应的刑事责任。

最后,需要注意的是,要准确地认定"负直接责任的主管人员"在现实案件中有时并非易事,特别是在责任分散的时候就更有相当的难度。例如,多人共同商议;有关责任人员请示了不同领导;多名领导批准、默许或对犯罪采取放任态度等。在司法实践中应采取审慎的态度,在责任比较分散、人员庞杂的场合,注意以下几点:

一是应当考虑主要领导人员的责任程度;

二是找出对单位犯罪起决定作用的负责人;

三是排除一些与单位犯罪只有一般联系,实际不起主管、决定作用的负责人,最主要的是在全面掌握案情的前提下,坚持具体情况具体分析。

---

① 娄云生:《法人犯罪》,中国政法大学出版社 1996 年版,第 80 页。

7. 单位犯罪中负刑事责任的直接责任人员范围应该如何确定

——杭州汉业公司走私普通货物案

裁判要旨

一、无论从刑事立法还是从刑事司法的谦抑性角度看，都有必要将单位犯罪中自然人的打击面限制在一定的范围之内。所谓“其他直接责任人员”，是指除直接负责的主管人员以外的积极实施单位犯罪的单位成员。

二、对其他直接责任人员的量刑应综合考虑其获利（包括通过犯罪可以获取的期待利益）多少、具体实施的行为作用大小、与主管人员之间的量刑平衡等因素加以决定。

案号索引

一审：杭州市中级人民法院（2000）杭刑初字第177号；

二审：浙江省高级人民法院（2001）浙刑二终字第31号。

基本案情

被告单位杭州汉业气源净化设备有限公司（以下简称汉业公司）为台商独资企业，实际由被告人李平投资，并由李平担任总经理。1996年4月，李平与被告人黄云峰到美国汉克森公司考察后决定购买空气净化干燥机及其零部件。同年5月，汉克森公司将货物运抵上海，并将相应的发票、提单等单证寄给汉业公司。被告人李平为偷逃税款，指使被告人方虹（系公司职员）采用涂改、复印等手段低报购货价格制成假发票、假销货确认书后连同其他报关单证一起交给该公司委托的报关公司，由报关公司向上海吴淞海关申报入关。1996年4月至2000年1月，汉业公司采用上述方法从美国汉克森公司、日本长尾公司、中国台湾地区北宜公司先后进口干燥机及其零部件共49次，应缴纳关税、增值税共计345.88万余元人民币，实际仅缴纳关税、增值税97.04万余元人民币，偷逃应缴纳税款共计248.83万余元人民币。其间，被告人方虹提出其制作的假发票易被海关发现，被告人黄云峰（系公司副总经理）征得李平同意，依照从方虹处拿得的假发票样式在香港制作100份汉克公森公司的空白发票及1枚汉克森公司的发票专用章。自1996年11月起，方虹用黄云峰提供的发票制作汉克森公司的假发票、假销货确认书提供给报关公司。由于低报价格进口，部分货款无法按正当途径支付，受李平指使，黄云峰将汉业公司的款项汇至其母亲在广东省顺德市的账户提取现金，私下兑换成32万余美元后在香港支付给汉克森公司。被告人丁国廉作为财务部经理明知单据系伪造，且因伪造的进货价过低无法支付货款，在征得李平同意后，以资料费名义支付给汉克森等公司73万余美元，以结清从汉克森等公司进口的货款。

审　判

原审以走私普通货物、物品罪，分别判处被告单位汉业公司罚金500万元人民币；被告人李平有期徒刑六年；被告人方虹有期徒刑三年；被告人黄云峰有期徒刑三年，缓刑四年；被告人丁国廉有期徒刑三年，缓刑三年。二审对被告人方虹改判为有期徒刑三年，缓刑四年，其余维持原判。改判的理由是，被告人方虹参与走私，犯罪情节较轻，归案后认罪态度较好。①

法官评述

一、单位犯罪中负刑事责任的“其他直接责任人员”的范围如何界定

任何单位犯罪都是通过具体的单位成员来实施的，没有这些单位成员的参与和从中作用，单位犯罪都是不可能完成的。而且往往由多个单位成员参与其中、涉及多个环节的有关自然人，这些人员包括企业的财会人员、供销部门的业务人员或单位临时雇佣从事某项活动的人员，常见的如单位会计、出纳、制单员、报关员、报税员、打字员、司机、勤杂工等为单位老板打工、依靠单位工资生活的一般工作人员。追究单位犯罪中“其他直接责任人员”的刑事责任，是法律的必然要求和罪责自负原则的体现。但对上述凡是参与、有关系的人员能否一律认定为单位犯罪中的“其他直接责任人员”？问题的实质涉及如何确定单位犯罪中“其他直接责任人

---

① 具体案情详见浙江省杭州市中级人民法院(2000)杭刑初字第177号刑事判决书、浙江省高级人民法院(2001)浙刑二终字第31号刑事判决书。

员”的范围。①

显然，无论从刑事立法还是从刑事司法的谦抑性角度看，将单位犯罪中自然人的打击面限制在一定的范围之内都是完全必要的，而问题的关键在于，在司法实践中应以什么样的标准、怎样控制这个范围？这是当前司法实践中迫切需要探究解决的问题。本书认为，所谓“其他直接责任人员”，是指除直接负责的主管人员以外的积极实施单位犯罪的单位成员。一般而言，应从以下几方面加以严格控制“其他直接责任人员”的范围：

一是从总的情况考察，一般是指实施单位犯罪的行为，具体完成单位犯罪计划的人。

二是从其身份角度考察，大都是单位内部某些职能部门的具体工作人员，一般不属于单位的领导。对单位内部具体职能部门的负责人，只要没有进入单位领导机关，在我国目前的情况下，一般也是作为主管人员以外的人看待的。

三是从其客观行为表现考察，一般都是秉承领导集体或某些领导人员的意思，或者在上级领导的批准下，以完成本职工作的形式具体完成犯罪计划的。即在单位机关人员的领导或支持下，从事某项具体活动。

四是从其主观故意角度考察，明知自己工作的性质。即明知自己所实施的行为是违法或犯罪的。

五是从其地位和作用考察，在单位犯罪中起重要作用，而不是仅仅在单位犯罪的整个环节上作为职业而从事某项具体工作（这些具体的工作不可能对整个单位犯罪的实现起决定作用）。

据此，本书认为，在单位犯罪案件中，对于单位会计、出纳、制单员、报关员、报税员、打字员、司机、勤杂工等为单位老板打工、依靠单位工资生活的一般工作人员追究刑事责任一定要慎重，务必贯彻落实宽严相济的刑事政策，尤其是对打字员、司机、勤杂工等辅助人员总的精神是尽量控制，能不追究的尽量不要追究，体现刑法的谦抑性。本案中，被告人方虹虽属公司的一般职员，但从其实施行为表现来

---

① 单位犯罪中负有“直接责任的主管人员”范围和单位犯罪中负刑事责任的“其他直接责任人员”的范围，在理论研究上可以将之统称为“单位犯罪中负刑事责任的自然人的范围”。

看，对其追究刑事责任是正确的。

二、对单位犯罪中“其他直接责任人员”的量刑应该如何把握

对需要追究刑事责任的其他直接责任人员应该如何量刑，以做到罪刑相适应，也是单位犯罪案件中经常遇到、比较难以把握的问题。本案是一起改判案件，案件表明，一审、二审对各被告人的定罪均没有分歧，但在被告人的具体量刑上则有不同意见。二审改判的主要理由是原判的量刑明显失衡。主要表现在，被告人黄云峰、丁国廉分别是该公司的副总经理、财务经理，黄云峰还拥有公司股份，黄云峰、丁国廉的地位显然高于方虹。特别是黄云峰为走私而去香港印制假发票、为交付货款通过其母账户提取30余万美元，应当说，黄云峰的犯罪情节较方虹为重，故原判对黄云峰判处缓刑，而对方虹处实刑，在量刑上确实不平衡。因此，二审改判是正确的。

可见，对“其他直接责任人员”的量刑应该从其获利（包括通过犯罪可以获取的期待利益）多少、具体实施的行为作用大小、与主管人员之间的量刑对比等角度综合考虑决定，起码个案内部量刑应该平衡协调。在此基础上，再考虑与其他判决先例平衡、协调。

值得指出的是，案件性质不同，量刑的掌握原则也往往存在差异，所以，在量刑尤其是对此类人员是否判处一律缓刑时，还应该根据案件类型具体情况具体分析。

8. 单位与自然人共同犯罪中对“自然人”如何适用法律

——上海某实业发展公司等走私普通货物、物品案

裁判要旨

一、在自然人与单位共同犯罪案件中，对自然人不宜一律按个人犯罪论处，而应当结合具体案情，在分清主犯、从犯的基础上，兼顾全案各被告人的罪刑相当性和处罚协调性，区别对待，正确定性。

二、本案被告人冯某参与为香港公司介绍销售是个人行为，但由于其并未直接销售实行犯罪，仅起帮助作用，在与香港公司共同走私犯罪中的地位、作用是次要和辅助的，属共同犯罪中的从犯，故对自然人冯某亦按单位犯罪处理。

基本案情

被告单位上海某实业发展公司。被告人濮某某，男，原系上海某实业发展公司法定代表人、总经理。被告人施某，男，原系香港某公司上海办事处业务员。被告人冯某，男，原系上海某实业发展公司内贸部经理。1996年年底至1997年年初，被告人濮某某在担任上海某实业发展公司(以下简称实业公司)法定代表人、总经理期间，通过该公司内贸部经理被告人冯某介绍，认识了香港某公司上海办事处(以下简称香港公司)的被告人施某，双方代表本单位草签了《进出口代理协议》，由香港公司委托实业公司代理涤纶短纤进料加工进出口业务。1997年1月6日，香港公司施某与实业公司签订了《进出口代理协议》，约定实业公司负责代理香港公司对外商签订进口合同和出口信用证的审证及交单业务，其他业务均由香港公司负责；实业公司按比率收取代理费。至1997年年底，实业公司与香港公司先后签订数份与上述内容相同的《进出口代理协议》。据此，实业公司向上海海关申领了《进料加工登记手册》，并经上海海关审查批准，共免税进口涤纶短纤近4000吨。嗣后，实业公司濮某某及冯某与香港公司施某未经海关许可，并且未补缴应缴税额，结伙或单独将批准进口的1000余吨涤纶短纤在我国境内销售，偷逃应缴国家税额。其中，实业公司在濮某某同意或授意下非法销售涤纶短纤292.95吨，偷逃应缴税额95.4万元人民币；香港公司施某非法销售涤纶短纤743.434吨，偷逃应缴税额243.3万元人民币；冯某作为实业公司员工，参与本公司非法销售涤纶短纤95.5吨，偷逃应缴税额31.2万余元人民币，又参与香港公司非法销售涤纶短纤683.234吨，偷逃应缴税额223.6万元人民币。

审　判

一审法院经审理，确认被告单位实业公司与香港公司在进行外贸进出口代理业务中，违反海关规定，逃避监管，未经海关许可并且未补缴应缴税额，擅自将批准进口加工的涤纶短纤，结伙或单独销售，偷逃应缴税额。实业公司非法销售涤纶短纤292.95吨，偷逃应缴税额95.4万元人民币，其行为构成走私普通货物罪，被告人濮某某系实业公司法定代表人，鉴于其犯罪情节和悔罪表现等，依法可对其适用缓刑；被告人施某作为香港公司员工，非法销售涤纶短纤743.434吨，偷逃应缴税额243.3万元人民币，系单位犯罪的直接责任人员，其行为构成走私普通货物罪，且均情节严重。被告人冯某参与实业公司非法销售涤纶短纤95.5吨，偷逃应缴税额31.2万余元人民币，系单位犯罪的直接责任人员；又参与香港公司非法销售涤纶短纤683.234吨，偷逃应缴税额223.6万元人民币，其行为已构成走私普通货物罪，且情节严重。鉴于冯某为香港公司介绍销售涤纶短纤，个人未从中获利，且到案后有悔罪表现等，可对其酌情从轻处罚并适用缓刑。鉴于本案的具体情况，可对被告人濮某某、施某、冯某分别从轻处罚。据此，依照《中华人民共和国刑法》第一百五十四条第（一）项，第一百五十三条第二款、第七十二条等一款和《最高人民法院关于审理走私刑事案件具体应用法律若干问题的解释》第六条第一款、第二款、第七条、第十条第二款等规定，以走私普通货物罪分别判处被告单位“实业公司”罚金300万元人民币；被告人濮某某有期徒刑3年，缓刑3年；被告人施某有期徒刑6年；被告人冯其有期徒刑3年，缓刑3年。[①]

法官评述

我国刑法理论上承认，单位行为也可以成立共同犯罪。在司法实践中，单位共同犯罪的现象时有发生，特别是在走私等经济犯罪案件中更为常见。单位共同犯罪的组合方式主要有两种：一种是单位与单位组合的共同犯罪，另一种是单位与自然人组合的共同犯罪。[②] 就后一种组合而言，其中又有相当部分是自然人与非本单位共同走私。由于我国刑法对单位犯罪的处罚范围、定罪与处罚的数额、数量、刑期等标准通常与个人犯罪存在较大差别，因而对于上述自然人以单位犯罪论处还是以个人犯罪论处，不仅是一个理论问题，更是一个关乎被告人切身利益、经常引发诉讼分歧的实践问题，需要加以探究。

对此，目前法律和司法解释没有相关规定，理论界也有不同的认识。主要存在两种意见：

一种意见认为，自然人与单位共同走私犯罪的，全部对其以个人犯走私罪论

① 卢方主编：《刑事案例精选》，上海人民出版社2004年版，第28～34页。

② 黄祥青：《单位共同犯罪认定的若干问题探讨》，载《经济犯罪审判指导与参考》2003年第3卷。

处。其理由有二:一是单位犯罪与个人犯罪最本质的区别,在于单位犯罪所得归单位所有,个人犯罪所得归个人所有。个人参与单位犯罪,只要有个人犯罪所得,就应以个人犯罪论处;二是如对个人以单位犯罪量刑幅度论处,容易放纵犯罪,导致重罪轻判,违背刑法“罪刑相适应”原则。

另一种意见认为,对于自然人与单位共同犯罪的,不能简单地对自然人按个人犯罪论处,应当结合具体案情,分清主从犯,区别对待,正确定性。其理由是,在单位与自然人共同走私犯罪中,一般存在三种情形:一是单位实行犯罪,个人提供帮助;二是个人实行犯罪,单位提供帮助;三是单位与个人共同实行地位作用相当的犯罪。在上述第一种情况下,单位是主犯,个人是从犯,对于犯罪单位和个人均以作为实行犯的单位所犯之罪论处,即对个人也应适用单位犯罪的法定刑处罚;在第二种情况下,个人是主犯,单位为从犯,由于单位无法适用个人犯罪的法定刑,且单位犯罪的法定刑幅度低于个人犯罪的法定刑幅度,对作为从犯的单位适用单位犯罪法定刑不会加重其刑事责任,故可对单位个人分别适用各自的法定刑;在第三种情况下,单位和个人应分别适用各自的法定刑。只有这样,才能在审理此类案件中,兼顾全案各被告人的罪刑相当性和处罚协调性。具体到本案,有关法院就采纳了这种观点,认为被告人冯某参与为香港公司介绍销售是个人行为,但由于其并未直接销售实行犯罪,仅起帮助作用,在与香港公司共同走私犯罪中的地位、作用是次要和辅助的,属共同犯罪中的从犯。因此,对冯某按单位犯罪处理。①

笔者认为,对单位与自然人共同犯罪中的自然人处罚难题与“有身份者与无身份者共同犯罪,对无身份者如何适用法律”问题极为类似,后者最典型的就是“不同身份的人共同实施贪污如何定罪处罚”。对此理论界有主犯说、整体行为说、实行行为说等种种分歧,至今没有合理的解决,各有各的道理,各有各的弊病。笔者认为,虽然“单位与自然人共同犯罪中的自然人处罚”难题与“有身份者与无身份者共同犯罪,对无身份者如何适用法律”问题实质、解决的原理可能较为一致,但一时确难以作出圆满回答。就个案实际处理而言,本案的处理不失为一种可取的参照。

---

① 卢方主编:《刑事案例精选》,上海人民出版社2004年版,第28~34页。

9. 自然人与单位共同虚开增值税专用发票行为如何适用法律

——陈某某等虚开增值税专用发票案

裁判要旨

虚开增值税专用发票的行为，是指为他人虚开、为自己虚开、让他人为自己虚开、介绍他人虚开行为之一。超越共同犯罪，将多种行为直接规定于一个罪名之中，成为虚开增值税专用发票罪的一大特色。在司法实践中，上述几种行为经常在同一个案件中出现，相关人员是否构成共同犯罪，值得探讨。由于单位与个人犯罪处罚标准的差异，在单位与个人都有的场合，这种探讨就更加具有实践意义。法院认定陈某某、徐某某系共同犯罪中的主犯。

基本案情

被告人陈某某，男，原系某纺织联合公司法定代表人、总经理。

被告人张某，男，原系上海某进出口公司业务部经理兼上海某国际贸易有限公司总经理。

被告单位某纺织联合公司，诉讼代表人应某某。

1996年，被告单位某纺织联合公司（以下简称纺联公司）通过A公司以进口加工纺织品原料的名义，向国外有关公司先后购入腈纶、涤纶短纤等纺织品原料1000余吨。尔后，被告人陈某某经与B公司洽谈，决定由B公司为纺联公司的进口加工纺织品原料进行核销。同年3月至7月，纺联公司将上述1000余吨进口加工的纺织品原料分别销售给国内的某国际贸易有限公司等多家单位。为抵扣上述1000余吨纺织品原料销售后的进项税，陈某某与被告人徐某某共谋，商定由徐某某为“纺联公司”虚开增值税专用发票。

1996年4月至7月，徐按纺联公司的要求，从C公司购入虚开的增值税专用发票12张，价税合计1198余万元人民币。纺联公司在取得此发票后向税务部门抵扣了税款174余万元人民币，同时支付给徐某某41余万元人民币开票费。

1997年10月，被告人陈某某、徐某某、张某商定各投资10万元人民币，合伙成立某纺织公司，经营纺织品进口加工业务，并进行了具体的分工，由陈某某负责纺织品原料的进口、销售及海关核销，张某负责代开信用证，徐某某负责原料的进项发票，并商定每一笔业务须经3人在业务用款申请表上共同签名才有效。1997年10月25日，3名被告人同意从国外进口腈纶短纤200吨，并分别在陈某某事先填好的业务用款申请表上签名，但该申请表内容中的开票费是指让他人为自己虚开增值税专用发票的费用。为掩盖犯罪事实，3名被告人于同月27日，以其他公司的名义与张某任总经理的某国际贸易有限公司签订了《委托代理开证协议》，由后者开出信用证，为某纺织公司从国外购入腈纶短纤，随后采用同样的方法，先后于1997年12月和1998年1月从国外进口腈纶短纤共400吨、1998年2月从国外进口长丝100吨。被告人陈某某按事先分工找到B公司，由B公司为某纺织公司进口加工的纺织品原料进行核销。1997年12月至1998年6月，某纺织公司将上述700吨进口加工的纺织品原料，分别销给国内多家单位。为抵扣700吨纺织品原料销售后的进项税，被告人徐某某按事先分工，从C公司和广东省某公司购入虚开的广东省增值税专用发票72张，价税合计819万余元，并向税务部门抵扣税款119万余元人民币。被告人徐某某犯罪后主动投案自首。

审　判

一审法院经审理，确认被告单位纺联公司在经营活动中，以营利为目的，让他人为自己虚开增值税专用发票，价税合计1198万余元人民币，抵扣税款174万余元人民币，致使国家税款流失174万余元人民币，情节特别严重，其行为构成虚开增值税专用发票罪。被告人陈某某时任纺联公司法定代表人、总经理，是直接负责的主管人员，依法应追究其刑事责任。被告人陈某某、徐某某、张某在经营某纺织公司期间，以营利为目的，让他人为自己虚开增值税专用发票，价税供合计819万余元人民币，抵扣税款119万余元人民币，致使国家税款流失119万余元人民币，其中陈某某、徐某某系共同犯罪中的主犯，张某系用发票12张，价税合计1198万余元人民币，致纺联公司持此发票向税务部门抵扣税款174万余元人民币。3名被告人的行为均已构成虚开增值税专用发票罪，且数额特别巨大，情节特别严重，依法应予惩处。鉴于被告人徐某某能主动投案自首，被告人张某系共同犯罪中的从犯，对被告人徐某某、张某分别予以减轻处罚。据此，依照《中华人民共和国刑法》第二百零五条、第十二条第一款、第五十七条第一款等规定，以虚开增值税专用发票罪分别判处被告人陈某某无期徒刑，剥夺政治权利终身，并处没收财产8万元人民币；判处被告人张某有期徒刑12年，并处没收财产7万元人民币；判处被告单位纺联公司罚金50万元人民币。

一审判决后，被告人陈某某等以请求从轻处罚等为由，提出上诉。

二审法院经审理，认为原判认定事实清楚，证据确实充分，适用法律正确，审判程序合法。据此，依照《中华人民共和国刑事诉讼法》第一百八十九条第（一）项之规定，裁定驳回上诉，维持原判。[①]

法官评述

一般而言，不同的行为具有不同罪名，要定同一个罪名一般可通过共同犯罪加以实现。但根据《刑法》第205条规定，虚开增值税专用发票的行为，是指为他人虚开、为自己虚开、让他人为自己虚开、介绍他人虚开行为之一的。超越共同犯罪，将多种行为直接规定于一个罪名之中，成为虚开增值税专用发票罪的一大特色。在司法实践中，上述几种行为经常在同一个案件中出现，相关人员是否构成共同犯罪，值得探讨。由于单位与个人犯罪处罚标准的差异，在单位与个人都有的场合，这种探讨就更加具有实践意义。

本案中，徐某某的行为应当认定为"介绍他人虚开"，被告单位纺联公司的行为应当认定为"让他人为自己虚开"。本案的问题是，被告人徐某某是否构成被告单位纺联公司的共犯？更为实质的问题是，对徐某某能否按单位犯罪处理？

对此，主要有两种意见：一种意见认为，徐某某构成"介绍他人虚开"的虚开增值税专用发票罪，被告单位纺联公司构成"为自己虚开"的虚开增值税专用发票罪，两者之间不成立共犯；另一种意见认为，对"自己"，应当理解为"徐某某和纺联公司"这个共同犯罪主体，从而主张按"让他人为自己虚开"的虚开增值税

① 案例选自卢方主编：《刑事案例精选》（判案论法丛书），上海人民出版社2004年版，第72～79页。

专用发票罪处理。[①]

笔者认为，上述两种观点均有不能自洽之处，原因是立法所致。其一，第一种观点比较符合刑法的规定，但不能照顾到两个行为之间有内在联系的现实，对徐某某与纺联公司之间事先预谋、犯意的沟通、行为互相配合视而不见；其二，第二种意见的弊病相反；其三，原因在于立法对类似“介绍”等共同犯罪中才有的行为采用了不同的处理态度，如将介绍贿赂行为、协作组织他人卖淫等单独规定为一个罪，而将介绍虚开等同于“虚开”，规定于一罪，其他行为更多的则是没有规定，一般通过共同犯罪原理加以解决。

10. 单位实施法律没有明文规定的危害行为的刑事责任如何追究

——桐乡砖瓦厂单位盗窃案

裁判要旨

单位的成员具有双重身份。当法律没有明文规定单位的刑事责任时，对单位实施法律没有明文规定的危害行为不予追究单位刑事责任是罪刑法定的要求，但应对有关自然人以个人犯罪追究刑事责任。

基本案情

浙江省桐乡市石门镇砖瓦二厂为降低成本，自1998年8月以来，采用互感器短路等方法共窃电78万余度，合计金额超过60万元人民币。桐乡市法院以盗窃罪对这个企业的法定代表人沈文松和副厂长魏德祥、金宝龙3人分别判处10年有期徒刑，并处罚金10万元。受指使窃电的电工沈春富也被判处有期徒刑3年、缓刑4年，并处罚金2万元。[②] 而太原市市政工程公司从1999年冬起，偷接市北大街供热站的供热管道为其4幢宿舍供热，总值约200万元。公安机关查清事实后，却以刑法中盗窃罪没有规定单位盗窃为由，决定对其不予刑事追究。

---

① 卢方主编：《刑事案例精选》，上海人民出版社2004年版，第76页。

② 2001年12月26日《法制日报》（第1版），以《“单位盗窃”，刑法无赖？》为题刊登了记者对该案的报道。据报道，此案在当时引起强烈的反响和争议。

法官评述

一、单位盗窃概况

所谓单位盗窃,是指以非法占有为目的,单位有关人员为谋取单位利益,经单位集体研究决定或由负责人代表单位决定实施的,窃取公私财物数额巨大或者具有其他严重情节的行为。在现实生活中,单位盗窃频频发生,而且危害很大,特别是在“水电气”等领域,单位盗窃尤为严重。

对单位盗窃究竟应该如何处理,理论上存在两种不同的意见。一种意见认为,根据罪刑法定原则,不能对单位盗窃行为予以定罪。另一种意见则主张,应对单位盗窃行为追究刑事责任。

在司法实践中,各地对单位盗窃具体案件的处理,亦各不相同。有的地方将单位盗窃作犯罪处理,有的地方没有作犯罪处理。

二、最高人民检察院的态度

最高人民检察院于1996年和此后两次进行司法解释。1996年1月23日最高人民检察院针对内蒙古自治区和江苏省人民检察院的请示作出的《关于单位盗窃行为如何处理问题的批复》(高检发研字〔1996〕1号)规定:“单位组织实施盗窃,获取财产归单位所有,数额巨大,情节恶劣的,应对其直接负责的主管人员和其他主要的直接责任人员按盗窃罪依法批捕,起诉。”2002年8月13日公布并施行的最高人民检察院第九届检委会第112次会议通过的《关于单位有关人员组织实施盗窃行为如何适用法律问题的批复》指出:“近来,一些省人民检察院就单位有关人员为谋取单位利益组织实施盗窃行为如何适用法律问题向我院请示。根据刑法有关规定,现批复如下:单位有关人员为谋取单位利益组织实施盗窃行为,情节严重的,应当依照刑法第二百六十四条的规定以盗窃罪追究直接责任人员的刑事责任。”

从上述两个批复的内容来看,对单位盗窃的处理,在下列几个方面的规定基本上是一致的:(1)单位本身不能成为盗窃罪的主体;(2)单位盗窃是为谋取单位利益组织实施的盗窃行为;(3)单位盗窃必须是数额巨大、情节恶劣或者情节严重的,才能构成犯罪;(4)对单位盗窃只能追究主管人员和主要直接责任人或直接责任人的刑事责任。两个批复的不同之处主要在于:构成犯罪的情节不同和承担刑事责任的责任人不同。在构成犯罪的情节上,原批复规定,单位盗窃,必须“数额巨大、情节恶劣”,才能构成犯罪;新批复规定,单位盗窃,必须“情节严重”,才能构成犯罪。在责任人的问题上,原批复规定,对单位盗窃应追究“主管人员和主要直接责任人”的刑事责任;新批复规定,对单位盗窃,应追究“直接责任人”的刑事责任。本书认为,两个批复的上述差异,只是文字和措辞上的区别,其基本内容并没有实质上的变化。如“情节严重”与“情节恶劣”,虽在用语上不同,但都是指情节的程度,两者区别不大。而且,新批复中的“情节严重”,也可以包括“数额巨大、情节恶劣”。又如,“主管人员和主要直接责任人”与“直接责任人”相比,只是后者比前者用语更加简约而已。[①]

三、本书的基本立场

本书认为,单位盗窃应该受到惩罚,对直接责任人应该直接按自然人犯罪处理。[②] 主要理由如下:

1. 通过立法增加单位为盗窃罪的犯罪主体这一方式不能最终解决问题。因为,今天解决了单位盗窃,说不定明天又会出现单位诈骗、单位抢劫甚至单位杀人等(事实上单位诈骗贷款问题已经出现,最高人民法院规定以合同诈骗追究只是变通做法和权宜之计,实质是回避了矛盾,没有最终解决问题),在单位立法模式不变的前提下,每出现一个新情况,就完善一次立法,显然不太现实,也不利于立法的稳定。

2. 从目前来看,只要单位犯罪法律规定总则与分则规定相结合的模式不变,类似的问题将永远存在,而要改变这种立法模式又几乎不可能。

3. 现在所能做的也是最现实的做法是,从观念上重新认识单位犯罪的本质(借

---

① 王礼仁:《单位盗窃的理性思考》,载中国法院网,最后访问日期:2003 年 2 月 27 日。

② 本书编写过程中,全国人民代表大会常务委员于 2014 年 4 月 24 日发布了《关于〈中华人民共和国刑法〉第三十条的解释》,明确了有关案件的处理规则。全国人民代表大会常务委员会根据司法实践中遇到的情况,讨论了《刑法》第 30 条的含义及公司、企业、事业单位、机关、团体等单位实施刑法规定的危害社会的行为,法律未规定追究单位的刑事责任的,如何适用刑法有关规定的问题,解释如下:“公司、企业、事业单位、机关、团体等单位实施刑法规定的危害社会的行为,刑法分则和其他法律未规定追究单位的刑事责任的,对组织、策划、实施该危害社会行为的人依法追究刑事责任。”

助法官适用解释解决这一难题)。按通说,单位犯罪作为单位整体犯罪而存在,不同于共同犯罪。依笔者浅见,单位犯罪的本质实际上就是单位的责任人员与单位共同犯罪。因为:

其一,从身份上来看,单位中的成员具有双重身份,即“本来的我”和“另一个我”,其中“另一个我”就是单位成员的身份,代表单位为单位服务。显然,从意志自由的角度看,“另一个我”是受“本来的我”主宰的,“本来的我”完全有能力、有选择为与不为的意志自由,是否要为单位去犯罪还是自己决定选择的,因而在单位犯罪中,“本来的我”是具有刑法谴责性的,应负相应的刑事责任。但是,在法律有明文规定单位犯罪的场合,一般对“本来的我”都不追究,仅仅追究“另一个我”(将其作为直接责任人加以处理),这是立法的选择,也是司法谦抑的体现。当法律没有明文规定单位的刑事责任时,对共同犯罪中的“单位”不予追究是罪刑法定的要求,对“另一个我”也就无法追究了。但是在这种情况下,为了实现刑法的正义目标,转而追究“本来的我”之刑事责任是天经地义的,我们不能因为以前都不追究,现在也不追究(情况不同了,应该有所区别)。

其二,对单位要不要追究、能不能追究刑事责任是立法的选择,对个人是否追究不能以共同犯罪中的“单位”为转移。其实,类似的情况刑法中也经常碰到,比如,成年人与不具有刑事责任能力的未成年人、精神病人一起犯罪就是适例。法律没有规定单位可犯该罪,实质上就是法律不确认单位具有该罪的犯罪能力和刑事责任能力,但这并不影响对自然人按个人犯罪处理。

其三,理论的生命力在于能够贯彻到底,“共同犯罪说”可以做到,而其他理论或解决办法似乎难以贯彻到底。

其四,在单位犯罪中,利益归属不是决定性的,前面已经有所阐述,在此不再赘述。

其五,考虑“利益归属”等情节,按“共同犯罪”说可以通过“主从犯”理论解决罪刑相适应问题,实现刑法的公平正义。

11. 单位与其直接负责的自然人的刑事责任能否分离

——俞辉合同诈骗(单位骗贷)案

裁判要旨

无论按新法还是旧法,对单位有关人员的骗贷行为均应追究刑事责任。单位犯罪是一个整体,简单地认为单位与其中负责的主管人员或者其他责任人员的刑事责任能够分离缺乏说服力,而应采用"单位犯罪本质上就是共同犯罪"说加以阐释。

基本案情

被告人俞辉在1992年相继担任了申星制品厂、康乐经营部、万通公司的负责人或法定代表人,1995年11月开始,在公司经营状况逆转而发生资金周转困难的情况下,俞辉与公司其他人员商议后,以会议纪要的形式,决定向银行贷款,并投入期货交易。自1995年11月至1997年6月,俞辉明知公司没有归还能力,先后以公司名义,采取制作虚假财务报表、编造虚假贷款理由、提供虚假担保及抵押等手段,向银行贷款共计130笔,共计1.4亿余元,用于炒卖高风险的期货和以新贷还旧贷,最终造成1760万余元的损失。

审　判

案件经终审判决,认定被告人的行为构成合同诈骗罪,且犯罪数额特别巨大,对其应作为单位犯罪中直接负责的主管人员依法予以惩处,并认定被告有自首情节。依据1997年《刑法》第12条第1款,第224条,、第231条、第67条第1款之规定,判处俞辉犯合同诈骗罪,处有期徒刑12年,并处没收其个人财产2万元人民币。①

法官评述

本案涉及对新刑法实施前的单位骗贷案件如何根据《刑法》第12条处理的问

① 最高人民法院刑一庭、刑二庭编:《刑事审判参考》(2002年第2辑)(总第25辑),法律出版社2002年版,第32页。

题。对于单位,按旧法不认为是犯罪,依新法是合同诈骗罪。对个人,新旧法分别为诈骗罪、合同诈骗罪,新法轻,应按合同诈骗罪处理。因此,出现在对单位不追究刑事责任的情况下,能否对单位与其中负责的主管人员或者其他责任人员分离定性的难题。本案的处理,采纳了“能”的观点。

本书认为,无论按新法还是旧法,对有关人员肯定要追究刑事责任,不能宣告无罪。关键在于如何解释这种现象、怎样追究。单位犯罪是一个整体,简单地认为单位与其中负责的主管人员或者其他责任人员的刑事责任能够分离缺乏说服力,而应采用“单位犯罪本质上就是共同犯罪”说加以阐释。

12. 单位自首如何认定与处罚

——陈德福走私普通货物案

裁判要旨

一、单位可以成为自首的主体;单位自首与单位内部的自然人自首的区别在于,前者是基于单位意志支配下的单位行为,后者是个人行为。

二、本案中,被告人陈德福是单位的直接主管人员,实施犯罪的主要决策者,其自首既代表个人,也代表单位,故法院审理后认定单位自首并从轻处罚。

基本案情

被告单位厦门鹭京海公司的总经理陈德福和分公司负责人王建社商议决定,为谋取非法利益,被告公司采取少供油、多核销的手段,实施了逃避海关监管、将虚假核销的保税柴油擅自在境内销售的行为,偷逃应缴税款3847092.88元人民币。被告单位走私所得款用于购买吉普车一辆以及公司其他开支。被告陈德福系被告单位总经理,在侦查机关因被告单位有走私可疑迹象而进行调查时,主动交代了司法机关尚未掌握的被告单位及其本人和责任人王建社的走私犯罪事实。经侦查机关查证,陈交代的内容属实。厦门市中级人民法院经审理认定:被告单位构成走私普通货物罪,情节特别严重,依法应从重处罚。被告陈德福和被告王建社分别是单位犯罪直接负责的主管人员和直接责任人员,两被告人的行为亦构成走私普通货物罪,情节特别严重。鉴于被告人陈德福在接受调查时主动交代侦查机关尚未掌握的被告单位走私犯罪的事实,陈德福是被告单位的主要决策者,其主动交代被告单位犯罪的行为代表了被告单位的意志,系被告单位自首行为。因此,对被告单位和被告陈德福可依法减轻处罚。被告王建社受被告单位领导反比例参与实施走私犯罪,在犯罪中起次要作用,系从犯,依法予以减轻处罚。[①]

法官评述

单位犯罪中是否存在自首,单位自首的构成条件是否有别于自然人自首以及自首的法律后果如何,目前没有明确的规定,理论上也有争议。但一般认为:(一)单位可以成为自首的主体;(二)单位自首与单位内部的自然人自首区别在于,前者是基于单位意志支配下的单位行为,后者是个人行为;(三)对自首的单位可以从轻判处罚金,但不存在减轻处罚的问题。

本案中,陈德福是单位的直接主管人员,实施犯罪的主要决策者,其自首既代表个人,也代表单位,法院认定单位自首并从轻处罚是正确的。

13. 单位被注销后如何追究相关人员的刑事责任

——河南省三星实业公司集资诈骗案

裁判要旨

一、根据司法解释规定,审判期间,被告单位被撤销、注销、吊销营业执照或者宣告破产的,对单位犯罪直接负责的主管人员和其他直接责任人员应当继续审理。

二、本案三星公司被依法注销后,其诉讼能力已经丧失,但不能因此免除有关责任人员的刑事责任。

基本案情

河南省三星实业公司(以下简称三星公司)系 1992 年 8 月 31 日注册成立的

---

① 最高人民法院刑一庭、刑二庭编:《刑事审判参考》(2002 年第 1 辑)(总第 24 辑),法律出版社 2002 年版,第 9 页。该案例由最高人民法院刘树德博士执笔。

集体所有制企业,法定代表人系被告李国法。同年9月15日,三星公司与河南省体改委劳动服务公司签订了挂靠期为3年的挂靠协议。期满后,双方未签订新的协议。三星公司下属44家分公司,分布在全省18个地市和全国26个大中城市。经审理查明,三星公司未经中国人民银行批准,于1995年6月至1998年5月,采取流动吸资,以新还旧,虚构集资用途,以高回报率为诱饵等诈骗方法,向社会公众募集资金,骗取社会公众集资款。其将骗得的集资款除一小部分用于返还集资者的本金和高息外,大部分用于挥霍性投资或非法随意处分。其间,共非法集资8亿余元,除案发前归还2.13亿余元,追回赃款、赃物折价2.48亿元外,给集资者造成3.43亿元的巨额经济损失。三星公司的行为严重扰乱了国家金融秩序,侵犯了公私财产所有权,后果极其严重、危害极大,构成集资诈骗罪,且数额特别巨大,并给国家和人民造成了特别重大损失。1998年8月6日,三星公司被河南省工商行政管理局吊销企业法人营业执照,其作为法人的资格已终止,行为能力和权利能力均已经丧失。依照最高人民法院《关于执行〈中华人民共和国刑事诉讼法〉若干问题的解释》第215条之规定,三星公司已经不再作为本案的诉讼主体,但应作为单位犯罪,应追究对单位犯罪直接负责的主管人员和其他直接责任人员。案件经二审终审。判决被告人李国法系三星公司犯罪活动直接负责的主管人员,处无期徒刑,剥夺政治权利终身。判决另四名被告系三星公司犯罪活动的其他直接责任人员(均为三星公司副总经理),分别依法判处有期徒刑。①

法官评述

一、本案的裁判理由

本案发生在2012年刑事诉讼法修改之前。当时,最高人民法院《关于执行〈中华人民共和国刑事诉讼法〉若干问题的解释》第215条规定:"人民法院审理单位犯罪案件,被告单位被注销或宣告破产,但单位犯罪直接负责的主管人员和其他直

① 最高人民法院刑一庭、刑二庭编:《刑事审判参考》(2000年第5辑)(总第10辑),法律出版社2000年版,第15页。

接责任人员应当负刑事责任的,应当继续审理。”[①]本案系依照该条之规定作出裁判,认为三星公司已经不再作为本案的诉讼主体,但应作为单位犯罪,应追究对单位犯罪直接负责的主管人员和其他直接责任人员。

二、吊销能否认定为注销

本案三星公司是被吊销营业执照,而不是被注销,其适用司法解释的前设在于认为吊销和注销系同一含义。

本书认为,吊销和注销都是法律用语,其含义应存在一定的区别。注销是由于企业破产、解散等原因而经公司登记机关核准注销,表明公司主体的终止;而吊销是公司登记机关对违反规定的公司企业采取的行政强制措施。在当时情况下,有的企业被吊销执照,但企业仍然存在,能否不追究其刑事责任值得研究。2013 年 1 月 1 日起施行的最高人民法院《关于适用〈中华人民共和国刑事诉讼法〉的解释》第 286 条已对此作出了更为明确的规定:“审判期间,被告单位被撤销、注销、吊销营业执照或者宣告破产的,对单位犯罪直接负责的主管人员和其他直接责任人员应当继续审理。”

三、对相关人员如何追究刑事责任

无论按当时有效的最高人民法院《关于执行〈中华人民共和国刑事诉讼法〉若干问题的解释》第 215 条之规定,还是按 2013 年 1 月 1 日起施行的最高人民法院《关于适用〈中华人民共和国刑事诉讼法〉的解释》第 286 条规定,本案均应继续审理。即三星公司被依法注销后,其诉讼能力已经丧失,但不能因此免除有关责任人员的刑事责任。法院对有关人员按单位犯罪追究是正确的。

---

① 2013 年 1 月 1 日起施行的最高人民法院《关于适用〈中华人民共和国刑事诉讼法〉的解释》第 286 条规定:“审判期间,被告单位被撤销、注销、吊销营业执照或者宣告破产的,对单位犯罪直接负责的主管人员和其他直接责任人员应当继续审理。”

14. 单位犯罪案件中已注销改制的单位能否追究刑事责任

——中电智能卡有限责任公司等走私案

裁判要旨

一、单位走私犯罪后，单位发生分立、合并或者其他资产重组等情况的，只要承受该单位权利义务的单位存在，应当追究单位走私犯罪的刑事责任。

二、单位走私犯罪后，发生分立、合并或者其他资产重组情形，以及被依法注销、宣告破产等情况的，无论承受该单位权利义务的单位是否存在，均应追究原单位直接负责的主管人员和其他直接责任人员的刑事责任。

基本案情

被告单位为中电智能卡有限责任公司。

诉讼代表人苏振明，中电智能卡有限责任公司法定代表人，金峰社保发展总公司经理。因涉嫌犯走私普通货物罪，于2001年8月10日被逮捕。

被告人丁长怀，男，1944年出生，汉族，中电智能卡有限责任公司原总经理。因涉嫌犯走私普通货物罪，于2001年8月20日被逮捕。

北京市人民检察院第一分院以被告单位中电智能卡有限责任公司、被告人林惠江、丁长怀犯走私罪，向北京市第一中级人民法院提起公诉。

北京市第一中级人民法院经公开审理查明：

1997年4月，被告人丁长怀担任中电智能卡有限责任公司（以下简称中电公司）总经理，明知本单位从法国进口的IC卡制造设备依法应缴纳约600万元人民币税费，为少缴纳税款，经单位领导协商后，通过中间人马某联系，与被告人林惠江所在的广东省汕头市金峰社保发展总公司（以下简称金峰公司）达成协议。丁长怀明知315万元人民币不足以缴纳税费，仍与林惠江约定以315万元的价格由金峰公司代理中电公司报关，并将合同约定的到货港由北京改为汕头，后中电公司将有关单据寄给林惠江，听任其非法运作。林惠江为使本单位获取非法利益，逼迫本公司职员方国平（另案处理）伪造合同、发票、清单等报关单证，以货物价值13万余港元,实际缴纳关税5.3万余元人民币报关进口,偷逃应缴进口五一节关税540万余元人民币。金峰公司为此支付中介费100万元人民币。2000年4月,金峰公司注销。案发后,海关追缴中电公司210万元人民币;追缴中介费100万元人民币,因金峰公司已被注销,该公司所得赃款未能追缴。林惠江、丁长怀被抓获归案。

被告人林惠江的辩护人提出:应认定金峰公司构成单位犯罪,林惠江负有领导责任。

审 判

北京市第一中级人民法院经审理认为,被告单位中电公司及被告人丁长怀明知向金峰公司支付315万元不足以支付本单位进口设备应缴纳的关税,为偷逃税款,仍以该价格委托金峰公司代理报关进口,听任由该公司非法运作;被告人林惠江为使本单位获取非法利益,逼迫单位员工伪造合同、发票、装箱单等报关单证,向海关低报货物价格,偷逃应缴进口五一节关税共计540万余元人民币,被告单位及二被告人的行为均构成走私罪,且犯罪情节特别严重,使国家利益遭受重大损失,依法应予惩处。北京市人民检察院第一分院指控被告单位及二被告人犯走私罪的事实清楚,证据确实充分,指控罪名成立。鉴于被告单位能积极退补关税,认罪态度较好,被告人丁长怀认罪、悔罪,可对被告单位及被告人丁长怀予以从轻处罚。被告人林惠江及所在金峰公司具体实施走私犯罪行为,且走私所得未能退缴,故林惠江及金峰公司在走私犯罪中罪责较重,鉴于金峰公司已被注销,公诉机关未予起诉,故不追究金峰公司的刑事责任,林惠江尚能如实供述犯罪事实,可对其酌予从轻处罚。据此,本院根据被告单位及二被告人犯罪的性质、情节、对于社会的危害程序及二被告人在犯罪过程中所起的作用,依照《中华人民共和国刑法》第12条第1款及全国人大常委会《关于惩治走私罪的补充规定》第5条第2款的规定,于2002年8月30日作出刑事判决:

1. 被告单位中电公司犯走私罪,判处罚金100万元人民币;
2. 被告人林惠江犯走私罪,判处有期徒刑八年,剥夺政治权利一年;
3. 被告人丁长怀犯走私罪,判处有期徒刑五年;

4. 在案扣押金峰公司的676.67元人民币、中电公司的210万元人民币、马争的100万元人民币,均予以没收,上缴国库;

5. 继续向中电公司追缴所偷逃的关税2302231.31元人民币予以没收,上缴国库。

一审宣判后,被告单位中电智能卡有限责任公司、被告人林惠江、被告人丁长怀分别提出上诉。

据此,依照《中华人民共和国刑事诉讼法》第189条第1项之规定,裁定驳回中电智能卡有限责任公司、林惠江、丁长怀的上诉,维持原判。[①]

法官评述

一、能否直接认定金峰公司犯罪

显然,因金峰公司已注销,公诉机关也没有起诉金峰公司犯罪,对金峰公司不能认定为犯罪。法院的裁判处理是正确的。

二、能否对改制后的汕头市金鼎国贸有限公司追究刑事责任

不能。理由如下:首先,法院不能对未予起诉的单位或个人进行审判和定罪。其次,事实上也无法追究已改制后的汕头市金鼎国贸有限公司的刑事责任。因为,一些单位实施犯罪后被注销,或合并、分立、改制,实现资产重组,原单位不存在,新单位承担了原单位的民事权利和义务,在民事法律纠纷中,新单位可以代替原单位的诉讼地位,成为民事原告或被告。但是在刑事诉讼中,实行罪责自负,不株连无辜的原则,资产重组后新的单位在诉讼上不能成为刑事被告单位,亦不能在法律上认定该新单位犯罪。

三、公诉机关是否应该起诉原犯罪单位及如果作了起诉,法院应如何处理

根据2002年7月最高人民法院、最高人民检察院、海关总署《关于办理走私刑事案件适用法律若干问题的意见》第19条规定:“单位走私犯罪后,单位发生分立、合并或者其他资产重组等情况的,只要承受该单位权利义务的单位存在,应当追究单位走私犯罪的刑事责任”“单位走私犯罪后,发生分立、合并或者其他资产重组情形,以及被依法注销、宣告破产等情况的,无论承受该单位权利义务的单位是否存

---

① 案例选自王明等主编:《经济犯罪名案精析》,群众出版社2003年版,第39页。

在，均应追究原单位直接负责的主管人员和其他直接责任人员的刑事责任”“人民法院对原走私单位判处罚金的，应当将承受原单位权利义务的单位作为被执行人。罚金超出新单位所承受的财产的，可在执行中予以减除”，本书认为，犯罪单位发生分立、合并、其他资产重组、被依法注销、宣告破产等情况的，要看有无承受单位，区别对待。有承受单位的，对原单位应作为被告单位加以起诉、追究；对没有承受单位的，只能追究原单位责任人员。另外，单位犯罪的刑事责任本质上是财产责任，通过判处罚金来实现，因此，原实施犯罪的单位其刑事责任应通过其原有财产实现，单位的资产重组和变更属于民事财产权利的变更，并不能因此影响到该单位刑事责任的承担，即在新成立单位中原单位的财产范围内追究其责任，但并不意味着新成立的单位构成犯罪。

15. 检察机关以自然人犯罪起诉的单位犯罪案件应该如何处理

——周云华虚报注册资本案和贺晓峰等走私普通货物案

裁判要旨

对应当认定为单位犯罪的案件，人民检察院只作为自然人犯罪起诉的，人民法院应当建议人民检察院对犯罪单位补充起诉。人民检察院仍以自然人犯罪起诉的，人民法院应当依法审理，按照单位犯罪中直接负责的主管人员或者其他直接责任人员追究刑事责任。

案例一

被告人周云华系华泰公司副董事长兼总经理。检察院起诉被告人在为华泰公司注册登记过程中，伙同华泰公司投资人台湾侨资公司董事长刘某采取欺骗手段虚报注册资金，取得公司登记并通过年检，虚报注册资金数额巨大，犯虚报注册资金罪。一审法院以周云华系华泰公司虚假注册资本行为的直接负责的主管人员和直接责任人员，判决其构成虚报注册资本罪，判处有期徒刑1年，缓刑2年，并处罚金17500美元。二审法院认为，对被判处罚金不当，于是，撤销罚金判决部分，维持判处被告有期徒刑1年，缓刑2年。[①]

案例二

被告人贺晓峰，男，36岁，汉族，大学文化，北京森海技贸发展公司经理。

被告人华岩，男，32岁，汉族，大学文化，北京森海技贸发展公司副经理。

被告人王珏，女，31岁，汉族，大专文化，无业。

被告人张力，男，25岁，汉族，高中文化，无业。

被告人张大联，男，33岁，汉族，大学文化，北京巨浪科技贸易公司经理。

1997年6月，被告人贺晓峰、华岩在分别担任北京森海技贸发展（以下简称森海公司）经理、副经理期间，依照其所在公司与北京爱立信移动通信有限公司（以下简称爱立信公司）签订的无线基站设备及配套产品进口服务合同的规定，在为爱立信公司办理进口通信设备零件的过程中，明知由于爱立信公司提供的报关手续不符合正常报关要求，此批货物不能从正常途径报关的情况下，为使所在公司获取非法利益，仍找到被告人王珏、被告人张力共同办理。张力在首都机场海关编造了虚假的运单号，王珏伪造了爱立信公司的退运证明。后两被告人冒充北京空运二公司的人员，谎称此批货物的规格不符，需退关返回爱立信公司瑞典总部，并使用伪造的退运证明、运单先办理了此批货物的进口报关。王珏又向他人索要了一套出口运单，张力在该出口运单上伪造打印了各项内容，王珏又以"借用"为名骗得金玛国际空运服务有限公司（以下简称金玛公司）报关员的报关卡，由张力持伪造的出口提运单，到中国国际航空公司国际货运仓库，骗盖了该仓库的第18号入库单位。后王珏持此出口提运单及报关卡在首都机场海关办理了出口报关。报关完毕后，王珏使用进口提货单与华岩在金玛公司的海关监管仓库将此批货物提出，并分别于当日发往上海市和存放在爱立信公司的仓库中。提货次日，贺晓峰付给王珏"好处费"7万元人民币，王珏分得4.7万元人民币，张力分得2.3万元人民币（均已挥霍）。

---

① 最高人民法院刑一庭、刑二庭编：《刑事审判参考》（2001年第5辑）（总第16辑），法律出版社2001年版，第6页。

综上,被告人贺晓峰、华岩、王珏、张力使用上述手段,逃避海关监管,偷逃应缴纳的海关进口环节税167045.71元人民币。

由于爱立信公司要求森海公司提供增值税专用发票才予以结账,为此,被告人华岸按照被告人贺晓峰的要求,与被告人张大联联系后,经张大联从广东省普宁市巧奇贸易有限公司虚开增值税专用发票一份,价税合计728522元人民币,虚开税款数额105853.62元人民币。

北京市第二中级人民法院认为,被告人贺晓峰、华岩身为森海公司负责人,为给所在公司牟取非法利益,勾结被告人王珏、张力违反海关法规,采取伪造退运证明、出口货物报关单,编造虚假运单号、骗盖入库章等手段,逃避海关监管,偷逃了国家应收的关税及增值税。四被告人的行为侵犯了国家对进出口货物的监督管理制度和关税征管制度,均已构成走私普通货物罪,应依法惩处,被告人张大联介绍他人在没有任何经营的情况下,虚开增值税专用发票,虚开税款数额较大,其行为侵犯了国家对增值税专用发票的监督管理制度,破坏了国家税收征管,已构成虚开增值税专用发票罪,亦应依法惩处。北京市人民检察院第二分院指控被告人贺晓峰、华岩、王珏、张力犯走私普通货物罪,指控被告人张大联犯虚开增值税专用发票罪的事实清楚、证据确实、充分。但经理,被告人贺晓峰、华岩购买虚开的增值税专用发票给爱立信公司的目的,是在走私、偷逃进口五一节税后结回所在公司获得的利益,且在偷逃的进口五一节税中已包含了增值税,故对二被告人的行为只认定为犯走私罪即可。被告人贺晓峰、华岩的辩解及二被告人的辩护人关于本案对贺晓峰、华岩应按单位犯罪定罪量刑的辩护意见,经查,被告人贺晓峰、华岩身为森海公司负责人,为所在单位牟取非法利益决定勾结王珏、张力走私逃税,所得收益亦用于公司经营。故对贺晓峰、华岩的辩解及其辩护人的辩护意见予以采纳。被告人华岩的辩护人关于华岩在公安机关侦破虚开增值税专用发票的过程中,提供了重要线索,有立功表现的辩护意见,经查属实,对华岩依法从轻处罚。被告人王珏、张力、张大联在案后能够认罪悔罪,张大联还退回了所得的赃款,三被告人均确有悔罪表现,故对被告人王珏、张力、张大联酌予从轻处罚。据此作出判决:

1. 被告人贺晓峰犯走私普通货物罪，判处有期徒刑二年；

2. 被告人华岩犯走私普通货物罪，判处有期徒刑一年零八个月；

3. 被告人王珏犯走私普通货物罪，判处有期徒刑三年，罚金334091.42元人民币；

4. 被告人张力犯走私普通货物罪，判处有期徒刑三年，罚金334091.42元人民币；

5. 被告人张大联犯虚开增值税专用发票罪，判处有期徒刑三年，罚金5万元人民币；

6. 随案移送的款、物分别予以发还或没收。[①]

法官评述

涉及单位管理人员的犯罪是单位犯罪还是自然人犯罪，对某些案件而言确实很难区分。由于认识不同，有的案件检察机关认为是自然人犯罪，而法院却认为是单位犯罪，有时刚好相反。对于检察院以自然人犯罪起诉的单位犯罪案件，需要从以下两方面加以把握：其一，法院不能直接对检察机关未加指控的单位作为被告单位定罪处罚，否则有违“不告不理”的诉讼规则。其二，如处于一审阶段，应与检察机关协商，建议补充起诉，或另行起诉。其三，如检察不予补充起诉，或案件已处于二审阶段，对自然人可直接按单位犯罪主管人员或其他直接责任人员处理。上述两案的相关处理是正确的。

值得指出的是，2013年1月1日起施行的最高人民法院《关于适用〈中华人民共和国刑事诉讼法〉的解释》第283条对上述问题已经作了明确的规定：对应当认定为单位犯罪的案件，人民检察院只作为自然人犯罪起诉的，人民法院应当建议人民检察院对犯罪单位补充起诉。人民检察院仍以自然人犯罪起诉的，人民法院应当依法审理，按照单位犯罪中直接负责的主管人员或者其他直接责任人员追究刑事责任，并援引刑法分则关于追究单位犯罪中直接负责的主管人员和其他直接责任人员刑事责任的条款。

---

① 案例选自王明等主编：《经济犯罪名案精析》，群众出版社2003年版，第45页。

第三节　单位犯罪的裁判依据与案例索引

一、现行法律、司法解释和司法业务文件索引

（一）现行法律、司法解释和司法业务文件

1.《中华人民共和国刑法》第30条（1997年3月14日）

2. 最高人民法院《关于在审理经济纠纷案件中涉及经济犯罪嫌疑若干问题的规定》（1998年4月21日）

3. 最高人民法院研究室《关于企业犯罪后被合并应当如何追究刑事责任问题的答复》（1998年11月18日）

4. 最高人民法院《关于审理单位犯罪案件具体应用法律有关问题的解释》（1999年6月25日）

5. 最高人民法院《关于审理单位犯罪案件对其直接负责的主管人员和其他直接责任人员是否区分主犯、从犯问题的批复》（2000年9月30日）

6. 最高人民检察院《关于涉嫌犯罪单位被撤销、注销、吊销营业执照或者宣告破产的应如何进行追诉问题的批复》（2002年7月9日）

7.《全国法院审理金融犯罪案件工作座谈会纪要》（2001年1月21日）

8. 最高人民法院、最高人民检察院、海关总署《关于办理走私刑事案件适用法律若干问题的意见》（2002年7月8日）

9. 最高人民法院研究室《关于外国公司、企业、事业单位在我国领域内犯罪如何适用法律问题的答复》（2003年10月5日）

10. 最高人民法院《关于适用〈中华人民共和国刑事诉讼法〉的解释》（2013年1月1日）

11. 全国人大常委会《关于〈中华人民共和国刑法〉第三十条的解释》（2014年

4 月 24 日)

(二)地方性司法文件

1. 浙江省高级人民法院《全省法院经济犯罪疑难问题研讨会纪要(一)》(2005 年 3 月 1 日)

2. 上海市高级人民法院刑庭和上海市人民检察院公诉处《刑事法律适用问题解答》(2002 年 4 月 1 日)

二、常见问题的裁判规则

(一)单位犯罪主体资格的刑法确认

公司、企业、事业单位、机关、团体实施的危害社会的行为,法律规定为单位犯罪的,应当负刑事责任。

——《中华人民共和国刑法》第 30 条

《刑法》第 30 条规定的"公司、企业、事业单位",既包括国有、集体所有的公司、企业、事业单位,也包括依法设立的合资经营、合作经营企业和具有法人资格的独资、私营等公司、企业、事业单位。

——最高人民法院《关于审理单位犯罪案件具体应用法律有关问题的解释》第 1 条

具备下列特征的,可以认定为单位走私犯罪:(1)以单位的名义实施走私犯罪,即由单位集体研究决定,或者由单位的负责人或者被授权的其他人员决定、同意;(2)为单位谋取不正当利益或者违法所得大部分归单位所有。

——最高人民法院、最高人民检察院、海关总署《关于办理走私刑事案件适用法律若干问题的意见》第 18 条

（二）单位犯罪主体资格的司法否定

个人为进行违法犯罪活动而设立的公司、企业、事业单位实施犯罪的，或者公司、企业、事业单位设立后，以实施犯罪为主要活动的，不以单位犯罪论处。

盗用单位名义实施犯罪，违法所得由实施犯罪的个人私分的，依照刑法有关自然人犯罪的规定定罪处罚。

——最高人民法院《关于审理单位犯罪案件具体应用法律有关问题的解释》第2条、第3条

单位是否以实施犯罪为主要活动，应根据单位实施走私行为的次数、频度、持续时间、单位进行合法经营的状况等因素综合考虑认定。

——最高人民法院、最高人民检察院、海关总署《关于办理走私刑事案件适用法律若干问题的意见》第18条

（三）单位的分支机构或者内设机构、部门实施犯罪行为的处理

以单位的分支机构或者内设机构、部门实施犯罪，违法所得亦归分支机构、内设机构、部门所有的，应认定为单位犯罪。不能因单位的分支机构或者内设机构、部门没有可供执行的财产，就不认定为单位犯罪，而按个人犯罪处理。

——《全国法院审理金融犯罪案件工作座谈会纪要》

（四）单位犯罪直接负责的主管人员和其他直接责任人员的认定

直接负责的主管人员，是在单位实施的犯罪中起决定、批准、授意、纵容、指挥等作用的人员，一般是单位的主管负责人，包括法定代表人。其他直接责任人员，是在单位犯罪具体实施犯罪并起较大作用的人员，既可以是单位的经营管理人员，也可以是单位的职工，包括聘任、雇用的人员。应当注意的是，在单位犯罪中，对于

受单位领导指派或奉命而参与实施了一定犯罪行为的人员，一般不宜作为直接责任人员追究刑事责任。对单位犯罪中直接负责的主管人员和其他直接责任人员，应根据其在单位犯罪中的地位、作用和犯罪情节，分别处以相应的刑罚，主管人员与直接责任人员在个案中不是当然的主从关系，有的案件，主管人员与直接责任人员实施犯罪行为的主从关系不明确的，可不分主从犯。但具体案件可以分清主从犯，且不分清主从犯，在同一法定刑档次、幅度内量刑无法做到罪刑相适应的，应当分清主从犯，依法处罚。

——《全国法院审理金融犯罪案件工作座谈会纪要》

(五)单位犯罪中主从犯的区分

在审理单位故意犯罪案件时，对其直接负责的主管人员和其他直接责任人员，可不区分主犯、从犯，按照其在单位犯罪中所起的作用判处刑罚。

——最高人民法院《关于审理单位犯罪案件对其直接负责的主管人员和其他直接责任人员是否区分主犯、从犯问题的批复》

(六)“单位”盗窃的定罪

单位实施了危害社会的行为如要对单位追究刑事责任，只有在法律明文规定的情况下才属合法。如法律没有规定则不能对单位追究刑事责任，但是并不意味着对实施危害行为的直接负责的主管人员和其他直接负责人员也不能追究刑事责任。因为在这种情况下，该危害社会的行为完全可能符合自然人犯罪的构成要件，故应以自然人犯罪对直接责任人员追究刑事责任。如单位领导集体决定的窃电，完全可能符合以非法占有为目的，秘密窃取公私财物为本质特征的自然人盗窃罪的构成要件。因此，对直接责任人员可以盗窃罪追究刑事责任。

——浙江省高级人民法院《全省法院经济犯罪疑难问题研讨会纪要(一)》

公司、企业、事业单位、机关、团体等单位实施刑法规定的危害社会的行为，刑法分则和其他法律未规定追究单位的刑事责任的，对组织、策划、实施该危害社会行为的人依法追究刑事责任。

——全国人民代表大会常务委员会《关于〈中华人民共和国刑法〉第三十条的解释》

（七）单位自首的认定

在办理单位走私犯罪案件中，对单位集体决定自首的，或者单位直接负责的主管人员自首的，应当认定单位自首。认定单位自首后，如实交代主要犯罪事实的单位负责的其他主管人员和其他直接责任人员，可视为自首，但对拒不交代主要犯罪事实或逃避法律追究的人员，不以自首论。

——最高人民法院、最高人民检察院、海关总署《关于办理走私刑事案件适用法律若干问题的意见》第21条

（八）单位犯罪案件的审理程序

开庭审理单位犯罪案件，应当通知被告单位的诉讼代表人出庭；没有诉讼代表人参与诉讼的，应当要求人民检察院确定。

——最高人民法院《关于适用〈中华人民共和国刑事诉讼法〉的解释》第280条

单位走私犯罪案件的诉讼代表人，应当是单位的法定代表人或者主要负责人。单位的法定代表人或者主要负责人被依法追究刑事责任或者因其他原因无法参与刑事诉讼的，人民检察院应当另行确定被告单位的其他负责人作为诉讼代表人参加诉讼。

——最高人民法院、最高人民检察院、海关总署《关于办理走私刑事案件适用法律若干问题的意见》第17条

对应当认定为单位犯罪的案件，人民检察院只作为自然人犯罪起诉的，人民法

院应当建议人民检察院对犯罪单位补充起诉。人民检察院仍以自然人犯罪起诉的,人民法院应当依法审理,按照单位犯罪中直接负责的主管人员或者其他直接责任人员追究刑事责任,并援引刑法分则关于追究单位犯罪中直接负责的主管人员和其他直接责任人员刑事责任的条款。

——最高人民法院《关于适用〈中华人民共和国刑事诉讼法〉的解释》第283条

审判期间,被告单位被撤销、注销、吊销营业执照或者宣告破产的,对单位犯罪直接负责的主管人员和其他直接责任人员应当继续审理。

审判期间,被告单位合并、分立的,应当将原单位列为被告单位,并注明合并、分立情况。对被告单位所判处的罚金以其在新单位的财产及收益为限。

——最高人民法院《关于适用〈中华人民共和国刑事诉讼法〉的解释》第286条、第287条

三、单位犯罪疑难问题的案例索引

1. 北京太子纺织工业有限公司、姚志俊等走私普通货物案(载《刑事审判参考》第1集,第1号)

———单位走私犯罪在法律文书中如何表述

2. 朱奕骥投机倒把案(载《刑事审判参考》第1集,第3号)

——承包经理虚开增值税专用发票是否构成单位犯罪

3. 林春华等走私普通货物案(载《刑事审判参考》第3集,第18号)

——以单位名义进行走私,违法所得归个人所有的,是个人犯罪

4. 河南省三星实业公司集资诈骗案(载《刑事审判参考》第10集,第72号)

——犯罪后单位被注销如何追究相关人员的刑事责任

5. 周云华虚报注册资本案(载《刑事审判参考》第16集,第102号)

——检察机关以自然人犯罪起诉的单位犯罪案件应如何正确处理

6. 陈德福走私普通货物案(载《刑事审判参考》第24集,第151号)

——犯罪单位的自首如何认定

7. 普宁市流沙经济发展公司等单位虚开增值税专用发票案(载《刑事审判参考》第31集,第232号)

——单位共同虚开增值税专用发票如何定罪处罚

8. 北京匡达制药厂偷税案(载《刑事审判参考》第33集,第251号)

——如何认定单位犯罪直接负责的主管人员

9. 马汝方等贷款诈骗、违法发放贷款、挪用资金案(载《刑事审判参考》第39集,第305号)

——单位与自然人共同实施贷款诈骗行为的罪名适用

10. 张俊等走私普通货物案(载《刑事审判参考》第58集,第455号)

——单位责任人员在实施单位犯罪的同时,其个人又犯与单位犯罪相同之罪的,应数罪并罚

11. 上海新客派信息技术有限公司、王志强虚开增值税专用发票(载《刑事审判参考》第82集,第755号)

——依法成立的一人公司能否成为单位犯罪主体

12. 周敏合同诈骗案(载《刑事审判参考》第82集,第766号)

——如何理解和把握一人公司单位犯罪主体的认定

Chapter 3

第三章 走私犯罪疑难问题的司法认定与要案判解

我国立法机关对走私犯罪的刑法规定进行了多次修正，其中，《刑法修正案（七）》以走私珍贵植物、珍贵植物制品罪的刑法规定为基础，增设了走私国家禁止进出口的货物、物品罪；《刑法修正案（八）》对走私普通货物、物品罪的定罪量刑标准作了重要调整，删去了具体数额标准，代之以偷逃应缴税额较大、巨大等概括性表述，同时增加了小额多次走私行为的处罚规定。针对修订后的部分走私犯罪尚无明确的定罪量刑标准，走私犯罪案件办理当中还存在一些长期以来一直悬而未决的复杂疑难问题，以及此前发布的司法解释的一些规定不能适应办案实践的需要等实际，最高人民法院、最高人民检察院会同海关总署继2000年最高人民法院《关于审理走私刑事案件具体应用法律若干问题的解释》［以下简称《走私解释（一）》］、2006年最高人民法院《关于办理走私刑事案件具体应用法律若干问题的解释（二）》［以下简称《走私解释（二）》］之后，再次就走私犯罪的法律适用问题进行了调研，并于2014年9月10日公布了最高人民法院、最高人民检察院《关于办理走私刑事案件适用法律若干问题的解释》［以下简称最新《走私司法解释》］，该最新司法解释为走私犯罪疑难问题的司法认定，提供了较为全面、及时的重要指导。[①]

① 裴显鼎、苗有水、刘为波、郭慧：《〈关于办理走私刑事案件适用法律若干问题的解释〉的理解与适用》，载《人民法院报》2014年9月10日版。

第一节　走私犯罪疑难问题的司法认定

本书以最新《走私司法解释》的理解与适用为基础，但不限于司法解释已经涉及的内容，对当前走私犯罪司法认定中的若干疑难问题作进一步梳理分析，供实践参考。

一、单位走私犯罪主体的司法认定

走私犯罪是一种严重的破坏市场经济秩序犯罪，由于其具有涉外性、团体性、复杂性等特点，凭个人能力往往难以得逞，在走私犯罪中，单位走私占了相当的比重。也正因如此，走私犯罪与我国单位犯罪的立法有着特殊的历史渊源，最早于1987年1月22日全国人大常委会通过的《中华人民共和国海关法》就是为了有效打击单位走私，首次将单位规定为犯罪主体，在我国刑事立法史上首开规定单位犯罪的先河。我国刑法对单位、个人进行走私犯罪的量刑起点与量刑幅度不同，因此，正确认定单位走私犯罪主体资格就显得尤为重要。关于单位走私犯罪主体资格的司法确认与刑法否定的认定问题，请参见第二章单位犯罪部分的有关论述，在此不再赘述。

根据《刑法》和最高人民法院《关于审理单位犯罪案件具体应法律有关问题的解释》规定，以单位名义实施犯罪，违法所得归单位所有的，是单位犯罪。《全国法院审理金融犯罪案件工作座谈会纪要》亦指出，以单位的分支机构或内设机构、部门的名义实施犯罪，违法所得亦归分支机构或内设机构、部门所有的，应认定为单位犯罪。不能因为单位的分支机构或内设机构、部门没有可供执行刑罚的财产，就不将其认定为单位犯罪，而按个人犯罪处理。上述规定及其精神明确了分支机构或内设机构、部门可以成为单位犯罪的主体。但在实践中挂靠的部门实施走私犯罪能否认定为单位犯罪，分歧较大。特别是在浙江宁波等地，部分外向型的公司为了做大、做强，需要个人或其他组织来挂靠，以提高经营规模。有的个人或其他组织为了开展业务，需要挂靠在规模较大的外向型的公司以提高信用度。外向型企业单位中，外贸公司、货物代理运输公司、报关公司挂靠经营的情况比较普遍。因此，挂靠的部门实施走私犯罪能否认定为单位犯罪的问题，具有非常突出的实践特点，与外贸的发展息息相关，值得研究。

针对该问题，有人认为挂靠部门虽以部门名义实施犯罪，但违法所得实际归挂靠经营人所有，与单位犯罪构成要件不符，不能认定为单位犯罪，应对挂靠经营人以个人犯罪处理。有人则认为，挂靠部门与单位的其他部门没有本质上的区别，应以单位犯罪处理。我们认为，实践中挂靠的形式多样，情形复杂，不宜一概而论，对于经营人单一，无其他员工或甚少员工，经营不规范的部门，由于违法所得归属不具有团体性等，可以个人犯罪处理。但对于经济社会中比较普遍的其他挂靠经营人员多、员工较多、经营比较规范的挂靠部门实施的走私犯罪，认定为单位犯罪更为适宜。①

二、走私犯罪主观目的的司法认定

在实践中，对走私犯罪行为人主观上是否必须以牟利为目的存在争议。一种意见认为，走私行为人主观上必须具有牟利的目的；另一种意见则认为，走私犯罪不以行为人主观上具有牟利目的为必备条件。我们认为，走私犯罪是一种故意违反国家海关法律法规，逃避海关监管，破坏国家对货物、物品进出境管理制度的行为。在现实生活中，犯罪行为指向的对象不同，行为人的主观目的也就不尽相同。一般情况下，多数的走私行为人主观上出于非法牟利的目的，但特殊情况下，有的行为人并不一定出于牟利目的而走私，如出于收藏、兴趣爱好等目的。从刑法规定来看，有的走私犯罪明确要求具有牟利的目的，比如《刑法》第 152 条第 1 款规定的走私淫秽物品罪要求行为人主观上必须以牟利或者传播为目的，走私普通货物、物

① 杨永宗：《出口型走私犯罪若干问题探讨》，载张军主编：《刑事法律文件解读》(2010 年第 1 辑)(总第 55 辑)，人民法院出版社 2011 年版。

品罪中走私对象为《刑法》第154条规定的“未经海关许可并且未补缴关税，擅自将批准进口的来料加工、来件装配、补偿贸易的原料、零件、制成品、设备等保税货物”情况下要求在境内销售牟利。而不少走私罪名并不要求行为人主观上必须具有牟利的目的，如走私武器、弹药罪，走私假币罪，走私文物罪，走私贵金属罪等。因此，在实践中，对走私犯罪行为人主观上是否必须以牟利为目的，不宜一概而论。

值得指出的是，随着对外经济、文化交流的不断扩大，出入境人员的数量急剧增加，一些境外务工、旅游人员出于留作个人纪念的目的，将在境外购买的少量珍贵动物制品非法携带入境的现象时有发生。对于此种主观恶性不大、社会危害性较小的情形，需要按照宽严相济刑事政策的精神要求，在处理上与以牟利为目的的走私珍贵动物制品行为有所区别，以此突出刑事打击重点，适当控制刑事打击面。为此，2014年9月10日公布的最高人民法院、最高人民检察院《关于办理走私刑事案件适用法律若干问题的解释》第9条第4款规定，不以牟利为目的，为留作纪念而走私珍贵动物制品进境，数额不满十万元的，可以免予刑事处罚；情节显著轻微，不构成犯罪的，按一般行政违法行为处理。①

三、走私仿真枪、管制刀具行为性质的司法认定

《走私解释(一)》规定，走私管制刀具、仿真枪支构成犯罪的，以走私普通货物、物品罪定罪处罚。这次最新出台的司法解释第5条明确，此类行为以走私国家禁止进出口的货物、物品罪定罪处罚。主要理由如下：

(1)根据《治安管理处罚法》等法律以及《海关总署关于将仿真武器列为禁止进出境物品的通知》等规范性文件的规定，仿真枪、管制刀具属于禁止或限制进出口的货物、物品，并非普通货物、物品；

(2)仿真枪、管制刀具属于非涉税货物、物品，而走私普通货物、物品罪属于数额犯，以偷逃一定数额的应缴税款为定罪条件，实践中不得已往往只好参照玩具或

---

① 裴显鼎、苗有水、刘为波、郭慧：《〈关于办理走私刑事案件适用法律若干问题的解释〉的理解与适用》，载《人民法院报》2014年9月10日版。

是厨具来核定仿真枪、管制刀具的偷逃税额；

（3）《刑法修正案（七）》增设了走私国家禁止进出口的货物、物品罪，走私仿真枪、管制刀具的行为理当一并纳入该罪处理。

四、小额多次走私的认定

《刑法修正案（八）》将小额多次走私行为纳入了刑事打击范畴。对于刑法规定中的“一年内曾因走私被给予二次行政处罚后又走私”的具体理解，实践中存在意见分歧，集中体现在“一年内”的时间计算和走私对象的范围两个方面。

为规范司法认定，最新《走私司法解释》第17条明确规定，“一年内”应以因走私第一次受到行政处罚的生效之日与“又走私”行为实施之日的时间间隔计算确定；已受行政处罚的走私行为的对象不受普通货物、物品的限制，但是“又走私”行为的对象必须是普通货物、物品。

五、未经许可进出口国家限制进出口的货物、物品行为的性质认定

最新《走私司法解释》第21条明确规定，未经许可进出口国家限制进出口的货物、物品，应当依照《刑法》第151条、第152条的规定，以走私国家禁止进出口的货物、物品罪等罪名定罪处罚。起草过程中有意见提出，限制进出口的货物、物品不同于禁止进出口的货物、物品，未经许可走私国家限制进出口的货物、物品，如果限制进出口的货物、物品属于涉税货物、物品的，应以走私普通货物、物品罪定罪处罚；属于非涉税货物、物品的，可不作犯罪处理。司法解释未采纳该意见，主要考虑是：禁止进出口货物、物品包括绝对禁止和相对禁止两种，刑法规定的禁止进出口不限于绝对禁止的情形。例如，针对部分驯养繁殖的野生动植物及其制品在经国务院行政主管部门批准并取得证明书的情况下可以合法进出口的问题，全国人大常委会法工委刑法室在回复有关单位的意见中明确指出：“刑法第151条规定的走私国家禁止进出口的珍贵动物、珍稀植物及其制品的行为，是指走私未经国家有关

部门批准，并取得相应进出口证明的珍贵动物、珍稀植物及其制品的行为。”①

六、使用他人许可证进出口国家限制进出口的货物、物品行为的认定

实践中大量存在租用、借用或者使用购买的他人许可证进出口国家限制进出口的货物、物品的情形。在最新《走私司法解释》起草过程中，经研究认为，此情形同样属于未经许可走私国家禁止进出口货物、物品的行为，应一并纳入走私国家禁止进出口的货物、物品犯罪处理。适用本规定时需要注意与取得许可证但超过许可数量进出口行为的区分，对于后者应依法以走私普通货物、物品罪处理。

七、走私犯罪既未遂的司法认定

走私犯罪有无未遂以及未遂的认定标准，实践中长期存在意见分歧。一种意见认为，走私犯罪属于行为犯，不存在未遂形态；另一种意见认为，走私犯罪属于结果犯，只有成功逃避海关监管的才成立既遂。在最新走私犯罪司法解释起草过程中，经研究，行为犯同样存在未遂形态，犯罪既未遂的认定标准，需要结合某一类犯罪的实际情况予以具体确定。基于走私犯罪表现形式的多样性、行为实施的多环节性以及查获的现场性等特点，最新《走私司法解释》第23条区分情形对走私犯罪的既未遂认定标准作出了具体规定，即“实施走私犯罪，具有下列情形之一的，应当认定为犯罪既遂：（一）在海关监管现场被查获的；（二）以虚假申报方式走私，申报行为实施完毕的；（三）以保税货物或者特定减税、免税进口的货物、物品为对象走私，在境内销售的，或者申请核销行为实施完毕的。”其中，规定无论何种形式的走私，凡是在海关监管现场被查获的一概以犯罪既遂处理，主要是考虑到，走私犯罪因海关监管现场查获而案发的情况较为普遍，如果将成功逃避海关监管作为既未遂的界定标准，绝大多数走私犯罪都将按未遂处理，既不利于对走私犯罪的有效惩

---

① 裴显鼎、苗有水、刘为波、郭慧：《〈关于办理走私刑事案件适用法律若干问题的解释〉的理解与适用》，载《人民法院报》2014年9月10日版。

治，也与立法初衷不符。规定虚假申报行为实施完毕即构成既遂，主要是考虑到，申报通关走私行为主要体现为申报环节，申报之后的海关审单、查验环节不再受走私犯罪行为人的意志支配。规定后续走私除销售之外申请核销行为实施完毕的也应以既遂处理，主要是考虑到实践中一些申请核销行为发生在销售之前，而相对于销售而言，申请核销对于走私犯罪是否完成的认定更具实质性意义。

八、"未经处理"情形的司法认定

《刑法》第 153 条第 3 款规定，对多次走私未经处理的，按照累计走私货物、物品的偷逃应缴税额处罚。对于"未经处理"的表述，多见于刑法条文，如贪污罪。但何为"处理"，则是"仁者见仁，智者见智"，有的认为仅指刑事处罚，有的认为仅指行政处罚，有的则认为既包括刑事处罚，也包括行政处罚。

由于"处理"在立法表述中没有设置处理的主体，导致内涵不明，外延模糊，因此各种观点都有一定的理由。笔者认为"处理"包括刑事处罚和部分行政处罚。

九、走私违法所得的认定和追缴

刑法规定的违法所得，顾名思义，是指行为人通过违法（包括犯罪）所获取的财物。关注违法所得，其意义在于通过对违法所得的追缴、没收，使行为人不能从违法犯罪中获益，同时抑制其他人通过犯罪获益的念头，另外区分合法财产与违法所得，对于保障公民的合法财产不受侵犯也具有重要意义。因此，在刑事法领域合理界定违法所得的内涵和范围，具有积极的实践意义。产生违法所得的犯罪根据违法所得来源，可区分为两大类：(1)取得利益型的犯罪，如盗窃罪、贪污罪、受贿罪等；(2)经营利益型的犯罪，如非法经营罪、走私罪。对于前者，将犯罪所得的财物作为违法所得直接予以追缴毫无疑问；但对于后者，如何认定违法所得，在实践中争议较大，就走私犯罪而言，有的认为应以行为人通过走私活动所产生的"收益"来认定违法所得，有的认为应以行为人偷逃的应缴税款来认定违法所得。针对争议，

《关于办理走私刑事案件适用法律若干问题的意见》(以下简称《意见》)规定,应按照走私货物、物品的进出口完税价格来认定违法所得。该规定对解决争议,统一司法有着积极的意义。但对该规定的合理性、合法性的争议却一直没有停止。以走私货物、物品的进出口完税价格认定违法所得,换言之,即是将进出口货物认定行为人的犯罪所得,这不仅有悖于违法所得的内涵,更与《刑法》第64条规定的"用于犯罪的本人财物"相混淆。进出口货物从性质上而言,是行为人用一定的对价取得的财物,在违法通关前是属于行为人的合法财产,应属于行为人用于犯罪的本人财物,并非行为人通过犯罪行为获取,故不应认定为非法所得。

这里且不论该规定本身的合理合法性,下文着重就该规定能否适用于出口型走私作一阐述。根据规定,按走私货物、物品的进出口完税价格认定违法所得予以追缴的前提是走私货物、物品流入国内市场或者投入使用,致使走私货物、货品无法扣押或不便扣押。从语义上分析,明确指的是进口走私,但对于流向国外市场的出口走私如何认定违法所得没有作出明确规定,故出口型走私能否按照上述进口型走私的规定认定违法所得存疑,司法实务中做法不一。本书认为,以出口货物的完税价格认定行为人的违法所得并予以追缴,存在不妥。首先,货物出口后,货物的所有权发生了转移,行为人取得货物的对价货款,该货款包含了货物的成本、差价和应缴税款,行为人通过走私出口所获得的非法利益仅是应缴而未缴的税款,成本是属于行为人的合法财产,至于是否系用于犯罪的本人财物则另当别论。其次,若按《意见》认定出口行为人的违法所得有失公允,会导致法律适用的不平衡。我们假设货物进出口的关税税率均为10%,行为人采取低报方式偷逃税款均为50万元,按《意见》认定,出口型走私行为人的违法所得为500万元,而进口由于海关需代征17%的增值税,相应的违法所得只有185万元。同样的偷逃税额,违法所得的数额却相差如此之大,这样的认定依据是否可行不得不深思。最后,按《意见》认定出口型走私的违法所得刑罚过于严厉。对于走私犯罪,刑法规定应处偷逃应缴税额1倍以上5倍以下罚金,若再以出口货物的完税价格认定违法所得(一般为偷逃应缴税额的5倍至20倍)予以追缴,会导致多数企业不堪重负,甚至破产。因此,如此判罚不仅会导致财产刑执行难,判决成一纸空文,有损司法严肃性,还会因企业倒闭、破产给社会带来不稳定因素。因此，本书认为出口型走私以偷逃的应缴税额认定违法所得更为适宜，对行为人的惩罚可根据犯罪性质、情节、后果，通过罚金的倍数实现。①

第二节　走私犯罪要案判解

1. 以网络邮购形式走私气枪铅弹的量刑考量

——刘劲等走私弹药案②

裁判要旨

被告人以邮购形式自境外购买大量制式气枪铅弹，其行为已构成走私弹药罪。根据刑法和司法解释的规定，本案走私弹药罪属于情节特别严重，应在无期徒刑以上量刑。充分考虑被告人的主观恶性、涉案气枪铅弹的社会危害性及大部分气枪铅弹进关时即被查获等具体情况，本案存在需要在法定刑以下判处刑罚的特殊情况，经逐级报请最高人民法院核准，对其减轻处罚。

案号索引

一审案号：(2009)浙杭刑初字第284号；

二审案号：(2009)浙刑二终字第228号；

复核案号：(2010)刑核字第47号。

基本案情

广东省广州知胜信息科技有限公司使用亦得代购网为客户提供从国外代购指定商品并收取服务费的商业服务。被告人刘劲负责经营管理亦得代购网，并从2008年10月起担任广州知胜信息科技有限公司法定代表人。刘劲明知从国外代

① 杨永宗：《出口型走私犯罪若干问题探讨》，载张军主编：《刑事法律文件解读》(2010年第1辑)(总第55辑)，人民法院出版社2010年版。

② 本案例系沈荣华法官提供，并曾与笔者合作在《人民司法》(案例版)发表，在此表示感谢。

购气枪铅弹违法,仍指示本公司人员接受被告人翟乃奇、孙建平委托,从美国代购气枪铅弹并采取伪报品名的方法报关入境,再通过国内快递邮寄给委托人。2008年4月至2009年3月,先后为翟乃奇代购气枪铅弹5046发(其中4246发被海关查扣),为孙建平代购1773发(其中123发被海关查扣)。该被查扣的计4369发气枪铅弹,经鉴定均为制式气枪弹。

浙江省杭州市人民检察院以被告人刘劲、翟乃奇、孙建平的行为构成走私弹药罪,向杭州市中级人民法院提起公诉,提请法院依法惩处。

审　判

浙江省杭州市中级人民法院审理认为,被告人刘劲作为广州知胜信息科技有限公司的负责人,明知气枪铅弹系违禁物品,仍违反国家关于禁止弹药进出境的海关监管制度及国家枪支弹药管理法规,指示本公司人员接受被告人翟乃奇、孙建平委托,从境外代购制式气枪弹,并逃避海关监管运输入境;被告人翟乃奇、孙建平明知气枪铅弹系违禁物品,仍违反国家有关法律规定,委托广州知胜信息科技有限公司从境外代购制式气枪弹入境,三被告人的行为均已构成走私弹药罪,且走私弹药的数量均特别巨大。鉴于本案存在走私气枪铅弹大部分被查获、无证据证明走私的铅弹被用于违法犯罪活动、被告人认罪态度好等特殊情况,可依照相关法律规定减轻处罚,遂作出如下判决:(1)被告人刘劲犯走私弹药罪,判处有期徒刑十年,剥夺政治权利一年,并处罚金2万元人民币;(2)被告人翟乃奇犯走私弹药罪,判处有期徒刑八年,并处罚金15000元人民币;(3)被告人孙建平犯走私弹药罪,判处有期徒刑三年,缓刑五年,并处罚金1万元人民币;(4)现扣押于杭州海关缉私局的被告人孙建平"Z"字牌气步枪1支予以没收,上缴国库。并依法对三被告人的刑事判决逐级报请最高人民法院核准。

一审宣判后,被告人刘劲、翟乃奇不服,分别向浙江省高级人民法院提出上诉。被告人刘劲上诉及其二审辩护人分别提出,本案除被查扣的气枪弹外,其余铅弹未经鉴定证实系制式气枪弹,不能计入走私弹药的数额,即不能认定刘劲走私气枪弹达6819发;刘劲不是走私弹药的起意人,只是中间环节的被卷入者,并未参加和实施虚假报关行为,认定其构成走私弹药罪的证据不足;即使构成走私弹药犯罪,刘劲亦应属从犯，且走私气枪子弹的危害性明显小于走私军用子弹，没有造成危害社会治安和人身安全的具体后果，案发后有自首和立功情节，又系单位犯罪；原判量刑过重，要求依法改判。被告人翟乃奇上诉及其二审辩护人分别提出，翟乃奇只是通过网购公司从国外购买气枪铅弹，没有参与铅弹的国外购买、运输、报关等行为，在走私犯罪中的地位、作用较小；走私的铅弹大部分被查扣，收到的铅弹也未用于违法犯罪活动，实际的危害性较小；在原判认定的第3起事实中，翟乃奇实际只收到400余发气枪铅弹（没有800发），在第4起中由于其购买的气枪铅弹在海关被查获，不能肯定该12盒计4246发气枪铅弹均系网购公司为其所购买，故原判认定其走私气枪铅弹共计5046发的证据不足；原判量刑过重，要求从轻改判。

经浙江省高级人民法院审理查明，原判认定被告人刘劲、翟乃奇、孙建平走私弹药的事实，有经一审庭审出示并质证的王巧华、麦惠冰、童先觉的证言，机场海关的货物查验记录、进出境个人物品申报表、AAE公司全球快递单、情况说明、报关委托书和证明被告人网购气枪铅弹和相应付款事实的网购订单、中通速递单详情、亦得网客服语音聊天记录、付款单等书证，证明查获的气枪铅弹均为制式气枪弹的弹药鉴定书及广州知胜信息科技有限公司工商注册材料等证据证实。被告人刘劲、翟乃奇、孙建平对明知违法而走私气枪铅弹亦供认。关于上诉、辩护理由。经查：（1）本案中部分被告人走私的气枪铅弹，据被告人供述收到后已用掉或扔掉，故未能查扣因而未经鉴定。但上述气枪铅弹，因其品名据被告人供述、订单详情可以明确，与被查扣后经鉴定为制式气枪铅弹的属同一品牌、厂商，弹头口径统一。被告人对已收到的气枪铅弹也未提出过质量异议，甚至还称质量很好。故本案中对未被查扣因而未经鉴定的部分走私气枪铅弹，认定为系制式气枪弹依据充分，应计入走私弹药的数额。被告人刘劲及其二审辩护人提出，本案未被查扣因而未经鉴定的气枪弹不能认定为制式气枪弹，不应计入走私弹药数额等意见与事实不符，不予采信。（2）据有关证人证言及被告人刘劲本人的供述，刘劲事先已明知气枪铅弹在国内属违禁品，但其及所在公司为了谋取非法利益仍为他人从境外代购并伪报品名通关，其具有走私犯罪的主观故意和客观行为。虽将气枪铅弹伪报品名通关主要由境外公司具体实施，但境外公司的行为实际上系受刘劲及所在公司的委托实施。故被告人刘劲及其二审辩护人称刘劲无走私弹药的犯罪故意、原判认定刘劲构成走私弹药罪证据不足等理由,均与事实和法律规定不符,不予采信。(3)原判根据广州知胜信息科技有限公司提供的翟乃奇订购单及反映对翟乃奇订购气枪铅弹数量予以确认的有关材料、翟乃奇当初对已收到的气枪铅弹数量未提出异议的亦得网客服语音聊天记录等证据,认定翟乃奇走私气枪铅弹2起,数额计5046发的证据充分。翟乃奇提出原判认定其走私气枪铅弹5046发证据不足的意见不能成立。(4)本案系被告人翟乃奇、孙建平分别起意走私气枪铅弹,通过亦得代购网向国外卖家购买,提供走私资金并最终占有走私弹药;被告人刘劲及其所在公司为了谋取非法利益,在明知气枪铅弹属违禁品的情况下,仍接受订单并与境外公司一起将气枪铅弹走私入境。上列被告人在共同走私犯罪中均起重要作用,依法均不属从犯。被告人刘劲、翟乃奇及二审辩护人分别提出刘劲、翟乃奇应属从犯的意见与事实和法律规定不符,亦不予采信。(5)侦查机关出具的被告人刘劲到案情况证明等证据证实,侦查机关掌握走私犯罪的有关证据在先,刘劲属被动归案,故其虽归案后认罪和交代态度较好,但因无自动投案行为,依法不构成自首。刘劲与被告人翟乃奇、孙建平系共同犯罪,故其交代同案犯翟乃奇、孙建平的犯罪事实和联系方式,属如实供述自己犯罪事实的范围,依法亦不能构成立功。综上,原判认定的事实清楚,证据确实、充分,足以认定。

浙江省高级人民法院认为,被告人刘劲作为广州知胜信息科技有限公司的负责人,明知气枪铅弹系违禁物品,仍违反法律规定,指示本公司人员接受他人委托,从境外代购制式气枪弹,并逃避海关监管运输入境;被告人翟乃奇、孙建平明知气枪铅弹系违禁物品,仍委托广州知胜信息科技有限公司从境外代购制式气枪弹入境,三被告人的行为均构成走私弹药罪,原判定罪正确。审判程序合法。鉴于被告人的主观恶性、危害后果等案件特殊情况,对三被告人均可在法定刑以下判处刑罚。原判对被告人孙建平量刑适当,对刘劲、翟乃奇适用减轻处罚并无不当,唯量刑仍偏重。被告人刘劲、翟乃奇上诉及其二审辩护人提出原判量刑过重,要求从轻改判的部分意见成立,予以采纳。遂于2010年7月6日以(2009)浙刑二终字第228号刑事判决,撤销杭州市中级人民法院(2009)浙杭刑初字第284号刑事判决中对被告人刘劲、翟乃奇的量刑部分，维持其余部分，即以走私弹药罪判处被告人刘劲有期徒刑五年，并处罚金2万元人民币；判处被告人翟乃奇判处有期徒刑三年，缓刑五年，并处罚金15000元人民币；判处被告人孙建平有期徒刑三年，缓刑五年，并处罚金1万元人民币，并依法报请最高人民法院核准。

案经最高人民法院复核认为，第一审、二审判决认定的事实清楚，证据确实充分，定罪准确。第二审判决量刑适当。遂于2010年8月17日作出（2010）刑核字第47号刑事裁定，核准浙江省高级人民法院（2009）浙刑二终字第228号刑事判决。上述裁判现已发生法律效力。

法官评述

近年来，在刑事审判实践中，以气枪铅弹为犯罪对象的案件时有发生，如何正确把握此类案件定性与评判其社会危害性并予以恰当量刑存在难度，实践中也容易出现误断误判的情况，有必要通过对典型案例的分析进行指导。本案系经最高人民法院核准在法定刑以下判刑的走私类气枪铅弹案件，在量刑方面具有参考价值。解决本案的量刑问题，主要归结为以下几个具体问题的理解与把握：一是如何理解和适用《刑法》第63条第2款？二是如何评判气枪铅弹案件的社会危害性，以及本案是否存在需要在法定刑以下判处刑罚的特殊情况？

一、关于《刑法》第63条第2款的理解与适用问题

《刑法》第63条第2款规定："犯罪分子虽然不具有本法规定的减轻处罚情节，但是根据案件的特殊情况，经最高人民法院核准，也可以在法定刑以下判处刑罚。"笔者曾在《挪用公款一天用于虚假验资的量刑考量》一文（载《人民司法·案例》2008年第10期）中对如何理解与适用《刑法》第63条第2款作了较为详细的分析，在此不再重复。需要进一步探讨分析的是，在司法实践中，究竟如何适用该条款。笔者认为，要做到正确判定案件是否存在需要在法定刑以下判处刑罚的特殊情况，还须注意从以下几个方面加以把握：首先，要充分考虑法定刑特别是绝对法定刑的立法配置是否合理的问题。一般而言，立法对法定刑的配置是均衡的。但是随着社会的变迁与时代的发展，有些罪名的法定刑配置的科学性与合理性会存在一些问题，这需要法官能够审时度势、站在维护社会公平正义的立场加以灵活考量。其次,要重点考量犯罪行为的社会危害性以及罪刑是否相适应。根据案件的具体情况,如果不在法定最低刑以下判处刑罚,就不能做到罪刑相适应的,才是刑法中的"案件特殊情况"。再次,要坚持全面考虑、综合判定的原则。最后,要确有适用司法减轻程序的必要。对于依照刑法的规定在法定刑的限度内判处刑罚即可以做到罪刑相适应的,则显然不能也没有必要适用《刑法》第63条第2款;且必须是确实没有法定减轻处罚情节的案件,如果被告人具有从犯、自首、立功等法定的减轻处罚情节,则对被告人依法减轻判处即可,也没有必要适用《刑法》第63条第2款。

二、以气枪铅弹为犯罪对象并以网络邮购形式走私案件的社会危害性考量

《刑法》第5条规定:"刑罚的轻重,应当与犯罪分子所犯罪行和承担的刑事责任相适应。"这一规定具体而明确地体现了我国刑法关于罪刑相适应原则的精髓。而犯罪的社会危害性是把握重罪、轻罪最为本质的依据。对以气枪铅弹为犯罪对象并以网络邮购形式走私气枪铅弹案件社会危害程度的恰当评估在此类案件的刑罚配置与裁量中无疑具有十分重要的作用。因此,有必要加以专门考量。

(一)以气枪铅弹为犯罪对象的案件与其他以火药为动力的民用、军用枪支弹药案件在社会危害性方面存在重大区别

走私武器、弹药罪,是指违反海关法规和武器、弹药管理法规,逃避海关监管,走私武器、弹药的行为。所谓武器,是指各种常规武器、核武器、化学武器、细菌武器等现代武器。所谓弹药,是对枪弹、炮弹、手榴弹、炸弹、地雷等具有杀伤能力或其他特殊作用的爆炸物的统称。根据国家规定,所谓枪支、弹药是指军用手枪、步枪、冲锋枪、机枪、射击运动的各种枪支、狩猎用的有膛线枪、散弹枪、火药枪、麻醉动物用的注射枪和能发射金属弹丸的气枪,以及上述枪支所使用的弹药。显然,通常情况下,走私上述武器、弹药的行为是一种非常严重的刑事犯罪,因此《刑法》规定了较重的刑罚,情节特别严重的可以判处死刑。而本案走私的弹药系制式气枪铅弹,气枪铅弹作为国家明令禁止制造、买卖、运输、邮寄和储存的物品,显然具有一定的社会危害性,但这种物品的危害究竟有多大?从审理的过程来看,各方对本案的社会危害性等有不同的考量与判断,因而产生争议。我们认为,气枪铅弹的杀

伤力与其他枪支子弹的杀伤力有较大的差距，以气枪铅弹为犯罪对象的案件相对于其他以火药为动力的民用子弹案件社会危害较小，如果与军用子弹相比，则两者之间的社会危害性相差巨大。

（二）本案以网络邮购的形式走私气枪铅弹与其他走私案件在主观恶性、社会危害程度等方面亦有所区别

本案的枪支弹药全部来自网络购物，在实践中，行为人通过网站或网络论坛获得气枪铅弹的购买途径，并通过QQ等途径与在境外的卖家进行联系，以快递方式购买气枪铅弹的现象时有发生。客观地讲，行为人事先对买卖气枪铅弹的违法性认识是充分的，但对采取网络邮购的形式从境外买进铅弹构成走私弹药罪且要比一般的非法买卖气枪铅弹判处重得多的刑罚甚至要判处无期徒刑、死刑，事先未必很清楚。也就是说，在此类案件中，行为人对于从境外通过网络邮购气枪铅弹的行为后果及社会危害性存在认识不足的情况，反映出其在主观恶性上虽不同于一般的买卖气枪铅弹案件但已属比较靠近于一般的买卖气枪铅弹案件。

（三）从该类案件具有的特点看，也反映出当前社会管理层面存在的一些问题

一是网络购物存在监管盲点。当前方便快捷的网络购物十分风行，但监管上却存在不少的盲点。不少网站或论坛发布一些买卖枪支、弹药的信息，很难被发现查处，并且枪支、弹药的买卖双方一般通过QQ、MSN或其他对话工具进行一对一的交流，相关信息比较难以捕捉到，使得普通人可以随意通过网络购买到违禁物品甚至枪支、弹药，网络环境无疑成为刺激类似本案发生的一个客观因素。二是快递领域的管理有待加强。涉案的枪支、弹药都是通过快递公司进行托运，而当前快递公司的管理松散，有关部门没有在托运人进行装箱前，对所托运的货物进行严格检查，导致这些枪支、弹药能够通过快递渠道堂而皇之地来回运送，亦为涉枪犯罪的发生提供了方便。针对当前该类案件多发的现状，我们不仅要对买方进行严厉的重罚，更重要的是要加强对网络购物领域的监管，强化对网络、论坛的监督管理，发现有买卖枪支、弹药信息的，一查到底。特别是要重点打击大量出卖枪支、弹药的上家，从源头上杜绝买卖、持有枪支、弹药的违法犯罪行为。由此可见，此类犯罪更需要的是综合治理。

三、立法及原司法解释对涉气枪铅弹行为的刑罚配置有待完善①

（一）刑法未区分弹药的种类，对气枪铅弹案件配置的法定刑过严

《刑法》第151条规定：走私武器、弹药、核材料或者伪造的货币的，处七年以上有期徒刑，并处罚金或者没收财产；情节特别严重的，处无期徒刑或者死刑，并处没收财产；情节较轻的，处三年以上七年以下有期徒刑，并处罚金。而实际上，军用武器、弹药与非军用武器弹药之间，气枪铅弹与其他非军用弹药之间的社会危害性显然有重大区别，但《刑法》的规定本身没有体现区别对待，导致法定刑过于严厉。

（二）走私犯罪的原司法解释亦未区分弹药的种类，未能弥补立法缺陷

最高人民法院于2000年10月颁布的《关于审理走私刑事案件具体应用法律若干问题的解释》亦未对弹药进行分类及对数量差别作出规定。根据该司法解释第1条第3款规定，走私非军用子弹一千发以上的，无论是气枪铅弹，还是其他非军用子弹，一律属于走私武器、弹药罪“情节特别严重”，要处无期徒刑或者死刑，并处没收财产。本案三被告人走私非军用子弹均超过1000发，甚至达6000多发，据此规定，犯该罪的起点刑就是无期徒刑。

---

① 本案系2010年8月审结，本案例写作期间，当时相关司法解释尚未修改，出于尊重原貌的考虑，本书编写过程中对上述评述未作变动。需要说明的是，最高人民法院、最高人民检察院于2014年9月9日联合发布的《关于办理走私刑事案件适用法律若干问题的解释》（法释〔2014〕10号，以下简称《解释》）已经对上述气枪铅弹有关问题和合理意见建议作了采纳、吸收，并修改和完善了原先有关规定。例如，该《解释》第1条将原《走私解释（一）》中关于“军用子弹”和“非军用子弹”的分类调整为“气枪铅弹”和“其他子弹”之分，比较合理。另外，从司法实践中查获的走私气枪铅弹进境的案件来看，行为人多是出于个人爱好等原因走私，查获的气枪铅弹的杀伤力也远小于其他以火药为动力发射的子弹，且气枪铅弹体积较小，往往查获的数量较大。因此，相较于“其他子弹”，最新司法解释已经对走私气枪铅弹的处罚规定了较高的数量标准。此外，2018年3月，最高人民法院、最高人民检察院联合发布了《关于涉以压缩气体为动力的枪支、气枪铅弹刑事案件定罪量刑问题的批复》（法释〔2018〕8号，以下简称《批复》），对以压缩气体为动力的枪支、气枪铅弹刑事案件定罪量刑问题作出规定。批复内容如下：一、对于非法制造、买卖、运输、邮寄、储存、持有、私藏、走私以压缩气体为动力且枪口比动能较低的枪支的行为，在决定是否追究刑事责任以及如何裁量刑罚时，不仅应当考虑涉案枪支的数量，而且应当充分考虑涉案枪支的外观、材质、发射物、购买场所和渠道、价格、用途、致伤力大小、是否易于通过改制提升致伤力，以及行为人的主观认知、动机目的、一贯表现、违法所得、是否规避调查等情节，综合评估社会危害性，坚持主客观相统一，确保罪责刑相适应。二、对于非法制造、买卖、运输、邮寄、储存、持有、私藏、走私气枪铅弹的行为，在决定是否追究刑事责任以及如何裁量刑罚时，应当综合考虑气枪铅弹的数量、用途以及行为人的动机目的、一贯表现、违法所得、是否规避调查等情节，综合评估社会危害性，确保罪责刑相适应。

（三）涉枪涉爆的司法解释虽作了区别对待，但区分标准仍值得商榷

最高人民法院于2001年5月颁布的《关于审理非法制造、买卖、运输枪支、弹药、爆炸物等刑事案件具体应用法律若干问题的解释》对气枪铅弹与其他子弹做了区别对待，如将弹药分为军用和非军用两大类，在此基础上又将非军用弹药分为气枪铅弹与其他非军用子弹，且按照5:1的比例作为量刑基准，体现了区别对待。但是，该司法解释第1条规定：非法制造、买卖、运输、邮寄、储存军用子弹十发以上、气枪铅弹五百发以上或者其他非军用子弹一百发以上的，应当以非法制造、买卖、运输、邮寄、储存枪支、弹药、爆炸物罪定罪处罚。该司法解释第5条规定：非法持有、私藏军用子弹二十发以上，气枪铅弹一千发以上或者其他非军用子弹二百发以上的，应当以非法持有、私藏枪支、弹药罪定罪处罚；非法持有、私藏军用子弹一百发以上，气枪铅弹五千发以上或者其他非军用子弹一千发以上的，属刑法规定的"情节严重"。上述司法解释出台，曾引起较大的社会反响，舆论认为司法解释规定太严，导致一大批涉枪涉爆案件处刑明显违背罪责刑相适应原则，曾引发一批案件的申诉、上访。为此，2001年9月，最高人民法院又专门对执行《关于审理非法制造、买卖、运输枪支、弹药、爆炸物等刑事案件具体应用法律若干问题的解释》（以下简称《解释》）有关问题发出《通知》指出：一、对于《解释》施行前，行为人因生产、生活所需非法制造、买卖、运输枪支、弹药、爆炸物没有造成严重社会危害，经教育确有悔改表现的，可以依照刑法第十三条的规定，不作为犯罪处理。二、对于《解释》施行后发生的非法制造、买卖、运输枪支、弹药、爆炸物等行为，构成犯罪的，依照刑法和《解释》的有关规定定罪处罚。行为人确因生产、生活所需而非法制造、买卖、运输枪支、弹药、爆炸物，没有造成严重社会危害，经教育确有悔改表现的，可依法免除或者从轻处罚。从上述《通知》的精神看，最高人民法院对原《司法解释》的内容已经作了一定的限制性解释。由于客观情况的发展变化和具体案件的复杂性、多样性，最高人民法院于2009年11月16日又颁布了《关于修改〈最高人民法院关于审理非法制造、买卖、运输枪支、弹药、爆炸物等刑事案件具体应用法律若干问题的解释〉的决定》，对"非法储存"的定义作了修改，对"生产、生活"的内涵、情节严重的认定与处理等作了规定，解决了原司法解释没有规定"减轻处罚"而带来的刑

罚适用问题。但是，此次修改没有改变原来的定罪量刑标准，总体来看，司法解释对气枪铅弹与其他非军用子弹的区分标准有待进一步完善。

四、本案存在需要在法定刑以下判处刑罚的特殊情况

本案被告人通过网络邮购方式走私制式气枪铅弹数千发，根据《刑法》和最高人民法院《关于审理走私刑事案件具体应用法律若干问题的解释》、最高人民法院《关于审理非法制造、买卖、运输枪支、弹药、爆炸物等刑事案件具体应用法律若干问题的解释》的规定，均应在无期徒刑以上量刑。但是，结合涉案气枪铅弹的社会危害性，综合考虑案件的具体情节，本案存在需要在法定刑以下判处刑罚的特殊情况。首先，被告人主观上对通过网络邮购气枪铅弹的危害性认识不足，主观恶性相对较小。其次，现有证据不能证明该批气枪铅弹被用于违法犯罪活动。被告人供述称自己购买气枪铅弹的动机是出于兴趣爱好或打鸟，现有证据不能认定被告人有其他涉及违法犯罪的动机。最后，本案气枪铅弹进关时大部分已被查获。因此，如果判处无期徒刑，则量刑过重，难以体现罪责刑相适应的刑法原则和得到社会的认可，本案存在需要在法定刑以下判处刑罚的特殊情况。

综上，三级法院对被告人适用《刑法》第63条第2款减轻处罚以及二审改判更轻刑罚的裁判是正确的。

2. 特殊情况下减轻处罚的适用

——张一飞走私弹药、非法持有弹药案

裁判要旨

被告人以邮购形式自境外购买制式气枪铅弹，其行为已构成走私弹药罪。根据《刑法》和司法解释的规定，本案走私弹药罪属于情节特别严重，应在无期徒刑以上量刑，但被告人供述称自己购买、持有大量气枪铅弹的动机是出于兴趣爱好和收藏，现有证据不能证明该批气枪铅弹被用于违法犯罪活动，结合涉案气枪铅弹的社会危害性及本案气枪铅弹进关时即被悉数查获等具体情况，本案存在需要在法定刑以下判处刑罚的特殊情况，经逐级报请最高人民法院核准，对其减轻处罚。

案号索引

一审：杭州市中级人民法院(2008)杭刑初字第330号；

复核：浙江省高级人民法院(2009)浙刑二复字第18号；

复核：最高人民法院(2009)刑核字第62号。

基本案情

公诉机关：浙江省杭州市人民检察院。

被告人：张一飞，男，1977年2月26日出生，汉族，江苏省滨海县人，大专文化，系杭州朴枫图文设计咨询有限公司董事长。

杭州市中级人民法院经公开审理查明：

2008年5月，被告人张一飞通过"中华猎坛""轻兵器俱乐部"等网络论坛，认识了一个代购气枪及气枪铅弹等违禁品的境外卖家。为确认邮寄气枪铅弹入境是否安全，张一飞冒用公司员工胡娟的姓名作为收件人，以非其所有且无人居住的杭州市勾庄镇棕榈湾倚兰苑5-1-201室作为收件地址，用2800元人民币向卖家先行购买了一根美国产"秃鹰"气枪枪管。同年6月9日，张一飞顺利收到自美国邮寄入境的枪管后，再次通过网络QQ与卖家议价，商定以2280元人民币的价格购买气枪铅弹5盒，并沿用先前的收件人及地址。同月14日，张一飞将2280元人民币通过支付宝(中国)网络科技有限公司支付给卖家指定账户。同月24日，张一飞自美国购买的气枪铅弹，通过EMS邮寄进境时被海关驻邮局办事处当场查获，检出制式气枪铅弹3690发。次日，杭州海关缉私局还在张一飞的住所即杭州市勾庄棕榈湾倚兰苑5幢1单元302室查获气枪铅弹28756发。经鉴定，被告人张一飞走私进境及从其家中查获的气枪铅弹均为制式气枪子弹。

杭州市人民检察院认为，被告人张一飞的行为已构成走私弹药罪、非法持有弹药罪，应依法惩处。

被告人张一飞辩称自己不知道出售气枪铅弹的是境外卖家，没有走私弹药的主观故意。其辩护人辩称被告人张一飞的行为不构成走私弹药罪，而是构成非法买卖弹药罪，且所购气枪铅弹被海关截获，未由张一飞实际获取，系犯罪未遂；被告人张一飞在被羁押期间有检举他人非法制造、买卖枪支的立功行为；被告人张一飞持有的气枪铅弹杀伤力远远小于用火药作为动力的其他子弹,其行为未造成现实的社会危害,请求对被告人张一飞从轻处罚。

审　判

浙江省杭州市中级人民法院审理认为:被告人张一飞明知气枪铅弹系违禁物品,仍违反国家关于禁止武器、弹药进出境的海关监管制度及国家枪支弹药管理法规,逃避海关监管,邮寄购买制式气枪铅弹入境,其行为已构成走私弹药罪,情节特别严重;其违反国家枪支弹药管理法规,在居所藏匿大量制式气枪铅弹,其行为还构成非法持有弹药罪,情节严重。对被告人张一飞应两罪并罚。关于被告人张一飞及其辩护人所提张一飞不存在走私弹药罪的主观故意,张之行为构成非法买卖弹药罪的辩解及辩护意见,经查,被告人张一飞对明知涉案气枪铅弹系境外卖家出售,仍走私入境的事实在侦查阶段始终供认不讳,且其先自境外购买气枪配件以作试探,待顺利通关到货后,再走私购买气枪铅弹入境,并假冒收件人和收件地址以防追查,相关具体行为均可印证其具有走私弹药的主观故意,故该项辩解及辩护意见与事实及法律不符,不予采纳。关于辩护人所提涉案气枪铅弹因被海关截获,未由被告人张一飞实际获取,故系犯罪未遂的辩护意见,经查,被扣气枪铅弹已实际走私入境,虽未由张一飞实际获取,但也已构成犯罪既遂,故对该辩护意见,不予采纳。关于所提被告人张一飞有检举立功情节的辩护意见,经查,公安机关在张一飞检举前,已掌握相关人员非法制造、买卖枪支的犯罪事实,并已进入司法程序,故该项辩护意见亦不予采纳。结合涉案气枪铅弹的社会危害性、无证据证明该铅弹被用于违法犯罪活动及气枪铅弹进关时就被悉数查获等具体情况,对被告人张一飞所犯走私弹药罪可减轻处罚,并逐级报请最高人民法院核准。遂于2009年6月29日作出(2008)杭刑初字第330号刑事判决:以被告人张一飞犯走私弹药罪,在法定刑以下判处其有期徒刑七年,并处罚金计1万元人民币;以非法持有弹药罪,判处其有期徒刑三年,决定执行有期徒刑八年,并处罚金计1万元人民币。

宣判后,被告人在法定期限内没有上诉、抗诉。杭州市中级人民法院依法报请浙江省高级人民法院复核。

经浙江省高级人民法院审核查明,原判认定被告人张一飞走私弹药、非法持有弹药的事实，有现场查获的包裹照片、包裹面单、监管科查验记录表、扣留凭单、物品移交表及查获的气枪铅弹，证人孟炳法、罗中标、胡娟、姚杏水等的证言，证实涉案气枪铅弹走私入境后投递情况的投递邮件清单及面单，“秃鹰”枪管照片、枪管包裹面单及枪管包裹 EMS 快递投寄流程，证实海关缉私人员从张一飞住所搜获各式气枪铅弹及气枪配件的搜查笔录、扣押物品文件清单和照片，枪弹检验鉴定书，经张一飞辨认系其经常浏览的“中华猎坛”和“轻兵器俱乐部”主页的网络截图、QQ 空间截图及群资料、个人主页，查询存款、汇款通知书，建设银行卡客户交易查询证明，支付宝账户登录表及中国工商银行网上活期历史明细清单，出入境记录等证据证实。被告人张一飞亦供认在案，所供与上列证据反映的情况相符。本案事实清楚，证据确实、充分。关于本案是否存在需要在法定刑以下判处刑罚的特殊情况，经查：根据刑法和司法解释的规定，本案走私弹药罪应在无期徒刑以上量刑，被告人张一飞供述称自己购买、持有大量气枪铅弹的动机是出于兴趣爱好和收藏，现有证据不能证明该批气枪铅弹被用于违法犯罪活动，结合涉案气枪铅弹的社会危害性及本案气枪铅弹进关时即被悉数查获等具体情况，本案存在需要在法定刑以下判处刑罚的特殊情况。

浙江省高级人民法院审理认为：被告人张一飞自境外购买制式气枪铅弹 3690 发，其行为已构成走私弹药罪，情节特别严重；从张一飞家中查获制式气枪铅弹 28756 发，其行为还构成非法持有弹药罪，情节严重，依法应一并惩处。根据本案的特殊情况，可以对张一飞在法定刑以下判处刑罚。原判定罪及适用法律正确，量刑适当。审判程序合法。遂依照《中华人民共和国刑法》第一百五十一条第一、四款、第一百二十八条第一款、第六十九条、第六十三条第二款，及根据最高人民法院《关于审理走私刑事案件具体应用法律若干问题的解释》第一条第三款、《关于审理非法制造、买卖、运输枪支、弹药、爆炸物等刑事案件具体应用法律若干问题的解释》第五条第二款、《关于执行〈中华人民共和国刑事诉讼法〉若干问题的解释》第二百六十八条第(一)项之规定，于 2009 年 9 月 2 日作出(2009)浙刑二复字第 18 号刑事裁定，同意浙江省杭州市中级人民法院(2008)杭刑初字第 330 号以走私弹药罪，判处被告人张一飞有期徒刑七年，并处罚金计一万元人民币；以非法持有弹药罪,判处其有期徒刑三年;决定执行有期徒刑八年,并处罚金计一万元人民币的刑事判决。并依法报请最高人民法院核准。

最高人民法院复核认为:被告人张一飞自境外购买制式气枪铅弹3690发,其行为已构成走私弹药罪,情节特别严重;从张一飞家中查获制式气枪铅弹28756发,其行为还构成非法持有弹药罪,情节严重,应数罪并罚。鉴于气枪铅弹进关时就被悉数查获等具体情况,对张一飞所犯走私弹药罪可在法定刑以下处罚。一审判决认定的事实清楚,证据确实、充分,定罪准确,量刑适当。审判程序合法。依照《中华人民共和国刑法》第六十三条第二款、最高人民法院《关于执行〈中华人民共和国刑事诉讼法〉若干问题的解释》第二百七十条的规定,于2009年11月13日作出(2009)刑核字第62号刑事裁定,核准浙江省杭州市中级人民法院(2008)杭刑初字第330号以走私弹药罪,判处被告人张一飞有期徒刑七年,并处罚金计一万元人民币;以非法持有弹药罪,判处其有期徒刑三年;决定执行有期徒刑八年,并处罚金计一万元人民币的刑事判决。

上述裁判现已经发生法律效力。

法官评述

刑事审判实践中,以气枪铅弹为犯罪对象的案件时有发生,如何正确把握此类案件定性与评判其社会危害性并予以恰当量刑存在难度,实践中也容易出现误断误判的情况,有必要通过对典型案例的分析进行指导。浙江省高级人民法院主办的刊物《案例指导》2009年第2期(总第10期)刊登的《周天伦非法买卖弹药案——单纯购买气枪铅弹行为的定罪分析》,对此类案件的定性具有重要的指导价值,而本案则系经最高人民法院核准在法定刑以下判刑的走私类气枪铅弹案件,在量刑方面具有典型意义。解决本案的量刑问题,主要归结为以下几个具体问题的理解与把握:一是如何理解和适用《刑法》第63条第2款?二是如何评判气枪铅弹案件的社会危害性,以及本案是否存在需要在法定刑以下判处刑罚的特殊情况?(关于如何理解与适用《刑法》第63条第2款,以及以气枪铅弹为犯罪对象并以网络邮购形式走私案件的社会危害性考量,详见前述刘劲走私弹药案的有关分析)

本案被告人张一飞通过网络邮购方式走私制式气枪铅弹3690发,同时还非法持有制式气枪铅弹28756发。根据《刑法》和最高人民法院《关于审理走私刑事案件具体应用法律若干问题的解释》、最高人民法院《关于审理非法制造、买卖、运输枪支、弹药、爆炸物等刑事案件具体应用法律若干问题的解释》的规定，走私弹药罪应在无期徒刑以上量刑，非法持有弹药罪应在3年以上7年以下有期徒刑量刑。但是，结合涉案气枪铅弹的社会危害性，综合考虑案件的具体情节，本案存在需要在法定刑以下判处刑罚的特殊情况。首先，被告人张一飞主观上对通过网络邮购气枪铅弹的危害性认识不足。其次，现有证据不能证明该批气枪铅弹被用于违法犯罪活动。被告人张一飞供述称自己购买、持有大量气枪铅弹的动机是出于兴趣爱好和收藏，现有证据不能认定被告人有其他涉及违法犯罪的动机。最后，本案气枪铅弹进关时即被悉数查获。因此，如果判处无期徒刑，则量刑过重，难以体现罪责刑相适应的刑法原则和得到社会认可，本案存在需要在法定刑以下判处刑罚的特殊情况。故三级法院对被告人张一飞适用《刑法》第63条第2款减轻处罚的裁判是正确的。

3. 走私猎隼案审理后的法律思考

——岑张耀等走私珍贵动物、非法运输、收购珍贵野生动物案

裁判要旨

一、行为人与走私分子事先通谋，明知他人走私猎隼出境而协助运输，应以走私珍贵动物罪共犯定性处罚；

二、判断行为人主观上是否明知，不能仅凭其事后辩解，而应对全案的事实、证据进行审查，根据行为人实施走私行为的过程、方法、赃物被查获时的情形等证据，结合被告人的年龄、文化程度、阅历、职业等情况，综合分析后加以判定；

三、审理以珍贵动物为犯罪对象的刑事案件时，应当特别注重贯彻宽严相济的刑事政策。本案走私珍贵动物犯罪虽情节特别严重，但鉴于被告人能如实供述罪行及部分猎隼在机场被悉数查获、尚不属走私团伙最核心人员等案件的具体情节，对被告人判处死刑，可不立即执行。

案号索引

一审:(2009)浙甬刑一初字第27号;

二审:(2009)浙刑二终字第105号。

基本案情

被告人:岑张耀,男,浙江省慈溪市人,个体经商。

被告人:吴峥,男,上海市人,原系上海国际机场股份有限公司安检护卫分公司安检员。

被告人:钱文斌,男,上海市人,原系上海国际机场股份有限公司安检护卫分公司安检员。

被告人:俞仲权,男,浙江省慈溪市人,农民。

被告人:丁学明,男,宁夏回族自治区固原市人,个体司机。

被告人:张浩,男,安徽省颍上县人,原系上海嘉华国际货物运输代理有限公司货物交接员。

被告人:马忠明,男,宁夏回族自治区西吉县人,农民。

被告人:赵应明,男,宁夏回族自治区西吉县人,个体司机。

被告人:朱前卫,男,上海市人,原系上海国际机场股份有限公司安检护卫分公司安检员。

2007年,被告人岑张耀为牟取非法利益,勾结境外人员"阿亚子",预谋走私国家二级重点保护动物猎隼出境。经他人介绍,岑张耀结识了在上海国际机场股份有限公司安检护卫分公司从事安检工作的被告人吴峥,预谋合作走私猎隼犯罪活动,经商定,由吴峥负责联系订舱、报关以及机场安检时给予放行,岑张耀许诺以走私猎隼每只3000~4000元人民币的价格支付高额回报。接着,吴峥联系了在上海嘉华国际货物运输代理有限公司从事货运代理的被告人张浩及同事即被告人钱文斌,密谋走私,商定由张浩负责办理订舱、报关事宜,钱文斌负责在机场当班安检时将货物予以放行。同年10月,岑张耀在浙江省杭甬高速公路上虞出口路段,接到由"阿亚子"委托他人从宁夏、甘肃等地收购运送来的12只猎隼,直接转运至上海浦东国际机场附近,交给前来接应的被告人吴峥。之后,由吴峥将该12只猎隼,交由张浩办理订舱，并以虚假品名向海关申报出口，钱文斌则按事先约定，利用当班安检之机，将伪报品名的该12只猎隼予以放行，走私出境。

2008年9月至10月，被告人岑张耀租用了浙江省慈溪市浒山镇金山新村168号204室的房屋作为走私犯罪中转站，并纠集被告人俞仲权帮助接运猎隼。其间，岑张耀、俞仲权先后2次在浙江上虞接到由“阿亚子”委托他人从宁夏、甘肃收购、运送来的猎隼共计40只，再将猎隼运到租房进行喂养、重新包装。之后，又租用车辆将猎隼运至上海浦东国际机场附近，交给前来接应的吴峥。然后由张浩办理订舱，并以“玻璃制高脚酒杯”为品名，向海关申报出口。由于钱文斌不再负责此航线的安检工作，吴峥、钱文斌指使同事即被告人朱前卫利用当班安检之机，先后2次将上述40只猎隼予以放行，走私出境，运往卡塔尔。

2008年9月，被告人马忠明受“阿亚子”委托，在宁夏、甘肃等地以每只300～2000元人民币不等的价格，收购了30只猎隼，并应“阿亚子”的要求，于10月中旬将该30只猎隼交给被告人赵应明负责运往浙江。为方便运输，马忠明、赵应明将猎隼的翅膀用胶带粘住装入纸箱。赵应明还雇佣了个体运输户被告人丁学明为其运输猎隼，伙同丁学明一起驾车将该30只猎隼于10月23日运抵浙江上虞，交给前来接应的岑张耀、俞仲权。10月24日凌晨，岑张耀、俞仲权将重新包装过的该30只猎隼运往上海浦东国际机场附近，交给前来接应的吴峥。接着，由张浩办理订舱，并以“玻璃制高脚酒杯”为品名，向海关申报。吴峥、钱文斌指使朱前卫利用当班安检之机，将该30只猎隼予以放行，欲运往卡塔尔，当天被海关开箱检验时查获。

综上，岑张耀、吴峥、张浩、钱文斌均参与走私猎隼82只，朱前卫、俞仲权参与走私猎隼70只，被告人马忠明、赵应明、丁学明收购、运输猎隼30只。岑张耀因此从“阿亚子”处收取32万余元人民币，其中24万余元支付给吴峥，最终获利7万余元人民币。吴峥等人将该24万余元除用于订舱、报关等费用外，余下款项予以瓜分，吴峥分得4万余元人民币，钱文斌分得3万余元人民币，张浩分得2万余元人民币，朱前卫得款2000元人民币。马忠明从“阿亚子”处收取10万余元人民币，除去收购猎隼的费用以及代“阿亚子”将3万元运费支付给赵应明外，最终获利1万余元人民币。赵应明支付给丁学明运费14000元人民币，最终获利19000余元人民币。丁学明获利14000元人民币。俞仲权获利2000元人民币。

归案后，被告人吴峥协助侦查机关抓获了同案被告人钱文斌。

宁波市人民检察院指控被告人岑张耀、吴峥、张浩、钱文斌、朱前卫犯走私珍贵动物罪，被告人马忠明犯非法收购珍贵野生动物罪，被告人赵应明、丁学明、俞仲权犯非法运输珍贵野生动物罪，提请人民法院依法惩处。

审　判

浙江省宁波市中级人民法院审理认为：被告人岑张耀、吴峥、钱文斌、朱前卫、俞仲权的行为均已构成走私珍贵动物罪。被告人马忠明的行为已构成非法收购珍贵野生动物罪。被告人赵应明、丁学明的行为均已构成非法运输珍贵野生动物罪。公诉机关指控岑张耀、吴峥、张浩、钱文斌、朱前卫、马忠明、赵应明、丁学明八名被告人的罪名成立，但被告人俞仲权明知岑张耀走私猎隼出境而积极予以协助，事先存在通谋，其构成走私珍贵动物罪的共犯，公诉机关指控被告人俞仲权构成非法运输珍贵野生动物罪的罪名不当，应予以纠正。被告人岑张耀、吴峥、张浩、钱文斌、俞仲权、朱前卫、马忠明、赵应明、丁学明的犯罪情节均特别严重，应依法惩处。岑张耀、吴峥、张浩、钱文斌在走私猎隼的共同犯罪中起主要作用，均系主犯。其中被告人岑张耀直接勾结境外人员，组织猎隼82只走私出境，致使52只珍贵动物猎隼流失海外，国家的动物资源遭到严重破坏，犯罪后果特别严重，社会危害性大，依法应予以严惩。被告人吴峥与岑张耀合谋走私，在共同犯罪中的地位作用与岑相当，论罪亦应判处极刑，但鉴于其归案后有协助侦查机关抓获同案被告人的重大立功表现以及认罪态度好等情节，依法予以从轻处罚。被告人张浩负责订舱、报关，被告人钱文斌负责安检放行，且均与吴峥分享非法利益，依法亦应严惩。被告人俞仲权协助岑张耀走私猎隼，被告人朱前卫系受人指使参与犯罪，在共同犯罪中起次要、辅助作用，均系从犯，依法予以减轻处罚。遂于2009年3月24日作出(2009)浙甬刑一初字第27号刑事判决：(1)以走私珍贵动物罪，分别判处被告人岑张耀死刑，剥夺政治权利终身，并处没收个人全部财产；判处被告人吴峥无期徒刑，剥夺政治权利终身，并处没收个人全部财产；判处被告人张浩、钱文斌无期徒刑，剥夺政治权利终身，各并处没收财产五万元人民币；判处被告人俞仲权有期徒刑十四年，并处罚金五千元人民币；判处被告人朱前卫有期徒刑十年，并处罚金五千元人民币。(2)以非法收购珍贵野生动物罪，判处被告人马忠明有期徒刑十三年，并处罚金一万元人民币。(3)以非法运输珍贵野生动物罪，分别判处被告人赵应明有期徒刑十三年，并处罚金一万元人民币；判处被告人丁学明有期徒刑十二年，并处罚金一万元人民币。(4)判决上述九被告人的犯罪所得予以追缴，上缴国库。

宣判后，岑张耀、吴峥、钱文斌、俞仲权、丁学明不服，分别提出上诉。

被告人岑张耀上诉及二审辩护人提出，原判认定其"直接勾结境外人员"依据不足，其所得信息、指令均来自宁夏人"马小利"，原判对其与"马小利"的关系和作用没有查明，请予以核实；其在共同犯罪中起次要作用，系从犯，原判认定其为主犯有误；归案后主动交代了侦查机关尚未掌握的前三次走私犯罪事实，揭发了同案犯，第四次走私犯罪系未遂，有法定或酌情从轻处罚的情节，判处死刑量刑过重，要求依法改判。

被告人吴峥上诉及其二审辩护人分别提出，原判认定其在共同犯罪中的地位、作用与岑张耀相当有误，其系被岑利用、雇用，仅在整个犯罪中的一个环节起帮助作用，地位、作用明显次于岑张耀，是从犯；岑张耀要求其帮忙时把猎隼说成鹰，并未讲清楚这是受国家二级重点保护的野生珍贵动物，其并非一开始就存在犯意，对走私具体对象认识并不明确，系受蒙蔽、欺骗才走上犯罪道路，走私的主观故意较轻；先前走私的52只，在无鉴定报告或具体明确证据的情况下，也作为猎隼予以认定，证据不足；最后一票走私的30只猎隼在机场被查获，系犯罪未遂；原判虽然认定其有重大立功表现，但仍判处无期徒刑，量刑畸重，要求从轻改判。

被告人钱文斌上诉及其二审辩护人分别提出，其没有参与走私预谋策划，无走私的故意，也不知货主及货物的真实品名，其行为系利用职务之便，收受朋友吴峥的好处费3万元，将其伪造品名的鸟类货物在安检时放行，应以受贿罪定性，原判定性错误；地位作用与朱前卫相当，对钱的量刑畸重，要求依法改判。

被告人俞仲权上诉提出，其事先并不明知该猎隼要走私至境外，没有共同走私的故意，只应对其协助运输的行为承担责任，原判改变检察机关指控罪名，认定其构成走私珍贵动物罪的共犯,定性不当;相关证据没有进行当庭质证和必要的审问,程序违法;即使认定其构成走私共犯,也只是在运输环节起帮助作用,且最后一次系未遂,量刑畸重,要求依法改判。

被告人丁学明上诉提出,其系文盲,经当地货运部介绍承接该运输业务,货运部只告诉其是鸟,用当地土话讲是“鸽鹄”,不知道是国家二级保护动物;系初犯、从犯,要求从轻处罚。

被告人张浩在庭审中及其二审辩护人分别提出,其事先不知道该猎隼是国家二级重点保护动物,没有走私的故意,系受岑张耀的蒙蔽,主观恶性较小,系从犯;前三次出境的走私对象是否为猎隼没有充分的证据证实,最后一次系未遂,造成的后果不严重,原判量刑过重,要求从轻处罚。

浙江省高级人民法院经审理查明,原判认定上列九被告人走私珍贵动物、非法收购、运输珍贵野生动物的事实清楚,证据确实、充分。岑张耀、吴峥、钱文斌、张浩、俞仲权、丁学明及有关辩护人分别就原判认定事实、证据、主从犯的认定、定性等所持异议经查均不能成立,不予采信。

浙江省高级人民法院认为,被告人岑张耀为谋取非法利益,勾结境外人员,与被告人吴峥合谋,经被告人张浩以伪报品名的方式向海关申报出口,并通过被告人钱文斌、朱前卫在机场安检时违法放行,违反海关法规,逃避海关监管以及国家出入境监管,将国家二级重点保护动物猎隼走私出境,被告人俞仲权明知岑张耀走私猎隼出境而积极予以协助,其行为均已构成走私珍贵动物罪,情节特别严重,依法应予以严惩。被告人马忠明为非法牟利,非法收购国家二级重点保护动物猎隼,其行为已构成非法收购珍贵野生动物罪,情节特别严重,依法应予以严惩。被告人赵应明、丁学明违反国家法律规定,非法运输国家二级重点保护动物猎隼,其行为均已构成非法运输珍贵野生动物罪,情节特别严重,依法应予以严惩。岑张耀、吴峥、张浩、钱文斌系主犯,应依法惩处。俞仲权、朱前卫系从犯,可减轻处罚。吴峥有重大立功表现,可从轻处罚。鉴于被告人岑张耀能如实供述罪行及本案30只猎隼在机场被悉数查获、岑尚不属走私团伙最核心人员等具体情节,对其判处死刑,可不立即执行。吴峥、张浩、钱文斌、俞仲权、丁学明及吴、张、钱的辩护人分别提出原判量刑过重，要求改判的理由不足，不予采纳。原判定罪正确，对吴峥、张浩、钱文斌、俞仲权、丁学明、马忠明、赵应明的量刑适当。对被告人岑张耀的量刑，依法予以改判。依照《中华人民共和国刑事诉讼法》第一百八十九条第（一）、（二）项，《中华人民共和国刑法》第一百五十一条第二款、第四款、第三百四十一条第一款、第二十五条第一款、第二十六条第一款、第二十七条、第四十八条、第五十七条第一款、第六十八条第一款、第二十三条、第六十四条以及最高人民法院《关于审理走私刑事案件具体应用法律若干问题的解释》第四条之规定，判决如下：

一、驳回吴峥、钱文斌、俞仲权、丁学明的上诉；

二、撤销浙江省宁波市中级人民法院（2009）浙甬刑一初字第27号刑事判决中对被告人岑张耀的量刑部分，维持其余部分；

三、被告人岑张耀犯走私珍贵动物罪，判处死刑，缓期二年执行，剥夺政治权利终身，并处没收个人全部财产。

本判决为终审判决。现已发生法律效力。

法官评述

一、走私猎隼犯罪的相关背景分析

猎隼属隼形目隼科动物，性情急躁凶猛，眼睛锐利，上嘴钩曲，飞行速度极快，能在空中翻筋斗或原地振动翅膀停在空中不动，为大型鸟类、猛禽、季节性候鸟。据报道，20世纪中叶，一些国家在研制新型战术飞机时，飞行设计师不得不求助于鸟类学家，让他们介绍、提供世界上飞行速度、技巧最全面的鸟种。结果，鸟类学家们众口一词，首推猎隼。猎隼灵活机动，善于袭击其他鸟类，识巢能力强，若经过驯化，除了可以打猎，还可以携带物品作远距离飞行，在国外，一些人利用猎隼传递情报，甚至用于偷运毒品等违法犯罪活动。因其有经训练后可供权贵打猎和欣赏，在中东地区还是财富和地位的象征，极品猎隼在国外价值几十万元一只。正是猎隼特有的技能，成为走私分子和富豪眼中的猎物。

我国是世界上猎隼的重要繁殖地和最大资源国，猎隼总量占全世界约75%左右。宁夏回族自治区南部的西吉、海原和固原一带为猎隼主要产地，每逢九十月间，猎隼从地球北面迁徙到南方的温暖地区，中途取道宁夏，这里大片的戈壁滩和荒凉的丘陵有着数量繁多的田鼠、兔子等小动物，这些美食是吸引猎隼的主要原因。这些猎隼对于维护生态平衡、促进人与自然的和谐，起着非常重要的作用。因此，在1988年公布的《国家重点保护野生动物名录》中，猎隼就被列为国家二级保护野生动物（所谓国家一级重点保护的野生动物是指中国特产稀有或者濒于灭绝的野生动物；二级重点保护的野生动物是指数量稀少或者分布地域狭窄，若不采取保护措施将有灭绝危险的野生动物）。

近十几年来，随着国际市场隼类价格的不断上升，国内外的一些违法犯罪分子在金钱的诱惑下，无视中国野生动物保护法律，非法猎捕、倒卖、走私猎隼的案件时有发生。尤其是在我国宁夏等西北地区，不少境外人员以旅游或经商名义到当地与一些隼贩勾结，共同从事收购、运输、走私国家二级重点保护动物猎隼出境等违法犯罪活动，导致我国猎隼数量逐年减少，严重破坏了当地的生态平衡，同时也严重危害国家利益和民族利益。在司法活动中，如何贯彻宽严相济的刑事政策，有效地摧毁和惩处一批非法猎捕、收购、倒卖、走私猎隼的犯罪分子，成为司法理论与实践迫切需要研究解决的重大课题。本案是一起典型的内外勾结且买通机场安检人员共同走私大量猎隼的刑事案件，也是海关总署等政法部门挂牌督办且引发社会舆论广泛关注的重大案件之一。对本案定性、量刑等问题展开探讨，对审理好同类案件有一定的参考作用。

二、关于走私犯罪主观故意的认定

刑法规定，明知自己的行为会发生危害社会的结果，并且希望或者放任这种结果的发生，因而构成犯罪的，是故意犯罪。走私犯罪是故意犯罪，要求行为人主观上必须明知自己的行为系走私行为。因此，最高人民法院、最高人民检察院、海关总署《关于办理走私刑事案件适用法律若干问题的意见》（2002年7月8日）第5条第1款规定：行为人明知自己的行为违反国家法律法规，逃避海关监管，偷逃进出境货物、物品的应缴税款，或者逃避国家有关进出境的禁止性管理，并且希望或者放任危害后果发生的，应认定为具有走私的主观故意。实践中，犯罪嫌疑人到案后常以主观上不明知来进行辩解。我们认为，主观通常现于客观，判断被告人主观上是否明知、有无走私合谋与故意，不能仅凭其事后辩解，而应对全案的事实、证据进行全面分析，根据被告人实施走私行为的过程、方法、走私赃物被查获时的情形等证据，结合被告人的年龄、文化、阅历、职业等情况，综合分析后加以判定。本案走私故意的认定，主要涉及以下几个具体问题：

1. 关于被告人岑张耀有无直接与境外人员勾结合谋走私

经查：根据被告人岑张耀本人的供述及其妻子陈央平等证言、相关银行账户明细等证据，岑张耀通过一个名叫"纪晋"的人认识境外人员"阿亚子"，与"阿亚子"有直接联系，直接向境外人员收取非法所得，其中2008年9月16日、24日的汇款由岑转交给宁夏人"马小利"，原判认定其直接与境外人员勾结合谋走私并无不当。故岑张耀上诉及其辩护人称原判认定依据不足、所得信息和指令均来自"马小利"、自己没有与境外人员合谋等理由与事实不符。

2. 关于其他各被告人主观上是否明知及有无走私犯罪故意

经查：(1)被告人岑张耀、吴峥、钱文斌、张浩、俞仲权、丁学明等对事先预谋走私犯罪以及主观上明知猎隼为国家保护动物或国家禁止出口的鹰类动物等事实均分别多次供认在案，所供能相印证；(2)被告人钱文斌、朱前卫等作为当班的安检人员，明知安检的货物与申报的品名不一致，仍将伪报的货物擅自违法放行，足以认定其主观上具有走私的共同故意。根据最高人民法院、最高人民检察院、海关总署《关于办理走私刑事案件适用法律若干问题的意见》第5条的规定，即使其对走私的具体对象不明确，亦不影响走私犯罪构成。各被告人上诉及辩护人就主观上是否具有走私故意、事先是否明知等问题提出异议均不能成立。

3. 关于先前走私的52只是否认定为猎隼及相关证据是否充分

经查：(1)被告人岑张耀、吴峥等对先前走私猎隼的数量、时间、地点、非法获利的结算价格、总金额等事实均多次供认在案，且所供的作案时间、根据猎隼数量换算的非法获利金额等内容与证实岑张耀和境外人员结算非法所得款项的时间、金额等事实的相关银行卡账户历史明细清单、存款凭条及银行开户申请资料相印证；(2)现有证据足以证明先前走私出境的52只所谓的"鹰""鸽鹄"，与当场查获且经鉴定确认系猎隼的动物系同一产地、同一种类的国家保护动物。故被告人吴峥、张浩及其二审辩护人称先前走私的52只认定为猎隼证据不足等理由与事实不符。

三、关于主从犯的认定

各被告人在共同犯罪中的地位、作用及主从犯的认定问题,是本案审理中的争议焦点之一。我们认为,岑张耀、吴峥、张浩、钱文斌、丁学明上诉及有关辩护人称己方系从犯等理由与事实及法律不符,不能成立。理由如下:首先,被告人岑张耀为谋取非法利益,与境外人员直接勾结,到上海等地物色、买通机场安检工作人员,在接货、送货等环节纠集他人参加,特别是货到浙江后直至走私成功起组织、决定作用,显系本案主犯。其次,被告人吴峥与岑张耀直接预谋、分工合作,各把一关,由吴峥从岑张耀手上接走货物,又联合张浩、钱文斌等负责订舱、报关、安检等关键走私环节,行为积极主动,系本案主犯。再次,被告人张浩、钱文斌均分别与吴峥共谋商议,张浩负责办理订舱、报关事宜,钱文斌负责安检过关,并指使朱前卫放行,均对走私的完成起到了重要作用,亦系本案主犯。最后,被告人丁学明直接实施了非法运输珍贵野生动物的犯罪行为。

四、关于被告人俞仲权、钱文斌的行为定性

本案定性中分歧较大的地方主要集中在对被告人俞仲权的定性有不同的认识:公诉机关指控被告人俞仲权构成非法运输珍贵野生动物罪,法院改变了检察机关指控的罪名,认定其构成走私珍贵动物罪的共犯。我们认为,解决被告人俞仲权行为的定性问题,关键在于查明被告人俞仲权与明确为走私分子的岑张耀之间事先是否存在走私通谋,是否明知岑张耀走私货物而帮助运输。在案的证据显示,被告人俞仲权与岑张耀事先有通谋,明知猎隼系岑等人要走私出境的国家保护动物而帮助运输,根据法律规定,构成走私共犯,应以走私珍贵动物罪定性处罚,因此原判改变检察机关指控罪名定性是正确的。值得一提的是,虽然刑事诉讼法对法院能否改变检察机关的指控罪名没有明确的规定,但有关司法解释有明确的规定,在司法实践中,人民法院可以改变指控罪名。最高人民法院《关于执行〈中华人民共和国刑事诉讼法〉若干问题的解释》第176条第2项规定:“起诉指控的事实清楚,证据确实、充分,指控的罪名与人民法院审理认定的罪名不一致的,应当作出有罪判决。”据此,本案检察机关虽然没有明确认定被告人俞仲权与走私分子有通谋,但指控认定被告人俞仲权协助岑张耀走私货物的基本事实与法院认定的事实没有出入,法院改变指控罪名的程序也是合法的。被告人俞仲权上诉提出应定性为非法运输珍贵野生动物罪及程序不合法等理由不能成立。

关于被告人钱文斌的定性问题。其辩护人提出，对其应以受贿罪定性。从审理的情况看，被告人钱文斌主观上具有共同走私珍贵动物的故意，客观上参与实施了走私珍贵动物行为，符合走私珍贵动物罪的构成特征，原判定性并无不当。所谓应定受贿罪等理由与法律规定不符。

五、关于对岑张耀的死刑裁量及其他量刑问题

本案是一起新类型、以珍贵动物为对象的走私案件。显然，动物与人类有着密切的联系，尤其是保护珍贵野生动物，对于维护生态平衡、促进人与自然的和谐，意义十分重大。但是此类相关案例不多，实践中如何评判此类案件的社会危害程度，恰当地把握量刑，尤其是死刑的适用，无疑值得探讨。我们认为，二审法院根据宽严相济的刑事政策，对被告人岑张耀改判死缓，其余维持原判量刑，在量刑的把握上是正确的。

1. 对被告人岑张耀改判死缓，体现了少杀、慎杀的死刑政策

根据《刑法》及最高人民法院2000年9月公布的《关于审理走私刑事案件具体应用法律若干问题的解释》第4条以及相关附表之规定，走私隼科（所有种）动物6只以上的，处五年以上有期徒刑，并处罚金；10只以上的，属于情节特别严重，处无期徒刑或者死刑，并处没收财产。6只以上并造成该珍贵动物无法追回的，亦可以认定为“情节特别严重”，处无期徒刑或者死刑。根据该数量标准，被告人岑张耀走私猎隼82只，远远超过死刑适用标准。但从以下几个情节或因素综合考虑，对岑张耀可改判死缓：(1)数量是死刑适用应当考量的主要情节，但不是唯一的依据，是否适用死刑需要结合被告人的主观、客观状况综合考量；(2)从案件的实际情况来看，岑张耀虽起组织、主导作用，但“尚不是走私团伙中、走私全部环节的最为核心人员”；(3)未出境的30只在机场即已被查获；(4)岑张耀归案后能如实供述自己的基本罪行。根据我国保留死刑、严格控制和慎重适用死刑的刑事政策，对岑张耀可改判死缓。

2. 维持原判对其他被告人的量刑，体现了宽严相济的政策精神

首先，此类走私犯罪具有相当严重的社会危害性。各被告人在非法利益驱使下，与境外人员勾结，特别是机场安检人员参与走私，内外相互勾结，收购、运输、走私国家二级重点保护动物猎隼出境，以供中东国家的富人当作宠物玩乐，既严重破

坏了生态平衡，也严重危害国家利益和民族利益，犯罪情节恶劣，影响极坏，社会危害大，必须严厉打击。

其次，根据《刑法》及最高人民法院司法解释规定的数量标准，吴峥、张浩、钱文斌三被告人均应当认定"情节特别严重"，起点刑就是无期徒刑。且该三被告人均为专业的从业人员，为谋取非法利益放弃自己的职责，对走私犯罪的完成起了重要作用。吴峥比张浩、钱文斌的罪行要重，但有立功表现，因此，原审对该三被告人均判处无期徒刑，量刑适当。

最后，原判对被告人马忠明、赵应明等量刑亦适当。根据《刑法》及最高人民法院《关于审理破坏野生动物资源刑事案件具体应用法律若干问题的解释》第 3 条之规定，非法收购、运输珍贵野生动物隼科（所有种）6 只以上的，属于情节严重，处五年以上十年以下有期徒刑，并处罚金；10 只以上的，属于情节特别严重，处十年以上有期徒刑，并处罚金或者没收财产。被告人马忠明、赵应明直接为境外人员收购、运输珍贵野生动物，社会危害大，情节恶劣，对该二人分别判处有期徒刑十三年、十二年，罚当其罪。原判已经根据俞仲权、朱前卫在共同犯罪中的地位作用，将俞仲权、朱前卫认定为从犯，予以减轻处罚。

综上，一审、二审对九被告人的定性，以及二审对岑张耀改判死缓、其余维持原判量刑的裁判是正确的。

第三节　走私犯罪的裁判依据与案例索引

一、现行法律、司法解释和司法业务文件索引

（一）现行法律、司法解释和司法业务文件

1.《中华人民共和国刑法》（1997 年 3 月 14 日）

2.《中华人民共和国刑法修正案（四）》（2002 年 12 月 28 日）

3.《中华人民共和国刑法修正案(七)》(2009 年 2 月 28 日)

4.《中华人民共和国刑法修正案(八)》(2011 年 2 月 25 日)

5.《中华人民共和国刑法修正案(九)》(2015 年 8 月 29 日)

6. 最高人民法院、最高人民检察院、海关总署《关于办理走私刑事案件适用法律若干问题的意见》(2002 年 7 月 8 日)

7. 最高人民法院、最高人民检察院《关于办理走私刑事案件适用法律若干问题的解释》(2014 年 8 月 12 日)

8. 最高人民法院《关于严格执行有关走私案件涉案财物处理规定的通知》(2006 年 4 月 30 日)

9. 最高人民检察院《关于擅自销售进料加工保税货物的行为法律适用问题的解释》(2000 年 10 月 16 日)

10. 最高人民检察院、公安部《关于公安机关管辖的刑事案件立案追诉标准的规定(一)》(2008 年 6 月 25 日)

11. 最高人民检察院、公安部《关于公安机关管辖的刑事案件立案追诉标准的规定(二)》(2010 年 5 月 7 日)

12. 最高人民法院《关于审理走私犯罪案件适用法律有关问题的通知》(2011 年 4 月 26 日)

(二)地方性司法业务文件

浙江省高级人民法院刑二庭《关于全省法院经济犯罪疑难问题研讨会纪要》(2005 年 3 月 1 日)

二、常见问题的裁判规则

(一)关于走私主观故意的认定

行为人明知自己的行为违反国家法律法规，逃避海关监管，偷逃进出境货物、物品的应缴税额,或者逃避国家有关进出境的禁止性管理,并且希望或者放任危害结果发生的,应认定为具有走私的主观故意。

走私主观故意中的“明知”是指行为人知道或者应当知道所从事的行为是走私行为。具有下列情形之一的,可以认定为“明知”,但有证据证明确属被蒙骗的除外:

(一)逃避海关监管,运输、携带、邮寄国家禁止进出境的货物、物品的;

(二)用特制的设备或者运输工具走私货物、物品的;

(三)未经海关同意,在非设关的码头、海(河)岸、陆路边境等地点,运输(驳载)、收购或者贩卖非法进出境货物、物品的;

(四)提供虚假的合同、发票、证明等商业单证委托他人办理通关手续的;

(五)以明显低于货物正常进(出)口的应缴税额委托他人代理进(出)口业务的;

(六)曾因同一种走私行为受过刑事处罚或者行政处罚的;

(七)其他有证据证明的情形。

——最高人民法院、最高人民检察院、海关总署《关于办理走私刑事案件适用法律若干问题的意见》第5条

(二)关于行为人对其走私的具体对象不明确的案件的处理

走私犯罪嫌疑人主观上具有走私犯罪故意,但对其走私的具体对象不明确的,不影响走私犯罪构成,应当根据实际的走私对象定罪处罚。但是,确有证据证明行为人因受蒙骗而对走私对象发生认识错误的,可以从轻处罚。

——最高人民法院、最高人民检察院、海关总署《关于办理走私刑事案件适用法律若干问题的意见》第6条

(三)关于利用购买的加工贸易登记手册、特定减免税批文等涉税单证进口货物行为的定性处理

加工贸易登记手册、特定减免税批文等涉税单证是海关根据国家法律法规以

及有关政策性规定，给予特定企业用于保税货物经营管理和减免税优惠待遇的凭证。利用购买的加工贸易登记手册、特定减免税批文等涉税单证进口货物，实质是将一般贸易货物伪报为加工贸易保税货物或者特定减免税货物进口，以达到偷逃应缴税款的目的，应当适用刑法第一百五十三条以走私普通货物、物品罪定罪处罚。如果行为人与走私分子通谋出售上述涉税单证，或者在出卖批文后又以提供印章、向海关伪报保税货物、特定减免税货物等方式帮助买方办理进口通关手续的，对卖方依照刑法第一百五十六条以走私罪共犯定罪处罚。买卖上述涉税单证情节严重尚未进口货物的，依照刑法第二百八十条的规定定罪处罚。

——最高人民法院、最高人民检察院、海关总署《关于办理走私刑事案件适用法律若干问题的意见》第9条

(四)关于在加工贸易活动中骗取海关核销行为的认定

在加工贸易经营活动中，以假出口、假结转或者利用虚假单证等方式骗取海关核销，致使保税货物、物品脱离海关监管，造成国家税款流失，情节严重的，依照刑法第一百五十三条的规定，以走私普通货物、物品罪追究刑事责任。但有证据证明因不可抗力原因导致保税货物脱离海关监管，经营人无法办理正常手续而骗取海关核销的，不认定为走私犯罪。

——最高人民法院、最高人民检察院、海关总署《关于办理走私刑事案件适用法律若干问题的意见》第10条

(五)关于伪报价格走私犯罪案件中实际成交价格的认定

走私犯罪案件中的伪报价格行为，是指犯罪嫌疑人、被告人在进出口货物、物品时，向海关申报进口或者出口的货物、物品的价格低于或者高于进出口货物的实际成交价格。

对实际成交价格的认定，在无法提取真、伪两套合同、发票等单证的情况下，可

以根据犯罪嫌疑人、被告人的付汇渠道、资金流向、会计账册、境内外收发货人的真实交易方式,以及其他能够证明进出口货物实际成交价格的证据材料综合认定。

——最高人民法院、最高人民检察院、海关总署《关于办理走私刑事案件适用法律若干问题的意见》第11条

(六)"与走私罪犯通谋"的认定

通谋是指犯罪行为人之间事先或者事中形成的共同的走私故意。下列情形可以认定为通谋:

(一)对明知他人从事走私活动而同意为其提供贷款、资金、账号、发票、证明、海关单证,提供运输、保管、邮寄或者其他方便的;

(二)多次为同一走私犯罪分子的走私行为提供前项帮助的。

——最高人民法院、最高人民检察院、海关总署《关于办理走私刑事案件适用法律若干问题的意见》第15条

(七)关于放纵走私罪的认定

依照刑法第四百一十一条的规定,负有特定监管义务的海关工作人员徇私舞弊,利用职权,放任、纵容走私犯罪行为,情节严重的,构成放纵走私罪。放纵走私行为,一般是消极的不作为。如果海关工作人员与走私分子通谋,在放纵走私过程中以积极的行为配合走私分子逃避海关监管或者在放纵走私之后分得赃款的,应以共同走私犯罪追究刑事责任。

——最高人民法院、最高人民检察院、海关总署《关于办理走私刑事案件适用法律若干问题的意见》第16条

(八)"又走私""多次走私未经处理"的认定

刑法第一百五十三条第一款规定的"一年内曾因走私被给予二次行政处罚后

又走私”中的“一年内”，以因走私第一次受到行政处罚的生效之日与“又走私”行为实施之日的时间间隔计算确定；“被给予二次行政处罚”的走私行为，包括走私普通货物、物品以及其他货物、物品；“又走私”行为仅指走私普通货物、物品。

刑法第一百五十三条第三款规定的“多次走私未经处理”，包括未经行政处理和刑事处理。

——最高人民法院、最高人民检察院《关于办理走私刑事案件适用法律若干问题的解释》第17条、第18条

（九）走私犯罪既遂的认定

实施走私犯罪，具有下列情形之一的，应当认定为犯罪既遂：

（一）在海关监管现场被查获的；

（二）以虚假申报方式走私，申报行为实施完毕的；

（三）以保税货物或者特定减税、免税进口的货物、物品为对象走私，在境内销售的，或者申请核销行为实施完毕的。

——最高人民法院、最高人民检察院《关于办理走私刑事案件适用法律若干问题的解释》第23条

三、走私犯罪疑难问题的案例索引

1. 蓑口义则走私文物案（载《刑事审判参考》第53集，第416号）

——走私古脊椎动物、古人类化石的行为应以走私文物罪定罪处罚，走私古脊椎动物、古人类化石以外的其他古生物化石的行为不能以走私文物罪定罪处罚

2. 岑张耀等走私珍贵动物、马忠明非法收购珍贵野生动物、赵应明等非法运输珍贵野生动物案（载《刑事审判参考》第73集，第616号）

——具有走私的故意，但对走私的具体对象认识不明确如何定罪处罚

3. 朱丽清走私国家禁止出口的物品案(载《刑事审判参考》第 84 集,第 744 号)

——走私年代久远且与人类活动无关的古脊椎动物化石的行为如何定性

4. 程瑞洁等走私废物案(载《刑事审判参考》第 86 集,第 745 号)

——走私的废物中混有普通货物的,如何定罪处罚

5. 应志敏、陆毅走私废物、走私普通货物案(载《刑事审判参考》第 91 集,第 840 号)

——在走私犯罪案件中,如何认定行为人对夹藏物品是否具有走私的故意以及对走私对象中夹藏的物品确实不明知的,是否适用相关规范性文件中根据实际走私对象定罪处罚的规定

6. 宋世璋被控走私普通货物案(载《刑事审判参考》第 35 集,第 267 号)

——在代理转口贸易中未如实报关的行为不构成走私罪

7. 上海华源伊龙实业发展公司等走私普通货物案(载《刑事审判参考》第 35 集,第 268 号)

——擅自将"进料加工"的保税货物在境内销售牟利行为的定性

8. 王红梅、王宏斌、陈一平走私普通货物、虚开增值税专用发票案(载《刑事审判参考》第 43 集,第 336 号)

——以单位名义实施走私犯罪,现有证据只能证实少量违法所得用于单位的经营活动,绝大部分违法所得的去向无法查清的,是单位犯罪还是个人犯罪

9. 林永杰、卢志强走私普通货物案(载《刑事审判参考》第 54 集,第 423 号)

——走私仿真枪犯罪案件中的有关鉴定和计税依据问题

10. 广州顺亨汽车配件贸易有限公司等走私普通货物案(载《刑事审判参考》第 93 集,第 873 号)

——在刑事案件中如何审查电子数据的证据资格以及如何认定走私共同犯罪中主、从犯

Chapter 4 第四章 金融犯罪疑难问题的司法认定与要案判解

近年来，骗取贷款、非法吸收公众存款、集资诈骗等金融犯罪活动在我国许多地区持续高发，并有向多领域和职业化发展的趋势，浙江省也不例外。特别是2007年下半年以来，国家货币政策从紧，央行多次上调存款准备金率和基准利率，严格控制货币信贷总量和控放节奏，银根紧缩，贷款难度加大，加上受全球金融危机的影响，国内社会资金供需紧张，不但催生了各种新型非法集资犯罪活动，原有的非法集资犯罪活动也在加速暴露，形势严峻。非法集资涉及面广，危害极大：一是扰乱了社会主义市场经济秩序。非法集资活动以高回报为诱饵，以骗取资金为目的，破坏了金融秩序，影响金融市场的健康发展。二是严重损害群众利益，影响社会稳定。非法集资有很强的欺骗性，容易蔓延，犯罪分子骗取群众资金后，往往大肆挥霍或迅速转移、隐匿，使受害者（多数是下岗工人、离退休人员）损失惨重，极易引发群体事件，甚至危害社会稳定。三是损害了政府的声誉和形象。有的非法集资活动以"响应国家林业政策""支持生态环境保护""投资国家重点工程"等为名，行违法犯罪之实，既影响了国家政策的贯彻执行，又严重损害了政府的声誉和形象。依法稳妥审理好相关金融犯罪案件，是人民法院经济犯罪审判的一大重要任务。

第一节 金融犯罪疑难问题的司法认定

如何依法准确、稳妥地打击金融犯罪尤其是集资类犯罪，是当前刑事司法实践面临的难点之一。本书重点对骗取贷款、票据承兑、金融票证罪、贷款诈骗罪、非法吸收公众存款罪、集资诈骗罪等罪名认定中的几个疑难问题以及集资类案件刑民交叉问题的认识和处置加以探究。

一、单位诈骗贷款行为的司法认定

由于现行《刑法》将贷款诈骗罪的主体限于自然人，而现有的刑法著述在探讨贷款诈骗时多将单位主体纳入其中，这使实践在正确认定单位诈骗贷款的行为性质时面临种种困惑。自 2001 年 1 月最高人民法院下发《全国法院审理金融犯罪案件工作座谈会纪要》(以下简称《纪要》)规定“在司法实践中，对于单位十分明显地以非法占有为目的，利用签订、履行借款合同诈骗银行或其他金融机构贷款，符合刑法第二百二十四条规定的合同诈骗罪构成要件的，应当以合同诈骗罪定罪处罚”之后，单位骗贷的处理似乎已不再有什么问题，理论界也逐渐“移情别恋”，相关研究慢慢降温，时间一长，理论和实践对单位骗贷以合同诈骗罪处理便“习惯成自然”了。笔者认为，《纪要》在特定背景下统一规定对单位骗贷以合同诈骗罪处理，既具有一定合理性，也存在明显局限性，这种做法只是权宜之计，问题的彻底解决有待《刑法》的修改和完善。具体分析如下：

(一)《纪要》的出台：打击犯罪的需要

近年来，在金融活动中，单位贷款占有较大的比重，单位实施诈骗行为骗取贷款的现象时有发生。有些单位明知自己没有偿还能力，却为了获取贷款而不择手段，采用编造项目、使用虚假证明、重复抵押等虚构事实或者隐瞒真相的方法，来骗取贷款。因为单位骗取贷款的案件不但数量多，而且社会危害大，所以，金融机构等有关部门反映较多，强烈呼吁对此类行为以刑法手段加以规制与调整。然而，由于《刑法》没有明文规定单位实施贷款诈骗行为可以适用贷款诈骗罪定罪处罚，从而在理论界和实践部门引导出关于单位能否构成贷款诈骗罪的激烈争论，对单位诈骗贷款行为如何定性成为困扰司法的一大难题。在上述背景之下，最高人民法院适时地召开审判工作会议，于 2001 年 1 月以《纪要》的形式，明确指出，“在司法实践中，对于单位十分明显地以非法占有为目的，利用签订、履行借款合同诈骗银行或其他金融机构贷款，符合刑法第二百二十四条规定的合同诈骗罪构成要件的，应当以合同诈骗罪定罪处罚”。

（二）《纪要》的合理性：用足刑法的典型

笔者认为，《纪要》规定对单位骗贷行为可以合同诈骗罪追究刑事责任，具有一定的合理性。主要表现在：

首先，《纪要》遵循了罪刑法定的基本原则。根据《刑法》第 30 条的规定，公司、企业、事业单位、机关、团体实施危害社会的行为，法律规定为单位犯罪的，才能负刑事责任。由于《刑法》没有将贷款诈骗行为规定为单位犯罪，所以《纪要》根据刑法明确对于单位实施的贷款诈骗行为，不能作为贷款诈骗罪处理，也不能以贷款诈骗罪追究直接负责的主管人员和其他直接责任人员的刑事责任，这是司法机关严格执行刑法，坚持罪刑法定原则的具体体现，符合刑事法治的基本要求，有利于统一执法，依法打击贷款诈骗犯罪。

其次，这一做法是“用足刑法”的典范。在《刑法》没有规定单位贷款诈骗罪而且目前不可能修订的情况下，《纪要》走出刑法关于贷款诈骗罪的规定，于整个刑法中转换视角，从更大的视野范围为待处理案件寻找法律规定，从而为惩治具有严重社会危害性的行为找到了符合法律规定的打击途径，这显然有利于实现刑法的任务和目的，是“用足刑法”的典范。需要言明的是，之所以说对单位骗取贷款的行为以合同诈骗罪追究是“符合法律规定的打击途径”，具有一定的法理基础。其中，最主要的法理基础在于：贷款诈骗行为与合同诈骗行为存在从属关系的法条竞合。从我国刑法对十类诈骗犯罪包括《刑法》第 266 条诈骗罪、第 224 条合同诈骗罪和第 193～198 条的 8 种金融诈骗罪的具体规定看，其是按不同标准从不同角度对各类诈骗行为加以规制的。而贷款诈骗行为实质上是行为人利用签订、履行借款合同骗取银行或其他金融机构的钱,借款合同是经济合同的一种,从而不难发现贷款诈骗与合同诈骗存在从属关系的法条竞合,即贷款诈骗行为又符合合同诈骗行为的特征。根据刑法理论,一个犯罪行为同时触犯了两个法条规定即属法条竞合,二者规定就属普通法和特别法的关系。现实中,借款合同一方固定为银行或金融机构,按另一方合同主体的不同,我们不妨将借款合同分为自然人借款合同和单位借款合同两大类。显然,刑法中贷款诈骗的条款(特别法)只规定了自然人利用自然人借款合同骗取贷款之情形,而没有规定单位利用单位借款合同骗取贷款之情形,但是后一种情形却可以在合同诈骗罪的条款(普通法)中找到法律规定。在特别法缺乏规定的情况下,重返普通法寻找到规定,自然可视为是符合法律精神的做法,也说明法律并非有漏洞而给犯罪分子可乘之机。

(三)《纪要》的局限性:没有办法的办法

刑法在规定利用合同实施诈骗行为为合同诈骗罪的同时,还将自然人利用借款合同实施诈骗行为从整个合同诈骗行为体系中分离出来,单独规定为贷款诈骗罪,体现了刑法对国家金融管理制度和银行或者其他金融机构的贷款所有权之特殊保护。刑法在规定自然人利用自然人借款合同骗取贷款之情形为贷款诈骗罪的情况下,没有规定现实中所占比重较多、危害更大的情形即单位利用单位借款合同骗取贷款行为为贷款诈骗罪,显属立法体系的违反,也有违立法本意,不利于刑法对国家金融管理制度和银行或者其他金融机构的贷款所有权之特殊保护的真正实现。就此而言,对单位诈骗贷款行为以合同诈骗罪追究有其局限性,刑法对贷款诈骗罪的规定之缺陷也显而易见。正如有人所言,从犯罪构成要件来看,单位实施诈骗行为骗取银行或金融机构贷款的行为,已足以构成贷款诈骗罪。[①] 对此也有学者直言,刑法将单位排除在贷款诈骗罪的犯罪主体以外,实是一大立法缺陷。[②] 另外,《纪要》强调,对单位贷款诈骗行为符合合同诈骗罪构成要件的,以合同诈骗罪对单

---

① 彭学坤:《对单位诈骗贷款行为:建议以合同诈骗论》,载《人民法院报》2001 年 4 月 3 日版。

② 励进:《2000 年中国刑法学研究会年会综述》,载《法学》2001 年第 2 期。

位定罪处罚。这里显然将单位贷款诈骗行为作了进一步区分，实际上限制了单位贷款诈骗行为中对单位以合同诈骗罪定罪处罚的范围。换句话说，对于不符合合同诈骗罪构成要件的单位贷款诈骗行为，还不能以合同诈骗罪对单位定罪处罚。

（四）问题的彻底解决：有待于刑法的完善

根据上述，笔者认为，按目前的规定，对单位实施的贷款诈骗行为以合同诈骗罪追究是有条件限制的，难以全面打击所有单位实施的贷款诈骗行为，此种做法也只能是权宜之计。无论从立法体系的协调、统一、立法的科学性考虑，还是就法律对调控主体追求同等对待以及立法本意等角度而言，将单位排斥在贷款诈骗罪主体之外，始终是刑法的缺陷。问题的彻底解决，笔者建议，将来修改刑法的时候，直接增设单位为贷款诈骗罪的犯罪主体。

值得注意的是，2014 年 4 月《全国人民代表大会常务委员会关于〈中华人民共和国刑法〉第三十条的解释》（以下简称《立法解释》）规定：对于单位实施刑法规定的危害社会的行为，刑法分则和其他法律未规定追究单位的刑事责任的，对组织、策划、实施该危害社会行为的人依法追究刑事责任。即对单位实施贷款诈骗，数额较大的，虽然单位不构成贷款诈骗罪，但对组织、策划、实施贷款诈骗的人依法追究贷款诈骗罪的刑事责任。据此，对单位实施贷款诈骗，如以合同诈骗罪定罪，需追究单位及相关责任人员的刑事责任，而以贷款诈骗罪定罪，仅对组织、策划、实施贷款诈骗的人判处刑罚，无须对单位判处刑罚。显然，对单位实施贷款诈骗的行为分别依照《纪要》《立法解释》处理，会导致结果不一。那么，上述《纪要》与《立法解释》是否冲突？我们认为，贷款诈骗罪与合同诈骗罪系包容型法条竞合关系，《纪要》与《立法解释》并不冲突，对单位实施贷款诈骗，以合同诈骗罪定罪处罚，符合刑法规定。不过，由于两罪的数额标准不同，鉴于《纪要》属于司法业务指导性文件，在《立法解释》出台后，对单位实施贷款诈骗的情形，对有关自然人追究责任一般应认定贷款诈骗罪，但如果以合同诈骗罪定罪刑罚较重时，则应认定为合同诈骗罪。[①]

二、骗取贷款、票据承兑、金融票证罪的司法认定——《关于办理骗取贷款、票据承兑、金融票证罪有关法律适用问题的会议纪要》解读

骗取贷款、票据承兑、金融票证罪是2006年颁布的《刑法修正案(六)》新增设的一个罪名。该修正案在《刑法》第175条高利转贷牟利罪之后增设该罪名,作为《刑法》第175条之一,从而完善了我国刑法中贷款犯罪的罪名体系,并以非目的犯的立法方式加大了对行为人主观上没有非法占有、转贷牟利等目的的滥用贷款行为的惩治力度。该规定刚出台时具体的罪名也有争议,有的学者曾提出以骗取金融机构信任罪论处。2007年10月25日出台的最高人民法院、最高人民检察院《关于执行〈中华人民共和国刑法〉确定罪名的补充规定(三)》将本罪名确定为骗取贷款、票据承兑、金融票证罪。对金融犯罪的定罪标准,刑法通常采用"以数额大小为主,以其他情节为辅"的原则,本罪名也不例外。根据《刑法》第175条之一的规定,所谓骗取贷款、票据承兑、金融票证罪,指的是以欺骗手段取得银行或者其他金融机构贷款、票据承兑、信用证、保函等,给银行或者其他金融机构造成重大损失或者有其他严重情节的行为。据此,在司法实践中,"欺骗手段""重大损失或者其他严重情节"的理解与认定则成为判定本罪能否成立的两个关键点。

2010年5月,最高人民检察院、公安部出台的《关于公安机关管辖的刑事案件立案追诉标准的规定(二)》(以下简称《追诉标准二》)第27条规定,凡以欺骗手段取得贷款等数额在一百万元以上的,或者以欺骗手段取得贷款等给银行或其他金融机构造成直接经济损失数额在二十万元以上的,或者虽未达到上述数额标准,但多次以欺骗手段取得贷款的,以及其他给金融机构造成重大损失或者有其他严重情节的情形,均应予立案追诉。参照该追诉标准,浙江省高级人民法院于2012年11月9日制定下发的《关于部分罪名定罪量刑情节及数额标准的意见》第32条对

① 罗开卷:《单位实施贷款诈骗的罪名选择》,载《人民法院报》2016年6月16日版。

骗取贷款、票据承兑、金融票证罪的量刑情节及数额标准作了明确，确定具有下列情形之一的，属于“造成重大损失或者有其他严重情节”，处三年以下有期徒刑或者拘役，并处或者单处罚金：(1)以欺骗手段取得贷款、票据承兑、信用证、保函等，数额在100万元以上不满500万元的；(2)以欺骗手段取得贷款、票据承兑、信用证、保函等，给银行或者其他金融机构造成直接经济损失数额在20万元以上不满100万元的；(3)虽未达到上述两项数额标准，但多次以欺骗手段取得贷款、票据承兑、信用证、保函等的；(4)造成重大损失或者严重情节的其他情形。此外，还确定具有下列情形之一的，属于“造成特别重大损失或者有其他特别严重情节”，处三年以上七年以下有期徒刑，并处罚金：(1)以欺骗手段取得贷款、票据承兑、信用证、保函等，数额在500万元以上的；(2)以欺骗手段取得贷款、票据承兑、信用证、保函等，给银行或者其他金融机构造成直接经济损失数额在100万元以上的；(3)造成特别重大损失或者特别严重情节的其他情形。

除了上述数额、情节标准，自《刑法修正案(六)》规定骗取贷款、票据承兑、金融票证罪的内容以来，目前尚没有相关司法解释和规范性文件对本罪的构成要件、定罪标准等进行更为明确的界定，实践中主要参考“追诉标准”办理案件。应当承认，理论界和实务部门对骗取贷款、票据承兑、金融票证罪的一些基本问题还存在不少争论和疑问。比如，有的学者认为，上述有关定罪量刑标准有违《刑法》第175条之一“给银行或者其他金融机构造成重大损失或者有其他严重情节的”规定的立法原意，因为《刑法》并未规定“骗取银行或者金融机构贷款数额较大的，为骗取贷款罪”，而是规定了“骗取贷款给银行或者其他金融机构造成重大损失或者有其他严重情节的，为骗取贷款罪”，据此认为，行为人仅仅骗贷数额在100万元以上，或者多次骗贷，却并未给银行或其他金融机构造成实际损失，亦未利用贷款进行任何非法活动，属一般的市场背信行为，并未给金融管理秩序造成实际危害，并未触犯《刑法》第175条之一，不应以该罪追究刑事责任。加上该罪名适用时间短，不少司法机关都是首次办理此类案件，缺乏经验和先例可供借鉴，个案中金融机构或当事人等相关利益诉求亦较为复杂，大多案件呈刑民交织的状态，极易导致各方对本罪的“欺骗手段”“重大损失”“严重情节”等基本构成要件产生争议，造成罪与非罪、此罪与彼罪的界限不清，有的该认定没有认定，有的则不当扩大了处罚范围，影响刑事司法公正。

近年来，浙江省骗取贷款罪等案件数量、数额呈上升趋势，上述问题进一步突显。尤其是2014年以来，受国际、国内大环境的影响，浙江省经济发展中存在的资金链、担保链风险凸显，各地相继出现了不同形式的“恶意逃废债”现象，公安机关为此开展了打击整治恶意逃废债专项行动，骗取贷款罪等的定罪标准随之成为困扰当前司法的重点难点问题之一。据了解，仅2014年浙江全省各级公安机关共受理骗取贷款、票据承兑、金融票证案件（恶意逃废债涉及的主要罪名）206起，立案180起，受理案件同比上升145%，立案数同比上升150%。公安机关亦反映，打击恶意逃废债工作取得明显成效的同时也遇到了大量的管理、政策、法律适用等方面的困难和问题，特别是不少基层执法机关对骗取贷款类犯罪构成要件中欺骗手段所涵盖的范围、直接损失的认定等定罪量刑标准存在不同的理解和把握，有必要进一步统一司法尺度。为有效打击骗取贷款、票据承兑、金融票证犯罪，维护金融秩序和安全，保障经济持续健康发展，经事先协调沟通，由省检察院牵头，2015年5月27日，浙江省高级人民法院、浙江省人民检察院、浙江省公安厅三家召开座谈会，对骗取贷款、票据承兑、金融票证罪的有关法律适用问题进行了专题研究，并达成共识，形成《关于办理骗取贷款、票据承兑、金融票证罪有关法律适用问题的会议纪要》（稿）。其间，浙江省高级人民法院刑二庭对有关法律适用问题进行了调研，并经审判长联席会议等专题研究，在征求有关业务部门和下级法院意见的基础上，与公安厅、检察院有关部门进行反复沟通、研讨，提出了修改意见和建议。2015年8月26日，浙江省高级人民法院联合省检察院、公安厅会签了《关于办理骗取贷款、票据承兑、金融票证罪有关法律适用问题的会议纪要》（以下简称《会议纪要》），已下发全省执行。本书就《会议纪要》所涉主要内容的理解与适用问题解读如下：

（一）“欺骗手段”的司法认定

根据《刑法》第175条之一规定，“欺骗手段”的理解与把握是认定骗取贷款罪等罪名的关键点之一。实践中，对此存在不同的理解。有的认为，申请人在申请信贷资金或信用过程中只要有虚构事实、隐瞒真相的行为表现，或者提供了假证明、假材料，或者信贷资金没有按照申请时所承诺的用途使用，都可认定为“欺骗”，也就是说，只要具备其中任何一种形式的欺骗，都构成客观方面中的“骗取”。有的则认为，考虑当前实际，对“欺骗手段”应该从严解释，那些在贷款过程中仅提供虚假财务数据，贷款用途真实的不构成犯罪，也就是说，欺骗手段应该局限于用途虚假上。我们认为，这两种观点都有失偏颇，前者可能会造成“欺骗手段”的泛化，后者则又可能人为限缩本罪的处罚范围，不利于准确定性。在实践中，对“欺骗手段”的理解和认定应当注意以下几点：

首先，骗取贷款罪中的欺骗行为与取得贷款之间应当具有因果关系，其目的在于“骗取金融机构信任”。也就是说，行为人在向金融机构申请贷款的过程中，采取欺骗手段提供与客观事实不符的材料或者陈述，致使金融机构产生错误认识，将本来不应该贷给行为人的贷款贷给行为人。在实践中，如果行为人提供虚假的材料与取得贷款没有实质性的影响力或影响力很小，则行为人的欺骗行为与取得贷款之间没有刑法上的因果关系。因此，浙江省的《会议纪要》第 1 条明确如下：刑法第一百七十五条之一规定的“欺骗手段”是指行为人在取得银行或者其他金融机构的贷款、票据承兑、金融票证时，采用虚构事实、隐瞒真相等手段，掩盖客观事实，骗取银行或者其他金融机构信任的行为。行为人编造虚假的资信证明、资金用途、抵押物价值等虚假材料，导致银行或者其他金融机构高估其资信现状的，可认定为使用“欺骗手段”。

其次，骗取贷款罪与贷款诈骗罪的主要区别在于行为人主观上是否具有诈骗故意，关键在于有无非法占有目的的审查判断。从立法背景看，在制定《刑法修正案（六）》之前，公安机关、人民银行等部门提出，实践中一些单位和个人以虚构事实、隐瞒真相等手段，骗用银行或其他金融机构的贷款。但要认定骗贷人具有“非法占有”贷款的目的很困难。有些单位和个人虽然虚构事实、隐瞒真相、编造虚假理由获得贷款，但由于没有充分证据证明行为人主观上是否有非法占有的目的，致使这类案件的处理陷入两难境地。有的案件虽然给金融机构带来了较大损失，但由于不能认定为贷款诈骗罪,客观上危害了金融安全,因此,《刑法修正案(六)》确立了骗取贷款这一新罪名。目的在于弥补《刑法》第 193 条贷款诈骗罪在“认定非法占有故意”上取证困难的不足。立法机关认为,考虑实践中以欺骗手段获取银行和金融机构贷款,有些虽然不具有非法占有目的,但的确给金融机构造成了损失,扰乱了正常金融秩序。骗取金融机构信用与贷款,使金融资产运行处于可能无法收回的巨大风险之中,有必要规定为犯罪。弄清这一立法本意,对于我们在司法实践中把握该罪的定罪标准具有重要的指导意义。

最后,骗取贷款罪与贷款诈骗罪既有区别,又有联系。从立法背景来看,骗取贷款罪有对贷款诈骗罪进行补漏的作用。骗取贷款罪与贷款诈骗罪在客观行为上是极为相似的,行为人都使用欺骗手段从银行或金融机构获得贷款。考虑到实践中以欺骗手段获取银行和金融机构的贷款,客观上扰乱了正常的金融秩序,《刑法修正案(六)》将主观上不具有非法占有目的的骗取贷款行为入罪。要区分骗取贷款罪与贷款诈骗罪,关键要从审查主观故意入手。从现实情况来看,控制骗取贷款罪打击面的关键在于“重大损失”或者“其他严重情节”的严格认定,而从欺骗手段的角度控制本罪的处罚范围在操作上也会存在较多困难。因此,《会议纪要》明确指出,《刑法》第一百七十五条之一的“欺骗手段”的具体认定原则上可参考刑法关于贷款诈骗罪的相关规定。具体包括编造引进资金、项目等虚假理由骗取银行或者其他金融机构的贷款、使用虚假的经济合同诈骗银行或者其他金融机构的贷款、使用虚假的证明文件诈骗银行或其他金融机构的贷款等表现形式。

(二)“重大损失”或者“其他严重情节”的司法认定

根据《刑法修正案(六)》的规定,要构成本罪,必须具备“给银行或者其他金融机构造成重大损失或者有其他严重情节”这一要件。骗取贷款罪之所以成为司法实践中争议比较大的罪名,原因还在于公、检、法等办案机关和社会方面对于该罪的客观方面特别是“重大损失”或者“其他严重情节”有不同的理解和认定,对如何罚当其罪存在诸多分歧和争议。浙江省的《会议纪要》第 2 条围绕“重大损失”“其他严重情节”等构成要件的理解与把握等问题作了规定，主要体现了以下几个方面的司法精神：

第一，明确了骗取贷款罪等的打击重点。针对司法实践中可能存在骗取贷款行为刑事打击扩大化等实际情况，经过研究，明确本罪的构成一般要求有实际损失。我们认为，将本罪的打击重点放在“立案时逾期未偿还并已给银行或者其他金融机构造成重大损失”的情形，对没有损失或一审判决前已偿还的，不作为犯罪处理或可以从宽处理，有利于合理控制犯罪的打击面，并鼓励行为人在案发前积极偿还信贷资金，最大限度地挽回银行或者其他金融机构的经济损失。为此，《会议纪要》第2条第1款明确指出，根据《刑法》规定，行为人以欺骗手段取得银行或者其他金融机构贷款、票据承兑、金融票证，给银行或者其他金融机构造成重大损失的，应当追究刑事责任。在一审判决前偿还的，可以从宽处理。其中，“重大损失”的数额标准，本次《会议纪要》第2条第3款参照最高人民检察院、公安部《追诉标准二》，继续沿用浙江省高级人民法院于2012年11月9日制定下发的《关于部分罪名定罪量刑情节及数额标准的意见》第32条确定的数额标准，明确“重大损失”的起点数额为20万元人民币，即作了如下规定，行为人以欺骗手段取得贷款、票据承兑、金融票证，给银行或者其他金融机构造成直接经济损失数额在20万元以上不满100万元的，认定为刑法第一百七十五条之一的“重大损失”。

第二，贯彻了宽严相济的刑事政策。为合理控制打击面，贯彻宽严相济的刑事政策，《会议纪要》第2条第2款规定，行为人以欺骗手段取得银行或者其他金融机构贷款、票据承兑、金融票证，数额超过100万元人民币不满500万元，但在侦查机关立案前已偿还信贷资金，未给银行或者其他金融机构造成直接经济损失的，或者行为人以自有财产提供担保且担保物足以偿还贷款本息的，可认定为《刑法》第13条的“情节显著轻微危害不大的”，不作为犯罪处理。可能存在的疑问是，本条与《追诉标准二》规定存在冲突（骗取贷款数额超过100万元的，就可认定为“具有其他严重情节”，予以立案追诉），在实践中究竟应当如何正确理解和执行最高人民检察院、公安部作出的《追诉标准二》等相关规定？对此，最高人民法院于2010年6月21日下发的《关于在经济犯罪审判中参照适用〈最高人民检察院、公安部关于公安机关管辖的刑事案件立案追诉标准的规定(二)〉的通知》(法发〔2010〕22号)已经提出了如下明确要求:(1)最高人民法院对相关经济犯罪的定罪量刑标准没有规定的,人民法院在审理经济犯罪案件时,可以参照适用《追诉标准二》的规定。(2)各级人民法院在参照适用《追诉标准二》的过程中,如认为《追诉标准二》的有关规定不能适应案件审理需要的,要结合案件具体情况和本地实际,依法审慎稳妥处理好案件的法律适用和政策把握,争取更好的社会效果。(3)最高人民法院将在进一步总结审判经验的基础上,对审判实践中亟需的相关经济犯罪定罪量刑标准作出具体规定。在此之前,拟通过有关工作会议、司法文件、公布典型案例等方式,对人民法院经济犯罪案件审判工作加强指导,以不断提高经济犯罪案件审判水平,更好地服务经济社会发展和依法惩处经济犯罪工作的需要。根据该通知精神,鉴于原标准设定的部分数额起点标准过低,不能适应案件审理需要,结合浙江实际,《会议纪要》将无损失情况下的定罪起点标准提高到目前规定的500万元。

第三,贯彻了立法本意和上级文件精神。在讨论过程中,有人提出,行为人以欺骗手段取得银行贷款,数额超过100万元人民币,但在立案前已经偿还,未给银行或者其他金融机构造成损失的,均可认定为《刑法》第13条的"情节显著轻微危害不大的"情形,一律不作为犯罪处理。这一观点没有被采纳。我们认为,对数额超过100万元但未造成损失的骗贷情形一律不作为犯罪欠妥,有关设定数额上限的建议合理合法。主要理由是:其一,刑法有规定。根据刑法规定,本罪除了"造成严重损失"情形,还包括"有其他严重情节",对于行为人的骗取行为虽然没有给银行或者其他金融机构造成重大损失,但其行为本身具有严重的社会危害性,如前述的数额特别巨大、多次实施等,也应当以犯罪论处。其二,上级司法文件有规定。比如,《追诉标准二》规定:骗取贷款数额超过100万元(不要求有损失),就可认定为"具有其他严重情节",予以立案追诉。浙江省高级人民法院原先出台的数额标准也作了规定:数额在100万元以上不满500万元,属于"有其他严重情节",处3年以下有期徒刑;数额在500万元以上的,属于"有其他特别严重情节",处3年以上7年以下有期徒刑。其三,数额特别巨大的情形中有刑事惩罚的必要性。一般来说,行为人的骗贷行为,本身就已危害到了国家的金融管理秩序,在该类违法犯罪行为日益增多和严重的今天，理应通过刑罚来加以惩戒；骗贷的原因，多是因为贷款人的资信存在问题，无法通过正常的贷款审查程序，而“资信”又是评价贷款人还款能力的重要指标，贷款人不真实的资信，无疑会增大银行贷款和利息的回收风险，具有当然的社会危害性，并且贷款数额越大，回收风险也就越大，社会危害性也就越大，“追诉标准”将“骗取贷款 100 万元以上”作为刑法条文中的“其他严重情节”并没有违反立法原意，反而有效地严密了刑事法网。也就是说，《追诉标准二》对“骗取行为取得贷款数额在 100 万元以上的”的规定，应当理解为对犯罪情节的规定，并未突破刑法对骗取贷款罪客观方面的规定。如果不设定数额上限，则可能会对一些重大案件的处理造成影响。综上，我们认为，增设数额上限的意见建议有道理，既有刑法、追诉标准等法律依据，也有浙江实际情况的考虑。在公安部等追诉标准的基础上，考虑浙江省实际，从原先的 100 万元上提到 500 万元，既体现了合理控制犯罪打击面的精神，又符合最高人民法院关于参照适用公安、检察追诉标准的有关文件精神。为了稳妥起见，笔者认为，对行为人以欺骗手段取得银行或者其他金融机构贷款超过 500 万元但未给银行或者其他金融机构造成损失的情形，是否予以一律定罪，亦不可一概而论。故《会议纪要》第 2 条第 3 款规定：“行为人以欺骗手段取得银行或者其他金融机构贷款、票据承兑、金融票证，数额超过五百万元，未给银行或者其他金融机构造成直接经济损失的，是否需要追究刑事责任，可综合考虑行为人的主观恶性、行为的客观危害，如行为人在授信、贸易背景、贷款用途、抵押物价值等方面是否存在多环节或多次实施欺骗手段、有无给其他人造成经济损失等案件具体情节加以确定。”

（三）兜底情形的司法认定

为防止遗漏，不断适应未来案件审理的需要，确保依法审慎稳妥处理好每一个案件的法律适用和政策把握，争取更好的社会效果，《会议纪要》第 3 条设置了一定的兜底性条文，即“除第二条规定的情形外，行为人以欺骗手段取得银行或者其他金融机构贷款、票据承兑、金融票证的行为是否构成骗取贷款、票据承兑、金融票据罪,严格按照刑法和相关司法解释的规定处理”。

(四)共同犯罪和其他罪名的司法认定

关于金融犯罪的共犯形态,是一个值得研究的问题。实践中,行为人与金融机构工作人员勾结,金融机构工作人员明知行为人不符合贷款条件而仍然为其发放贷款的,对行为人和金融机构工作人员如何定罪?这个问题从宏观上说就是有身份之人与无身份之人共同实行犯罪时的定性问题,这个问题学界争议颇大,主要有主犯决定说、分别定罪说、实行行为决定说、身份决定说等。考虑到理论上有争议以及实际情况比较复杂等因素,《会议纪要》第 4 条第 1 款仅对担保人明知他人实施骗取贷款、票据承兑、金融票证行为而为其提供虚假担保的情形作了原则性规定,即“担保人明知他人实施骗取贷款、票据承兑、金融票证行为而为其提供虚假担保的,可作为共同犯罪处理”。同时,《会议纪要》第 4 条第 2 款明确指出,“银行或者金融机构工作人员明知行为人采取了虚构事实、隐瞒真相手段仍予以发放贷款、出具票据等金融票证,或者行为人、银行或者其他金融机构工作人员各自或共同虚构事实、隐瞒真相取得担保人担保,构成其他犯罪的,按照刑法和相关司法解释的规定处理”。实践中,则需要具体情况具体分析。

三、非法集资类犯罪司法解释所涉问题的司法认定——《关于当前办理集资类刑事案件适用法律若干问题的会议纪要(二)》解读

为依法惩治非法吸收公众存款、集资诈骗等非法集资犯罪活动,科学、准确地定位非法集资,更好地适应政策法律调整以及对新型非法集资活动打击的需要,最高人民法院于 2010 年 12 月 13 日公布了《关于审理非法集资刑事案件具体应用法律若干问题的解释》(以下简称《解释》)。《解释》第 1 条对非法集资概念的特征条件予以具体细化,明确成立非法集资需同时具备非法性、公开性、利诱性和社会性四个特征,即(1)未经有关部门依法批准或者借用合法经营的形式吸收资金;

(2)通过媒体、推介会、传单、手机短信等途径向社会公开宣传；(3)承诺在一定期限内以货币、实物、股权等方式还本付息或者给付回报；(4)向社会公众即社会不特定对象吸收资金。同时明确规定“未向社会公开宣传，在亲友或者单位内部针对特定对象吸收资金的，不属于非法吸收或者变相吸收公众存款”。

针对浙江省非法集资类案件高发情况，为了有效、重点打击危害严重的非法金融活动，实现刑事司法的法律效果和社会效果的有机统一，浙江省高级人民法院联合省检察院、省公安厅于2008年12月下发了《关于当前办理集资诈骗类刑事案件适用法律问题的会议纪要》(以下简称《纪要》)。《纪要》明确指出：(一)未经依法批准，以承诺还本分红或者付息的方法，向社会不特定对象吸收资金，用于发放贷款、办理结算、票据贴现、资金拆借、信托投资、金融租赁、融资担保、外汇买卖、证券期货等非法营利活动的，应当依法按照非法吸收公众存款定性处理；行为人具有非法占有目的的，应当依法按照集资诈骗等处理。(二)为生产经营所需，以承诺还本分红或者付息的方法，向相对固定的人员(一定范围内的人员如职工、亲友等)筹集资金，主要用于合法的生产经营活动，因经营亏损或者资金周转困难而未能及时兑付本息引发纠纷的，应当作为民间借贷纠纷处理。对此类案件，不能仅仅因为借款人或借款单位负责人出走，就认定为非法吸收公众存款犯罪或者集资诈骗犯罪。(三)以生产经营或者投资所需为幌子，以承诺还本分红或者付息的方法，向社会不特定对象吸收资金，非法占有资金的，按照集资诈骗犯罪处理。该《纪要》与最高人民法院的《解释》精神基本相符。

2011年上半年，有些公安机关、检察院、法院在审理此类案件中就如何理解和认定“向社会公众吸收资金”和“向社会公开宣传”等产生了不同认识，控辩双方也往往存在较大分歧。为统一法律适用尺度，防止执法偏差，根据刑法和司法解释的有关规定，浙江省高级人民法院与省人民检察院、省公安厅于2011年7月18日下发了《关于当前办理集资类刑事案件适用法律若干问题的会议纪要(二)》(以下简称《纪要(二)》。该《纪要(二)》的起草主要坚持以下三个原则：一是严格按照法律规定和相关司法解释的规定的原则。即纪要不能与法律和司法解释相违背，因此在纪要中强调了非法吸收公众存款的本质、认定非法集资的客观依据，以及认定区分非法吸收公众存款和集资诈骗的关键问题,严格遵照立法精神。二是立足解决实践中的难点和热点问题的原则。《纪要(二)》所明晰的三个问题,即社会公众、公开宣传、非法占有目的的认定问题,均为当前审理该类案件的难点和重点问题,各地反响均非常强烈。《纪要(二)》下发后,全国各地均来咨询解决,认为《纪要(二)》对于解决实践中的难点问题意义重大。国务院“处置非法集资部际联席会议领导小组办公室”在调研中对浙江省出台的《纪要二》所明确的内容、取得的法律效果和社会效果均给予了较高的评价,认为《纪要》和《纪要(二)》的出台相当及时、相当有效,是浙江省打击和处理非法集资案件的一大亮点。三是坚持主客观相统一原则。《纪要(二)》强调该三个难点问题的解决,要始终贯彻主客观相统一的原则,该原则是审查判断的依据。从《纪要(二)》下发几个月的各地法院反馈来看,主客观相统一原则的再次强调,进一步明确和强调了对该类案件的认定思路和方法,效果比较明显。

(一)非法吸收公众存款罪中“向社会公众吸收资金”的司法认定

近年来,关于向社会公众即社会不特定对象非法集资的认定问题,一直是该类案件的审理难点和重点。在审理过程中,被告人往往辩解,其系向亲戚朋友及亲戚朋友介绍的社会其他人员吸取资金,并非向“社会不特定对象”即“社会公众”集资。《纪要(二)》从《刑法》第176条的立法本意出发,强调“非法吸收公众存款等集资犯罪行为的本质特征在于违反规定向社会公众即社会不特定对象吸收资金”。为了更好地准确认定该问题,一是强调认定的基本原则,即既要考察行为人主观上是否仅向特定对象吸收资金,又要考察其客观上所实施的行为是否可控。要审查行为的客观行为的表现,如果行为人对集资行为的辐射面事先不加以限制、事中不作控制,或者在蔓延至社会后听之任之,不设法加以阻止的,应当认定为向社会不特定对象吸收资金。客观综合表现为,行为人对集资规模和对象并无预设,只要有资金,不论是谁出借均予以吸收。司法实践中确有部分行为人开始主观上系向固定对象集资,后期再转化为向不特定对象集资,其对集资的辐射面的审查判断是审查判断的重要依据。二是列举了两类特殊现象。第一类是表面上向单位职工或亲友固定集资,实际上系通过内部职工或亲友向社会不特定群体集资,应认定为向“社会公众”即“不特定对象”集资。第二类是行为主观上系向单位内部职工或者亲友集资,而单位内部职工或固定亲友以自己的名义向社会集资给行为人。如行为人知晓后加以制止则不能认定为“社会公众”。

(二)非法吸收公众存款罪中“向社会公开宣传”的司法认定

根据司法解释规定,“向社会公开宣传”即“公开性”是非法吸收公众存款罪的必备要件,对于宣传的途径采用了列举的方式,即“通过媒体、推介会、传单、手机短信”等。从浙江省历年审理的非法集资类案件来看,采用司法解释列举的几种典型手段较少,绝大部分行为均系采用“口口相传”“人传人”的手段,手段相对隐蔽。有的地方认为,司法解释没有将口口相传等途径列入公开宣传,说明凡是私底下,没有采取公开宣传手段的案件均不构成非法集资,因此不构成非法吸收公众存款罪和集资诈骗罪。2011 年年初浙江省部分法院审理该类案件时,被告人及辩护人均以该理由进行辩解,使审理陷入困境。经研究,我们认为,如果对行为人普遍采用的口头宣传、人传人的手段均不予认定,违背法律规定的精神。因此在充分调研的基础上,对该问题进行了明确。主要基于以下思路:一是强调向社会公开宣传系判定行为人主观上具有向社会不特定对象集资的客观依据之一。二是坚持主客观相统一的原则审查判断口头宣传的效果是否属于公开宣传。主观上要审查判断该行为人对他人口头宣传或者人传人的方法宣传是否知情、态度如何,有无具体参与、是否设法加以阻止等主客观因素。三是从以下三个方面考量,对公开宣传作出明确:

1. 向社会公开宣传的相对性

公开宣传既包括对社会各阶层广大群体通过媒体宣传,又包括为逃避监管,采用相对隐蔽的手段向不特定群体宣传。之所以这样考虑,主要是根据《刑法》第 176 条规定的立法原意及中国人民银行和国家工商管理局《关于进一步打击非法集资活动的通知》所指出的“非法集资”行为包括利用民间会社形式或者利用传销或秘密串联的形式。一些犯罪行为为逃避监管，而采用相对隐蔽的手段，仅仅是在一定范围的不特定对象内公开，但并未向社会各阶层公开。如果将此类行为片面理解为一定要向社会各层面公开，而不认定为犯罪的话，将会放纵这类犯罪。

2. 公开宣传的范围问题

一些地方认为仅仅在小范围内宣传不属于向社会公开宣传。这种理解较片面，因此明确，公开宣传的范围既包括向全国、省、市、县大范围的宣传，又包括向小范围宣传。比如一个社区、一个村等，只要向不特定对象宣传，均可构成公开宣传。

3. 公开宣传的手段问题

《纪要(二)》明确规定：公开宣传的手段可以多种多样，并不局限于《解释》中列举的几种典型方式，实践中要坚持主客观相统一原则。主观上主要审查行为人对口头宣传等方式是否知情、态度如何，社会辐射面扩大后是否加以阻止等。如行为人主观上有向不特定对象集资的故意，客观上主动口头宣传、拉人头、要求或鼓动他人为其集资进行宣传，或者对于他人宣传形成公开集资的氛围放任而不加以制止，并对宣传后不特定对象的集资款来者不拒，可认定为公开宣传。如果行为人主观上没有向社会不特定对象集资的故意，客观上未实施口头宣传、要求他人宣传，或对他人宣传不进行制止的行为，则不能认定为公开宣传。

（三）集资诈骗罪中“非法占有目的”的司法认定

非法占有目的是区分集资诈骗罪和非法吸收公众存款罪等其他集资犯罪的关键所在，也是审理此类案件的难点。集资类案件犯罪活动持续的时间往往比较长，行为人在非法集资之初往往为了非法牟利，不一定就有“非法占有目的”，而是在非法集资的过程中，随着形势的发展变化，非法占有的故意逐步形成并越来越明确；参与实施的人员也可能比较多，部分行为人与主犯之间不一定有非法占有目的的犯意联络。因此，在审理中，正确判定行为人“非法占有目的”的有无以及“非法占有目的的产生时间”就显得非常重要。《解释》第 4 条第 2 款规定：“使用诈骗方法非法集资,具有下列情形之一的,可以认定为‘以非法占有为目的’:(一)集资后不用于生产经营活动或者用于生产经营活动与筹集资金规模明显不成比例,致使集资款不能返还的;(二)肆意挥霍集资款,致使集资款不能返还的;(三)携带集资款逃匿的;(四)将集资款用于违法犯罪活动的;(五)抽逃、转移资金、隐匿财产,逃避返还资金的;(六)隐匿、销毁账目,或者搞假破产、假倒闭,逃避返还资金的;(七)拒不交代资金去向,逃避返还资金的;(八)其他可以认定非法占有目的的情形。”为了避免客观归罪,该条第3款明确,“集资诈骗罪中的非法占有目的,应当区分情形进行具体认定。行为人部分非法集资行为具有非法占有目的的,对该部分非法集资行为所涉集资款以集资诈骗罪定罪处罚;非法集资共同犯罪中部分行为人具有非法占有目的,其他行为人没有非法占有集资款的共同故意和行为的,对具有非法占有目的的行为人以集资诈骗罪定罪处罚”。据此,《纪要(二)》在强调认定行为人主观上是否具有非法占有的目的,应当根据主客观相统一原则加以综合分析认定的基础上,主要对各地反映较为集中和强烈的两个方面的问题予以明确:

一是行为人在非法集资过程中产生非法占有目的,如何定罪的问题。这要求法院在审判中,要根据被告人的经营盈亏情况、集资规模、资金用途、是否虚构事实,结合被告人主观心理状态,进行综合分析,如果被告人开始集资时没有虚构事实,且资金均用于合法经营,集资规模与投资规模基本相当等,对于该时段的行为不以非法吸收公众存款定罪。如在集资过程中,经营亏损或丧失偿还能力,行为仍以投资为由,集资款并未用于投资,虚构资金用途、用于非法活动等,符合《解释》规定的非法占有目的认定的情形的,对于其在非法占有目的下进行的非法集资行为,应当只对非法占有目的支配下的非法集资犯罪行为以集资诈骗罪定性处罚,并与前期的非法吸收公众存款罪实行数罪并罚。

二是对行为以投资为由向社会不特定公众集资,将集资款投资期货、股票等高风险行业,是否可以推定行为人具有非法占有的目的的问题。该问题在司法实践中难以把握。主要原因是《解释》对于行为将集资款用于非法活动作为推定行为具有非法占有目的依据,但在司法实践中,而投资期货、股票等高风险行业并非非法活动的范畴,实践中如何去把握?从调研情况来看,对于投资于高风险行业是否认定其具有非法占有目的,不宜一概而论,应从以下几个方面考量。第一,行为人是否有抗风险能力即是否有自有资金;第二,主观上是否有抗风险的意识即是否有控制风险的措施,对于造成大量亏损后的态度即是否控制风险,如无抗风险能力,无视风险;第三,在造成大量亏损后,不控制风险而继续集资投入,致使集资款无法偿还。综合分析判断以上情节可推定行为人具有非法占有目的。①

四、集资类案件刑民交叉问题的司法认定——《关于当前办理集资类刑事案件适用法律若干问题的会议纪要(三)》解读

为了进一步处理好集资类案件,统一执法尺度,更有效地维护金融秩序、保护被害人的合法权益,浙江省高级人民法院与省人民检察院、省公安厅于2008年12月下发了《关于当前办理集资类刑事案件适用法律问题的会议纪要(三)》(以下简称《纪要(三)》),对非法集资类刑事案件的定罪标准进行了明确,有效控制打击面,突出打击重点,效果明显。2010年12月31日最高人民法院《关于审理非法集资刑事案件具体应用法律若干问题的解释》下发后,有些公安机关、检察院、法院在审理该类案件中对如何理解司法解释中非法集资的"公开性""社会性"等问题产生了不同认识,为此,浙江省高级人民法院刑二庭经过调研后又与省人民检察院、公安厅业务部门协调研讨,于2011年7月18日联合下发了《纪要(二)》,进一步明确了非法集资的"公开性""社会性""非法占有目的"的认定等问题,统一了司法尺度。该《纪要(二)》下发后,受到国务院"国家处非办"的高度肯定,并将该文件转发给全国各省、自治区、直辖市人民政府办公厅,供各地在处置非法集资案件时参考。随着社会经济形势的发展,在司法实践中,处理非法集资类案件的新情况、新问题又不断产生,其中刑民交叉案件的认识和处置问题日益突出,不少地方司法机关反映,对于该类案件的处理存在分歧。可以说,最近几年,集资类案件刑民交叉问题的认识和处置已成为社会关注的焦点和审判的难点。为掌握集资类案件的审

---

① 肖国耀、陈增宝:《〈关于当前办理集资类刑事案件适用法律问题的会议纪要(二)〉解读》,载《浙江审判》2012年第9期。

理现状，统一刑民交叉问题的法律适用尺度，探索科学、合理的处置模式和工作机制，浙江省高级人民法院决定成立课题组，由院领导牵头，由刑二庭、民二庭等部门联合对此展开专题调研。课题组通过座谈、收集典型事例和做法、查阅案卷、统计数据等形式，对浙江省范围内的集资类案件的审理情况进行了比较全面的了解，针对全省各地做法和存在的问题进行了有针对性的分析，并提出了具有可操作性的建议，形成2万余字的《关于集资类案件刑民交叉问题的调研报告》，主体部分已在最高人民法院编辑的《刑事审判参考》第89集发表。① 在调研的基础上，经与浙江省人民检察院、省公安厅多次研讨，浙江省高级人民法院牵头起草了《关于当前办理集资类刑事案件适用法律问题的会议纪要（三）》（以下简称《纪要（三）》），对实践中存在的如何处理"打击与保护的关系""刑民交叉情况下的程序处理、合同的效力"等问题作出了进一步的明确。现《纪要（三）》已经省公、检、法三家会签，并下发全省各级法院、检察院和公安机关执行。为便于大家理解和适用《纪要（三）》，本书就《纪要（三）》的主要内容及其精神作如下解读。

（一）非法集资本质特征的司法认定

实践中，要根据行为的本质特征，准确把握具体案件定性。根据立法本意，刑法规定非法吸收公众存款罪、集资诈骗罪，主要是打击扰乱社会主义金融秩序的非法金融行为。非法吸收公众存款罪，主要打击违法从事从社会不特定对象吸取资金，而进行发放贷款、办理结算、票据贴现、资金拆借等金融活动的非法金融行为。通俗一点讲，一般所指的对象为做资金生意的人。我们认为，非法集资的核心内涵和本质特征在于未经依法批准，以高息为诱饵，向社会公众即社会不特定对象募集资金。根据这一本质特征，《纪要（三）》对以下两个具体实务问题作了明确规定：

---

① 本课题由浙江省高级人民法院原常务副院长王幼璋主持，课题组由崔盛钢副院长（时任审判委员专职委员）、民二庭庭长章恒筑、刑二庭庭长吴国宝以及陈增宝、肖国耀、楼颖等法官组成。本节的写作参考并吸收了课题组成员的观点或意见建议，在此表示感谢！

1. 关于前期资金用于生产经营活动，生产经营亏损和停止后，行为人继续以高息为诱饵向社会公众集资的行为的定性问题

对此，《纪要（三）》明确指出，“实践中，对于行为人按生产经营规模所需吸收资金，并用于生产经营活动的，可不以非法吸收公众存款罪处理。对行为人前期吸取资金用于生产经营活动，因生产经营不善导致亏损或者生产经营活动停止后，演变为向社会不特定对象吸收资金的，对后期行为可以认定为非法吸收公众存款罪”。其中，对于后期行为，从行为人的主观上考虑，主要是利用后期的集资“拆东墙补西墙”，支付前期的本息，该后期的行为实际并不是用于生产经营，而是纯粹的资金往来，由于利息高启，资金缺口必然会加大，为维持资金链条，势必加大集资规模，给金融秩序带来巨大的破坏，亦给集资户带来巨大的损失，因此该行为等同于“非法金融行为”，符合非法集资类刑事案件的构成要件。这样表述主要是为了纠正实践中存在的“只有非法集资用于做资金生意的才可以定非法集资类犯罪，与生产经营相关的均不能以非法集资类犯罪定罪”的观点。

2. 关于因经营亏损后非法集资行为的定性问题

对此，《纪要（三）》明确指出“行为人在严重负债的情况下，明知自己无法偿还，仍以生产经营为幌子，以高息为诱饵，大肆非法集资，造成巨额集资款无法归还的，应当认定其主观上具有非法占有目的，以集资诈骗罪定罪处罚”。这主要是从行为人是否具有非法占有的目的角度作出的综合认定。实践中，如果有的经营行为因亏损或者其他原因停止，不再经营，继续非法集资，无证据证实其具有非法占有集资款的目的，则宜以非法吸收公众存款罪定罪。

（二）刑、民界限的司法认定

在调研中发现，各地司法机关在处理该类案件中存在以下两种倾向：一是机械理解最高人民法院《关于审理非法集资刑事案件具体应用法律问题若干问题的解释》（以下简称《解释》）第 3 条规定定罪数额和受害人人数，纯粹按照人数和数额立案或者定罪，不考虑《解释》第 1 条规定的非法集资类犯罪“非法性、利诱性、公

开性、社会性”的基本特征。《解释》第1条是第3条的前提，第3条仅仅是定罪标准，对于将第1条和第3条割裂理解的错误倾向，应当予以纠正。因此在《纪要（三）》第4条中予以了明确。二是以被害人上访为条件，基于维稳的压力，不考虑非法集资犯罪的构成基本特征而立案的倾向。在调研中，各地均不同程度地反映了该问题。当然大部分案件确实存在非法集资犯罪，但少部分案件证据并不确实，不符合非法集资犯罪的基本构成，完全可以通过其他途径进行妥善处理，客观上扩大了刑事的打击面。为了避免维稳需要，摒弃犯罪构成特征的现象，《纪要（三）》第4条明确指出，要“围绕集资犯罪构成要件，严格区分刑、民界限”。

我们认为，刑法对非法吸收公众存款罪、集资诈骗罪等所作的法律规定是对相关集资类犯罪构成要件的高度概括。最高人民法院《关于审理非法集资刑事案件具体应用法律若干问题的解释》（以下简称《司法解释》）第1条所规定的“非法性、公开性、利诱性、社会性”四大特征，是判定非法集资犯罪的具体标准。《司法解释》第3条所规定的定罪数额和人数要求，是在集资行为人同时符合第1条规定的“四大特征”前提下，所必须具备的定罪标准，在实践中不应脱离刑法规定的犯罪构成要件，将《司法解释》第1条和第3条割裂开来，仅以具体集资的人数或数额作为区分民间借贷与非法集资犯罪的界限，机械地理解和执行刑事立案标准。

（三）关于“不特定对象”及“亲友”的司法认定

该问题系非法集资类犯罪案件事实认定的难点问题之一，《纪要（二）》已作出过相关规定，但各地对《纪要（二）》理解存在偏差，特别是对于“亲友”的理解，理论和实践中均存在一些争议，需要在司法实践中具体情况具体分析。因此在《纪要（三）》第5条中强调指出，对不特定对象的认定，要严格贯彻《纪要（二）》的有关精神，根据主客观相统一的原则整体加以把握。对涉及“亲友”的案件，应当针对案件具体情况具体对待，如果行为人先期仅向亲友“借款”，没有扩大，后来再转为向不特定对象集资，该亲友的“借款”可不认定为犯罪数额。如系通过亲友向社会公众集资,或者被告人主观上产生了非法集资的目的后,在向社会不特定对象集资的同时,亦向亲友集资,则亲友的集资数额不应从犯罪数额中剔除。

(四)"资金用于生产经营活动"的司法认定

在司法实践中,我们所处理的大部分集资类案件均与生产经营有一定关联。因此,在《纪要(一)》中亦明确,"所集资金主要用于生产经营的,因经营亏损或资金周转困难而未能及时兑现本息引发纠纷的,应当做民间借贷纠纷处理"。据此,对于向社会公众吸取资金,用于非法金融活动,定罪无疑。主要涉及如何理解用于"生产经营活动"。审判实践中,非法集资行为人往往以"资金用于生产经营活动"来抗辩其行为不构成非法集资类犯罪,各地司法机关亦存在不同的认识。特别是非法集资类犯罪行为人均有购车、购房等行为,且往往辩解其购车、购房或其他消费行为均系用于生产经营活动,给各地处理案件带来一定难度,各地处理不一。对此,《纪要(三)》强调指出,要"注重查实资金的来源及去向,合理界定'资金用于生产经营活动'"。

我们认为,资金的来源、用途和去向,是判定行为人是否向社会不特定对象吸收资金、主观上有无非法占有目的的主要依据之一。办案机关应当特别注重对行为人所吸收资金来源、用途和去向的调查取证。所谓"资金用于生产经营活动"是指将募集的资金用于企业因生产经营活动所需的正常合理支出。对于将募集资金用于购车、购房等情形,是否属于"资金用于生产经营"不宜一概而论。在实践中,应结合其主观动机、实际用途等因素综合分析后加以判定。如行为人将资金用于购买运输等正常的生产经营所需的工作用车或者购买生产经营所需房产等,可认定其将资金用于生产经营活动。如明显不属于生产经营所需,则不能认定其将资金用于生产经营活动。行为人为弥补亏损,无视自身实力和抗风险能力,滥用他人资金盲目博弈,将集资款用于高风险投资(如期货、股票)的,一般不能认定为用于生产经营活动。

(五)刑民交叉情形下借款合同和担保合同效力的司法认定

该问题在司法实践中争议较大,目前司法实践中存在"无效说""有效说""区别情形说"三种观点。"无效说"认为:民间借贷合同和担保合同均无效。"有效说"认为:债务人构成非法吸收公众存款罪的情形下,民间借贷合同和担保合同均有效。① "区别情形说"认为,审判实践中各个案件往往呈现出不同的特点:有的是构成非法集资犯罪的个人以公司名义借款,但公司不涉嫌犯罪;有的是借款单位直接构成单位犯罪;有的担保人和债务人之间存在密切的关联关系,担保人想通过主张合同无效免除担保责任;有的出借人考虑到保证期间超过的问题,起诉时即主张合同无效,仅要求担保人承担三分之一的赔偿责任,等等。因此,一律将借贷合同和担保合同认定为有效或无效的观点,不足以应对审判实践中复杂多变的各种案件。对此,《纪要(三)》指出,要"审慎认定刑民交叉情形下民间借贷合同和担保合同的效力"。

我们认为,审理民间借贷纠纷案件时,如果相关刑事判决已经生效,且讼争借款已被刑事裁判认定为非法集资犯罪事实的,为避免刑事、民事判决矛盾冲突,原则上应认定借贷合同无效。根据担保法的精神,涉及非法集资类犯罪的借贷合同无效的,担保合同一般应认定为无效。担保人承担的责任应根据案件实际情况按以下原则区别对待:

1. 刑事被告人以其实际控制的财产为非法集资提供担保的,一般不认定出借人对担保财产享有优先受偿权。

2. 第三人提供担保的,可依照担保法司法解释第八条的规定,在主合同无效导

---

① 2011年11月《最高人民法院公报》上刊载了由浙江省德清市人民法院一审、湖州市中级人民法院二审的吴国军诉民间借贷、担保合同纠纷案。在《最高人民法院公报》所刊载的该案裁判摘要中,明确了民间借贷纠纷案件和涉嫌非法吸收公众存款罪的案件可以分别审理,民间借贷合同和担保合同的效力也不当然受非法吸收公众存款罪认定的影响。但认为,债务人构成集资诈骗罪,则民间借贷合同无效。因为集资诈骗罪是行为基于非法占有借款的目的,利用非法集资手段实现诈骗行为,因此系以合法行为掩盖非法目的,借款系其诈骗的手段,因此主合同和担保合同均应认定为无效。

致担保合同无效的情形下，根据担保人的过错使其在债务人不能清偿债务的三分之一限额内承担责任。

3. 第三人提供担保，担保人属于明知借款人从事非法集资，或存在其他严重过错导致担保合同无效的，担保人的连带赔偿责任可不受前述三分之一限额责任的限制。构成共犯的，还应依法承担刑事责任。

(六)关于赃款的司法认定

该问题是广大集资户最为关心的问题，集资户对于采取何种程序大部分不关心，而且大部分愿意走民事程序。追赃问题也成为了我们的焦点问题。然而，由于立法的不完善，对于追赃的职权、主体均未明确，在司法实践中，亦较为混乱。再加上各级司法机关信息不通，沟通不灵，导致程序衔接不顺畅，资产处置不合理、不及时，甚至出现了司法机关之间互相推诿等情况。我们调研中发现，一些影响大、社会关注度高，党委、政府高度重视的案件，成立资产清算组，统一协调司法机关，追赃、资产处置均较为顺利、及时、合法合理。但大部分案件，均存在处置不及时、追赃不力等情况。特别是对于已经扣押在案的财产如何移交、易腐败、贬值的财产因得不到及时处理导致处置时贬值太大、刑民交叉时财产的保全和扣押程序的衔接不畅、查扣财产证据固定不实、法院对查扣财产处置不明确等问题。因此，在《纪要(三)》中，明确要求刑事立案侦查后，公安机关要加大力度，查实集资款的去向，及时查封涉案财产并予以证据固定。对于刑民交叉已经被民事保全的财产，及时要求函告，做好衔接工作。对于扣押在案的易腐败、变质、贬值财产，由查扣单位在做好行为人工作的前提下，及时处置。法院在裁判文书中对涉案资产的处理要明确等。对于涉及面广、社会影响大的案件，要及时取得当地党委、政府的支持，形成各级机关相互配合、社会各界相互协调的合力，统一、协调有序、有效地处置，最大限度保护被害人的合法权益。同时，要求各级法院与公安机关之间在非法集资类案件刑民交叉的情形下，做好民事保全与刑事查封、扣押、冻结等强制措施的衔接工作，避免行为人利用刑事和民事程序交接失控而转移财产。

关于《纪要(三)》第10条第(4)项允许合法融资行为债权人依法实现担保物权问题。民事诉讼法修改后,增设了担保物权实现的程序,笔者所在的浙江省高级人民法院也出台了担保物权实现程序的相关文件。非法集资案件涉及担保问题较为突出,如何区分合法融资和非法集资行为,是担保物权实现的基本前提。在司法实践中,主要从两个方面把握:一是担保物权设立的时间在行为人非法集资前,所涉担保债权未被认定为非法集资款。二是在行为人非法集资期间所设立,所涉担保债权未被认定为非法集资款,如正常的银行贷款上设定的担保物权。

五、集资类案件刑民交叉问题的处理机制

刑民交叉,又称刑民交织、刑民互涉,这不是一个正式的、有统一指向的法律概念,一般指案件性质既涉及刑事法律关系,又涉及民事法律关系,相互存在交叉、牵连、影响,或根据同一法律事实所涉及的法律关系,一时难以确定是刑事法律关系还是民事法律关系。近年来,尤其是2008年全球金融危机以来,浙江等沿海地区集资类案件高发。而非法集资类案件系由一笔一笔的"借贷关系"构成,就单笔来看,形式上均表现为"民间借贷",且往往掺入担保、抵押等较为复杂的民事法律关系。实践中,单笔的民事纠纷往往早于刑事案件的案发,或者在债务人在被追究刑事责任过程中,债权人或者相关的抵押权人向法院提起民事诉讼,等等,导致集资类案件中刑民交叉现象频频出现。对集资类案件刑民交叉问题的认识和处置上的混乱,已成为困扰当前审判实践的难点,也是社会关注的热点和焦点。

(一)刑民交叉案件处置混乱带来的负面影响

其一,执法尺度不一导致"同案不同处理程序""同案不同判",损害了司法的公正性。当前,各地在处理刑民交叉问题时做法迥异,有的以涉嫌刑事犯罪为由,对民间借贷纠纷案件一律不予受理,认为被害人的损失可以通过刑事追赃程序予以解决;有的在受理民间借贷纠纷后,发现该案被告人涉嫌非法吸收公众存款,一

律裁定驳回当事人起诉；而有的遵循经济纠纷与经济犯罪分开审理的基本原则，区分民事与刑事两个不同的法律关系，依法保护当事人的民事诉权以及实体权益，借贷合同效力不因债务人涉嫌犯罪而受影响。

其二，由于执法标准不明确或利益驱动等复杂的原因，公安机关、检察院、法院等执法单位对刑民交叉案件的认识往往存在分歧，处置态度和方式也不同，容易出现案件“拖着办”或“抢先办”等不正常现象，损害法律的严肃性。

其三，大量民事案件面临被申诉、再审、撤销的危险，民事裁判的既判力、稳定性和权威性受到极大的挑战。有的主债务人被追究刑事责任后，涉及十几起、数十起甚至上百起“民间借贷”案件的申诉、再审改判问题，如果刚好集中到一个基层法院，涉及刑事、立案、审监、民事等多个部门，显然会对所在法院正常的审判工作秩序带来极大的困扰。

其四，受地方性“司法政策”的影响，极易引发连锁反应形成恶性循环。有的当事人为了达到自己的目的利用关系启动刑事程序，以中止正在进行的民事诉讼，所谓“以刑止民”，容易引发有不当干涉的经济纠纷。

其五，被害人因民事受偿不公平等原因而申诉上访的现象增多。集资类案件涉及面广、量大、人多，且法律关系复杂，案件的管辖、受理法院众多，各地、各类集资户的利益冲突明显。一旦司法机关执法标准不统一、在操作上有失公平，更易引发群体性上访、闹访事件。

（二）处置刑民交叉案件面临的困难和障碍

1. 传统观念的束缚和影响

受传统法律文化的影响，法律思维的基础方式是一切从国家本位出发，倡导个人利益服从集体利益和国家利益，具体到刑民交叉案件的认识和处置上是，容易“重刑轻民”“先刑后民”。一般认为，国家对犯罪的追诉，是对被害人民事权利的最大保护，对被告人定罪判刑是对被害人最大的抚慰。这样的思维在审判实践中产生的直接后果，容易导致司法机关或司法人员常以“刑事优先”为由而对民事部分一律不予受理或裁定驳回起诉，或疏于对被害人经济损失的弥补。

2. 刑法和民法的严格分野

现代意义上刑法与民法、刑事诉讼与民事诉讼的分野，是刑民交叉问题由来的重要条件，也是制约刑民关系处理的理论因素。刑法与民法既有联系，又有区别。通常认为，刑法是民法的保障法，民法是运用刑法解决纠纷特别是确定财产权利归属的前提和基础，但二者的性质、目的，以及处理纠纷的手段、诉讼方式、证明标准和责任措施迥然有异。刑法涉及生杀予夺，以道义性惩罚为基本手段，追求刑罚的个别预防与一般预防效果的统一，讲究刑法干预的“最后手段性”和“谦抑性”，而民法关注个案矛盾纠纷的具体化解，对个人权利进行救济，以功利性补偿为主要调控方式，强调社会关系的恢复与平衡。

由于学科背景和所站角度不同，理论界对于刑民交叉的定义并不明确，对于“先刑后民”“刑民并行”的处理模式均各有论述，但尚不统一。

3. 法律和司法解释有缺陷

法律上的空白和司法解释不统一，是造成目前刑民交叉案件认识和处理混乱的法律原因。目前涉及处理刑民交叉案件的司法文件中，主张“刑事优先”“先刑后民”的依据为：(1)最高人民法院、最高人民检察院、公安部于1985年8月19日联合发布的《关于及时查处在经济纠纷案件中发现的经济犯罪的通知》，同年最高人民法院出台的《关于审理经济纠纷案件发现犯罪必须严肃执法的通知》；(2)最高人民法院、最高人民检察院、公安部于1987年3月11日联合发布的《关于在审理经济纠纷案件中发现经济犯罪必须及时移送的通知》，上述规定均强调法院在审理经济纠纷案件中发现经济犯罪，应全案移送。主张“刑民并行”的主要依据是：1998年最高人民法院出台的《关于在审理经济纠纷案件中涉及经济犯罪若干问题的规定》，明确规定经济纠纷与经济犯罪可以分开审理。此外，最高人民法院于1997年12月13日颁布的《关于审理存单纠纷案件的若干规定》、2000年12月13日最高人民法院《关于刑事附带民事诉讼范围问题的规定》中也涉及刑民交叉案件的法律适用问题。

调研表明，现有的文件或司法解释尚无法为司法实践提供统一明确的指导：一是没有形成协调一致的司法处理方式。对于诈骗类刑民交叉案件,究竟是应该“先刑后民”还是“刑民并行”,上述司法文件的态度并不一致。从前四个司法文件来看,在强调“先刑后民”的同时,也强调根据案件具体情况“刑民并行”,虽然“刑民并行”案件的判断标准并不明确,但在《关于刑事附带民事诉讼范围问题的规定》中,则特别强调了“先刑后民”的处理方式,与前四个司法文件的态度并不一致。二是部分条文界定不清,可操作性不强。在“先刑后民”时民事案件的结案方式是驳回起诉、不予受理还是终结诉讼,司法解释都没有规定。三是部分规定已被新的司法解释架空或否定。例如,《关于在审理经济纠纷案件中涉及经济犯罪嫌疑若干问题的规定》第 8 条赋予了诈骗类案件受害人以选择权:或者提起刑事附带民事诉讼,或者待刑事诉讼处理以后单独进行民事诉讼。而在其之后颁布的《关于刑事附带民事诉讼范围问题的规定》规定,因人身权利受到犯罪侵害而遭受物质损失或者财物被犯罪分子毁坏而遭受物质损失的,才可以提起附带民事诉讼。对诈骗等经济犯罪引起的损害赔偿问题不得适用刑事附带民事诉讼程序,而只能由受害人在人民法院依法追缴或责令退赔之后,另行提起民事诉讼。实际上新的司法解释已改变了先前司法解释的规定。

4. 宏观政策上的“纠结”

近年来,“民间借贷”特别是高利贷的“控”与“放”一直是社会关注的焦点。在“严厉打击非法集资”与“放开民间借贷市场”的反复纠结之中,在学者呼吁“高利贷入刑”的同时,民间借贷事实上已成为企业和个人获得生产、生活资金来源的一条重要借贷渠道,尤其是随着市场经济的发展,特别是在中小企业“融资难”的现状下,我国民间借贷活动日益活跃,其影响力也日趋扩大,因此引发的民事纠纷也越来越多。由于违法的民间借贷与非法集资的法律界线模糊,民间借贷中违法犯罪行为极易滋生,由此导致当前民间借贷审判实践中越来越多的“案中案”,这一现象已对审判活动和社会稳定带来了新的挑战。可以说,国家金融政策等宏观走势的不稳定性,也在一定程度上制约着司法应对刑民交叉问题的政策选择。

5. 审判工作机制不够健全

由于经济犯罪的复杂性和人类认识能力的有限性和差异性,决定了对同一法律事实存在不同的认识和理解，由此也会造成公、检、法三部门对案件性质的认识存有分歧。可能存在的情况是，法院认为是刑事案件而移送，而公安机关不认为是刑事案件而拒绝受理，或者公安机关认为是刑事案件而受理并立案侦察，并经过侦查后认为不构成经济犯罪撤案，或者认为构成犯罪而检察机关不予起诉，或者最终却由人民法院宣判无罪，凡此情况下无疑延迟、变更和阻断了民事诉讼的正常依法进行，最终可能导致半途而废及前功尽弃。集资类案件的刑民交叉问题，不仅涉及公安、检察机关和法院之间的沟通协调，而且涉及法院内部的立案、民事、刑事、执行等部门，需要各个部门协调，形成完善的内部沟通协调机制，做好立案、民事、刑事、执行各个环节的衔接工作，才能妥善应对。而在司法实践中，由于法院内外协调沟通机制不够健全等原因，相关部门之间缺乏足够的沟通，导致信息不对称，工作上缺乏统筹安排，难免会出现脱节或矛盾冲突。

（三）处置集资类案件刑民交叉问题的基本思路

集资类案件刑民交叉问题已经涉及集资行为性质的认定，诉讼程序的选择，赃款赃物的追缴、变卖、发还等各个层面；且随着集资手段的不断翻新，刑民交叉问题的发生场域有扩大趋势。由于立法、各地对该类问题的处理集资不统一等原因，各地执法不一，各类矛盾日益显现，已经成为困扰和影响司法审判和执行、迫切需要研究解决的全局性问题。笔者认为，处置集资类案件刑民交叉问题应当着力从以下几个方面下功夫。

1. 更新司法理念：化解认识上的分歧

在处置当前集资类刑民交叉问题时，相关司法人员应从宏观角度关注中国国情和基层司法实务，在思想上必须统一认识，不断更新司法理念。特别是应当坚持以下几个原则：

第一，依靠当地党委领导和政府支持，形成合力共同化解矛盾纠纷。最高人民法院于2011年12月下发的法〔2011〕336号《关于依法妥善审理民间借贷纠纷案件促进经济发展维护社会稳定的通知》在“做好民间借贷纠纷案件的立案受理工作”中强调要认真审查民间借贷起诉申请，“对于涉嫌非法集资等经济犯罪的案件，依法移送有关部门处理；对于可能影响社会稳定的案件，及时与政府有关部门沟通协调，积极配合做好相关预案工作，切实防范可能引发的群体性、突发性事件”。中央政法委员会印发的《关于依法妥善处理民间借贷纠纷和非法集资活动的意见》强调要进一步增强大局意识、服务意识，“对民间借贷纠纷，要综合运用经济、行政、法律等措施化解……”。浙江省委、省政府下发的《关于加快金融改革发展的若干意见》强调要把防范和化解金融风险作为金融工作的生命线，要求各地加强对金融工作的组织领导，健全金融风险防范协调机制，加强金融风险的监测、评估和预警，完善地方金融风险应急处置预案。这些文件精神，是“综合治理”非法集资问题的政策依据。

另根据国务院有关文件规定，全国各地均成立了“打击和处置非法集资领导小组办公室”（以下简称“打非办”），对一些敏感、群体性涉及社会稳定的案件，由当地党委和政府牵头，各相关部门统一协调处置的办法，妥善化解纠纷，浙江省也不例外。如温州乐清市的民间融资活动向来异常活跃，也引发了许多社会问题。反映到借贷审判工作层面，呈现出犯罪行为甄别难、债务履行率低、易引发涉诉信访等突出问题。浙江省乐清市委、市政府对民间借贷风险的蔓延影响社会稳定的问题非常重视，成立了处置民间非法金融活动领导小组，下设办公室等机构协调处置非法金融活动，按照“党委领导、专职机构负责、群众自主清理和法院协同配合”的协同处置机制工作模式开展工作，有效减轻了法院的审判、执行工作压力，提高受偿率等，效果良好。还有其他地方均有成功的综合协调处置的先进经验，也为我们综合协调处置非法集资案件提供了实证基础。因此，《纪要（三）》对综合处置原则作出了规定，要求各级司法机关依靠当地党委和政府的支持，形成合力共同化解矛盾纠纷，即“各级公安机关、人民检察院和人民法院在查办集资类案件过程中，应认真贯彻国家有关文件精神，积极依靠当地党委领导和政府支持，协调和推动有关部门，综合应用经济、行政、法律手段，合力化解集资行为引发的各类社会矛盾纠纷。要根据政府负责统一处置、行业主（监）管部门一线把关、联席会议负责组织协调等精神，推动建立健全协同处置工作机制，积极推广全省各地在非法集资案件的预防和性质认定、案件的查办、资产的追缴、清退和被害人及涉案企业员工的安抚等工作方面积累的丰富经验”。

第二,坚持宽严相济的刑事政策,正确处理打击和保护的关系。根据中央政法委《关于依法妥善处理民间借贷纠纷和非法集资活动的意见》精神,各级公安机关、人民检察院和人民法院在查办非法集资类案件过程中,既要坚持打击严重的非法集资犯罪活动,又要坚持依法惩处,严格入罪标准,防止把经济、金融纠纷当作犯罪处理,扩大刑事犯罪打击面,影响正常的生产经营活动。对于涉嫌非法集资类犯罪案件,如涉及企业在正常生产经营中,要在保护债权人合法权益的前提下,从有利于企业生存发展、促进社会和谐稳定出发,依法慎重适用查封、冻结、扣押措施。对于该企业主涉嫌非法集资犯罪的,要在采取刑事强制措施的同时,协同相关部门做好员工及其他债权人的工作,避免因刑事强制措施引发恐慌性诉讼或职工情绪不稳,导致企业倒闭,从而损害被害人及相关债权人的利益。要重视和加强公安机关、检察机关对企业、企业主及相关人员涉嫌非法集资类犯罪的查处和法院依法审理企业破产案件工作中的沟通、协调工作,妥善解决已进入破产程序的企业财产的查封、扣押和冻结等问题。

第三,坚持案件处理合法性与合理性相结合,讲求利益平衡。集资类案件是典型的涉众型犯罪,个案处理能否成为类案的处理方式加以推广,值得深入探讨。加上案件的涉众性,任何一个问题的处理均涉及财产分配,影响到广大集资户的切身利益,处理上稍有不慎就有可能引发群体性事件造成工作被动,影响社会稳定。因此,务必要注重案件处理方式的灵活性与法律的肯定性、明确性相协调。

第四,注重案件处理结果的合法性与被害人、债权人的可接受性相协调。无论是采取“先刑后民”,还是“民刑并行”的处理方式,最终的目标都是最大限度地使社会主体的利益回复到遭破坏前的平衡状态。对复杂案件应尽力避免机械化操作,必须合理分担诉讼成本和当事人的诉讼负担,维护案件裁判公平公正性与诉讼过程合理有效性,使裁判结果体现法律控制与权益保护之间的平衡,提高裁判的可接受性。

第五,坚持审判专业性与群众路线相结合,力求法律效果与社会效果有机统一。虽然民意不能左右司法审判的公正性，但司法活动必须体现民意要求，与社会主流价值观相吻合，这也是案件处理结果法律效果与社会效果相统一的要求。对罪与非罪界限一时难以划清的案件，要善于从法律、社会、人民的多维视角分析和解决问题。

2. 制定规范性文件：统一司法操作

刑事与民事交叉问题，作为一种特殊的司法现象，归根结底，是对刑事问题与民事问题的界分以及由刑民交叉现象导致的冲突关系的司法处置问题。以形式与实质为分类标准，刑民关系可区分为实体上的刑民关系，程序上的刑民关系。司法处置的内容涉及案件的立法管辖、刑民诉讼程序的选择、诉讼过程中案件事实的认定与法律适用、裁判结论的作出与执行等环节，横跨法院内部的立案、刑事和民事审判等相关部门，罪与非罪的界定、案件移送等问题的司法处断与公安侦查、检察起诉等工作相关联，为当事人所关注，各方利益的平衡直接影响司法公正的实现。

在当前形势下，上级部门应当着力抓紧制定或完善两方面的规范性文件：一方面是公检法联合制定文件，从实体、程序、工作机制等方面调整和统一法律适用尺度，有效控制打击范围，规范程序操作，建立健全工作机制；另一方面法院系统内部的立案、刑事、民事、执行等部门联合制定规范性文件。

其核心内容除了实体上要进一步理清刑民界限，在程序上要注重构建刑民交叉案件综合处理模式。其基本思路是：区分不同情况，具体问题具体分析，形成一套类型化处置的规则，分别规定“先刑后民”“刑民并存”的适用范围及其例外情形。

依笔者浅见，“先刑后民”一直被视为解决刑民交叉案件行之有效的传统方式，有其客观性和价值性，特别是在发现案件事实真相、维护国家和社会公共利益、提升司法判决的客观性、提高司法效率和节约诉讼成本等方面发挥了重要作用。随着经济的发展，刑民交叉案件在现实生活中和司法实践中不断涌现，既挑战了刑、民法官的既有知识结构，也在一定程度上扭转了传统的“重刑轻民”“公权优先于私权”的司法理念，一律地所谓“先刑后民”无疑值得反思。实践证明，无论是实行“先刑后民”，还是实行“刑民并行”（“先民后刑”）都有一定的合理性和可行性，但也都存在一定的弊端，每一种规则都不能涵盖所有刑民交叉案件。事实上，“先刑后民”“刑民并行”都是根据诉讼原理推导出来的一个诉讼原则，任何一部法律并未对这两个原则作出明确规定，在实践中不能加以绝对化。

因此，笔者倡导，在处置相关案件时，既要遵循案件不同性质部分即刑事部分和民事部分在适用诉讼程序上各自的诉讼原则和诉讼规律，又要考虑案件不同性质部分在认定事实和实体处理上是否相互依赖和相互影响等因素，形成集资类案件刑民交叉问题相对多元化的综合处理模式。

第二节　金融犯罪要案判解

1. 非法集资类犯罪的司法认定

——吴顺陆等集资诈骗、非法吸收公众存款案[①]

裁判要旨

一、非法吸收公众存款等集资犯罪行为的本质特征在于违反规定向社会公众即社会不特定对象吸收资金。行为人以向亲友集资为名，实质上希望或者放任亲友向社会介绍，通过亲友间接向社会公众吸收资金的，不影响其向社会公众吸收资金的认定。

二、向社会公开宣传系判定行为人主观上具有向社会不特定对象集资的客观依据之一，但公开宣传的途径可以多种多样，不应当局限于司法解释所列举的“通过媒体、推介会、传单、手机短信”等几种。本案被告人在非法集资过程中虽未通过媒体宣传等途径，但其为逃避有关部门的监管，以口头方式发布、传播集资信息，以达到通过口口相传向社会公众非法集资的目的，符合“向社会公开宣传”的本质特征。

---

① 本案例系与合议庭成员肖国耀法官合作撰写完成，原载《人民司法》2012 年第 2 期。

三、非法占有目的是区分集资诈骗罪和非法吸收公众存款罪等其他集资犯罪的关键所在。行为人在非法集资过程中产生非法占有目的,应当只对非法占有目的支配下的非法集资犯罪行为以集资诈骗罪定性处罚,对于之前实施的行为,构成非法吸收公众存款罪等其他犯罪的,应按相关犯罪处理,并实行数罪并罚。

案号索引

一审:浙江省温州市中级人民法院(2010)浙温刑初字第275号;

二审:浙江省高级人民法院(2011)浙刑二终字第80号。

基本案情

公诉机关:浙江省温州市人民检察院。

被告人:吴顺陆,男,1957年3月13日出生,浙江省瑞安市人,汉族,大学文化,经商。

被告人:毛建平,女,1963年5月8日出生,浙江省瑞安市人,汉族,初中文化,经商。

被告人:潘纯纯,女,1981年11月1日出生,浙江省瑞安市人,汉族,大专文化,无固定职业。

被告人:黄学东,男,1981年3月25日出生,浙江省瑞安市人,汉族,大专文化,无固定职业。

温州市中级人民法院经审理查明:

被告人吴顺陆、毛建平案发前从事违法高利放贷业务。2007年3月至2008年10月,被告人吴顺陆、毛建平以投资经商、临时周转为由,以支付高息为诱饵,向曾爱敏、孙维真、林向阳等50余名社会不特定人员非法吸收资金达3亿余元人民币,用于高息出借、投资经商等,后因经营亏损等造成8000余万元人民币不能归还。其间,被告人潘纯纯、黄学东受吴顺陆、毛建平指使,分别协助从事记账、结算账目和收付款等工作。

2008年10月以后,被告人吴顺陆、毛建平在已严重负债的情况下,明知无偿还能力,仍继续以投资房地产和旅游项目为幌子,以支付高息为诱饵,向卢志建、张林英、林香翠、王文兰、彭祖善、蔡振宇等人非法集资1015.5万元人民币,用于还债和支付高息等。至案发,尚有1012万元人民币无法归还。

温州市人民检察院认为,被告人吴顺陆、毛建平、潘纯纯、黄学东向社会不特定人员非法吸收资金的行为均已构成非法吸收公众存款罪;2008年10月之后,被告人吴顺陆、毛建平在明知自己没有偿还能力的情况下,采取虚构事实、隐瞒真相的手段,继续向他人非法集资,骗取他人巨额钱财,其行为构成集资诈骗罪,应实行数罪并罚。被告人潘纯纯、黄学东,属从犯,可以从轻或减轻处罚。

被告人吴顺陆、毛建平及其辩护人分别辩称,吴、毛吸收资金的对象仅限于亲朋好友,并未向社会公众吸收资金;主观上没有非法占有他人钱财的诈骗犯罪故意,不构成集资诈骗罪。

被告人潘纯纯、黄学东对指控的事实没有异议。其辩护人辩称潘、黄与吴顺陆、毛建平系亲属关系,听命于吴、毛,起辅助作用,系从犯,要求减轻处罚。

审 判

温州市中级人民法院经审理认为:被告人吴顺陆、毛建平、潘纯纯、黄学东以高息为诱饵,通过口头宣传等途径向数十名社会不特定人员非法吸收数亿元资金,数额和损失均特别巨大,其行为均已构成非法吸收公众存款罪。被告人吴顺陆、毛建平在出现巨额亏损后,明知自己没有偿还能力,以非法占有为目的,编造谎言,骗取他人财物,数额特别巨大,其行为还均构成集资诈骗罪。对被告人吴顺陆、毛建平应数罪并罚。被告人潘纯纯、黄学东在共同犯罪中起辅助作用,属于从犯,应分别予以从轻或减轻处罚。据此,依照《中华人民共和国刑法》第一百九十二条、第一百七十六条第一款、第二十五条第一款、第二十六条、第二十七条、第五十七条第一款、第六十九条、第六十四条的规定,于2011年5月11日作出判决:(1)以集资诈骗罪,判处被告人吴顺陆无期徒刑,剥夺政治权利终身,并处没收个人全部财产;以非法吸收公众存款罪,判处其有期徒刑十年,并处罚金50万元人民币,决定执行无期徒刑,剥夺政治权利终身,并处没收个人全部财产。(2)以集资诈骗罪,判处被告人毛建平无期徒刑,剥夺政治权利终身,并处没收个人全部财产;以非法吸收公众存款罪,判处其有期徒刑十年,并处罚金50万元人民币,决定执行无期徒刑,剥夺政治权利终身,并处没收个人全部财产。(3)以非法吸收公众存款罪、分别判处被告人潘纯纯有期徒刑三年,缓刑四年,并处罚金5万元人民币;判处被告人黄学东有期徒刑二年,并处罚金5万元人民币。(4)责令四被告人退赔全部违法所得,返还给被害人。

一审宣判后,吴顺陆、毛建平不服,提出上诉。吴顺陆、毛建平上诉提出:(1)吴顺陆、毛建平未通过媒体、推介会、手机短信等途径向社会公开宣传,且集资对象为亲朋好友,不符合最高人民法院于2010年12月13日公布的《关于审理非法集资刑事案件具体应用法律若干问题的解释》对非法吸收公众存款罪所规定"向社会公开宣传"和"向社会公众吸收资金"的构成特征。即使构成非法吸收公众存款罪,但考虑其不典型性、社会影响小等因素,亦应从轻处罚。(2)吴顺陆、毛建平将集资款均用于投资、经营,一直致力于还款,主观上无非法占有集资户资金的目的,客观上没有采用虚构事实、隐瞒真相等诈骗手段集资,原判认定其构成集资诈骗罪,定性错误。要求依法改判。

浙江省高级人民法院经审理查明,原判认定的事实清楚,证据确实、充分。吴顺陆、毛建平上诉及有关辩护人分别对原判认定事实、证据、定性等所持异议经查均不能成立,不予采信。

浙江省高级人民法院认为,被告人吴顺陆、毛建平、潘纯纯、黄学东违反法律规定,以高息为诱饵,通过口头宣传等途径公开向社会不特定对象非法吸收巨额资金,扰乱金融管理秩序,其行为均已构成非法吸收公众存款罪。被告人吴顺陆、毛建平在出现巨额亏损后,明知其无偿还能力,以非法占有为目的,采用虚构事实、隐瞒真相等诈骗手段非法集资,骗取他人财物,数额特别巨大,其行为均构成集资诈骗罪,应依法惩处。被告人毛建平、吴顺陆上诉分别提出原判定性有误、要求改判的理由不足,不予采纳。原判定罪及适用法律正确,量刑适当。审判程序合法。依照《中华人民共和国刑事诉讼法》第一百八十九条第(一)项之规定,于2011年8月10日作出裁定:驳回被告人吴顺陆、毛建平的上诉;维持原判。

法官评述

一、"集资犯罪"有关背景分析

近年来,非法吸收公众存款、集资诈骗等非法集资类犯罪活动在我国许多地区持续高发,并有向多领域和职业化发展的趋势,浙江省也不例外。特别是2007年下半年以来,国家货币政策从紧,央行多次上调存款准备金率和基准利率,严格控制货币信贷总量和控放节奏,银根紧缩,贷款难度加大,加上受全球金融危机的影响,国内社会资金供需紧张,不但催生了各种新型非法集资犯罪活动,原有的非法集资犯罪活动也在加速暴露,形势严峻。非法集资涉及面广,危害极大:一是扰乱了社会主义市场经济秩序。非法集资活动以高回报为诱饵,以骗取资金为目的,破坏了金融秩序,影响了金融市场的健康发展。二是严重损害群众利益,影响社会稳定。非法集资有很强的欺骗性,容易蔓延,犯罪分子骗取群众资金后,往往大肆挥霍或迅速转移、隐匿,使受害者(多数是下岗工人、离退休人员)损失惨重,极易引发群体事件,甚至危害社会稳定。三是损害了政府的声誉和形象。有的非法集资活动以"响应国家林业政策""支持生态环境保护""投资国家重点工程"等为名,行违法犯罪之实,既影响了国家政策的贯彻执行,又严重损害了政府的声誉和形象。如何依法准确、稳妥地打击集资类犯罪,是当前刑事司法实践面临的难点之一。

为依法惩治非法吸收公众存款、集资诈骗等非法集资犯罪活动,科学、准确地定位非法集资,更好地适应政策法律调整和对于新型非法集资活动的打击需要,最高人民法院于2010年12月13日公布了《关于审理非法集资刑事案件具体应用法律若干问题的解释》(法释〔2010〕18号,以下简称《解释》)。《解释》第1条对非法集资概念的特征条件予以具体细化,明确成立非法集资需同时具备非法性、公开性、利诱性和社会性四个特征,即(1)未经有关部门依法批准或者借用合法经营的形式吸收资金;(2)通过媒体、推介会、传单、手机短信等途径向社会公开宣传;(3)承诺在一定期限内以货币、实物、股权等方式还本付息或者给付回报;(4)向社会公众即社会不特定对象吸收资金。同时明确规定"未向社会公开宣传,在亲友或者单位内部针对特定对象吸收资金的,不属于非法吸收或者变相吸收公众存款"。

针对浙江省非法集资类案件高发情况,为了有效、重点打击危害严重的非法金融活动,实现刑事司法的法律效果和社会效果的有机统一,浙江省高级人民法院联合省检察院、省公安厅于2008年12月下发了《关于当前办理集资诈骗类刑事案件适用法律若干问题的会议纪要》(以下简称《纪要》)。《纪要》明确指出:一、未经依法批准,以承诺还本分红或者付息的方法,向社会不特定对象吸收资金,用于发放贷款、办理结算、票据贴现、资金拆借、信托投资、金融租赁、融资担保、外汇买卖、证券期货等非法营利活动的,应当依法按照非法吸收公众存款定性处理;行为人具有非法占有目的的,应当依法按照集资诈骗等处理。二、为生产经营所需,以承诺还本分红或者付息的方法,向相对固定的人员(一定范围内的人员如职工、亲友等)筹集资金,主要用于合法的生产经营活动,因经营亏损或者资金周转困难而未能及时兑付本息引发纠纷的,应当作为民间借贷纠纷处理。对此类案件,不能仅仅因为借款人或借款单位负责人出走,就认定为非法吸收公众存款犯罪或者集资诈骗犯罪。……五、以生产经营或者投资所需为幌子,以承诺还本分红或者付息的方法,向社会不特定对象吸收资金,非法占有资金的,按照集资诈骗犯罪处理。该《纪要》与最高人民法院于2010年12月公布的《解释》精神基本相符。近期,有些公安机关、检察院、法院在审理此类案件中就如何理解和认定“向社会公众吸收资金”和“向社会公开宣传”等产生不同认识,控辩双方也往往存在较大分歧,本案具有典型性。为统一法律适用尺度,防止执法偏差,根据《刑法》和司法解释的有关规定,浙江省高级人民法院、省人民检察院、省公安厅于2011年7月18日下发了《关于当前办理集资类刑事案件适用法律若干问题的会议纪要(二)》[以下简称《纪要(二)》]。本案的处理较好地贯彻了最高人民法院司法解释及浙江省《纪要(二)》的有关精神,具有指导意义。

二、“向社会公众吸收资金”的认定

本案在审理过程中,各方对被告人吴顺陆、毛建平向亲戚朋友及亲戚朋友介绍的社会其他人员吸取资金,是否符合《解释》第1条规定的向“社会不特定对象”即“社会公众”集资,存在分歧。有人提出,本案被告人集资的对象是被告人的亲戚朋友,是针对特定对象集资,不符合《解释》对非法吸收公众存款罪所规定的“社会性”这一构成特征,既然连非法吸收公众存款罪都难以构成,更谈不上构成集资诈骗罪,因而有的主张对被告人潘纯纯、黄学东宣告无罪,对被告人吴顺陆、毛建平2008年10月之后的诈骗行为仅以普通诈骗罪处理即可。我们认为,这种观点不能成立。根据《纪要(二)》第1条规定:“非法吸收公众存款等集资犯罪行为的本质特征在于违反规定向社会公众即社会不特定对象吸收资金。集资对象是否特定的判断，既要考察行为人主观上是否仅向特定对象吸收资金，又要考察其客观上所实施的行为是否可控。如果行为人对集资行为的辐射面事先不加以限制、事中不作控制，或者在蔓延至社会后听之任之，不设法加以阻止的，应当认定为向社会不特定对象吸收资金。行为人以向单位内部职工或亲友集资为名，实质上希望或放任内部职工或亲友向社会介绍，通过内部职工或亲友间接向社会公众吸收资金的，可以认定为向社会不特定对象吸收资金。"根据该规定，行为人以向亲友集资为名，实质上希望或者放任亲友向社会介绍，通过亲友间接向社会公众吸收资金的，不影响其向社会公众吸收资金的认定。

本案被害人人数多达五十余人，仅有少部分集资户为被告人的亲友。被告人主观上具有向社会不特定对象吸收资金的意图，客观上对集资行为的辐射面未作任何控制，只要有资金，不管集资对象是谁，均予以吸收，完全符合非法吸收公众存款等集资犯罪中向社会公众吸收资金的构成特征。故被告人吴顺陆、毛建平上诉及其辩护人称两被告人行为不具备向社会公众吸收资金的构成要件等理由，与事实及法律规定不符，不予采信。

三、"向社会公开宣传"的认定

有人提出，根据司法解释规定，"向社会公开宣传"即"公开性"是非法吸收公众存款罪的必备要件，宣传的途径限于司法解释所列明的"通过媒体、推介会、传单、手机短信"等几种，本案被告人吴顺陆、毛建平没有通过媒体、推介会、传单、手机短信等途径对社会进行公开宣传，而是采用口头宣传的方式吸取资金，不符合《解释》第1条关于"向社会公开宣传"的规定，因而不构成非法吸收公众存款罪，同理，集资诈骗罪也难以成立。其实，这是对司法解释的误解，这种观点也不能成立。

我们认为，向社会公开宣传系判定行为人主观上具有向社会不特定对象集资的客观依据之一。公开宣传的具体途径可以多种多样，不应局限于司法解释所列举的"通过媒体、推介会、传单、手机短信"等几种。对于以口头等方式发布、传播集资信息是否属于公开宣传，能否将口口相传的效果归责于集资行为人，应根据主客观相统一的原则,结合行为人对此是否知情、态度如何,有无具体参与、是否设法加以阻止等主客观因素具体认定。同时,公开宣传既包括针对社会各阶层、广大群体通过媒体宣传,又包括为逃避监管,针对具体的不特定集资对象,采用相对隐蔽的手段向不特定群体进行宣传。根据《刑法》第176条的规定,及中国人民银行和国家工商管理局《关于进一步打击非法集资活动的通知》(银发〔1999〕第289号)所指出的“非法集资”行为包括利用民间会社形式或者利用传销或秘密串联的形式。一些犯罪行为为逃避监管,而采用相对隐蔽的手段,仅仅是在不特定对象一定范围内公开,但并未向社会各阶层公开。如果将此类行为片面地理解为一定要向社会各层面公开,而不认定为犯罪的话,将会放纵这类犯罪。

本案被告人吴顺陆、毛建平在非法集资过程中虽未通过媒体、推介会、传单、手机短信等方法,但其为逃避有关部门的监管,以口头方式发布、传播集资信息,以达到通过口口相传向社会不特定对象非法集资的目的,其所实施的行为符合集资犯罪中向社会公开宣传的本质特征。故被告人吴顺陆、毛建平上诉及其辩护人称两被告人的行为不具备向社会公开宣传的构成要件等理由,与事实及法律规定不符,不予采信。

四、集资过程中“非法占有目的”的认定

非法占有目的是区分集资诈骗罪和非法吸收公众存款罪等其他集资犯罪的关键所在,也是审理此类案件的难点。集资类案件犯罪活动持续的时间往往比较长,行为人在非法集资之初往往为了非法牟利,不一定就有“非法占有目的”,而是在非法集资的过程中,随着形势的发展变化,非法占有的故意逐步形成并越来越明确;参与实施的人员也可能比较多,部分行为人与主犯之间不一定有非法占有目的的犯意联络。因此,在审理中,正确判定行为人“非法占有目的”的有无以及“非法占有目的的产生时间”就显得非常重要。

《解释》第4条第2款规定:“使用诈骗方法非法集资,具有下列情形之一的,可以认定为‘以非法占有为目的’:(一)集资后不用于生产经营活动或者用于生产经营活动与筹集资金规模明显不成比例,致使集资款不能返还的;(二)肆意挥霍集资款,致使集资款不能返还的;(三)携带集资款逃匿的;(四)将集资款用于违法犯罪活动的;(五)抽逃、转移资金、隐匿财产,逃避返还资金的;(六)隐匿、销毁账目,或者搞假破产、假倒闭,逃避返还资金的;(七)拒不交代资金去向,逃避返还资金的;(八)其他可以认定非法占有目的的情形。”为了避免客观归罪,该条第3款明确,“集资诈骗罪中的非法占有目的,应当区分情形进行具体认定。行为人部分非法集资行为具有非法占有目的的,对该部分非法集资行为所涉集资款以集资诈骗罪定罪处罚;非法集资共同犯罪中部分行为人具有非法占有目的,其他行为人没有非法占有集资款的共同故意和行为的,对具有非法占有目的的行为人以集资诈骗罪定罪处罚”。据此,浙江省出台的《纪要(二)》明确指出“行为人主观上是否具有非法占有的目的,应当根据主客观相统一原则加以综合分析认定。行为人在非法集资过程中产生非法占有目的,应当只对非法占有目的支配下的非法集资犯罪行为以集资诈骗罪定性处罚,对于之前实施的行为,构成非法吸收公众存款罪等其他犯罪的,应按相关犯罪处理,并实行数罪并罚”。在审判实践中,应当严格按照上述规定贯彻执行。

本案中,被告人吴顺陆、毛建平2008年10月后,在高利放贷业务严重亏损和负债几千万元、投资房地和旅游项目亏损并无继续投资的情况下,明知无偿还能力,继续以投资房地产项目和旅游项目为幌子,高息集资,所集资款项用于归还前款和高息及消费等,并未用于投资,本案以2008年10月为时间点,对此前的集资行为以非法吸收公众存款认定,对此后在非法占有目的支配下的集资行为认定为集资诈骗,体现了主客观相统一的原则,符合有关规定,是正确的。

2. 票据诈骗故意的认定及原减刑裁定的处理

——陈雁等票据诈骗案

裁判要旨

一、票据诈骗故意是行为人的主观心理状态,具有不可视性、难以把握等特点,往往没有直接证据可用来证明,但它必然通过客观行为表现出来,实践中可以根据案件的证据情况,通过综合分析与行为人主观心理密切联系的事前、事中、事后一系列客观行为表现来加以判定。

二、因发现漏罪而依法进行数罪并罚，原经减刑裁定减去的刑期不计入已经执行的刑期，但在此后对其依法减刑，决定减刑的频次、幅度时，可对其原减刑裁定减去的刑期酌予考虑。

案号索引

一审：浙江省杭州市中级人民法院(2011)浙杭刑初字第265号；

二审：浙江省高级人民法院(2012)浙刑二终字第24号。

基本案情

被告人：陈雁，女，1965年1月16日出生，浙江省杭州市人，原系杭州东大齿轮有限公司、湖北省大冶东大齿轮制造有限公司法定代表人。2010年12月因犯票据诈骗罪、虚报注册资本罪被湖北省黄石市中级人民法院判处有期徒刑十一年，并处罚金六十五万元人民币。服刑期间因本案于2011年6月9日被浙江省杭州市公安机关从湖北省武汉市女子监狱押回再审。

被告人：蔡跃华，男，1959年11月13日出生，湖北省潜江市人，原系荆门市中亚木业有限公司经理。2002年7月因犯职务侵占罪被判处有期徒刑三年，缓刑五年，并处没收个人财产四万元。2007年8月因犯票据诈骗罪被湖北省潜江市人民法院判处有期徒刑十二年，并处罚金十万元人民币，剥夺政治权利二年，并撤销缓刑，与原犯职务侵占罪判处的刑罚并罚，决定执行有期徒刑十四年，剥夺政治权利二年，并处罚金十万元人民币、没收个人财产四万元。服刑期间因本案于2011年6月9日被浙江省杭州市公安机关从湖北省沙洋范家台监狱押回再审。

杭州市中级人民法院经审理查明：2006年12月中旬，北京人安曦阳伙同杨世洪(均已判刑)在浙江省杭州市预谋使用伪造的银行承兑汇票进行诈骗，由杨提供伪造的银行承兑汇票，同时，安曦阳联系杭州远山贸易有限公司负责人成国英(已判刑)寻找套现单位，成国英又通过被告人陈雁及陈的朋友董晓明、张杭军等的介绍与浙江佳诚金属材料有限公司(以下简称佳诚公司)负责人洪万山联系套现事宜。同年12月19日，被告人蔡跃华受杨世洪指使，在何建华的陪同下，将一张伪造的面额为100万元人民币、票号为02062040的银行承兑汇票从湖北省荆门市送到杭州,于12月20日交给安曦阳。当日,安曦阳将该伪造的银行承兑汇票交给成国英,成国英在陈雁等陪同下至佳诚公司套现。佳诚公司从张杭军处收到套现费用19800元人民币后,以汇票转账方式支付套现款100万元人民币,其中5万元由张杭军提现后转交董晓明,95万元转账至杭州远山贸易有限公司账户,后又被转账、陆续提现,赃款被共同瓜分。

同年12月下旬,被告人陈雁直接与安曦阳共谋实施票据诈骗犯罪活动,后陈雁从安曦阳处取得一张伪造的票号为00019140、面额为206万元人民币的银行承兑汇票。同月26日,陈雁使用伪造的银行承兑汇票至佳诚公司套现,扣除套现费用5万元人民币后,佳诚公司以汇票转账等方式向陈雁支付套现款201万元人民币,赃款被安曦阳、陈雁等共同瓜分。

案发后,公安机关从陈雁及安曦阳、成国英等处追回部分赃款、财物,已发还、退赔给佳诚公司。

杭州市人民检察院指控被告人陈雁、蔡跃华犯票据诈骗罪,向杭州市中级人民法院提起公诉。

被告人陈雁及其辩护人辩称,起诉书指控被告人明知涉案的银行承兑汇票是假票并伙同他人实施票据诈骗的证据不足。被告人蔡跃华亦辩称,其不知道涉案的银行承兑汇票是假票。

审　判

杭州市中级人民法院经审理认为:被告人陈雁、蔡跃华以非法占有为目的,明知是伪造的银行承兑汇票而伙同他人使用,骗取财物数额特别巨大,其行为均已构成票据诈骗罪。公诉机关指控两被告人所犯罪名成立。被告人蔡跃华在共同犯罪中起次要作用,系从犯,依法予以从轻处罚。被告人陈雁、蔡跃华在判决宣告后刑罚执行完毕以前发现有漏罪,应数罪并罚。遂依照《中华人民共和国刑法》第十二条第一款、第一百九十四条第一款第(一)项、第七十条、第六十九条、第二十五条第一款、第二十七条、第六十四条之规定,于2012年1月4日作出(2011)浙杭刑初字第265号刑事判决:(一)被告人陈雁犯票据诈骗罪,判处有期徒刑十三年,并处罚金五十五万元人民币,与前判判处的刑罚有期徒刑十一年,并处罚金六十五万元人民币并罚,决定执行有期徒刑二十年,并处罚金一百二十万元人民币。(二)被告人蔡跃华犯票据诈骗罪,判处有期徒刑十年六个月,并处罚金十万元人民币,与前判判处的刑罚有期徒刑十四年,剥夺政治权利二年,并处罚金十万元人民币、没收个人财产四万元人民币并罚,决定执行有期徒刑二十年,剥夺政治权利二年,并处罚金二十万元人民币、没收个人财产四万元人民币。(三)责令被告人陈雁、蔡跃华退赔其余违法所得,发还浙江佳诚金属材料有限公司。

宣判后,陈雁、蔡跃华不服,分别提出上诉。

陈雁上诉及其辩护人提出,陈雁不知道涉案的银行承兑汇票是假票,主观上仅系过失,原判认定陈具有犯罪故意和分得巨额赃款的证据不足;即使陈的行为构成票据诈骗罪,原审没有考虑其案发后积极退赔等从轻处罚情节以及本案系同种罪名的漏罪等特殊情形,适用法律不当,量刑畸重,要求二审依法改判。

蔡跃华上诉提出,其不知道涉案的银行承兑汇票是假票,主观上没有犯罪的故意;本案缺乏有力的证据证明其行为构成犯罪,要求公正判决。

浙江省高级人民法院经审理认为,原判认定的事实清楚,证据确实、充分。被告人陈雁、蔡跃华以非法占有为目的,明知是伪造的银行承兑汇票而伙同他人使用,骗取财物数额特别巨大,其行为均已构成票据诈骗罪,应当依法惩处。蔡跃华系从犯,原审已对其从轻处罚。陈雁、蔡跃华在判决宣告后刑罚执行完毕以前发现有漏罪,应实行数罪并罚。且蔡跃华系因发现漏罪而依法进行数罪并罚,原经减刑裁定减去的刑期不计入已经执行的刑期,但在此后对其依法减刑,决定减刑的频次、幅度时,可对其原减刑裁定减去的刑期酌予考虑。陈雁、蔡跃华上诉提出原判量刑过重,要求改判的理由不足,不予采纳。原判定罪及适用法律正确,量刑适当。审判程序合法。遂依照修订前的《中华人民共和国刑事诉讼法》第一百八十九条第(一)项之规定,于 2012 年 4 月 17 日作出(2012)浙刑二终字第 24 号刑事裁定,驳回被告人陈雁、蔡跃华的上诉,维持原判。现裁判已发生法律效力。

争议问题

本案在审理过程中,各方的争议焦点主要集中在以下两个问题:一是被告人主观上是否明知涉案票据是伪造的银行承兑汇票而伙同他人使用?二是蔡跃华服刑期间，已经进行过减刑，系因发现漏罪而重审进行数罪并罚，原经减刑裁定减去的刑期是否计入已经执行的刑期？

法官评述

一、关于票据诈骗罪主观故意的认定问题

大量的案例显示，诈骗犯罪行为人具有智能性、职业性、反侦查、反审判能力强等特点，往往通过各种手段或狡辩来模糊司法人员审查的视线，借此证实或表明自己主观上没有诈骗故意。因此，诈骗犯罪主观故意的认定问题，往往成为公安机关、检察机关、法院面临的“老大难”问题，也往往是控辩双方争议的焦点。实践经验告诉我们，诈骗故意虽然是行为人的主观心理状态，具有不可视性、难以把握等特点，往往没有直接证据可以用来证明，但它必然要通过客观行为表现出来，司法人员可以根据案件的其他证据情况，通过综合分析与诈骗行为人主观心理密切联系的事前、事中、事后一系列客观行为表现来加以判定。

本案中，在卷的同案犯杨世洪于2008年2月所作的供述证实，其与安曦阳因到广州寻找同一票贩子购买伪造的银行承兑汇票时结识，2006年12月，因安曦阳的要求，其从票贩子处以5万元的价格购买了面额为100万元的假银行承兑汇票，指派蔡跃华送到杭州，事先已明确告知蔡跃华所送的银行承兑汇票系假票，蔡提出要“好处费”，其承诺给蔡“好处费”；被告人蔡跃华对自己仅因送票而分得巨额赃款等客观事实亦供认在案，所供与在案证据能相印证，足以认定被告人蔡跃华主观上明知所送的银行承兑汇票系假票。同案犯安曦阳供述等证据证实，在100万元的假银行承兑汇票通过成国英成功套现后，陈雁也想搞点钱，主动联系从事票据诈骗犯罪活动的安曦阳，预谋使用伪造的票据骗取他人钱财；从被告人陈雁实施的客观行为表现来看，陈雁在没有个人实际出资或与他人发生真实货物往来的情况下，使用他人从票贩子处非法购得的银行票据至有关公司套现，获取不同寻常的巨额非法利益，陈雁对有关银行承兑汇票系伪造应当明知。综合前述证据情况，陈雁、蔡跃华分别称自己主观上不明知汇票是假票、没有犯罪故意或系过失犯罪等理由与事实及法律不符，难以采信。被告人主观上具有使用伪造的银行承兑汇票骗取他人财物的故意，客观上实施了诈骗犯罪行为，其行为符合票据诈骗罪的构成特

征。因此,一、二审法院的定性是正确的。

二、关于原减刑裁定减去的刑期是否计入已执行刑期的问题

本案另一审理难点在于,被告人蔡跃华在前罪服刑期间曾经被法院裁定减刑,如何处理,值得研究。在案的证据材料显示,被告人蔡跃华于2002年7月因犯职务侵占罪被判处有期徒刑3年,缓刑5年。2007年8月因犯票据诈骗罪被湖北省潜江市人民法院判处有期徒刑12年,并撤销缓刑,与原犯职务侵占罪判处的刑罚并罚,决定执行有期徒刑14年。后蔡跃华被送至监狱服刑,在前罪服刑期间已被人民法院裁定减刑有期徒刑1年11月,现被告人蔡跃华因发现漏罪而需要数罪并罚。

一审期间,各方对被告人蔡跃华的刑期计算存在分歧。有的认为,根据《刑法》第70条之规定,对于漏罪,应将前、后两个判决所判处的刑罚并罚决定执行的刑罚,已经执行的刑期应当计算在新判决决定的刑期以内,原减刑裁定减去的刑期1年11个月应计入已经执行的刑期。笔者认为,这种观点不能成立。这是因为,减刑裁定减去的刑期与已经执行的刑期并非同一概念,更不能影响到新判决决定的刑期,否则会导致不合理情况的发生。例如,被告人张三、李四因同一种犯罪同一天被公安机关采取羁押措施,后分别被法院分别判处有期徒刑14年、12年,服刑一段时间后,假设被告人张三被减刑2年,之后张三、李四均因发现漏罪再次被判刑,新罪均被判处有期徒刑十年,数罪并罚后决定执行有期徒刑20年,此时,若将张三被减刑减去的2年作为已经执行的刑期,则在没有其他情况发生的情况下,张三将比李四早出狱2年,显然有失公正。无论从法条的文字解释,还是从情理分析来看,蔡跃华被减轻的刑期都不能作为已经执行的刑期。

本案一审宣判后,最高人民法院于2012年1月18日出台了《关于罪犯因漏罪、新罪数罪并罚时原减刑裁定应如何处理的意见》(法〔2012〕44号,以下简称《意见》)。该《意见》明确规定:“罪犯被裁定减刑后,因被发现漏罪或者又犯新罪而依法进行数罪并罚时,经减刑裁定减去的刑期不计入已经执行的刑期。在此后对因漏罪数罪并罚的罪犯依法减刑,决定减刑的频次、幅度时,应当对其原经减刑裁定减去的刑期酌予考虑。”该规定证明,一审法院对本案蔡跃华被减轻的刑期不计入已经执行的刑期,是正确的。二审的裁判文书直接援引了最高人民法院的相关规定,这对今后相关案件的处理具有指导意义。

第三节　金融犯罪的裁判依据与案例索引

一、现行法律、司法解释和司法业务文件索引

(一)现行法律、司法解释和司法业务文件

1.《中华人民共和国刑法》(1997年3月14日)

2.《中华人民共和国刑法修正案》(1999年12月25日)

3.《中华人民共和国刑法修正案(五)》(2005年2月28日)

4.《中华人民共和国刑法修正案(六)》(2006年6月29日)

5.《中华人民共和国刑法修正案(七)》(2009年2月28日)

6.《中华人民共和国刑法修正案(九)》(2015年8月29日)

7. 全国人大常委会《关于〈中华人民共和国刑法〉有关信用卡规定的解释》(2004年12月29日)

8. 最高人民法院《关于审理伪造货币等案件具体应用法律若干问题的解释》(2000年9月8日)

9. 最高人民法院《全国法院审理金融犯罪案件工作座谈会纪要》(2001年1月21日)

10. 最高人民检察院《关于拾得他人信用卡并在自动柜员机(ATM机)上使用的行为如何定性问题的批复》(2008年4月18日)

11. 最高人民法院《关于审理洗钱等刑事案件具体应用法律若干问题的解释》(2009年11月4日)

12. 最高人民法院、最高人民检察院《关于办理妨害信用卡管理刑事案件具体

应用法律若干问题的解释》(2009 年 12 月 16 日)

13. 最高人民法院《关于审理伪造货币等案件具体应用法律若干问题的解释(二)》(2010 年 10 月 20 日)

14. 最高人民检察院、公安部《关于公安机关管辖的刑事案件立案追诉标准的规定(二)》(2010 年 5 月 7 日)

15. 最高人民法院《关于审理非法集资刑事案件具体应用法律若干问题的解释》(2010 年 12 月 23 日)

16. 最高人民法院、最高人民检察院、公安部《关于信用卡诈骗犯罪管辖有关问题的通知》(2011 年 8 月 8 日)

17. 最高人民法院《关于非法集资刑事案件性质认定问题的通知》(2011 年 8 月 18 日)

18. 最高人民法院、最高人民检察院《关于办理内幕交易、泄露内幕信息刑事案件具体应用法律若干问题的解释》(2012 年 3 月 29 日)

19. 最高人民法院、最高人民检察院、公安部《关于办理非法集资刑事案件适用法律若干问题的意见》(2014 年 3 月 25 日)

(二)地方性司法业务文件

1. 浙江省高级人民法院、浙江省人民检察院、浙江省公安厅《关于当前办理集资类刑事案件适用法律若干问题的会议纪要》(2008 年 12 月 2 日)

2. 浙江省高级人民法院、浙江省人民检察院、浙江省公安厅《关于当前办理集资类刑事案件适用法律若干问题的会议纪要(二)》(2011 年 7 月 18 日)

3. 浙江省高级人民法院、浙江省人民检察院、浙江省公安厅《关于当前办理集资类刑事案件适用法律若干问题的会议纪要(三)》(2013 年 10 月 28 日)

4. 浙江省高级人民法院、浙江省人民检察院、浙江省公安厅《关于办理骗取贷款、票据承兑、金融票证罪有关法律适用问题的会议纪要》(2015 年 8 月 26 日)

5. 浙江省高级人民法院《关于刑法分则部分罪名定罪量刑情节及数额标准的

意见》(2012 年 11 月 9 日)

6. 江苏省高级人民法院、江苏省人民检察院、江苏省公安厅《关于加强经济犯罪案件办理工作座谈会的纪要》(2017 年 12 月 22 日)

二、常见问题的裁判规则

(一)骗取贷款罪中“欺骗手段”的司法认定

刑法第一百七十五条之一规定的“欺骗手段”是指行为人在取得银行或者其他金融机构的贷款、票据承兑、金融票证时,采用虚构事实、隐瞒真相等手段,掩盖客观事实,骗取银行或者其他金融机构信任的行为。

行为人编造虚假的资信证明、资金用途、抵押物价值等虚假材料,导致银行或者其他金融机构高估其资信现状的,可以认定为使用“欺骗手段”。实践中,刑法第一百七十五之一“欺骗手段”的具体认定可参考刑法关于贷款诈骗罪的相关规定。

——浙江省高级人民法院、浙江省人民检察院、浙江省公安厅《关于办理骗取贷款、票据承兑、金融票证罪有关法律适用问题的会议纪要》(2015 年 8 月 26 日)

(二)“资金用于生产经营活动”的司法认定

实践中,对于行为人按生产经营规模所需吸收资金,并用于生产经营活动的,可不以非法吸收公众存款罪处理。

对行为人前期吸取资金用于生产经营活动,因生产经营不善导致亏损或者生产经营活动停止后,演变为向社会不特定对象吸收资金的,对后期行为可以认定为非法吸收公众存款罪。

“资金用于生产经营活动”是指将募集的资金用于企业因生产经营活动所需的

正常合理支出。对于将募集资金用于购车、购房等情形，是否属于“资金用于生产经营”不宜一概而论。在实践中，应结合其主观动机、实际用途等因素综合分析后加以判定。如行为人将资金用于购买运输等正常的生产经营所需的工作用车或者购买生产经营所需房产等，可认定其将资金用于生产经营活动。如明显不属于生产经营所需，不能认定其将资金用于生产经营活动。

行为人为弥补亏损，无视自身实力和抗风险能力，滥用他人资金盲目博弈，将集资款用于高风险投资（如期货、股票）的，一般不能认定为用于生产经营活动。

——浙江省高级人民法院、浙江省人民检察院、浙江省公安厅《关于当前办理集资类刑事案件适用法律若干问题的会议纪要（三）》

（三）“向社会公众吸收资金”的司法认定

违反国家金融管理法律规定，向社会公众（包括单位和个人）吸收资金的行为，同时具备下列四个条件的，除刑法另有规定的以外，应当认定为刑法第一百七十六条规定的“非法吸收公众存款或者变相吸收公众存款”：（一）未经有关部门依法批准或者借用合法经营的形式吸收资金；（二）通过媒体、推介会、传单、手机短信等途径向社会公开宣传；（三）承诺在一定期限内以货币、实物、股权等方式还本付息或者给付回报；（四）向社会公众即社会不特定对象吸收资金。

——最高人民法院《关于审理非法集资刑事案件具体应用法律若干问题的解释》第1条

非法吸收公众存款等集资犯罪行为的本质特征在于违反规定向社会公众即社会不特定对象吸收资金。集资对象是否特定的判断，既要考察行为人主观上是否仅向特定对象吸收资金，又要考察其客观上所实施的行为是否可控。如果行为人对集资行为的辐射面事先不加以限制、事中不作控制，或者在蔓延至社会后听之任之，不设法加以阻止的，应当认定为向社会不特定对象吸收资金。

行为人以向单位内部职工或亲友集资为名，实质上希望或放任内部职工或亲友向社会介绍，通过内部职工或亲友间接向社会公众吸收资金的，可以认定为向社会不特定对象吸收资金。

——浙江省高级人民法院、浙江省人民检察院、浙江省公安厅《关于当前办理集资类刑事案件适用法律若干问题的会议纪要(二)》

非法集资的核心内涵和本质特征在于未经依法批准,以高息为诱饵,向社会公众即社会不特定对象募集资金。

对不特定对象的认定,要严格贯彻《纪要(二)》的有关精神,根据主客观相统一的原则整体加以把握。

对涉及"亲友"的案件,应当针对案件具体情况具体对待,如果行为人先期仅向亲友"借款",没有扩大,后来再转为向不特定对象集资,该亲友的"借款"可不认定为犯罪数额。如系通过亲友向社会公众集资,或者被告人主观上产生了非法集资的目的后,在向社会不特定对象集资的同时,亦向亲友集资,则亲友的集资数额不应从犯罪数额中剔除。

——浙江省高级人民法院、浙江省人民检察院、浙江省公安厅《关于当前办理集资类刑事案件适用法律若干问题的会议纪要(三)》

(四)"向社会公开宣传"的司法认定

未向社会公开宣传,在亲友或者单位内部针对特定对象吸收资金的,不属于非法吸收或者变相吸收公众存款。

——最高人民法院《关于审理非法集资刑事案件具体应用法律若干问题的解释》第1条

向社会公开宣传系判定行为人主观上具有向社会不特定对象集资的客观依据之一。公开宣传的具体途径可以多种多样,不应局限于司法解释所列举的"通过媒体、推介会、传单、手机短信"等几种。对于以口头等方式发布、传播集资信息是否属于公开宣传,能否将口口相传的效果归责于集资行为人,应根据主客观相统一的原则,结合行为人对此是否知情、态度如何,有无具体参与、是否设法加以阻止等主客观因素具体认定。

行为人为逃避有关部门的监管,采用相对隐蔽的手段向社会不特定对象发布、传播吸收资金信息的,可以认定为向社会公开宣传。

——浙江省高级人民法院、浙江省人民检察院、浙江省公安厅《关于当前办理集资类刑事案件适用法律若干问题的会议纪要(二)》

(五)集资诈骗罪非法占有目的的司法认定

使用诈骗方法非法集资,具有下列情形之一的,可以认定为“以非法占有为目的”:(一)集资后不用于生产经营活动或者用于生产经营活动与筹集资金规模明显不成比例,致使集资款不能返还的;(二)肆意挥霍集资款,致使集资款不能返还的;(三)携带集资款逃匿的;(四)将集资款用于违法犯罪活动的;(五)抽逃、转移资金、隐匿财产,逃避返还资金的;(六)隐匿、销毁账目,或者搞假破产、假倒闭,逃避返还资金的;(七)拒不交代资金去向,逃避返还资金的;(八)其他可以认定非法占有目的的情形。

——最高人民法院《关于审理非法集资刑事案件具体应用法律若干问题的解释》第4条

非法占有目的是区分集资诈骗罪和非法吸收公众存款罪等其他集资犯罪的关键所在。行为人主观上是否具有非法占有的目的,应当根据主客观相统一原则加以综合分析认定。行为人在非法集资过程中产生非法占有目的,应当只对非法占有目的支配下的非法集资犯罪行为以集资诈骗罪定性处罚,对于之前实施的行为,构成非法吸收公众存款罪等其他犯罪的,应按相关犯罪处理,并实行数罪并罚。

行为人将集资款用于高风险行业的情形,能否认定其主观上具有非法占有目的,不宜一概而论,应当结合行为人的抗风险能力,如自有资金、亏损程度、负债状况等案件具体情况具体认定。行为人明知自己没有偿还能力仍予为之,并造成严重后果的,可认定行为人具有非法占有目的。

——浙江省高级人民法院、浙江省人民检察院、浙江省公安厅《关于当前办理集资类刑事案件适用法律若干问题的会议纪要(二)》

行为人在严重负债的情况下，明知自己无法偿还，仍以生产经营为幌子，以高息为诱饵，大肆非法集资，造成巨额集资款无法归还的，应当认定其主观上具有非法占有目的，以集资诈骗罪定罪处罚。

——浙江省高级人民法院、浙江省人民检察院、浙江省公安厅《关于当前办理集资类刑事案件适用法律若干问题的会议纪要(三)》

(六)赃款问题的司法认定

对于案件既涉及非法集资犯罪又涉及行为人以自有财产提供担保向他人合法融资的，在有确凿证据证明担保财产不属于非法集资犯罪所得，如担保财产系在非法集资犯罪行为发生前购置等情况下，应当允许合法融资行为的债权人依法实现担保物权。

——浙江省高级人民法院、浙江省人民检察院、浙江省公安厅《关于当前办理集资类刑事案件适用法律若干问题的会议纪要(三)》

三、金融犯罪疑难问题的案例索引

1. 杨吉茂伪造货币案(载《刑事审判参考》第3集，第23号)

——伪造美元的行为应如何适用法律

2. 张顺发持有、使用假币案(载《刑事审判参考》第27集，第188号)

——购买并使用假币行为应以购买假币罪从重处罚

3. 姚凯高利转贷案(载《刑事审判参考》第62集，第487号)

——套取银行的承兑汇票是否属于套取银行信贷资金

4. 高远非法吸收公众存款案(载《刑事审判参考》第8集，第56号)

——利用经济互助会非法集资的行为如何定性

5. 田亚平诈骗案(载《刑事审判参考》第38集，第301号)

——银行出纳员用自制“高额利率定单”，对外虚构单位内部有高额利率存款

的事实，将吸存的亲朋好友的现金占为己有的行为如何定性

6. 惠庆祥等非法吸收公众存款案（载《刑事审判参考》第 62 集，第 488 号）

——如何认定非法变相吸收公众存款

7. 王昌和变造金融票证案（载《刑事审判参考》第 10 集，第 71 号）

——涂改、变造存折后再进行金融凭证诈骗的行为如何定性

8. 张炯、李培骏妨害信用卡管理案（载《刑事审判参考》第 49 集，第 386 号）

——刑法修正案（五）第 1 条的适用

9. 李启红等内幕交易、泄露内幕信息案（载《刑事审判参考》第 83 集，第 735 号）

——如何确定内幕信息价格敏感期、建议他人买卖与内幕信息有关的证券行为如何定性以及如何区分洗钱罪与掩饰、隐瞒犯罪所得罪

10. 肖时庆受贿、内幕交易案（载《刑事审判参考》第 85 集，第 756 号）

——因获取让壳信息而指使他人购买让壳公司股票，后借壳公司改变的，是否影响内幕信息的认定

11. 杜兰库、刘乃华内幕交易，刘乃华泄露内幕信息案（载《刑事审判参考》第 85 集，第 757 号）

——内幕信息、内幕信息的知情人员和非法获取人员的认定以及相关法律适用问题的把握

12. 赵丽梅等内幕交易案（载《刑事审判参考》第 85 集，第 758 号）

——内幕信息知情人员的近亲属或者与其关系密切的人被动获悉内幕信息的，能否认定为“非法获取证券交易内幕信息的人员”

13. 王文芳泄露内幕信息、徐双全内幕交易案（载《刑事审判参考》第 95 集，第 918 号）

——对利好型内幕信息公开后继续持股未卖的，内幕交易的违法所得如何认定

14. 赵喆操纵证券交易价格案（载《刑事审判参考》第 7 集，第 48 号）

——非法侵入计算机信息系统抬高股票价格获利的行为如何处理

15. 刘顺新等违法发放贷款案（载《刑事审判参考》第 90 集，第 825 号）

——在发放贷款案件中挪用资金罪和违法发放贷款罪的区分

16. 汪照洗钱案(载《刑事审判参考》第37集,第286号)
——洗钱罪主观明知要件的理解与认定
17. 潘儒民、祝素贞、李大明、龚媛洗钱案(载《刑事审判参考》第60集,第471号)
18. 刘振杰骗购国家外汇额度案(载《刑事审判参考》第1集,第2号)
——倒卖骗购的外汇额度行为如何定罪
19. 王建军等非法经营案(载《刑事审判参考》第5集,第34号)
——骗购国家外汇的犯罪行为如何适用法律
20. 郭建升被控贷款诈骗案(载《刑事审判参考》第14集,第88号)
——贷款诈骗罪中的"以非法占有为目的"应如何把握
21. 吴晓丽贷款诈骗案(载《刑事审判参考》第15集,第95号)
——如何区分贷款诈骗罪和贷款纠纷
22. 张福顺贷款诈骗案(载《刑事审判参考》第39集,第306号)
——贷款诈骗罪与贷款民事欺诈行为的区分
23. 季某票据诈骗、合同诈骗案(载《刑事审判参考》第15集,第96号)
——骗取货物后以空头支票付款的行为如何定罪
24. 姚建林票据诈骗案(载《刑事审判参考》第23集,第145号)
——票据诈骗罪是否属于以非法占有为目的的犯罪
25. 周大伟票据诈骗(未遂)案(载《刑事审判参考》第36集,第277号)
——盗取空白现金支票伪造后使用的应如何定性
26. 李兰香票据诈骗案(载《刑事审判参考》第39集,第307号)
——利用保管他公司工商登记、经营证章的便利条件,以他公司名义申领、签发支票并非法占有他公司财物行为的定性
27. 王世清票据诈骗、刘耀挪用资金案(载《刑事审判参考》第49集,第387号)
——勾结银行工作人员使用已贴现的真实票据质押贷款的行为如何处理
28. 张平票据诈骗案(载《刑事审判参考》第77集,第653号)
——盗窃银行承兑汇票并使用,骗取数额较大财物的行为,是构成盗窃罪还是票据诈骗罪

29. 颜强票据诈骗案(载《刑事审判参考》第92集,第861号)

——城市信用社工作人员,采取欺骗手段取得客户印鉴后,以现金支票的形式将客户账户内的资金取出非法占有的行为如何定性

30. 曹娅莎金融凭证诈骗案(载《刑事审判参考》第1集,第4号)

——使用变造的金融凭证进行诈骗的行为如何适用法律

31. 朱成芳等金融凭证诈骗、贷款诈骗案(载《刑事审判参考》第5集,第33号)

——使用伪造的银行存单作抵押诈骗银行贷款的行为如何定性

32. 陈玉泉、邹臻荣贷款诈骗案(载《刑事审判参考》第16集,第103号)

——对于1997年刑法施行前单位实施的贷款诈骗行为应如何处理

33. 刘岗、王小军、庄志德金融凭证诈骗案(《刑事审判参考》第25集,第168号)

——犯罪故意内容不一致的能否构成共同犯罪

34. 张北海等人贷款诈骗、金融凭证诈骗案(载《刑事审判参考》第54集,第424号)

——伪造企业网上银行转账授权书骗取资金的行为如何定罪处罚

35. 李路军金融凭证诈骗案(载《刑事审判参考》第54集,第425号)

——金融机构工作人员利用工作之便,以换折方式支取储户资金的行为构成盗窃罪还是金融凭证诈骗罪

36. 张国涛信用卡诈骗案(载《刑事审判参考》第60集,第472号)

——如何认定信用卡诈骗罪中的信用卡范围

37. 陈自渝信用卡诈骗案(载《刑事审判参考》第91集,第841号)

——恶意透支型信用卡诈骗案件中对透支本金产生的费用如何处理

38. 王立军等信用卡诈骗案(载《刑事审判参考》第93集,第874号)

——窃取他人开卡邮件并激活信用卡使用的行为如何定性

39. 房毅信用卡诈骗案(载《刑事审判参考》第95集,第919号)

——有效催收如何认定、透支行为发生在缓刑考验期之前但银行催收的截止期在缓刑考验期内的应当认定为漏罪还是新罪以及前罪判处的拘役与后罪判处的有期徒刑如何并罚

40. 王志峰、王志生故意杀人、保险诈骗案(载《刑事审判参考》第28集,第198号)

——为骗取保险金而抢劫、杀人的应如何定罪

41. 曾劲青、黄剑新保险诈骗、故意伤害案(载《刑事审判参考》第38集,第296号)

——保险诈骗罪主体、犯罪形态的认定

42. 徐开雷保险诈骗案(载《刑事审判参考》第61集,第479号)

——被保险车辆的实际所有人利用挂靠单位的名义实施保险诈骗行为的,构成保险诈骗罪

Chapter 5

第五章 占有型经济犯罪疑难问题的司法认定与要案判解

非法占有目的是刑法中的一个重要概念,也是绝大多数经济犯罪、财产犯罪、贪污贿赂犯罪的行为人所追求的主观目的。① 而经济犯罪、财产犯罪以及贪污贿赂犯罪是刑法犯罪体系的主体,非法占有目的犹如刑法大厦中一根承重的柱子或基石,也是司法实践中经常遇到并需要重点研究解决的重大疑难课题之一。非法占有目的的称谓源于"以非法占有为目的",在许多场合指的是同一事物,相比之下,前者在理论研究、习惯中提得较多,而后者在正式场合表述较多,如"以非法占有为目的"在我国刑法中有明确规定、司法实践中经常运用乃至裁判文书中经常表述。有一些犯罪,如集资诈骗罪、贷款诈骗罪、合同诈骗罪,刑法条文明确规定必须"以非法占有为目的";有一些犯罪,如信用证诈骗罪、诈骗罪、信用卡诈骗罪、侵占罪、职务侵占罪、抢劫罪、盗窃罪等,刑法条文虽然没有规定或明确其必须"以非法占有为目的",但刑法学界通说认为其逻辑上包含了"以非法占有为目的",属题中应有之义或已蕴含其中、不言自明。② 我国台湾地区"刑法"第 320 条也规定"意图为自己或第三人不法之所有"为盗窃罪的要件。对非法占有目的,国外许多国家在刑法

---

① 孙国祥:《非法占有目的刍议》,载《刑事法学》2002 年第 1 期。

② 这些特定犯罪尤其是部分金融诈骗犯罪的行为人主观上是否必须"以非法占有为目的",理论上和司法实践中均有争议,有肯定说和否定说之对立,但大多数人持肯定说。主要观点参见高铭暄、马克昌主编:《刑法学》,高等教育出版社、北京大学出版社 2000 年版,第 432 页;陈兴良:《论金融诈骗罪主观目的的认定》,载《刑事司法指南》2000 年第 1 辑,第 60 ~ 62 页;赵秉志、许成磊:《金融诈骗罪司法认定中的若干重点疑难问题研讨》,载《刑事司法指南》2000 年第 4 辑,第 6 ~ 8 页;孙国祥:《非法占有目的刍议》,载《刑事法学》2002 年第 1 期;励进:《2000 年中国刑法学研究会年会综述》,载《法学》2001 年第 2 期;等等。

中均作了明文规定。[①] 以盗窃罪为例,大陆法系国家刑法绝大多数都规定了盗窃罪的成立要求行为人主观上除了具有盗窃故意之外,还要求具有非法占有目的,尽管规定的具体内容有所不同。例如,《德国刑法》第242条规定:“意图自己之不法所有”;《意大利刑法》第624条规定:“意图为自己或他人不法之所有”;《瑞士联邦刑法》第137条规定:“意图使自己或者他人致富”;《奥地利刑法》第127条规定:“以其取得而为自己或第三人不法图利”。《俄罗斯联邦刑法典》第158条规定“以贪利为目的”,作为盗窃罪的要件。这些规定都表明,盗窃罪的行为人主观上必须具有非法占有这一不法目的。在英美刑法中,对盗窃罪等取得罪的主观目的一般要求具有不诚实永久剥夺他人对财产占有的故意。[②] 有些国家的刑法如《日本刑法》中虽无明文规定,但刑法理论的通说和法院的判例往往将非法占有目的作为取得罪的成立要件。可见,非法占有目的在上述财产占有型经济犯罪构成中占有十分重要的地位与作用。在很多情况下,非法占有目的的理解与认定问题直接决定着罪与非罪、此罪与彼罪的划分。[③]

中外刑法理论界一直重视对非法占有目的的研究。[④] 主要在三个方面展开了充分研究:一是非法占有目的的含义,旨在解决什么是非法占有目的、如何理解刑法中的非法占有目的之问题;二是非法占有目的是否必要,旨在解决非法占有目的在具体犯罪构成中的地位与作用问题;三是非法占有目的的认定方法与标准,解决

---

① 在日本、德国等大陆法系国家的刑法理论或立法表述中,非法占有目的通常被称为“不法领得的意思”或“不法所有的意图”,有的将之直接翻译为“非法占有的意思”。

② [英]J. C. 史密斯、B. 霍根:《英国刑法》,李贵方等译,法律出版社2000年版,第558、611页;储槐植:《美国刑法》,北京大学出版社1996年版,第231~232页。

③ 顾晓宁:《非法占有目的探源》,载《人民司法》1999年第6期。

④ 从掌握的资料看,国内直接以“非法占有目的”为题的文章,主要有花克明:《〈以非法占有为目的〉的认定》,载《人民检察》1998年第8期;刘明祥:《刑法中的非法占有目的》,载《法学研究》2000年第2期;赵秉志等:《论“以非法占有为目的”是信用证诈骗罪的必备要件》,载人大报刊复印资料《刑事法学》2001年第6期;刘宪权等:《论金融诈骗罪的非法占有目的》,载人大报刊复印资料《刑事法学》2001年第11期;王晨:《论诈骗犯罪中的非法占有目的》,载《人民司法》2001年第1期;孙国祥:《非法占有目的刍议》,载人大复印报刊资料《刑事法学》2002年第1期;练小勃:《我国刑法中非法占有目的之反思》,载《甘肃政法成人教育学院学报》2002年第4期;刘进:《刑法“非法占有目的”论》,载《桂林师范高等专科学校学报》2002年第1期;李杰豪等:《论非法占有目的在合同诈骗罪认定中的作用》,载《湘潭工学院学报》(社会科学版)2002年第4期;黄应生:《信用证诈骗罪中非法占有目的的认定》,载《人民司法》2003年第1期;等等。

非法占有目的之“有无”问题。但是,由于刑法理论界的视线范围基本集中在以上三个领域,形成了以非法占有目的之理解、非法占有目的是否必要、非法占有目的之有无为内容的理论框架,无形中限制了研究的视野,不利于深入研究非法占有目的,运用非法占有目的理论解决实际问题,表明了现有非法占有目的理论的某种不足。

正是基于以上认识,本书区别于非法占有目的的传统研究,另立视角,选择“非法占有目的的产生时间”为题,将在“要非法占有目的”与“有非法占有目的”的前提下,试图提出并界定“非法占有目的的产生时间”之概念,对非法占有目的产生时间的司法认定、几种典型犯罪的非法占有目的的产生时间、非法占有目的的产生时间的刑法功用等方面进行全面深入系统探讨,作为对非法占有目的深入研究的一次尝试,以期对拓宽非法占有目的的研究视野、丰富和完善非法占有理论、解决占有型经济犯罪疑难问题的司法认定有所裨益。

第一节　占有型经济犯罪疑难问题的司法认定

非法占有目的作为一种主观事物,必然有其产生形成、存续、消灭的过程。从非法占有目的的产生、存续、消灭过程分析,必然有非法占有目的的产生时间、存续时间、消灭时间之划分。就非法占有目的的产生时间与非法占有目的之间的关系而言,本书试图探讨的非法占有目的的产生时间,是非法占有目的的内容之组成部分,是考察分析非法占有目的的角度之一,是认识和把握非法占有目的的固有特征之一,也是占有型经济犯罪司法认定中经常遇到的重大疑难问题。

一、“非法占有目的产生时间”概念的形成及其司法认定

此概念和论题的提出源于以下两则案例引发的思考。

案例一:甲为方便委托乙将某贵重物品代为保管一个月,乙因刚有人向其逼债

而顿生用此贵重物品抵债之念，故予以答应并叫甲放心。甲将物品交付后，乙于当天将该物抵给他人以清偿债务。一个月后，甲欲取回该物，乙多次借故推托，拒不退还。遂发生诉讼，法院认定乙构成诈骗罪。

案例二：丙为方便委托丁将某贵重物品代为保管一个月，丁予以答应并叫丙放心。丙将物品交付后，又过了几天，丁从他人处得知该物很值钱，且刚有人向其逼债，从而产生用此贵重物品抵债之念。第二天丁将该物抵给他人以清偿债务。后丙欲取回该物，丁均借故推托，拒不退还。遂发生诉讼，法院认定丁构成侵占罪。①

上述两则案例在情节上有许多共同点：(1)行为人主观上都具有非法占有他人财物的目的；(2)客观上均实施了将他人财物占为己有的行为；(3)客体上均侵犯了他人对财物的所有权；(4)犯罪主体同为一般主体。明显不同的是两案行为人非法占有对方财物的目的产生的时间有别：案例一中乙非法占有对方财物目的产生在先，即在对方交付财物、自己持有对方财物之前就产生了非法占有目的，而案例二中丁非法占有对方财物目的产生在后，即在对方交付财物、自己持有对方财物之后产生非法占有目的。总体来讲，这两个案件的情节之共同点比较多，差异点则比较少。两案情节非常相似，法院最终定性却不同：案例一定诈骗罪，而案例二定侵占罪。两案引发的思考是，情节相似，为何定性却不同？非法占有目的的产生时间对侵占罪与诈骗罪的成立是否有影响？如果有影响，这种影响对其他“以非法占有为目的”的犯罪是否具有普遍性？如果具有普遍性，是否可以对其进行理论总结，在刑法法理中建立和导入一个关于“非法占有目的的产生时间”之理论？譬如，什么是非法占有目的的产生时间，其本身的内涵、外延及特征如何，非法占有目的的产生时间与犯罪的成立之间的关系有何规律可循？非法占有目的的产生时间概念是否还具有其他刑法功用？在司法实践中如何认定和运用非法占有目的的产生时间？进一步的思考则是，非法占有目的的产生时间理论之构建，是否可弥补现有非法占有目的理论体系的某种不足，从而帮助实践走出非法占有型犯罪定罪难等诸多司法困惑？

---

① 陈增宝：《两案情节相似定性却不同：非法占有目的的产生时间对定罪有影响》，载《检察日报》2001年6月14日版。

关于非法占有目的的产生时间之“产生时间”的理解,前提在于理解“产生”的含义。《现代汉语词典》对“产生”一词的解释是:“由已有的事物中生出新的事物;出现。”①结合非法占有目的与犯罪故意的关系,笔者认为,非法占有目的的出现、产生过程,实际上就是指以非法占有目的为内容的犯罪决意形成过程,“产生”就是决意的最终形成与出现。因为,“犯罪之成立,自其发展过程观之,其先必有一定之动机,由此动机而萌犯意,以至于决定犯意,皆属内部之心意作用,是为意思阶段,及至就其决意进而为预备行为及实行行为,乃成外部之事实表现,是为行为阶段”,“故意除犯罪事实认识外,尚须有行为之决意”。② 所谓的非法占有目的的产生时间,其实就是非法占有的决意形成与表现时间,或称决意时间。明确这一点,对非法占有目的的产生时间之认定具有极为重要的意义。因为,决意与犯罪的预备行为及实行行为联系紧密,把非法占有目的的产生时间与决意时间进行联系,等于将非法占有目的的产生时间与相应的犯罪行为之发生时间天然地联系在一起,为我们进一步利用客观的犯罪行为来把握主观的非法占有目的之产生转换了视角,奠定了基础。

关于非法占有目的的产生时间之“产生时间”的理解,关键在于理解“时间”的含义。笔者认为,应该从时间点和时间段两个角度全面理解“时间”的内涵。作这样的理解,不但符合现代汉语中“时间”这一词语的应有含义,而且符合刑法的语义习惯。《现代汉语词典》对“时间”一词的解释有三种:一是物质存在的一种客观形式,由过去、现在、将来构成的连绵不断的系统。是物质的运动、变化的持续性的表现;二是有起点和终点的一段时间;三是时间里的某一点。③ 从词典的解释看,时间点和时间段均是时间的题中应有之义。刑法中关于时间的常见表述有几种形式:一是点的形式,如用“1999 年 3 月 18 日下午 3 时 30 分”、当场、立即等;二是段的形式,如事后抢劫、事后受贿、事后故意、禁渔期、在签订、履行合同过程中等表述。

---

① 《现代汉语词典》,商务印书馆 1992 年版,第 118 页。

② 引自韩忠谟:《刑法原理》,中国政法大学出版社 2002 年版,第 81、145 页。

③ 《现代汉语词典》,商务印书馆 1992 年版,第 1042 页。

根据上述关于“产生”“时间”的理解，正确理解非法占有目的的产生时间则应注意其以下两个特定内涵：(1)指非法占有目的产生的时间点。[①] 非法占有目的产生的时间点，是判断非法占有目的产生、决意形成的准确时间；(2)指非法占有目的产生的时间段。非法占有目的的产生的时间段，是运用一定的参照点，判断非法占有目的在哪一阶段产生，即非法占有目的产生、决意形成时刻所处的时间范围。[②] 行文至此，不妨对非法占有目的的产生时间之概念作如下界定：所谓非法占有目的的产生时间，是指行为人意图以犯罪方法占有他人财物的决意之时间点或者时间点所处的时间段落。

依笔者之管见，在刑法法理和实践中导入非法占有目的的产生时间之概念，对“非法占有目的的产生时间”的司法认定进行理论总结和提升，不仅有利于诠释非法占有型犯罪构成的某些类型化特征，而且有利于丰富与完善非法占有目的理论乃至整个刑法理论体系，具有重大的理论价值和实践意义。

下面先对“非法占有目的的产生时间”认定的理论基础和操作原则作一些分析，这也是进行理论言说的前提。

---

① 非法占有目的的产生时间与非法占有的时间均涉及非法占有的时间问题，但两者是完全不同的概念。前者是指行为人企图永久地占有他人财物之决意时间；后者指行为人打算或事实上对财物非法占有的时间长短。从时间角度看，前者指决意时间点或该点所处的某一段落；后者指时间的长短；从使用的场合看，前者仅在永久性占有的场合被使用，后者既可以在永久性占有场合使用，又可以在一时的、短暂的占有场合使用；从占有的含义看，由于对非法占有的理解不同，前者一般指所有，后者一般既可指所有，又可指事实上的掌握控制，如挪用犯罪的场合即是，行为人非法占有本单位的财物是一时的、短暂的，而非永久性的。

② 非法占有目的的产生时间与犯罪故意产生时间之间的关系应由犯罪目的与故意、非法占有目的与犯罪目的、非法占有目的与故意之间的关系所决定。前文已提及，关于犯罪目的与犯罪故意的关系，即犯罪目的是犯罪故意内容的组成部分，还是故意之外的独立的主观要件？中外刑法理论对此有不同的认识。在国外的刑法理论中，犯罪目的属于特别的主观的违法要素，也叫超过的主观的违法要素。作为构成要件的要素除了故意之外还必须具有一定目的的犯罪，就叫目的犯罪。一般认为，对于目的与故意，应该加以区别。目的犯罪中的目的，不能作为故意的对象，不要求对此有所认识，只要在行为者的内心存在就足够了，而没有必要进一步认识已经具有该目的。我国刑法理论界通说则认为，犯罪目的是希望意志的核心，反映着直接故意的心理内容，是直接故意的当然组成部分。犯罪目的的存在不仅说明行为人对其行为的社会危害结果已有认识，而且表明行为人积极追求这一预期的危害结果。犯罪目的的产生就意味着直接故意的形成，直接故意的性质是由犯罪目的的性质决定。犯罪目的与犯罪故意具有不可分割的内在联系。就此而言，非法占有目的的产生时间与相应犯罪故意的产生时间应该一致。

(一)认定"非法占有目的的产生时间"之理论基础

1. 行为与故意同时存在原则

犯罪行为与犯罪故意同时存在,作为一个刑法原理而存在。在英国的刑法理论中,被称为犯罪行为与犯意吻合原则,即"犯意必须在时间上与犯罪行为吻合。如果我偶然杀死邻居,并不能因为我事后幸灾乐祸而判我谋杀罪。我对结果的高兴并不等于我愿意实施这个行为。犯意指蓄意实施当前的行为,而不是未来的行为"。[①] "法律调整的不是后天的谋杀罪。法律针对的是犯罪行为"[②]阐述了行为在犯意支配下实施的原理。该原则在美国的刑法理论中又被称为"犯意与犯罪行为同时发生"原则。[③] 这一原则为认定非法占有目的的产生时间提供了理论基础,隐含着在实践操作中可以通过客观行为来判断、认定非法占有目的的产生时间的可行性。

2. 行为与责任同时存在原则

"刑事责任要求单个犯罪的犯罪行为和犯罪意图同时具备或同时发生",[④]在日本的刑法理论中,就有这样要求的原则即行为与责任同时存在的原则,因为,就责任主义之观点而言,责任能力在行为时必须存在,故只能对行为人在有责任能力状态下所实施之行为以及该行为所造成之结果追究责任。关于"行为与责任同时存在原则"中所谓之"行为",有"实行行为"说与"广义行为"说之对立。通说承认"实行行为"与责任同时存在原则,并在原因设定行为上思考实行行为性,造成通说在论理上发生矛盾,于是出现"广义行为"与责任同时存在之修正说。亦即包含责任能力的判断在内之责任评价应以行为人的意思决定为评价对象,应该考虑的是

---

① [英]J. C. 史密斯、B. 霍根:《英国刑法》,李贵方等译,法律出版社 2000 年版,第 90 页。

② [英]豪默斯(Holmes):《刑法》(约翰·哈维德编辑),第 54 页,转引自[英]J. C. 史密斯、B. 霍根:《英国刑法》,李贵方等译,法律出版社 2000 年版,第 90 页。

③ [美]道格拉斯·N. 胡萨克:《刑法哲学》,谢望原等译,中国人民公安大学出版社 1994 年版,第 15 页。

④ [美]道格拉斯·N. 胡萨克:《刑法哲学》,谢望原等译,中国人民公安大学出版社 1994 年版,第 15 页。

在作成意思决定时是否具备责任能力之问题。[①] 非法占有目的的产生时间关注的就是行为的“意思决定时”，上述原则使得非法占有目的的产生时间与责任联系在一起，使非法占有目的的产生时间认定的意义即必要性凸显。

3. 主客观相一致原则

非法占有目的是主观内容，具有不可视性、难以把握的特点，“行为与故意同时存在原则”为我们通过客观行为来把握主观内容指明了方向。据此，我们可以通过是否存在非法占有目的来判断非法占有目的是否已产生。其实，这与我国刑法理论所倡导的主客观相一致原则具有内在一致性，可以说，这实际是对主客观相一致原则的运用。所谓非法占有目的的产生时间之认定，实际上就可以顺理成章地过渡到非法占有目的的认定，非法占有目的的产生时间之认定实际上以非法占有目的的认定为前提。利用老问题解决新问题，这在方法论上意义也很大，因为它将复杂问题简单化了。

（二）以“非法占有目的”的认定为前提

在我国刑事诉讼中，公安机关、检察机关、法院办案时共同面临非法占有目的的司法认定问题。具体而言，公安、检察机关主要承担诉讼证明的任务，即收集、提供证据证明行为人具有“非法占有目的”，法院主要是根据现有证据认定行为人是否具有“非法占有目的”，但都离不开“非法占有目的”的判断标准，即满足什么样的条件可以视之为“具有非法占有目的”。如何准确认定非法占有目的，已成为困扰司法的疑难问题，也往往是控辩双方争论的焦点。刑法规定的各罪中，对“非法占有目的”的认定问题体现、反映最为突出、典型的非诈骗犯罪非合同、金融诈骗犯罪莫属。

笔者认为，使实践在证明或认定非法占有目的时陷入困境的原因除了前述提到的立法对低度犯罪、高度犯罪罪名不配套，主要原因还有二：一是由于立法对非

---

① ［日］川端博：《刑法总论二十五讲》，甘添贵监译、余振华译，中国政法大学出版社2003年版，第232～234页。

法占有目的的认定标准没有明确规定。对一些犯罪必须具有“非法占有目的”，人们即使意见一致，也只是解决了要不要认定非法占有目的的问题。在要非法占有目的的情况下，如何判断非法占有目的显得更为突出、重要。“‘非法占有目的’是一种主观心理状态，我们既不可能通过肉眼直接看到，也不可能用仪器测量到，而是只能通过行为人一定的外在表现来认定”，[①]但从立法来看，法律没有明确、详细规定非法占有目的的认定依据。所以，引发了人们对非法占有目的认定标准的不同争议。二是由于人们对“非法占有”及其认定依据的不同理解。由于人们对“非法占有”理解上的差异，直接使非法占有目的的诉讼证明与司法认定陷入进退两难的困境。控方、辩方、审方很难形成一致意见，审方在控辩双方对法律的理解分歧巨大、对抗空前激烈的情况下，不便、不能、也不敢贸然下判。有些明显具有严重社会危害性的重大案件因行为人行为构成犯罪的主观要件未能齐备（或认为未能齐备），司法机关只能以不构成犯罪、不符合起诉条件处理或宣告无罪。导致这种析之有害、证之不能、量之无刑、罚之无据困境的，不是司法机关的无能，而是刑法的相关规定不科学和理解的多元化使然。[②]

1. 合同诈骗罪的非法占有目的之认定标准

笔者认为，对非法占有目的的认定，不能过分强调某一点，而应综合考虑。根据合同诈骗犯罪的特点，在诉讼证明和司法认定非法占有目的过程中，有以下几个方面可以综合考虑、分析：(1)查明主体资格是否真实。(2)查明行为人有无履约能力。(3)查明行为人有无采取诈骗的行为手段。行为人非法占有的目的是与实施了诈骗行为联系在一起的。若行为人没有实施任何虚构事实、隐瞒真相的诈骗行为手段，即使最终没有履行合同，也不应认定为合同诈骗罪。[③] (4)查明行为人

---

① 梁华仁、张先中：《略论合同诈骗罪的几个问题》，载《政法论坛》1999 年第 1 期。

② 沈丙友：《诉讼证明的困境与金融诈骗罪之重构》，载《法学研究》2003 年第 3 期。

③ 值得注意的是，合同诈骗罪中的诈骗行为与合同纠纷中的民事欺诈行为，都含有欺骗的成分，还须区分民事欺诈与刑事欺诈。首先要看欺骗的内容，如果一般认为行为人只是在合同标的的数量和质量上欺骗了对方，还只是民事欺诈的话，那么，在合同标的的有无上欺骗了对方，就已超出了经济欺诈的范围。另外，还要看欺诈的程度，即欺诈手段在合同中的作用。在刑事欺诈中，行为人完全虚构事实，隐瞒真相，没有履行合同的诚意和行为，欺诈手段起全面的根本性、决定性的作用，而民事欺诈对合同最终适当、全面履行的影响不是根本性、全面的影响。参见侯学新：《论合同诈骗罪的特征与认定》，载《政法论丛》1999 年第 5 期。

有无履行合同的实际行动。(5)查明行为人没有履行合同的原因。(6)查明行为人的履行态度是否积极。(7)查明行为人对财物的主要处置形式。(8)查明行为人的事后态度是否积极。

2. 金融诈骗罪的非法占有目的之认定标准

最高人民法院1996年12月16日颁布的《关于审理诈骗案件具体应用法律的若干问题的解释》第3条规定:“行为人实施《决定》(指《全国人大常委会关于惩治破坏金融秩序犯罪的决定》)第八条规定的行为,具有下列情形之一的,应当认定其行为属于‘以非法占有为目的,使用诈骗方法非法集资’:(1)携带集资款逃跑的;(2)挥霍集资款,致使集资款无法返还的;(3)使用集资款进行违法犯罪活动,致使集资款无法返还的;(4)具有其他欺诈行为,拒不返还集资款,或者致使集资款无法返还的。”2001年1月21日,最高人民法院印发了《全国法院审理金融犯罪案件工作座谈会纪要》(以下简称《纪要》)第2条第3项关于金融诈骗罪规定:“金融诈骗犯罪都是以非法占有为目的的犯罪……根据司法实践,对于行为人通过诈骗的方法非法获取资金,造成数额较大资金不能归还,并具有下列情形之一的,可以认定为具有非法占有的目的:(1)明知没有归还能力而大量骗取资金的;(2)非法获取资金后逃跑的;(3)肆意挥霍骗取资金的;(4)使用骗取的资金进行违法犯罪活动的;(5)抽逃、转移资金、隐匿财产,以逃避返还资金的;(6)隐匿、销毁账目,或者搞假破产、假倒闭,以逃避返还资金的;(7)其他非法占有资金、拒不返还的行为。”上述规定是目前司法实践据以认定金融诈骗罪的非法占有目的之标准。

3. 非法占有目的的推定方法之合理运用

近年在打击合同、金融诈骗等犯罪中,司法机关面临的最大难题是如何查证和认定行为人非法占有目的。笔者认为,有必要运用刑事推定的方法,解决该难题。刑事推定的合理运用,对于认定和打击犯罪,防止犯罪分子逃脱刑事追究具有重要意义。由于推定是基于已经确定的基础事实径行认定案件事实,不需要收集、固定、运用证据来证明,这就可以消除推定事实举证和证明上的困难,简化了认定事实的环节,具有节约诉讼成本、提高诉讼效率、防止犯罪分子逃脱刑事追究、保障诉讼公正等意义。[①] 在实践中,推定的适用早已被西方学者肯定。如英国著名法学教授克罗斯和琼斯指出:事实的推定"由于它往往是能够证明被告心理状态的惟一手段,因而在刑事司法中起着非常重要的作用。法官应该对陪审团作出这样的指示,即它有权从被告已经实施了违禁行为的事实中,推断出被告是自觉犯罪或具有犯罪意图,如果被告未作任何辩解,推断通常成立"。[②] 在金融诈骗犯罪的司法认定中,刑事推定的适用被我国一些学者提倡:如著名刑法学者陈兴良教授认为,"所有金融诈骗罪都可通过客观行为推定行为人的主观目的,从而认定犯罪"。[③] 最高人民法院的相关司法解释如上述《纪要》也全面肯定了刑事推定在金融诈骗罪司法认定中的运用。

一般认为,适用推定,必须注意以下几个原则[④]:(1)适用推定必须确保基础事实的真实性。如在推定金融诈骗罪的主观目的时,对《纪要》列举的7种情况必须要有充分的证据予以证明,以确保基础事实真实可靠;(2)基础事实与推定事实之间的联系必须具有高度的盖然性。如非法集资款不能返还与非法占有目的之间的联系就不具有高度盖然性,因此《纪要》强调:"不能仅凭较大数额的非法集资款不能返还的结果,推定行为人具有非法占有的目的。"(3)允许被告人提出反证,并以反证的成立与否确定推定的成立与否。推定结论,有一定的或然性,必须以反驳来加以验证。所以,《纪要》指出:"对于确有证据证明行为人不具有非法占有的目的,因不具备贷款的条件而采取了欺骗手段获取贷款,案发时有能力履行还贷义务,或者案发时不能归还贷款是因为意志以外的原因,如因经营不善、被骗、市场风险等,不应以贷款诈骗罪定罪处罚。"

---

① 肖中华、张少林:《刑事推定与犯罪认定刍议》,载《刑事法学》2002年第9期。

② [英]鲁珀特·克罗斯、菲利普·A.琼斯:《英国刑法导论》,赵秉志等译,中国人民大学出版社1991年版,第56页。

③ 陈兴良:《论金融诈骗罪的主观目的的认定》,载《刑事司法指南》2000年第1辑。

④ 张兆松:《金融诈骗罪主观故意新论》,载《人民检察》2002年第5期。

(三)认定"非法占有目的的产生时间"之操作原则

(1)非法占有目的的产生时点与先前事实行为向犯罪行为转化时间同时原则。从非法占有目的产生的时间点看,非法占有目的的产生时间应与先前事实行为向犯罪行为转化的时间同时。这里的犯罪行为,特指具有非法占有目的、需要我们判断其构成哪一种犯罪的行为;先前事实行为指因被认为不具有非法占有目的的非犯罪行为或不属财产取得型而定罪时另外考虑的犯罪行为。从司法认定的角度看,非法占有目的产生的时间点应与先前事实行为向犯罪行为转化时间同时。这是由"行为与故意同时存在"的刑法原理和主客观一致原则所决定的。从司法认定的角度看,以非法占有为内容的犯罪行为实施及其非法占有目的产生之日,即为先前事实行为及其目的终了之时。

(2)非法占有目的的产生时段与参照点必要原则。实践中准确认定非法占有目的产生的时间点确有困难。相反,确定其产生的时间段,则具有可操作性。而非法占有目的的产生时间段的确定,离不开寻找最佳的参照点,即以此为参照,判断非法占有目的在其"之前"产生还是"之后"产生。那么,何为最佳呢?依笔者之管见,对判断该非法占有行为构成某种犯罪或是否构成犯罪以及量刑最具有识别与区分意义的,就是最佳的。参照点的选择,显然要结合具体犯罪的特点根据需要来定。目前,刑法理论与实务使用的参照点有合法占有行为,非法占有他人财物,持有他人财物(行为),合法拥有经手本单位财物的职权(状态发生),在集资过程、合同签订、履行过程、事(前、中、后)等,根据需要可以自由选择使用。

这里着重谈一下对占有移转罪与占有不移转罪的非法占有目的的产生时段如何选择参照点加以认定?占有移转罪与占有不移转罪是国外一种对财产罪的理论分类,在我国理论与实践中却很少使用,笔者认为,此种分类与非法占有目的产生时间理论结合起来颇具实践意义,值得借鉴,故先对占有移转罪与占有不移转罪的理论分类作一介绍。在外国刑法理论上,根据不同的标准,对财产罪可以进行各种分类。其中,取得罪是相对于毁弃罪而言的一种分类。在取得罪中,根据他人财物是否被移转占有,可以分为占有移转罪与占有不移转罪两类。盗窃、抢劫、诈骗等直接取得罪的大部分,都是将他人财物移转到自己或第三者的占有或控制之下,因而是占有移转罪;而侵占罪则是取得自己占有之下的他人财物的行为,所以属于占有不移转罪。对盗窃罪、抢劫罪、诈骗罪等排除被害人占有的占有移转罪,学者们又称为"夺取罪"。[①] 笔者认为,在涉及占有移转罪与占有不移转罪区分时,以"以非犯罪方法持有他人财物之行为发生"作为确定非法占有目的的产生时间段的参照点,最为合适,颇具实践价值。理由如下:一是由占有移转罪与占有不移转罪的不同特点所决定。占有移转罪以行为人没有持有他人财物为前提,行为人要取得自己尚不持有的他人之物,必须先采用劫取、夺取、骗取、窃取等犯罪方法持有财物,后达到"所有"的目的,如抢劫罪、抢夺罪、盗窃罪、诈骗罪、金融诈骗罪等即是如此;占有不移转罪以行为人以非犯罪方法业已持有他人财物为前提,行为人要取得自己通过非犯罪方法业已持有的他人财物,则必须利用因先前事实行为与对方建立的人身信任关系或职务上的便利,以一定的手段将他人财物转为己有,即变非犯罪方法持有为非法所有,如占有不移转罪中的侵占罪即是如此。可见,行为人是否已持有他人财物,对犯罪的成立有重要影响,以行为人是否已以非犯罪方法持有他人财物作为参照点确定的非法占有目的产生时间,也就具有了罪的区分机能。这一点颇具实践功用。二是以"以非犯罪方法持有他人财物行为"为参照点,表述内容更科学、完整。目前,刑法理论界在表述"非法占有目的产生时间段"时,分别使用了"行为前"[②]"合法占有行为之后""非法占有他人财物之前"[③]等提法,运用的参照点分别是"行为""合法占有行为""非法占有他人财物"等。笔者认为,"行为"过于笼统;"合法占有行为"对行为作"合法"限制,把"违法但不犯罪"情形排除在外不符合实际情况,系过于狭窄;"非法占有他人财物",对行为限制过宽。以"非犯罪方法持有他人财物行为"做参照点的合理性是:首先,与前述把"非法占

---

① 刘明祥:《财产罪比较研究》,中国政法大学出版社2001年版,第3页。

② 赵秉志主编:《疑难刑事问题司法对策》(四),吉林人民出版社1999年版,第263~264页。

③ 贾剑敏:《金东盗窃案:骗得财物保管权后秘密窃取代为保管的财物的行为如何处理》,载《刑事审判参考》2001年第10辑。

有”看成“以犯罪方法所有他人财物”的理解对应一致；其次，“非犯罪方法”从逻辑上既包含“合法”情形，又包含了“违法但不犯罪”情形，更加具体、全面。

二、“非法占有目的的产生时间”与相关经济犯罪的司法认定

（一）“非法占有目的的产生时间”与诈骗罪的司法认定

关于诈骗罪之非法占有目的的产生时间，一般不会产生异议。根据前文的认定原则，笔者认为，诈骗罪之非法占有目的产生在行为人持有他人财物之后，属前产生非法占有目的。

1. 由诈骗犯罪的构造原理所决定

诈骗犯罪的构造告诉我们，行为人虚构事实和隐瞒真相、对方产生错误认识、基于“错误认识”而“自愿”交付财物（财产受损），这三者之间具有刑法上的因果关系，先后顺序性显然。诈骗罪的行为人只有在自己以非犯罪方法持有他人财物之前就已产生非法占有对方财物的目的，与对方接触过程中，采用虚构事实、隐瞒真相的手段，使对方产生错误认识，从而使对方将财物“自愿”地交付给行为人，方能达到诈骗的目的。

2. 由占有移转罪的特点所决定

根据刑法理论上关于占有移转罪与占有不移转罪分类，诈骗罪是“占有移转罪”（又称夺取罪）的一种，突出一个“取”字，是一个“骗取”的过程。行为人在自己以非犯罪方法持有他人财物之前就已产生非法占有对方财物的目的，进而实施诈骗行为，才能完成“骗取”行为。

（二）“非法占有目的的产生时间”与合同诈骗罪的司法认定

1. 理论争议

关于合同诈骗罪之非法占有目的的产生时间，学术界的认识并非完全一致。

有的学者认为,合同诈骗罪之非法占有目的有三种存在形式:第一种,存在于签订合同之时,即犯罪主体一开始就无履行合同的诚意,而只是想通过合同骗取他人财物;第二种,在签订合同时,行为人内心是不确定的,是否履行合同义务对行为人来说尚处于朦胧不清的状态,结果取得他人财物后没有履行合同义务,应认定其具有非法占有目的;第三种,行为人与他人签订合同时没有非法占有目的,在履行合同过程中,由于主客观条件的变化,促成了主观意图的转变,产生了非法占有目的。据此,合同诈骗罪之非法占有目的既可以产生在签订之前,也可以产生在合同签订之后的履行过程中。[①] 有的学者则对第二、三种存在形式提出异议,认为,合同诈骗罪的犯罪目的不可能有转化形态,合同诈骗罪的非法占有目的不可能产生在合同签订之后。其理由有二:一是认为该观点违背了目的型犯罪的一般原理。合同诈骗罪作为目的型犯罪,其行为人总是先有非法占有的目的,然后在此目的的支配下选择合同这一形式来达到诈骗目的。如果先是合同有效成立,后又产生所谓"非法占有目的",行为人已失去了选择犯罪手段的可能;二是认为该观点混淆了所有权与债权两种不同的事物。[②]

2. 对理论争议之辨析

笔者认为,上述两种关于合同诈骗罪的非法占有目的产生时间的运用的参照点并不同一,不可将其混为一谈。前者以纯事实行为为参照点,后者则以经过了法律评价的利用合同诈骗行为为参照点。具体而言:

上述第一种观点,实际上是以合同的签订之时、履行之时为参照点,来说明合同诈骗罪的非法占有目的可能产生的时间范围或时间点。就此参照点而言,合同诈骗罪之非法占有目的可以在行为人签订、履行合同之前产生,也可以在签订、履行合同过程中产生。首先,符合经济生活中的实际情况。在经济交往过程中,行为人在签订合同时是否具有非法占有目的不确定、明显在履行合同过程中显现其具有非法占有目的以及行为人与他人签订合同时没有非法占有目的,在履行合同过程中,产生了非法占有目的,这两种情况都是客观存在的。其次,具有刑法依据。

---

① 李卫红、王广兴:《论利用经济合同诈骗与经济合同纠纷的界限》,载《中外法学》1994 年第 2 期。

② 梁华仁、张先中:《略论合同诈骗罪的几个问题》,载《政法论坛》1999 年第 1 期。

我国现行《刑法》第 224 条规定"以非法占有为目的,在签订、履行合同过程中,骗取对方当事人财物"实际上已确认了非法占有目的的产生时段既可以是"签订过程中",也可以是"履行过程中"。

上述第二种观点,实际上是以诈骗行为为参照点,来说明非法占有目的的产生时间。即产生在利用合同进行诈骗的客观行为实施之前、之时还是之后。笔者认为,根据主客观相一致的刑法原则和行为与故意同时存在的原理,主观目的支配客观行为,客观行为体现主观目的,作为主观内容的非法占有目的不可能产生在合同诈骗行为之后,而只能产生在合同诈骗行为之前、之时。值得注意的是,合同诈骗行为与合同签订、履行行为虽有联系,但存在严格的区别,是两个完全不同范畴的概念。前者指的是犯罪行为,就合同诈骗罪而言,即为利用合同采取虚构事实、隐瞒真相的手段骗取对方当事人财物的行为,后者则属民事行为。从联系点看,合同诈骗行为就是处于犯罪处罚范围之内的不法的民事行为。合同诈骗行为客观上体现为采取欺骗的手段取得对方财物,同时又反映了行为人非法占有的主观目的。

3. 在签订、履行合同过程中产生非法占有目的定性分析

(1)前产生情形。所谓前产生情形,是指行为人在签订合同之前就产生了非法占有目的,有利用合同诈骗罪的故意,此类是合同诈骗罪的常态,比较容易认定。

(2)时产生情形。所谓时产生情形,是指行为人在签订合同之时产生了非法占有目的,有利用合同诈骗罪的故意,与前类前产生情形接近,也是合同诈骗罪的常态,比较容易认定。

(3)中产生情形。所谓中产生情形,是指行为人在签订合同之前、之时产生非法占有目的的以合同诈骗罪处理,一般没有问题。问题在于,在履行合同过程中产生目的的,是否可构成或一律构成合同诈骗罪?理论与实践中常引发争议。笔者认为,这需要以取得财物为参照点分具体情况进一步分析,合同履行过程中产生非法占有目的的情况可分为三种:

一是取得前产生情形。所谓取得前产生情形,是指先产生非法占有目的,后采取虚构事实、隐瞒真相的手段取得对方财物。先取得部分财物,后在履行合同过程中产生非法占有目的,再继续实施欺骗行为,进一步取得对方更多的财物;此类情

况一般比较容易认定其构成合同诈骗罪。

二是取得后产生情形。所谓取得后产生情形是指先取得财物,后产生非法占有目的。主要有两种情形:其一,取得财物时虽无非法占有目的,但有欺诈行为;其二,取得财物时虽无非法占有目的和欺诈行为,但后产生了非法占有目的。笔者认为,根据"非法占有目的必须与利用合同欺骗的行为同时存在"的刑法原理,在合同签订阶段、履行之初即使先前行为中存有欺诈行为和取得对方财物,但因其先前行为缺少非法占有目的,不能体现其非法占有性,故该行为本身不能构成合同诈骗罪,否则,将会扩大合同诈骗罪的处罚范围,导致客观归罪。同样,即时行为具有非法占有目的,但没有采取欺骗手段取得财物,不能构成合同诈骗罪,只能构成侵占等犯罪。

三是实质取得前产生情形。所谓实质取得前产生情形,是指取得财物时虽无非法占有目的和欺诈行为,但行为人后产生非法占有目的并有欺诈行为,且先前取得的财物与后期的欺诈、履行行为存在紧密联系时,实质上构成合同诈骗罪。所谓紧密联系,是指基于合同,行为人虽取得财物,但负有财产返还等对价支付义务的情况。在这种情况下,行为人尽管在事实上持有了对方财物,但并没有取得财物的所有权,表现在行为人与对方当事人之间尚存在相应的债权债务关系。在该场合,若行为人采取欺骗手段,让对方产生错误认识,从而仿佛"自愿"地免除或变更其对价支付义务,如放弃债权,免除其债务,系对债权的侵犯,应构成合同诈骗罪。需要说明的是,传统的刑法理论认为,取得型财产犯罪包括含财产取得内容的合同诈骗罪均系对他人财物所有权的侵犯,不包括对债权的侵犯,如上述第二种观点就认为所有权与债权是两种不同的事物。但是,随着理论研究的深入以及为了适应复杂多样的现实需要,有学者提出了刑法意义上的所有权是宪法意义上的所有权,而非民法意义上的所有权,从而将债权也包含在所有权之内。[①] 笔者认为,这种观点可取,符合刑法独立性的内在要求。刑法意义上的所有权实际上是指财产权,上述对债权的侵犯自然属对财产权的根本性侵犯,上述行为的实质系在履行合同过程中

---

① 时延安:《论民法意义的所有权与刑法意义的所有权之间的关系》,载《中国刑事法杂志》2003 年第 1 期。

骗取"对价"即"骗取他人财产",应构成构成合同诈骗罪。骗取"免除或变更对价支付义务",是在合同履行过程中诈骗犯罪的特点,体现了合同诈骗犯罪的特殊性,从其骗取"免除或变更对价支付义务"的角度看,仍不妨害诈骗犯罪一律前产生的定型。

(三)"非法占有目的的产生时间"与金融诈骗罪的司法认定

1."非法占有目的的产生时间"与贷款诈骗罪的司法认定

《刑法》第193条对贷款诈骗罪作了规定。所谓贷款诈骗罪,是指行为人以非法占有为目的,用虚构事实或隐瞒真相的方法,使与其金融交易地位相对的银行或其他金融机构产生错误认识,因而自动地向行为人或其指定的第三人交付数额较大的贷款的行为。关于贷款诈骗罪之非法占有目的的产生时间,学术界争议也较大。有人认为,贷款诈骗罪的主观故意既可以产生在申请贷款之前,也可以产生在合法取得贷款之后、归还贷款本息之前。也就是说,只要行为人是以非法占有贷款为犯罪目的,无论他非法占有贷款的故意是何时产生,都可以构成本罪。① 有的学者则对此提出异议,认为贷款诈骗罪之非法占有目的必须产生在贷款人交付贷款之前,只有非法占有目的产生在贷款人交付贷款之前且符合其他要件的,才能按本罪论处,非法占有所贷款项本金和利息的主观故意产生之前的行为则不能认定为本罪,并从非法占有目的的产生时间之角度,进一步认为假借企业改制或虚假破产以逃避贷款债务的行为之非法占有目的产生在客观上已经占有贷款之后,不构成本罪,而只能根据具体情况认定为贪污罪、职务侵占罪、私分国有资产罪、侵占罪等犯罪,适当处理。②

笔者认为,上述两种观点均有失偏颇,贷款诈骗罪之非法占有目的贷款诈骗罪的非法占有目的既可以在签订借款合同之前、之时产生,也可以在履行借款合同过程中(签订之后)产生。或者说,既可以在取得贷款之前产生,也可在取得贷款之后

---

① 孙军工:《金融诈骗罪》,中国人民公安大学出版社2003年版,第48页。

② 刘远:《金融诈骗罪研究》,中国检察出版社2002年版,第362~364页。

产生。但是,后产生非法占有目的的情形不一定都构成贷款诈骗罪,只有在个别情况下才构成。理由如下:

(1)合同诈骗罪之非法占有目的既可以在签订合同时产生,也可以在履行合同过程中产生。这在前文已作了充分阐述,也被我国刑事立法确认。

(2)贷款诈骗罪的犯罪工具是借款合同,本罪实质上属利用借款合同进行诈骗,是合同诈骗罪的特殊表现,应具有合同诈骗罪的一般规律。根据一般与特殊的哲学原理,贷款诈骗罪中的非法占有目的在产生时间方面应具有合同诈骗罪的一般特征,即贷款诈骗罪的非法占有目的既可以在签订借款合同之前、之时产生,也可以在履行借款合同过程中(签订之后)产生。

(3)后产生非法占有目的的情形不一定都构成贷款诈骗罪。依笔者之管见,在履行借款合同过程中产生非法占有目的的,并非一律构成合同诈骗罪,有非法占有目的与是否构成合同诈骗罪应是两个不同的概念。某一行为是否构成合同诈骗罪,关键在于是否符合合同诈骗罪的构成。就贷款诈骗罪而言,要看其是否符合贷款诈骗罪的构成。笔者认为,在履行贷款合同过程中产生非法占有目的,构成贷款诈骗罪的,主要有两种情形:一是行为人取得贷款之后,在贷款到期之前,明知自己无还款能力,虚构事实,隐瞒真相,实施欺骗手段骗取贷款人批准其展期的,[①]骗取贷款人批准展期的行为可视为骗取贷款人向其继续发放贷款,构成贷款诈骗罪。二是按借款合同分期发放贷款的,行为人明知自己无履约能力,而采用欺骗手段,骗取贷款人向其继续发放贷款。这两种情形都有在履行贷款合同过程中产生非法占有目的的特征,都充分体现了诈骗类犯罪“骗取”他人财物的罪质。

除此之外,有的情况下即使行为人在履行贷款合同过程中产生非法占有目的的,也因其不具有“骗取”的行为特征,只能构成侵占、职务侵占、贪污等其他犯罪。如上文提到的假借企业改制或利用虚假破产以逃避贷款债务的行为之非法占有目

① 关于贷款展期,由中国人民银行发布、自1996年8月1日起施行的《贷款通则》第12条作了规定:不能按期归还贷款的,借款人应当在贷款到期日之前,向贷款人申请贷款展期。是否展期由贷款人决定。申请保证贷款、抵押贷款、质押贷款展期的,还应当由保证人、抵押人、出质人出具同意的书面证明……借款人未申请展期或申请展期未得到批准,其贷款从到期日次日起,转入逾期贷款账户。

的产生在客观上已经占有贷款之后，但不构成本罪。有观点认为，利用虚假破产可以成为贷款诈骗罪的手段，这种观点并不正确。[①] 因为，所谓的利用虚假破产方式进行诈骗实际上是利用破产来实现占有财产的目的，是具体的占有财产的手段而不是骗取贷款的手段。其占有的财产归属仍是行为人所在的单位，而不是具体的贷款人，对贷款人所造成的妨害是贷款的债权事实上的无法实现（若构成妨害清算罪另当别论）。[②] 所以，笔者赞同根据具体情况认定为贪污罪、职务侵占罪、私分国有资产罪、侵占罪等犯罪，适当处理。[③]

总之，我们既不能否定在行为人取得贷款后产生非法占有目的构成贷款诈骗罪之情形的存在，也不能不分具体情况就认为一切在取得贷款后产生非法占有目的的情形均可构成贷款诈骗罪。

2．“非法占有目的的产生时间”与保险诈骗罪的司法认定

所谓保险诈骗罪，是指行为人以非法占有为目的，采用虚构事实、隐瞒真相的手段，使与其保险交易地位相对的保险公司产生认识错误，因而自动地向行为人或者其指定的第三人交付数额较大的保险金的行为。本罪的犯罪对象是保险金，而其犯罪工具则是保险合同保险法明文规定保险合同包括保险单、保险凭证、暂保单、投保单、其他书面形式。从手段来看，本罪系利用保险合同诈骗保险金，本质上符合合同诈骗罪的一般特征。所以，笔者认为，保险诈骗罪的非法占有目的既可以产生在保险合同签订之前、之时，也可以产生在保险合同履行过程中。

前产生情形。所谓前产生情形，是指非法占有目的产生在保险合同签订之前的情形。若有证据表明，投保人在签订保险合同之前就产生了非法占有保险金的意图，即行为人有利用保险合同诈骗保险金的预谋。此种情形在司法实践中比较容易识别，定罪一般没有异议。

时产生情形。所谓时产生情形，是指非法占有目的产生在保险合同签订之时的情形。虽无证据表明投保人有保险诈骗的预谋，但根据证据足以认定其在签订

---

① 马小平、谭智华：《金融诈骗犯罪通论》，重庆大学出版社 1999 年版，第 99 页。

② 赵秉志主编：《金融诈骗罪新论》，人民法院出版社 2001 年版，第 191 页。

③ 刘远：《金融诈骗罪研究》，中国检察出版社 2002 年版，第 362 ~ 364 页。

保险合同时具有非法占有的目的,可以构成本罪。其法定的行为方式是虚构保险标的,诈骗保险金。① 上述情形定保险诈骗罪一般没有异议。

中产生情形。所谓中产生情形,是指非法占有目的产生在保险合同履行过程中的情形。此种情形,是指虽无证据表明投保人在签订保险合同之前、之时具有非法占有目的,但有证据证明或认定其在履行该保险合同过程中产生了非法占有目的,利用保险合同及理赔规则诈骗的情况。其法定行为方式有三:一是对发生的保险事故编造虚假的原因或者夸大损失程度,骗取保险金;二是编造未曾发生的保险事故,骗取保险金;三是投保人、被保险人故意造成财产损失的保险事故,骗取保险金;四是投保人、受益人故意造成被保险人死亡、伤残或者疾病,骗取保险金。上述行为方式都是在履行保险合同过程中对诚实信用的违反,产生了非法占有目的,可以构成本罪。

3. “非法占有目的的产生时间”与集资诈骗罪的司法认定

所谓集资诈骗罪,是指自然人或者单位以非法占有为目的,用虚构事实或隐瞒真相的方法,使与其金融交易地位相对的投资者产生错误认识,因而自动地向行为人或其指定的第三人交付数额较大的集资款的行为。刑法理论通说认为,非法占有目的是本罪的构成必备条件,除了刑法有明确规定,对他人财产所有权的侵犯从而导致本罪与非法集资行为、非法吸收公众存款罪等的差异性也是重要理由。一般认为,非法占有目的之有无应从行为人集资方法、履行集资合同的诚意、集资款的去向、违约后的态度等方面综合分析后加以认定。但是,依上述方法尤其是根据集资款的用途认定的非法占有目的可能产生在集资行为之前,可能与集资行为同时,可能产生在集资行为过程中,也可能产生在集资行为完成之后,是否一律都构成集资诈骗罪?这里就需要进一步明确非法占有目的产生时间与集资诈骗罪的构

① 所谓“虚构保险标的”,不但指故意编造虚假的标的,而且指对现存的标的隐瞒真相,既包括标的全部(整体)虚构,又包括部分虚构。具体行为有四类:一是无中生有,编造根本不存在的保险标的与保险人订立保险合同;二是恶意超额投保,故意增大保险标的的金额,隐瞒保险标的的实际价值,企图骗取大大超过保险标的的保险金;三是恶意重复投保,主要是指在财产保险中对同一保险标的、同一保险利益、同一保险事故分别向多家公司投保;四是隐瞒保险危险,将不合格的保险标的冒充为合格的保险标的投保。如在人身保险合同中隐瞒真实年龄、隐瞒疾病情况,这都是属于在订立合同之时对如实告知义务的违反。参见李邦友、高艳东:《金融诈骗罪研究》,人民法院出版社 2003 年版,第 449 ~ 450 页。

成之联系，需要搞清集资诈骗罪之非法占有目的在产生时间方面有什么特征。笔者认为，对此可以集资行为为参照点分四种具体情况具体分析：

(1)前产生情形。所谓前产生情形，是指行为人在集资行为前已产生非法占有目的，有诈骗犯罪的预谋之情形。这种情形是集资诈骗罪的常态，一般比较容易认定。

(2)时产生情形。所谓时产生情形，是指集资行为实施与非法占有目的的产生同时。这种情形的集资行为是在非法占有目的的支配下实施，所以可以认定构成集资诈骗罪。

(3)中产生情形。所谓中产生情形，是指行为人在集资过程中产生非法占有目的，并继续进行集资，其间伴随挥霍或卷逃行为。笔者认为，对于这种情形，应对其产生非法占有目之后的集资行为认定为集资诈骗罪；非法占有目的产生之前的行为则不构成集资诈骗罪，若构成其他犯罪的如欺诈发行股票、债券罪等，则应适当处理。

(4)后产生情形。所谓后产生情形，是指行为人在集资行为完成之后产生了非法占有目的，进而将集资款挥霍或卷款逃走之情形。笔者认为，根据“故意与行为同时存在”的刑法原理，不能认定行为人构成集资诈骗罪；当然，若构成侵占等其他犯罪，则也应适当处理。①

从上述分析看，参与集资者交付集资款的案件中，以集资行为实施为参照点确定的非法占有目的产生时间具有区分集资诈骗罪与非罪、彼罪的功用，司法实践把握该特征具有定罪意义。

4.“非法占有目的的产生时间”与信用卡诈骗罪的司法认定

所谓信用卡诈骗罪，是指行为人以非法占有为目的，用伪造、作废的信用卡，冒用他人名义，或者恶意透支等方法，使与其信用卡交易地位相对的当事人产生错误认识，因而自动地向行为人或其指定的第三人交付数额较大的资金、其他财物或者服务的行为。其法定行为方式包括：(1)使用伪造的信用卡进行诈骗；(2)使用作

---

① 赵秉志主编：《金融诈骗罪新论》，人民法院出版社 2001 年版，第 79 页。

废的信用卡诈骗;(3)冒用他人的信用卡进行诈骗;(4)恶意透支进行信用卡诈骗。

根据信用卡诈骗罪的法定行为方式,前三类行为足以推定行为人的非法占有目的在使用所谓“信用卡”时已具有。易言之,该三类要求非法占有目的产生在使用信用卡之前、之时。这在一般情况下也不大会有争议。

问题在于(4)类,非法占有目的的产生时间有何特征?这需要结合恶意透支的行为特点加以分析。[①] 笔者认为,若以恶意透支行为实施(取得钱)为参照点,本罪之非法占有目的应产生在透支行为实施之前,不可以产生在透支行为发生之后。显然,行为人在恶意透支行为实施之前就产生了非法占有目的,这是信用卡诈骗罪的常态,一般比较容易识别。问题在于恶意透支行为实施以后产生非法占有目的的情形,是否符合信用卡诈骗罪的构成?根据信用卡制度原理,行为人明知自己无存款或存款不足,实施恶意透支行为,其行为并不一定构成信用卡诈骗犯罪,只有在经发卡银行催收仍不归还的情况下才构成。这里的“经发卡银行催收仍不归还”加上事先“明知自己无存款”一般是推定其先产生非法占有目的,进而认定其构成本罪。如果确有证据证实行为人透支时并无非法占有的目的,而是超过规定限额或期限以后才产生非法占有目的,是否构成信用卡诈骗罪?抑或是构成侵占罪?也就是说,非法占有目的的产生时间是否应成为二罪的区别。对此,理论界存在两种观点:[②]一种观点认为,非法占有目的的时点问题不应成为二罪的区别。在恶意透支犯罪中,即使持卡人在超过限额或期限以后才产生非法占有目的的,而后经银行催收仍不返还,且数额较大的,也应构成恶意透支型信用卡诈骗罪。另一种观点认为恶意透支犯罪中非法占有目的必须与实施的“超过期限或限额”透支行为同时存在,具有同步性,也即非法占有目的自始支配着行为人的恶意透支行为,若行为人一开始并不具有此目的,即使经银行催收不

---

① 所谓恶意透支,是指以非法占有为目的,明知账户已无存款,仍在银行限额下频繁提取现金或购物、消费,造成大额度透支,经银行催收仍不还的行为。信用卡是允许在一定数额、时间内透支的,凡是合乎信用卡章程的透支都是合法的,应视为善意透支。超额透支或逾期不还的,则属恶意透支。即便是恶意透支,也不一定构成犯罪。如有的学者将恶意透支按其危害性程度不同,把恶意透支分为违法型恶意透支和犯罪型恶意透支。参见柯葛壮:《论利用信用卡恶意透支犯罪》,载《刑法的问题与争鸣》2001 年第 2 辑。

② 赵秉志主编:《金融诈骗罪新论》,人民法院出版社 2001 年版,第 504 页。

还,也只可能构成侵权行为。而侵占罪之非法占有目的只能存在于行为人事先的合法占有代为保管的他人财物行为之后。二罪在非法占有目的的存在特点上有重要区别。

笔者同意后一种观点。需要再言明的是,从定型的角度讲,诈骗犯罪是一种“夺取占有”的犯罪,其前提是财产不在自己占有之下,而采用虚构事实、隐瞒真相的手段骗取对方财物,信用卡诈骗罪也应该具有这一特征。上述后产生非法占有目的的情形,如果欺骗不具有手段意义,则不能构成诈骗犯罪,也难以构成侵占犯罪。行为人在享受透支的权利以后,负有支付对价的还款义务,他最终不还,表明其具有非法占有目的,结果是使对方的权利、财产遭受根本性损害,从应然性上说,应符合犯罪的本质特征。[①] 从形式上看,也比较符合侵占犯罪的特征,但是,根据现行的法律规定,依据罪刑法定原则,这种情形能否算“代为保管”值得探讨。笔者认为,严格讲,不能算。可见,以“恶意透支行为”为参照点确定的非法占有目的的产生时间具有区分信用卡诈骗罪与非罪的意义。

5.“非法占有目的的产生时间”与信用证诈骗罪的司法认定

所谓信用证诈骗罪,是指以非法占有为目的,利用信用证进行诈骗活动,骗取财物数额较大的行为。[②] 根据《刑法》第 195 条的规定,其法定行为方式包括:(1)使用伪造、变造的信用证或者附随的单据、文件;(2)使用作废的信用证;(3)骗取信用证;(4)以其他方法进行信用证诈骗。由于信用证结算方式是建立在基础交易之上,而基础交易基本上都是通过签订、履行过程中的方式,信用证诈骗罪的法条与合同诈骗罪的法条之间存在交叉竞合关系,[③]信用证诈骗罪在很大程度上可以说是利用经济合同进行的诈骗犯罪。据此,信用证诈骗罪之非法占有目的既可以产生在签订合同之前、之时,也可以产生在履行合同过程中。

---

① 就信用卡诈骗罪而言,信用卡实质是一种契约形式,它把发卡银行、持卡人和特约商户、代办行紧紧地联系在一起,构成了循环往复的连锁债权债务关系。而这种关系的建立和发展又都取决于三者之间互相提供的信用。参见汤啸天、蔡莉华:《恶意透支与利用信用卡诈骗犯罪》,载《刑法问题与争鸣》(2001 年第 4 辑),中国方正出版社 2001 年版,第 256 ~ 257 页。

② 刘家琛主编:《新刑法新罪名通释》,人民法院出版社 1998 年版,第 537 页。

③ 刘远:《金融诈骗罪研究》,中国检察出版社 2002 年版,第 424 页。

值得注意的是，一些学者认为金融诈骗罪包括信用证诈骗罪可以由间接故意构成。[①] 笔者不赞成这种观点。所谓的“间接故意”案件根本就不是什么间接故意犯罪，而是以不作为方式实施的、事后起意（产生非法占有目的）的直接故意犯罪。因为，行为人在事中、事后认识到自己的行为使对方陷于错误认识，应负有告知义务、且有能力告知而不告知，反而起意行骗，使对方持续陷于错误，主观上不是“放任”而积极追求对方“交付财物”的结果发生。[②]

6.“非法占有目的的产生时间”与票据诈骗罪的司法认定

所谓票据诈骗罪，是指行为人以非法占有为目的，采用虚构事实或隐瞒真相的方法，使与其票据交易地位相对的票据关系主体产生错误认识，因而自动地向行为人或其指定的第三人交付数额较大的资金、其他财物或者服务之行为。[③]

根据票据诈骗罪的特点，笔者认为，该罪之非法占有目的既可以产生在实际取得对方财物之前，也可以产生在实际取得对方财物之时。根据行为人取得财物、产生非法占有目的、使用票据的不同时间组合，[④]可列表1以进一步说明：

表1 “非法占有”不同时间组合

先产生非法占有目的	1. 使用违法票据——取得对方财物
先产生非法占有目的	2. 取得对方财物——使用违法票据
同时产生非法占有目的	3. 取得财物与使用违法票据同时
后产生非法占有目的	4. 取得财物—产生非法占有目的—使用违法票据

上述第1、3两类是票据诈骗罪的常态，构成票据诈骗罪一般没有争议。问题在于，第2、4两类能否构成票据诈骗罪。笔者认为，第1类可能构成普通诈骗罪或合同诈骗罪，但不构成票据诈骗罪；第2类可能构成侵占等其他犯罪，亦不构成票据诈骗罪。先对第1类情况进行分析，此类行为人在取得他人财物之前就产生了

---

① 白建军：《金融诈欺及预防》，中国法制出版社1994年版，第14～16页。

② 赵秉志主编：《金融诈骗罪新论》，人民法院出版社2001年版，第326页。

③ 其法定的行为方式包括：（1）使用明知是伪造、变造的汇票、本票、支票进行诈骗；（2）使用明知是作废的汇票、本票、支票进行诈骗；（3）冒用他人的汇票、本票、支票进行诈骗；（4）签发空头支票或与印鉴不符的支票诈骗财物；（5）汇票、本票的出票人签发无资金保证的汇票、本票或者在出票时作虚假记载诈骗财物。

④ 实际上是分别以取得财物、使用票据作为界定非法占有目的产生时间的参照点。

非法占有目的,取得对方财物的手段势必非法,或虚构事实,或隐瞒自己将使用违法票据结算的真相,符合诈骗罪的特征,如利用了合同,则构成合同诈骗罪。但是,在取得占有之后使用违法票据的行为对于骗取他人财物并未起到手段之作用,系事后行为,对于构成票据诈骗罪没有意义。[①] 所以,该类不构成票据诈骗罪。再看第4类,行为人取得财物与使用违法票据之间并不存在因果关系,行为人取得财物的方式并非违法,取得财物时主观上并没有非法占有的主观故意与客观行为,所以不能成立诈骗罪。[②]

7."非法占有目的的产生时间"与金融凭证诈骗罪的司法认定

所谓金融凭证诈骗罪,是指以非法占有为目的,使用伪造、变造的委托收款凭证、汇款凭证、银行存单等其他结算凭证进行诈骗活动,数额较大的行为。这里的"使用",应限制在"直接使用"的范围内,即直接使用假金融凭证兑现其项下的款项行为,而不包括使用假凭证作为担保诈骗银行贷款的行为。[③] 据此,笔者认为,本罪中的非法占有目的应在使用假金融凭证之前、之时产生,不可能在使用之后产生。这与普通诈骗犯罪一致。

8."非法占有目的的产生时间"与有价证券诈骗罪的司法认定

所谓有价证券诈骗罪,是指以非法占有为目的,使用伪造、变造的国库券或者国家发行的其他有价证券,骗取数额较大的公私财物的行为。这里的"使用",是指行为人以伪造、变造的国库券或者国家发行的其他有价证券用于兑换现金、抵销债务等获取财物或财产性利益的活动。[④] 笔者认为,如果选择"使用行为"为参照点,则该罪之非法占有目的应产生在"使用行为"之前或之时。这在实践中一般没有异议。

---

① 需要强调的是,这里的占有是刑法意义上的占有,是一种具有完全、足够支配力的占有。也就是说,行为人在与他人正常交易过程中依约定先取得了对他人财物的占有,在履行支付对价义务时产生了非法占有目的,且使用了违法的票据交给对方,这种行为可能构成票据诈骗罪。原因在于行为人只是在物理意义上持有对方财物,其为获得完全、彻底的占有或摆脱他人可能的控制而使用违法票据的,则应构成票据诈骗罪。

② 赵秉志主编:《金融诈骗罪新论》,人民法院出版社2001年版,第253页。

③ 刘远:《金融诈骗罪研究》,中国检察出版社2002年版,第406页。

④ 孙军工:《金融诈骗罪》,中国人民公安大学出版社2003年版,第94~95页。

(四)“非法占有目的的产生时间”与侵占犯罪的司法认定

1.“非法占有目的的产生时间”与侵占罪的司法认定

所谓侵占罪,是指以非法占有为目的,侵占代为保管的他人财物或他人的遗忘物、埋藏物,数额巨大,拒不退还的行为。① 关于侵占罪之非法占有目的的产生时间问题,我国已有部分学者对其作了较多论述。从掌握的资料看,比较早的,如有的学者在1997年就提出,侵占犯罪的故意和犯罪目的是在持有他人财物之后产生,否则不应构成侵占罪。② 论述比较充分的,如刘志伟在其博士学位论文中就侵占罪之非法占有目的的产生时间作了比较深入的探讨。他指出,一般情况下,侵占罪的行为人犯罪的故意和目的是于持有他人财物之后产生的,而不可能产生于持有他人财物之时或之前;且只是在侵占非基于他人委托而仅基于某种事实持有他人财物的犯罪中,犯罪的故意和目的才可以产生于持有他人财物之时。③ 另外学者也表达了类似的观点,如提出非法占为己有目的产生的时间问题涉及犯罪性质的认定……侵占罪中的非法占为己有的目的发生在持有他人财物之后……不排除产生在持有他人财物之时等。④

对上述观点,笔者持赞同态度。因为,从侵占罪的定型看,刑法理论几乎一致地认为侵占犯罪具有“易合法持有为非法占有”的特点。据此,侵占犯罪的构成须以犯罪方法持有他人财物为前提,即物已在自己的持有之下。行为人只有在该状态下产生非法占有目的,才符合该构成。如此状态下的非法占有目的势必是在持有他人财物之后产生。这一特点,对于区分侵占罪与诈骗罪等其他财产犯罪具有极为重要的意义。

---

① 刘家琛主编:《新刑法新罪名通释》,人民法院出版社1998年版,第725页。

② 高西江主编:《中华人民共和国刑法的修订与适用》,中国方正出版社1997年版,第610页;张凤阁主编:《新刑法释义与适用指南》,中国检察出版社1997年版,第451页。

③ 刘志伟:《侵占犯罪的理论与司法适用》,中国检察出版社2000年版,第118页。

④ 逢锦温、臧冬斌:《侵占犯罪的定罪与量刑》,人民法院出版社2002年版,第108~109页。

2."非法占有目的的产生时间"与职务侵占罪的司法认定

所谓职务侵占罪,是指公司、企业或者其他单位的人员、利用职务上的便利,将本单位财物非法占为己有,数额较大的行为。关于职务侵占罪之非法占有目的的产生时间,刘志伟博士也作过较为深入的探讨。他提出,在非法占有目的产生的时间上,职务侵占罪与侵占罪不同。前者一般情况下与后者一样,是在实际占有本单位财物之后产生非法占有目的;在有些情况下,行为人却可能在实际占有本单位之前即具有非法占有目的,这是职务侵占罪的特殊之处,但即便如此,也无妨侵占犯罪固有的定型性。因为,在这种"时间提前"的情况下,行为人事实上已经拥有了经手本单位的职权,非法占有目的是在行为人合法拥有经手本单位财物的职权之后产生。①

笔者赞同上述观点。在行为人所在单位与对方当事人依合同成立买卖、保管、运输、典当、租赁等合法有效的债权债务关系的特殊情况下,行为人非法占有对方当事人财物的目的即使产生在持有他人财物之前,亦可构成职务侵占罪。如当铺工作人员看中他人的一件贵重物品,设法诱骗他人入当后利用职务便利予以占有,即属非法占有目的的产生时间在先,显然应定为职务侵占罪。又如有关托运、邮寄部门工作人员骗他人到其所在单位托运、邮寄后利用职务之便予以占有等亦然。可见,若以是否持有对方财物为参照点,职务侵占罪之非法占有目的产生的时间范围具有不稳定性和双向性,对非法占有目的的产生时间没有一定要产生在行为人持有他人财物之前或之后的特殊要求,即时间在先、在后均可构成此罪。这正是职务侵占罪的特殊性所决定。当然,这种非法占有目的的产生时间之提前是有"限制"的,即应限制在合法拥有经手该财物的职权之后。否则,也就没有所谓的"利用职务之便"一说,难以成立本罪。从这点来看,仍不妨害侵占犯罪之非法占有目的的产生时间系"后产生"之定型性。

---

① 刘志伟:《侵占犯罪的理论与司法适用》,中国检察出版社2000年版,第166~167页。

（五）“非法占有目的的产生时间”与其他夺取罪的司法认定

这里的其他夺取罪，主要包括盗窃罪、抢劫罪、敲诈勒索罪等夺取占有型经济犯罪。夺取罪是相对于侵占犯罪的一种分类。前者是指行为人直接从被害人那里取得被害人所占有的财物，后者是指行为人取得自己暂时占有的财物。[①] 笔者认为，结合前述对各罪之非法占有目的的产生时间分析，如以是否持有（暂时占有）他人财物为参照点，夺取罪之非法占有目的具有前产生的特征，侵占罪之非法占有目的具有后产生或时产生的特征。在司法实践中，运用非法占有目的的产生时间，显然可以区分所有的夺取罪与侵占类犯罪。

三、“非法占有目的的产生时间”对定罪量刑的司法影响及其综合运用

“非法占有目的的产生时间”之提出与研究，不仅具有一定的理论意义，而且具有重要的实践意义。[②] 本书主要从实务的角度，借助几个案例，具体谈谈这一概念在刑事审判中的应用价值，以期进一步推动对“非法占有目的的产生时间”的研究与运用。

（一）在统一认识中的综合运用

1.“非法占有目的的产生时间”是否影响合同诈骗罪的成立

非法占有目的的产生时间是否影响合同诈骗罪的成立，不仅是一个理论问题，而且是一个长期困扰司法的实践问题。笔者认为，非法占有目的的产生时间是否

---

① 在外国刑法理论中，夺取罪又可根据是否违反被害人的意思，分为违反被害人意思的夺取罪（如盗窃罪、抢劫罪）与被害人基于瑕疵而同意交付的夺取罪（如诈骗罪，有的称为交付罪）。参见张明楷：《外国刑法纲要》，清华大学出版社 1999 年版，第 572 页。

② 陈增宝：《“非法占有目的的产生时间”之研究》，载《中国刑事法杂志》2004 年第 2 期。

影响合同诈骗罪的成立之所以成为问题，乃是因为对非法占有目的的产生时间认识不全面，很多争论都是因为参照点混乱，探讨时没有使用同一个参照点造成，如有的论述将合同签订、履行过程与诈骗行为的实施这两个参照点混同即是如此。现试举一案例，从实务的角度，进一步说明以签订、履行合同为参照点确定的非法占有目的产生时间不影响合同诈骗罪的成立。

基本案情

被告人朱言，男，34岁，原系北京市健士发体育器材有限公司法定代表人。因涉嫌犯合同诈骗罪于2000年12月28日被捕。北京市丰台区人民法院经审理查明：被告人朱言于1997年年初，以北京健士发体育器材有限公司法定代表人的身份租赁丰台体育中心体育馆大厅经营保龄球。同年6月，被告人朱言为归还经营保龄球馆先期欠款，找到丰台体育中心，以资金周转困难为由，让体育中心为其向丰台卢沟桥信用社贷款80万元提供担保。后被告人朱言和丰台体育中心与丰台卢沟桥信用社签订了保证担保借款合同，贷款80万元人民币。

同年12月，被告人朱言因不能偿还80万元贷款，又以其投资洗衣店扩大规模，需进口外国设备为由，让体育中心为其从丰台农业银行贷款120万元人民币担保。后被告人朱言和丰台体育中心与丰台农业银行签订了保证担保借款合同，贷款120万元，其中80万元用于归还卢沟桥信用社的贷款。

1998年12月被告人朱言因无法归还120万元贷款，再次找到丰台体育中心，让体育中心为其贷款200万元做保证人。被告人朱言为达到该目的，于12月9日以北京健士发体育器材有限公司中心投资的全部保龄球设备作为抵押物，保证若按期无法归还贷款而银行方面追究保证人责任时，该抵押物归属丰台体育中心所有。后被告人朱言于1998年12月和1999年3月利用反担保协议，诱使丰台体育中心作其贷款保证人，先后向丰台农业银行及丰台卢沟桥信用社贷款200万元和120万元。其中120万元用于归还前期贷款。

1999年6月，被告人朱言以维修为名，将作为抵押物的保龄球设备全部拉走，转让或出租给其他单位，获得款项46.5万元，没有用于还款。10月，被告人朱言又将其他人共同投资经营的北京健士奈特洗衣服务有限公司的设备卖掉，获得款项

68.3 万元,没有用于还款。

分歧意见

在合同诈骗中,行为人的非法占有目的既可能产生在签订合同之前,也可能是产生在合同履行过程中。本案中被告人非法占有目的的产生方式即属于后者。被告人朱言非法占有的目的在前两次签订贷款担保协议时并不具备,至少是不明显。其将第一次贷款主要用于归还经营保龄球馆产生的借款,第二次则主要归还第一次贷款,被告人在此时仍意图通过正常经营以偿还贷款,尚未产生明确的诈骗故意。其后又连续贷款,贷款数额越来越大,其生产经营又未能产生预期利润,偿还贷款已属不能。其非法占有的目的开始逐步形成,在贷款期限将至之时,为逃避还债义务,将其财产变卖、携款潜逃,其非法占有目的至此十分明显。被告人朱言非法占有目的虽是在合同履行过程中才形成,但并不影响其合同诈骗罪的成立。法院最终以合同诈骗罪对其定罪处罚。①

2. 贷款诈骗罪等能否由"事后故意"构成

针对贷款诈骗罪、合同诈骗罪等犯罪行为人往往在与对方有一定接触即事实行为之后产生犯罪故意和目的等现象,理论界有人提出此类犯罪存在事后故意的观点。但一般认为,根据犯罪故意不可能有溯及力的认识,事后故意的提法并不科学。② 作为刑事责任主观基础的故意,只能是事前故意和事中故意,而不可能是产生于行为之后的事后故意。从犯罪人实施犯罪的总过程来分析,犯意产生于前,然后犯罪人才能在具体犯意支配下实施客观行为,进而由于主客观相统一而构成犯罪。人们的行为受思想支配并不是任意的,一定的认识和意志只能支配在其以后发生的行为,而不可能影响在其产生前已经存在的行为的性质。因此,决不能以一定行为事实出现之后才形成的某种思想或意念,去说明产生在它以前并支配着该种行为的主观心理状态。而只能根据事后产生的犯罪故意的内容另行论处。③ 现

---

① 参见谭劲松:《朱言合同诈骗案:非法占有目的的形成时间是否影响合同诈骗罪的成立》,载王明等主编:《经济犯罪名案精析》,群众出版社 2003 年版,第 195 ~ 204 页。

② 陈兴良:《刑法适用总论》(上),法律出版社 1999 年版,第 166 ~ 167 页。

③ 参见董鑫主编:《盗窃罪个案研究》,四川大学出版社 1994 年版,第 80 ~ 81 页。转引自陈兴良:《当代中国刑法新境域》,中国政法大学出版社 2002 年版,第 676 页。

对贷款诈骗案件中所谓的事后故意现象作一剖析。

（1）简单的“事后故意”现象

所谓简单的事后故意现象，是指以非犯罪方法取得贷款，贷款时想还，后不想还，但没有采取欺诈手段。这种现象能不能构成贷款诈骗罪？学术界与实践工作者的认识均不一致，有的认为构成本罪，有的认为不构成本罪。如有人提出，“以非法占有为目的的诈骗贷款的，无论行为人在贷款之前产生非法占有目的，还是在取得贷款之后、在归还贷款过程中产生非法占有目的，都不影响贷款诈骗罪的认定”。[①]上述观点将简单的“事后故意”现象作为贷款诈骗处理。依笔者浅见，单纯的“事后故意”行为不能构成贷款诈骗罪。因为，根据贷款诈骗罪系“骗取他人财物”这一特征，单纯后产生非法占有目的的情形，没有诈骗行为在起手段之作用，不能以贷款诈骗罪处理，鉴于这种行为具有严重的社会危害性，建议通过在刑法中增设贷款侵占罪或对侵占罪的对象作扩大解释等立法途径来解决。

（2）复杂的“事后故意”现象

所谓复杂的“事后故意”现象，是指行为人以非犯罪方法取得贷款，贷款时想还，后不想还，进而采取欺骗手段骗取贷款人继续向其发放贷款或在贷款到期前骗取展期的情况。这里的“事后故意”现象，实际上是行为人非法占有目的产生于先前事实行为（正常的贷款行为）发生之后的情况，对于犯罪事实来说，犯罪故意、目的仍然与犯罪行为“同时发生”、不属于“事后发生”，应该认定其构成贷款诈骗罪。由此可见，所谓“事后故意”的提法和争论，实质上是由于人们对犯罪故意、目的的产生时间问题，运用了不合适的“参照点”以及参照点的不统一造成。[②]

3. 合同、金融诈骗犯罪能否由“间接故意”构成

诈骗犯罪能否由“间接故意”构成问题也是理论聚讼、司法疑难之处。早在20世纪80年代末，就有学者提出利用合同诈骗的犯罪可由间接故意构成，后至今仍

---

① 杨万明等：《〈全国法院审理金融犯罪案件工作座谈会纪要〉的理解与运用》，载《刑事审判参考》2001年第4辑。

② 其他场合的所谓“事后故意之定性”的争论也均在一定程度上是由参照点不统一造成。相关文章，可参见杨志国、张琳：《“事后故意”非法占有他人财物应如何定性》，载中国法院网，http://www.chinacourt.org；陈兴良：《当代中国刑法新境域》，中国政法大学出版社2002年版，第676页。

有不少学者持该论。[①] 金融诈骗罪能否由间接故意构成的争议源于前述争议。但通说认为,诈骗犯罪只能由直接故意构成。笔者支持通说。因为,根据前述所谓的“事后故意”实质是事前、事中故意,行为人在非法占有他人财物之前产生了非法占有目的,对自己行为的性质、后果不但认识,而且希望、追求这一结果的发生,符合直接故意“知”(认识因素)与“欲”(意志因素)的两个特征。[②]

(二)在具体定罪中的运用

1. 此罪与彼罪的区分

(1)个罪间的区分

其一,诈骗罪与侵占罪的区分。

笔者认为,诈骗罪之非法占有目的产生在行为人持有他人财物之前,侵占罪之非法占有目的产生在行为人持有他人财物之后。在审判实践中认定非法占有目的的产生时间,对区分诈骗罪与侵占罪作用很大。这里不妨举一案例加以说明。

基本案情

2002 年 9 月 30 日下午,张某(女)乘长途汽车前往湖南岳阳,准备换乘火车去广州。在汽车上,张某认识了一男子陈某。当晚抵达岳阳后,两人一同入住某酒店 615 房。次日上午 9 时许,两人同到酒店总台办理退房手续,陈某取回了寄存的 4 万元并放入携带的旅行箱中。随后,两人又一同到了火车站附近的一家餐馆。在餐馆里,张某称胃痛,递给陈某 200 元,要其帮忙买一张去广州的火车票。陈某接过钱后将旅行箱交给张某就去买火车票。陈某走后约 5 分钟,张某提着陈某的旅行箱走出餐馆,拦住一辆出租车,要司机将其送往长沙市。在出租车上,张某借司机的起子撬开旅行箱,将其中的 4 万元装入了自己的背包中。途中,张某被公安干警抓

---

① 参见熊选国:《论合同诈骗罪》,载《全国硕士论文会萃》,中国人民公安大学出版社 1989 年版,第 713 ~ 714 页;夏朝晖:《试论合同诈骗罪》,载《法商研究》1997 年第 4 期;吴巍、黄河:《合同诈骗罪故意形式新论》,载《国家检察官学院学报》2000 年第 4 期。

② 在刑法构成要件中的“知”与“欲”这两个因素是目前说明主观要件的诠释工具,扮演着相当重要的角色。参见柯耀程:《变动中的刑法思想》,中国政法大学出版社 2003 年版,第 248 页。

获，赃款被收缴并返还给陈某。12 月 27 日，公诉机关对张某以诈骗罪提起公诉。

争　议

本案在审理过程中，对张某的行为构成何罪，存在分歧。有的认为，张某的行为构成诈骗罪；有的认为张某的行为构成侵占罪。

分歧意见

笔者认为，解决本案定性，查明张某非法占有目的的产生时间颇为重要。若能证实张某在酒店总台退房时发现陈某有 4 万元，即产生非法据为已有的念头，并在餐馆虚构胃痛的事实，以要陈某帮忙买票为借口，使其自愿将旅行箱交给自己保管，然后乘机携带旅行箱逃走，则张某的行为应当认定为诈骗罪。若公诉机关不能举证说明张某在保管陈某旅行箱之前就已产生了非法据为己有的意图，只能视张某在合法保管陈某的旅行箱后，产生非法占有目的，其携带旅行箱逃跑，并将其中的 4 万元装入自己的背包，属于侵占罪规定的拒不归还的情形之一，应当认定为侵占罪。[①]

其二，诈骗罪与职务侵占罪的区分。

非法占有目的的产生时间这一概念对于区分诈骗罪和职务侵占罪具有重要意义。本书后面即将评述的“陈军等诈骗、诽谤案”就可说明非法占有目的的产生时间对职务侵占罪与诈骗罪的区分意义。

其三，盗窃罪与侵占罪的区分。

关于非法占有目的的产生时间在盗窃罪与侵占罪区分中的意义，详见本书第六章侵犯财产罪中的“王某盗窃案”。[②] 通过该案，我们不难看出非法占有目的的产生时间对盗窃罪与侵占罪的识别区分有意义。

其四，贪污罪与挪用公款罪的区分。

贪污罪是以非法占有为目的的犯罪，而挪用公款罪是以一时使用为目的的犯

---

① 参见冯剩勇：《委托他人购买车票却乘机携带其财物逃离：本案构成诈骗罪还是侵占罪》，载中国法院网，http://www.chinacourt.org。

② 也可参见陈增宝：《共同占有考私自拿走财物的行为如何定性》，载《人民法院报》2003 年 11 月 10 日刑事审判专版。

罪,一般情况下,查明其主观目的便可区分。但实践中存在挪用转化为贪污的情形,如行为人出于占用的目的,先挪用公款,在使用公款的过程中产生了非法占有的目的,则应认定其犯贪污罪。也就是说,在挪用犯罪过程中产生非法占有目的的,则不再另定挪用公款罪。这种情况在职务侵占罪、挪用资金罪中同样会发生,均可以使用“非法占有目的的产生时间”之概念加以解释。

其五,抢劫罪与盗窃罪的区分。

利用非法占有目的的产生时间概念,有时也可以区分抢劫与盗窃。如杀害被害人之后才产生取得财物意图案件的处理。如果行为人在杀人前就产生了非法占有目的,系为劫取财物而杀人,则定为抢劫罪。如果行为人在杀害被害人之后,再产生了占有其生前所持有的财物的意图,紧接着拿走其财物。那么,对后面实施的取得财物的行为,应该如何评价呢?这是刑法理论上颇有争议的问题。[①] 主要有抢劫罪说、盗窃罪说、不单独定罪说等观点,在日本等设有脱离占有物侵占罪的大陆法系国家,还有脱离占有物侵占罪说、脱离占有物侵占罪与盗窃罪的两分说等观点。在我国司法实践中,取得财物数额大的,则以盗窃罪处理。从此类案件的处理可以看出,用杀人行为为参照点确定的非法占有目的产生时间与定性也存有联系,产生时间对定罪有影响。

(2)类罪间的区分

首先,诈骗犯罪与侵占犯罪的区分。

诈骗类犯罪与侵占类犯罪,都是以他人财物为对象,都侵犯了公私财物的所有权,主观上都是以非法占有为目的的故意犯罪,因而二者具有许多共同点,实践中在有的情况下并不容易区分。非法占有目的的产生时间理论之导入,实质上是对两类犯罪之非法占有目的作进一步的区分。利用非法占有目的的产生时间之不同,将非法占有目的一分为二,即前产生非法占有目的与后产生非法占有目的两大类,诈骗犯罪属前产生非法占有目的,侵占犯罪属后产生非法占有目的。在实际操作中,我们只要以是否持有他人财物为参照点,通过判断非法占有

---

① 刘明祥:《财产罪比较研究》,中国政法大学出版社 2001 年版,第 56 页。

目的产生的时间,即可辨别构成诈骗犯罪还是侵占犯罪。

其次,金融诈骗罪与侵占犯罪的区分。

目前的通说认为,金融诈骗罪侵犯的是双重客体,既侵犯了金融管理秩序,又侵犯了公私财产所有权。本类罪的主要客体为金融管理秩序,次要客体为公私财产所有权。[①] 笔者认为,金融诈骗罪之所以需要从传统诈骗罪中分离出来,固然主要是为了特殊保护金融管理秩序,但处于次要地位的财产所有权并非是可保护可不保护的。说其次要,乃是相对金融管理秩序的重要性而言。金融诈骗罪对财产所有权的保护虽然次要,但至少是自始至终的,与对金融管理秩序的保护相伴随。也就是说,只要存在对金融管理秩序的保护,同时也是在保护公私财产所有权,否则,就不是金融诈骗罪。某一金融诈骗罪只要对金融管理秩序构成破坏,也就侵犯了财产所有权。认识到这一点,对于认识金融诈骗罪与传统诈骗罪之间的包容关系具有极为重要的意义。据此,金融诈骗罪具有诈骗罪的固有特征是应有之义,诈骗罪在非法占有目的的产生时间方面的定型化特征与金融诈骗罪在非法占有目的产生时间方面的特征应无二致。所以,运用非法占有目的产生的时间自然可以区分金融诈骗罪与侵占犯罪。

最后,占有移转罪与占有不移转罪的区分。

诈骗罪、盗窃罪、侵占罪都是典型的取得罪,三罪在主体、主观、客观行为、客体等方面相同或相似,所以实践中不容易区分。但根据他人财物是否被移转占有,诈骗罪、盗窃罪属占有移转罪,而侵占罪则属典型的占有不移转罪。因为占有不移转罪与占有不移转罪实质上是根据犯罪的不同过程所作的分类,所以二者在非法占有他人财物的手段和过程、作为过程重要内容的"非法占有目的的产生时间"等方面必然各有不同的特点:其一,诈骗罪和盗窃罪均是"占有移转罪"(又称夺取罪),属前产生非法占有目的,突出一个"取"字。诈骗罪的行为人在自己以非犯罪方法持有他人财物之前就已产生非法占有对方财物的目的,行为人在与对方接触过程中,采用虚构事实、隐瞒真相的手段,使对方产生错误认识,

① 赵秉志主编:《金融诈骗罪新论》,人民法院出版社2001年版,第29页。

从而将本人财物“自愿”交付行为人,是一个“骗取”的过程;盗窃罪的行为人亦在自己以非犯罪方法持有他人财物之前就已产生非法占有对方财物的目的,与诈骗罪不同的是,盗窃行为人为非法占有他人财物,采用了秘密窃取的手段,是一个“秘密窃取”的过程。其二,侵占罪是占有不移转罪,属后产生非法占有目的,突出一个“转”字。侵占行为人基于委托、租赁、借用、担保、无因管理等法律或事实上的原因而持有他人财物之后,[①]产生非法占有目的,实施将业已持有的他人财物转为己有的犯罪行为。从三罪的特点、分别归属及代表不同类型的取得罪看,非法占有目的的产生时间显然具有区分占有移转罪与占有不移转罪的意义。

2. 罪与非罪的区分

一般而言,行为人实施了非法占有行为,应构成犯罪。但是,由于立法不完善等原因,有些行为却不能依法予以刑事追究。这在贷款诈骗案件中尤为突出。主要有两类情形:一是合法取得贷款,贷款时想还,后不想还;二是采用民事欺诈的手段取得贷款,贷款时想还,后不想还。其共同特点是:行为人非法占有目的均产生于以非犯罪方法持有他人财物之后、都具有社会危害性、从非法占有目的的产生时间特点看比较符合侵占罪的特征。但是,根据我国现行《刑法》第 270 条对侵占罪的犯罪对象的规定,则不能定侵占罪。根据贷款诈骗罪系“骗取他人财物”这一特征,对后产生非法占有目的的情形,不宜以贷款诈骗罪处理。就此而言,非法占有目的的产生时间,也就具有了罪的肯定与否定意义。

3. 罪数影响

由于非法占有目的的产生时间不同,对司法实践处理案件时认定一个罪名还是数个罪名也有影响。现不妨以杀人抢劫、有价证券诈骗案件为例予以说明。

(1)杀人抢劫案件

若行为人在杀人之前产生了非法占有的目的,属杀人抢劫,实践中通常只定抢劫罪一罪,对故意杀人行为不另行定罪;若行为人在杀人之后产生非法占有目的,

① 参见王作富:《论侵占罪》,载高铭暄等主编:《新中国刑法学五十年》(下),中国方正出版社 2000 年版,第 1809～1811 页。

接着拿走其财物，则后面的取财行为应单独定罪，在我国司法时间中通常定故意杀人罪与盗窃罪二罪进行数罪并罚。

(2)有价证券诈骗案件

在存在伪造、变造国库券或者国家发行的其他有价证券情形中，若以伪造、变造行为为参照点确定非法占有目的的产生时间，该产生时间对罪数处理有意义。若行为人在伪造、变造行为实施之前、之时就产生了非法占有目的，有诈骗故意，其伪造、变造行为是牵连犯中典型的手段行为，其后实行有价证券诈骗行为，按照牵连犯从一重罪处断的原则，实践中只定有价证券诈骗罪一罪即可；若行为人在伪造、变造行为实施之前、之时并没有产生非法占有目的，没有诈骗故意，而后产生非法占有目的，前后不存在牵连关系，应定伪造、变造有价证券罪、有价证券诈骗罪二罪数罪并罚。当然，若行为人只是伪造、变造，其本人没有诈骗故意，不存在非法占有目的，只是为了出售等，则定伪造、变造有价证券罪一罪即可。

由上可见，非法占有目的的产生时间不同，则定罪的罪数也不同。可以进一步认为，此点是非法占有目的的产生时间对定罪影响的另一种表现。

(三)在个案量刑中的运用

非法占有目的的产生时间之迟早，反映了行为人主观恶性的大小。而犯罪行为人主观恶性则是量刑的根据之一。刑法对须前产生非法占有目的的犯罪规定的刑罚比须后产生非法占有目的的犯罪普遍要重，如抢劫罪、盗窃罪、诈骗罪等显然比侵占罪、职务侵占罪等要重，或者说对占有移转罪规定的刑罚要比对占有不移转罪规定的刑罚重，反映了立法者对不同产生时间的犯罪所具有的不同惩治程度，这为我们认识与运用非法占有目的产生时间的量刑意义提供了佐证。就是同一类犯罪，在具体量刑实践中，若行为人非法占有目的产生在先，则说明其主观恶性大，可以对其酌情从重；若行为人非法占有目的产生在后，则说明其主观恶性小，可以对其酌情从轻。

综上，本书认为，归纳和总结财产占有型经济犯罪的非法占有目的在产生时间方面的特征，将“非法占有目的的产生时间”这一要素与定罪、量刑联系，有利于明确侦查方向和提高司法效率。首先，在侦查阶段，非法占有目的的产生时间自然成为侦查、审讯的重要内容之一，从而使侦查方向、重点更加明确。其次，审判阶段，运用该罪或该类罪的非法占有目的的产生时间之特征，不但有利于准确定罪，而且有利于快速定准罪，加快审理此类案件的速度，促进审判质量与效率的双重提高。这在案件日趋复杂多样、司法机关案多人少的情况下，更加具有现实意义。

第二节　占有型经济犯罪要案判解

由于刑法理论界对非法占有目的的理解、在一些犯罪构成中的地位以及认定标准均不统一，加之随着社会经济生活的日趋复杂多样，各种犯罪手段花样不断翻新，非法占有目的的理解与认定问题已成为现阶段办理财产占有型经济犯罪的司法疑难问题和案件中诸多矛盾的聚焦点，也造成司法的混乱。案件处理后反响最多、争议最大的当属天津南德集团和牟其中等人信用证诈骗案。[①] 除此之外，司法实践中，尚存在以下诸多困惑：共同含有非法占有目的个罪之间界限如何划分？侵占罪与诈骗罪、与盗窃罪的界限如何划分？合同诈骗中的非法占有目的产生时间对定罪有无影响？贷款诈骗罪等能否由“事后故意”构成？诈骗犯罪能否由间接故意构成？对上述问题，在司法实践中或认识不一，或定性不准，导致案件的二审改判率、发回重审率往往比较高，也导致了审判效率不高，与当前法院案多人少的实际存在明显冲突。本节以占有型经济诈骗犯罪非法占有目的的理解与认定为核心，挑选若干疑难案例进行专题评述。

① 可参见宣东：《牟其中案的法理分析》，载《法制日报》2000 年 8 月 27 日版。

1. 如何理解诈骗犯罪中的非法占有目的

——郭建升贷款诈骗宣告无罪案

裁判要旨

一、贷款诈骗罪，是指行为人以非法占有为目的，采用虚构事实、隐瞒真相的方法，骗取银行或者其他金融机构的贷款，数额较大的行为。如果行为人主观上没有非法占有贷款的目的，仅仅是一时使用为目的，即使在申请贷款时使用了欺骗的手段，也不构成本罪。

二、本案被告人虽然采取欺骗手段或欺诈方法取得贷款，但其将贷款主要用于生产、经营活动，因客观原因造成无力归还，其主观上不具有非法占有的目的。因此，法院宣告被告人无罪。

基本案情

被告人郭建升于1993年9月，向北京市宣武区大栅栏联社(现更名为北京市大栅栏工商实业总公司)借款300万元人民币及个人投资部分资金，在工商部门申请注册成立了北京市糊涂楼饭庄，性质为集体所有制，挂靠于北京市朝阳区离退休人才开发服务中心，后变更隶属于北京市大栅栏工商实业总公司。郭建升与该公司签订承包经营协议，任饭庄法定代表人兼总经理，每年上缴管理费，并按月报送财务报表。因饭庄经营较好，郭等人先后在北京市和澳大利亚、美国设立分店、分公司十余家进行经营。1995年10月，郭建升为管理北京市糊涂楼饭庄及所属分店、分公司的经营及火锅研制开发项目，与他人共同出资300万元人民币(大部分为饭庄固定资产折价，少部分为投入资金)注册成立了北京市升宏餐饮有限责任公司(以下简称升宏公司)，郭为公司法定代表人、董事长，性质为私营公司。

1996年7月20日，升宏公司经董事会研究决定，向原招商银行北京分行中关村营业部(现更名为招商银行北京分行中关村支行，以下简称中关村营业部)提出贷款300万元人民币，用于购进生产多用途火锅原材料的借款申请。该借款申请书中所列企业经营业绩、企业发展自我陈述和企业财务状况等项目，均填写为北京市糊涂楼饭庄及分店的业绩、发展情况和财务状况。升宏公司提交银行的资产负债表、损益表中的数字,部分为饭庄及分店的汇总数额,另如所有者权益合计等部分数额,为会计推算和虚构。该贷款申请由北京市大栅栏工商实业总公司经中关村营业部对该公司的担保能力等核保后,出具了不可撤销担保书。因北京市糊涂楼饭庄和升宏公司曾先后从中关村营业部贷款100万元、200万元(本息均已归还),其贷款申请书和担保书与升宏公司此次贷款300万元人民币的申请书内容基本相同,信贷员何凡在多次到该公司和饭庄查验营业执照、财务账目及现场营业情况,并听取郭建升所讲两企业为一体经营和报送的财务报表系饭庄及分店的汇总表等情况的介绍后,便填写了贷前调查报告,并按照审批程序批准同意贷款300万元人民币。同年8月2日,中关村营业部将贷款300万元人民币转入升宏公司在该营业部设立的账户内,贷款期限10个月。后升宏公司将贷款195万余元人民币用于北京市糊涂楼饭庄及本公司的经营,并经全体股东同意,郭建升将余款104万余元人民币以个人名义购买了房产两套,作为公司的固定资产。

1997年年底,郭建升将该房产以80余万元人民币的价格转卖给他人,又以个人名义购买了河北省三河市燕郊怡福园别墅两幢。同年12月16日,郭建升将该房产抵押给中国金谷国际信托投资有限责任公司,以升宏公司的名义贷款200万元人民币用于公司经营。升宏公司贷款300万元人民币后,先后支付银行利息及罚息7次,共计50余万元人民币,至1998年1月停止付息。1997年6月1日贷款期满,中关村营业部分别给升宏公司和担保单位北京市大栅栏工商实业总公司发出贷款到期催收函,两公司均复函表示同意履行还款及担保还款义务。因升宏公司和北京市糊涂楼饭庄在贷款逾期前经营不善,资金周转发生困难,该营业部曾多次与郭建升联系还款,郭表示因经营资金困难暂无还款能力,待经营好转收回资金后再还款。至案发时升宏公司未能偿还该贷款。

北京市人民检察院第一分院起诉书指控:被告人郭建升于1996年7月至8月,以升宏公司的名义,采取编造虚假事实,将升宏公司与北京市糊涂楼饭庄两个分别注册的独立企业谎称为一体经营,并提供伪造的公司资产负债表、损益表等手段,从招商银行北京分行中关村支行骗取贷款300万元人民币,用于个人购房和投入北京市糊涂楼饭庄进行经营活动,非法占有;并于贷款到期后经银行多次催还贷款而拒不归还,致使国家财产遭受重大损失。被告人郭建升的行为已构成贷款诈骗罪。

被告人郭建升辩称:其在向招商银行北京分行中关村营业部申请贷款时,对升宏公司是糊涂楼饭庄的管理公司等情况,如实向信贷员何凡作了介绍,对申报的财务报表是饭庄及所属分店的汇总表也作了说明,何凡表示同意;取得贷款后,经升宏公司全体股东同意,以个人名义购买房产是作为公司的资产用于抵押贷款,以使企业取得更多经营资金,余款全部用于饭庄的经营;其没有非法占有的目的,亦没有将贷款据为己有,不应以犯罪处罚。

被告人郭建升的辩护人提出:升宏公司是北京市糊涂楼饭庄及十余家分店的管理公司,向银行提交的贷款申请书中有关企业经营业绩、企业发展自我陈述等项目,都已明确告知银行两企业的关系,不存在欺骗行为;资产负债表、损益表的数字系升宏公司和饭庄及分店的汇总数字,并非臆造,为使报表达到银行发放贷款标准,该公司财务人员对报表数字有推算、虚构部分,但郭建升只是签字确认,未实际参与造假,属民事行为,不应负刑事责任;升宏公司申办贷款系企业行为,不是郭建升的个人行为,且贷款全部用于企业经营活动,郭个人未占为已有;贷款逾期未能归还,是因企业经营战线过长,投资过宽,资金难以收回及经营失误造成的,并非郭建升主观上拒不归还,故郭建升的行为不构成犯罪。

审　判

北京市第一中级人民法院认为:起诉书指控被告人郭建升编造虚假事实,骗取贷款300万元人民币非法占有,构成贷款诈骗罪的证据不足,指控的犯罪不能成立。依照刑事诉讼法第一百六十二条第(三)项的规定,于1999年11月2日判决被告人郭建升无罪。

一审宣判后,被告人郭建升服判。北京市人民检察院第一分院提出抗诉,主要理由是:郭建升在贷款300万元人民币的过程中,欺骗银行信贷员并将北京市糊涂楼饭庄经营业绩冒充为升宏公司的业绩,伪造虚假的申报材料,在骗得银行贷款300万元人民币后又将贷款用于个人经营及挥霍。郭建升主观上有非法占有国有财产的犯罪故意,客观上实施了虚构事实隐瞒真相的诈骗银行贷款,并拒不归还的犯罪行为,且数额特别巨大。原审判决认为郭建升不具有非法占有贷款的目的和诈骗犯罪行为,宣告其无罪,确有错误。

北京市高级人民法院经审理裁定,驳回抗诉,维持原判。①

争议问题

从审理查明的事实看,升宏公司及其法定代表人郭建升在申报300万元贷款时,所填报的企业资产负债表、损益表中的部分数字确有夸大和不实之处,对贷款也有违规使用的情况,且贷款逾期不能归还,其取得贷款时采用欺骗的手段事实清楚,故升宏公司及其法定代表人郭建升主观上是否具有非法占有贷款的目的是解决本案定性的关键,也是争议的焦点问题。要认定升宏公司及其法定代表人郭建升是否具有非法占有目的,涉及以下两个层次的具体问题:一是行为人使用欺骗手段取得贷款行为是否出于解决资金急需和经营困难等动机,即是否以一时使用为目的?二是诈骗犯罪中的非法占有目的是否包含以一时使用(非法占用)为目的?对这两个问题的不同回答,均会对本案的定性产生不同的影响。其中,前面一层是事实问题,需要根据证据以及结合案情综合考虑才能作出准确判定;②后面一层则是法律问题,需要根据法律的规定和立法原意加以正确理解才能作出公正裁判。

---

① 最高人民法院刑事审判第二庭:《郭建升贷款诈骗宣告无罪案》,由叶晓颖、高贵君执笔,载《人民法院报》2002年7月29日版。

② 值得指出的是,由于"非法占有"目的和"非法占用"目的均是人的主观心理状态,往往没有证据可以直接加以证明,司法机关难以直截了当地判定,对同一件事情,有的认为是"非法占用",有的却认为是"非法占有",从而导致对案件的处理意见和看法不同。例如,曾经受媒体和社会各界广泛关注的牟其中案:从1995年8月至1996年8月,牟其中指使其集团职员姚红、牟臣、牟波等人具体负责实施骗取信用证,共骗取中国银行湖北省分行信用证33张,骗取承兑75074004.10美元,截至1997年4月,分几次共返回湖北省轻工业公司业务三部资金39574525.98美元,用于循环开证,实际骗取35499478.12美元用于公司投资和还债,最后有关法院认定其犯信用证诈骗罪。该判决作出后在学理界争论颇大,有学者明确认为这一案件的判决是不正确的,主要的理由是认为本案被告人不具有非法占有的目的,只是在进行"融资"即"非法占用"。有的则认为牟其中作为进口方,与出口方串谋,以虚构的贸易合同为根据,开立信用证,通过循环开证,实际长期占有信用证项下资金,从而导致银行对资金的失控,实质上侵犯了银行的资金所有权,牟其中辩称其有返还行为并不能否认其具有非法占有的主观故意,所谓占有的资金正在以筹措到的黄金归还也无法证实,在这种情况下,应当认定其具有"非法占有"的主观目的,构成信用证诈骗罪。分别参见赵秉志主编:《金融诈骗罪新论》,人民法院出版社2001年版,第16~17页;邓宇琼:《信用证诈骗罪的主观目的之我见》,载《政治与法律》2003年第5期。

本文主要对后者即法律问题加以探究。

在刑法理论以及司法实践中,对诈骗犯罪中的非法占有目的之理解,还有以下以下两个问题值得再探究:一是“非法占有”是目的还是动机?二是非法占有目的与近似概念怎样区别?

法官评述

我国刑法理论的通说和实践部门一般均认为诈骗犯罪都是以非法占有为目的的犯罪。特别是自最高人民法院于2000年9月在湖南省长沙市召开全国法院审理金融犯罪案件工作座谈会,并于2001年1月印发《全国法院审理金融犯罪案件工作座谈会纪要》(以下简称《纪要》),明确指出金融诈骗犯罪都是以非法占有为目的的犯罪之后,非法占有目的是各类金融诈骗犯罪、合同诈骗犯罪成立的必备主观要件,这在司法实践中已形成共识。但是,从近年来理论界的观点和司法实践的情况来看,人们对诈骗犯罪中的非法占有目的之内涵仍然存在种种不同认识。由于对非法占有目的内涵理解的多元化,导致案件处理意见和结论的多样化,有的理解甚至完全架空了非法占有目的作为特殊犯罪目的应有的地位和作用,从而使得如何认定诈骗犯罪中的非法占有目的这一由来已久的司法“老大难”问题并未随着《纪要》的出台而得到彻底、根本的解决,因此非法占有目的的理解问题成为非法占有目的之司法判定的前提和基础。故笔者认为,尽管目前理论界关于诈骗犯罪非法占有目的的理解著述已经不少,但对解释非法占有目的的种种观点进行系统的梳理、辨析,结合案例探究其真正的含义仍具有重要的理论价值和实践意义。

一、有关理论争议

(一)国外的状况

在日本、德国等大陆法系国家的刑法理论中,对非法占有目的通常有三种理解:一是“排除权利者的意思说”,持此论者认为所谓非法占有目的仅有排除权利人而像合法占有者一样进行支配的意思即可;二是“利用处分的意思说”,持此论者认为所谓非法占有目的只要求具有按照财物的本来用途进行利用处分的意思即可;三是“折中说”,持此论者认为所谓非法占有目的必须同时具有排除权利人而像合法占有者一样进行支配的意思，以及按照财物的本来用途进行利用处分的意思。[①]

（二）国内的状况

我国刑法理论界对非法占有目的的理解问题，同样存在着激烈的论争。总体来看，主要有“非法占有说”“不法所有说”（排除权利人意思说）、“非法所有说”“意图改变所有权说”“非法获利说”等几种观点。

1. 非法占有说

持此论者认为，民法上的所有权包括四种权能，即占有、使用、收益和处分，刑法上的所谓非法占有就是民法上四项权能之一的占有，非法占有目的是指非法掌握控制财物的目的。这种从字面的、本来的含义上理解的非法占有目的，是“本义的非法占有目的”，目前大陆法系国家的多数学者和我国部分学者所作的解释大多超出了其字面含义的范围，附加了一些特殊的内容，是“附加含义的非法占有目的”。[②] 这种观点强调非法占有只意味着侵犯财物的占有权，即对财物进行事实上的支配和控制，并不排除所有权人对财物之权利的永久性、全面地丧失。

2. 不法所有说

持此论者认为，“以非法占有为目的”是指以将公私财物非法转为自己或者第三者不法所有为目的，[③]并进一步指出，非法占有目的中的“占有”与民法上的占有不是等同的概念，也不是仅指事实上的支配或控制。如果将非法占有目的解释为事实上的支配、控制，就无法区分非法吸收公众存款罪与集资诈骗罪、高利转贷罪与贷款诈骗罪等。只有将非法占有目的理解为不法所有的目的，才能使这一主观要件具有区分罪与非罪、此罪与彼罪的机能。[④] 即只有将不法占有理解为不法所有，才是各种金融诈骗罪中“以不法占有为目的”的真正含义。[⑤]

3. 非法所有说

持此论者不同意“非法占有说”的观点，认为，该理解不符合刑法理论上的通常

---

① 张明楷：《外国刑法纲要》，清华大学出版社 1999 年版，第 587 页。
② 刘明祥：《财产罪比较研究》，中国政法大学出版社 2001 年版，第 67 页。
③ 高铭暄主编：《新编中国刑法学》（下册），中国人民大学出版社 1998 年版，第 760 页。
④ 张明楷：《如何理解刑法中的“以非法占有为目的”》，载《人民法院报》2003 年 8 月 1 日版。
⑤ 马克昌：《金融诈骗罪若干问题研究》，载《人民检察》2001 年第 1 期。

解释，也不符合这类犯罪的实际情况。所谓“以非法占有为目的”，是指意图将他人所有的财物非法转归自己或第三者占有。这里的占有，并非指短时间内的暂时控制，而是永久性的占有，完全排除所有人事实上对财物行使所有权的可能性，而由自己或者第三人对财物进行占有、使用、收益直至最后处分。诈骗犯罪必须具有非法所有他人财物的故意。在法律学上，无论是所有还是占有，都有其特定的含义，外延并不相同。所有是一种对财物的全面控制，国外立法在表达行为人与诈骗对象之间的关系或行为人的行为目的时，多使用“获得”“取得”“所有”等词，这些提法均要比“占有”科学，值得我国的有关立法借鉴。“非法占有”的真实含义是指民商法意义上的非法所有。①

4. 意图改变所有权说

持此论者认为，非法占有公私财物（的目的），是指行为人意图非法改变公私财产所有权即依法对财物享有占有、使用、收益和处分的权利。所有权包括依法对财物享有占有、使用、收益和处分的权利。这里用“占有”一词，不是指行为人仅以取得占有权为满足，而是说其行为达到非法所有财物的程度，使得所有者无法对其行使所有权。因此，对“非法占有”的理解不能仅限于将公私财产非法据为已有，也包括转归第三者非法占有。第三者不只限于个人，也包括集体单位。行为人非法取得财物是据为已有还是转归他人则在所不问。②

5. 非法获利说

持此论者认为，诈骗等非法取得他人财物的犯罪都属于图利性的犯罪，其主观要件不是以非法占有或不法所有为目的，而是以非法获利为目的。③ 此种观点不是强调行为人主观上对财物的占有、使用和处分权利追求，而是强调行为人对他人财物的物质财产利益的追求，目的在于行使对物的收益。这种观点与日本、德国等大陆法系国家的“利用处分意思说”较为接近。

---

① 王晨：《诈骗犯罪研究》，人民法院出版社 2003 年版，第 20 页。

② 苏惠渔主编：《刑法学》，中国政法大学出版社 1994 年版，第 566 页；何秉松主编：《刑法教科书》，中国法制出版社 1995 年版，第 710 页。

③ 刘明祥：《刑法中的非法占有目的》，载《法学研究》2000 年第 2 期。

二、“非法所有说”之提倡

由上可见，我国刑法理论界对非法占有目的的内涵理解存在较大分歧。总体上说，除非法占有说外，非法所有说、不法所有说、意图改变所有权说、非法获利说仍属于大陆法系三种争议之内。以上诸观点学说，其中对我国刑事司法影响较大的是“非法占有说”和“不法所有说”。“非法所有说”与“不法所有说”没有质的区别，所以对实践的影响也较大。笔者认为，相比之下，“非法(不法)所有说”是科学、可取的，值得提倡，而其他几种观点不可取，不值得提倡。具体分述之。

(一)“非法占有说”之缺陷

该观点从本义上去理解非法占有目的，将刑法意义上的非法占有与民商法意义上的非法占有完全等同，在促进法律概念体系的和谐、统一，增加实践认定非法占有目的的可操作性等方面是有意义的，能使复杂的问题简单化。但是，其缺陷也非常明显，至少有三：

一是架空了非法占有目的，使其失去了作为特殊目的单独存在的意义。从本义上去理解非法占有目的，将其理解完全事实意义上的对他人财物的非法掌握和控制支配的目的，而没有对其附加任何限制。就诈骗犯罪而言，行为人的犯罪目的就是希望通过实施诈骗行为非法掌握和控制他人财物。那么，非法占有目的实际上等同于一般意义的犯罪目的，自然失去了作为特殊目的的实质意义。

二是混淆了非法占有目的与犯罪故意的关系。尽管对犯罪目的是否是犯罪故意内容的组成部分，还是故意之外的独立的主观要件，中外刑法理论尚未形成统一的认识。但一般认为，非法占有目的是特殊意义上的犯罪目的，非法占有目的是超出了构成要件的客观要素范围的所谓“超过的内心倾向”，与故意的性质不同。按非法占有说对非法占有目的的理解，这种非法占有目的等同于一般的犯罪目的，自然应包含在犯罪故意的内容之中，从而否定了非法占有目的作为“超过的内心倾向”即超过的主观违法要素之地位。

三是违背了立法原意和司法现实。本义上的非法占有目的，不受占有时间性的限制，同时只强调对他人财物所有权中的占有权的侵犯。带来的问题是，刑法没有必要区别规定集资诈骗犯罪、贷款诈骗犯罪与非法吸收公众存款犯罪、高利转贷罪等;在司法实践中,对并不试图长期控制的非法骗用的行为是否一律作犯罪处理?显然,这样做与罪刑法定原则相违背,明显不当扩大了诈骗犯罪的处罚范围。如果将非法占有目的理解为事实上的掌握控制目的,那么,就不可能区分非法吸收公众存款罪与集资诈骗罪。所以,非法占有说作为一种对实然法的理解与诠释,并不可取。

（二）“意图改变所有权说”之弊病

该观点有违所有权取得原理既不符合实际,也不可取。所谓所有权,是指所有人依法对自己的财产享有占有、使用、收益、处分的权利。《民法通则》第72条规定:“财产所有权的取得,不得违反法律规定。”诈骗犯罪的行为人以非法占有为目的,虽可能具有改变财产所有权的主观意图,但其通过诈骗犯罪手段获取财物,事实上不可能取得或改变财产所有权,有关的受害人也并未因此丧失财产所有权。非法占有行为的实质是阻碍或破坏财产所有人对财产占有、使用、收益和处分权利之行使,以自己或第三人取代所有人行使,是不法所有,而不是取得也不可能取得财产所有权。况且,实践中许多的诈骗犯罪分子非法占有对方财物,也不是为了改变财产所有权。总之,“意图改变所有权说”不但有违所有权取得原理,没有揭示非法占有目的的实质,而且不符合实际,故不可取。

（三）“非法获利说”之偏狭

该观点将“非法占有目的”仅仅限定为获得非法利益的目的,是对非法占有目的的附加性解释,不能反映该行为的本质特征,也不可取。因为,非法获利应当理解为行为人追求非法占有目的的动机。对于集资、贷款诈骗罪等诈骗犯罪来说,谋求非法利益并不是行为人实施犯罪的目的,而是推动行为人非法占有目的的内心起因,其是否存在并不影响犯罪目的的成立与否。

（四）“非法所有说”与“不法所有说”之可取

这两种观点在区分刑法意义上的非法占有与民商法意义上的非法占有的前提下,将非法占有目的理解为民商法意义上的非法所有,强调行为人对他人财物进行永久性的全面的侵犯,根据目前我国的刑事立法现状,比较合理。具体理由有三:

一是符合我国立法的精神和规定。通过上述对各种观点的剖析,不难发现,中外刑法学界关于非法占有目的的理解的理论争议,在很大程度上是为了认定与盗窃罪相关的使用盗窃行为、与诈骗罪相关的骗用行为等行为性质的认定,可以归结为对一时使用的目的是否系非法占有目的题中应有之义的集中讨论,形成了非法占有目的理论的出发点。现实生活中,行为人为了一时使用(不是永久使用),而非法掌握和控制他人财物的"非法使用现象"比较普遍。如按手段分,此种具体行为可以分为非法盗用、非法骗用、非法挪用等类型。其中,非法盗用的现象,例如,将他人放在特定场所的自行车私自骑走,办完事之后返还原处,这种一时使用的案件,在日本等大陆法系国家又被称为"使用盗窃",在我国,由于立法没有规定"使用盗窃",这类行为因为行为人没有非法占有目的,不构成盗窃罪。关于非法骗用的,如签订、履行合同过程中的"借鸡生蛋"型案件,这类案件行为人通常没有履行合同的实际能力,通过欺诈手段骗取公私财物后,没有携款潜逃或用于个人挥霍等,而是用于经营活动,往往采用"拆东墙补西墙""打时间差"等手段维持经营,但风险很大,往往导致损失惨重。非法挪用的现象,如利用职务便利,挪用本单位财物归个人使用。上述现象,行为人并没有非法谋取公私财物所有权的意图,相反有日后归还的意图,显然与具有不法所有意图的犯罪在社会危害性程度、行为表现形式等方面均有较大不同,前者系对公私财产权的局部的、暂时的侵犯,后者强调对财物所有权的全面的、永久性的侵犯。对各种"非法使用"现象,我国刑法的态度并不一致。其中,对挪用公款、挪用单位资金、非法吸收公众存款等部分"非法使用"型明确予以犯罪化,分别规定了挪用公款罪、挪用单位资金罪、非法吸收公众存款罪、高利转贷罪,与贪污罪、职务侵占罪、集资诈骗罪、贷款诈骗罪等部分"非法占有"型的犯罪并列、对应。这充分表明立法对以非法占有为目的的犯罪与以一时使用为目的的犯罪是区别对待的,将"以一时使用为目的"理解为"以非法占有为目的"的题中应有之义,有违立法精神及规定。

二是使刑事立法与司法的关系更加清晰,有利于贯彻罪刑法定原则。非法占有目的的理解是指立法者的理解,还是司法者的理解,这是一个事关立法与司法的关系、最终与罪刑法定原则的实现密切相关的问题。所谓立法者的理解,是指由立法者选择的有关非法占有目的内涵的界定,是立法者的本意。人们包括司法者对非法占有目的的理解，实际是指对非法占有目的规范蕴含的阐述，是对刑法的一种解释。当前，刑法学界或实务部门中对非法占有目的的一些理解，譬如有人以一些"非法占用"行为具有严重的社会危害性为由，极力主张将"非法占用"理解"非法占有"的应有之义以有效打击犯罪，这实际上混淆了刑法的实然与应然、立法与司法的界限。不可否认，立法、司法均涉及如何理解非法占有目的的问题，但在立法既定的前提下，司法对非法占有目的的理解显然应以立法的规定以及立法原意为限，这是罪刑法定主义的必然的基本要求，把本属于立法完善的事当成司法的追求，企图以不当扩张司法来弥补立法的缺陷，是一种实践认识的误区和错误。因为，社会危害性的大小并不能成为判断某一行为是否已构成犯罪的根据，在刑法典正式、全面地确立罪刑法定原则后，对某一行为可不可以犯罪论处，与应不应以犯罪论处，是两个界限分明、不同层面的问题。前者着眼于现行的立法规定，或者说，只能以既定的法律规定为依据；后者则侧重于行为的社会危害性大小，是立法完善所要考虑的问题。须知，如果将两者混同，以社会危害性大小作为判断某种是否构成犯罪的根据，那么，罪刑法定的原则就会被伤得千疮百孔，体无完肤，其立法化的重大意义和价值就将丧失殆尽。[①] 综上所述，可以认为，从"非法所有"的角度理解非法占有目的的含义，事实上捍卫了罪刑法定原则。

三是有利于理顺非法占有目的与犯罪故意的关系。关于犯罪目的与犯罪故意的关系，即犯罪目的是否是犯罪故意内容的组成部分，还是故意之外的独立的主观要件？刑法理论对此有不同的认识。国外刑法理论中，一般认为，作为构成要件的要素除了故意之外还必须具有一定目的的犯罪，就叫目的犯罪，对于该目的与故意，应该加以区别。非法占有目的是超出了构成要件的客观要素范围的所谓"超过的内心倾向"，相对于故意的认识对象是犯罪的客观事实来说，非法占有目的则缺少与之相对应的客观的要素（或者超过了客观的要素范围），属于超过的主观的违法要素，这一点与故意不同。[②] 我国刑法理论界通说认为，犯罪目的是行为人意图通过犯罪行为达到的犯罪结果，也就是说，犯罪目的是以观念形态预先存在于人们

---

① 赵秉志、周加海：《论"以非法占有为目的"是信用证诈骗罪的必备要件》，载《刑事法学》2001年第6期。

② ［日］野村稔：《刑法总论》，全理其、何力译，法律出版社2001年版，第109页。

头脑中的犯罪行为所预期达到的结果。它是希望意志的核心,反映着直接故意的心理内容,是直接故意的内容组成部分,在直接故意中存在犯罪目的。犯罪目的与犯罪故意具有不可分割的内在联系,但犯罪目的本身并不是犯罪构成的要件。只有当法律为限制某种犯罪的范围,特别是指明某种犯罪必须具有一定目的时,犯罪目的才成为该罪的构成要件。从以上论述可以看出,我国刑法理论界通常所说的犯罪目的实际上包括两层含义:一是一般意义上的犯罪目的,所有的直接故意犯罪都具有;二是特殊意义上的犯罪目的,并非所有的直接故意犯罪都具有,应以法律的特别规定或要求为限。无论是国外的理解还是国内的理解,事实上对一般的犯罪目的与作为目的犯的目的都是作了区分的。就此而言,将非法占有目的理解为"非法所有",实际上有利于区分非法占有目的与一般意义上非法掌握控制对方财物的目的,有利于进一步分别理顺非法占有目的、非法掌握控制目的与故意的关系。

综上,所谓"非法占有",是指以犯罪方法将他人财物转移到自己的控制之下,并以所有人自居予以保存、使用、收益和处分,是对他人财物所有权全面的永久性的侵犯,将"非法占有"理解成"以犯罪方法所有"或"不法所有"才是各类诈骗犯罪中"以非法占有为目的"的真正含义。只有将非法占有目的理解为不法所有的目的,才能使这一主观要件具有区分罪与非罪、此罪与彼罪的机能。

三、本案被告人的主观目的是"非法占用"而不是"非法占有"

贷款诈骗罪,是指借款人以非法占有为目的,采用虚构事实、隐瞒真相的方法,骗取银行或者其他金融机构的贷款,数额较大的行为。其中,非法占有目的和虚构事实、隐瞒真相的诈骗手段必须同时具备,二者缺一不可。如果行为人主观上有非法占有贷款的目的,在获取贷款时又采取了欺骗的手段,则构成贷款诈骗罪;如果行为人主观上没有非法占有贷款的目的,仅仅是一时使用为目的,即使在申请贷款时使用了欺骗的手段,也不构成本罪。本案中,被告人郭建升虽然采取欺骗手段或欺诈方法取得贷款,但其并不具有非法占有的目的。理由如下:

首先,升宏公司与北京市糊涂楼饭庄具有密切联系,申请贷款的资料不属虚假。本案中,升宏公司大部分股份来自北京市糊涂楼饭庄固定资产折价,其与北京市糊涂楼饭庄虽在名义上是两个独立的法人,但两者之间又确实存在隶属、管理的紧密联系，而且银行对两者之间的关系明知，并在其核贷审查报告中加以阐明，予以认可，故升宏公司在贷款申请书中，将企业经营业绩、企业自我发展陈述和企业财物状况等项目均填写为北京市糊涂楼饭庄及分店的业绩、发展状况和财务状况，尚不能认定为编造虚假事实，提供伪造的申请贷款资料骗取银行贷款的行为。

其次，升宏公司行为人取得贷款虽存在欺诈，但不能说明行为人主观上具有非法占有贷款的目的。升宏公司在贷款申请中，所填报的企业资产负债表、损益表中的部分数字有夸大和虚构的成分，应认定为贷款中的欺诈行为。

最后，被告人将贷款主要用于生产、经营活动，因客观原因造成无力归还。有证据表明，因经营决策的失误，公司投资规模过大、范围过宽及违规使用了部分贷款，使公司资金周转困难，导致300万元贷款逾期不能归还，行为人主观上只有"非法骗用"的目的。

四、关于"非法占有目的是目的还是动机"的简要探讨

犯罪目的与犯罪动机具有极为密切的联系。犯罪动机不仅激起犯罪故意，产生犯罪目的，而且支持直接故意，发动并维护犯罪行为，包含着实现危害结果的内在根据和强烈趋势。"犯罪动机是确立犯罪目的的性质与指向的主要原因。"①同一种目的，可以由多种动机引起。同一种动机也可以引起多种目的。比如，同样是图财的动机，有的去杀人，有的去盗窃，有的去抢劫，有的去贪污。而且，动机和目的可以互相转化。同一种事实，在这种情况下是目的，而在另一种情况下又变成了动机，例如，非法占有公私财物，是盗窃、贪污的目的，但对杀人来说，它又成为杀人的动机，叫作图财害命。所以，图财对这个罪来说是动机，对那个罪来说就是目的，二者是可以转化的。

五、非法占有目的与近似概念的区别

（一）"非法占有目的"与"民法意义上的非法占有目的"之区别

占有，按照民法学上的解释，就是单位或个人对于财产的实际管领或控制，它

① 高铭暄主编：《刑法学原理》（第二卷），中国人民大学出版社1993年版，第123页。

只是物的所有权中的一项权能。在民法意义上,“非法占有,是指没有法律根据占有他人财物”。[①] 而刑法意义上的非法占有是指没有法律根据,不仅包括想取得对他人财物的占有(实际控制),而且意图对他人财物进行全面、任意的支配,即意图自主占有,以所有者的名义对该财物行使民商法意义上的占有、使用、收益和处分,是对财物所有权的全面侵犯。诚如王晨博士所言,刑法上的非法占有“其真实含义是指民商法意义上的非法所有”。[②]

(二)“非法占有目的”与“非法占用目的”之区别

非法占有目的不同于非法占用(一时使用的)目的。按前述对非法占有目的理解,刑法上的非法占有不仅指非法掌握控制他人财物,而且指能够任意全面地处分该财物,非法占有目的就是通过非法手段对他人财物形成非法所有的状态。而非法占用则不同,“实践中大量存在的非法占用是指行为人不以所有的意思,而是为了使用和获取利益而非法占有他人财物,如欺诈获得他人财物用于非法经营,营利后予以返还”。[③] 非法占有与非法占用也是司法实践中认定财产取得型犯罪主观故意内容时容易混淆、令人困惑的问题之一。笔者认为,从行为人非法掌握控制他人财物的表现形式看,两者并无差异,他人均失去了对财物的实际控制,其实质性的区别在于行为人主观是否具有永久性地所有他人财物的不法意图。譬如诈骗犯罪,“行为人仅仅意图暂时非法占用他人财物,并不想从根本上非法改变财物的所有关系,即使最终由于客观外在原因,致使他人财物遭受损失,也不能认定为诈骗犯罪”。[④]

(三)非法占有目的与毁坏目的

在刑法理论中,相对于非法占有行为的非法占有目的被分为积极的一面与消极的一面。其消极的一面是排除权利者对财物的支配,其积极面是对财物确立类似于所有权行使的支配关系。而相对于毁坏行为的非法毁坏目的则仅具有上述

① 郑立、王作堂主编:《民法学》,北京大学出版社1993年版,第169页。转引自姚茂文:《如何理解和把握合同诈骗罪的主观要件》,载《刑法的问题与争鸣》(2001年第2辑),中国方正出版社2001年版,第388页。

② 王晨:《诈骗犯罪研究》,人民法院出版社2003年版,第20页。

③ 李邦友、高艳东:《金融诈骗犯罪研究》,人民法院出版社2003年版,第41页。

④ 王晨:《诈骗犯罪研究》,人民法院出版社2003年版,第21页。

"消极的一面",即具有排除权利者对财物的支配之意图,并没有对财物确立类似于所有权行使的支配关系之意图,所以非法占有目的与非法毁坏目的显然存在区别,两者的相关犯罪在一般情况下是比较容易区分的。但是在有的情况下,两者的区分会比较困难,例如,行为人出于毁坏目的,采取盗窃、诈骗等非法手段盗骗出他人财物后予以毁坏,或者取出他人财物后主观心理状态发生变化不予毁坏而加以利用的行为等行为性质的认定,往往是理论和实践争论的难题。限于篇幅,在此不再赘述。

(四)非法占有目的与非法占为己有目的

非法占有目的是以自己占有的意思为限,还是包括使第三者占有的意思在内,在理论上也有争论。但通说认为,非法占有目的既包括为自己占有即占为己有,也包括为第三者占有。例如,当行为人为了单位利益而指使他人或者直接实施诈骗行为时,仍然具有非法占有目的,完全符合诈骗罪的主客观要件,应认定为(自然人)诈骗罪。又如,在共同诈骗犯罪案件中,没有非法占有目的的人,只要明知他人具有非法占有的目的,而实施诈骗的帮助行为的,也成为诈骗犯罪的共犯。由此可见,非法占有目的包含非法占为己有,但不限于占为己有。

2. 如何认定诈骗犯罪中的非法占有目的

——吴联大合同诈骗宣告无罪案

裁判要旨

本案是最高人民法院公报案例,争议的焦点是罪与非罪,涉及如何区分合同诈骗罪与民事欺诈行为这一长期困扰司法实践的"老大难"问题。本案例评析认为,要区分两者的关键在于判定行为人主观上是否具有非法占有目的,并对非法占有目的的认定方法、要素等问题作了研讨,在此基础上,结合案情论证了一审、二审裁判的正确性。

案号索引

一审:温州市中级人民法院(2000)温刑初字第194号;

二审:浙江省高级人民法院(2001)浙刑二终字第140号。

基本案情

被告人吴联大，男，1971 年出生。1998 年下半年，时任温州市锐力健身运动用品公司（以下简称锐力公司）法律顾问的被告人吴联大从上海樱花电气设备有限公司（以下简称樱花公司）得知西门子（中国）有限公司（以下简称西门子分公司）正在寻求 8BK80 开关柜技术项目合作的信息，且中国长城电器集团公司（以下简称长城公司）有合作意向，经多次洽谈，樱花公司聘请锐力公司董事吴尚忠为商务经理，吴联大为副经理，并与二吴约定：由樱花公司与西门子分公司签约；由二吴与长城公司签约；每台收费 6800 元，樱花公司得 800 元，二吴得 6000 元等。1999 年 1 月，为了取得长城公司的信任，吴联大等人冒用西门子分公司的名义与长城公司签订了协议，约定长城公司支付保证金 80 万元人民币。之后，吴联大在收受保证金时，以修正函的形式将原协议主体"西门子公司"变更为"樱花公司"，还从保证金中支付樱花公司 22 万元、33 万元交吴尚忠、25 万元由自己保管。同月，樱花公司与西门子分公司签订了 8BK80 开关柜技术咨询、框架、采购协议，约定该项目的生产地点限于上海等内容，由樱花公司支付西门子分公司技术咨询费 16 万元人民币，西门子分公司将技术图纸及相关文件移交樱花公司。之后，吴联大将图纸等文件送交长城公司，遭拒收。

同年 4 月，西门子分公司函告樱花公司签约生效。为了既保证长城公司能生产 8BK80 开关柜，又不使樱花公司违约，经协商，长城公司同意吸收樱花公司为长城集团成员企业，樱花公司也同意将西门子分公司的低压成套电气设备合作项目移交给长城公司洽谈，并达成协议，约定长城公司付樱花公司中介费 20 万元，如合作不成，则如数返还。后长城公司将该协议交吴联大，吴联大在该协议上增加了有关 8BK80 项目的条款，除与修正函基本相同的内容外，还加上了"长城公司不得以任何理由要求退还保证金"。6 月 30 日，长城公司以吴联大没有履行协议为由，书面要求其退还保证金，吴联大表示拒绝。

案发后，吴尚忠已将 33 万元人民币退还长城公司。温州市人民检察院以被告人吴联大犯合同诈骗罪向温州市中级人民法院提起公诉。

审 判

温州市中级人民法院作出（2000）温刑初字第194号判决认为：被告人吴联大主观上没有非法占有80万元保证金的目的，其真正目的是获取长城公司生产开关柜后按协议支付其个人的技术使用费，具有积极履行合同的诚意和行动，遂于2001年1月16日宣告被告人吴联大无罪。一审宣判后，温州市人民检察院提出抗诉。浙江省高级人民法院经审理后，于2002年3月12日作出（2001）浙刑二终字第140号裁定：驳回抗诉，维持原判。[①]

法官评述

本案涉及如何区分合同诈骗罪与民事欺诈行为以及如何认定诈骗犯罪中的"非法占有目的"等问题，在审理过程中控辩双方争议较大。本文拟就涉及的相关问题从学理上加以探讨、分析。

一、合同诈骗罪与民事欺诈行为的界限："非法占有目的"之有无

在现实经济活动中，当事人在签订、履行合同过程中利用欺骗方式从对方当事人获取财物、利益的现象时有发生。其中，有的属于合同诈骗犯罪，需要对当事人追究刑事责任，有的则属于民事欺诈行为，应以经济纠纷加以处理。因为涉及罪与非罪，所以合同诈骗罪与合同经济纠纷尤其是与合同民事欺诈纠纷的界定与处理，是一个非常重要的原则问题，也是一个长期困扰司法、颇为棘手的"老大难"问题。

根据我国《刑法》第224条的规定，合同诈骗罪是指以非法占有为目的，在签订、履行合同过程中，骗取对方当事人财物，数额较大的行为。该法条还对合同诈骗行为表现列举了以下五种情形：(1)虚构单位名义或者冒用他人名义签订合同的；(2)以伪造、变造、作废的票据或者其他虚假的产权证明作担保的；(3)没有实际履行能力，以先履行小额合同或者部分履行合同的方法，诱骗对方当事人继续签订和履行合同的；(4)收受对方当事人给付的货款、贷款、预付款或者担保财产后逃匿的；(5)其他方法骗取对方当事人财物的。而民事欺诈行为主要是指行为人为

① 本案为最高人民法院公报案例，一审、二审裁判的详细情况，参见最高人民法院公报2003年第1期（总第81期）。

了用于经营，借以夸大履行能力等欺诈行为以诱使对方当事人陷入认识错误并与其订立合同，不具有非法占有公私财物的目的，只希望通过实施欺诈行为获取对方的一定经济利益。由此可见，合同诈骗罪与民事欺诈行为虽然都是以欺骗方式从对方当事人获取利益，但两者存在本质区别，主要体现在是否存在非法占有目的上。①

近年来，我国刑法学界就如何区分合同诈骗犯罪与合同经济纠纷尤其是与合同民事欺诈纠纷的界限，进行了广泛的讨论。尽管表述各有不同，但无不将行为人主观上是否具有非法占有他人财物的目的作为区分合同诈骗犯罪和合同民事纠纷的界限，把行为人主观上“非法占有目的的有无”之判定作为定性的关键。

二、“非法占有目的”的判定难题及其推定方法

我国刑法理论通说和实践部门均认为，合同诈骗犯罪都是以非法占有为目的的犯罪。然而，非法占有目的是人的主观上的心理活动，除了被告人本人供认以外(但大多数情况下行为人即使具有“非法占有目的”，也往往辩称自己没有非法占有目的，所以依靠供述来直接认定行为人具有非法占有目的的方法运用场合非常有限)，其余场合无法直接运用证据来证明行为人的主观心理活动，大量的案例显示，诈骗犯罪的行为人具有智能性、职业性、反侦查、反审判能力强等特点，往往通过各种手段或狡辩来模糊司法人员审查的视线，借此证实或表明自己主观上没有非法占有的目的，企图逃避法律的追究。随着社会经济生活的日趋复杂多样，各种诈骗犯罪手段花样不断翻新，越发增加了司法实践中证明、认定的难度。因此，在办理具体的合同诈骗案件时，公安机关、检察机关、法院均面临非法占有目的的有无的认定难题，行为人非法占有目的的有无，也往往是控辩双方争论的焦点。有无非法占有目的的认定难，导致了此类案件的改判率、发回重审率长期居高难下。

① 关于非法占有目的的含义，理论界不是没有争议。但实践中一般认为非法占有目的应强调对他人财物所有权的全面、永久性的侵犯，即取“非法所有”或“不法所有”的含义，故非法占有目的不应包含以“非法占用”为目的。

为了解决这一难题,理论与实践部门不少人均提出运用刑事推定的方法对付非法占有目的的认定。① 正如英国著名法学教授克罗斯和琼斯指出,事实的推定“由于它往往是能够证明被告心理状态的惟一手段,因而在刑事司法中起着非常重要的作用。法官应该对陪审团作出这样的指示,即它有权从被告已经实施了违禁行为的事实中,推断出被告是自觉犯罪或具有犯罪意图,如果被告未作任何辩解,推断通常成立”。② 在诈骗犯罪的司法认定中,刑事推定的适用被我国一些学者提倡:如著名刑法学者陈兴良教授认为,“所有金融诈骗罪都可通过客观行为推定行为人的主观目的,从而认定犯罪”。③ 最高人民法院于1996年12月颁布的《关于审理诈骗案件具体应用法律的若干问题的解释》(以下简称《解释》)及2001年1月印发的《全国法院审理金融犯罪案件工作座谈会纪要》(以下简称《纪要》)也全面肯定了刑事推定在金融诈骗罪的非法占有目的司法认定中的运用。笔者认为,运用推定、转换思路,通过与主观心理密切联系的外在表现即行为人本身实施的一系列外化客观行为来推定其主观故意,认定非法占有目的的方法是可取的。问题在于,推定的一般机理表现为根据基础事实的存在推断推定事实也存在,非法占有目的的存在是一种推定事实,其基础事实应包括哪些内容?这显然是推定赖以进行的前提。如果基础事实都不清楚,其推论势必失真。因而,有必要对基础事实的范围和情形作进一步研究。

---

① 所谓推定,是指根据事实之间的常态联系,基于某一确定的事实,而推断另一不明事实的存在。其中,已查明的事实为基础事实,未查明、需要推定的事实为推定事实。推定的一般机理表现为根据基础事实的存在推断推定事实也存在。当推定事实如作为主观内容的非法占有目的无法直接证明或者直接证明的成本过高时,就可以通过证明基础事实的存在而间接证明推定事实的存在。刑事推定的法律实质就在于改变传统、一般意义上用证据直接证明犯罪事实的做法,而采用证据直接证明与待证事实密切相关的事实,从而间接地证明犯罪事实,即当不存在直接证据或者仅凭直接证据不足以证明待证事实时,通过间接事实与待证事实之间的常态联系进行推理,从而得出待证事实为真的结论。通过刑事推定,可以使犯罪构成中某些无法通过证据直接加以证明的要素得到确认,简化了认定事实的环节,可以缓解诉讼证明上的困难,从而切实降低刑事诉讼的社会成本,提高诉讼效率,对于认定和打击犯罪,防止犯罪分子逃脱刑事追究具有重要意义。参见肖中华、张少林:《刑事推定与犯罪认定刍议》,载《法学家》2002年第3期。

② [英]鲁珀特·克罗斯、菲利普·A.琼斯:《英国刑法导论》,赵秉志等译,中国人民大学出版社1991年版,第56页。

③ 陈兴良:《论金融诈骗罪的主观目的的认定》,载《刑事司法指南》(2000年第1辑),法律出版社2000年版。

三、推定的基础事实:“非法占有目的”的外化行为要素

刑法学界关于非法占有目的的外化行为表现即推定的基础事实认识并不统一,至少有三种观点:第一种观点认为,应依行为人签订合同时有无履行合同的能力来判断。[①] 第二种观点认为,以实际履行能力作为基本出发点,再结合行为人的履行态度以及对合同标的物处理情况等因素分析。当然,也有无履行能力却不构成犯罪的例外。[②] 第三种观点认为可从行为人有无履行合同的积极行为、合同不能履行的真正原因、造成损失的真正原因三个方面来判断。[③] 上述观点都看到了非法占有目的作为人的主观心理态度,具有抽象性、主观性和可变性特点,所以基本上都主张以行为的客观表现去推定分析行为人有无非法占有目的,有的强调行为方式,有的强调行为后果,有的强调行为前的能力,有的强调行为后的表现。

笔者认为,尽管“非法占有目的”属于行为人的主观心理状态,但它必然通过一系列外化的客观行为表现出来,在判断行为人的主观心理态度时,必须以其实施的活动为基础事实,应当综合考虑行为人事前、事中以及事后的各种主客观因素进行整体判断,从行为人的诈骗技术过程、各个行为环节着手,综合所有事实,经过周密的论证,排除其他可能,才能得出正确结论。如果说明行为人“非法占有目的”的外化行为越多、越全面,则推定的准确度自然越高。对非法占有目的的认定,不能过分强调某一点,而应综合考虑,这样才能排除因不确定因素所致的例外情况。根据合同诈骗犯罪的特点,在诉讼证明和司法认定非法占有目的过程中,须综合考虑、审查分析以下几个要素:

1. 审查主体资格是否真实

《合同法》第 2 条规定了合同的概念。根据该概念,合同主体系平等地位的自然人、法人和其他组织。在正常的经济交易活动中,交易主体签订合同,目的是履行合同,达到交易的预期目的,而交易的安全、顺利进行并最终完成势必首先要求

---

① 刘斌:《民刑法上诈欺之比较》,载《法律科学》1989 年第 5 期。

② 熊选国:《试论利用合同犯罪与民事欺诈行为的界限》,载《法学评论》1990 年第 1 期。

③ 蔡俊彬:《合同诈骗与欺诈合同的界限》,载《广东法学》1991 年第 4 期。转引自梁华仁、张先中:《略论合同诈骗罪的几个问题》,载《政法论坛》1999 年第 1 期。

交易的主体必须真实存在。即使是合同民事欺诈,由于行为人的目的是通过履行合同而谋取不当或非法利益,因而在主体资格上一般也不会弄虚作假。反之,行为人在签约时如果是以假的面目出现,以虚构的单位或者假冒他人的名义签订合同,即可说明其主观上具有非法占有他人财物的目的。虚构合同主体的方式主要有以下情况:一是盗用合法主体的名义;二是捏造根本不存在的主体;三是利用已被撤销的单位;四是一些国有企业或集体企业的承包者、租赁经营者,明知企业没有履约能力,而以企业名义订立合同,骗取财物归个人,有些甚至在承包、租赁期满后利用原业务单位对其的信任继续签订合同骗财。审判实践中,行为人往往借用单位的介绍信、合同专用章;或者盗窃单位的上述材料;或者在企业承包、租赁经营合同届满后,仍保留原单位的上述有关材料,与被害人签订经济合同,骗取对方当事人财物,以上情况都可以是行为人非法占有目的的一种体现。

2. 审查行为人有无履约能力

履约能力是指合同主体具有按合同约定适当、完全履行合同义务的能力。如果行为人明知自己没有履行合同的能力、只有部分履行能力或者没有提供真实有效的担保,却采取虚构事实、隐瞒真相的手段与他人签订大大超过自己履约能力的合同,骗取他人财物,可以视为具有非法占有目的,因为其没有承担风险的能力,从一开始就有风险转嫁意识。值得注意的是,判断行为人有无履约能力,不能简单地看行为人在签约时是否具备履行合同的实际条件。有的情况下,如有确凿的证据证明行为人虽不具备实际条件,但其在履行期限内具有相应的生产经营能力,履约有可靠的保障,同样应认定其具有履约能力。所以,履约能力应当包括现实性和可能性两种情况。但是,这种履约能力的可能性在签约时就有充分证据证实,不同于虚假的或抽象的可能性,关键在于行为人在签约时必须具备履约能力的充分依据,包括可靠的货源或资金担保,以及与合同交易额相适应的注册资金、生产条件、责任能力等。另外,履约能力的有无与大小,并非一成不变,而是在生产、交易等经济活动中具有动态变化发展的特点,所以对履约能力的判断,须适时、全面地考察。

3. 审查行为人有无采取诈骗的行为手段

非法占有目的是主观心理内容,缺乏可视性和可把握性,须通过具体行为方式及行为的实践效果去判断。手段的非法性是认定主观目的的重要依据。对诈骗犯罪而言,行为人非法占有的目的是与实施了诈骗行为联系在一起的。若行为人没有实施任何虚构事实、隐瞒真相的诈骗行为,即使最终没有履行合同,也不应认定为合同诈骗罪。值得注意的是,合同诈骗罪中的诈骗行为与合同纠纷中的民事欺诈行为,都含有欺骗的成分,有欺骗成分的不一定就构成合同诈骗犯罪,还须进一步区分民事欺诈与刑事欺诈。区别二者,首先要看欺骗的内容,如果一般认为行为人只是在合同标的的数量和质量上欺骗了对方,还只是民事欺诈的话,那么,在合同标的的有无上欺骗了对方,就已超出了经济欺诈的范围。另外,还要看欺诈的程度,即欺诈手段在合同中的作用。在刑事欺诈中,行为人完全虚构事实,隐瞒真相,没有履行合同的诚意和行为,欺诈手段起全面的根本性、决定性的作用,而民事欺诈只是在合同履行内容的某些内容或部分事实采取了欺骗手段,如夸大数量、质量或自己的信誉、履约能力,对合同最终适当、全面履行的影响不是根本性、全面的影响,也即它追求利益的获得是企望通过实际履行实现,属于意思表示有瑕疵的行为,属于一种履约前提下的欺骗。

4. 审查行为人有无履行合同的实际行动

行为人完全有履行能力,但没有履行合同的任何实际行动,显然仍表明其非法占有的目的,所以仅看行为人有无履行能力,还不能说明其主观上是否具有非法占有目的。合同双方签订合同旨在通过履行各自的合同义务,行使合同权利,实现各自的经济目的。合同诈骗犯罪的行为人在签订合同时或在履行合同过程中没有履行或继续履行合同的诚意,目的在于利用合同这一手段骗取对方财物,一般没有履行合同的实际行为或为履行合同作出努力。即使有一些履行合同的行为,也不过是为了掩人耳目,绝不是诚心诚意地按合同规定完全彻底地履行合同,履行一小部分合同的目的是为骗财作掩护。上述的实际履约行为不能混同于搪塞应付行为,若以少量的有偿付出而进行更大的无偿攫取,从整体上看并不影响其行为的非履约性和诈骗性。实践中,有一种被称为“拆东墙补西墙”的连环诈骗手法,表面上看似行为人履行了合同,但实质并非履约,而只是在当事人追偿下行为人以后手骗取的财物偿还前手所骗财物,不具有履约的实质意义。

其所实施的履约行为，实际仍是以骗取的财物履行后手的义务，其前手获得财物已侵犯了他人财物的所有权。因此，“拆东墙补西墙”的行为不是一种履约行为，而是一种诈骗行为。

5. 审查行为人没有履行合同的原因

行为人没有履行合同，在合同诈骗犯罪和合同经济纠纷中都会出现，并非客观上没有履行合同，就一定是合同诈骗，还需具体分析其没有履行合同的原因。造成合同没有履行的原因可归结为主、客观两方面。在合同纠纷的情况下，当事人是由于种种客观原因（如经营决策错误或者由于不可抗力等原因），造成合同不能履行；而合同诈骗，行为人由于本身就具有诈骗财物的故意，是由于其主观原因造成合同没有履行。易言之，要看其主观上是否为履行合同而进行了努力。如果其能履行而不履行，如不及时组织生产、联系货源等，致使到时而不能履行，便说明其主观上不希望履约。

6. 审查行为人的履行态度是否积极

其实，这一点与行为人不能履行合同的原因紧密相连，作为分析问题的一个角度，有单独提出的必要。合同生效后，如果行为人没有不法占有对方财物的不良企图，都会积极履行自己的义务，若合同最终未履行也只是由于意外、不可抗力或第三人的原因。倘若行为人在合同生效后不作任何努力，能履行而不积极履行，则说明其有诈骗的故意。

7. 审查行为人对财物的主要处置形式

不同的心理态度则对合同标的物的处置也必然有所不同。如果行为人将取得的财物不是按合同的约定进行处置，而是隐匿或任意处分，即用于偿还债务、个人挥霍等，或挪作他用，或用于犯罪活动、投机行业，或携款潜逃，拒不归还或无法归还，这些均属于对取舍的主观选择，其非法占有的目的就非常明显。需要指出的是，这里强调财物的主要处置形式，指的是确定全部或大部分资金的走向、用途。换言之，应该看被处置财物所占的比例，而不是看其绝对数额。有的案件，因为合同标的额特别巨大，很小比例的财物数额也会很大，要认定非法占有，要看对全部资金的主要处置形式。

8. 审查行为人的事后态度是否积极

行为人的事后态度，也是区分行为人主观上有无诈骗故意的重要标志。如果行为人因自己的行为导致合同没有履行之后，不是及时通知对方，积极采取补救措施，以减少对方的损失，而是无正当理由地表现出种种不愿承担责任的态度，拒不赔偿、返还对方财物，或找各种理由搪塞应付，东躲西藏，避而不见，甚至收受对方财物后逃匿，则可认定其具有非法占有目的。相反，如果行为人事后能积极采取补救措施，用实际行动赔偿对方损失，就不能认定其具有非法占有目的。

四、本案被告人主观上没有非法占有目的

从本案的事实看，被告人吴联大在签订、履行合同过程中，确实违背诚实信用原则，多处冒用西门子分公司的招牌，存在欺诈行为。对此，法院在事实部分作了相应的认定。

但是，被告人吴联大的目的是让长城公司相信自己，希望西门子分公司的有关技术合作项目能够转让成功，尽快与其签约，从而获取长城公司每生产一台开关柜的高额技术转让费。在客观上，吴联大作为樱花公司的商务代理，具备一定的履约能力，也有积极履行合同的诚意和行动，拒退保证金是事出有因，并不是企图骗取长城公司的财产，不属于最高人民法院《关于审理诈骗案件具体应用法律若干问题的解释》中规定的“明知自己没有履行合同的能力而采取欺骗手段骗取他人财物的”或者“隐匿合同保证金等担保合同履行的财产，拒不返还”的情形。长城公司虽在与吴联大接洽初期，受吴联大某些不当行为的误导，但终究是在经过考察了解后，确认有获得西门子分公司技术合作的可能，同意与吴联大等人签约并支付有关款项，亦不属被骗；且长城公司通过樱花公司及吴联大等人的中介，最终达到了与西门子分公司技术合作的目的，已经成为受益者。

因此，综观全案，吴联大在代表樱花公司与长城公司签订和履行技术合作中，一些行为虽然具有一定的欺骗性，但其主观上尚不具有以欺骗的手段非法占有长城公司财产的目的，其行为不符合合同诈骗罪的构成特征，一审、二审法院认定吴联大的行为不构成合同诈骗罪是正确的。

3. 合同诈骗罪认定中的两大难点

——郑英厦合同诈骗、虚报注册资本案

裁判要旨

如何区分合同诈骗罪与合同民事纠纷，以及非法占有目的的产生时间是否影响合同诈骗罪的成立，是合同诈骗罪认定中的两大难点。合同诈骗罪与合同民事纠纷的界限在于非法占有目的之有无。这说明行为人具有“非法占有目的”的外化行为要素越多、越全面，则推定的准确度越高。根据合同诈骗犯罪的常态，须综合考虑、审查分析合同主体资格是否真实、行为人有无履约能力、有无采取诈骗的行为手段、有无履行合同的实际行动、没有履行合同的原因、履行态度是否积极、对财物的主要处置形式、事后态度是否积极等要素。非法占有目的的产生时间是否影响合同诈骗罪的成立不能脱离特定的参照点作简单的判断。在以签订、履行合同为参照点的场合，非法占有目的既可以产生在合同签订之前，也可以产生在合同签订之后的履行过程中。

案号索引

一审：杭州市中级人民法院(2003)温刑初字第153号；

二审：浙江省高级人民法院(2004)浙刑二终字第17号。

基本案情

被告人郑英厦，男，1956年12月25日出生，汉族，福建省厦门市人，经商，住北京市丰台区方庄芳城园2区6号楼906室。因犯走私罪于2001年11月被四川省高级人民法院终审判处有期徒刑三年，2002年5月被四川省雅安市中级人民法院裁定假释。因本案于2003年1月18日被刑事拘留，同年2月17日转为监视居住，同年4月17日被逮捕。

1998年5月、11月，被告人郑英厦在没有实际出资的情况下，采用支付手续费的形式，在福建省厦门市委托中介人员使用虚假的验资报告、证明文件等欺诈手段，先后虚报注册资本500万元人民币和100万元人民币，骗取公司登记，成立厦门亚斯康通讯工程有限公司(以下简称亚斯康公司)和厦门颐和隆商贸有限公司

（以下简称颐和隆公司），自任公司法定代表人。

1998年12月10日，被告人郑英厦在浙江省杭州市以其挂靠的中基嘉海进出口公司（以下简称中基公司）名义与标力（杭州）地产发展有限公司（以下简称标力公司）签订了金额为566万元人民币的5台日本富士达牌电梯的进口供货合同。在合同履行过程中，双方经协商将付款方式由支付90天银行远期承兑汇票566万元变更为支付部分信用证保证金，将合同付款金额变更为618万元人民币，郑并以中基公司的名义将合同全权委托由颐和隆公司履行。1999年4月至2000年1月，郑英厦明知因进出口环境的变化该合同已不能履行，仍采用隐瞒真相、虚假承诺、伪造进口电梯所需的机电产品进口登记表、虚构有关履约手续正在办理等手段，以履行合同申请开具信用证需交纳保证金、费用增加等为由或以借款为名，指定汇款账户，先后四次骗取标力公司及与其关联的杭州金源物业投资开发总公司（以下简称金源公司）共计580万元人民币，骗得款项用于其他项目的履行、还债、购房、投资、提现挥霍等，至今无法归还。

审　判

浙江省杭州市中级人民法院根据杭州市人民检察院的公诉，于2003年12月23日作出（2003）杭刑初字第153号刑事判决，以合同诈骗罪，判处被告人郑英厦无期徒刑，剥夺政治权利终身，并处没收个人全部财产；以虚报注册资本罪判处其有期徒刑三年，并撤销其假释，与前犯走私罪所判处的有期徒刑三年并罚，决定执行无期徒刑，剥夺政治权利终身，并处没收个人全部财产。

郑英厦不服，提出上诉。郑英厦上诉及其二审辩护人分别提出，本案涉嫌走私，合同本身违法，需要在进口安排、开具信用证等环节予以特别安排，履行难度大；郑主观上没有非法占有目的，无合同诈骗犯罪故意，曾为履行合同积极购买“许可证”、联系开具信用证；其当时有三个合同先后进行，“移用”标力公司项目的货款是公司经营中调配资金的正常行为；本案合同没有被解除，应属经济纠纷；合同本来能够履行，是因为标力公司违约在先，未能按期开出银行承兑汇票，造成工作被动，以及后来国家政策调整、打击走私力度的加强、中基公司挪用扣留有关款项，最终造成合同不能履行，其不构成合同诈骗罪；注册亚斯康公司、颐和隆公司均非郑亲自签名，曾以电梯作亚斯康公司的出资，不构成虚报注册资本罪等。要求宣告无罪或发回重审。

浙江省高级人民法院审理后，于2004年3月3日作出（2004）浙刑二终字第17号刑事裁定，驳回上诉，维持原判。

法官评述

一、如何区分合同诈骗罪与合同民事纠纷

合同诈骗罪与合同民事纠纷的界定与处理，是一个非常重要的原则问题，也是一个长期困扰司法、颇为棘手的“老大难”问题。合同诈骗罪与民事欺诈行为虽然都是以欺骗方式从对方当事人获取利益，但两者存在本质区别，主要体现在是否存在非法占有目的上。尽管“非法占有目的”属于行为人的主观心理状态，但它必然通过一系列外化的客观行为表现出来，我们可以根据其客观行为表现以及行为效果推定行为人的主观心理态度。根据本书第五章案例二“吴联大合同诈骗宣告无罪案”的有关论述，如果说明行为人“非法占有目的”的外化行为要素越多、越全面（有关外化行为要素，此处不再赘述），则推定的准确度自然越高。本案中，被告人郑英厦在案发前曾从事走私进口电梯的犯罪活动，并由此被定罪处罚。本案合同约定的进口电梯费用明显低于正常报关所需税费符合走私特征，且在卷的有关证人的证言亦能印证合同系“包税费”走私，故郑英厦上诉及其二审辩护人称本案合同涉及走私符合事实。虽然郑英厦在签订合同时确有通过走私犯罪手段进口电梯的图谋，但是在准备实施走私过程中，随着国家打击走私力度的加强，其明知合同已无法履行，为了非法占有的目的，仍采用伪造文件、虚构事实、隐瞒真相等手段骗取标力公司及与其关联的金源公司巨额汇款。郑英厦在得到有关款项后，用于个人还债、投资、购房、提现挥霍等，造成无力返还。故郑英厦及其二审辩护人否认郑具有非法占有目的，称其不构成合同诈骗罪的理由不能成立。法院的裁判是正确的。

二、非法占有目的的产生时间是否影响合同诈骗罪的成立

关于非法占有目的的产生时间是否影响合同诈骗罪的成立，不仅是一个理论问题，而且是一个长期困扰司法的实践问题。笔者认为，非法占有目的的产生时间是否影响合同诈骗罪的成立之所以成为问题，乃是因为对非法占有目的的产生时间

认识不全面,很多争论是因为参照点混乱,探讨时没有使用同一个参照点造成。

例如,有的学者认为,合同诈骗罪之非法占有目的有三种存在形式:第一种,存在于签订合同之时,即犯罪主体一开始就无履行合同的诚意,而只是想通过合同骗取他人财物;第二种,在签订合同时,行为人内心是不确定的,是否履行合同义务对行为人来说尚处于朦胧不清的状态,结果取得他人财物后没有履行合同义务,应认定其具有非法占有目的;第三种,行为人与他人签订合同时没有非法占有目的,在履行合同过程中,由于主客观条件的变化,促成了主观意图的转变,产生了非法占有目的。据此,合同诈骗罪之非法占有目的既可以产生在签订之前,也可以产生在合同签订之后的履行过程中。① 有的学者则对第二、三种存在形式提出异议,认为,合同诈骗罪的犯罪目的不可能有转化形态,合同诈骗罪的非法占有目的不可能产生在合同签订之后。其理由有二:一是认为该观点违背了目的型犯罪的一般原理。合同诈骗罪作为目的型犯罪,其行为人总是先有非法占有的目的,然后在此目的的支配下选择合同这一形式来达到诈骗目的。如果先是合同有效成立,后又生所谓的"非法占有目的",则行为人已失去了选择犯罪手段的可能;二是认为该观点混淆了所有权与债权两种不同的事物。②

笔者认为,上述两种关于合同诈骗罪的非法占有目的产生时间的运用的参照点并不同一,不可将其混为一谈。事实上,前者以纯事实行为为参照点,后者则以经过了法律评价的利用合同诈骗行为为参照点。具体而言:其一,上述第一种观点,实际上是以合同的签订之时、履行之时为参照点,来说明合同诈骗罪的非法占有目的可能产生的时间范围或时间点。就此参照点而言,合同诈骗罪之非法占有目的可以在行为人签订、履行合同之前产生,也可以在签订、履行合同过程中产生,这不仅符合经济生活中的实际情况,而且被我国《刑法》第224条规定确认。其二,上述第二种观点,实际上是以诈骗行为为参照点,来说明非法占有目的的产生时间。即产生在利用合同进行诈骗的客观行为实施之前、之时还是之后。根据主客观相一致的刑法原则和行为与故意同时存在的原理,主观目的支配客观行为,客观

---

① 李卫红、王广兴:《论利用经济合同诈骗与经济合同纠纷的界限》,载《中外法学》1994年第2期。

② 梁华仁、张先中:《略论合同诈骗罪的几个问题》,载《政法论坛》1999年第1期。

行为体现主观目的，作为主观内容的非法占有目的不可能产生在合同诈骗行为之后，而只能产生在合同诈骗行为之前、之时。值得注意的是，合同诈骗行为与合同签订、履行行为虽有联系，但存在严格的区别，是两个完全不同范畴的概念。前者指的是犯罪行为，就合同诈骗罪而言，即为利用合同采取虚构事实、隐瞒真相的手段骗取对方当事人财物的行为，后者则属民事行为。从联系点看，合同诈骗行为就是处于犯罪处罚范围之内的不法的民事行为。合同诈骗行为客观上体现为采取欺骗的手段取得对方财物，同时又反映了行为人非法占有的主观目的。由上可见，非法占有目的的产生时间是否影响合同诈骗罪的成立不能脱离特定的参照点作简单的判断，这一命题本身欠科学。

在审判实务中，关于非法占有目的的产生时间是否影响合同诈骗罪的成立之争论主要体现在以签订、履行合同为参照点的场合。其实，以该参照点确定的非法占有目的的产生时间并不影响合同诈骗罪的成立，上述案例就是一个适例。被告人郑英厦在签订合同时确有通过走私犯罪手段进口电梯的图谋，但是在准备实施走私过程中，随着国家打击走私力度的加强，其明知合同已无法履行，为了非法占有的目的，仍采用伪造文件、虚构事实、隐瞒真相等诈骗手段骗取标力公司及与其关联的金源公司巨额汇款。其非法占有目的虽是在合同履行过程中才形成，但这并不影响其合同诈骗罪的成立。

综上，法院最终以合同诈骗罪对被告人郑英厦定罪处罚是正确的。

4. 以原始股为诱饵骗取钱财之定性

——殷宏伟诈骗案

裁判要旨

行为人以非法占有为目的，虚构未上市公司将要在境内外依法上市并可以获得高额“原始股”回报等事实，诱骗被害人高价购买其明显低价购进的未上市公司股票，从而骗取他人钱财，数额特别巨大，其行为符合诈骗罪的构成特征。其以非法经营证券业务为形式从事诈骗犯罪活动，手段行为、目的行为分别触犯非法经营罪、诈骗罪两个罪名，根据牵连犯从一重罪处断的原则，应以诈骗罪定性处罚。

案号索引

一审：浙江省杭州市中级人民法院(2008)杭刑初字第154号；

二审：浙江省高级人民法院(2008)浙刑二终字第157号。

基本案情

被告人殷宏伟，男，1984年8月2日出生，汉族，河南省固始县人，农民。因本案于2007年10月19日被刑事拘留，同年11月2日被逮捕。

2005年11月至2006年5月，被告人殷宏伟在浙江省杭州市化名“王轶”“李占锋”，伪造居民身份证，在没有从事证券业务资质的情况下，先后至巨田证券有限责任公司杭州文三路营业部、恒泰证券有限责任公司杭州凤起路营业部、联合证券有限责任公司杭州庆春路营业部从事证券经纪业务。其间，殷宏伟利用证券公司提供办公场所等便利条件，对外自称证券公司营业部客户经理，虚构委托成都托管中心托管的四川中城网络发展股份有限公司（以下简称中城网络）、四川鑫炬矿业资源开发股份有限公司（以下简称鑫炬矿业）、四川华贸农科股份有限公司（以下简称华茂农科）等非上市公司的股份将短期内在深圳中小板或美国纳斯达克上市交易，购买上述公司的股票可有丰厚“原始股”回报等事实，使用和伪造上述公司的《委托办理股权（份）转让过户协议》《股权（份）转让合同》《董事会承诺书》《董事会公告》《董事会承诺股权回购方案》《分红配股方案》等文件、印章，骗取股民信任，将上述非上市公司实际每股0.3~2.2元人民币的股权以4~5元的高价卖给杭州股民叶蒨、吴丽仙、王萍、陈高洪、孟招娣、倪美琴、金招娣、叶勇强、吴玉芳、叶珊、杜芳茗、郭建芬、徐凤英、戚锦华、张学丰、施云莉、张云林、毛晋法等人，骗取股民钱财合计106万余元人民币，至今未退还。

上述事实，有叶蒨、吴丽仙、王萍、陈高洪、孟招娣、倪美琴、金招娣、叶勇强、吴玉芳、叶珊、杜芳茗、郭建芬、徐凤英、戚锦华、张学丰、施云莉、张云林、毛晋法等十余名被害人的报案陈述及其对殷宏伟的照片指认，提供的收条，伪造的有关公司文件、承诺书、委托办理股权转让过户协议、股权转让合同、董事会公告、虚假承诺股权回购方案、分红配股方案,股权托管申请、股票托管委托协议书,成都托管中心出具的上述非上市公司的股东操作历史查询清单、股权账户卡、非交易过户凭单,有关证券公司营业部及中国证监会浙江监管局出具的情况说明、函件,公司声明,伪造的“王轶”身份证复印件,银行对账单等大量书证,证人戴凯峰、周荣华、白德兰、凌勇、王玮、张光跃、周香兰、孟泮敏证言,公安机关出具的案发经过等证据证实。被告人殷宏伟亦供认在案,所供与上列证据反映的情况相符。

审　判

浙江省杭州市中级人民法院审理杭州市人民检察院指控被告人殷宏伟犯诈骗罪一案,于2008年8月7日作出(2008)杭刑初字第154号刑事判决。认定被告人殷宏伟犯诈骗罪,判处有期徒刑十五年,并处罚金20万元人民币;责令被告人殷宏伟退赔违法所得,发还相关被害人。

殷宏伟不服,向浙江省高级人民法院提出上诉。殷宏伟上诉提出,其所代理的股权真实存在,其主观目的是谋取股权转让的差价进行非法营利,不具有非法占有的目的;只向小部分被害人出示过伪造的虚假文件,且使用虚假文件的目的是阻止股民退钱,不具备诈骗罪的客观要件;其采取欺骗手段诱使股民购买原始股的行为本质上属于非法经营证券业务活动,应定性为非法经营罪;归案后,认罪态度较好,原判量刑畸重。要求二审从轻改判。

浙江省高级人民法院依法组成合议庭,进行了审理。经审理查明,原判认定的事实清楚,证据确实、充分。关于上诉理由,经查:被告人殷宏伟经事先预谋,在没有从事证券业务资质的情况下,使用化名、提供虚假证件等手段,流窜至杭州多家证券公司营业部,非法从事证券经纪业务;其利用证券公司提供的办公场所等便利条件,明知委托成都托管中心托管的中城网络、鑫炬矿业、华茂农科等企业股权为非上市公司股权且严禁私下买卖交易,采取虚构上述公司的股票将短期内在深圳中小板或美国纳斯达克上市交易、可获丰厚“原始股”利润回报等事实,伪造有关企业印章、公司董事会文件,冒用有关公司的名义散布分红配股的虚假消息,虚假承诺如不能上市交易即对股权进行回购或由辅导方方正证券公司退还全部投资款等手段,诱骗不明真相的中老年股民提供资金委托其代理购买,将每股购进价格只有

0.3~2.2元的非上市公司股权，以每股4~5元的高价转让给中老年股民，骗取钱款数额特别巨大。显然，其主观上具有非法占有他人钱财的诈骗犯罪故意，客观上实施了一系列诈骗犯罪行为，符合诈骗罪的构成特征，应以诈骗罪定罪处罚。综上，殷宏伟上诉称自己没有非法占有的目的、不具备诈骗罪客观要件及本案应定性为非法经营罪等理由与事实及法律不符，不予采信。

浙江省高级人民法院审理认为，被告人殷宏伟以非法占有为目的，采取虚构事实、隐瞒真相的方法，骗取他人财物，数额特别巨大，其行为已构成诈骗罪，情节特别严重，依法应予严惩。殷宏伟上诉提出原判定性有误，量刑畸重的理由不能成立，不予采纳。原判定罪及适用法律正确，量刑适当。审判程序合法。遂依照《中华人民共和国刑事诉讼法》第一百八十九条第(一)项，《中华人民共和国刑法》第二百六十六条、第五十二条、第六十四条之规定，于2008年10月20日作出(2008)浙刑二终字第157号刑事裁定：驳回上诉，维持原判。

法官评述

一、"原始股"骗局的相关背景分析

近年来，我国经济持续快速发展，人民生活水平大幅提高，而投资的渠道并不多，因此越来越多的人民群众开始关注股市，特别是随着我国股份制改革向纵深发展，股市日益升温。加上近几年一些企业先后在境外上市成功，购买"原始股""一夜暴富"的神话似乎离人们越来越近。然而，在股市不断升温的同时，老百姓对证券知识的了解并不多，特别是一些中老年投资者的证券知识相当匮乏。违法犯罪分子正是看中投资者想迅速发财致富的心理以及一般难以识破骗术的规律，大肆实施证券违法犯罪活动，其中针对中老年股民特别是退休人员，以"原始股"为诱饵，利用股票发行、转让等形式骗取股民钱财的案件就是典型形式。证券犯罪的专业性、相关规定的模糊性、办案经验的缺乏、调查取证的困难使得此类案件的研究具有相当的实践意义。

此类"原始股"骗局，一般具有以下几个特点：(1)行骗者在行骗过程中显得"非常专业"，以骗取股民的信任。他们租用高档的写字楼或在一些证券营业场所设点，举办投资理财咨询、专业讲座，通过私刻公章等手段伪造虚假文件，针对投资

人员的心理特征,放松其警惕性。行骗者往往与未上市公司、地方股权托管机构存在千丝万缕的联系,有的则是直接由未上市公司委托从事或变相从事非法集资活动。(2)一般都打着该未上市公司将要依法上市的幌子,编造虚假的公司经营业绩和丰厚的投资回报率,甚至给投资者办理股权托管卡、欺骗性很强。(3)利用国家法律法规尚不健全或管理中的薄弱环节实施违法犯罪活动。据统计,此类案件的高发期是2004~2006年,这段时期有关法律确尚不够健全,如对证券市场的监管主体尚不明确、公开发行的概念比较模糊等,管理上也存在一些漏洞,于是非法经营未上市公司股票、期货、基金等非法证券活动高发,呈现出全国蔓延的趋势,传播地域非常广,近几年由于国家法律法规逐步健全,有关部门加强监管、打击,"原始股"骗局基本得到控制,但仍不可掉以轻心。(4)案件侦查和审判难度大。主要存在以下几个因素,给案件侦办带来难度:一是财产容易转移;二是人员作案后逃跑,往往"人去楼空",抓捕很难;三是事先有预谋、精心策划,有很强的反侦查、反审判能力;四是证据往往被销毁,取证难度大;五是善后处理难、维稳压力大。这些案件中,股款一到账往往就被转移,事后追回赃款的难度很大,而那些被骗的群众往往是缺乏证券知识的退休人员,他们非常关心自己的"养老金"能否被追回,因此不断到办案单位上访,施加压力。

本案就是一个典型案例。上述股民因承诺的股票没有上市、化名为"王轶"的所谓经理去向不明等发现被骗后,先后向中国证监会浙江监管局举报、上访,要求追回钱款。2006年7月,中国证监会浙江监管局审查认定,"王轶"在2006年2月至5月任巨田证券杭州文三路营业部经纪人期间,以非上市公司将要依法上市并可以获得高额回报为幌子,私刻公章和业务专用章,制作一些虚假证明文件,向不明真相的投资者违法推销非上市公司股票,直接收取受害人购买股票的现金,涉嫌违法犯罪,遂向公安机关移送。公安机关受理后,对多名受害者进行调查发现"王轶"的行为已涉嫌犯罪,遂立案侦查。根据被害人提供的"王轶"所持手机号码等线索,通过侦查发现"王轶"的真名为殷宏伟,该殷在案发前、案发时使用虚假身份,向不明真相的投资者虚构中城网络、鑫炬矿业等公司将要在2006年内上市交易以及公司允诺回购股权、分红配股等虚假证明文件,以上市后可以获取高额回报,诱使他人购买，并直接向受害者收取巨额现金，至案发后携款潜逃。公安机关于2007年10月19日在上海浦东新区将殷宏伟抓获归案。归案后，殷宏伟对自己的犯罪事实供认不讳。

二、本案被告人的行为符合诈骗罪的构成特征

（一）被告人殷宏伟主观上具有非法占有他人钱财的诈骗犯罪故意

诈骗犯罪都是以非法占有为主观目的的犯罪。被告人在主观上是否具有非法占有的目的，能否判定其具有诈骗犯罪的主观故意，是认定诈骗罪的关键。然而，非法占有目的是人的主观上的心理活动，除了被告人本人供认以外（大多数情况下行为人即使具有“非法占有目的”，也往往辩称自己没有非法占有目的，所以依靠供述来直接认定行为人具有非法占有目的的方法运用场合非常有限），其余场合无法直接运用证据来证明行为人的主观心理活动，大量的案例显示，诈骗犯罪的行为人具有智能性、职业性、反侦查、反审判能力强等特点，往往通过各种手段或狡辩来模糊司法人员审查的视线，借此证实或表明自己主观上没有非法占有的目的，企图逃避法律的追究。随着社会经济生活日趋复杂多样，各种犯罪手段花样不断翻新，越发增加了司法实践中证明、判定的难度。因此，在办理具体的诈骗案件时，公安机关、检察机关、法院均面临非法占有目之有无的判定难题，行为人非法占有目的的有无，也往往是控辩双方争论的焦点。有无非法占有目的的判定难，导致了此类案件的改判率、发回重审率长期居高难下。为了解决这一难题，理论与实践部门一般均赞同运用刑事推定的方法对付诈骗犯罪主观目的的司法判定。正如英国著名法学教授克罗斯和琼斯指出，事实的推定“由于它往往是能够证明被告心理状态的惟一手段，因而在刑事司法中起着非常重要的作用。法官应该对陪审团作出这样的指示，即它有权从被告已经实施了违禁行为的事实中，推断出被告是自觉犯罪或具有犯罪意图，如果被告未作任何辩解，推断通常成立”。笔者认为，运用推定、转换思路，通过与主观心理密切联系的外在表现即行为人本身实施的一系列外化客观行为来推定其主观故意，认定非法占有目的的方法是可取的，符合诈骗犯罪主观目的形成、存续的心理机制。当然，推定的一般机理表现为根据基础事实的存在推断推定事实也存在，基础事实的范围和情形的确定，是推定得以进行的前提和基础。

根据非法占有目的形成、存续的心理机制，尽管“非法占有目的”属于行为人的主观心理状态，但它必然通过一系列外化的客观行为表现出来，在判断行为人主观心理态度时，必须以其外化行为要素作为基础事实。对外化行为要素的确定，必须以其实施的活动为基础，应当综合考虑行为人事前、事中以及事后的各种主客观因素进行整体判断，从行为人的诈骗技术过程、各个行为环节着手，综合所有事实，经过周密的论证，排除其他可能，才能得出有无“非法占有目的”的正确结论。据此，如果说明行为人“非法占有目的”的外化行为要素越多、越全面，则推定的准确度当然越高。

本案中，推定被告人具有非法占有目的的客观行为要素，主要体现在以下几个方面：(1)明显的“低买高卖”。例如，被告人殷宏伟仅以0.6元/股、1.2元/股的价格，通过成都某股票买卖的黄牛办理了认购1万股的鑫炬矿业股份、中城网络股份，然后分别以4.65元/股的价格卖给陈某，实际骗取陈某现金6.5万元人民币；将以0.3元/股的价格买进的华茂农科股份以4.4元/股的价格卖给多人。被告人将上述非上市公司实际每股0.3～2.2元人民币的股权分别以4～5元的高价卖给股民，这种“低买高卖”由于“差价”巨大，明显与股票的实际价值相违背，违反了市场交易的本质特征，不是一般意义上的“赚取差价”；(2)非法占有的钱财数额特别巨大。就全案而言，被告人骗取股民钱财合计106万余元人民币，总的数额特别巨大，反映出被告人主观上具有非法占有他人钱财的主观故意，实际上已经骗取他人巨额的钱财；(3)被告人实施了虚构事实、隐瞒真相的诈骗行为。从案情分析，被告人与他人多次预谋诈骗犯罪活动，多次虚构事实，骗钱得手后即转移地方，隐匿赃款，或携款潜逃，反映出其具有非法占有的目的和极强的占有欲。因此，殷宏伟上诉提出，所代理的股权真实存在，其主观目的是谋取股权转让的差价进行非法营利，不具有非法占有的目的等理由，与事实不符。其将低价的非上市公司股份高价卖出，非法占有他人钱财，主观上具有非法占有他人财物的诈骗犯罪故意，符合诈骗犯罪的构成特征。

(二)被告人殷宏伟客观上实施了诈骗犯罪行为

诈骗犯罪的基本构造告诉我们，行为人虚构事实和隐瞒真相、对方产生错误认识、基于“错误认识”而“自愿”交付财物(财产受损)，这三者之间具有刑法上的因果关系,先后顺序性显然。诈骗罪的行为人只有在自己持有他人财物之前就已产生非法占有对方财物的目的,与对方接触过程中,采用虚构事实、隐瞒真相的手段,使对方产生错误认识,从而使本人将财物“自愿”地交付给行为人,方能达到诈骗的目的。根据刑法理论上关于占有移转罪与占有不移转罪分类,诈骗罪又是“占有移转罪”(又称夺取罪)的一种,突出一个“取”字,是一个“骗取”的过程。行为人在自己持有他人财物之前就已产生非法占有对方财物的目的,进而实施诈骗行为,才能完成“骗取”行为。从诈骗罪的构造原理以及占有移转罪与占有不移转罪的理论分类来看,诈骗罪在客观方面具有以下几个显著的特征:一是“非法占有目的的产生时间”在非法占有他人钱财之前;二是诈骗行为在整个犯罪过程中始终起手段作用,为了达到非法占有的目的,行为人必然要采取一系列诈骗的手段;三是被害人基于“被骗”信以为真,表面上系“自愿”交付财物,实际上是被骗的结果。

本案被告人为了非法占有的目的,采取了虚构事实,隐瞒真相的手段,客观实施了一系列诈骗犯罪行为,符合诈骗罪的客观特征。主要体现在:(1)使用化名、冒名,伪造身份证件,事先有预谋、有准备,在没有从事证券业务资质的情况下,先后与巨田证券有限责任公司杭州文三路营业部、恒泰证券有限责任公司杭州凤起路营业部、联合证券有限责任公司杭州庆春路营业部达成合作协议,骗取在有关营业部办公场所从事证券经纪业务的机会。(2)利用证券公司提供的办公室等便利条件,对外自称证券公司营业部客户经理,其明知委托成都托管中心托管的中城网络、鑫炬矿业、华茂农科等企业股权为非上市公司股权且严禁私下买卖交易,采取虚构上述公司的股票将短期内在深圳中小板或美国纳斯达克上市交易、可获丰厚原始股利润回报等事实,伪造有关企业印章、公司董事会文件,冒用有关公司的名义散布分红配股的虚假消息,虚假承诺如不能上市交易即对股权进行回购或由辅导方方正证券公司退还全部投资款等手段,诱骗不明真相的中老年股民提供资金委托其代理购买。根据其本人供述,将虚假文件制作好到路边指使不法分子伪造印章在其文件上盖章,使用、伪造上述相关公司的《委托办理股权(份)转让过户协议》《股权(份)转让合同》《董事会承诺书》《董事会公告》《董事会承诺股权回购方案》《分红配股方案》等虚假文件,在股民发现疑点要求退股的情况下,又伪造了虚假承诺书等一系列诈骗行为。(3)先后在三个证券公司营业部流窜作案,得逞后携款逃跑。

三、本案不能以非法经营罪定性处罚

被告人及其辩护人在审理中之所以提出本案应定非法经营罪,其最主要的依据是援引最高人民法院、最高人民检察院、公安部、中国证券监督管理委员会于2008年1月2日联合发布的《关于整治非法证券活动有关问题的通知》(以下简称《通知》)。该《通知》指出:"任何单位和个人经营证券业务,必须经证监会批准。未经批准的,属于非法经营证券业务,应予以取缔;涉嫌犯罪的,依照《刑法》第二百二十五条之规定,以非法经营罪追究刑事责任。"此外,中国证券监督管理委员会发布的《关于处理非法代理买卖未上市公司股票有关问题的紧急通知》(证监办发〔2003〕15号)指出:"非法代理买卖未上市公司股票是指一些机构和个人以未上市公司将要依法上市并可以获得高额的原始股回报等为幌子,或者编造虚假的公司经营业绩和许诺丰厚的投资回报率,或者以其他欺骗性行为,诱骗投资者购买未上市公司股票,从而收取代理费等费用的违法活动。"被告方提出,根据上述《通知》精神,其采取欺骗手段诱使股民购买"原始股"的行为本质上属于非法经营证券业务活动,其所代理的股权是真实的,主观目的只是谋取股权转让的差价,目的仅仅是盈利,并不具有非法占有的目的,因此本案构成非法经营罪。

笔者认为,根据以上规定,非法代理买卖未上市公司股票行为类型的非法经营罪应当具备"未经批准经营证券业务"和"收取代理费等费用"的特点,后者与诈骗罪的非法占有目的的特征有明显的区别。本案被告人以非法经营证券业务为平台,与非法经营罪确有牵连之处,但其采取虚构未上市公司即将在境内外上市等事实,以获得高额回报为诱饵,诱骗投资者购买,过分地夸大股份价值和预期收益,将每股实际价格只有0.3~2.2元的股份,以每股4~5元的高价,骗股民购买,从中非法获取巨额的差价,累计上百万元,数额特别巨大,反映出其主观上具有非法占有的目的,而不是仅仅为了"收取代理费用",符合诈骗罪的主观特征。被告人殷宏伟的行为定性实质上涉及牵连犯从一重罪处断的问题,也就是说,被告人非法从事证券买卖的手段行为构成非法经营罪,而在非法经营的过程中,利用非法买卖证券的机会，目的是实施诈骗犯罪，其目的行为构成诈骗罪。因此，法院根据牵连犯从一重罪处断原则，择一重罪按诈骗罪定性处罚是正确的。

5. 诈骗罪与职务侵占罪的界限及自诉程序的把握

——陈军等诈骗、窝藏、诽谤案

裁判要旨

本案在审理过程中，各方但对被告人利用建行证券部工作人员的身份，以建行内部有存款利息高或有任务要拉存款为名，采取出具作废的证券代保管凭证并加盖业务公章当存单的方法，吸收他人巨额钱财没有归还的行为如何定性以及诽谤一节能否由检察机关公诉等问题有分歧意见。本文围绕具体争议问题进行法理评析。

基本案情

被告人陈军，男，1970年1月18日出生，原系中国建设银行信托投资公司金华办事处证券部债券柜负责人。

被告人郑成，男，1970年10月22日出生，福建省闽侯县农民。

被告人陈培东，男，1943年7月9日出生，汉族，法院干部，系陈军之父。

1. 自1994年年底开始，被告人陈军因炒股票、炒期货而需要大量资金，遂产生私自吸收客户"存款"念头。1995年5月至1997年2月，被告人陈军以建设银行有高息内部存款或内部有任务要拉存款为由，使用证券部已作废的证券代保管凭证，加盖该部业务公章并由自己签名或直接使用开"白条"并由自己签名的方法，先后骗取赵敏、赵秋林、赵信成等26人的现金共计153.4万元人民币用于炒股票和期货等，后均因亏损而未能归还。

2. 1997年2月下旬，被告人郑成得知陈培东之子陈军非法吸收他人巨款无力偿还，欲逃往境外时，即虚构其能在两个月内替陈军办妥出境手续的事实，遂以需支付手续费和保证金为名，分别于1997年2月和4月从陈培东处骗取共30万元人民币。案发后，除追回7.8万元外，余款被挥霍。

3.1997 年 2 月，被告人陈培东明知其子陈军骗取他人巨款无力偿还，为使陈军逃避法律制裁，而向郑成提供 30 万元人民币，托其为陈军办理出境手续。此外，被告人陈培东明知陈军已畏罪潜逃至福州市，却在公安机关向其调查时谎称不知，还让郑成转交 8000 元人民币给陈军，为其提供生活费用。

4.1996 年 6 月，被告人陈培东因对所在法院院长不满，而书写和张贴小字报诽谤该院院长，在社会上造成恶劣影响。

浙江省金华市人民检察院于 1998 年 2 月 16 日以被告人陈军、郑成犯诈骗罪，陈培东犯窝藏罪、诽谤罪，向金华市中级人民法院提起公诉。

审　判

金华市中级人民法院经审理后认为，被告人陈军、郑成以非法占有为目，采用虚构事实和隐瞒真相的方法骗取他人财物，数额特别巨大，其行为已构成诈骗罪；被告人陈培东明知其子陈军是犯罪人而为其提供资金帮助罪犯逃匿，其行为已构成窝藏罪，相关指控的罪名成立，依法予以支持。但陈培东涉嫌诽谤一节，属告诉才处理的案件，不宜由检察机关提起公诉，对被告人陈培东之辩护人提出的关于指控诽谤罪程序不合法的辩护意见，予以采纳。金华市中级人民法院于 1998 年 11 月 6 日作出(1998)金中刑初字第 18 号刑事判决，以诈骗罪，分别判处被告人陈军无期徒刑，剥夺政治权利终身，并处罚金十万元人民币；判处被告人郑成有期徒刑十五年，剥夺政治权利五年，并处罚金一万元人民币。以窝藏罪，判处被告人陈培东有期徒刑三年。

被告人郑成、陈培东不服，分别提出上诉。浙江省高级人民法院经审理后，于 1999 年 1 月 19 日作出(1999)浙法刑终字第 1998—575 号刑事裁定：驳回被告人郑成、陈培东的上诉；维持原判。

法官评述

本案在审理过程中，一审、二审法院对被告人郑成的行为构成诈骗罪，被告人陈培东的行为构成窝藏罪，以及被告人陈军的行为构成犯罪均没有异议。但对被告人陈军的犯罪行为如何定性以及被告人陈培东诽谤一节能否由检察机关公诉等问题有分歧意见。

一、关于被告人陈军犯罪行为定性的分歧意见

在审理过程中,各方对被告人陈军的犯罪行为如何定性,主要有三种意见:

第一种意见认为,被告人陈军案发前系中国人民建设银行浙江省信托投资公司金华办事处证券部债券柜负责人,其利用职务之便,使用该部已作废的证券代保管凭证,盖上该部业务公章并由其签名后,骗取储户的信任非法吸收存款,又将该款非法占为已有,对这部分行为,应当认定为职务侵占罪。对被告人陈军采用开"白条"的方法骗取客户钱财的这部分行为定为诈骗罪,应实行数罪并罚。

第二种意见认为,金华办事处证券部没有存款业务,被告人陈军虚构该部有内部存款、利息高,并使用该部已作废的证券代保管凭证加盖该部业务公章,其主观上只是为了骗取他人的信任,从而使存款人自愿地将款交给他。被告人当日或隔日将款用于股票和期货生意,而没有将该款记入证券部的账目。其侵害的是私人财产而不是证券部的财物。因此,被告人陈军的行为构成诈骗罪。

第三种意见认为,被告人陈军所在的证券部属除银行外的其他金融机构,加盖公章的证券代保管单系银行结算凭证,被告人陈军利用银行结算凭证进行诈骗活动,数额较大,其行为构成票据诈骗罪(金融凭证诈骗罪)。对被告人陈军采用开"白条"的方法骗取客户钱财的这部分行为定诈骗罪,应实行数罪并罚。

二、诈骗罪和职务侵占罪的界限

诈骗罪与职务侵占罪均是要求以非法占有为目的的目的型犯罪。根据刑法的规定以及法学理论通说,职务侵占罪是指公司、企业或者其他单位的人员,利用职务上的便利,将本单位财物非法占为已有,数额较大的行为;而诈骗罪是指行为人使用虚构事实或隐瞒真相的方法,骗取数额较大的公私财物的行为。一般情况下,二者比较容易区分,但对于行为人使用了欺骗方法并在犯罪过程中利用了工作上的便利骗取财物的行为,构成诈骗罪还是职务侵占罪,在刑事司法实践中往往难以认定,有必要加以探究。

笔者认为,二者的区别主要有三点:

1. 非法占有目的的产生时间范围有差异

诈骗犯罪与职务侵占犯罪行为人主观上都有非法占有的目的,但二者非法占有目的的产生时间范围有别：一般而言，诈骗犯罪在双方开始接触、为意思表示时、对方交付及本人持有财物前被告人即已产生非法占有对方财物的目的；而职务侵占罪在双方接触、意思表示一致、对方交付及本人持有财物后被告人产生非法占有该财物的目的。简单地讲，诈骗罪中的非法占有目的产生在行为人持有他人财物之前，即行为人意欲非法获取他人财物；职务侵占罪中的非法占有目的产生在行为人持有他人财物之后，即行为人意欲非法获取本单位所有或使用的财物，但在行为人所在单位与对方当事人依合同成立买卖、保管、运输、典当、租赁等合法有效的债权债务关系的特殊情况下，行为人非法占有对方当事人财物的目的即使产生在持有他人财物之前，亦可构成职务侵占罪。如当铺工作人员看中他人的一件贵重物品，设法诱骗他人入当后利用职务便利予以占有，即属非法占有目的产生时间在先，显然应定职务侵占罪。又如，有关托运、邮寄部门工作人员骗他人到其所在单位托运、邮寄后利用职务之便予以占有等亦然。在上述情况下，判断行为人的行为是否构成职务侵占罪，重点自然转移到审查行为人有无利用职务上的便利。

综上所述，笔者认为，诈骗罪中的非法占有目的产生的时间范围具备明显、稳定的特征，其要求产生在行为人持有他人财物之前，即须时间在先，而职务侵占罪中的非法占有目的产生的时间范围具有不稳定性，对非法占有目的产生时间没有一定要产生在行为人持有他人财物之前或之后的特殊要求，即时间在先、在后均可构成此罪。通过以上分析，不难看出非法占有目的的产生时间范围与定罪有一定联系，其差异对定罪有影响。若查明行为人非法占有目的产生时间在后，则至少可排除其构成诈骗罪；若认定行为人的行为构成诈骗罪，则需以能认定行为人非法占有目的产生时间在先为前提，这是诈骗罪主观故意方面一个极为重要、有用的时间特征。就此而言，非法占有目的的产生时间范围亦具有区分此罪与彼罪的意义。司法实践中，在认定行为人具有非法占有目的的前提下，运用该特征，进一步查明非法占有目的的产生时间是否在持有他人财物前，有利于准确定罪。

2. 犯罪的侵害对象不同

职务侵占罪表现为将本单位财物非法占为己有，数额较大的行为；而诈骗罪表现为骗取数额较大的公私财物的行为。显然，前者的侵害对象要求是本单位财物，后者的侵害对象是公私财物均可。

3. 是否利用了职务上的便利

职务侵占罪中虽也有采取诈骗手段的情况,但从刑法规定看,该罪的关键在于行为人利用了职务上的便利,而诈骗罪的构成没有此要求。笔者认为,尤其是在查明行为人有非法占有目的,且属产生时间在先时,运用诈骗罪主观故意方面的时间特征识别诈骗罪和职务侵占罪已显困难,行为人有无利用职务上的便利成为识别定性的关键。

三、本案认定被告人陈军构成诈骗罪

笔者认为,被告人陈军以非法占有为目的,利用建行证券部工作人员的身份,以建行内部有存款、利息高或以内部有任务要拉存款为名,采取出具作废的证券代保管凭证并加盖业务公章当存单的方法,骗取他人巨额钱财的行为,已构成诈骗罪,与开"白条"骗取客户钱财的行为定性一致,不构成职务侵占罪、票据诈骗罪或金融凭证诈骗罪。根据前述分析,本案要确定是否构成犯罪、构成诈骗罪还是职务侵占罪,关键在于判断被告人陈军主观上"非法占有目的"之有无及非法占有目的产生的时间范围、其犯罪行为侵害财物的所有权归属和陈军有无利用职务之便等三个问题。本案认定被告人陈军的行为构成诈骗罪的理由如下:

1. 被告人陈军主观上具有以非法占有为目的的诈骗故意

根据诈骗犯罪主观故意的特征,认定被告人有诈骗故意,显然必须解决两方面问题:一是被告人有非法占有目的;二是非法占有目的产生在被告人持有他人财物前。据被告人供述,"起始只是想营利即谋取利差,不是想骗,后来因炒期货亏损没有办法了"。根据审查发现,被告人陈军将吸收的"存款"用于风险投资,且案中大部分"存款"系被告人炒期货出现亏损以后仍继续吸收而致无力归还的,虽期间有还"存款"的事实,但属"拆东墙补西墙",故其主观上在持有他人财物前(受害人交付钱款)已产生"非法占有目的",可以认定。被告人陈军的行为具备诈骗罪的主观特征。

2. 被告人陈军非法占有的财物是众多"客户"的个人钱款,不属其所在单位的财物

确定被告人陈军非法占有的是谁的钱,则要从分析众多"客户"与被告人陈军

所在单位间的存款关系是否成立入手。笔者认为，本案“客户”与被告人陈军所在单位间的存款关系不能成立，“客户”的钱没有被存入被告人所在单位，成为单位财物。这是因为：(1)被告人陈军所在单位即证券部无经营存款业务，事实上也未从事违规的存款业务。关于其经营范围，有证券部的营业执照证实，中国人民银行金华市分行金管科及该证券部亦均有证明在案佐证，故其作为成立存款关系的主体资格不符；(2)客户的钱未向证券部及信托办的其他部门交付，钱未入被告人陈军所在单位的账户。尽管1996年年底前信托办财务部有违规的职工内部存款，职工可以介绍社会企业、个人以职工名义存款，但本案被告人陈军并未按规定陪客户到财务部办理有关手续，而将大部分款项当日或隔日投资于个人的股票和期货生意，被告人陈军对自己收了钱未入单位账目的基本事实供认不讳。由此表明，“客户”与单位间成立存款关系尚缺乏事实基础，“客户”的钱没有被存入被告人陈军所在单位。“客户”与被告人陈军所在单位的存款关系不能成立。因此，“存单”到期以后“客户”取款时，单位不具有付款义务。显然本案的发生与信托办的管理不善有关，且信托办的另一部门确有过违规搞内部存款的事实，为被告人陈军进行个人诈骗在客观上提供了可乘之机，但不能因此将陈军假意吸存行为等同于单位违规吸存，况且，事实表明该单位的违规吸存行为于1996年年底就已经被取消，被告人单位在单位取消违规吸存后仍继续实施了大量的假意吸存行为。

3. 被告人陈军从事的“吸收存款”行为是其个人行为，而非职务行为

被告人陈军“吸收存款”时，开证券代保管单(或称证券代保管凭证)并盖公章和出白条并签名两种方法交叉使用。显而易见，被告人陈军采用开“白条”并自己签名的方法，骗取他人钱财的行为系个人行为，该6笔系诈骗清楚。笔者认为，被告人陈军采用开“白条”和开证券代保管单骗取“客户”钱款行为的性质实际上是一样的，仅是犯罪手段不同而已，被告人陈军从事的“吸收存款”行为均属个人行为，而非职务行为。理由如下：

(1)被告人陈军无办理存款业务的职责；(2)虽然以单位的名义进行，但其吸收存款不是为单位谋利益，而纯粹是为个人牟利，其非法使用单位的业务公章，盗用单位的名义只是为了骗取他人信托；(3)以证券代保管单或称证券代保管凭证充

作存款凭证,本身也是一种欺骗行为。根据银行部门的有关规定,证券代保管凭证一般用于国债实物券、国债非实物券、金融债券、企业债券的代保管及经人民银行批准的其他有价证券的代保管,案中充作存单明显超出其使用范围且系过期作废的保管单;证券部的业务公章仅供国库券、债券代理买卖业务时使用,也超出其使用范围,这些凭证、公章根本不具有银行存款凭证的效力;(4)从被告人陈军与“客户”间对钱、保管单的交付特点来看,也很不正常。被告人陈军要求客户“存钱”时得事先跟他电话预约,然后到被告人陈军所在单位的柜台外门口私下交易,被告人陈军要求客户“取款”时先跟他打个招呼,指定到他这里取。从开单、收钱到取钱的一系列工作均由被告人陈军一人所为,一手操办。由此表明,被告人陈军开具证券代保管单、“吸收存款”,虽加盖了单位的业务公章,但其仅为谋取个人非法利益,仍属个人行为,其行为的实质是利用工作之便,冒用单位名义偷盖公章进行个人诈骗,其行为是私行为而非公行为。

四、为什么本案被告人陈军不构成票据诈骗罪(金融凭证诈骗罪)

1995年6月30日,全国人大常委会《关于惩治破坏金融秩序犯罪的决定》第12条第2款、1997年1月26日最高人民法院《关于审理诈骗案件具体应用法律若干问题的解释》第5条第4款及我国1997年《刑法》第194条第2款对使用伪造、变造的汇票、本票、支票以外的银行结算凭证进行诈骗活动的行为均作了专门规定。该行为按旧法定票据诈骗罪,按新刑法和1997年12月16日最高人民法院《关于执行〈中华人民共和国刑法〉确定罪名的规定》的规定,则定金融凭证诈骗罪。被告人陈军的诈骗行为发生在旧法施行期间,若其行为符合使用银行结算凭证进行诈骗活动的特征,根据从旧兼从轻原则,则应定票据诈骗罪。必须强调指出的是,这里所称的票据诈骗罪不同于新刑法和最高人民法院有关罪名司法解释中所指票据诈骗罪。笔者认为,被告人陈军的行为不构成票据诈骗罪(金融凭证诈骗罪),理由如下:

1. 证券代保管凭证(或称证券代保管单)不属银行结算凭证

这里所说的“银行结算凭证”,是指银行办理结算的凭证和证明。根据《银行结算办法》的规定,结算凭证主要有汇票、本票、支票以及委托收款凭证、汇款凭证、银行存单、进账单等。银行、单位和个人填写结算凭证，是办理转账结算的重要依据，直接关系到资金结算的准确、及时和安全。票据诈骗罪和金融凭证诈骗罪均是以银行结算凭证和公私财产所有权为侵害对象的特殊诈骗犯罪。本案所说的“证券代保管凭证”，又称“证券代保管单”，系一种专门用于证券代保管业务的单据。证券代保管凭证有特定的业务范围，专门用于国债实物券，国债非实物券、金融债券、企业债券的代保管及经人民银行批准的其他有价证券的代保管，不用于资金的证明及不涉及资金的结算划转等，它不属于银行结算凭证。故被告人陈军的行为不属侵害金融结算凭证，不构成票据诈骗罪和金融凭证诈骗罪。

2. 本案被告人陈军使用作废的证券代保管单，亦不属使用伪造、变造金融凭证

根据刑法规定，金融凭证诈骗罪的犯罪方法只有使用伪造、变造金融凭证这一种，并不包括使用作废的、无效的金融凭证、冒用他人金融凭证等方法。就此而言，即使证券代保管单属于结算凭证，因该凭证已于1993年因换成电脑打印版而作废，此节犯罪方法也不符合该罪特征。

五、关于被告人陈培东诽谤一节能否由检察机关公诉

（一）分歧意见

关于被告人陈培东诽谤部分的审判程序问题，各方主要有两种意见：一种意见认为，根据刑法规定，诽谤罪告诉的才处理，只是严重危害社会秩序和国家利益的除外，本案被告人陈培东诽谤法院院长的行为不能认定为严重危害社会秩序和国家利益，故不宜由检察机关起诉。另一种意见则认为，被告人陈培东对人民法院的廉政建设不满，捏造事实，公开张贴小字报，不但侵犯了被害人的人身权利，而且严重影响了该市政法机关的整体形象；影响了人民法院的正常工作和社会秩序的稳定。因此，可与窝藏罪一并起诉审判。如公诉、自诉分别起诉，则在审级上也难以处理。

（二）立法精神的探寻

《刑法》第246条第2款规定，犯侮辱罪和诽谤罪，告诉的才处理，但是严重危害社会秩序和国家利益的除外。这里所谓“告诉的才处理”，是指犯侮辱罪、诽谤罪，被害人告发的，人民法院才予受理，否则不受理。从立法精神考虑，笔者认为，

我国刑法之所以将侮辱罪、诽谤罪规定为告诉才处理的自诉案件,主要是基于以下几点理由:

一是侮辱、诽谤事件大部分发生在邻居、同事等熟人之间,多数场合可通过调解结案,调解有利于化解矛盾和解决纠纷,减少或减轻讼累,维护社会安宁与稳定。

二是自诉案件赋予自诉人(通常为被害人)决定是否起诉,起诉后是否调解、和解或撤诉等自主权和诉讼选择权。

三是被害人有能力有条件告诉而选择不告诉,属行使自主权和选择权的行为,公诉范围的轻易扩大,既不利于被害人正当利益的保护,又会造成司法资源的浪费,有违司法经济原则。

(三)例外情形的认定

根据《刑法》第246条第2款的规定,犯侮辱罪和诽谤罪,告诉的才处理,但是严重危害社会秩序和国家利益的除外。但是,关于何种程度属严重危害社会秩序和国家利益,法律规定并不明确,目前也无司法解释。从学理解释看,一般认为主要指下列几种情形:

第一,侮辱、诽谤情节特别严重,引起被害人自杀身亡或精神失常等后果,被害人丧失自诉能力。

第二,引起当地群众公愤的。

第三,侮辱、诽谤党和国家领导人、外国元首、外交代表等特定对象,既损害他人人格和名誉,又危害国际关系及国家利益的。

(四)本案不宜由检察机关公诉

第一,本案不属例外情形。争议的焦点在于被告人陈培东诽谤人民法院院长的行为能否认定为严重危害社会秩序和国家利益,从而由检察机关起诉。被告人诽谤法院院长,造成群众围观,一定程度上影响了人民法院的声誉,损害了政法机关的形象,但均不属上列几种例外情形,据此,笔者认为其诽谤造成的后果离严重危害社会秩序和国家利益尚有一定距离。

第二,本案被害人具有自诉能力。书写和张贴大小字报,造成群众围观,虽给本案被害人精神上造成一定创伤,但被害人并未因此而丧失自诉能力。

因此，笔者认为，本案诽谤部分依现行法律规定不宜由检察机关公诉，浙江省金华市中级人民法院采纳关于检察机关指控诽谤罪程序不合法的辩护意见是正确的。但是，本案诽谤的被害人是当地人民法院院长，对象确实较为特殊，若作为自诉可能会影响到审判，也可能影响被害人正当权利的行使和合法权益之保护；且本案公诉、自诉分开处理，则会在审级、管辖等问题上带来麻烦，司法实践中也有许多操作上的困难。对于诽谤法院院长的行为尤其是因院长履行职务而遭他人诽谤的，是否可由检察机关公诉，笔者认为，还有待于通于完善立法、司法来解决。

6. 捡到信用卡取走卡中钱应如何定性

——陈某信用卡诈骗案

《人民法院报》于 2003 年 7 月 24 日刊登了吴洪林同志的文章《捡到信用卡取走卡中钱的行为如何定性》，文章认为，陈某从自动取款机中"捡"到信用卡并取款的行为应以信用卡诈骗罪定性。细细读来，慢慢回味，令人深思，觉得实存商榷余地。笔者认为，陈某构成盗窃罪。理由如下：

第一，从特定地方取得信用卡的行为，系秘密窃取，而非拾得遗忘物或遗失物。所谓秘密窃取，实质是指以自认为不被人发觉的方法破坏物原持有支配关系，为自己或他人建立新的持有支配关系，以存在原持有支配关系为前提。换言之，若本案的信用卡当时处于无人控制支配的状态，自然无秘密窃取可言。对该卡当时是否处于他人占有之下的事实判断，成为解决本案定性的前提。依笔者浅见，应视信用卡实际处于银行持有支配即占有之下，因为银行对取款机内的信用卡不仅具有持有支配的意思，而且具有现实的控制支配力。银行的意思通过取款机表示和执行，取款机是人的意思延伸，自不待言，问题的关键在于取款机对使用中的信用卡是否具有持有支配的意思以及现实的控制支配力。信用卡使用规则告诉我们，取款机在持卡人信息输入时间超时或服务完毕超过 15 秒，卡会被"吐出"，后卡仍未取回超过一定时间或连续多次输错密码的情况下，均会被"吞卡"，即卡由机器保存，卡主须于次日持有效的身份证明到储蓄所或发卡行领取。设计"吞卡"程序的目的就在于防止卡被他人冒用或遗忘后被人“捡”走。在笔者看来，程序的事先设计和正常运行反映了银行对使用中的信用卡具有管理性质的持有支配意思，通常以ATM“使用说明”“注意事项”等形式加以表现；程序事实上的不停运行正是其具有现实控制支配力的最好说明。真正的遗失物或遗忘物，是指原持有支配关系已完全丧失，如在马路上的钱。该案信用卡虽然被储户遗忘，但银行事实上成为卡的“保管义务人”。刑法学家王作富教授对类似“保管义务人”曾作过深入探讨，指出对行为人在乘座出租车时发现其他乘客的钱包，后偷偷装入自己的口袋，不应视为侵占拾得物，实属盗窃。这与本案并无二致。吴洪林忽视了使用中的信用卡被银行控制支配的事实，从而将“捡”得留在取款机中的信用卡行为与在马路上拾得信用卡等同，故值得商榷。

第二，取款机不是适格的诈骗对象，将陈某的行为判断为虚构事实，隐瞒真相过于牵强。诈骗犯罪的构造告诉我们，行为人虚构事实和隐瞒真相、对方产生错误认识、基于“错误认识”而“自愿”交付财物（财产受损），这三者之间具有刑法上的因果关系，先后顺序性显然。在笔者看来，本案不存在“错误认识”，更不存在产生错误认识的原因即虚构事实、隐瞒真相。因为，取款机对持卡人身份的认识仅限于通过对卡号与密码的确认来识别，从而“开门”启动程序，密码就像“门锁”，可谓机器“认卡认密码就是不认人”。本案密码系卡主本人输入后，接下去的操作在取款机“看来”都是卡主在操作，不存在错误认识。讲其存在错误认识，实际上是给取款机又附加了一个“自始至终的身份辨别义务”，这与取款机程序原理和能力范围不符。需要指出的是，面对取款机操作与面对柜台营业员这样活生生富有灵气的人操作毕竟是不同的。我们可以要求人应有“自始至终的身份辨别义务”，但对取款机这样要求未免太苛刻。

第三，陈某用卡取钱的行为不属信用卡诈骗罪意义上的冒用行为。冒用他人信用卡固然是信用卡诈骗罪的主要表现形式，但有该行为，不一定都构成信用卡诈骗罪。《刑法》第196条第3款明确规定，盗窃信用卡并使用的，依照盗窃罪的规定定罪处罚。实践中，抢劫他人信用卡、逼其说出密码后取走卡中的钱，均以抢劫罪处理。使用抢劫、盗窃、抢夺等而来的卡取现或消费行为，都具有实质上的冒用性质,但不属信用卡诈骗罪意义上的冒用行为,事实上系根据行为的实际性质认定。所以,查明以何种手段取得信用卡是定性的前提。吴洪林将陈某的行为定位于“冒用他人信用卡”,值得称道,但因前提错误,故问题只解决了一半。

第四,从损失最终将由卡主自己承担的结果看,定盗窃罪理由更加充足。取款机(银行)并不是本案的被害人,不存在取款机“被骗”,而是卡主“被盗”。

所以,笔者支持构成盗窃罪的意见。

第三节　占有型经济犯罪的裁判依据与案例索引

一、现行法律、司法解释和司法业务文件索引

(一)现行法律、司法解释和司法业务文件

1.《中华人民共和国刑法》第192条、第193条、第194条第1款及第2款、第195条、第196条、第197条、第198条、第224条、第266条、第270条、第271条第1款

2.最高人民法院、最高人民检察院、公安部《关于办理电信网络诈骗等刑事案件适用法律若干问题的意见》(2016年12月19日)

3.最高人民法院、最高人民检察院、公安部、工业和信息化部、中国人民银行、中国银行业监督管理委员会《关于防范和打击电信网络诈骗犯罪的通告》(2016年9月23日)

4.最高人民法院、最高人民检察院、公安部《关于信用卡诈骗犯罪管辖有关问题的通知》(2011年8月8日)

5.最高人民法院、最高人民检察院《关于办理诈骗刑事案件具体应用法律若干问题的解释》(2011年3月1日)

6.最高人民法院、最高人民检察院《关于办理与盗窃、抢劫、诈骗、抢夺机动车相关刑事案件具体应用法律若干问题的解释》(2007年5月9日)

7. 最高人民检察院、公安部《关于公安机关管辖的刑事案件立案追诉标准的规定(二)》(2010 年 5 月 7 日)

8. 最高人民法院《关于在经济犯罪审判中参照适用最高人民检察院、公安部〈关于公安机关管辖的刑事案件立案追诉标准的规定(二)〉的通知》(2010 年 6 月 21 日)

9. 最高人民法院《关于防范和制裁虚假诉讼的指导意见》(2016 年 6 月 20 日)

10. 最高人民法院研究室《关于对行为人通过伪造国家机关公文、证件担任国家工作人员职务并利用职务上的便利侵占本单位财物、收受贿赂、挪用本单位资金等行为如何适用法律问题的答复》(2004 年 3 月 30 日)

11. 最高人民法院《关于审理贪污、职务侵占案件如何认定共同犯罪几个问题的解释》(2000 年 7 月 8 日)

(二)地方性司法文件

1. 山西省高级人民法院、山西省人民检察院《关于我省办理诈骗刑事案件具体数额标准的规定》(2011 年 7 月 18 日)

2. 河北省高级人民法院《〈人民量刑指导意见(试行)实施细则〉诈骗部分修改意见》(2011 年 8 月 16 日)

3. 内蒙古自治区高级人民法院、自治区人民检察院《关于办理诈骗刑事案件执行具体数额标准的规定》(2013 年 7 月 15 日)

4. 辽宁省高级人民法院《关于审理诈骗犯罪案件适用法律若干问题的意见(试行)》(2005 年 3 月 30 日)

5. 上海市高级人民法院、上海市人民检察院、上海市公安局、上海市司法局《关于本市办理部分诈骗类犯罪案件具体数额标准的意见》(2011 年 7 月 12 日)

6. 浙江省高级人民法院、浙江省人民检察院《关于我省执行诈骗罪"数额较大"、"数额巨大"、"数额特别巨大"标准的意见》(2013 年 11 月 25 日)

7. 浙江省高级人民法院、浙江省人民检察院、浙江省公安厅《关于抢劫、盗窃、

诈骗、抢夺借据、欠条等借款凭证是否构成犯罪的意见》(2002 年 1 月 9 日)

8. 浙江省高级人民法院、浙江省人民检察院、浙江省公安厅《关于办理“电商代运营”诈骗案件适用法律若干问题的会议纪要》(2017 年 11 月 22 日)

9. 安徽省高级人民法院、安徽省人民检察院、安徽省公安厅《关于办理合同诈骗等犯罪案件工作座谈会纪要》(2014 年 12 月 31 日)

10. 安徽省高级人民法院、安徽省人民检察院《关于诈骗罪数额认定标准问题的规定》(2011 年 8 月 1 日)

11. 福建省高级人民法院、福建省人民检察院《关于我省诈骗、盗窃刑事案件执行具体数额标准的通知》(2013 年 8 月 1 日)

12. 江西省高级人民法院、江西省人民检察院《关于办理诈骗刑事案件执行具体数额标准的规定》(2011 年 6 月 28 日)

13. 山东省高级人民法院、山东省人民检察院、山东省公安厅《关于确定诈骗罪具体数额标准的通知》(2012 年 7 月 26 日)

14. 河南省高级人民法院、河南省人民检察院《关于我省诈骗犯罪数额认定标准的规定》(2013 年 9 月 29 日)

15. 广东省高级人民法院、广东省人民检察院《关于确定诈骗刑事案件数额标准的通知》(2014 年 4 月 25 日)

16. 重庆市高级人民法院、重庆市人民检察院《关于办理诈骗刑事案件数额标准的规定》(2013 年 7 月 1 日)

17. 四川省高级人民法院、四川省人民检察院《关于我省诈骗罪具体数额执行标准的通知》(2011 年 10 月 1 日)

18. 贵州省高级人民法院、贵州省人民检察院《关于对我省诈骗罪数额认定标准的规定》(2013 年 8 月 22 日)

19. 云南省高级人民法院、云南省人民检察院、云南省公安厅、云南省司法厅《关于我省办理诈骗刑事案件执行具体数额标准的通知》(2013 年 8 月 1 日)

20. 新疆维吾尔自治区高级人民法院、自治区人民检察院《关于确定诈骗刑事案件犯罪数额标准的意见》(2011 年 10 月)

二、常见问题的裁判规则

(一)关于非法占有目的的认定

要从客观行为推定主观目的,即从事实、行为、手段、情形、后果等方面,全面收集对被告人有利和不利的证据。

要坚持主客观相一致。对仅有履约态度,没有履约行为的,或虽采取了欺骗的手段,但有真实履约行为的情形,认定非法占有目的时,应当考察签订履行合同时的全部客观行为,并结合行为人对主观故意的供述,慎重处理。

要注重基础事实真实。据以推定的基础事实必须是有证据予以证明的客观事实,且作为推定的基础事实和待证事实之间应当有紧密的常态联系。合同诈骗罪与合同经济纠纷的本质区别,在于行为人是否具有非法占有的目的。

要依次考察行为人签订合同时的履约能力和担保真伪,履行合同中有无实际履约行为、对财物的处置情况、未履行合同的原因以及违约后的表现等方面综合判定。

——安徽省高级人民法院、安徽省人民检察院、安徽省公安厅《关于办理合同诈骗等犯罪案件工作座谈会纪要》第1条

(二)诈骗罪数额标准的确定

诈骗公私财物价值三千元至一万元以上、三万元至十万元以上、五十万元以上的,应当分别认定为刑法第二百六十六条规定的“数额较大”、“数额巨大”、“数额特别巨大”。

——最高人民法院、最高人民检察院《关于办理诈骗刑事案件具体应用法律若干问题的解释》(2011年3月1日)

诈骗公私财物价值6000元人民币以上不满10万元的、10万元以上不满50万元的、50万元以上的,应当分别认定为刑法第二百六十六条规定的“数额较大”、

“数额巨大”、“数额特别巨大”。

——浙江省高级人民法院、浙江省人民检察院《关于我省执行诈骗罪“数额较大”、“数额巨大”、“数额特别巨大”标准的意见》(2013 年 11 月 25 日)

(三)关于“电商代运营”诈骗案件的定性处罚

电商代运营,是指从事电子商务经营者把网上店铺日常经营、管理、营销、推广的工作委托给专业的代运营公司操作。电商代运营诈骗案件,是指利用他人不熟悉电商经营,或是急需电商经营配套服务等情况,通过通信网络等途径引诱其购买相关运营服务,最终骗取被害人财物。

鉴于此类案件往往以注册成立的公司为幌子,犯罪嫌疑人明知自身没有履行能力,通过虚假广告招揽客户,并通过签订服务合同形式骗取被害人财物,符合合同诈骗罪构成要件。其中符合单位犯罪构成要件的,以单位犯罪论。

除上述规定的情形外,行为人以电商代运营为由骗取他人财物的行为,是否构成合同诈骗罪、诈骗罪或者其他犯罪,按照刑法和相关司法解释规定处理。

——浙江省高级人民法院、浙江省人民检察院、浙江省公安厅《关于办理“电商代运营”诈骗案件适用法律若干问题的会议纪要》(2017 年 11 月 22 日)

三、占有型经济犯罪疑难问题的案例索引

1. 何起明诈骗案(载《刑事审判参考》总第 23 集,第 148 号)

——抢走财物后哄骗被害人不追赶的行为如何定性

2. 王庆诈骗案(载《刑事审判参考》总第 24 集,第 161 号)

——骗购电信卡贩卖给他人使用造成电信资费巨大损失的行为如何定性

3. 李志远招摇撞骗、诈骗案(载《刑事审判参考》总第 24 集,第 162 号)

——冒充国家机关工作人员骗取财物的同时又骗取其他非法利益的如何定罪处罚

4. 刘国芳等诈骗案(载《刑事审判参考》总第26集,第185号)

——为获取回扣费以虚假身份证件办理入网手续并使用移动电话拨打国际声讯台造成电信资费损失的行为应如何定罪量刑

5. 李品华、潘才庆、潘才军诈骗案(载《刑事审判参考》总第29集,第214号)

——故意制造"交通事故"骗取赔偿款行为的定性

6. 程剑诈骗案(载《刑事审判参考》总第33集,第256号)

——猜配捡拾存折密码非法提取他人存款行为的定性

7. 田亚平诈骗案(载《刑事审判参考》总第38集,第301号)

——银行出纳员用自制"高额利率定单",对外虚构单位内部有高额利率存款的事实,将吸存的亲朋好友的现金占为己有的行为如何定性

8. 黄艺等诈骗案(载《刑事审判参考》总第57集,第451号)

——设置圈套诱人参赌,以打假牌的方式"赢取"他人钱财的行为构成赌博罪还是诈骗罪

9. 余志华诈骗案(载《刑事审判参考》总第62集,第494号)

——将租赁来的汽车典当不予退还的行为构成诈骗罪

10. 王微、方继民诈骗案(载《刑事审判参考》总第71集,第591号)

——将他人手机号码非法过户后转让获取钱财行为如何定性

11. 詹群忠等诈骗案(载《刑事审判参考》总第76集,第649号)

——利用手机群发诈骗短信,后因逃避侦查丢弃银行卡而未取出卡内他人所汇款项,能否认定为诈骗罪的未遂形态

12. 张航军等诈骗案(载《刑事审判参考》总第76集,第650号)

——利用异地刷卡消费反馈时差,要求银行工作人员将款项存入指定贷记卡,当同伙在异地将该贷记卡上的款项刷卡消费完毕,又谎称存款出错,要求撤销该项存款的行为,如何定罪

13. 曹海平诈骗案(载《刑事审判参考》总第89集,第819号)

——虚构事实,待店主交付商品后,谎称未带钱,在回家取钱途中趁店主不备溜走的行为,如何定性

14. 黄某诈骗案（载《刑事审判参考》总第 89 集，第 829 号）

——侵入单位内部未联网的计算机人事系统篡改他人工资账号，非法占有他人工资款的行为，如何定性

15. 王红柳、黄叶峰诈骗案（载《刑事审判参考》总第 90 集，第 836 号）

——设置圈套控制赌博输赢并从中获取钱财的行为，如何定性

16. 史兴其诈骗案（载《刑事审判参考》总第 90 集，第 837 号）

——利用自己准备的特定赌具控制赌博输赢行为的定性

17. 苗辉诈骗案（载《刑事审判参考》总第 91 集，第 850 号）

——家电销售商虚报冒领国家家电下乡补贴资金的行为应如何定性

18. 王严侵占案（载《刑事审判参考》总第 1 集，第 7 号）

——侵占案是告诉才处理的案件

19. 张建忠侵占案（载《刑事审判参考》总第 40 集，第 318 号）

——雇员利用职务之便将个体工商户的财产非法占为己有的如何定性

20. 刘珍水侵占案（载《刑事审判参考》总第 69 集，第 573 号）

——涉众型刑事自诉案件可以进行合并审理

21. 杨飞侵占案（载《刑事审判参考》总第 70 集，第 583 号）

——如何理解和认定侵占罪中的“代为保管他人财物”

22. 曹成洋侵占案（载《刑事审判参考》总第 95 集，第 938 号）

——将银行卡借给他人使用后，通过挂失方式将银行卡内的他人资金取走的行为，如何定性

23. 罗辉、王凌云等侵占案（载《刑事审判参考》总第 3 集，第 21 号）

——公司职员利用职务之便，内外勾结骗取公司代管的客户保证金的行为，应如何适用法律

24. 汪美坤、李云田等侵占、盗窃案（载《刑事审判参考》总第 3 集，第 22 号）

——企业聘用的合同工人勾结外部人员，利用工作上的便利，盗窃企业财物的行为应如何定罪

25. 陈贵杰等贪污案（载《刑事审判参考》总第 4 集，第 29 号）

——银行临时工与外部人员勾结监守自盗应如何定罪

26. 潘勇、王伟职务侵占、虚报注册资本、贷款诈骗案(载《刑事审判参考》总第27集,第192号)

——以非法侵占物进行抵押贷款、逾期不还贷行为的定性

27. 贺豫松职务侵占案(载《刑事审判参考》总第57集,第452号)

——临时搬运工窃取铁路托运物资构成盗窃罪还是职务侵占罪

28. 虞秀强职务侵占案(载《刑事审判参考》总第61集,第484号)

——利用代理公司业务的职务之便将签订合同所得之财物占为己有的,应定职务侵占罪还是合同诈骗罪

29. 宗爽合同诈骗案(载《刑事审判参考》总第58集,第457号)

——以签订出国"聘请顾问协议书"为名骗取他人钱财的行为如何定性

30. 谭某合同诈骗案(载《刑事审判参考》总第70集,第577号)

——业务员冒用公司名义与他人签订合同违规收取货款的行为如何定性

31. 曹戈合同诈骗案(载《刑事审判参考》总第76集,第645号)

——伪造购销合同,通过与金融机构签订承兑合同,将获取的银行资金用于偿还其他个人债务,后因合同到期无力偿还银行债务而逃匿,致使反担保人遭受巨额财产损失的行为,如何定性

32. 刘恺基合同诈骗案(载《刑事审判参考》总第76集,第646号)

——如何认定合同诈骗犯罪中行为人具有非法占有目的

33. 杨永承合同诈骗案(载《刑事审判参考》总第81集,第716号)

——以公司代理人的身份,通过骗取方式将收取的公司货款据为己有,是构成诈骗罪、职务侵占罪还是挪用资金罪

34. 张海岩等合同诈骗案(载《刑事审判参考》总第89集,第807号)

——承运过程中承运人将承运货物暗中调包的行为如何定性

35. 吴某合同诈骗案(载《刑事审判参考》总第89集,第808号)

——挂靠轮船公司的个体船主,在履行承运合同过程中采用以次充好的方式骗取收货方收货并向货主足额支付货款及运费的,该行为如何定性

36. 郭松飞合同诈骗案(载《刑事审判参考》总第93集,第875号)

——通过网络交易平台诱骗二手车卖家过户车辆并出具收款凭据的行为如何定性

37. 周有文、陈巧芳合同诈骗案(载《刑事审判参考》总第93集,第876号)

——通过支付预付款获得他人房产后以抵押方式向第三人借款的,既有欺骗卖房人的行为,也有欺骗抵押权人的行为,应当如何认定被害人

Chapter 6 第六章 侵犯财产罪疑难问题的司法认定与要案判解

侵犯财产罪是一种较为常见的传统犯罪,不仅发案率高,而且危害严重。尽管刑法理论界对侵犯财产罪有着广泛而深入的研究,刑法对侵犯财产罪的立法也较为完善,司法解释对侵犯财产罪也较关注,司法实践中对办理侵犯财产罪案件积累了相当的经验。但是,不容否认,由于侵犯财产罪与民法财产权相关理论和立法交织,各种具体的侵犯财产罪相互之间边界模糊,司法实践中,在侵犯财产罪的认定上仍存在不少的疑难问题。由于对财产犯罪构成要件的认识不一,对于同样的财产犯罪,不同的人民法院可能会作出不同的判决,这一现象往往会影响刑罚处罚的公正性。为此,有必要对侵犯财产罪中的若干疑难问题进行专题探讨,以供办理财产犯罪案件时参考。

第一节 侵犯财产罪疑难问题的司法认定

抢劫、盗窃等财产犯罪是严重且常发的案件,但司法实践中存在较多的疑难问题,需要正确认定与处理。本书择其要者,分析如下。

一、抢劫罪疑难问题的司法认定

1997 年刑法修订对抢劫罪做了较大修改,为审理抢劫刑事案件提供了更加明确的法律依据。为了更好地指导审判工作,最高人民法院又于2000年出台《关于审理抢劫案件具体应用法律若干问题的解释》(以下简称《抢劫司法解释》)、2001年出台《关于抢劫过程中故意杀人案件如何定罪问题的批复》、2002年出台《关于审理抢夺刑事案件具体应用法律若干问题的解释》,为准确适用法律、司法解释关于抢劫罪的规定提供了操作依据。尤其是2005年最高人民法院制定《关于审理抢劫、抢夺刑事案件适用法律若干问题的意见》(以下简称《两抢意见》)、2016年制定《关于审理抢劫刑事案件适用法律若干问题的指导意见》,进一步解决了审理"两抢"案件中的一些疑难问题。但由于实践的多样性等多种原因,从审判实践来看,情况还比较复杂,有关抢劫案件的法律适用仍然存在不少争议,需要研究解决。

(一)特殊对象下抢劫罪的司法认定

刑法规定,抢劫犯罪的对象是公私财物。《两抢意见》第6条第2款、第7条第1款分别规定,以赌资、犯罪所得的赃款赃物以及毒品、假币、淫秽物品等违禁品作为对象实施抢劫的,以抢劫罪定罪,从而解决了以往关于抢劫特定财物行为定性中的许多争议。但从审结的案件情况看,尚有以下几种情况在《两抢意见》中没有涉及,需要作进一步研究讨论:

1. 设计图纸、工艺流程等技术成果能否成为抢劫对象

一种观点认为,技术成果如工业设计图纸、工艺流程等技术资料属于商业秘密,行为人采用暴力、胁迫等强制手段,非法占有他人技术成果,属侵犯商业秘密,而不是侵犯一般财产权利,不能以抢劫罪论处。另一种观点认为,此类行为符合抢劫罪中的"当场"特征,应当以抢劫罪定性。笔者认为,此种情况下行为人劫取的是知识产权,不能当场转化为经济利益,不宜以抢劫罪定性,构成侵犯商业秘密等犯罪的,可按相关犯罪处理。

2. 房屋、店铺等不动产能否成为抢劫犯罪对象

动产可成为抢劫对象,没有疑义。但是,不动产(如房屋、土地的使用权等)能否成为抢劫对象?审判实践中争议较大。有的认为,行为人采取暴力、胁迫等方法

将他人赶出家(店)门,强行霸占其房产、店铺归己所有或长期占有使用,具有严重的社会危害性,符合抢劫罪的本质特征,构成抢劫罪。有的则认为,抢劫罪必须是以暴力、胁迫等强制方法,当场占有公私财物,而不动产不可能被当场占为己有,因而不宜按抢劫罪处理,只能作民事纠纷处理。笔者认为,对此类案件应视具体情况而定:(1)一般来说,不动产具有不可移动性,行为人尚不能当场实现对该财产的完全控制和随意处置,实现刑法意义上的"非法占有",而被害人可依靠行政、司法等途径收回房产、店铺,恢复行使自己的财产权利,此类案件的社会危害程度与抢劫动产相比,尚有一定距离,故不宜按抢劫罪处理;(2)用暴力、胁迫等方法强行进住并霸占他人住宅、店铺,构成非法侵入住宅罪、故意毁坏财物罪、破坏生产经营罪、故意伤害罪等相关犯罪的,可按相关犯罪处理。

3. 欠条等借款凭证能否成为抢劫的对象

在实践中,有的行为人采取暴力手段抢回自己所写的欠条,予以隐匿或销毁,是否构成抢劫罪,这也是经常发生争议的问题。笔者认为,欠条等被销毁,所导致的结果将是债权人在举证上的困难,并不必然导致债权无法实现。对此类案件的处理,宜严格按照浙江省公、检、法三机关于2002年联合发布的《关于抢劫、盗窃、诈骗、抢夺借据、欠条等借款凭证是否构成犯罪的意见》规定的原则处理,即只有债务人以消灭债务为目的,抢劫、盗窃、诈骗、抢夺合法、有效的借据、欠条等借款凭证,并且该借款凭证是确认债权债务关系存在的唯一证明的,才可以考虑按抢劫罪、盗窃罪、诈骗罪、抢夺罪论处。

4. 被国家机关扣押的"自己"财物能否成为抢劫对象

对于以暴力手段劫回自己被公安、工商、税务等行政执法机关依法查扣的机动车辆等财物的行为,是否可按抢劫罪处理?实践中主要有两种观点:一种观点认为车辆等财物虽然已被有关国家机关依法扣押,但其所有权仍属其本人,不构成抢劫罪;另一种观点认为,所有权人抢劫被有关部门依法扣押的财产,如被公安机关扣押的违章、肇事汽车的,虽然抢劫分子对被抢劫的财物拥有所有权,但依法可以认定为抢劫罪。笔者认为,此类财物依法与所有权暂时分离后,国家机关已经成为该财物的相对所有者、保管者和看护者,如果这些财物被抢、被盗、损坏或灭失,国家机关作为财物的实际占有者应负赔偿责任，因此不排除此类案件可以构成抢劫罪。

（二）几种加重情形的司法认定

1979 年《刑法》第 150 条第 2 款对抢劫罪的加重构成规定为实施抢劫“致人重伤、死亡或者情节严重”，即包括结果加重和情节加重这两种情况。由于这一规定中的“情节严重”过于抽象、笼统，给司法实践量刑尤其是对死刑的适用带来困难。因此，1997 年修订《刑法》第 263 条采取列举八种情形的形式，规定具有其中情形之一，才可判处 10 年以上有期徒刑、无期徒刑或者死刑。但从实践中的情况看，上述规定中的某些用词和表述缺乏足够的明确性，仍然是法律适用中的难点。

1. 关于“入户抢劫”的认定

最高人民法院于 2000 年出台的《关于审理抢劫案件具体应用法律若干问题的解释》（以下简称《抢劫司法解释》）第 1 条规定，“入户抢劫”，是指为实施抢劫行为而进入他人生活的与外界相对隔离的住所，包括封闭的院落、牧民的帐篷、渔民作为家庭生活场所的渔船、为生活租用的房屋等进行抢劫的行为。据此，《两抢意见》第 1 条指出，认定“入户抢劫”，应当注意三个问题：一是“户”的范围；二是“入户”目的的非法性；三是暴力或者暴力威胁行为必须发生在户内。应当说，上述规定已经比较明确，原来存在的较多争议问题都得到解决。但实践中，仍然有争议的难点有：

（1）“户”的判断。主要集中在集体宿舍、旅店宾馆、临时搭建的工棚、农村房屋院落、城镇中商住两用性质的房屋、农村房屋院落等几种情形。笔者认为，“户”具有“供他人家庭生活”的功能特征和“与外界相对隔离”的场所特征，一般情况下，集体宿舍、旅店宾馆、临时搭建的工棚等情形不宜认定为“户”，如果确实具备上述特征的，也可认定为“户”。有些农村的房屋是单门独院的，只要进入院内进行抢劫的，就属于“入户抢劫”，但如果是一个很大的院落，里面住了很多户人家，仅进入院内抢劫的一般尚不算“入户抢劫”。对于商住两用性质的房屋是否认定为“户”，情况比较特殊，除了有营业时还是歇业时的区别，还有结构方面的区别，是否认定为“入户抢劫”,需要根据行为人实施抢劫行为时房屋使用的用途具体分析。

(2)“入户抢劫”与“在户内抢劫”的区分。《两抢意见》第1条就“‘入户’目的的非法性”指出,“进入他人住所须以实施抢劫等犯罪为目的。抢劫行为虽然发生在户内,但行为人不以实施抢劫等犯罪为目的进入他人住所,而是在户内临时起意实施抢劫的,不属于‘入户抢劫’”,从而形成了对“入户抢劫”与“在户内抢劫”的区分。从实践中的情况看,“入户抢劫”与“在户内抢劫”判断尚有一定争议。问题的关键在于“以实施抢劫等犯罪为目的”的理解与认定上。笔者认为,应注意以下几个问题:一是以实施抢劫等犯罪为目的本意在于强调入户目的的非法本质,只有非法的侵入性,才能体现“入户抢劫”较大的社会危害性,基于某种合法、正当的理由进入他人住所的,不属于“入户”;二是要透过现象看本质,根据实质来认定。如有的行为人冒充修理工、收电费等工作人员骗进等,尽管从形式上看,入户有“合法”的名义,但其实质是为了犯罪;三是犯罪目的不限于抢劫。入户盗窃、敲诈勒索的,也可以转化成入户抢劫。

2. 关于“多次抢劫”的认定

《两抢意见》第3条规定,行为人基于一个犯意实施犯罪的,如在同一地点同时对在场的多人实施抢劫的;或基于一个犯意在同一地点实施连续抢劫犯罪的,如在同一地点连续地对途经此地的多人进行抢劫的;或在一次犯罪中对一栋居民楼房中的几户居民连续实施入户抢劫的,一般应认定为一次犯罪。但是在实践中,对次数的认定仍然有不少争议。笔者认为,对此有必要强调以下几点:一是有详细明确规定的,应严格依照规定执行;二是要根据立法精神把握次数的认定,防止机械化、简单化操作。立法之所以将“多次抢劫”作为加重情节之一,是因为多次抢劫显示了行为人具有较深的主观恶性和社会危害性;三是对行为人主观上出于遇到合适的机会就抢劫的心理实施抢劫或抢劫后又产生再次抢劫故意的,虽然从行为的时间、地点看似乎具有某种连续性,但其不属于“基于一个概括的故意”,不能认定为一次抢劫。

此外,在调研中还有不少法院反映,刑法规定抢劫三次以上就要适用10年有期徒刑以上刑罚,而不论犯罪的具体情节,这样的规定过于机械、僵化,导致有的案件罪责刑难相适应，社会效果不佳。实践中有些罪犯虽然抢劫三次以上，但是每次抢劫所使用的暴力或威胁手段都比较轻微，作案手段简单且抢劫数额较小，如在学校门口采用暴力威胁手段抢劫作案三次，共计劫得十几元的财物，对这样的抢劫案件适用十年以上有期徒刑是偏重的，确有待立法的完善。

3. 关于“在公共交通工具上抢劫”的认定

实践中，对“公共交通工具”范围的认识基本统一。但对“在公共交通工具上抢劫”的具体认定有以下几个问题需要澄清：

（1）以麻醉方式抢劫特定旅客的行为是否属于“在公共交通工具上抢劫”？有一种观点认为，在交通工具上以此种方式针对特定旅客的抢劫方式不具有“公然性”，与在交通工具上公然抢劫不特定多数人的抢劫方式在社会危害程度上有明显区别，不宜认定为“在公共交通工具上抢劫”。笔者认为，“公然性”不能涵盖此类犯罪的本质特征，只要行为人主观上具有在运营中的公共交通工具上抢劫的故意，客观上实施了抢劫行为，就应认定为“在公共交通工具上抢劫”。

（2）行为人本身在交通工具上与否，是否影响“在公共交通工具上抢劫”的认定？这在实践中亦有争议。笔者认为，“在公共交通工具上抢劫”既包括行为人本身就在公共交通工具上，对旅客、司售、乘务人员实施的抢劫，也包括行为人对运行途中的公共交通工具予以拦截而闯入公共交通工具进行抢劫。

4. 关于“持枪抢劫”的认定

《抢劫司法解释》第5条对“持枪抢劫”的行为特征作了规定。在实践中，尚有争议的问题有：（1）持“假枪”“玩具枪”“废枪”进行抢劫，能否认定为“持枪抢劫”？（2）持钢珠枪抢劫是否属于“持枪抢劫”？即钢珠枪是否属于枪支的问题。笔者认为，枪支是指《枪支管理法》规定的各种以火药或者压缩气体为动力，利用管状器具发射金融弹丸或者其他物质，足以致人伤亡或者丧失知觉的各种枪支。“假枪”“玩具枪”“废枪”等事实上不可能损害他人生命或健康的器件不属于刑法所规定的“枪支”，虽然行为人持“假枪”“玩具枪”“废枪”等进行抢劫，能与真枪一样对被害人起到精神强制作用，但对人身不具有现实的危险性，社会危害较小，不宜认定为“持枪抢劫”。

(三)转化型抢劫的认定

《两抢意见》对一直存在争议的转化型抢劫作了一些规定,解决了不少问题。但从调研情况来看,尚有以下几点较难把握:

1. 转化型抢劫中当场使用暴力或以暴力相威胁的“暴力程度”问题

调研中,有的提出,行为人在盗窃、诈骗、抢夺后,为窝藏赃物、抗拒抓捕或者毁灭证据而当场使用暴力或者以暴力相威胁的,究竟需要怎样的“暴力程度”才可以转化成抢劫罪?如果行为人对被害人实施一定的暴力行为,但其程度远轻于其受到的抓捕力度,是否以抢劫罪定罪处罚?目前法律和司法解释没有明确规定,司法实践中存有争议。例如,李某趁黄某停下摩托车等红绿灯之际,撬开黄某摩托车的尾箱,盗得一个内有价值2000元人民币财物的手袋,后被黄某发现,呼喊附近的治安队员梁某帮忙抓贼,梁某手拿铁棒追赶李某,李某为抗拒抓捕,使用嘴咬了梁某一口,未造成梁某轻微以上伤害。本案李某是否应该转化为抢劫罪,有两种观点:一种观点认为本案被告人李某所使用的暴力程度尚不足以达到致使他人产生一定程度的恐惧或丧失反抗能力,其使用的暴力程度轻微,尚不构成转化型抢劫罪,应认定为盗窃罪;另一种观点认为法律和司法解释并没有明确规定转化型抢劫罪当场使用的暴力要达到怎样的程度,只要使用了暴力或以暴力相威胁就可以转化为抢劫罪,所以认为本案被告人应构成抢劫罪。笔者认为,抢劫犯罪构成中的手段行为不仅包括使用暴力,而且包括使用威胁的方法,一般情况下连使用威胁方法的也可以转化成抢劫罪,更何况使用暴力,因此支持第二种观点。

2. 实施特殊类型的盗窃、诈骗、抢夺行为能否转化为抢劫罪

目前刑法和司法解释只规定了普通的盗窃、诈骗、抢夺行为可以转化为抢劫罪,但对于实施如盗窃枪支、集资诈骗罪,抢夺弹药等刑法规定有特殊罪名的犯罪行为时,能否转化为抢劫罪,目前仍有争议。具体而言:

(1)盗窃使用中的交通工具、交通设施、电力燃气设备、易燃易爆设备、通信设

备及其零部件等设施,危害公共安全的,是否可以转化成抢劫罪?笔者认为,此类案件仍然具备向抢劫转化的条件,但这里涉及想象竞合的问题,对某一具体行为是否以转化抢劫认定,应择一重罪处断。

(2)转化抢劫中的诈骗是否限于普通诈骗?有的认为,从罪刑法定原则出发,《刑法》第269条规定的“犯盗窃、诈骗、抢夺罪”,自然限于第五章侵犯财产罪这一章所规定的普通盗窃、诈骗、抢夺罪,其他特殊类型的盗窃、诈骗、抢夺有单独的罪名和法定刑,不能转化成抢劫罪。笔者认为,抢劫罪的本质特征是强抢他人财物,只要前行为所侵犯的客体包括公私财产所有权,就有转化成抢劫的可能,因此,转化抢劫中的诈骗不应限于普通诈骗。

3. 转化型抢劫是否存在未遂

有的法院遇到这样一起案件:被告人实施盗窃随即被发现,为抗拒抓捕当场使用暴力或者以暴力相威胁。有关法院认定被告人构成抢劫罪,但鉴于被告人实际未窃得财物,使用暴力也没有造成什么后果,如果在三年以上量刑显然过重,遂认定抢劫未遂,予以减轻处罚。对此类情况究竟如何处理,确有待进一步研究。笔者认为,根据司法解释的规定,盗窃未遂,情节严重,如以数额巨大的财物或者国家珍贵文物等为盗窃目标的,应当以盗窃罪定罪处罚,在此情况下,则转化不成问题;如盗窃财物未达巨额,有的情况下也可考虑按妨害公务罪等相关罪名依法处理,确保罪刑相适应原则的实现。

(四)“飞车劫夺”案的司法认定

驾驶机动车、非机动车抢取他人财物,是近年来新出现的一种犯罪,实践中一般称“飞车抢物”(有的称“飞车抢夺”),主要是驾驶摩托车抢取财物。一般是两人共同作案,一人驾驶摩托车,另一人坐在后座对被害人的财物实施夺取行为。由于车速较快,行动突然,被害人一般来不及反抗,致使犯罪行为容易得逞,犯罪发生概率较高,对社会治安和被害人造成的危害比较严重。最高人民法院于2002年公布的《关于审理抢夺刑事案件具体应用法律若干问题的解释》(以下简称《抢夺案件解释》)规定"利用行驶的机动车辆抢夺以抢夺罪从重处罚"。第5条规定:"实施抢夺公私财物行为,构成抢夺罪,同时造成被害人重伤、死亡等后果,构成过失致人重伤罪、过失致人死亡罪等犯罪的,依照处罚较重的规定定罪处罚。"但是,该《抢夺案件解释》对行为人在劫夺过程中出于放任的故意导致他人伤、亡的,并未明确规定。因此,对此类"飞车抢物"行为如何定性,实践中经常发生争议。主要有三种观点:第一种观点认为,此类行为中,行为人主要针对被害人的财物,乘其不备实施抢夺,不宜定抢劫罪,亦应以抢夺罪从重处罚。第二种观点认为,行为人出于抢夺的故意,在实施抢夺行为时,明知该行为会产生他人伤亡结果而放任其发生的,同时触犯抢夺罪和故意伤害罪(故意杀人罪),属于想象竞合犯,应以一个重罪处罚,即以故意伤害罪或故意杀人罪定罪处罚。第三种观点认为,在有些抢物情形中,行为人明知其强行夺取他人财物的手段会造成他人身体伤害的后果,仍然实施抢夺并造成财物持有人轻伤以上后果,这种暴力并不是抢夺罪中针对他人财物而实施的暴力,而是同时针对受害人人身安全的、足以抑制对方反抗的暴力,已成为劫取他人财物的手段,符合抢劫罪的特征,应以抢劫罪定罪处罚。《两抢意见》采纳了上述第三种观点,有关争议问题得以统一。笔者认为,从立法本意和司法解释、指导性意见的出台背景看,利用行驶的机动车辆抢夺他人财物一般按抢夺罪从重处罚,对行为人在劫夺过程中出于放任的故意导致他人伤、亡等强抢犯罪以抢劫罪定罪处罚,本身已经体现了严厉打击的司法精神。此类抢劫是一种特殊的行抢方法,一般而言,其具备抢劫罪构成要件中的暴力特征,但又与典型抢劫罪中的暴力手段有一定区别。具体到个案,要注意被告人的行抢手段及行为特征与典型的抢劫案件的区别,此点在量刑尤其是在适用死刑时可作为一个因素酌情加以考虑。如帅某抢劫一案,一审判处被告人帅某死刑,省高级人民法院审委会讨论两次,最后以多数意见上报核准死刑。最高人民法院复核认为,被告人以飞车抢夺方式实施的抢劫与直接以暴力手段实施的抢劫在情节上有所区别,其归案后认罪态度好等,遂裁定不核准死刑,发回重审,对此在今后审判实践中有关法院要按上级的"尺寸"把握。

(五)未成年人抢劫的司法认定

从调研的情况看,未成年人强索其他未成年人财物,定抢劫还是寻衅滋事?在实践中比较难以把握。最高人民法院《关于审理未成年人刑事案件具体应用法律若干问题的解释》(以下简称《解释》)第7条规定,14～16周岁的人使用轻微暴力强行索要其他未成年人的,不认为是犯罪。该《解释》第8条规定,16～18周岁的人以大欺小,随意殴打未成年,强拿硬要行为,以寻衅滋事罪定罪处罚。由于14～16周岁不对寻衅滋事罪承担刑事责任,那么使用明显暴力的,就应构成抢劫罪,但对16～18周岁的,《解释》第8条规定不明确,在实践操作中,不管暴力程度如何,均以寻衅滋事定性,从而会出现年龄小的比年龄大的量刑要重的怪现象。因此,有必要对上述司法解释中16～18周岁何时定抢劫,何时定寻衅滋事,进一步作出明确规定,以便于区分。

(六)特殊手段下抢劫罪的司法认定

在司法实践中,有的案件由于作案手段特殊,而导致法律适用争议,也值得总结研究。例如,利用财物的所有人或保管人在屋内并且不备之机把房门锁上、拧住、堵住,将对方关于屋内或其他不能外出的地点而公然拿走财物的,是否构成抢劫罪?我们认为,抢劫罪的本质特征在于行为人采取暴力、胁迫的手段或其他方法排除财物持有人的反抗,劫取财物。此类案件中,行为人将他人关于屋内的目的是使对方处于不能反抗的状态,是劫财的一种特殊手段,方法行为与目的行为具有因果关系,符合抢劫罪的特征。

(七)共同抢劫中实行过限行为的司法认定

实行过限行为,是指在共同犯罪中,其中一个共同犯罪人所实施的犯罪行为超出其他共同犯罪人的故意而造成了其他犯罪结果的情形。我们认为,共同犯罪中某人的行为是否属于过限行为,取决于某人实施的犯罪行为是否超出其他共同犯罪人的共同故意。共同犯罪的故意包括明确故意和概括故意两种形式。在明确故意共同犯罪中的刑事责任认定问题比较简单,较复杂的是概括故意下的实行过限问题。概括故意一般表现为各成员之间往往只是有一个明确的犯罪目标,而对其侵害程度往往没有达成共识。在这种情况下,尽管各共同犯罪人对其他人的主观心态没有明确的认识,但是各个成员对其他成员可能给犯罪对象造成的危害是有预见的,而且对这种结果持放任态度。如共同预谋盗窃,但携带凶器等作案工具,共同行为人均认识到一旦盗窃被发现,即可能采用暴力手段,就属于概括故意。其中任何一人所实施的伤害、杀人在这种概括故意范围内的行为均不属实行过限行为,各共同犯罪人对犯罪结果应当共同承担刑事责任。对是否属于共同概括故意,司法实践中应视案情综合分析确定。

二、盗窃罪疑难问题的司法认定

(一)入户盗窃次数的认定

行为人连续对同一幢楼的几家住户实施盗窃,虽然出于同一或概括的犯罪故意且在时间上有连续性,但由于户的相对隔离性,根据社会一般观念,不宜认定为在同一地点作案,应以户为单位认定盗窃次数。

(二)扒窃的司法认定

《刑法修正案(八)》对盗窃罪所列举的五种情况即盗窃数额较大、多次盗窃、入户盗窃、携带凶器盗窃、扒窃之间系并列关系。据此,对扒窃行为入罪并没有次数、金额等附加限制条件,但情节显著轻微危害不大的,不认定为犯罪。

所谓扒窃,是指在公共交通工具上,或车站、码头、商店、交通要道等公共场所,行为人以非法占有为目的，秘密窃取他人贴身放置在衣服口袋或包中财物的行为。对窃取他人非贴身放置、与身体有一定距离财物的行为，如窃取放置在椅子靠背上、悬挂衣帽钩上衣服内的现金、搁置在附近包内的财物等情形，一般不宜认定为扒窃。

（三）携带凶器盗窃中"凶器"的司法认定

所谓凶器，是指枪支、爆炸物、管制刀具等国家禁止个人携带的器械或者明显不能作为盗窃作案工具且能对人身构成较大危险性的器物。

三、侵占罪疑难问题的司法认定

（一）侵占罪中"代为保管"的认定

保管是一种事实上的控制和支配，代为保管是指行为人代替他人保管，其不仅指行为人经他人委托而代为保管他人财物，还指虽未经他人委托而基于某种事实自行代为保管他人财物。如属代为保管，则表明行为人对他人财物已合法持有，此时如将财物非法所有，则可能构成侵占罪，反之则可能构成盗窃罪。

（二）盗窃罪与侵占罪的区分

侵占罪的行为人在实施侵占他人财物时，所侵占的财物就在其实际控制之下；而盗窃罪的行为人在实施盗窃行为行为时，所窃取的财物并不在其实际控制之下，这是两罪在客观方面的显著区别。[①]

---

① 周道鸾、张军主编：《刑法罪名精释》（下），人民法院出版社2013年版，第559页。

第二节 侵犯财产罪要案判解

1. “飞车强抢”致人死亡的死刑裁量

——张星月、张星普抢劫、抢夺案

裁判要旨

一、行为人驾驶摩托车强行夺取他人财物并造成他人死亡的，构成抢劫罪。

二、本案被告人在抢夺作案中不计后果，造成被害人死亡，罪行严重。但本案与使用凶器直接作用于人身实施暴力抢劫、故意致被害人死亡等抢劫案件有所区别，根据被告人的主观恶性、作案手段等具体情节，依法可判处死缓刑。

案号索引

一审：温州市中级人民法院（2007）温刑初字第 109 号；

二审：浙江省高级人民法院（2007）浙刑二终字第 86 号。

基本案情

公诉机关：浙江省温州市人民检察院。

附带民事诉讼原告人：周洪林，男，1946 年 7 月 14 日出生，汉族，浙江省温州市人，住温州市瓯海区泽雅镇上村。系被害人周建琴之父。

附带民事诉讼原告人：卢珍花，女，1947 年 9 月 15 日出生，汉族，浙江省温州市人，住温州市瓯海区泽雅镇上村。系被害人周建琴之母。

附带民事诉讼原告人：周忠燕，女，1972 年 5 月 13 日出生，汉族，浙江省温州市人，住温州市瓯海区泽雅镇上村。系被害人周建琴之妻。

附带民事诉讼原告人：周沛颖，女，1994 年 6 月 16 日出生，汉族，浙江省温州市人，住温州市瓯海区泽雅镇上村。系被害人周建琴之女。

附带民事诉讼原告人：周杨博，男，2000 年 7 月 17 日出生，汉族，浙江省温州市人，住温州市瓯海区泽雅镇上村。系被害人周建琴之子。

被告人：张星月，男，1974 年 10 月 11 日出生，汉族，河南省淅川县人，农民，住淅川县厚坡镇张楼村。因本案于 2006 年 10 月 11 日被抓获，同月 13 日被刑事拘留，同年 11 月 17 日被逮捕。

被告人：张星普，男，1981 年 4 月 15 日出生，汉族，河南省淅川县人，农民，住淅川县厚坡镇张楼村。因本案于 2006 年 10 月 11 日被抓获，同月 13 日被刑事拘留，同年 11 月 17 日被逮捕。

温州市中级人民法院经审理查明：被告人张星月、张星普系同胞兄弟。2006 年 10 月 2 日下午 4 时许，张星普驾驶摩托车带着张星月行驶至浙江省温州市永强大道衙前村路段转盘处时，发现在其前面有一辆电动货运三轮车正在行驶，坐在该车车斗右边的中年男子周建琴戴有黄金项链，即共谋劫夺该条金项链。张星普驾车靠近该三轮车右边，张星月伸手强行拽得周建琴颈部的价值 2952 元人民币的金项链，即加速逃离现场。被害人周建琴因被拽拉而摔下正在行驶的三轮车，并致头部着地，引起颅脑损伤，经抢救无效而死亡。

2006 年 10 月 9 日上午 10 时许，被告人张星普伙同张志义（另案处理），驾乘摩托车窜至温州市龙湾区沙城镇七三大楼前面路段，夺取行人刘青龙身上价值 4312 元人民币的金项链 1 条。

温州市人民检察院指控被告人张星月、张星普分别犯抢劫罪、抢夺罪，向温州市中级人民法院提起公诉。附带民事诉讼原告人周洪林、卢珍花、周忠燕、周沛颖、周杨博提起附带民事诉讼。

被告人张星月辩称，自己拽取被害人的项链时并没有感觉被害人被拽摔倒，被害人系在项链被抢后伸手去抓他而摔落。被告人张星普对起诉书指控的事实没有异议。两被告人的辩护人均提出，两被告人事先并非明知其抢夺行为会造成被害人周建琴伤亡的后果，张星月夺取项链的行为没有直接致被害人摔落车下，不符合最高人民法院《关于审理抢劫、抢夺刑事案件适用法律若干问题的意见》第十一条所规定抢夺行为转化成抢劫定性的三种情形，不构成抢劫罪，而仅构成抢夺罪。

审　判

温州市中级人民法院经审理认为：被告人张星月、张星普明知驾驶车辆强行夺取他人财物会造成他人伤亡的后果,仍然强行夺取并造成被害人死亡的严重后果,其行为均已构成抢劫罪。被告人张星普还参与驾驶车辆夺取他人财物,数额较大,其行为又构成抢夺罪,应两罪并罚。公诉机关指控的罪名成立。被告人从行驶中的摩托车上,猛力向外拽拉坐在同向在行驶中没有任何防护设施的电动三轮车边沿的被害人颈部之项链,可以推定被告人应明知其行为会发生伤亡后果,因此,辩护人关于本案应定抢夺罪的依据不足,不予采纳。被告人张星月、张星普在光天化日之下,于大庭广众之中,公然实施抢劫并造成他人死亡的严重后果,社会危害极大,罪行极其严重,应予严惩。张星月、张星普的犯罪行为给附带民事诉讼原告人造成的经济损失亦应依法赔偿。依照《中华人民共和国刑法》第二百六十三条、第二百六十七条第一款、第五十七条第一款、第三十六条,《中华人民共和国民法通则》第一百一十九条、第一百三十条之规定,作出如下判决:(1)以抢劫罪,判处被告人张星月死刑,剥夺政治权利终身,并处没收其个人全部财产。(2)以抢劫罪,判处被告人张星普无期徒刑,剥夺政治权利终身,并处没收其个人全部财产;以抢夺罪,判处其有期徒刑二年,并处罚金计五千元人民币;决定执行无期徒刑,剥夺政治权利终身,并处没收其个人全部财产。(3)判令被告人张星月、张星普赔偿附带民事诉讼原告人周洪林、卢珍花、周忠燕、周沛颖、周杨博经济损失共计271785.1元人民币,其中张星月承担16万元,张星普承担11.17851万元,两被告人互负连带责任。

张星月、张星普对刑事部分的判决不服,分别提出上诉。张星月上诉及其二审辩护人提出,张星月抢夺时没有估量到会造成被害人死亡,原判认定其事先明知其行为会发生伤亡后果缺乏依据;虽然两车都在行驶,存在一定的危险性,但导致被害人死亡这一严重后果确实存在偶然因素,本案与其他恶性的直接伤人性命的抢劫行为有所区别;被害人是在项链被抢后,伸手去抓张星月而失去重心摔落,并非直接被拽摔;犯意系张星普提出,张星月的罪行并非极其严重,判处死刑量刑过重,要求改判死缓刑。张星普及其二审辩护人提出,没有确切证据证明被害人是当场被张星月拽落车下,两被告人没有侵犯他人人身权利的故意,只构成抢夺罪,原判将该起事实认定为抢劫罪有误;张星普的作用相对较小,认罪态度好,原判量刑过重,要求从轻处罚。

出席二审法庭的浙江省人民检察院检察员认为:从第一节事实的三轮车构造及被害人所处位置看,两被告人应当预见到这种方式的抢夺可能会造成被害人伤亡后果,其对后果的发生持放任态度,原判因此认定抢劫罪正确;被告人关于被害人因项链被抢后伸手去抓张星月而跌落下车的辩解没有事实依据,即使如此,也不影响定案。故原判认定的事实清楚,证据确实充分,上诉、辩护理由不能成立。建议驳回两被告人的上诉,维持原判。

浙江省高级人民法院经公开开庭审理查明,原判认定的事实清楚,证据确实、充分。关于上诉、辩护理由,经查:两被告人驾驶摩托车,针对坐在同向行驶中没有任何防护设施的电动三轮车边沿上的人员实施劫夺,伸手摸抓对方颈部的金项链并猛力拽拉,该过程因双方均在快速运动中,必然会造成身体的碰撞、抓摸金项链时也拽拉到衣服等情况,因此该劫夺行为的人身危险性远远大于针对地面行人进行的抢夺行为。两被告人作为成年人,应当预见以这种方式实施抢夺会造成被害人伤亡的严重后果,但其为了达到非法占有他人财物的目的,仍然不计后果地实施该行为,放任被害人死亡后果的发生,符合抢劫罪的构成特征。被害人是在拽拉过程中反抗而落地,还是被直接拽拉落地,均不影响抢劫罪的成立。故两被告人及其二审辩护人提出其事先不明知、没有估量到会发生被害人伤亡的严重后果、被害人自己摔落、原判定性有误等理由均不能成立,不予采信。检察员就此提出的意见成立,予以采纳。在本院二审期间,被告人张星月提出检举揭发,但经查不实,不构成立功。

浙江省高级人民法院经审理认为,被告人张星月、张星普以非法占有为目的,采取危险方法强行夺取他人财物并致人死亡,其行为均已构成抢劫罪,情节严重,依法应予严惩。被告人张星普驾驶车辆夺取他人财物,数额较大,其行为还构成抢夺罪,应一并惩处。根据被告人的主观恶性、作案手段等具体情节,对张星月判处死刑,可不立即执行。张星月及其二审辩护人要求改判死缓刑的理由成立,予以采纳。张星普及其二审辩护人分别提出原判量刑过重,要求改判的理由不足,不予采纳。原判定罪正确,对被告人张星普的量刑适当。审判程序合法。唯对被告人张星月的量刑不当,应予改判。依照《中华人民共和国刑事诉讼法》第一百八十九条第(一)、(二)项,《中华人民共和国刑法》第二百六十三条、第二百六十七条第一款、第五十七条第一款、第四十八条第一款之规定,作出如下判决:(1)驳回张星普的上诉;(2)撤销温州市中级人民法院(2007)温刑初字第109号刑事附带民事判决中对被告人张星月的量刑部分,维持判决的其他部分;(3)被告人张星月犯抢劫罪,判处死刑,缓期二年执行,剥夺政治权利终身,并处没收其个人全部财产。

法官评述

抢劫犯罪是侵犯财产罪中最严重的刑事犯罪,历来是严打的重点。除故意杀人罪外,抢劫罪成为判死刑最多的罪名。对罪行极其严重的抢劫犯罪分子适用死刑,是非常必要的。但死刑又是一种利弊均非常明显的刑罚方法,具有极端严厉性、错杀的不可逆转性、副作用巨大且影响深远等特点,务必慎之又慎,限制死刑适用已经成为我国在死刑政策上的基本立场和趋势。由于不同法官对该类行为的社会危害性和行为人的主观恶性等内容有着不同认知与评判,给抢劫案件的死刑把握带来一定困难。在保留、限制和减少死刑的今天,如何准确理解和运用刑事政策,统一抢劫罪的死刑裁量标准,是迫切需要解决的重大课题。

本案是一起由省高级人民法院审结的死刑改判案件,对抢劫案件的审判具有一定的参考和指导价值。被告人张星月等实施抢劫犯罪致人死亡,其犯罪造成的后果非常严重,但根据被告人的主观恶性、作案手段等具体情节,在综合评判的基础上,省高级人民法院认为对张星月判处死刑,可不予立即执行。我们认为,二审改判死缓刑是正确的。主要理由如下:

一、从犯罪行为的性质考虑,本案与其他抢劫致人死亡的典型案件有所区别

驾驶机动车、非机动车抢取他人财物,是近年来新出现的一种犯罪,实践中一般称"飞车抢物"(有的称"飞车抢夺"),主要是驾驶摩托车抢取财物。一般是两人共同作案,一人驾驶摩托车,另一人坐在后座对被害人的财物实施夺取行为。由于车速较快,行动突然,被害人一般来不及反抗,致使犯罪行为容易得逞,犯罪发生概率较高,对社会治安和被害人造成的危害比较严重。最高人民法院于2002年7月16日公布的《关于审理抢夺刑事案件具体应用法律若干问题的解释》(以下简称

《抢夺案件解释》)第2条第4项规定,利用行驶的机动车辆抢夺以抢夺罪从重处罚。第5条规定:“实施抢夺公私财物行为,构成抢夺罪,同时造成被害人重伤、死亡等后果,构成过失致人重伤罪、过失致人死亡罪等犯罪的,依照处罚较重的规定定罪处罚。”但是,该《抢夺案件解释》对行为人在劫夺过程中出于放任的故意导致他人伤、亡的,并未明确规定。因此,对此类“飞车抢物”行为如何定性,实践中经常发生争议。主要有三种观点:第一种观点认为,此类行为中,行为人主要针对被害人的财物,乘其不备实施抢夺,不宜定抢劫罪,亦应以抢夺罪从重处罚。第二种观点认为,行为人出于抢夺的故意,在实施抢夺行为时,明知该行为会产生他人伤亡结果而放任其发生的,同时触犯抢夺罪和故意伤害罪(故意杀人罪),属于想象竞合犯,应以一个重罪处罚,即以故意伤害罪或故意杀人罪定罪处罚。第三种观点认为,在有些抢物情形中,行为人明知其强行夺取他人财物的手段会造成他人身体伤害的后果,仍然实施抢夺并造成财物持有人轻伤以上后果,这种暴力并不是抢夺罪中针对他人财物而实施的暴力,而是同时针对受害人人身安全的、足以抑制对方反抗的暴力,已成为劫取他人财物的手段,符合抢劫罪的特征,应以抢劫罪定罪处罚。最高人民法院于2005年6月8日公布的《关于审理抢劫、抢夺刑事案件适用法律若干问题的意见》(以下简称《意见》)采纳了上述第三种观点,有关争议问题得以统一。该《意见》第11条明确规定:对于驾驶机动车、非机动车(以下简称驾驶车辆)夺取他人财物的,一般以抢夺罪从重处罚。但具有下列情形之一的,应当以抢劫罪定罪处罚:

(1)驾驶车辆,逼挤、撞击或强行逼倒他人以排除反抗,乘机夺取财物的;

(2)驾驶车辆强抢财物时,因被害人不放手而采取强拉硬拽方法劫取财物的;

(3)行为人明知其驾驶车辆强行夺取他人财物的手段会造成他人伤亡的后果,仍然强行夺取并放任造成财物持有人轻伤以上后果的。

我们认为,本案是一起“飞车抢物”放任造成被害人死亡的抢劫案件。根据有关法律、司法解释和最高人民法院规范性文件的精神,一审、二审法院认定被告人构成抢劫罪,是正确的。但是从立法本意和司法解释、有关规定的出台背景看,利用行驶的机动车辆抢夺他人财物一般按抢夺罪从重处罚,对行为人在劫夺过程中出于放任的故意导致他人伤、亡等强抢犯罪以抢劫罪定罪处罚,本身已经体现了严厉打击的司法精神。此类抢劫是一种特殊的行抢方法,一般而言,其具备抢劫罪构成要件中的暴力特征,但又与典型抢劫罪中的暴力手段有一定区别。具体到本案,被告人的行抢手段及行为特征与典型的抢劫案件确有所不同。此点在量刑尤其是在适用死刑时可作为一个因素酌情加以考虑。

二、从犯罪分子的主观恶性考虑,本案被告人的主观恶性尚未达到判处死刑立即执行的程度

根据刑法规定,死刑只适用于罪行极其严重的犯罪分子,对应当判处死刑的犯罪分子,如果不是必须立即执行,可判处死缓刑。我们认为,考量犯罪分子"罪行是否已达到极其严重的程度""死刑是否必须立即执行",均须坚持主客观相统一的刑法原则。犯罪的严重程度必须是主观罪过和客观危害的统一。行为人的主观恶性主要通过犯罪人的动机、目的以及犯罪故意的形成与实现过程等因素表现出来,与犯意形成的社会生活条件、行为人的认识能力和思想水平等因素密切相关。本案被告人的主观恶性,可从以下几个角度综合考察:(1)从犯意的提起看,本案系临时起意,与事先有预谋、有准备的抢劫案件有所区别。(2)死亡结果的出现存有一定的偶然因素。虽然两车均在快速行驶状态,该劫夺行为对人身的危险性要远远大于针对地面行人进行的抢夺行为,但是电动三轮车行驶的速度与汽车等高速行驶的现代交通工具在危险程度上尚有一定区别,风险概率前者明显低于后者;被害人受到拉拽后是否从车上摔落,与当时的坐姿、着力部位等因素有一定关系;摔下来以后,是否造成轻伤、重伤直至死亡,与犯罪行为作用力的大小、摔落的动作、着地的部位、路面状况等因素亦均有一定关系。(3)被告人预见危害结果的内容不完全确定,且对危害结果的出现持放任态度,并非直接故意。两被告人作为成年人,我们有足够理由推定其能够预见,事先明知以这种危险方式实施强抢会造成被害人伤、亡的严重后果,造成被害人轻伤、重伤乃至死亡的任一结果均在其事先意料范围之内。但不容忽视的是,由于三轮车的风险概率相对较小、预见的内容不完全确定,被告人对危害结果的出现仅持放任态度,而非直接故意。本案与事先已经预见到必然会发生死亡结果仍然采取暴力手段直接追求被害人死亡的案件,在主观恶性上有所区别。综上，被告人张星月出于放任的故意造成被害人死亡，应当适用死刑，但其主观恶性又尚未达到必须立即执行的程度。

三、从作案的手段考虑，本案与使用凶器等直接针对人身实施暴力、具有很强人身攻击性的抢劫案件有所区别

作为侵犯人身权、财产所有权双重客体的抢劫犯罪，其社会危害性比抢夺、盗窃、诈骗等单纯侵犯公私财产所有权的财产犯罪更大，因此刑法对抢劫罪规定了更重的刑罚。对被害人人身的侵害程度及暴力手段残酷性、恶劣性等事实特征应当成为死刑适用的主要考查内容。离开了暴力特征，就失去了抢劫罪与其他侵犯财产罪的本质区别，最终可能导致失去重刑应有的警戒和威慑作用，甚至产生副作用。诚然，法条规定有限，而犯罪情状无穷。一般来说，如果犯罪分子直接使用刀具等凶器对被害人进行砍刺、持钢棍、铁锤等器械殴打、泼硫酸毁容等暴力手段实施抢劫，就足以表明其具有伤害他人、杀人抢劫的直接故意，主观恶性比其他案件更深，社会危害更大。本案被告人采取"飞车抢物"的危险方法抢劫，实施暴力主要指向财物，系由于力的传递、物体的碰撞等原因进一步造成被害人死亡，其采取的作案手段与持凶器直接作用于人身故意致被害人死亡后劫取财物等具有很强人身攻击性的抢劫案件有一定区别。

2. 车辆被扣后"抢回"行为的定性与处罚

——卢中康等抢劫案

裁判要旨

一、被告人明知其被交警查扣的车辆难以通过合法途径领回，而纠集他人采取蒙面、暴力、威胁等手段"抢回"被扣押的车辆，而后又向交警部门索赔，其主观上具有非法占有公共财物的犯罪故意，客观上实施了抢劫行为，符合抢劫罪的构成特征。

二、即使是"本人"所有的财物，在"他人"合法占有、控制期间，也能够成为"本人"实施抢劫、盗窃等犯罪对象。此类案件属财产犯罪的常态，不属特殊情形。

三、此类抢劫不属于《刑法》第63条第2款规定的“特殊情况”，不宜报请司法减轻。

案号索引

一审：杭州市上城区人民法院(2011)杭上刑初字第86号；

复核审：浙江省高级人民法院(2011)浙刑二复字第7号；

重审一审：杭州市上城区人民法院(2011)杭上刑重字第1号；

重审二审：杭州市中级人民法院(2011)浙杭刑终字第652号。

基本案情

公诉机关：浙江省杭州市上城区人民检察院。

被告人：卢中康，男，1990年12月29日出生，江苏省涟水县人，原系杭州市长胜体育用品公司员工。

被告人：纪兴旺，男，1989年11月2日出生，江苏省涟水县人，个体经商。

被告人：蒋金磊，男，1988年11月29日出生，江苏省涟水县人，原系杭州市长胜体育用品公司员工。

杭州市上城区人民法院经审理查明：2010年8月25日中午，被告人卢中康驾驶无证的铃木GSX－R1000摩托车，行至浙江省杭州市上城区东宝路8号附近时，因所驾车型与驾驶证不符且摩托车未悬挂机动车号牌，被杭州市公安局交通警察支队上城大队依法采取扣押机动车的行政强制措施。之后，交警部门将该摩托车停放于杭州市上城区清江路8号“杭州清江停车场”内，卢中康产生抢劫摩托车之念。26日凌晨3时许，卢中康纠集被告人纪兴旺、蒋金磊，携带断线钳蒙面窜至清江停车场外，用断线钳剪断金属锁链闯入停车场，而后持木棍威胁值班保安葛社根、陈建明，劫得价值3.5万元人民币的该辆被扣摩托车，驾车逃离现场。27日下午，卢中康接通知后到杭州市公安局交通警察支队上城大队接受询问，交警告知其被扣押的摩托车丢失后，卢中康即要求公安交警部门赔偿4万元人民币。随后，卢中康又以“失主”名义向杭州市公安局上城区分局望江派出所报案，并再次要求公安机关交警部门赔偿其损失。案发后，涉案摩托车已追回。

杭州市上城区人民检察院指控被告人卢中康、纪兴旺、蒋金磊犯抢劫罪，向杭州市上城区人民法院提起公诉。

被告人卢中康、纪兴旺、蒋金磊及其辩护人分别对公诉机关指控的罪名提出异议，认为被告人卢中康等以暴力手段拿回"本人"财物，主观上没有非法占有公共财产的主观故意，客观上仅侵犯公安机关的管理秩序而非财产所有权，不构成抢劫罪，宜以妨害公务罪或非法转移被扣押财产罪等相关罪名定性处罚。若以抢劫罪论处，则明显罪刑不相适应。

审　判

杭州市上城区人民法院审理认为：被告人卢中康、纪兴旺、蒋金磊以非法占有为目的，当场使用暴力、威胁手段，强行劫取公私财物，数额巨大，其行为已构成抢劫罪。其中，卢中康系主犯，纪兴旺、蒋金磊系从犯。公诉机关指控的罪名成立。鉴于本案中三被告人实施抢劫的对象是本人被公安机关暂扣的摩托车，案情特殊，对其在法定刑以下判处刑罚。遂依照《中华人民共和国刑法》第二百六十三条、第二十七条、第六十三条第二款之规定，以抢劫罪，在法定刑以下分别判处被告人卢中康有期徒刑五年，并处罚金计八千元人民币；各判处被告人纪兴旺、蒋金磊有期徒刑三年，均并处罚金计四千元人民币；并逐级报请最高人民法院核准。

宣判后，控辩双方在法定期限内没有上诉、抗诉。杭州市上城区人民法院依法报送杭州市中级人民法院复核。杭州市中级人民法院复核后，同意原判，并报请浙江省高级人民法院复核。

浙江省高级人民法院复核认为，被告人卢中康、纪兴旺、蒋金磊以非法占有为目的，采取暴力、威胁等手段劫取公私财物，数额巨大，其行为已构成抢劫罪，应当依法惩处。综合全案考虑，本案不存在可以在法定刑以下判处刑罚的特殊情况。原判认为对本案被告人卢中康等只有报请最高人民法院核准在法定刑以下判处刑罚方能体现罪刑相适应原则的理由不能成立，故不同意原判报请核准。依照《中华人民共和国刑法》第六十三条第二款，最高人民法院《关于执行〈中华人民共和国刑事诉讼法〉若干问题的解释》第二百六十八条第（一）项之规定，于 2011 年 8 月 24 日作出（2011）浙刑二复字第 7 号刑事裁定：撤销杭州市上城区人民法院（2011）杭上刑初字第 86 号刑事判决，发回杭州市上城区人民法院重新审判。

杭州市上城区人民法院经过重新审理后,以抢劫罪,分别判处被告人卢中康有期徒刑十年,剥夺政治权利一年,并处罚金计一万八千元人民币;对从犯纪兴旺、蒋金磊各判处有期徒刑五年,均并处罚金计八千元人民币。

重审判决宣告后,卢中康、蒋金磊不服,分别提出上诉。

杭州市中级人民法院审理后裁定驳回了卢中康、蒋金磊的上诉,维持原判。现裁判已发生法律效力。

法官评述

本案事实清楚,但各方在审理中对定性存有争议,上下级法院在量刑上也有不同认识,一审以法定刑以下判刑,并报请上级法院复核,最终被省高级人民法院裁定撤销原判、发回重审。定性方面,主要涉及定抢劫罪还是妨害公务罪之争。争议的焦点在于,三被告人劫取的财物系其"本人"被交警部门查扣的财物,其主观上是否具有非法占有公私财物的抢劫犯罪故意,是否符合抢劫罪的构成特征?在判定能够构成抢劫罪的前提下,由于抢劫对象特殊,涉及如何评判行为人的主观恶性和行为的客观危害,能否报请最高人民法院在法定刑以下量刑?

一、被告人的行为构成抢劫罪

从客观方面考察,三被告人的行为表现、方法手段显然符合抢劫犯罪的客观要件。这一点,在审理中各方均无异议,关键是对主观故意的判定存在重大分歧。根据本案事实和证据,宜判定三被告人主观上具有非法占有的目的,符合抢劫罪的主观要件,三级法院对定性的裁判均是正确的。理由如下:

其一,涉案车辆的来源无合法证明,难以通过补办手续等正常途径领回。根据法律规定,对被交警执法部门扣留的机动车,如果驾驶人或者所有人、管理人没有在规定期限内提供合法证明、补办相应手续,或者不前来接受处理,经通知并经公告程序仍不前来接受处理的,由公安机关交通管理部门将该车送交有资格的拍卖机构依法拍卖,所得价款上缴国库。本案中,被告人卢中康对未悬挂机动车号牌的摩托车来源等问题不能提供合法证明和补办相应手续。根据被告人卢中康的供述,涉案摩托车是其根据网上信息、在上海以 3.6 万元购得,出售人身份、姓名不详,无购销协议、无发票,且车辆属于禁止上牌的赛车。对于该类机动车被暂扣后的处理程序，杭州市公安局交通警察支队上城大队亦已出具书面材料予以说明：根据《中华人民共和国道路交通安全法实施条例》的规定，涉案被扣留的摩托车，如果驾驶人或者所有人、管理人30日内没有提供合法证明，没有补办相应手续，或者不前来接受处理，经通知并经公告3个月仍不前来接受处理的，由公安机关交通管理部门将该送交有资格的拍卖机构拍卖，所得价款上缴国库。据此，涉案被扣留的车辆，实际上最终将面临被处罚、拍卖及价款上缴国库的结局。

其二，三被告人明知"本人"被交警查扣的车辆难以通过正常途径取回，主观上对"非法占有"的性质有较明确的认知。根据被告人供述，三被告人主观上明知被交警查扣的车辆难以通过合法途径领回，因而预谋抢回摩托车。例如，被告人卢中康曾经供述，"我知道我的摩托车是赛车类型的，无法上牌，肯定要不回来了。后来，我打听到我的摩托车停放在清江路停车场里。我准备去把摩托车抢回来，于是约了我的朋友大旺和蒋金磊，他们都同意帮我去抢回来的""车辆很难按正常程序领回"。纪兴旺亦供认，"感觉被扣去了就要不回来了""这是一辆无牌的摩托车，没有正规的发票，所以到交警这里就领不回了"。从被告人实施的客观行为来看，被告人卢中康为对抗交警执法，纠集纪兴旺、蒋金磊采取蒙面、暴力、威胁等手段劫取被扣押的摩托车，劫车时以口罩蒙面掩饰身份，可见其主观上并非真正地相信取回自己车辆的行为系正当行为，对非法占有性具有明确的认知。

其三，交警部门扣押保管中的车辆，宜以公共财产论，涉案车辆最终是否可以通过一定程序被领回，不影响抢劫罪的成立。抢劫、盗窃的本质特征，是非法侵犯他人占有的公私财物。"他人占有"意味着他人对财物既可能拥有所有权，也可能没有所有权。对没有所有权的财物，他人基于占有、控制的事实，负有保管和归还财物的义务，如果保管不善导致财物灭失，则负有赔偿责任。因此，即使是"本人"所有的财物，在他人合法占有、控制期间，也能够成为"本人"抢劫、盗窃等财产犯罪对象。从相关立法来考察，《刑法》第91条规定，在国家机关、国有公司、企业、集体企业和人民团体管理、使用或者运输中的私人财产，以公共财产论，该规定蕴含前述法理精神。据此，即使被扣车辆可以通过补办手续等合法途径领回，但交警部门根据《道路交通安全法》的规定扣留涉案车辆后已形成合法的占有状态，被告人以犯罪手段排除交警对车辆的合法占有,其性质上仍属非法占有。

其四,从被告人卢中康报假案并要求赔偿等行为表现来看,可以进一步明确其主观上具有非法占有公共财物的目的。卢中康在交警告知其车辆丢失之后,不但直接向交警部门明确提出索赔4万元,而且有进一步向当地派出所报假案并要求赔偿的积极举动,显然已经不是为了掩饰作案。事实上,其当庭亦供认“如果交警赔偿,其要的”。

综上,足以认定被告人卢中康主观上具有非法占有的犯罪故意,客观上实施了抢劫行为,符合抢劫罪的构成特征。

二、本案不宜以妨害公务罪等罪名定性处罚

在审理过程中,因为对抢劫罪的定性存有疑虑,有人提出,是否考虑按妨碍公务罪等相关罪名寻求出路。这一观点不能成立。首先,被告人针对停车场的保安所实施的暴力行为能否认定妨害公务存在质疑。其次,如果被告人取车时表明身份、事后也没有索赔和报假案,单纯强行取回“本人”被扣车辆的行为,从妨害公务这一方向考虑有一定道理,但是,综合本案中车辆被扣原因、被告人取车时掩饰身份、取回后索赔及报假案等事实,妨害公务罪仅仅是妨害社会管理秩序犯罪,已经不足以全面评价被告人非法占有财物的犯罪意图和行为,故对第一被告人卢中康的行为显然不能认定为妨害公务。最后,被告人纪兴旺、蒋金磊仅实施了帮助他人强行取回摩托车的行为,对涉案车辆的具体情况了解程度与被告人卢中康有一定区别,且事后也没有参与索赔和报假案,与被告人卢中康相比,其行为性质更接近妨害公务,但是,根据前述分析,被告人纪兴旺、蒋金磊主观上具有非法占有财物的共同故意,根据主客观相统一的原则以及从共同犯罪案件罪名一致性等角度考虑,认定为共同抢劫更为妥当。鉴于本案事出有因,两人系被纠集参与犯罪等具体情况,可考虑认定其系从犯予以减轻处罚。故对后两个被告人认定抢劫罪并不影响罪刑相适应原则的实现。

三、对本案不宜适用司法减轻

《刑法》第63条第2款规定:“犯罪分子虽然不具有本法规定的减轻处罚情节,但是根据案件的特殊情况,经最高人民法院核准,也可以在法定刑以下判处刑罚。”

对什么是“特殊情况”,法律并无具体规定。但是,法学理论和司法实践中都认为,根据立法精神,主要指案件涉及外交、国防、宗教、民族、统战和其他重大问题,为了维护国家利益,需要对被告人判处低于法定刑的刑罚情况。如果不属上述范围,则原则上不应考虑其他因素来适用司法减轻。

案件不涉及国家政治、外交、国防、宗教、民族、统战等方面情况,但存在其他方面的特殊情况,报请司法减轻只能作为“特例”处理,对“其他方面特殊情况”的审查必须从严掌握。根据司法实践,一些立法、司法解释上的重大不协调情况(如刑法修正之前情节很轻的绑架罪)、极少发生特殊案件(如被害人特殊体质的伤害案),有报最高人民法院并予以核准的先例。前几年,浙江省法院对一批涉及气枪铅弹案件报请司法减轻处理亦具有参考意义。该批案件的审理立足罪刑相适应的原则,充分考虑了相关立法、司法解释等法律因素,结合行为人的主观恶性、客观危害等案件具体情况,最终报请核准司法减轻,取得了良好的法律效果和社会效果。

本案中,显然不涉及国家政治、外交、国防、宗教、民族、统战等方面情况,也不存在必须报请司法减轻“其他方面的特殊情况”。首先,抢劫犯罪是一种严重的刑事犯罪,刑法对抢劫犯罪规定较为严厉的刑罚体现了罪刑相适应的原则。其次,虽然本案抢劫对象有些特殊,但根据前述分析,即使是“本人”所有的财物,在“他人”合法占有、控制期间,也能够成为“本人”实施抢劫、盗窃等犯罪对象,此类案件尚属财产犯罪的常态,不属特殊情形。最后,本案犯罪情节较为恶劣。被告人卢中康对未悬挂机动车号牌的摩托车来源等问题不能提供合法证明和补办相应手续,明知其被交警查扣的车辆难以通过合法途径领回,而预谋“抢回”摩托车。为对抗交警执法,纠集纪兴旺、蒋金磊采取蒙面、暴力、威胁等手段劫取被扣押的摩托车,在被告知车辆丢失后,还隐瞒车辆已被本人劫取的事实,乘机向交警部门申请赔偿4万元人民币,并进一步向当地派出所报失虚构假案、提出赔偿申请,犯罪情节恶劣,具有较大的社会危害性。有关对本案被告人卢中康等只有报请最高人民法院核准在法定刑以下判处刑罚方能体现罪刑相适应原则的观点不能成立。省高级人民法院审理后没有同意对三被告人按《刑法》第63条第2款减轻处罚的相关裁判是正确的。

3. 丈夫主谋抢劫夫妻共同财产如何定性

——张某“婚内抢劫”案

裁判要旨

一、本案侵害对象是张某、葛某夫妇的夫妻共同财产，而不是张某的个人财产。该财产处于夫妻“共同占有”之下，该“共同占有”是独立于张某、葛某个人占有的“第三者”。张某的行为在于破坏自己与妻子的“共同占有”关系，为自己建立“个人占有”关系，从而达到“独占”夫妻共同财产的目的，符合非法占有目的的特征。

二、张某主观上具有明确的非法占有目的，客观上也伙同李某、许某等人实施了抢劫行为，其行为符合我国《刑法》第263条抢劫罪的构成要件，构成抢劫罪。

基本案情

2003年8月20日中午，张某、葛某夫妇从银行提取了现金12万元。当两人行至事先停放在附近的轿车旁时，遭数人持刀抢劫，12万元现金被歹徒全部抢走，张某、葛某还被歹徒打伤。后葛某向公安机关报案。案经侦查，公安机关查明组织策划此起“抢劫案”的主谋不是别人，而是“被害人”张某指使其好友李某、许某等人所为，遂将犯罪嫌疑人张某抓获归案。检察机关指控张某犯抢劫罪。

争议问题

在审理过程中，对被告人张某的行为是否构成抢劫罪有两种意见：一种意见认为，本案12万元系婚姻存续期间夫妻共同财产，张某纠集他人采用暴力手段抢为己有，构成抢劫罪；另一种意见认为，本案主体较为特殊，张某是葛某的丈夫，其指使他人抢劫自有物，没有侵犯他人财产，这是一种属于“婚内抢劫”的新类型行为，而法律对婚内抢劫行为定性不明确，不宜定罪。

法官评述

笔者认为，上述第一种意见的结论正确，但说法不够充分，具体理由如下：

第一，张某主观上具有“独占”的动机，符合非法占有的特征。首先，从所有权归属看，按《婚姻法》的有关规定，作为本案侵害对象的12万元钱是张某、葛某夫妇的夫妻共同财产，而不是张某的个人财产。其次，从被侵害财物占有的归属看，案发时该12万元钱处于张某、葛某的“共同占有”之下，该“共同占有”是独立于张某、葛某个人占有的“第三者”。最后，从行为的动因看，张某的行为在于破坏自己与妻子的“共同占有”关系，为自己建立一种新的占有——“个人占有”关系，从而达到“独占”这12万元夫妻共同财产的目的，完全符合非法占有目的的特征。

第二，张某为了达到非法占有的目的，客观上指使他人采用了暴力手段。李某、许某等人实施了暴力抢劫行为是非常清楚的，张某作为指使者，对李某、许某等人实施的暴力行为应承担刑事责任，这是共同犯罪原理的应有之义。即张某不但主观上具有明确的非法占有目的，客观上也伙同李某、许某等人实施了抢劫行为，其行为符合我国《刑法》第263条抢劫罪的构成要件，理应构成抢劫罪。

第三，本案与一般抢劫案件存在量的区别，但没有质的区别。说其存在“量的区别”，是指本案的犯罪数额不应像一般案件简单地予以全部认定，而是应将张某自有部分（一般为夫妻平均分担）予以扣除；说其“没有质的区别”，是指虽本案主体较为特殊，但张某的行为与一般抢劫行为一样均符合抢劫罪的犯罪构成。

第四，上述第二种意见中的理由不能成立。首先，最主要的错误是将夫妻共同财产等同于个人财产。其次，认为法律对“婚内抢劫”行为定性不明是对法律的误解。

4. 零口供下的犯罪认定

——吴艳农抢劫、强奸案

裁判要旨

对一切案件的判处都要重证据，重调查研究，不轻信口供。只有被告人供述，没有其他证据的，不能认定被告人有罪和处以刑罚；没有被告人供述，但其他证据充分确实的，可以认定被告人有罪和处以刑罚。案件呈现“零口供”，有两种可能：一种是因无辜而无口供可录，另一种是被告人有罪而出于侥幸、顽抗等心理，不如实供述或拒不供述。正是由于包含“无辜”这种可能，零口供下的犯罪认定应当严格掌握，坚持证据裁判原则，确保判决认定事实证据确实充分。

案号索引

一审：浙江省宁波市中级人民法院(2007)甬刑初字第86号；

二审：浙江省高级人民法院(2007)浙刑二终字第58号。

基本案情

被告人吴艳农，曾用名吴学伟，男，1974年6月24日出生，汉族，安徽省休宁县人，农民，案发前在浙江省慈溪市浒山街道金山新村61号楼104室租房居住。因犯盗窃罪于2005年3月被判处有期徒刑一年二个月，并处罚金计一千元人民币，2006年1月19日刑满释放。因本案于2006年11月15日被抓获，次日被刑事拘留，同年12月21日被逮捕。

浙江省宁波市人民检察院以被告人吴艳农犯抢劫罪、强奸罪，向宁波市中级人民法院提起公诉。起诉书指控：

1. 2006年10月11日凌晨3时许，被告人吴艳农非法进入浙江省慈溪市浒山街道金山新村57号楼508室，使用手电筒照明，采用持菜刀威胁等手段，对租住的女青年吴小英、吴勇莲实施抢劫，劫得现金200元人民币、价值940元人民币的龙腾V9型移动电话手机1部和价值3729.3元人民币的24K铂金手镯1只等财物后逃离。

2. 2006年10月23日凌晨4时许，被告人吴艳农爬窗进入金山新村43号楼302室，使用手电筒照明，采用持刀威胁、逼问密码等手段对租住的女青年程小珍实施抢劫，劫得现金60元人民币、价值1200元人民币的摩托罗拉V3移动电话手机1部及中国建设银行卡1张。因程小珍告知的是假密码，银行卡内的1万余元款项未被提走。

3. 2006年11月8日凌晨4时许，被告人吴艳农非法进入金山新村54号楼508室，使用手电筒照明，采用持刀威胁、击打、逼问密码等手段，对租住的女青年叶燕红、董碎仙实施抢劫，劫得现金1265元人民币、价值1240元人民币的诺基亚6100手机和三星SCH—X979型CDMA移动电话手机各1部及叶燕红的内有存款5000

余元人民币的中国建设银行卡1张。在抢劫过程中，被告人吴艳农还将董碎仙关入衣柜内，持刀逼迫叶燕红脱掉睡衣，欲强奸，但因董碎仙冲出衣柜上前搏斗而逃离现场。当日凌晨5时许，被告人吴艳农至中国建设银行慈溪市城建支行的ATM上分三次从卡内取走5000元人民币。

4.2006年11月10日凌晨4时许，被告人吴艳农蒙面潜入金山新村60号楼506室，使用手电筒照明，采用持刀威胁等手段对租住的女青年秦某实施抢劫，劫得现金500元人民币及价值1530元人民币的诺基亚7610型移动电话手机1部。在抢劫过程中，被告人吴艳农还强行对秦某实施了奸淫。

为证明上述指控事实，公诉机关向法庭提供了被害人吴小英、吴勇莲、程小珍、叶燕红、董碎仙、秦某的报案陈述及其对被告人的照片指认，证人吴有芬、石淑平的证言，公安机关现场勘查记录，法医学DNA检验报告，从现场提取经鉴定系被告人所留的指纹、鞋印，银行取款机同步监控录像，查扣的部分赃物，估价鉴定等相关证据。但被告人吴艳农本人归案后却对上述事实一直予以全部否认。

审　判

一、一审情况

浙江省宁波市中级人民法院审理后认为，虽然被告人吴艳农本人否认起诉书指控的犯罪事实，但每起犯罪事实均有确实、充分的证据予以证明，即不但每起案发现场均提取到了被告人吴艳农遗留的指纹，第二起犯罪现场提取到了吴艳农遗留的鞋印，第四起犯罪在被害人阴道拭子中检到吴艳农遗留的精斑，而且第一、第二、第三起犯罪的被害人还均辨认出作案者就是吴艳农。此外，提取到的物证和银行ATM监控录像也证明吴艳农有作案的可能，例如赃物在吴艳农处、吴艳农有作案工具等。因此，现有证据能相互印证，已形成一个完整的证据链，本案虽然没有被告人的供述，但其他证据足以认定被告人的犯罪事实。反观被告人吴艳农的辩解，其在侦查、审查起诉阶段否认所有犯罪事实，辩称自己根本没有去过案发现场，也不认识秦某；而在庭审时却改口辩称曾因盗窃去过那些被害人租住的房子，认识秦某，在那天凌晨与秦发生过性关系，不是强奸；其辩解前后矛盾，反复较大，与其他证据所证明的事实明显不符。因此，被告人吴艳农的辩解不具备真实性，不予采信。遂于2007年4月19日作出(2007)甬刑初字第86号刑事判决:以抢劫罪,判处被告人吴艳农无期徒刑,剥夺政治权利终身,并处没收其个人全部财产;以强奸罪,判处其有期徒刑七年;决定执行无期徒刑,剥夺政治权利终身,并处没收其个人全部财产。

二、二审情况

一审宣判后,被告人吴艳农不服,提出上诉。吴艳农上诉否认全部犯罪事实,称其第一起被扣押的龙腾牌手机系其从老乡处购得,其没有去过金山新村43号楼302室,更没有实施第二起抢劫,第三起银行监控录像上的取款者不是他,该起抢劫不是其所为,被害人陈述前后矛盾,且在没有受到殴打的情况下就说出银行卡密码不符合常理,在金山新村60号楼506室的抢劫、强奸不真实,系被害人要其到她家过夜,自愿发生性关系。其上诉还提出,指纹和鉴定结论在提取时间、具体位置、大小数量上没有明确的对比和详细说明,不能令人信服,从其姐处和其本人处扣押的两部手机不是被害人的,公安机关在没有合法的发票和有关证据的情况下就发还被害人,足以说明公安人员作假证,从其处扣押的手电筒和鞋根本不是作案工具。要求查清事实后改判。

浙江省高级人民法院经审理查明,原判认定的事实清楚,证据确实、充分。

关于上诉理由。经查:

1. 关于第一起即发生在金山新村57号楼508室的抢劫

被害人吴小英于2006年11月8日即案发当天的报案陈述,证实被抢劫的事实经过,因购置被劫手机的原始资料尚在,其还提供了被劫龙腾牌手机的电子串号等事实,所证与一起遭抢劫的另一被害人吴勇莲陈述能相印证,且两被害人一致指认吴艳农实施抢劫作案;扣押物品清单证实,公安机关于2006年12月13日从被告人吴艳农姐姐吴有芬处查扣的龙腾牌手机与早就制作的被害人报案陈述中记载的手机型号、电子串号完全一致,足以认定查扣手机就是被害人的手机;吴有芬的证言证明该手机系吴艳农托客车老板娘带给她的,客车老板娘石淑平的证言在卷予以印证;公安机关现场勘查记录和指纹鉴定书证实,侦查技术人员于2006年10月11日从中心现场即57号楼508室内西间卧室床北侧床头柜抽斗面上提取指纹

1 枚，同年 11 月 15 日经指纹远程比对系统比对发现，该现场指纹和吴艳农右手食指捺印指纹在纹线的形态、流向和相同部位出现的 12 个细节特征的形态、方向、位置、间隔线数均相符合，为他人所不能重复出现，完全构成同一认定的客观依据，因此确认现场指纹系吴艳农右手食指所留。故吴艳农上诉提出该起抢劫不是其所为、所扣手机系其从老乡处购买、不是被害人的手机等理由显与事实不符，不予采信。

2. 关于第二起即发生在金山新村 43 号楼 302 室的抢劫

被害人程小珍的当天报案陈述及其辨认笔录，证实其被身高一米七左右、瘦瘦的男子持刀抢劫的经过，并从 12 张不同男性正面彩色照片中，指认吴艳农就是进入租房对其实施抢劫的男子；公安机关现场勘查记录和指纹鉴定书，证实现场厨房防盗窗的下方有一根铁栅缺少、窗台上有攀爬痕迹，侦查技术人员从厨房的北面瓷砖上提取到指纹 1 枚、从厨房的红色地砖上提取到鞋印 1 枚，经指纹远程比对系统比对发现，该现场指纹系吴艳农左手食指所留；搜查笔录、扣押物品清单和法医学 DNA 检验鉴定书，证实公安人员从吴艳农租住处提取安踏牌运动鞋 1 双，经 DNA 检验，该运动鞋鞋内拭子上脱落细胞为吴艳农所留，即该鞋系吴艳农穿着，鞋印鉴定书证明从现场厨房地砖上提取的鞋印，经技术比对，发现现场鞋印与用吴艳农穿着的安踏牌运动鞋制作的鞋印在花纹的种类、相同部位的长度及相应部位出现的磨损特征的数量、形态、相互之间的距离、关系完全一致，且这些特征系平时穿着过程中自然形成，受到步伐动作、用力程度、穿着环境等多方面因素的综合影响，各人各异，为他人所不能出现，构成同一认定的客观依据，即现场鞋印系被告人吴艳农所留。上述指纹和鞋印提取位置明确，鉴定中，论证过程详细严密，检验结论科学合理。故被告人上诉称自己没有穿着该运动鞋到过现场、该起抢劫不是其所为、有关痕迹提取位置不清、鉴定不细等理由均与事实不符，不予采信。

3. 关于第三起即发生在金山新村 54 号楼 508 室的抢劫

被害人叶燕红当天早晨 6 时 40 分的报案陈述，证实被一名一米七左右、眼睛较圆、下巴较尖、较瘦的男子持刀抢劫并企图强奸的事实经过，所证与一起遭抢劫的另一被害人董碎仙陈述能相印证，两被害人均从12张不同男性的彩色照片中指认吴艳农就是实施抢劫并企图强奸的男子；公安机关现场勘查记录证明，从现场卧室内的立柜门上提取到指纹1枚等情况，指纹鉴定书证明，现场指纹经指纹远程比对系统比对，系被告人吴艳农右手环指所留；户名为叶燕红的建设银行卡交易记录单及ATM同步监控录像光盘，证明叶燕红银行卡在2006年11月8日5时7分3秒、5时7分40秒和5时8分27秒在中国建设银行慈溪市城建支行的ATM上分别被取走2000元、2000元和1000元，以及吴艳农于2006年11月8日5时多在上述ATM上取款的事实；根据吴有芬的证言，其弟吴艳农曾将多部手机送给其或通过其转送他人。故吴艳农辩称没有到过现场实施抢劫、被查扣的手机系从他人处购买、ATM上的取款人不是其等理由与事实不符，不予采信。

4. 关于第四起即发生在金山新村60号楼506室的抢劫、强奸

被害人秦某的当天报案陈述，证实被一蒙面男子抢劫、强奸以及被劫走诺基亚牌移动电话手机1部等事实经过；公安机关现场勘查记录和指纹鉴定书，证实侦查技术人员从现场卧室衣橱门上提取指纹1枚，经指纹远程比对系统比对为被告人吴艳农右手食指所留；生物物证鉴定书，证明秦某阴道拭子检见精斑，经DNA鉴定，该处斑迹中的精子系吴艳农所留；搜查笔录、扣押物品清单证实，公安人员从吴艳农租住处提取物证黑色小手电筒一只、灰色布块一块，该物证与被害人陈述蒙面抢劫等情节能印证；被告人吴艳农在侦查阶段全面否认抢劫、强奸，从未提及自己认识被害人及与其发生性关系，当被告知生物物证DNA鉴定结论后，知道与被害人发生性关系这一事实无法继续抵赖，因而改称认识被害人、系自愿发生性关系、手机系向被害人借用等，显系无理狡辩。故吴艳农上诉否认此起抢劫、强奸的理由亦不成立，不予采信。

综上，本案虽然没有被告人的有罪供述，但每起犯罪事实均系被害人当天报案和指认，从现场均提取到被告人的指纹，部分事实还提取被告人的鞋印和强奸作案后遗留在被害人体内的精子，提取赃款的同步监控录像等有力证据证实，在案的其他证据亦能相互印证，形成一个完整的证明锁链，足以认定被告人吴艳农实施抢劫、强奸的犯罪事实。根据《中华人民共和国刑事诉讼法》第46条之规定，对一切

案件的判处都要重证据,重调查研究,不轻信口供。只有被告人供述,没有其他证据的,不能认定被告人有罪和处以刑罚;没有被告人供述,证据充分确实的,可以认定被告人有罪和处以刑罚。因此,原判在没有被告人供述的情况下,根据审理查明的事实和其他证据认定被告人吴艳农犯抢劫罪和强奸罪,依法判处刑罚,符合法律规定。故被告人吴艳农对原判认定的事实、证据以及定罪等所持异议经查均不能成立,不予采信。

浙江省高级人民法院认为,被告人吴艳农以非法占有为目的,携带凶器多次入户采取暴力、胁迫等方法劫取他人财物,其行为已构成抢劫罪,情节严重,依法应予以严惩。其还违背妇女意志,强行与妇女发生性关系,构成强奸罪,依法应实行数罪并罚。其系累犯,且认罪态度极差,应从重处罚。被告人吴艳农上诉要求改判的理由不成立,不予采纳。依照《中华人民共和国刑事诉讼法》第一百八十九条第(一)项,《中华人民共和国刑法》第二百六十三条、第二百三十六条第一款、第六十五条第一款、第五十七条第一款规定,遂于2007年6月20日作出(2007)浙刑二终字第58号刑事裁定:驳回上诉,维持原判。

本裁定为终审裁定,现已发生法律效力。

法官评述

本案是一起典型的“零口供”案件,争议的焦点在于凭现有其他证据是否足以认定被告人吴艳农实施抢劫、强奸作案。依照法律规定,没有被告人供述,证据充分确实的,可以认定被告人有罪和处以刑罚,但究竟如何判断其他证据的确实性和充分性,无疑是审判工作的难点。近年来,法学理论和司法实践对“零口供”案件有不同认识,至今没有统一的证据认定规则,值得探究。笔者认为,本案法院认定被告人吴艳农构成抢劫罪和强奸罪是正确的。现围绕有关问题,评述如下:

一、“零口供”定案的法律意义

所谓“零口供”,是指在刑事诉讼中,犯罪嫌疑人、被告人对自己犯罪行为只作无罪的辩解,拒绝作有罪供述或保持沉默、缄口不言的案件特殊情形。我国《刑事诉讼法》第53条规定:“对一切案件的判处都要重证据,重调查研究,不轻信口供。

只有被告人供述,没有其他证据的,不能认定被告人有罪和处以刑罚;没有被告人供述,证据确实、充分的,可以认定被告人有罪和处以刑罚。”这是对“零口供”案件进行定案的法律依据。据此,“零口供”定案的核心内容是在被告人没有作有罪供述的情况下,以其他证据形成的完整的证明锁链作为最终定案的依据。在司法实践中,允许“零口供”下定案,具有重要的法律意义:

第一,降低办案人员对口供的过分依赖,防止刑讯逼供和冤错案件的发生,有利于全面保障人权。口供对于办案无疑具有其独特的证据优势,尤其是在技术手段没有跟上的情况下,大多数案件的侦查都需要通过犯罪嫌疑人的“口供”去进一步收集其他证据。长期以来,在刑事诉讼中,口供作为一种法定的证据形式,被称为“证据之王”。但历史经验又告诉我们,对“口供”的过分依赖极易伴生着“刑讯逼供”和“屈打成招”。少数办案人员偏信有罪供述,无视无罪、罪轻的辩解;过分轻信口供,忽视其他证据的调取和效力,在这些错误司法理念的指导下,必然容易导致先入为主、违法办案,甚至为获取口供而出现刑讯逼供、制造假证,致使案件基础工作粗糙,移送的定案证据先天不足,最终酿成冤错案件。“捶楚之下,何求不得”,刑讯逼供已成为世界各国刑事司法共同面临的顽疾,也是冤错案件发生的重要原因。“轻口供,重证据”是对“口供”极端重视进行反思的结果。我国《刑事诉讼法》第53条的有关规定使口供的证据价值得以重新定位,无疑是有效防止刑讯逼供、减少冤错案件的重要制度保障,有利于刑事诉讼人权保障功能的全面实现。

第二,从打击犯罪的角度看,这也是为了确保不使真正的犯罪分子逍遥法外。刑事司法被期望能在现行刑事诉讼的制度设置和程序设计下准确地惩罚犯罪和保障无辜。“打击犯罪”是刑事诉讼法制存在的最基本的目标之一,从长远的观点来看,维护法律和秩序总是文明社会赖以生存的基础,容忍犯罪对社会秩序的严重破坏就等于容忍文明社会走向灭亡。在司法实践中,出于人类“趋利避害”的原始本能,犯罪嫌疑人、被告人很可能出于逃避惩罚的动机而故意沉默不供,或乱供。在没有被告人有罪供述的情况下,如果其他证据能够足以认定被告人作案,则应当予以认定,这是实现刑事诉讼打击犯罪基本职能的题中应有之义。

需要指出的是，对“零口供”的认可，并不等同于对沉默权的认可。在我国，犯罪嫌疑人有配合司法机关查清案件事实的义务，对讯问应当如实供述。法院在定罪量刑时，对那些主动、如实供述犯罪事实，认罪态度好的，应当酌情从轻处罚，而对那些拒不承认犯罪事实，认罪态度极差的，则应当酌情从重处罚。

二、“零口供”定案应当严格掌握

根据审判经验，客观地讲，案件呈现“零口供”，有两种可能：一种是无辜，即被告人确确实实没有实施犯罪行为，因而没有“口供”；另一种是有罪，即犯罪嫌疑人或被告人出于侥幸、顽抗等心理，不如实供述或拒不供述。正是由于“零口供”案件中包含确实“无辜”这种可能，此类案件是一种特殊类型的案件，在定案上应当格外慎重，需要严格掌握，坚持证据裁判原则，确保判决认定事实证据确实充分。具体而言，应注意以下几点：

第一，注重审查证据的确实性。无证据则无事实，这是证据裁判原则的本质要求。而证据的“确实性”是对证据“质”的要求。所谓“确实”，是指证据要真实可靠，如实地反映案件的真实情况。一方面，证据必须是真实、客观存在的，而不是主观臆造出来的东西，也不是假设、估计、捏造、歪曲的事实；另一方面，证据必须确实与犯罪事件有关联，有客观、必然的联系。在“零口供”情形下定罪，既有赖于法官对证据审查判断、辨别能力的增强，又依赖于科学技术手段的支持。各类鉴定结论是对客观性证据的科学认定，可信度比较高，法官应当特别重视运用法医学DNA鉴定、指纹鉴定等科技证据，提升科技证据的证明地位，查清案件事实。

第二，注重审查证据的充分性。证据充分是对证据在“量”上的要求，证据的量因案件而异，不能简单地以数学上的多少为标准，要以能够证明案件真实情况为标准，即足以证明案件的发生发展、犯罪人是谁、犯罪行为如何、什么样的犯罪后果等事实情况，并且证据间相互协调一致，一环扣一环，做到无懈可击，形成一个完整的证明锁链，能够得出排他的、唯一性的结论。当然，证据的充分性和确实性是相互联系、密不可分的。确实，是就个别证据而言的；充分，是就全案而言的。需要指出的是，在“零口供”情形下，我们可能不得不对犯罪经过中的某些情节进行事实推理，以获得一个完整的犯罪过程，为了确保推理结论的唯一性和排他性，必须排除合理怀疑以及允许和认真对待被告人的反驳。

第三，注重查找分析“零口供”的原因。在审查其他证据的确实性和充分性之后，法官对案件自然会形成“内心确信”。此时，承办法官应学会进一步分析案件呈现“零口供”的原因，揭露被告人原供述辩解的虚假性和真正的心理动机，以便于帮助合议庭其他成员对案件事实形成“确信”，消除定案疑虑。

三、本案零口供但其他证据充分确实

本案审理过程中，一审、二审法院对其他证据的确实性和充分性均进行了认真全面审查，特别是二审法院重点围绕被告人吴艳农否认全部犯罪的上诉理由，对每起犯罪事实的证据情况展开了详细的驳斥和认证，在此无须重复。总体来看，本案虽然没有被告人吴艳农的有罪供述，但每起犯罪事实均系被害人当天报案陈述和对被告人的辨认，从现场均提取到被告人吴艳农作案遗留的指纹，部分事实还提取到被告人吴艳农作案时遗留的鞋印和强奸作案后遗留在被害人秦某体内的精子，提取赃款的同步监控录像等有力证据证实，这些证据中主要为科学技术鉴定，均真实可信，在案的其他证据亦能相互印证，形成了一个完整的证明锁链，足以认定被告人吴艳农实施抢劫、强奸的犯罪事实。现有证据已经达到了《刑事诉讼法》“证据确实充分，可以认定有罪和处以刑罚”的程度，故被告人吴艳农的抢劫罪、强奸罪能够成立。反观被告人吴艳农的辩解，其在侦查、审查起诉阶段否认所有犯罪事实，辩称自己根本没有去过案发现场，从未提及自己认识被害人秦某及秦某自愿与其发生性关系，当被告知生物物证 DNA 鉴定和指纹结论后，知道与被害人秦某发生性关系这一事实以及去过犯罪现场这一事实无法继续抵赖，因而改称认识被害人、系自愿发生性关系、手机系向被害人借用以及以前因盗窃去过现场等，显系无理狡辩。其辩解前后矛盾，反复较大，与其他证据所证明的事实明显不符，这也充分表明了构成累犯的被告人吴艳农在证据面前百般抵赖，据不供认犯罪事实，企图逃避刑事制裁的侥幸心理。法院认定其认罪态度极差，并从重判处其无期徒刑，是正确的。

5.在景点秘密捞取游客所抛硬币如何定性

——西湖硬币案

裁判要旨

一、由游客抛入西湖的硬币是有主物还是无主物,被人秘密捞取是否构成盗窃罪,是本案争议的焦点问题。而要确定游客抛入西湖的硬币是有主物还是无主物、被人秘密捞取是否构成盗窃罪,关键在于对游客抛弃行为性质、先占及占有标准、还没有捞取的硬币是否当然归园林管理部门所有、无主物是否当然归国家所有、他人占有之下的无主物是否可以成为盗窃物等相关具体法律问题的正确适用。

二、由游客抛入西湖中的硬币属抛弃物,该抛弃物在园林管理部门未实施打捞等主动行为之前应视为无主物,两被告人私自闯入公园,秘密窃取这些被游客抛弃的硬币,虽扰乱园林管理秩序,但没有侵犯谁的财产所有权,因而其行为不构成盗窃罪。

基本案情

被告人李向阳,男,20岁,汉族,农民,因涉嫌犯盗窃罪于2001年9月25日被逮捕。

被告人张生欢,男,19岁,汉族,农民,因涉嫌犯盗窃罪于2001年9月25日被逮捕。

浙江省杭州市西湖区人民检察院以被告人李向阳、张生欢犯盗窃罪,向杭州市西湖区人民法院提起公诉。西湖区人民法院经公开审理查明:

2001年9月1日,被告人李向阳、张生欢窜至浙江省杭州市西湖区三潭印月岛,在岛内潜伏至深夜,然后采用绳子系住吸铁石吸取硬币的手段,捞取平时由游客抛入西湖中的硬币共计1276.50元人民币。后两被告人在现场附近藏匿休息时被管理人员发现并扭送至公安机关,赃款被全部追回。

另查明,杭州市园文局湖滨管理处对游客抛入湖中的硬币实行定期打捞,所得硬币与门票收入一起上交财务。[1]

争议问题

本案在审理过程中,各方对游客抛入西湖的硬币之法律属性以及被告人李向阳、张生欢的行为是否构成犯罪意见分歧较大,主要有三种意见:

第一种意见认为,由游客抛入西湖中的硬币属抛弃物,该抛弃物在园林管理部门未实施打捞等主动行为之前应视为无主物,两被告人私自闯入公园,秘密窃取这些被游客抛弃的硬币,虽扰乱园林管理秩序,但没有侵犯谁的财产所有权,因而其行为不构成盗窃罪。

第二种意见认为,游客为获取某种精神上的享受而将自己的硬币扔在特定的、事实上有人管理的地方,其行为并不是抛弃,而是将硬币赠与或作为费用支付给园林管理部门。两被告人秘密捞取硬币的行为,侵犯了国家或园林管理部门的财产所有权,应构成盗窃罪。

第三种意见认为,被游客抛弃的硬币虽然成为无主物,但该无主物当时处于园林管理部门的实际占有之下,是特殊条件下的无主物,被人秘密窃取,应构成盗窃罪。

本案在审理过程中,杭州市西湖区人民检察院最终向杭州市西湖区人民法院撤回起诉。

从以上意见看,由游客抛入西湖的硬币是有主物还是无主物,被人秘密捞取是否构成盗窃罪,是本案争议的焦点问题。而要确定游客抛入西湖的硬币是有主物还是无主物、被人秘密捞取是否构成盗窃罪,关键在于对游客抛弃行为性质、先占及占有标准、还没有捞取的硬币是否当然归园林管理部门所有、无主物是否当然归国家所有、他人占有之下的无主物是否可以成为盗窃物等相关具体法律问题的正确适用。

① 据说,此类案件在杭州西湖景区时有发生,但“被窃”数额达到“构罪”标准的并未有过;类似案件在国内其他景点也时有发生,但各地处理并不一致。所以,本案的发生以及处理,当时受到了新闻媒体和社会各界的广泛关注。就统一认识等角度而言,本案具有探讨价值。

法官评述

笔者认为，两被告人的行为不构成盗窃罪，上述第一种意见以及杭州市西湖区人民检察院撤回起诉是正确的。[①] 具体分析如下：

一、游客抛弃行为性质的认定

游客将手中硬币抛入西湖，引起硬币的物权变动是显而易见的，但其行为属于何种具体民事法律行为，会引起什么样的民事法律效果，湖中硬币处于何种权利状态，在审理过程中，主要有三种不同意见：

1.“抛弃说”

持此论者认为，游客将硬币抛入西湖或某一特定的景观纯粹是为了获取某种精神上的享受，并没有将硬币赠与特定相对人的明确意思，园林管理部门也没有接受该赠与的意思表示，游客的行为属于抛弃行为，西湖中的硬币系游客的抛弃物（遗弃物），抛弃物在没有合法所有人之前，应属无主物。

2.“赠与说”

持此论者认为，游客事先明知抛入西湖的硬币最终将归园林管理部门所有而仍然为获取某种精神享受将硬币抛向这些特定的、有人管理的地方，其将硬币赠与园林管理部门的意思是明确的，至少是默认的，事实上园林管理部门也一直在管理这一具有景观文化意蕴的景点并定期打捞湖中硬币，故应当承认游客与园林管理部门之间存在赠与关系，硬币是游客特殊的赠与物，其所有权已经转移给园林管理部门，园林管理部门是硬币的新所有人，硬币为有主物。

3.“支付费用说”

持此论者认为，现在的公园都是企业化经营，定期开放，游客需要买票才能进去，向西湖抛硬币是游客买票进入公园后，为追求某种精神上的享受而需要进一步支付的一种额外费用，该行为并不是赠与，景点的设置者、建设者和经营管理者当然取得硬币的所有权，故硬币为有主物。

---

① 本案例在写作过程中，参考并吸收了杭州市中级人民法院倪德锋等法官的部分观点，在此表示衷心的感谢。当然，文中的错误和责任由笔者承担。

笔者支持“抛弃说”。理由有三:其一,游客抛硬币的行为动机简单,完全系单方行为。游客把硬币抛入特定地方时,虽已主动放弃了这些硬币的所有权,但其并没有将硬币赠与任何特定相对人的明确意思表示,受赠与人也没有表示接受赠与的意思表示。就此而言,本案与寺庙内的捐赠活动有本质区别,本案不存在赠与关系,西湖中的硬币不是赠与物。持“赠与说”者认为,游客明知硬币最终要被园林管理部门占有而扔、园林管理部门是景点的管理者、事实上一直定期打捞湖中硬币并上交财务,应视为游客与园林管理部门之间存在赠与关系。笔者认为,这种观点值得商榷。因为,从游客的主观心态看,其并不希望自己基于信仰、为获得某种精神上的寄托或心理安慰而抛入西湖的硬币事后被任何人捞取占有,至多是对这种结果的发生持放任态度。换言之,游客当时关注的仅仅是抛硬币行为本身的意义和对某种需要的满足,并不关注其抛入湖中的硬币之最终归属。因此,要认定游客有移转所有权之赠与的意思(含概括意思或默认)是没有任何事实依据的。另外,根据最高人民法院《关于贯彻执行〈中华人民共和国民法通则〉若干问题的意见》第66条规定,不作为的默示除非有法律规定或当事人约定,否则不能视为意思表示,故以园林管理部门一直打捞硬币的事实状态为由,推论园林管理部门具有接受赠与的意思表示,也是不能成立的。所以,游客的行为是单方行为,而不是双方行为。其二,“支付费用说”认为抛硬币是游客为了追求精神享受而需要支付的额外费用,没有事实和法律依据。一方面,与前述同理,本案不存在所谓的服务提供者即园林管理部门接受费用支付的意思表示;另一方面,如果湖中硬币系游客为获取某种精神享受而需要支付的费用,那么按照一般的交易规则和习惯,其应当支付给服务的提供者,而不是将钱扔在湖水里。既然其扔在湖水里,足以表明游客并没有费用支付的意思,游客并不关注硬币本身的交换价值。再从合同关系看,公园与游客之间也不存在此种服务合同关系。没有合同关系,何来对价(指费用)呢?因此,笔者认为不能将游客抛硬币的行为视为费用支付。其三,游客向景点抛扔硬币的行为符合抛弃行为的法律特征。根据民法理论通说,所谓抛弃,是指以消灭物权为目的的单方法律行为。抛弃的意思表示不一定向特定人为之,只要权利人抛弃其占有、表示其抛弃的意思,即生抛弃效力。[①] 本案游客抛硬币的行为完全符合抛弃行为的法律特征:第一,抛弃应是一种故意行为,行为人作出抛弃物的决定时必须出于某种意思支配。本案中,游客就是出于某种意思支配即为了获取某种精神寄托或心理安慰而故意抛弃硬币,符合该特征。第二,抛弃行为人并不追求物本身所具有的交换价值,并不关注物的归属。本案就是如此。所以,笔者认为,被游客抛入西湖的硬币当属抛弃物。抛弃的直接后果是,至少引起硬币所有权的相对消灭,即游客不再是硬币的所有人。

二、湖中硬币是否处于他人实际占有之下:先占及占有的事实判断

在审理过程中,有人认为,无论该硬币是有主物还是无主物,如果能够明确硬币被游客抛入西湖之后立即处于园林管理部门的实际占有之下,那么,两被告人秘密窃取他人占有之下硬币,其行为就构成盗窃罪。此种观点试图回避财产犯罪中财物的所有权归属这一颇为棘手的司法难题,寻求解决本案定性的途径,这种思考、解决问题的方法和思路固然值得肯定,但是能否行得通,还是个问题。主要涉及他人占有之下的无主物能否成为盗窃罪的对象、本案硬币是否属于被园林管理部门实际占有的无主物等法律或事实问题。笔者的看法是:他人占有之下的无主物可以成为盗窃物,但本案湖中的硬币不在他人占有之下。具体而言:

1. 他人占有之下的无主物可以成为盗窃物

他人占有之下的无主物能否成盗窃罪的对象,这实质上是一个触及盗窃罪客体的认识问题。作为一种古老、多发而又极其复杂的财产犯罪,刑法理论界对盗窃罪客体的争议由来已久,至今主要有以下几种观点:(1)所有权说。又称本权说,认为盗窃罪侵犯的客体是公私财物所有权。这是目前的通说。(2)所有权加占有权说。是修正说的一种。认为盗窃罪侵犯客体不仅指财物所有权,还应包括占有权。(3)控制权说。认为盗窃罪的客体是他人对财物的控制权。(4)占有说。又称持有说,认为盗窃罪的客体或保护法益只是财物的占有本身。(5)修正说。分以本权说为基础的修正说和以占有说为基础的修正说。(6)所有权制度说。认为盗窃罪

---

① 魏振瀛主编:《民法》,北京大学出版社2000年版,第218页。

的客体是具体权利背后的公私财物所有权制度。

上述各种学说尽管有差异,但总的争论焦点和落脚点是为了回答不法原因给付物、自有物、他人占有之下的无主物、赃物、违禁品等能否成为盗窃罪的侵害对象,即是扩大、还是缩小或适当限制盗窃罪的处罚范围。我们认为,占有说较为合理,盗窃罪系侵犯他人对财物的持有利益本身,而非直接侵犯所有权或以持有者对物享有所有权为必要,他人占有之下的无主物可成盗窃物。因为占有状态实质是一种法益,与所有权有同等予以刑法保护的现实必要。如果允许破坏占有状态,社会秩序将陷入混乱,所有权的最终保护,也就无从谈起,与刑法保护财产权的初衷背道而驰。国家只有首先维护占有秩序,才能进一步按法律规则解决物的归属,最终保护所有权不受侵犯。对占有的保护,是对社会安宁、稳定的保护。尤其是随着社会的发展,现代社会财产关系日益复杂,财产所有权与其各项权能很多时候都处于分离的状态,占有状态才是盗窃犯罪行为侵犯的最直接的利益。以所有权说为通说认识盗窃犯罪侵犯的客体,已经不能适应当前打击盗窃犯罪的需要。

2. 还没捞取的湖中硬币不处于园林管理部门的占有之下

在被告人捞取硬币之前,该硬币是否已处于园林管理部门的实际占有之下,管理部门已成为财物的新所有人?这与本案定性密切相关,看似事实问题,实质上是一个涉及民法中无主动产之先占取得及占有标准的法律问题。

(1)关于先占的立法现状。为了避免社会财富因无主造成的浪费,促进物尽其用,物权法理论确立了对无主物可因先占取得所有权的法则。无主动产由最先占有者取得所有权,是西方各国民法一项公认的原则。我国民法没有明确承认此项原则,但也没有像苏联那样宣布一切无主物均归国家所有。而在实际生活中,除法律明令保护的野生动、植物外,我国历来允许人民群众进入国家或集体所有的森林、荒原、滩涂等处打猎、采集等,承认他们取得其猎获物、采集物的所有权。拾荒者更是可以取得其拾取的被人抛弃的废除物的所有权。因此,我们有理由认为,在我国除法律明确规定归国家所有的无主动产外(如所有人不明的埋藏物、隐藏物,无人认领的遗失物,无人继承的财产),对其他无主动产或视为无主动产的物件,仍可按先占原则取得所有权。① 有人以我国法律没有明文规定先占原则为由，否定先占原则在司法实践中的运用，并不可取。

(2)先占的构成及占有标准。就本案而言，主要问题不在于能否运用先占原则，而是如何运用！没有被打捞的硬币是否已被管理部门先占，抑或是被告人的行为构成先占？这些都是在企图运用先占原则解决本案时引发的具体争议问题。究其原因，缘于大家对先占构成及占有的判断标准的不同把握。我们认为，先占是指行为人最先、依法、公开表示其意思并对无主物形成事实上的占领和控制。先占的构成要件主要体现在以下四个方面：

一是时间条件：最先。所谓先占，顾名思义，就是指最先占有。"最先"是有效先占的题中应有之义和时间要求。实践中，一般容易理解和把握。

二是合法要件：依法。即依法先占。任何民事行为不得违反法律和社会公序良俗这些民法基本原则，否则无效，对无主物的先占取得亦不例外。我们认为，且不论园林管理部门是否已先占，光从合法要件看，本案两被告人的"先占取得"系无效民事行为，不能取得硬币的所有权。首先，创造先占条件的方式违法。本案两被告人违反有关规定，出于不法目的在岛上潜伏至深夜，扰乱了园林治安管理秩序；其未经批准，在具有特定景观文化意蕴的地方擅自进行打捞的行为，破坏了国家对园林的保护和管理制度，即其创造先占条件的行为违法，或称方式违法；其次，先占的内容有违公序良俗。对于他人基于信仰扔下的东西，如果有人纯粹出于牟利而占有，显然是社会公德和秩序以及良好的民风民俗所不能容忍的，有违公序良俗原则。而园林管理部门对游客扔向这些特定意义的地方的硬币长期以来采取定期打捞，首先是出于维护、管理的需要，也是园林管理部门的行政职权和职责所在。园林管理部门进而对捞上来的这些无主硬币，长期地、公开地、持续地、和平地占有，上缴财务，应当说，并没有违反法律或公序良俗原则。所以，对这些抛弃的硬币，园林管理部门可以因先占而取得所有权。

三是占有条件：行为的有效性。即行为人公开表示其意思并对无主物形成事

① 彭万林主编：《民法学》，中国政法大学出版社1994年版，第228页。

实上的占领和控制。换句话讲，什么是占有，怎样的情况下可以认为已经占有某物，什么情况下构成人对物的占有，是决定某人是否先占某物的关键。所以，先占的核心在于占有的认定。

何为占有，学界有不同的认识和定义。一般认为，占有是指财物所有人或他人对财物实际上的占领、控制。这里涉及人对物的控制支配关系如何界定。根据法学的一般理论和司法实践，认为可区分几种情况从原则上掌握本人和他人持有控制的界限：第一，原则上应以人具有持有支配意识为必要；第二，应以人对物具有实际的控制、支配力为已足；第三，还应适时结合社会生活的一般观念来判断。[①] 我们认为，这种判断标准是切实可行的。据我们理解，上述的支配意识应该指主体有占有的意思表示，即将占有意思必须予以公开地表露。

结合本案，经游客抛弃的硬币能否视为马上被园林管理部门实际占有，园林管理部门对湖中硬币是否具有实际的占有、支配关系，审理过程中意见分歧较大，主要有肯定说和否定说之争。"肯定说"认为湖中硬币处于园林管理部门的占有之下，理由有：①管理部门内部规定，对硬币采取定期打捞、与门票收入一样上交财务，从规定可见管理部门想占有硬币的明显意思；②管理部门对硬币具有现实的控制和支配能力，表现在：硬币所处的环境是特定的，属管理部门的管理、支配范围；管理部门对特定环境下的物行使了一定的管束，如规定定期打捞、游客不得下水；管理部门安排人员值班、看管等；③管理部门对游客扔入湖中的硬币具有控制、占有关系，符合社会生活的一般观念，即湖中硬币最终将被管理部门打捞走，为社会公众一般观念所认可，事实上也是管理部门在打捞，已形成惯例。"否定说"的观点恰恰相反，认为未经打捞的湖中硬币并不处于管理部门的占有之下。

我们支持"否定说"。理由如下：①园林管理部门的内部规定不具有对外效力，其占有的意思没有通过适当的方式对外进行公开表露，不具有约束力。对无主物的先占取得，作为一种单方民事法律行为，其占有的意思尤其需要通过积极的外部行为予以表示、体现，从而产生他信力，对他人发生效力。②经园林管理部门打捞

---

① 黄祥青：《侵占罪若干适用问题探析》，载《刑事法学》2000年第10期。

的硬币与湖中的硬币之权利状态截然不同。前者的打捞行为实质上系先占行为，硬币经园林管理部门实施打捞后，权利状态已发生变化，园林管理部门根据其打捞的事实成为硬币的新的所有人。我们认为，先占必须是一种积极的作为，是一种主动行为，而不能理解为一种消极的不作为或事实状态，未经园林管理部门主动打捞的湖中硬币属无主物。③园林管理部门的管理行为过于宽泛，将园林管理部门的一般管理行为等同于针对特定的硬币行使管束过于牵强。④园林管理部门实际占有湖中的硬币是否为一般观念所认可，实际上属有争议的判断范畴。比较显然的是，本案之所以发生许多争议，可见大家的认识并不一致，园林管理部门当然占有湖中硬币是否为一般观念所认可值得商榷。总之，湖中的硬币当时并不处于被园林管理部门实际占有的事实状态，园林管理部门并没有构成先占，是无主物。

四是对象条件：无人占有的无主物。我们认为，适用先占原则的前提是，不但先占的对象系无主物，而且该无主物当时不受任何人的控制和支配。对有人占有的无主物，我们不妨称为特殊条件下的无主物。特殊条件下的无主物，不能成为先占的对象。

3. 将湖中硬币视为已被占有的无主物，逻辑上说不通

若湖中硬币可视为已被管理部门实际占有，则园林管理部门直接构成先占，湖中硬币因先占而成为“有主物”，而不是所谓的“他人占有之下的无主物”。由此可见，在本案运用特殊条件下的无主物理论解决定性，逻辑上有问题，并不可取。

三、湖中硬币是否当然归园林管理部门所有

有观点认为，既然对这些硬币只有园林管理部门才能合法地打捞，实质上就排除了他人进行打捞的机会，事实上已由园林管理部门“独占”，故本案并不存在“先占”问题。持该观点的人，进一步认为，既然是独占捞取，那么何时捞取并不影响所有权的取得，因而园林管理部门对湖中硬币虽然还没有实施打捞等主动行为，但已当然地拥有所有权，据此，两被告人的行为应构成盗窃罪。我们认为，此种观点值得商榷。因为，只有园林管理部门才能合法打捞，是基于园林管理部门具有并行使行政管理职权而排斥他人对湖中硬币进行捞取、占有，并非基于物权的行使而排除他人打捞。被告人擅自进行打捞，本质上不是侵犯既存的所有权关系而是妨害了

管理部门依法取得所有权。所以,上述观点实际上就是将行政管理职权的行使与物权的行使、对所有权的侵犯与对取得所有权的权利的侵犯这两对不同范畴的概念混为一谈。

四、无主物是否当然归国家所有

抛弃物在被有效占有之前,应视为无主物。有人认为,这些硬币系无主物,无主物当然归国家所有,故两被告人的行为侵犯国家财产所有权,应构成盗窃罪。我们认为,无主物并非当然归国家所有。《民法通则》第79条规定的是所有人不明的埋藏物、隐藏物归国家所有。本案的这些被抛弃硬币,既非埋藏物和隐藏物,也非所有人不明,而是被所有人抛弃而属"无主"。《民事诉讼法》的特别程序对财产无主的程序作了规定,即对于所有人不明的财产,经过法定确权程序,方可判定财产无主,收归国家所有。所以,本案这些硬币,不能认为当然归国家所有。

综上所述,两被告人的行为不构成盗窃罪,检察机关撤回起诉正确,但对其违反有关规定,扰乱景区的治安管理秩序,可由有关部门依法予以行政处罚,并追缴没收违法所得。

6.无人售票公交车司机偷配钥匙占有票款如何定性

——李某等盗窃案

裁判要旨

在审理过程中,各方对公交车司机偷配钥匙开投币箱取得票款的行为定性有定盗窃罪、职务侵占罪、贪污罪三种分歧意见,法院最终认定为盗窃罪。本文从占有的归属、利用工作之便还是利用职务之便、盗窃罪的本质特征三方面展开分析,论证了法院裁判的正确性。

基本案情

被告人李某、张某案发前均系A市公交总公司的无人售票公交车驾驶员,因经济拮据而共谋窃取票款。2002年8月12日,李某在公司里按事先分工,趁保管票箱钥匙的杨某将衣服挂在办公室内而暂时外出之机,偷配了由张某负责驾驶的

19路公交车投币箱钥匙。2002年8月至2003年6月，两被告人在张某驾车营运过程中，多次采用偷配的钥匙开箱，占有箱内票款共计2万余元人民币，赃款平分，遂引发诉讼。

争议问题

审理过程中，各方对本案应如何定性，分歧较大，主要有三种意见：第一种意见认为，两被告人非法占有的财物系公交车投币箱内的、尚未进入收箱工作程序的票款，应视为处于当班司机即被告人张某的实际占有之下的财物，张某有保管该财物的职责，其内外勾结，利用职务之便将财物占为己有的行为应构成职务侵占罪；第二种意见认为，投币箱内的票款由公交公司设专人掌握钥匙保管，应视为处于公司或其保管钥匙人员的实际占有控制之下的财物，两被告人利用工作之便，偷配钥匙，窃取他人占有之下的财物，其行为应构成盗窃罪；第三种意见认为，公交公司是国有公司，两被告人利用职务之便非法占有国有财产，应定贪污罪。法院最终认定两被告人的行为构成盗窃罪。

法官评述

笔者认为，法院认定两被告人的行为构成盗窃罪是正确的，引发本案定性争议的主要原因在于对票款占有的归属、被告人是利用职务之便还是利用工作之便以及"偷配钥匙"这一主要作案手段有不同的判断或把握，相关问题则是争议的焦点。现围绕争议焦点，具体评述如下：

一、被告人张某和李某事先不是票款的占有主体

根据刑法理论通说，盗窃罪的基本特征，是违反被害人的意志，使用平和的方式，将他人占有的财物转移为自己或者第三者占有，而职务侵占罪、贪污罪的基本特征，是利用职务之便将自己占有的他人(单位)财物转移为自己所有。亦即，行为人不可能盗窃自己事实上占有的财物，若其针对自己事实上已经占有的财物而犯罪只能成立职务侵占罪、贪污罪。所以，弄清作为犯罪对象的财物之占有的归属即谁在事实上占有支配财物，对于区分盗窃罪与职务侵占罪、贪污罪具有决定意义。在本案中，解决定性之前则需要考察李某、张某二人是否事实上支配票款？显然，李某既不是公交车当班驾驶员，也不是票箱钥匙的保管员，其与票箱、票款无任何

直接的关联,不是财物的占有主体。而张某是当班驾驶员,与票箱、票款有直接联系,李某的行为性质显然依附和取决于张某,因而张某是否属于票款的占有主体之认定成为解决本案定性的关键。如果张某是票款的占有主体,则张某伙同李某"内外勾结"非法占有票款的行为应该构成职务侵占罪或贪污罪;如果张某不是票款的占有主体,则本案应该定盗窃罪。对这个问题,笔者的看法是:张某不是票款的占有主体,本案应定盗窃罪。理由如下:

1. 张某作为财物的辅助占有者而存在,其对票款的支配不是刑法上的占有

首先,张某虽然事实上参与了票款的管理,但其作为下位者处于从属地位。本案中,从表面上看,张某与公交公司、执掌票箱钥匙的保管员均参与了票款的管理,符合"数人参与共同管理、支配某种财物"的特征,但三者之间明显存在上下主从关系,其中,公司与执掌票箱钥匙的保管员为上位者,而张某系下位者。其次,张某作为公交车的驾驶员,在上班期间对公交车上包括投币箱及箱中的钱在内的附属物存在保管握有(或称其与单位共同管理)的事实,但此种"占有"只是一种"辅助占有",而不是刑法意义上的占有。因为,张某作为单位专设保管员或单位本身占有的辅助者而存在,在保管员或单位的监督之下管理财物,张某对票款不具有处分权,只是物理的、机械的支配以及事实上的握有,其对财物不具有完全、足够的支配力。换言之,尽管张某事实上握有该财物,或者说由其事实上支配该财物,但也只不过是单纯的监视者或者占有辅助者,而不是真正的"占有者"。最后,张某与单位或单位专门设置的保管员之间不具有高度的委托信赖关系,箱内的票款显然被单位及其专门保管员掌握支配下的票箱、用于票箱的钥匙确保。因为,从公交公司将票款加锁置于箱中看,足以说明此点,公交公司显然有排斥包括张某在内的"他人"接触、支配票款的机会,表明了该单位对张某的不信任。因此,我们决不可将张某这种物理上的、机械上的持有与刑法意义上的占有等同。

2. 票款作为封缄物的内容物而存在,封缄物整体与内容物的占有有区别

首先,本案票款属于上锁的封缄物之内容物,该内容物与封缄物整体具有不同程度的委托信赖关系。在本案中,应当承认,张某与公交公司之间在内容物、封缄物整体问题上均体现了委托关系,但是委托者即公交公司将封缄物及内容物交给

受托者即张某保管、运输时,其内在的信任程度明显有别,在封缄物整体即整个票箱的交付上体现了委托者对受托者具有高度的信赖,而在内容物即票款的交付上体现了较低度的信赖甚至明显不信任。其次,将封缄物的整体与其内容物的占有归属加以区别,采取分别对待(处理)的态度,即主张封缄物整体归受托者占有,内容物仍然归委托者占有,有利于实现罪刑相适应。或许有人会认为,对封缄物与内容物的侵害行为"分别处理"会有失刑罚均衡,理由是:根据刑法的规定,职务侵占罪的法定刑低于盗窃罪的法定刑,若行为人侵害了整个封缄物构成职务侵占罪,处罚较轻;若行为人只是侵害了其中的内容物构成盗窃罪,处罚反而较重,因而认为上述"分别处理"的态度不合理。其实,这种观点是对"罪刑均衡"的曲解,以此否定"分别处理"的合理性并不能成立。通过上述分析可知,在封缄物整体的场合,委托者与受托者存在高度的信赖关系,而在内容物的场合,委托者与受托者不存在高度的信赖关系。对侵犯高度的信赖关系的场合处罚较轻,乃是因为其以人身信任为基础,委托者在委托时负有谨慎的注意义务,其对自己选人、用人不当未尽注意义务而必须承担一定的责任,作为受托者的一方由此获得一定的豁免则是符合刑法正义原则的。就此而言,对封缄物与内容物的侵害行为分别处理,实际上是对是否存在高度"信赖关系"之不同场合的区别对待,从而获得真正的"罪刑均衡",实现了罪刑相适应。最后,《刑法》第 253 条第 2 款的规定,也间接说明封缄物的内容物仍然由委托人占有。该条规定:"邮政工作人员私自开拆或者隐匿、毁弃邮件、电报的,处二年以下有期徒刑或者拘役。犯前款罪而窃取财物的,依照本法第二百六十四条的规定定罪从重处罚。"这一规定反映了我国刑法对侵害封缄物的内容物按盗窃罪处罚的态度。联系本案,张某作为该车驾驶员,显然具有保证车辆及其附件完整、安全的职责,若张某将封缄物之整体即整个票箱拆回家,实际上属对高度的信赖关系进行破坏,张某将自己占有之下的本单位财物非法占为己有,则应构成职务侵占罪或贪污罪。而实际上,本案中,被告人张某只取得封缄物的内容物,并没有侵犯封缄物整体的占有,故根据前述分析,应认定为盗窃罪。

二、两被告人作案系"利用工作之便"而不是"利用职务之便"

职务侵占罪、贪污罪以及盗窃罪的手段中均包括窃取行为,所以,在单位内部失窃的场合,职务侵占罪、贪污罪与盗窃罪的区分经常发生争议。一般认为,区分的关键在于查明行为人实施犯罪活动中系利用职务之便还是利用工作之便?本案两被告人犯罪得逞,主要分以下两个步骤进行:一是偷配钥匙;二是使用"偷配的钥匙"开箱取钱。显然,第一步的实施与两个被告人的职务毫无关系,纯粹是利用熟悉周围环境、易于接近作案目标等"工作之便"而完成;第二步从表面上看与张某的驾驶员职务有一定关系,但实际上取决于张某是否具有保管票款的职责。如果被告人张某具有保管票款的职责,那么其行为属于利用该职务之便,内外勾结,将自己保管的单位财物非法占为己有,系监守自盗,因而构成职务侵占罪或贪污罪;如果张某不具有该职责,保管票款不是其职务范围,那么其行为仅仅属于伙同李某利用工作之便偷配钥匙秘密窃取单位财物,因而构成盗窃罪。问题的关键在于,作为驾驶员的张某是否具有保管箱中票款的职责?对此,笔者的看法是:被告人张某没有保管箱中票款的职责。因为,对张某是否具有保管作为封缄物内容物的票款职责之判断,实际上与票款的占有归属问题紧密相连,根据上述分析,本案不存在张某占有即保管票款的事实,自然也就无所谓张某存在保管票款的职责了。由此,笔者认为,张某伙同李某取得票款的行为只是"利用工作之便",而非"利用职务之便",从而可排除其行为构成职务侵占罪或贪污罪。

三、两被告人作案的主要手段系"偷配钥匙"符合盗窃罪的本质特征

盗窃罪中的"窃取"与职务侵占罪、贪污罪的"窃取"行为虽然在语词上同一,但其行为仍然存在本质区别。笔者认为,前者的"窃取"以财物存在原持有支配关系为前提,系以自认为不被人发觉的方法"秘密窃取"他人占有之下的财物,须发生占有的移转,即破坏财物的原持有支配关系,为自己或第三者建立新的持有支配关系;而后者的"窃取"以行为人业已持有该财物为前提,一般不发生占有的移转。就本案而言,箱中的票款事先并不处于张某、李某的占有之下,两被告人为了非法占有的目的,采用"偷配钥匙"的手段,进而使用偷配的钥匙开箱,破坏物的原持有支配关系,为自己建立新的持有支配关系,显然发生了"占有的移转",其行为完全符合盗窃罪"秘密窃取"的本质特征。

综上,笔者认为,无论从占有的归属、有无利用职务之便还是从盗窃罪的本质特征角度看，法院认定两被告人构成盗窃罪都是正确的。

7. 利用漏洞恶意使用电话卡造成损失如何定性与处罚

——徐建明盗窃案

裁判要旨

一、电信公司对电信服务存在管理控制支配的事实，该种电信服务最终可以形成应收的电信资费，这表明电信公司对电信服务享有占有、收益、处分的权利，被告人采用自认为不被电信公司发现的秘密手段，对电信卡进行“非法充值”性质的操作，达到拨打电话不付钱的目的，其作案过程实际上就是破坏电信公司对电信服务的控制支配关系，为自己建立新的控制支配关系，发生了占有的转移，符合盗窃罪中“秘密窃取”的本质特征。

二、数额是盗窃罪定罪量刑的重要标准，但不是唯一标准。审判盗窃案件时，法官除根据盗窃数额外，还应当从犯罪的具体情节和实际损失等情况综合全面考虑，反对“唯数额论”。本案虽然盗窃数额特别巨大，但与一般的扰乱社会治安、直接侵占他人财物等盗窃案件有所不同。由于系统存在漏洞和管理技术上的缺陷，电信公司对财物的管理和控制支配处于相对比较松弛的状态，成为实施盗窃的诱因。且案发后部分损失已追回。故二审法院根据本案的具体情节对原判量刑进行改判适当。

近年来，我国信息产业发展非常迅猛，电信业成为新的经济增长点。与此同时，由于多方面的原因，不法分子受经济利益的驱动，利用电信产业发展过程中计算机技术上的缺陷和管理工作中存在的漏洞，通过各种手段非法获取电信服务、谋取利益的现象时有发生，各类与电信服务相关的犯罪日趋严重。然而，在司法实践中，由于法律规定的不明确和案件的多样性，给此类犯罪的正确认定与处罚带来一定困难。本文试从司法实践中遇到的个案切入，对有关问题加以学理探究。

基本案情

被告人徐建明，男，1969年出生，浙江省杭州市人，案发前从事电话卡推销。

2002 年上半年，被告人徐建明发现由浙江省电信公司发行的 200/IP C 类电话卡存在系统设计运行上的漏洞，即用户可以使用一张 200/IP C 类电话卡分别拨“200”和“17908”接入号同时发起两个电话呼叫，同时，又可通过转账的方式将该卡内最大储值余额转走而不影响继续通话。2002 年 7 月至 2003 年 3 月，被告人徐建明为谋取不法分子提供的每分钟 0.1 元人民币的回扣，先后出资购买了 18 部小灵通电话机和大量的电话卡，雇用安徽籍女青年倪雅琼、宋俊美等人在浙江省宁波市黄鹂新村 41 幢 303 室、孝闻街 6 号 304 室租房内，利用上述漏洞，共计 18431 次拨打号码为 00886949230201 ~00886949230210 等 20 余个台湾地区声讯台电话，造成浙江电信公司应收电信资费损失累计 60 万余元人民币。

另查明，上述 18 部小灵通电话机中，有 5 部是被告人利用假身份证以“张润生”的名义开户登记，该 5 部小灵通电话机拨打台湾地区声讯电话共形成长途电话费 2.7 万元人民币。

案发后，公安机关从被告人徐建明处扣押现金 74900 元人民币以及大量的电话卡、笔记本电脑、移动电话手机、小灵通等财物，部分财物已发还电信公司；一审期间，被告人徐建明的亲属代为退赔 10 万元人民币。

审　判

浙江省宁波市中级人民法院根据宁波市人民检察院的公诉，经公开开庭审理，于 2004 年 11 月 1 日作出(2004)甬刑初字第 135 号刑事判决。以盗窃罪判处被告人徐建明有期徒刑十五年，剥夺政治权利三年，并处罚金六万元人民币。徐建明不服，以无罪为由提出上诉。浙江省高级人民法院依法组成合议庭，审理了本案，并于 2005 年 2 月 3 日作出(2004)浙刑二终字第 241 号刑事判决：(一)维持宁波市中级人民法院(2004)甬刑初字第 135 号刑事判决中的定罪部分，撤销其余部分；(二)被告人徐建明犯盗窃罪，判处有期徒刑十年，并处罚金六万元人民币。该判决现已生效。

争议问题

1. 被告人为谋取个人利益，利用电信公司发行的电话卡设计运行上存在的漏洞，恶意拨打台湾地区声讯电话，造成电信资费的巨大损失，该行为应该如何定性？

2. 在现实生活中，电信公司存在打折销售电话卡的情况，电话费并不能代表电信公司的最终损失，本案的犯罪数额应该如何确定？

3. 本案与一般扰乱社会治安、直接侵占他人财物的盗窃案件确有区别，对被告人的量刑应该如何把握？

法官评述

在审理过程中，各方对被告人徐建明利用电信公司的系统漏洞恶意使用电话卡造成电信资费巨额损失的行为究竟应该如何定性，争议较大，主要有以下四种意见：

第一种意见认为，被告人无罪。主要的理由有：被告人主观上没有非法占有目的，客观上没有秘密窃取有形物的盗窃行为；其行为不属"非法充值"，不符合《刑法》第265条规定的客观要件；被告人的行为属于透支电话费的行为，《刑法》没有规定透支电话费的行为系犯罪；被告人与电信企业之间存在消费合同关系，而非物权关系，本案不存在侵犯所有权的问题，其超额或多打电话，应由民法调整；被告人的行为虽然具有社会危害性，但根据罪刑法定原则，刑法对此类行为没有明文规定为犯罪，应该宣告无罪。

第二种意见认为，被告人的行为构成盗窃罪。理由是，被告人以非法占有为目的，利用系统设计运行上的漏洞，以自认为不被电信公司发觉的方法，在两部电话机上同时发起电话呼叫，并利用第三部电话机将卡内余额转走并继续通话，造成电信资费损失，属于"秘密窃取"，符合盗窃罪的构成要件。

第三种意见认为，被告人的行为构成诈骗罪。理由有：最高人民法院《关于审理扰乱电信市场管理秩序案件具体应用法律若干问题的解释》第9条规定："以虚假、冒用的身份证办理入网手续并使用移动电话，造成电信资费损失数额较大的，依照刑法第二百六十六条的规定，以诈骗罪定罪处罚。"本案虽不是移动电话手机，但是小灵通电话机与移动电话手机没有本质的区别，被告人以虚假的身份证办理"小灵通"入网手续，并使用该"小灵通"造成电信资费损失，其行为符合司法解释的规定，应以诈骗罪定罪处罚；被告人重复使用电信卡的行为可视为通过隐瞒真相的手段骗取电信公司为其提供服务，造成电信资费损失，符合诈骗罪的构成要件。

第四种意见认为,被告人的行为构成故意毁坏公私财物罪。理由是,被告人主观上仅仅为了谋取0.1元的回扣,并没有非法占有60多万元电信资费的目的,不具备非法占有目的的特征,但其在谋取回扣的同时,的确放任了电信资费损失结果的发生,有毁坏他人财物的故意和行为。

法院最后采纳了第二种意见。笔者认为,法院认定被告人的行为构成盗窃罪是正确的。理由如下:

一、电信服务可以成为盗窃犯罪对象

在审理过程中,有的认为,本案犯罪行为的对象是电信服务,不能成为盗窃罪的对象。笔者认为,电信服务可以成为盗窃犯罪对象。

其一,电信服务具有盗窃犯罪对象的共性特征。按照刑法理论通说,盗窃犯罪对象为财物,不但包括有形财物,而且包括无形财物,均须具有经济价值性、可支配性等共性特征。电信服务是一种有偿性质的服务,无论任何人接受电信服务,都将支付一定的服务款项,因而电信服务具有经济价值。同时,电信服务为电信公司实际支配、利用,合法用户只有支付一定款项以后才能享有、控制和支配,其他人未经所有人许可,均不得享用这种服务。电信服务最终体现为电信资费,盗窃电信服务必然会给电信公司造成应收电信资费的损失,就此而言,盗窃电信服务与盗窃钱财并无本质区别。也因此,很多人将盗窃电信服务直接表述为盗窃电信资费。

其二,电信服务作为盗窃罪的对象被刑法及有关司法解释确认。《刑法》第265条规定:"以牟利为目的,盗接他人通信线路、复制他人电信码号或者明知是盗接、复制的电信设备、设施而使用的,依照本法第二百六十四条的规定定罪处罚。"我国《刑法》第二百六十四条规定了盗窃罪。2000年5月24日施行的最高人民法院《关于审理扰乱电信市场管理秩序案件具体应用法律若干问题的解释》第7条规定:"将电信卡非法充值后使用,造成电信资费损失数额较大的,依照刑法第二百六十四条的规定,以盗窃罪定罪处罚。"第8条规定:"盗用他人公共信息网络上网账号、密码上网,造成他人电信资费损失数额较大的,依照刑法第二百六十四条的规定,以盗窃罪定罪处罚。"上述规定均能证明,盗用他人已经支付费用或必然由其支付费用的电信服务的行为构成盗窃罪,电信服务可以成为盗窃犯罪的对象。

或许有人还会提出,刑法只规定了盗用他人电信服务的行为,而没有规定直接盗用电信公司的电信服务之行为,因而按罪刑法定原则,对此类行为难以定罪处理。笔者认为,这种观点仍不能成立。理由是,首先,从社会危害程度的角度看,盗窃电信公司所有的电信服务与盗窃一般用户账上的电信服务并没有本质的区别;其次,从刑事法律的规定看,法律体现了“禁止实施盗窃电信服务的行为,违者将受到刑罚处罚”的精神,任何合法的财产都应该受到刑法的平等保护,没有理由将电信公司的财产利益排除在刑法保护的范围之外;最后,从法律解释的角度看,虽然“他人”一般情况下指电信用户,但将“电信公司”解释成属于“他人”的题中应有之义,并无不可。

二、被告人的主观目的符合盗窃罪的构成特征

行为人的主观目的是犯罪主观要件的重要内容,直接关系到罪与非罪、此罪与彼罪的界定,盗窃等取得财物的犯罪与毁坏财物的犯罪区别之一,在于行为人的主观目的内容不同,因此有必要加以考察。就本案而言,被告人的主观目的可从以下三个方面加以分析、认定。

其一,从被告人获取回扣的动因看,其主观上“以牟利为目的”。根据《刑法》第265条规定,有关电信服务的盗窃罪要求“以牟利为目的”。所谓以牟利为目的,是指行为人具有通过实施犯罪行为而谋求利益的心理状态。在电信服务盗窃中,“牟利”的表现形式是多种多样的,既包括通过盗接他人通信线路、复制他人电话码号供自己或者第三者偷打电话,或者明知是盗接、复制他人电话码号供自己或者第三者偷打电话,或者明知是盗接、复制的电信设备、设施而使用,逃避缴纳通信费用,使合法用户遭受损失的间接牟利,还包括盗接他人通信线路或者复制他人电信设施、设备之后借第三者有偿使用或者倒卖给第三者从中获取非法利益的直接牟利。本案中,被告人徐建明的作案动机是为了谋取不法分子提供的每分钟0.1元的回扣,其主观上试图为自己直接谋取利益的心理是非常清楚的,应认定为“以牟利为目的”。据此,以被告人主观目的没有达到“非法占有”的程度为由否定本案可以构成盗窃罪的观点与法律规定不符。

其二,刑法强调电信盗窃“以牟利为目的”与传统盗窃理论并不矛盾。根据盗窃罪的传统理论,一般都认为,盗窃罪是一种“以非法占有为目的”的犯罪。众所周知,对“非法占有目的”之有无的认定,应以对非法占有目的含义作正确的理解为前提。但是,从近年来理论界的观点和司法实践的情况来看,人们对非法占有目的之内涵存在理解多元化的局面,主要有三种理解:(1)“不(非)法所有说”,即要求行为人不但具有排除权利人而像合法占有者一样进行支配的意思,而且同时具有按照财物的本来用途进行利用处分的意思;(2)“排除权利人意思说”,即仅要求行为人具有排除权利人而像合法占有者一样进行支配的意思即可;(3)“非法获利(利用处分意思)说”,即只要求行为人具有按照财物的本来用途进行利用处分的意思。据此可见,在刑法学界将“以非法占有为目的”解释成包括“以牟利为目的”的观点本身就有一定的市场。沿着这一思路,刑法强调电信盗窃“以牟利为目的”与盗窃罪要求“以非法占有为目的”的理论并不矛盾。

当然,不可否认,在我国,“不(非)法所有说”是解释“非法占有目的”含义的通说。因此,不少学者认为,《刑法》及司法解释的有关规定确认非法消费他人话费的行为可以成立盗窃罪,将盗窃罪的主观目的从要求达到“非法占有”的程度放宽到“以牟利为目的”,是对传统盗窃罪的重大立法完善和突破,使得传统刑法理论中的盗窃犯罪可以呈现出一些新的特征。笔者认为,即使按照通说,这种将电信服务盗窃的主观目的与一般盗窃犯罪目的完全对立起来的观点仍然并不妥当。《刑法》第265条规定的电信盗窃虽然不表现为直接窃取被害人的财物,但盗接通信线路、复制电信码号及使用盗接、复制的电信设备、设施的行为人实质上仍然是以取得一定的非法经济利益作为犯罪故意的内容的,其行为完全符合一般盗窃罪的特征,这也是刑法典把这类行为纳入盗窃罪的根据所在。

其三,从本案被告人的作案过程分析,其主观上仍然具有非法占有的特征。就本案而言,站在被害方的立场考察,被告人的行为无疑给其造成了60万元的损失,该后果与盗窃罪、故意毁坏公私财物罪造成的后果一致,意味着被告人的行为可能构成这两种罪名中的一种;站在被告人的立场考察,从整体上看,被告人徐建明最初的作案动机确实就是为了谋取0.1元的回扣,其意图并不是直接针对60多万元的话费本身,因而其行为与一般的盗窃案件即直接以60万元财物为目标然后非法占有确有程度上的区别，认定其盗窃60万元似乎存在某种障碍。但是，从其具体作案过程分析，被告人的行为其实包括两个阶段，即取得电信服务的方法行为和使用电信服务谋取回扣的目的行为。在方法行为中，被告人主观上目的是针对该60万元话费本身的，其具有非法占有60万元的故意，只有实现这一目的，对60万元话费形成非法所有的状态，方可进行下一个阶段的目的行为。按这一思路考察，被告人具有非法占有60万元话费的目的，其将该话费用于拨打台湾地区声讯谋取回扣的行为属于其对本案"赃款"的实际处分。

三、本案被告人的行为应该归属于"非法充值"

2000年5月24日施行的最高人民法院《关于审理扰乱电信市场管理秩序案件具体应用法律若干问题的解释》第7条规定："将电信卡非法充值后使用，造成电信资费损失数额较大的，依照刑法第二百六十四条的规定，以盗窃罪定罪处罚。"若被告人的行为属于非法充值，则本案应按盗窃罪处理。因此，对被告人的行为是否是非法充值的判定，是解决本案定性的关键。然而现行《刑法》及有关司法解释对非法充值的含义和范围却没有明确规定，但是，2003年9月13日信息产业部作出的《关于"将电信卡非法充值"含义和范围的批复》（以下简称《批复》）已有明确解释。该《批复》内容如下：

"根据电信特征，'将电信卡非法充值'是指，未征得发行电信卡的电信业务经营者（以下简称'发卡人'）的同意，也未向发卡人支付任何电信资费或者实际支付的电信资费低于发卡人通过其合法计费系统所计取的应收电信资费，通过与发卡人卡面明示的使用或操作说明不相符合的如下手段使用发卡人发行的电信卡卡面所载电信业务的行为，而无论其使用该电信业务的目的为何：

（1）通过技术或者其他手段对电信卡卡体进行伪造、变造、复制以及改变物理状态等处理，虚假注入该电信卡以一定的预存电信资费；

（2）利用自己、他人或发卡人相关系统或网络，对可多次核减但不能充值的合法发行的电信卡进行充值或使用；

（3）利用自己、他人或发卡人相关系统或网络，通过合法发行的同一张电信卡同时发起两个或两个以上电话呼叫，导致该同一张电信卡卡面所载金额被重复使用或消费；

(4)利用自己、他人或发卡人相关系统或网络，通过合法发行的电信卡拨打电话，将卡内的电信资费转存或充值到其他卡内，而该卡内的预存余额并未发生相应的减少；

(5)利用自己、他人或发卡人相关系统或网络，人为干扰发卡人合法计费系统的正常运作，对合法发行的电信卡账号内预存的电信资费予以改变或重复使用等的处理，或者对合法发行的电信卡卡内实有余额进行增加、减少或改变等的操作；

(6)利用自己、他人或发卡人相关系统或网络，非按发卡人卡面明示的使用或操作说明对电信卡进行使用或操作，导致电信卡卡内实有电信资费或卡内实有资费余额发生增加、减少或改变的其他手段。”

本案中，被告人使用一张200/IP C类电话卡分别拨“200”和“17908”接入号同时发起两个电话呼叫，同时，又可通过转账的方式将该卡内最大储值余额转走而不影响继续通话，总的目的就是达到打电话不付钱的目的，其行为分别符合上述《批复》所列的第(3)、第(4)种情形。据此，应认定被告人徐建明的行为属于“将电信卡非法充值”，依照刑法及司法解释规定，本案构成盗窃罪没有问题。但是，问题在于，信息产业部的上述《批复》能否参照以及是否具有溯及力。在审理过程中，有人就提出，信息产业部无权对“非法充值”作出具有法律效力的解释，其作出的《批复》不能参照适用，而且本案行为发生在《批复》公布之前，《批复》即使有效，也不具有溯及力。

笔者认为，虽然信息产业部关于“非法充值”问题的批复不是司法解释，但属部门规章，在不违反法律、法规和司法解释的情况下，可以参照适用。该批复是对非法充值这一违法犯罪行为的进一步明确，没有超出刑法关于盗窃罪的可能含义和规定范围，其解释的效力可溯及至2000年5月24日施行的最高人民法院《关于审理扰乱电信市场管理秩序案件具体应用法律若干问题的解释》。

四、被告人的行为符合盗窃罪“秘密窃取”的本质特征

按照法学理论通说，所谓秘密窃取，实质是指以自认为不被人发觉的方法破坏财物原持有支配关系，为自己或他人建立新的持有支配关系，以财物存在原持有支配关系为前提。本案电信公司对电信服务存在管理控制支配的事实是清楚的，该种电信服务最终可以形成应收的电信资费，表明电信公司对电信服务享有占有、收益、处分的权利，被告人采用自认为不被电信公司发现的秘密手段，对电信卡进行“非法充值”性质的操作，达到拨打电话不付钱的目的，其作案过程实际上就是破坏电信公司对电信服务的控制支配关系，为自己建立新的控制支配关系，中间的确发生了占有的转移，完全符合盗窃罪中“秘密窃取”的本质特征。

五、本案不构成诈骗罪

在审理过程中，有人提出本案构成诈骗罪的意见，但持诈骗罪观点的人中也有不同的理解。一种观点认为，没有实际支付对价的被告人利用电信智能网的漏洞偷打电话的行为本身带有冒用性质，符合诈骗罪的特征；另一种观点认为，被告人以虚假的身份证办理小灵通入网手续，依据司法解释构成诈骗罪。笔者认为，上述两种观点均不能成立。首先，第一种观点混淆了盗窃罪和诈骗罪的界限。所谓“盗窃”，是指行为人以自认为不被人发觉的手段将本来属于他人的财物予以非法占有的行为，即“秘密窃取”；所谓“诈骗”，是指行为人采用虚构事实、隐瞒真相的手段，诱使受害人信以为真，“自愿地”将财物交出的行为，即“骗取”。可见，区分两罪的根本标志，在于正确认定非法转移财产所有权的手段的实质特征。本案中，虽然被告人利用电话卡程序设计运行上的漏洞实施的犯罪手段较为特殊，但是，从其本质特征看，不难看出，被告人为了达到打电话不付钱的非法占有目的，在不为电信公司所知的情况下，雇用他人盗打电话，其行为完全符合秘密窃取的特征，而不是“骗取”。其次，第二种观点误解了司法解释。最高人民法院《关于审理扰乱电信市场管理秩序案件具体应用法律若干问题的解释》第9条规定：“以虚假、冒用的身份证办理入网手续并使用移动电话，造成电信资费损失数额较大的，依照刑法第二百六十六条的规定，以诈骗罪定罪处罚。”该司法解释之所以如此规定，主要原因在于移动电话可以透支使用话费，若行为人以虚假、冒用的身份证办理入网手续并使用移动电话，透支使用话费给电信公司造成电信资费损失，符合诈骗罪的特征。而本案中，虽然被告人以假名开立小灵通电话账户，具有诈骗罪的某些特征，但是其使用的小灵通没有透支功能，事实上也没有因开户使用的姓名不真实而造成欠费无法追回,不符合司法解释规定的情况。

六、犯罪及损失数额如何确定

本案被告人徐建明为谋取回扣而利用电信公司的系统漏洞盗打电话共计话费金额60多万元的事实清楚。但问题在于:其一,现实生活中电信卡均打折销售,话费金额能否等同于应收电信资费?其二,电信公司存在垄断经营的事实,外界对其运行成本到底如何并不清楚,应收电信资费能否代表电信公司的实际损失?

对上述问题,笔者的看法是:其一,法院根据话费金额认定盗窃犯罪数额符合司法解释的有关规定,并无不当。最高人民法院《关于审理盗窃案件具体应用法律若干问题的解释》第5条规定,"明知是盗接、复制的电信设备、设施而使用的,盗窃数额按合法用户为其支付的电话费计算"。根据该条规定,在电信服务盗窃案件中,盗窃犯罪数额可以按电话费计算。其二,在现实生活中,电信公司打折销售电话卡的情况确实存在,但这种打折并非普遍打折,而且打折的对象是合法支付对价的用户。本案中,被告人因犯罪而形成的话费金额不能得到打折的"待遇"。其三,鉴于电话卡打折的情况确实存在以及电话费确实不能代表电信公司的实际损失等因素,在量刑时可酌情加以考虑。

七、量刑应该如何把握

量刑是定罪的归宿,量刑适当与否直接关系到审判是否公正,因此也有必要探讨。笔者认为,二审法院对被告人从轻改判为有期徒刑十年,量刑适当。理由如下:

第一,盗窃财物数额是盗窃罪定罪量刑的重要标准,但绝不是唯一标准。审判盗窃案件时,法官除根据盗窃数额外,还应当坚持具体案件具体分析、综合评判的原则,从犯罪的具体情节和实际损失等情况综合全面考虑,反对"唯数额论"。

第二,本案虽然盗窃数额特别巨大,但与一般的盗窃案件确有区别。主要表现在两个方面:其一,与一般扰乱社会治安的盗窃案件不同。在扰乱社会治安的盗窃案件中,被盗的财物往往存在较为严密的看管或控制支配,行为人针对这些财物实施盗窃,往往有很大的破坏性,也容易引发转化型抢劫等潜在的危害结果,反映了行为的社会危害程度较重和行为人的主观恶性较深,因此,对此类盗窃应予严惩。

而本案中，由于系统的漏洞和管理技术上的缺陷，电信公司对财物的管理和控制支配处于相对比较松弛的状态，成为被告人实施盗窃的诱因，失主本身存在一定的过错，在量刑时应有所体现，唯有如此，才能实现罪责刑相适应的刑法原则。其二，与直接侵占他人财物的盗窃案件也有区别。被告人作案主要是为了谋取不法分子提供的回扣，其意图并不是直接针对60多万元的话费本身，因而其行为与直接以60万元财物为目标然后非法占有确有程度上的区别，其社会危害程度相对较轻。

第三，案发后部分损失已追回、一审期间被告人亲属又代为退赔。因此，法院在量刑时也可以酌情从轻处罚。

综上，笔者认为，一审、二审法院对被告人的行为认定为盗窃罪正确，二审法院根据本案的具体情节对原判量刑进行改判适当。

8.“盗抢”险是否含特殊的职务侵占

——雷某职务侵占案

裁判要旨

一、根据法律解释方法中的目的解释和文义解释原理，车辆保险中的“盗抢”险，仅指刑法中确定的盗窃罪、抢劫罪和抢夺罪。盗抢险负责赔偿保险车辆全车被盗窃、被抢劫、被抢夺造成的损失，本案属于职务侵占，并非保险合同约定的保险事故。

二、将职务侵占解释成“盗抢”所涵盖的范围不当加大了保险公司的风险与责任，既违背公平正义的原则，也不利于作为新兴行业的保险业的发展，还可能引发不良的社会后果。

基本案情

原告A有限公司在被告B汽车保险股份有限公司为其所有的一辆货车投保了机动车全车盗抢保险等险种，保险金额为48000元，保险期限自2007年5月10日零时起至2008年5月9日24时止。2008年5月7日，原告司机雷某驾驶被保险机动车到原告所属服务站点取货未归。原告遂向公安机关和被告报案，但被告以车辆损失属于职务侵占,“盗抢”为盗窃、抢劫、抢夺中的任何一种,因此职务侵占非保险合同约定的保险事故,拒绝赔偿盗抢险保险金。[①]

争议问题

有观点认为车辆保险中的“盗抢”险,仅指刑法中确定的盗窃罪、抢劫罪和抢夺罪;也有观点认为刑法中的罪并不能直接适用于民事法律关系,职务侵占理论上指通过侵吞、窃取、骗取或者其他手段非法占有单位财物,其中通过窃取手段实现职务侵占应为“盗抢”险所涵盖。

法官评述

随着社会经济的发展和人民群众生活水平的提高,汽车逐步走进寻常百姓家。现在“有车族”越来越多,为了给爱车增加一份保障,不少车主都投保了全车“盗抢险”。但很多车主却不知道,并非买了盗抢险就可“万无一失”。车丢损失是否属于盗抢险保险合同约定的保险事故、保险公司是否承担赔偿责任,固然属于民事法问题,然而所谓的“盗抢”概念却规定于刑法之中,因此,在民事诉讼中如何运用刑法的原理合理地解释和确定盗抢险中“盗抢”概念的内涵与外延往往引发争议。本案被告以车辆损失属于职务侵占,“盗抢”为盗窃、抢劫、抢夺中的任何一种,因此职务侵占非保险合同约定的保险事故为由,拒绝赔偿盗抢险保险金,就是一个非常典型的案例。对此刑法概念在民事法律关系中究竟如何适用,值得探讨。

对于“盗抢”的适用解释,主要有两种观点:一种观点认为车辆保险中的“盗抢”险,仅指刑法中确定的盗窃罪、抢劫罪和抢夺罪;另一种观点认为刑法中的罪并不能直接适用于民事法律关系,职务侵占理论上指通过侵吞、窃取、骗取或者其他手段非法占有单位财物,其中通过窃取手段实现职务侵占应为“盗抢”险所涵盖。笔者支持第一种观点,即全车盗抢险负责赔偿保险车辆全车被盗窃、被抢劫、被抢夺造成的损失,本案属于职务侵占,并非保险合同约定的保险事故,因此,被告拒绝赔偿保险金是有道理的。之所以将车辆“盗抢险”中的“盗抢”概念解释为刑法中确定的盗窃罪、抢劫罪和抢夺罪,是因为“一个成功的诠释结论必须同时符合法的

---

① 本案系《人民法院案例选》虚拟的讨论案例。

正义性、安定性以及目的性要求”。[①] 具体理由如下：

一、不能脱离民法领域有关条文的约束，违背立法的目的性

刑法属于公法，为维护公法秩序而服务，以惩罚为主要手段恢复被侵害了的法秩序，而民法为私法，为服务私法的秩序而服务，以赔偿或补偿为主要手段。法律语言的意义只有在特定的意义脉络中才能明确其具体的内涵。刑法和民法中的同一概念由于处于不同的法律情境之中、服务于不同的法律，具有不同的法律意义是正常的，应当允许刑法、民法坚持自己独立的立场，作不同的理解与解释。本案作为一个民商事案件，归根结底是民法问题。要解决民法问题，必须根据民法的性质和目的来决定“盗抢”合理的内涵与外延，而不能一味地将它们与刑法中的所有含义等同。其实，无论从“盗抢险”附加险到主险的发展历史来分析，还是从保险条款的具体规定来看，“盗抢”概念所指的总体范围都是明确的。从“盗抢险”的发展历史来看，它是专门针对因全车被“盗抢”造成车辆损失而增设的险种。根据保险条款的明确规定，盗抢险保险责任有两项：一是保险车辆全车“被盗窃、被抢劫、被抢夺”，经县级以上公安刑侦部门立案证实满三个月未查明下落；二是保险车辆全车被盗窃、被抢劫、被抢夺后受到损坏或车上零部件、附属设备丢失需要修复的合理费用。笔者认为，“盗抢险”中“盗抢”的含义取决于这一概念所服务的立法意图以及相关条文的表述和目的，对“盗抢”进行解释首先应该受民法有关规定的约束。据此，“盗抢险”中“盗抢”的第一层意思，应明确为保险车辆全车“被盗窃、被抢劫、被抢夺”，将职务侵占解释成“盗抢”缺乏直接明确的法律依据。

二、不能突破字面含义可能覆盖的“射程”范围，破坏法的安定性

根据前述，“盗抢”的首要含义是指“被盗窃、被抢劫、被抢夺”。而问题在于，在将“盗抢”替换为“被盗窃、被抢劫、被抢夺”的前提下，由于职务侵占罪的客观行为方式中包含了“窃取”，从而能否将此种特殊的“窃取”事实仍然涵摄到“盗窃”的构成要件之下呢？对此，除了从法律的规定与法的目的角度论证，还涉及法律解释中如何体现法的安定性与正义性等问题，须围绕法律解释结论的合目的性、安定性

---

① 吴学斌：《刑法适用方法的基本准则——构成要件符合性判断研究》，中国人民公安大学出版社2008年版，第113页。

与正义性等多个角度作出整体的综合的考量与判断。就法的安定性而言,法律适用解释必须满足法的可预测性的要求,法律调整必须保证裁判能够被预见并能保持长久。刑法理论一般认为,解释作为构成要件语言的内涵与外延时,应该以不超越国民的可预测性为原则。因此,笔者认为,对保险法中的刑法概念即“盗抢”进行解释不能脱离其字面含义可能覆盖的“射程”范围和一般的社会观念。在现实生活中,人们对“盗抢”一词的使用往往与“两抢一盗”联系在一起,其实,“两抢一盗”已成为一个约定俗成的概念,比如说,我们平时会说某某地方正在进行“两抢一盗”专项行动、今年全国正在进行“两抢一盗”专项行动,街上类似的宣传标语也不少见。显然,在一般的社会公众甚至专业的法律人士观念中,大多数人都会认为所谓的“盗抢”指的就是“两抢一盗”,也即“盗窃罪、抢劫罪、抢夺罪”,一般不大会把职务侵占也归类于“盗抢”之中。其实,对于特定的投保人来说,因为有保险条款的明确告知、业务人员的事先提醒以及大量先前案例的指引等因素的存在,我们有理由相信他们比一般的社会公众更了解、更清楚“盗抢险”中的“盗抢”仅为“盗窃罪、抢劫罪、抢夺罪”中的任何一种,而不会将“职务侵占罪”之类的罪名也拉扯进来。否则,无疑将会给人造成投保人钻法律空子的印象。投保人内心很清楚“职务侵占”不属于盗抢的范畴,不包含“职务侵占”完全在其可预测的范围之内,因此,倘若将“盗抢险”中的“盗抢”解释成除了“盗窃罪、抢劫罪、抢夺罪”中的任何一种,还涵盖了含有窃取手段的“职务侵占罪”,那么,此种解释反而超出了保险人可预测的范围,破坏了保险人的安全感和法的安定性。这是不可取的。

三、不能不权衡不同解释所带来的可能后果,损害法的正义性

正义是所有法律的灵魂。正如拉德布鲁赫所言:“正义与真、善、美一样是一个绝对价值,它的根据存在于自身而不需要从更高的价值中推导出来。”[①]立法者正是基于这种信仰,将正义的理念、以往的经验与将来可能发生的事实相对应设计出法律规范。正义意味着公平与平等保护,正义的实现意味着对利益的均衡分配与对司法后果的综合考量。笔者认为,将职务侵占解释成“盗抢”所涵盖的范围加大

---

① [德]拉德布鲁赫:《法律智慧警句集》,舒国滢译,中国法制出版社2001年版,第15页。

了保险公司的风险与责任，既违背公平正义的原则，也不利于作为新兴行业的保险业的发展，同时，还可能引发不良的社会后果，因而是不可取的。

首先，因职务侵占原因造成车辆损失的主要责任在于投保单位本身。根据刑法理论通说，盗窃罪的基本特征，是违反被害人的意志，使用平和的方式，将他人占有的财物转移为自己或者第三者占有，而职务侵占罪的基本特征，是利用职务之便将自己占有的本单位财物转移为自己所有。根据刑法的规定，职务侵占罪的法定刑低于盗窃罪的法定刑，这是因为在职务侵占罪的场合，行为人与被害单位之间存在高度的信赖关系，而在盗窃罪的场合，行为人与被害单位之间不存在高度的信赖关系。对侵犯高度的信赖关系的场合处罚较轻，乃是因为其以人身信任为基础，被害单位在委托员工保管财物时负有谨慎的注意义务，其对自己选人、用人不当未尽注意义务而必须承担一定的责任，作为受托者的行为人由此获得一定的豁免则是符合刑法正义原则的，体现了罪刑相适应。本案原告司机雷某驾驶被保险机动车到原告所属服务站点取货未归，车辆损失是由于雷某的职务侵占行为造成，被害单位因自身管理不善而有责任，此种责任当然不应转嫁给保险公司承担。

其次，将职务侵占排除在“盗抢”所涵盖的范围之外，是基于利益衡量和综合评判的结果。公正从一开始就不全然是一种客观性的存在，从历史的语境看，公正作为一种价值理想准则一直都与人们的主观价值判断如影随形。在现实司法实践中，“从不同的理解角度以及不同群体当然首先是不同主体的立场态度出发，我们都能发现针对‘司法公正’而言的不同解释”、这不仅缘于“‘公正提出’和不同利益的期待有着密切联系，而且缘于众所周知的‘公正’问题在公共空间中十分容易陷入主观化的思想纷争这一知识理解以及价值判断的困境”。[①] 因此，司法实践中，对裁判结论进行多角度的综合考量与利益平衡显得非常重要，这也是裁判获得利益双方认同和增加可接受性的前提与基础。在保险领域，投保人固然是弱势群体，保险的本质就是科学转嫁与分摊风险，使投保人即使车辆不幸被盗，也可通过保险

① 刘星：《走向什么司法模型——“宋鱼水经验”的理论分析》，载苏力主编：《法律和社会科学》（第二卷），法律出版社 2007 年版，第 53 页。

理赔最大限度地减少经济损失。但也应当看到的是,目前我国的保险业尚处于发展阶段,特别是车辆“盗抢险”现在推广起来尚存较大难度。其中,保险公司面临的两大风险是推广不力的原因:一是追偿制度不健全,一旦发生车辆盗窃、抢劫、抢夺案件,保险公司要想追回,成本非常高。即便是属于第三方责任,也往往会陷入法律纠纷中。二是有相当的道德风险。比如,有的投保人因为资金紧张,以车抵押后,转而以被盗名义索赔,而保险公司往往因为取证太难,最终成了“冤大头”。特别是,如果对因为单位员工职务侵占等原因造成车辆损失也列入“盗抢险”的赔偿范围,也可能引诱有的投保人恶意“监守自盗”骗取保险金,如此一来,明显加大了保险公司的风险与责任。对保险人来说,这是不公平的。

最后,法官要学会权衡不同裁判所带来的可能后果,对裁判结论进行后果主义论证。实践证明,许霆案的第一次判决之所以受到质疑,主要原因在于量刑过重,在于法官事先对裁判后果缺乏论证。从后果主义论证的视角来看,第一次判决无期徒刑的结果就会导致许霆这样的案件之当事人承担比其他较之严重的犯罪行为还要重的刑罚,这不符合法律最朴素的公平正义精神,也不切合我国刑法上罪责刑相适应的要求。以这点来说,撇开其他的技术因素不论,拿盗窃17万余元被判无期徒刑的像许霆这样的犯罪人和贪污几百万元被判几年甚至十几年的贪官们相比,人们的心理怎么能平衡,法律的正义又怎样得到实现呢?法官在裁判时应该注意到在此种情形下如果严格按照原法律条文作为裁判规则来做出裁决就会带来一定的不合理和不合情,而是应该重新权衡其他可能的根据以追求一个让多方看来都认为恰当的结论。[①] 本案中,一旦将职务侵占也纳入“盗抢险”的赔偿范围,随意扩大保险公司的责任,可能带来的后果是,不但不利于促进整个保险业的健康发展,也极易引发部分投保人采取“监守自盗”的方式骗取保险金,同时不利于引导和规范投保人对员工的监管,提高自身的管理水平。基于权衡不同裁判可能带来的不同后果,将“盗抢险”的赔偿范围严格限定在刑法中的“盗窃罪、抢劫罪、抢夺罪”是正确的选择。

① 杨知文:《司法裁决的后果主义论证》,载《法律科学》2009年第3期。

9. 持卡取款是盗窃行为的继续

——唐臣盗窃案

裁判要旨

盗窃信用卡不同于盗窃一般财物，盗窃分子取得信用卡，并不等于已经占有卡内款项。行为人受盗窃犯罪分子指使，进一步持卡取款的行为是盗窃行为的继续，构成盗窃罪的共犯。行为人虽然不能确定信用卡系他人以盗窃方式所得，但明知系犯罪所得，具有共同盗窃的概括故意，不影响盗窃罪的成立。鉴于其对整个盗窃行为的完成起了关键作用，不宜认定为从犯。

案号索引

一审：台州市路桥区人民法院（2006）路刑初字第209号。

基本案情

公诉机关：浙江省台州市路桥区人民检察院。

被告人：唐臣，男，1965年8月4日出生，汉族，四川省资中县人，农民，住资中县龙江镇龙结村。因本案于2005年11月16日被刑事拘留，同年12月21日被逮捕。

2005年1月5日上午，张俊、时刚（均以盗窃罪另处）经预谋后，窜至浙江省台州市路桥区客运中心对面公交车站，见行人王向荣路过，时刚先抛下一叠假钱，张俊捡起假钱并以与王分钱为借口，将王骗至客运中心对面的小弄堂内，时刚则尾随而至，以王、张捡到其钱为由，要查看王携带的物品。王向荣为证明其没有捡到钱，则将自己的钱物交给时刚查看，还称自己有一张存有6万元的建行龙卡（储蓄卡）。在查看过程中，张俊、时刚窃取了王携带的现金900元人民币。时刚还要求查询卡内是否确实只有6万元，从王手中接过卡后，假装打电话到银行查询，并乘机向王向荣询问密码，王向荣因无防备而将密码告诉时刚。接着，时刚佯装欲将卡递回给王向荣，而在边上的张俊则将卡接了过去，并乘机将卡予以偷换调包。而后张俊、时刚叫满某（在逃）帮助取款，并承诺事成后给其好处，满某又邀被告人唐臣一同前往。被告人唐臣明知张俊、时刚经常在客运中心附近用抛钱的方法行骗，但为了得到“好处费”，答应前去取款。满某乘上唐臣驾驶的摩托车一同到附近的建设银行，先由满某在建行某分理处柜台上支取4万元，接着由被告人唐臣在建行某储蓄所柜台上支取2万元。取款后，满某提议将6万元分别予以侵吞，并在自动取款机上修改了密码，后回去告知张俊、时刚密码不对，无法取款，张、时二人不相信，遂叫人去查密码，结果取款机显示密码不对，张、时二人只好作罢。

台州市路桥区人民检察院以台路检诉(2006)226号起诉书指控被告人唐臣犯盗窃罪，向路桥区人民法院提起公诉。

被告人唐臣对起诉指控的犯罪事实和定性均无异议。辩护人对起诉指控的犯罪事实和定性亦无异议，但辩称，被告人唐臣在共同犯罪中起次要作用，系从犯，且系初犯，认罪态度较好，请求予以从轻处罚。①

审　判

台州市路桥区人民法院审理认为：被告人唐臣明知储蓄卡系他人非法所得的情况下，仍伙同他人持该储蓄卡去银行取款，数额巨大，因他人非法取得储蓄卡的方式是盗窃，其取款行为系盗窃行为的继续，其行为已构成盗窃罪。被告人唐臣归案后认罪态度较好，酌情予以从轻处罚。公诉机关指控的事实清楚，罪名成立，适用法律正确。辩护人提出被告人唐臣系从犯的辩护意见，经查，被告人唐臣直接实施了持储蓄卡取款的行为，若仅盗窃信用卡而不使用并不构成盗窃罪，其取款行为对盗窃行为的完成起了关键作用，并伙同他人侵吞了该款，不能认定从犯，故对其该辩护意见不予以采纳；但被告人唐臣在共同犯罪中的作用相对较小，酌情予以从轻处罚。辩护人提出的被告人系初犯、认罪态度较好的意见，与事实相符，予以采纳。依照《中华人民共和国刑法》第一百九十六条第三款、第二百六十四条、第二十五条第一款之规定，作出判决：以盗窃罪，判处被告人唐臣有期徒刑四年，并处罚金两万元人民币。宣判后，没有上诉、抗诉。现判决已经发生法律效力。

---

① 本案例系与台州市中级人民法院黎利荣法官合作完成，曾在浙江省高级人民法院主办刊物《案例指导》发表。

法官评述

在现实生活中,犯罪分子通过抢劫、盗窃、诈骗等手段获取被害人的信用卡后,为防止罪行败露,指使他人持卡至银行取款的现象时有发生,对此类案件的法律适用是审判实践中的难点。

一、被告人唐臣的行为构成盗窃罪

在审理过程中,各方对被告人唐臣的行为定性存在争议。有人认为,被告人唐臣构成信用卡诈骗罪。理由有:被告人唐臣不是持卡人,却冒充持卡人前去银行取款,属于冒用他人信用卡的行为,应定信用卡诈骗罪;被告人唐臣只知道张俊、时刚的信用卡来路不正,但并不能确定其系盗窃所得,没有盗窃的共同犯罪故意,且参与犯罪时张俊、时刚已将现金和信用卡偷到手,盗窃犯罪行为已经完成;唐臣事先又没有参与盗窃预谋,其事后的取款行为不属盗窃性质的行为,不构成盗窃共犯,故不能定盗窃罪。我们认为,此种观点不能成立,法院认定被告人构成盗窃罪是正确的。理由如下:

第一,取款行为是盗窃行为的继续,系盗窃犯罪的组成部分。盗窃信用卡的行为不同于一般的盗窃行为,行为人取得信用卡,并不等于就占有了信用卡内的款项,就好比偷拿了他人的房门钥匙,不等于占有了他人房间内的财物一样。前往银行取款的行为是将信用卡本身包含的不确定价值转化为具体钱物的过程,是盗窃行为的必然继续。行为人在窃得信用卡后,没有使用之前,只是获得了非法获利的机会。《刑法》第196条第3款规定,盗窃信用卡并使用的,依照《刑法》第264条的规定即以盗窃罪定罪处罚。据此,行为人如果仅窃取了信用卡而不使用,并不构成盗窃罪。因此盗窃信用卡的行为与使用信用卡的行为应视为一个整体,不应割裂开来。

第二,被告人唐臣具有盗窃犯罪的概括故意。一般认为,共同犯罪作为一个犯罪整体,正犯的行为及主观方面决定了犯罪行为的类型,共犯只有明知正犯的行为性质及主观意图并实施了帮助行为,才可以构成正犯所犯之罪。但是,在某些特殊的情况下,作为共犯的行为人虽然不直接明知正犯的具体行为性质,但其明知正犯的行为系抢劫、盗窃、诈骗等犯罪行为,具有共同犯罪的概括故意,而参与其中,实施了帮助行为，也应构成共同犯罪。本案中，被告人唐臣虽然只知道张俊、时刚二人经常以抛物方式行骗，对于张俊、时刚取得该卡究竟是通过什么手段得来的并不具体明知，但其明知该卡系犯罪所得。也就是说，无论信用卡是抢劫、诈骗等犯罪所得，还是盗窃所得，都在被告人的意料范围之内，并不违背被告人的意志。信用卡究竟以何种方式取得，并不影响其与张俊、时刚构成共同犯罪。如果张俊、时刚取得信用卡的方式是诈骗，则唐臣的取款行为应定诈骗罪，如果时刚、张俊取得卡的方式是抢劫，则唐臣的取款行为应定抢劫罪。

二、被告人唐臣不宜认定为从犯

关于被告人唐臣能否认定从犯，在审理过程中也有不同的意见。有人提出，应认定被告人唐臣为从犯，因为唐臣并没有直接实施盗窃行为，仅实施了帮助取款的行为，系帮助犯，且在帮助取款的过程中，处于从属地位，当时张俊、时刚二人是叫满某去取款，因为唐臣是从事摩托车出租的，满某才叫上唐臣去取款，且满某取款在先，唐臣取款在后，取款、侵吞的数额也比满某少。故应认定被告人唐臣为从犯。

我们认为，唐臣直接实施了持卡取款的行为，对盗窃犯罪的完成起了关键的作用。若张俊、时刚仅盗窃了信用卡而不使用并不构成盗窃罪。根据上述分析，取款行为是盗窃犯罪的组成部分，并不是一般的帮助行为，而是直接实行行为。在具有两个以上实行犯的场合，并不一定要求其中每一个人的行为都独立地完全符合犯罪构成的要件，只要其行为结合在一起而符合某一犯罪的构成要件即可。就本案而言，被告人唐臣的取款行为与张俊、时刚的窃卡行为结合在一起符合了盗窃罪的构成要件，构成了盗窃共犯。并且，唐臣还伙同他人侵吞了该款，在共同犯罪中所起的不是次要作用。故被告人唐臣不宜认定为从犯。

10. 共同占有者私自拿走财物的行为如何定性

——王某盗窃案

裁判要旨

一、本案王某、张某受李某的委托，各执一把锁的钥匙，主观上具有共同看管仓库、占有财物的意思，客观上形成了一种共同的现实支配力，符合共同占有的特征。

二、王某趁张某外出之机采取撬锁的手段，符合秘密窃取的盗窃罪特征。王某为掩盖“内盗”的事实，故意将自己持有钥匙的里外门锁也撬开，伪装“外盗”的特征，转移视线，更加反映了其秘密窃取的本质特征。

基本案情

2002年6月，被告人王某与同乡张某从原籍来浙江省杭州市打工，为李某看管仓库。仓库有两道门，外面的一道门有一把锁，里面的一道门有两把锁，王某与张某各持不同锁的钥匙一把，李某自己持有钥匙各一把。为方便看管，李某安排王、张暂住在位于两道门之间的一间房内。2003年5月28日晚，王某趁张某外出之机，采取撬锁的手段打开仓库的里、外二道门，然后叫了三轮车工人将仓库内价值10万余元人民币的货物转移至他处，后销赃。

争议问题

本案如何定性，主要有两种意见：一种意见认为，本案财物系处于王、张共同占有之下，可视为他人占有之下的财物，王某采取秘密窃取的手段，侵害了他人对财物的占有，构成盗窃罪；另一种意见则认为，本案财物的所有权属李某，王、张只是受李某委托占有该财物，王某私自拿走共同所占有的财物，其实质是侵犯了委托者对受托者的委托信赖关系，应构成侵占罪。

法官评述

笔者同意第一种意见，即王某的行为构成盗窃罪。理由如下：

第一，王某与张某之间形成的“共同占有”是独立于王、张个人占有的“第三者”，王某的行为实质是侵犯了“共同占有”。王、张受李某的委托，各执一把锁的钥匙，主观上具有共同看管仓库、占有财物的意思，客观上形成了一种共同的现实的支配力，符合共同占有的特征。张某外出，但其随身携带保管仓库钥匙，对仓库内的财物仍存在支配力，故其暂时的外出，并不能否定其与王某之间形成的共同占有之持续性；另外，共同占有不可等同于共同占有者的个人占有。显然，王某、张某虽各执一把锁的钥匙，但不能单独打开仓库之门，王某、张某之一人对仓库内的财物不具有完全、足够的支配力，所以，不能视财物处于某一人的单独占有之下。他们只有在同时使用钥匙的情况下才能打开仓库之门，这种共同占有的状态具有独立性。那种将共同占有等同于个人占有，将拿走共同占有之下的财物行为等同于拿走个人占有之下的观点并不正确，其结论难免错误。

第二，从取得财物的方式上看，王某的行为系秘密窃取，符合盗窃罪的特征，而不符合侵占罪的特征。侵占罪的行为人非法占有财物时，被占有的财物已在行为人的持有和控制之下，行为人只要采取欺骗、抵赖等手段使持有变为非法占有，其手段既可以是秘密的，也可以是公开的。而盗窃罪在行为人非法取得财物之前，财物并不在自己的占有之下，须以自认为不被人发觉的秘密手段“夺取占有”，才能实现非法占有。本案中王某趁张某外出之机采取撬锁的手段，完全符合秘密窃取的盗窃罪特征。王某为掩盖“内盗”的事实，故意将自己持有钥匙的里、外门锁也撬开，伪装“外盗”的特征，转移视线，更加反映了其秘密性的本质。

第三，王某的行为并不直接侵犯委托者对受托者的委托信赖关系。雇主李某雇佣王某、张某看管仓库，双方成立雇佣合同关系，王、张对雇主财物负责看管并确保安全是其适当、完全履行合同义务的表现。如果王、张因保管不善而致使财物丢失、被盗或毁损，应当承担赔偿之责。本案中张某擅自外出致使财物被盗，应当负有赔偿的责任，雇主李某可向其主张赔偿。在未发现系王某所盗的情况下，李某当然也同时享有向王某请求赔偿的民事权利。所以，从实质来看，李某的权利并未受到刑法意义上的根本性的损害。就此而言，王某的行为并不直接侵犯委托者李某对受托者的委托信赖关系。

第四，从非法占有目的的产生时间看，王某的行为亦符合盗窃罪的特征，而不符合侵占罪的特征。既然侵占罪是将自己持有的他人财物转归己有，其非法占有目的的产生时间不可能产生在持有他人财物之前；而盗窃罪中的非法占有目的只能产生在持有、控制他人财物之前。本案财物处于王、张的共同占有之下，并非处于王某的个人占有之下，其非法占有目的显然产生在其个人占有财物之前，故符合盗窃罪的特征。

11. 扭打中扯得对方手表并隐藏如何定性

——李某盗窃案

裁判要旨

一、本案被告人李某忙于争执，无意中扯落对方的手表，实施扯的行为之前、之时并没有非法占有对方手表的主观目的。

二、李某扯得对方手表后的"持有"行为是物理意义上的持有，其对手表尚不具有完全、足够的支配力。其为了完全占有手表，彻底摆脱对方的控制，从而采用自认为不被人发觉的方法，趁洗手之机隐藏手表，符合"秘密窃取"的盗窃罪构成特征。

基本案情

2003年8月6日中午，李某与其雇主王某发生争执。在扭打过程中，李某无意中将王某戴在手上一块价值1万余元的名牌手表扯落到自己的手上。打架被围观群众很快劝止后，王某发现手表不见了，遂让周围群众帮助寻找。其间，李某趁到卫生间洗手之机，将该手表予以藏匿。王某报案后，公安人员立即赴现场勘查、访问，并对李某进行了盘问，但李某拒不承认是自己拿了手表，直到公安人员从卫生间找到手表后，才不得不承认藏匿手表的有关事实。遂发生诉讼。

争议问题

对本案如何定性，各方争议较大，主要有两种意见：第一种意见认为，本案应构成侵占罪；第二种意见则认为，李某之行为符合盗窃罪之"秘密窃取"的本质特征，应构成盗窃罪。笔者赞同第二种意见。

法官评述

正确解决本案的定性，应从行为人有无非法占有目的、非法占有目的的产生时间两方面进行把握。因为侵占罪、盗窃罪都是以非法占有为目的的犯罪，故对"非法占有目的的产生时间"之理解与确定是本案定性的关键。一般认为，侵占罪与盗窃罪的最大区别在于行为人非法占有目的的产生时间有别，即侵占罪之非法占有目的产生在行为人合法（至少是非犯罪方法）持有对方财物之后，该罪的实质是将自己占有之下的财物非法变为己有，也就是通常所说的“易合法持有（或占有）为非法所有”；而盗窃罪之非法占有目的产生在持有对方财物之前，该罪的实质是将他人占有之下的财物通过盗窃的手段加以转移，夺取财物的占有，也就是通常所说的“秘密窃取”。所以，区分本案是侵占罪还是盗窃罪，对下列两个事实问题的回答就显得特别重要：一是在被告人李某着手实施犯罪之前，涉案手表是否仍处在王某的占有之下？二是李某的非法占有目的产生在持有对方财物之前还是之后？

笔者认为，本案李某忙于争执，属无意中扯落对方手表，即实施扯的行为之前、之时没有非法占有目的。如果仅凭扯这一举动，在占有归属上即视为李某事实上已经占有该物，那么李某是在持有对方手表之后产生非法占有目的，并将自己占有之下的他人财物予以隐藏，从而变为己有，其行为应构成侵占罪。问题在于，李某在扭打中扯得对方手表，能否视为李某对该手表取得了占有？是否构成“非法占有目的的产生时间”意义上的持有支配关系？依笔者浅见，李某抓得对方手表后的“持有”行为是物理意义上的持有，该手表仍处于他人视线范围之内和可能的控制之中，或者说，其对手表尚不具有完全、足够的支配力，而刑法意义上的人对物的持有支配关系必须是行为人成功、独立地占有了他人财物，对物已具有完全、足够的支配力。李某为了完全地占有手表，或者说为了彻底摆脱对方的控制，从而采用自认为不被人发觉的方法和秘密手段（在本案主要表现为趁洗手之机予以隐藏）将手表的占有予以转移，整个过程符合“秘密窃取”的特征，故第二种意见认为李某构成盗窃罪是可取的。

12. 虚构“毒品假案”骗取举报线索奖励费如何定性处罚

——王小林诈骗案

裁判要旨

行为人以非法占有为目的，隐瞒自己指使他人送假毒品的真相，虚构他人贩毒的事实，引诱公安机关抓捕受其指使之人，骗取公安机关举报线索奖励费，其行为已构成诈骗罪。其诈骗行为严重妨害了司法机关的正常活动，造成两名未成年人和一名成年人被刑事拘留、逮捕，并被起诉至法院，作案手段卑劣，犯罪后果严重，社会危害极大，足以认定其具有《刑法》第266条中规定的“其他严重情节”。

案号索引

一审：台州市路桥区人民法院(2009)台路刑初字第477号；

二审：台州市中级人民法院(2009)浙台刑二抗字第7号。

基本案情

公诉机关：台州市路桥区人民检察院。

被告人王小林，男，1988年7月4日出生，汉族，贵州省余庆县人，小学文化，农民，住余庆县小腮镇中关村中桥组1号。因犯盗窃罪于2005年10月18日被路桥区人民法院判处有期徒刑六个月，同年12月24日刑满释放。因本案于2009年1月21日被刑事拘留，同年2月25日被逮捕。

路桥区人民法院经审理查明：

被告人王小林因盗窃犯罪刑满释放后被公安机关立为刑事特情使用。2008年5月初，被告人王小林与浦小华预谋唆使他人贩卖毒品并向公安机关举报以获取举报线索奖励费后，从医院购得头痛粉装入数十支长短不一的塑料吸管内伪装成“毒品海洛因”。同月15日、19日中午、19日晚上，被告人王小林与浦小华、张林(另案处理)许诺事后给予200元或300元的报酬，分别让罗富陆、罗亮(均系未成年人)、左真雄送给事先联系好的所谓买毒人并将所谓买毒人台州市公安局路桥分局干警毕某某、蓬街派出所协警蔡某某及浦小华的手机号码告诉该三人。与此同时，被告人王小林向公安机关虚假举报上述“贩毒线索”。罗富陆、罗亮、左真雄分别在与毕某某等人进行所谓的毒品交易时被抓获，后被刑拘、逮捕。经检验，从罗富陆、罗亮、左真雄处查扣的3.32克毒品疑似物中未检出海洛因、甲基苯丙胺、氯胺酮成分。事后，被告人王小林与浦小华从公安机关取得举报线索奖励费共计3700元。

台州市路桥区人民检察院认为，被告人王小林唆使他人贩卖毒品，情节严重，系累犯，应对其以贩卖毒品罪（未遂）追究刑事责任，遂以被告人王小林犯贩卖毒品罪向路桥区人民法院提起公诉。

被告人王小林对起诉认定的事实没有异议，但认为自己的行为不构成贩卖毒品罪。

辩护人认为被告人王小林不具有贩卖毒品的故意，唆使他人实施不可罚或非犯罪的行为，不构成贩卖毒品罪或诈骗罪，应宣告被告人王小林无罪。

审　判

台州市路桥区人民法院经审理认为：被告人王小林身为公安机关的特情，为获取举报线索奖励费，结伙采取设计陷阱、制造案件的方法，骗取公安机关举报线索奖励费3700元人民币，其行为已构成诈骗罪，且造成三人被刑拘、逮捕，手段恶劣，后果严重，应当认定其具有刑法规定的“其他严重情节”。被告人王小林在前科刑罚有期徒刑执行完毕后五年内再犯应处有期徒刑之罪，系累犯，依法从重处罚。辩护人要求宣告被告人王小林无罪的理由与事实及法律不符，不予采纳。但公诉机关以贩卖毒品罪（未遂）指控的罪名亦不能成立，应予纠正。遂依照《中华人民共和国刑法》第二百六十六条、第二十五条第一款、第六十五条第一款之规定，判决：被告人王小林犯诈骗罪，判处有期徒刑六年，并处罚金四千元人民币。

宣判后，公诉机关台州市路桥区人民检察院以原判定性错误等为由，提出抗诉。

检察机关抗诉提出，罗富陆等三人的贩毒故意和行为系被告人王小林的利诱教唆行为所致，王小林主观上具有教唆他人犯罪的认识和意志因素，符合教唆犯的特征，应以贩卖毒品罪（未遂）定性处罚；王小林诈骗所得只有3700元，尚未达到浙江省司法机关规定的诈骗罪“数额较大”之起点标准4000元，无法认定其具有诈骗罪的“其他严重情节”，原判以诈骗罪定性处罚不当，适用法律错误，建议二审依法改判。

经台州市中级人民法院审理查明，原判认定被告人王小林骗取公安机关举报线索奖励费并造成三人被羁押的事实，有证人罗富陆、罗亮、左真雄及公安民警毕某某、徐某、伍某某等的证言，作案同伙浦小华的供述，罗富陆等对王小林的辨认笔录,证明从罗富陆等处查扣物品系假毒品的物证检验报告及扣押物品清单,公安机关出具的抓获经过等证据证实。被告人王小林亦供认不讳,所供与上述证据反映的情况相符。原判认定的基本事实清楚,证据确实、充分。但被告人王小林供述以及公安人员毕某某、伍某某、徐某等出具的情况说明等证据证实,王小林与公安人员事先约定的三起"贩毒案件"举报线索奖励费总计金额达4000元人民币,案发时已经到手3700元,原判仅表述实际到手3700元,没有全面反映案情;此外,罗富陆、罗亮、左真雄因受王小林指使送假毒品而涉嫌贩卖毒品罪被起诉至法院,原判仅称三人被刑事拘留、逮捕尚不全面,均应予以纠正。关于抗诉理由。经查:被告人王小林并不想贩卖毒品,指使他人所送的也仅系头痛粉而非毒品。故其没有贩毒的主观故意和客观行为,此行为也不会造成贩毒的危害后果,依法不能以贩卖毒品罪定罪处罚。检察机关抗诉称王小林系唆使他人贩毒且情节严重与事实不符,不予采信。

台州市中级人民法院审理认为,被告人王小林以非法占有为目的,隐瞒自己指使他人送假毒品的真相,虚构他人贩毒的事实,引诱公安机关抓捕受其指使之人,骗取公安机关举报线索奖励费4000元人民币,案发时已到手3700元,其行为已构成诈骗罪。被告人王小林的诈骗行为严重妨害了司法机关的正常活动,造成两名未成年人和一名成年人被刑事拘留、逮捕,并被起诉至法院,作案手段卑劣,犯罪后果严重,社会危害极大,足以认定其具有其他严重情节,且又系累犯,应当在《刑法》第二百六十六条规定的三年以上十年以下有期徒刑档次内从重处罚。检察机关抗诉提出原判定性错误,要求改判的理由不足,不予采纳。原判定罪及适用法律正确,量刑适当。审判程序合法。遂依照《中华人民共和国刑事诉讼法》第一百八十九条第(一)项,《中华人民共和国刑法》第二百六十六条、第六十五条第一款之规定,裁定驳回抗诉,维持原判。

法官评述

一、"毒品假案"的有关背景分析

近年来,随着社会的发展和犯罪分子反侦查意识的增强,有一些严重刑事犯罪的诡秘性越来越突出,比如毒品犯罪、走私犯罪、黑社会性质的有组织犯罪、恐怖组织犯罪等危害性相当严重的犯罪时有发生。而公安机关使用常规的侦查措施对付此类犯罪往往难以奏效。为了揭露和证实这些高度隐蔽的严重犯罪,侦查人员运用“刑事特情”等秘密侦查措施侦破案件的现象也就越来越常见。

刑事特情是对执行特殊任务的刑事特别情报员的一种简称。刑事特情不是公安机关的工作人员,而是由公安机关刑事侦查部门依法建立并领导指挥的,用于收集犯罪活动情报,进行专案侦查、发现犯罪线索和控制犯罪活动的一股隐蔽力量。刑事特情工作涵盖了特情的选建、使用、管理和考核、案件侦查等各个环节,是刑事侦查部门同犯罪作斗争的一种不可缺少的专门手段。特情工作对于有组织犯罪、毒品犯罪等诡秘性高的案件侦查获取犯罪情报、取得犯罪证据和查获犯罪人等具有相当重要的实践意义,在打击和惩治犯罪中的功能和作用功不可没。然而我国《刑事诉讼法》对特情工作却没有明确规定。公安部在1963年制定并下发的《刑事侦察工作细则(试行)草案》中对刑事特情建设的原则、分类及管理使用作了规定;后在1984年8月制定并下发了《刑事特情工作细则》,公安部缉毒局于2001年制定发布的《缉毒特情工作管理办法》对缉毒特情的物建、使用、保护和管理等进行了规范,这是各级公安机关开展特情工作的操作依据。应当说,上述业务规范的制定与发布,在很大程度上规范了特情工作,使我国公安机关刑事侦查部门的特情工作纳入制度规范的轨道。但也无法否认,由于相关法律法规尚不够健全、特情工作操作环节的监督机制欠完善、内部奖惩机制不合理、个别公安人员实施诱惑侦查、犯罪分子自身为谋取非法利益铤而走险等种种原因,以及特情身份本身的特殊性等因素都决定了特情的使用尚存在着潜在的风险。近几年,全国涉及特情人员引诱犯罪甚至制造假案、陷害无辜的现象时有发生。特别是在涉及黄、赌、毒案件中,有些地方政府给公安机关下达破案指标(如有的地方政府与公安机关签订的年度禁毒工作责任书,明文规定强制戒毒人数、破获毒品案件数、缴获毒品的数量等),一些基层办案单位,也随之对办案人员查破案件数量作出不切实际的规定,确定办案指标,并使之与具体的办案部门或办案人员奖励、考评挂钩,在利益驱动下,极个别公安民警立功心切,违规违法办案,甚至内外勾结故意制造假案。有的虽然无意制造假案,但在办案中途发现了工作错误、失误,由于好大喜功也不愿意主动纠正,而是选择继续违心办案，或放任特情工作危害结果的发生，以掩盖错误的行为方式逃避错案责任追究，结果导致执法目标和执法价值在观念上的偏离，造成个别无辜公民错误地受到刑事追究。由于此类案件涉及相对人的合法权益，极易给国家司法和社会风气带来严重的危害和负面效应，因而一旦案发往往深受社会各界的广泛关注，甚至引发炒作，这也会给人民法院的审判工作带来巨大的压力与困难。对此类案件进行规律性总结与剖析，统一案件定性处罚认识等法律适用问题，对于审理好同类案件、实现刑事司法公正具有重要的参考价值。

从掌握的资料来看，近年来全国由特情引发且已暴露出来的“毒品假案”并不少见，需要引起司法审判者的高度警惕。据媒体报道，兰州的“特情”马某勾结个别公安人员采取栽赃陷害、制造假贩毒案件多起，导致4名无辜公民入狱；其中3位一审被错判死刑（死缓），案发后，有5名公安民警因与马某的栽赃陷害有关联而被判刑。

有关案例显示，当前的“毒品假案”主要有以下几方面特点：

1. 从特情的身份看，有相当一部分特情是有犯罪前科或涉嫌参与了某些犯罪。即所谓的“污点证人”，这些“污点证人”存在品格上的先天缺陷，难以确保其提供情报内容的真实可靠性。

2. 从行为人的主观目的看，出于社会正义感而自愿充当特情的占少数。掌握犯罪线索或参与犯罪的特情可能与警方存在某种交易，或为了立功、获得刑事豁免，或为了领取赏金甚至掩盖自己的罪行，他们更多的是基于自身利益的考虑，其本身的公正性以及提供信息的真实性就大打折扣。其中，数额不菲的奖金是驱动特情提供虚假线索、制造假案的主要因素。

3. 从作案手法看，犯罪分子充当“导演”的角色。行为人往往具备很强的反侦查意识，并对缉毒民警的心理和侦查方法进行过精心研究，能准确地把握缉毒部门迫于缉毒任务重、压力大、急切地想破大案、完成指标和任务的心理，以提供数量巨大的贩毒线索为诱饵，骗取多家侦查部门的巨额“办案经费”“线索奖励费”。而侦查部门和警察却轻信特情提供的情报，对特情提供情报的动机以及身份、线索的真实性等没有作进一步的审查。

4.从行为类型来看,主要有三种类型:一是特情单独诱人犯罪型。所谓特情诱人犯罪,是指特情对没有犯罪意图或倾向的人以一定的好处为诱饵,诱其产生犯罪意图或倾向,使其在客观上追求这种好处,并诱导和促成其完成犯罪行为,而这种犯罪过程往往处于特情、侦查机关和侦查人员的控制之下,被诱惑者并不能得到预期的好处,而是产生了其本来没有预期的后果。二是特情与警察勾结型。所谓特情与警察勾结,是指个别执法人员为名利所使,在办案过程中与特情相互配合人为制造假案,非法制造"警察圈套"寻机谋取非法利益,甚至不惜实施非法手段牵涉无辜、移祸他人、栽赃陷害。三是警察放任型。所谓警察放任型,是指有的警察预见到特情提供的情报存在问题,而为了完成办案任务,对情报线索的真实性未作任何审查,放任特情引诱等危害后果的发生。上述后面两种类型都会导致警察与特情的关系从"猫鼠关系"转变为合作关系,双方各取所需,配合默契。这也提醒我们,目前的缉毒形势是多么复杂、危险。

5.从假案的原因剖析,症结在于警察与特情结成了"利益共同体"。其中,公安机关内部推行的考核奖励机制是风险发生的一个重要诱因。在办案指标压力和各种考核奖励的双重动力驱使下,警察与"线人"结成一个利益共同体,联手去"制造案件"甚至"制造大案"也就不足为奇了。

6.从查处的角度看,特情虚假或错误陈述往往难以得到发现和纠正,审判难度大。我国的警方特情身份不但完全保密,而且在刑事诉讼中使用化名、一概不出庭作证,甚至向警方所作的陈述或提供的情报内容也被作为秘密资料而不随案移送,有的即使移送了,也因对特情使用化名等原因而无法核实其证言的真实性。凡是"毒品假案",一个共同的特点就是"提供情报线索的人都无一例外地失踪或在逃"。这种做法不仅使被告人的质证权和辩护权存在巨大的风险,而且法院也无从对特情庭外陈述的真实性进行审查,加上辩护机制不健全,公、检、法三机关相互制约的机制难以得到有效发挥。

7.从适用法律来看,由于假案案发前后适用罪名跨度大等原因,容易引发定性争议。"毒品假案"没有被发现之前,公安、检察机关往往以"贩卖毒品罪"起诉被设计陷害的公民。"毒品假案"一旦案发,制造"假案"的行为人往往以诈骗罪等罪名得到追究。如甘肃省对马某与有关公安人员勾结，以假毒品来陷害无辜群众多人的行为，开始以“贩毒”罪名来起诉马某，后来就是以“诈骗罪”来对其定罪量刑；对于参与其中的有关侦查人员，以“徇私枉法”“滥用职权”的罪名予以处罚。此类案件的定性之争主要集中在贩卖毒品罪、诈骗罪、诬告陷害罪、伪证罪等相关罪名，本案也是如此。

二、本案应当如何定性处罚

（一）被告人王小林的行为构成诈骗罪

首先，被告人王小林主观上具有骗取公安机关线索奖励费的诈骗犯罪故意。

案件材料显示，被告人王小林因盗窃犯罪刑满释放后于2005年被公安民警立为刑事特情使用，于2006年被立为职业特情。被告人王小林归案后供述称：“2008年5月，我和浦小华没有钱用了，就商量去网吧找个呆瓜叫他送毒，毒品是假的，然后叫警察去抓送毒品的人，这样我可以从中拿到奖励费……我和浦小华商定用这样的办法骗钱后，在洪家医院买了五包一元钱的头痛粉，再找几根吸管，把吸管一头用打火机烫好，再往里放一些头疼粉，再把另一头烫严就行了，吸管长约三公分，因为这是吸管装毒品，真正贩毒的人也是这样的，我知道的。”可见，被告人王小林的作案动机是因为缺钱花，制造假案的目的就是骗取公安机关的举报线索奖励费，主观上具有非法占有他人财物的诈骗犯罪故意，符合诈骗犯罪的主观特征。

其次，被告人王小林客观上实施了骗取公安机关线索奖励费的诈骗犯罪行为。

诈骗犯罪的基本构造在于，行为人以非法占有为目的，采取虚构事实、隐瞒真相的手段，使对方产生错误认识，进而自愿交付财物，从而达到骗取对方钱财的目的。本案中，被告人王小林与浦小华预谋通过唆使他人贩卖“假毒品”同时向公安机关举报以骗取举报线索奖励费后，从医院购得头痛粉装入数十支长短不一的塑料吸管内伪装成“毒品海洛因”，然后，到当地网吧，以事后给予200元或300元报酬为诱饵，诱骗两名未成年人和一名成年人将“假毒品”送给事先联系好的所谓买毒人，并将所谓买毒人台州市公安局路桥分局干警毕某某、蓬街派出所协警蔡某某及浦小华的手机号码告诉该三人，与此同时，被告人王小林向公安机关虚假举报上述“贩毒线索”，在被告人的“导演”下，三名送假毒品的人分别在与毕某某等人进行所谓的毒品交易时被当场抓获,事后还向公安机关作了虚假的证言,骗取了线索奖励费。其诈骗行为主要表现在以下四个方面:一是向公安机关隐瞒了自己指使他人送假毒品的真相;二是虚构他人贩毒的事实;三是以虚假情报引诱公安机关抓捕受其指使之人;四是骗取公安机关举报线索奖励费。其所实施的虚构事实、隐瞒真相、骗取财物等一系列行为,符合诈骗犯罪的客观特征。

再次,被告人王小林的诈骗行为社会危害极大,足以认定其具有《刑法》第266条规定中的“其他严重情节”。

《刑法》第266条规定:“诈骗公私财物,数额较大的,处三年以下有期徒刑、拘役或者管制,并处或者单处罚金;数额巨大或者有其他严重情节的,处三年以上十年以下有期徒刑,并处罚金……”对于何为“其他严重情节”,目前尚缺乏明确的司法解释。我们认为,对“情节是否严重”的认定必须根据立法精神进行实质的解释,综合考量案件所反映的社会危害性、罪刑是否相适应等案件的具体情况。从立法及司法解释的精神探究,诈骗数额是认定诈骗犯罪情节的一个重要内容,但不是唯一情节。本案被告人身为公安机关特情,为谋取非法利益,采取设计陷阱、制造案件的方法,唆使他人“贩毒”并虚假举报,意图通过使他人遭受刑罚处罚的手段骗取公安机关举报线索奖励费,严重妨害了司法机关的正常活动,造成两名未成年人和一名成年人被刑事拘留、逮捕,并被起诉至法院,作案动机和手段卑劣,犯罪后果严重,社会危害极大,足以认定其具有《刑法》第266条规定中的“其他严重情节”。

最后,被告人王小林已到手钱财是否达到数额较大的标准不影响诈骗罪的成立。

最高人民法院《关于审理诈骗案件具体适用法律的若干问题的解释》第1条第1款规定个人诈骗公私财物数额较大的标准为“2千元至4千元”,各省、自治区、直辖市高级人民法院可以根据本地区经济发展状况,并考虑社会治安状况,在“2千元至4千元”的幅度内,确立本地区执行的具体标准。据此,浙江省高级人民法院规定诈骗罪数额较大的起点标准为4000元人民币。本案中,被告人王小林供述以及公安人员毕某某、伍某某、徐某等出具的情况说明等证据证实,王小林与公安人员事先约定的三起“贩毒案件”举报线索奖励费总计金额达4000元人民币,案发时已经到手3700元,被告人王小林的诈骗数额已经达到浙江省规定的内部标准。值得一提的是,司法解释规定“诈骗未遂,情节严重的,也应当定罪并依法处罚”,根据“举轻以明重”的精神,即使被告人诈骗数额没有达到数额较大的标准,其因诈骗情节特别严重,亦应定罪处罚。

(二)被告人王小林的行为不构成贩卖毒品罪

1. 被告人王小林的行为不符合贩卖毒品罪的构成特征

首先,被告人王小林并未想贩卖毒品,主观上没有贩毒的主观故意。在犯罪主观方面,被告人王小林是为了骗取公安机关的举报线索奖励费,将头痛粉装成所谓的“海洛因”,明知不是毒品,且明知整个案件在其与公安人员的掌控之中,其主观故意不是要让这些假毒品流入社会,而是通过设计陷阱,让罗富陆等人实施所谓的贩卖毒品,并同时向公安举报,制造贩卖毒品案件,以达到骗取公安线索奖励费的目的。

其次,被告人指使他人所送的也仅系头痛粉而非毒品,没有贩毒的客观行为。其实施了虚构事实、隐瞒真相的一系列诈骗行为,经过精心设计、安排,使其制造的假毒品的交易过程完全在他和公安机关的控制之下,并不存在对社会不特定人员进行贩卖的行为。

最后,被告人所实施的行为不会造成贩毒的危害后果,没有侵犯国家对毒品的管理制度。被告人王小林侵犯的客体,主要体现在公民的人身权利、国家的财产权利和正常的司法工作秩序。

2. 被告人王小林不构成毒品犯罪的教唆犯

构成教唆犯必须有教唆他人实施犯罪的故意。构成教唆犯,必须以教唆人和被教唆人具有共同故意为前提。本案被告人王小林主观上明知是假毒品,不具有贩卖毒品的故意,而罗富陆等三人误以为毒品而予以贩卖,主观上具有贩卖毒品的故意。从目的上看,被告人王小林意图通过虚构他人贩毒的事实,虚假举报“贩毒线索”而从公安机关骗取线索奖励费,而罗富陆等三人意图通过贩卖毒品而从王小林处获得好处费。就故意的具体内容而言,被告人王小林与罗富陆等三人并不相同,并无共同的犯罪故意,不构成共犯关系。在客观方面,构成教唆犯必须有教唆他人犯罪的教唆行为。本案罗富陆等人贩卖的是由被告人王小林等人用小量头痛粉制造出来的所谓毒品,属无害物品,看不出其行为对毒品管理秩序、公众健康有任何危险,尽管他的主观上具有“明知”的犯罪故意,但在客观上罗富陆等人是作为工具被设计在被告人王小林等人的陷阱中,完全被王小林等人掌控,且他们的行为也不具有社会危害性,不能简单套用最高人民检察院《关于贩卖假毒品案件如何定性问题的批复》中“不知是假毒品而以毒品进行贩卖的,应当以贩卖毒品,追究被告人刑事责任”之规定。事实上,案发后,罗富陆等人已经被释放。既然被告人王小林唆使他人实施的是不构成犯罪的行为,被告人王小林也缺乏教唆犯的客观要件,不成立毒品犯罪教唆犯。综上,检察机关抗诉称王小林系唆使他人贩毒且情节严重与事实不符,故法院不予采信。

(三)对被告人王小林亦不宜以诬告陷害罪等罪名定性处罚

有人认为,被告人王小林为骗取奖金,诱惑三名青少年贩毒并受到刑事追究,其行为还构成诬告陷害罪。所谓诬告陷害罪,是指捏造事实诬告陷害他人,意图使他人受刑事追究,情节严重的行为。本罪主观上必须出于直接故意,即明知自己在捏造事实,向有关机关或单位告发后就会产生被告发人遭受刑事追究的危害后果,其动机可多种多样,但无论其动机如何,其目的都是使他人受到刑事追究。其客观方面,必须是捏造犯罪事实,即无中生有、栽赃陷害,借题发挥,把杜撰的或他人的犯罪事实强加于被害人,并向国家机关或有关单位告发,或采取其他方法足以引起司法机关的追究活动。我们认为,本案中分析诬告陷害罪是否成立,可从罗富陆等三人是否构成贩卖毒品罪入手从两方面加以分析。一方面,如果罗富陆等三人依法构成贩卖毒品罪,被告人王小林向公安机关举报的是有人贩毒,所举报的系客观发生的犯罪行为,并非捏造事实。从全案来看,王小林虽然有设计陷害的性质,但不属诬告,显然不符合诬告陷害罪的客观要件。另一方面,如果罗富陆等三人不构成贩卖毒品罪,则被告人王小林的行为既侵犯了国家的财产权利,又侵犯了他人的人身权利,其手段行为和目的行为分别触犯了诈骗罪、诬告陷害罪罪名。根据牵连犯从一重罪处断的原则,应当按诈骗罪定性处罚。因此,无论从哪个角度讲,本案都不宜以诬告陷害罪定性处罚。

同理,主张本案定伪证罪的观点也不能成立。有人提出,王小林教唆他人贩毒又在侦查阶段提供证言证明三起毒品犯罪的经过,浪费了司法资源,破坏了司法秩序,构成伪证罪。我们认为,被告人王小林的行为的确既侵犯了国家的财产权利,又妨害了司法秩序,但不宜以伪证罪定性处罚。其行为即使可定伪证罪,根据"牵连犯从一重罪处断"的原则,亦应以法定刑更重的诈骗罪定性处罚。

第三节 侵犯财产罪的裁判依据与案例索引

一、现行法律、司法解释和司法业务文件索引

(一)现行法律、司法解释

1.《中华人民共和国刑法》第263条至第276条之一

2.最高人民法院《关于审理抢劫刑事案件适用法律若干问题的指导意见》(2016年1月6日)

3.最高人民法院《关于审理掩饰、隐瞒犯罪所得、犯罪所得收益刑事案件适用法律若干问题的解释》(附解答)(2015年6月1日)

4.最高人民检察院《关于强迫借贷行为适用法律问题的批复》(2014年4月17日)

5.最高人民法院《关于审理抢劫、抢夺刑事案件适用法律若干问题的意见》(2005年6月8日)

6.最高人民法院《关于抢劫过程中故意杀人案件如何定罪问题的批复》(2001年5月26日)

7.最高人民法院《关于审理抢劫案件具体应用法律若干问题的解释》(2000年11月17日)

8.最高人民法院《关于对非法占有强迫他人卖血所得款物案件如何定性问题的意见函》(1995年10月23日)

9.最高人民法院《关于对在绑架勒索犯罪过程中对同一受害人又有抢劫行为

应如何定罪问题的答复》(1995年5月30日)

10. 最高人民检察院《关于多次盗窃中"次"如何认定的法律适用请示的答复意见》(2016年3月18日)

11. 最高人民法院、最高人民检察院《关于办理盗窃刑事案件适用法律若干问题的解释》(2013年4月2日)

12. 最高人民检察院《关于单位有关人员组织实施盗窃行为如何适用法律问题的批复》(2002年8月9日)

13. 最高人民法院《关于审理扰乱电信市场管理秩序案件具体应用法律若干问题的解释》(2000年5月12日)

14. 最高人民法院研究室《关于盗用他人长话帐号如何定性问题的复函》(1991年9月14日)

(二)地方性司法文件

1. 浙江省高级人民法院、浙江省人民检察院、浙江省公安厅《关于办理"套路贷"刑事案件的指导意见》(2018年3月18日)

2. 上海市高级人民法院、上海市人民检察院、上海市公安局《关于本市办理"套路贷"刑事案件的工作意见》(2017年10月25日)

3. 浙江省高级人民法院、浙江省人民检察院、浙江省公安厅《关于办理抢劫、抢夺犯罪案件适用法律的指导意见》(2009年2月6日)

二、常见问题的裁判规则

(一)关于"套路贷"案件的定性

1. 对"套路贷"刑事案件的定性,要结合案件的本质特征从整体上把握,"套路贷"犯罪的主观目的是非法占有公私财物,部分犯罪主体带有黑恶团伙性质。

2. 犯罪嫌疑人、被告人以“违约金”“保证金”“中介费”“服务费”“行业规矩”等各种名义骗取被害人签订虚高借款合同、阴阳借款合同、房产抵押合同等明显不利于被害人的各类合同或者与被害人进行相关口头约定,制造资金给付凭证或证据,制造各种借口单方面认定被害人“违约”并要求“偿还”虚高借款,在被害人无力“偿还”的情况下,进而通过讨债或者利用其制造的明显不利于被害人的证据向法院提起民事诉讼等各种手段向被害人或其近亲属施压,以实现侵占被害人或其近亲属合法财产的目的,一般情况下,应当以侵犯财产类犯罪定罪处罚。对实施上述“套路贷”行为的,可参照以下情形加以认定:

(1)犯罪嫌疑人、被告人实施“套路贷”犯罪时,未采用明显暴力或者威胁手段,被害人依约定交付资金的,则犯罪嫌疑人、被告人的行为从整体上属于以非法占有为目的,虚构事实、隐瞒真相骗取被害人财产的诈骗行为,一般可以诈骗罪追究刑事责任。

(2)犯罪嫌疑人、被告人实施“套路贷”犯罪时,既采用了虚构事实、隐瞒真相的诈骗手段,又采用了暴力、威胁、虚假诉讼等手段,同时构成诈骗、抢劫、敲诈勒索、非法拘禁、虚假诉讼等多种犯罪的,依据刑法的规定数罪并罚或者按照处罚较重的定罪处罚。暴力手段包括但不限于所谓的“谈判”“协商”“调解”以及滋扰、纠缠、哄闹、聚众造势等使被害人产生心理恐惧或心理强制等“软暴力”手段。

3. 在“套路贷”犯罪案件中,相关犯罪嫌疑人、被告人不明知真实借贷情况,帮助实施故意伤害、非法拘禁或者滋扰被害人及其近亲属正常生活行为,或者帮助捏造事实提起民事诉讼,符合故意伤害罪、非法拘禁罪、寻衅滋事罪、非法侵入他人住宅罪、虚假诉讼罪的构成要件的,对该部分犯罪嫌疑人、被告人以相关罪名追究刑事责任。

——浙江省高级人民法院、浙江省人民检察院、浙江省公安厅《关于办理“套路贷”刑事案件的指导意见》第2条(2018年3月18日)

(二)关于“套路贷”案件中共同犯罪的认定

1. 多人共同实施“套路贷”犯罪,犯罪嫌疑人、被告人应对其参与的或组织、指挥的全部犯罪行为承担刑事责任。在其所参与的犯罪环节中起主要作用的，可以认定为主犯；起次要或辅助作用的，可以认定为从犯。

有证据证明三人以上组成较为严密和固定的犯罪组织，有预谋、有计划地实施“套路贷”犯罪，已经形成犯罪集团的，应当认定为犯罪集团，对首要分子，应当按照集团所犯的全部罪行处罚。

2. 明知他人实施“套路贷”犯罪的，具有以下情形之一的，以共同犯罪论处，但法律和司法解释另有规定的除外：

(1)协助制造现金支付、银行走账记录、第三方支付记录等虚假给付事实；

(2)协助办理司法公证的；

(3)提供资金、场所、交通等帮助的；

(4)协助以虚假事实提起民事诉讼的；

(5)非法出售、提供公民个人信息的；

(6)帮助、掩饰、隐瞒转移犯罪所得及其产生收益，套现、取现的；

(7)中介人员长期参与“套路贷”犯罪活动的；

(8)其他符合共同犯罪的情形。

上述规定的“明知他人实施‘套路贷’犯罪”，应当结合被告人的认知能力、既往经历、行为次数和手段、与他人关系、获利情况、是否因“套路贷”犯罪受过处罚、是否故意规避调查等主客观因素进行综合分析认定。

——浙江省高级人民法院、浙江省人民检察院、浙江省公安厅《关于办理“套路贷”刑事案件的指导意见》第3条(2018年3月18日)

(三)关于“套路贷”案件中犯罪数额认定和涉案财物处理

1. 在“套路贷”犯罪数额的认定上，要把握“套路贷”行为的犯罪本质，将其与民间借贷区别开来，从整体上对其予以否定性评价。除了被害人实际收到的本金，虚高的本金、双方约定的利息以及被告人在借贷过程中以“违约金”“保证金”“中介费”“服务费”等名义收取的费用均应作为犯罪数额予以认定。

2. 犯罪嫌疑人、被告人已将违法所得财物用于清偿债务或者转让给他人，具有下列情形之一的，应当依法追缴：

(1) 对方明知是违法所得财物而收取的；

(2) 对方无偿取得违法所得财物的；

(3) 对方以明显低于市场的价格取得违法所得财物的；

(4) 对方取得违法所得财物系源于非法债务或者违法犯罪活动的。

他人善意取得“套路贷”违法所得财物的，不予追缴。

——浙江省高级人民法院、浙江省人民检察院、浙江省公安厅《关于办理“套路贷”刑事案件的指导意见》第 4 条(2018 年 3 月 18 日)

(四) 转化型抢劫犯罪的司法认定

根据刑法第二百六十九条的规定，“犯盗窃、诈骗、抢夺罪，为窝藏赃物、抗拒抓捕或者毁灭罪证而当场使用暴力或者以暴力相威胁的”，依照抢劫罪定罪处罚。“犯盗窃、诈骗、抢夺罪”，主要是指行为人已经着手实施盗窃、诈骗、抢夺行为，一般不考察盗窃、诈骗、抢夺行为是否既遂。但是所涉财物数额明显低于“数额较大”的标准，又不具有《两抢意见》第五条所列五种情节之一的，不构成抢劫罪。“当场”是指在盗窃、诈骗、抢夺的现场以及行为人刚离开现场即被他人发现并抓捕的情形。

对于以摆脱的方式逃脱抓捕，暴力强度较小，未造成轻伤以上后果的，可不认定为“使用暴力”，不以抢劫罪论处。

入户或者在公共交通工具上盗窃、诈骗、抢夺后，为了窝藏赃物、抗拒抓捕或者毁灭罪证，在户内或者公共交通工具上当场使用暴力或者以暴力相威胁的，构成“入户抢劫”或者“在公共交通工具上抢劫”。

两人以上共同实施盗窃、诈骗、抢夺犯罪，其中部分行为人为窝藏赃物、抗拒抓捕或者毁灭罪证而当场使用暴力或者以暴力相威胁的，对于其余行为人是否以抢劫罪共犯论处，主要看其对实施暴力或者以暴力相威胁的行为人是否形成共同犯意、提供帮助。基于一定意思联络,对实施暴力或者以暴力相威胁的行为人提供帮助或实际成为帮凶的,可以抢劫共犯论处。

——最高人民法院《关于审理抢劫刑事案件适用法律若干问题的指导意见》(2016年1月6日)

三、侵犯财产罪案例索引

1. 罗登祥抢劫、故意杀人、脱逃(未遂)案(载《刑事审判参考》第5集,第36号)

——对在抢劫过程中杀人(致人死亡)的案件如何定罪处刑

2. 王国清等抢劫、故意伤害、盗窃案(载《刑事审判参考》第13集,第86号)

——转化型抢劫罪的法律适用

3. 包胜芹故意伤害、抢劫案(载《刑事审判参考》第14集,第91号)

——教唆他人抢劫自己与妻子的共同财产是否构成抢劫罪

4. 戚道云等抢劫案(载《刑事审判参考》第37集,第293号)

——为消灭债务采用暴力、胁迫手段抢回欠款凭证的行为应如何定性

5. 刘汉福等抢劫案(载《刑事审判参考》第37集,第293号)

——丈夫伙同他人抢劫夫妻共同财产的行为如何定性

6. 郑小平、邹小虎抢劫案(载《刑事审判参考》第17集,第112号)

——以暴力、威胁手段强迫他人提供贷款的行为如何定性

7. 张君等抢劫、杀人犯罪集团案(载《刑事审判参考》第18集,第116号)

——犯罪集团应如何认定?犯罪集团案件是否应全案审判?

8. 周建平、卫杨林、吴江、刘有志抢劫、敲诈勒索案(载《刑事审判参考》第18集,第117号)

——如何正确区分抢劫罪与绑架罪、敲诈勒索罪的界限

9. 金义祥抢劫案(载《刑事审判参考》第19集,第121号)

——抢劫致人重伤应如何量刑

10. 明安华抢劫案(载《刑事审判参考》第21集,第134号)

——子女进入父母居室内抢劫的能否认定为“入户抢劫”

11. 何木生抢劫案(载《刑事审判参考》第23集,第147号)

——敲诈勒索罪和抢劫罪之区分

12. 邹代明抢劫案(载《刑事审判参考》第24集,第159号)

——设置机关将他人禁闭起来以得逞劫财目的的行为如何定性

13. 曾贤勇抢劫案(载《刑事审判参考》第27集,第190号)

——携带凶器在银行营业大厅抢夺储户现金行为的法律适用

14. 亢红昌抢劫案(载《刑事审判参考》第28集,第203号)

——无故殴打他人后临时起意乘机夺财的行为应如何定罪

15. 姜金福抢劫案(载《刑事审判参考》第28集,第204号)

——不满16周岁的人犯抢夺罪为抗拒抓捕当场实施暴力致人轻伤的如何处理

16. 张某某抢劫、李某某盗窃案(载《刑事审判参考》第32集,第244号)

——盗窃共同犯罪中部分共犯因为抗拒抓捕当场实施暴力转化为抢劫罪,其他共犯是否也随之转化

17. 杨保营等抢劫、绑架案(载《刑事审判参考》第35集,第272号)

——暴力劫持、拘禁他人之后迫使其本人交出现金行为的定性

18. 王团结、潘友利、黄福忠抢劫、敲诈勒索案(载《刑事审判参考》第36集,第282号)

——挟持被害人前往其亲友处取钱的行为应如何定罪

19. 陆剑钢等抢劫案(载《刑事审判参考》第37集,第288号)

——入户抢劫中“户”的理解与认定

20. 赖忠、苏绍俊、李海等故意伤害案(载《刑事审判参考》第38集,第298号)

——抢回赌资致人轻伤的行为如何定性

21. 贺喜民抢劫案(载《刑事审判参考》第38集,第300号)

——转化型抢劫罪之“当场”使用暴力,应当如何理解和把握

22. 杨廷祥等抢劫案(载《刑事审判参考》第39集,第309号)

——在个体家庭旅馆针对旅馆主人实施的抢劫是否构成“入户抢劫”

23. 穆文军抢劫案(载《刑事审判参考》第41集,第321号)

——盗窃未遂为抗拒抓捕而当场使用暴力能否构成抢劫罪

24. 朱永友抢劫案(载《刑事审判参考》第41集,第322号)

——在盗窃过程中使用暴力的直接适用刑法第二百六十三条以抢劫罪定罪处罚

25. 王跃军、张晓勇抢劫、盗窃案(载《刑事审判参考》第41集,第323号)

——“飞车行抢”刑事案件如何定性

26. 夏鹏飞、汪宣峰抢劫、敲诈勒索、盗窃案(载《刑事审判参考》第42集,第332号)

——在实施敲诈勒索犯罪过程中对被害人使用暴力并当场劫取财物的行为是否需要数罪并罚

27. 姜继红、成盛等抢劫、盗窃案(载《刑事审判参考》第43集,第338号)

——连续抢劫多人的是否属于“多次抢劫”

28. 李政、侍鹏抢劫案(载《刑事审判参考》第49集,第391号)

——针对特定的被害人在公共交通工具上实施抢劫是否属于“在公共交通工具上抢劫”

29. 魏建军抢劫、放火案(载《刑事审判参考》第51集,第401号)

——抢劫过程中致人重伤昏迷,又放火毁灭罪证致人窒息死亡的,是抢劫致人死亡还是故意杀人

30. 粟君才等抢劫、非法持有枪支案(载《刑事审判参考》第55集,第436号)

——为抢劫而携带枪支,抢劫中未使用枪支的,不是持枪抢劫

31. 谷贵成抢劫案(载《刑事审判参考》第56集,第441号)

——如何把握转化抢劫犯罪既遂未遂的区分标准

32. 韩维等抢劫案(载《刑事审判参考》第59集,第466号)

——非法进入他人共同租住的房屋抢劫是否属于“入户抢劫”

33. 王国全抢劫案(载《刑事审判参考》第60集,第477号)
——如何认定抢劫致人死亡
34. 弓喜抢劫案(载《刑事审判参考》第61集,第481号)
——在意图抢劫他人数额巨大财物的过程中致人轻伤,但未抢得财物的,是否认定为"抢劫数额巨大"
35. 王建利等抢劫案(载《刑事审判参考》第61集,第482号)
——对抢劫国家二级以上文物的应如何量刑
36. 侯吉辉、匡家荣、何德权抢劫案(载《刑事审判参考》第62集,第491号)
——在明知他人抢劫的情况下,于暴力行为结束后参与共同搜取被害人财物的行为如何定罪量刑
37. 赵东波、赵军故意杀人、抢劫案(载《刑事审判参考》第64集,第506号)
——预谋并实施抢劫及杀人灭口行为的应如何定性
38. 张彪等寻衅滋事案(载《刑事审判参考》第65集,第517号)
——以轻微暴力强索硬要他人财物的行为如何定性
39. 卜玉华、郭臣故意杀人、抢劫案(载《刑事审判参考》第69集,第566号)
——共同抢劫中故意杀人案件的认定和处理
40. 虞正策强奸、抢劫案(载《刑事审判参考》第70集,第580号)
——在入户强奸过程中临时起意劫取财物的,能否认定为"入户抢劫"
41. 龚文彬等抢劫、贩卖毒品案(载《刑事审判参考》第70集,第581号)
——诈骗未得逞后以暴力手段取得财物的如何定性
42. 王志坚抢劫、强奸、盗窃案(载《刑事审判参考》第73集,第613号)
——如何把握抢劫犯罪案件中加重情节的认定
43. 张红亮等抢劫、盗窃案(载《刑事审判参考》第75集,第637号)
——劫持被害人后,要求被害人以勒赎之外的名义向其家属索要财物的行为,如何定性
44. 夏洪生抢劫、破坏电力设备案(载《刑事审判参考》第76集,第643号)
——骗乘出租车欲到目的地抢劫因唯恐被发觉而在中途放弃的,能否认定为

抢劫预备阶段的犯罪中止？为逃匿而劫取但事后予以焚毁的机动车辆能否计入抢劫数额

45. 刘兴明等抢劫、盗窃案（载《刑事审判参考》第77集，第660号）

——盗窃后持枪抗拒抓捕的行为能否认定为“持枪抢劫”

46. 张校抢劫案（载《刑事审判参考》第79集，第685号）

——医院抢救中的失误能否中断抢劫行为与被害人死亡结果之间的因果关系

47. 杨飞飞、徐某抢劫案（载《刑事审判参考》第79集，第687号）

——转化型抢劫犯罪是否存在未遂

48. 陈惠忠等抢劫案（载《刑事审判参考》第82集，第730号）

——“吊模宰客”行为如何定性

49. 陈万学抢劫、刘永等人盗窃案（载《刑事审判参考》第83集，第740号）

——共同盗窃犯罪中转化型抢劫罪的认定

50. 蔡苏卫等抢劫案（载《刑事审判参考》第84集，第749号）

——以借钱为名劫取财物使用后归还并付利息的行为如何定性

51. 刘飞抢劫案（载《刑事审判参考》第85集，第764号）

——驾驶机动车“碰瓷”行为如何定性

52. 王伟华抢劫案（载《刑事审判参考》第86集，第777号）

——已满十四周岁不满十六周岁的未成年人，能否成为转化型抢劫罪的犯罪主体

53. 张超抢劫案（载《刑事审判参考》第87集，第793号）

——行为人在赌博完毕离开后返回赌博现场抢走赌资的行为，如何定性

54. 刘某抢劫、强奸案（载《刑事审判参考》第89集，第814号）

——为抢劫、强奸同一被害人，穿插实施多种多次暴力犯罪行为，致使被害人跳楼逃离过程中造成重伤以上后果的，如何定罪量刑

55. 尹志刚、李龙云抢劫案（载《刑事审判参考》第89集，第815号）

——提供配好的钥匙给同伙，让同伙入室抢劫共同居住人的，行为人与同伙是否均构成入户抢劫

56. 徐伟抢劫案(载《刑事审判参考》第89集,第818号)
——在高速公路上持刀抢劫出租车司机,被害人下车呼救时被其他车辆撞击致死,能否适用“抢劫致人死亡”
57. 黄卫松抢劫案(载《刑事审判参考》第91集,第844号)
——进入卖淫女出租房嫖宿后实施抢劫是否构成“入户抢劫”
58. 刘长庚抢劫案(载《刑事审判参考》第91集,第846号)
——行为人从户外追赶被害人进入户内后实施抢劫的行为,能否认定为“入户抢劫”
59. 陈志故意杀人、劫持汽车案(载《刑事审判参考》第92集,第866号)
——杀人后劫车逃跑的行为如何定性
60. 李培峰抢劫、抢夺案(载《刑事审判参考》第92集,第868号)
——“加霸王油”的行为如何定性
61. 章杨盗窃案(载《刑事审判参考》第6集,第45号)
——窃取并变造已付讫的国库券再骗兑的行为如何定罪
62. 高金有盗窃案(载《刑事审判参考》第7集,第52号)
——外部人员与银行工作人员勾结窃取银行现金的行为如何定性
63. 郝景文、郝景龙盗窃案(载《刑事审判参考》第8集,第60号)
——利用计算机盗划银行资金再到储蓄所取款的行为如何定性
64. 文某被控盗窃案(载《刑事审判参考》第13集,第87号)
——处理家庭成员和近亲属之间的偷窃案件应当注意的刑事政策
65. 孔庆涛盗窃案(载《刑事审判参考》第16集,第106号)
——窃取他人股票账户号码和密码后秘密使用他人账上资金高价买入朋友抛卖的股票从中获利的行为应如何定性
66. 康金东盗窃案(载《刑事审判参考》第21集,第135号)
——骗得财物保管权后秘密窃取代为保管的财物的行为如何处理
67. 计永欣故意杀人案(载《刑事审判参考》第24集,第153号)
——故意杀人后又取走被害人财物的如何定性

68. 罗忠兰盗窃案(载《刑事审判参考》第 24 集,第 160 号)

——如何正确区分盗窃罪与侵占罪

69. 李春林故意杀人案(载《刑事审判参考》第 25 集,第 171 号)

——为逃避债务故意杀人后又拿走被害人财物的行为如何定性

70. 薛佩军等盗窃案(载《刑事审判参考》第 27 集,第 191 号)

——盗窃毒品如何定罪量刑

71. 赵某盗窃案(载《刑事审判参考》第 32 集,第 246 号)

——如何区分盗窃罪和职务侵占罪

72. 钱炳良盗窃案(载《刑事审判参考》第 41 集,第 325 号)

——盗买盗卖股票案件的盗窃数额如何认定

73. 沈某某盗窃案(载《刑事审判参考》第 40 集,第 315 号)

——对所盗物品的价值有重大认识错误的应如何处罚

74. 叶文言、叶文语等盗窃案(载《刑事审判参考》第 43 集,第 339 号)

——窃取被交通管理部门扣押的自己所有的车辆后进行索赔的行为如何定性

75. 韦国权盗窃案(载《刑事审判参考》第 50 集,第 397 号)

——暗自开走他人忘记锁闭的汽车的行为如何处理

76. 陆惠忠、刘敏非法处置扣押的财产案(载《刑事审判参考》第 51 集,第 404 号)

——窃取本人被司法机关扣押财物的行为如何处理

77. 张泽容、屈自强盗窃案(载《刑事审判参考》第 52 集,第 412 号)

——盗窃定期存单从银行冒名取款的行为如何定性

78. 孟动、何立康盗窃案(载《刑事审判参考》第 53 集,第 420 号)

——如何认定网络盗窃中电子证据效力和盗窃数额

79. 张超群、张克银盗窃案(载《刑事审判参考》第 54 集,第 427 号)

——窃取他人挖掘机电脑主板后向被害人索取钱财的行为如何定罪处罚

80. 陈建伍盗窃案(载《刑事审判参考》第 58 集,第 460 号)

——盗窃邮政局金库中存放的邮政储汇款是否构成盗窃金融机构

81. 马俊、陈小灵等盗窃、隐瞒犯罪所得案(载《刑事审判参考》第61集,第483号)

——在盗窃实行犯不知情的情况下,与销赃人事先约定、事后出资收购赃物的行为是否构成盗窃共犯

82. 朱影盗窃案(载《刑事审判参考》第62集,第492号)

——对以盗窃与诈骗相互交织的手段非法占有他人财物的行为应如何定性

83. 范军盗窃案(载《刑事审判参考》第64集,第508号)

——偷配单位保险柜钥匙秘密取走柜内的资金后,留言表明日后归还的行为仍然构成犯罪

84. 詹伟东、詹伟京盗窃案(载《刑事审判参考》第66集,第527号)

——通过纺织品网上交易平台窃取并转让他人的纺织品出口配额牟利的行为如何定罪

85. 林燕盗窃案(载《刑事审判参考》第68集,第557号)

——保姆盗窃主人财物后藏于房间是否构成盗窃既遂

86. 李富盗窃案(载《刑事审判参考》第68集,第558号)

——开庭审理后发现检察机关起诉的案件系自诉案件的应当如何处理

87. 杨聪慧、马文明盗窃机动车号牌案(载《刑事审判参考》第70集,第582号)

——以勒索钱财为目的盗窃机动车号牌的如何定罪处罚

88. 程稚瀚盗窃案(载《刑事审判参考》第72集,第602号)

——充值卡明文密码可以成为盗窃犯罪的对象

89. 郝卫东盗窃案(载《刑事审判参考》第73集,第615号)

——如何认定盗窃犯罪案件中的"情节轻微,不需要判处刑罚"

90. 李春旺盗窃案(载《刑事审判参考》第77集,第661号)

——在地方指导性意见对"入户盗窃"和普通盗窃设置不同定罪量刑标准的前提下,入户盗窃信用卡后使用的数额应否一并计入"入户盗窃"数额

91. 孙伟勇盗窃案(载《刑事审判参考》第84集,第751号)

——伪造证明材料将借用的他人车辆质押,得款后又秘密窃回的行为,如何定性

92. 邓玮铭盗窃案(载《刑事审判参考》第85集,第766号)

——以非法占有为目的,在网络上利用出现系统故障的第三方支付平台,故意输入错误信息,无偿获取游戏点数,如何定性

93. 陈某盗窃案(载《刑事审判参考》第87集,第795号)

——窃取公司提供充值服务的密保卡数据,并进行非法充值,使公司QQ密保卡对应的等值服务资费遭受损失的,是否构成盗窃罪?如何确定该类行为的盗窃数额

94. 汪李芳盗窃案(载《刑事审判参考》第87集,第796号)

——盗窃移动公司代理商经营的手机SIM卡,代理商在行为人盗窃既遂后从移动公司获取销售手机SIM卡的返利,返利是否应当在认定盗窃数额时予以扣除

95. 卢文林盗窃案(载《刑事审判参考》第91集,第847号)

——在直接证据"一对一"的情况下如何准确认定犯罪事实以及在"抛物诈骗"类案件中如何准确区分盗窃罪和诈骗罪

96. 姜青松盗窃案(载《刑事审判参考》第91集,第848号)

——被害人陈述的被盗财物与被告人供述不一致的,如何认定

97. 廖承龙、张文清盗窃案(载《刑事审判参考》第91集,第849号)

——帮助他人盗回本属于自己公司经营的财产,如何定性

98. 饶继军等盗窃案(载《刑事审判参考》第93集,第879号)

——盗窃金砂后加工成黄金销赃,盗窃数额应当以所盗金砂价值认定,还是以加工成黄金后的销赃数额认定

99. 熊志华绑架案(载《刑事审判参考》第24集,第155号)

——如何准确区分敲诈勒索罪与抢劫罪、绑架罪的界限

100. 陈宗发故意杀人、敲诈勒索案(载《刑事审判参考》第34集,第259号)

——将被害人杀死后,以被害人被绑架为名,向被害人亲属勒索钱款的行为构成敲诈勒索罪

101. 林华明等敲诈勒索案(载《刑事审判参考》第44集,第349号)

——正确区分抢劫罪与敲诈勒索罪

102. 张舒娟敲诈勒索案(载《刑事审判参考》第56集,第443号)

——利用被害人年幼将其哄骗至外地继而敲诈其家属钱财的能否构成绑架罪

103. 夏某理等人敲诈勒索案(载《刑事审判参考》第64集,第509号)

——拆迁户以举报开发商违法行为为手段索取巨额补偿款是否构成敲诈勒索罪

104. 孙静故意毁坏公私财物案(载《刑事审判参考》第39集,第310号)

——非法“占有”与“毁坏”行为的区分

105. 章国新破坏生产经营案(载《刑事审判参考》第37集,第291号)

——为中大奖窃取摇奖专用彩球并改变其重量行为的定性

106. 刘俊破坏生产经营案(载《刑事审判参考》第83集,第736号)

——非国有公司工作人员出于个人升职目的,以低于公司限价价格销售公司产品,造成公司重大损失的行为,如何定性

Chapter 7

第七章 职务犯罪疑难问题的司法认定与要案判解

依法积极稳妥地审理好每一起贪污贿赂、渎职犯罪等职务案件，推动反腐败斗争深入开展是人民法院的重要职责。鉴于 1997 年刑法对贪污受贿犯罪定罪量刑规定单一的具体数额标准的种种弊端，如难以全面适时地反映案件的社会危害程度，不能充分贯彻罪责刑相适应原则等，根据各方面的意见和建议，2015 年 11 月施行的《刑法修正案（九）》对此作出了合理调整，取消了贪污罪、受贿罪单一依据具体数额的定罪量刑模式，修改为“概括数额 + 情节”的定罪量刑模式，原则规定“数额较大或者情节较重”“数额巨大或者情节严重”“数额特别巨大或者情节特别严重”三种犯罪类型，相应配置三档法定刑；并规定数额特别巨大且使国家和人民利益遭受特别重大损失的，处无期徒刑或者死刑。《刑法修正案（九）》颁布以后，上述刑法修订也就亟待出台新的司法解释。对此，最高人民法院、最高人民检察院根据全国人大常委会授权，在充分论证经济社会发展变化和案件实际情况的基础上，同时考虑“把纪律挺在前面”的反腐败政策要求，于 2016 年 4 月 18 日联合发布了《关于办理贪污贿赂刑事案件适用法律若干问题的解释》（以下简称《解释》），对有关贪污贿赂罪的定罪量刑标准作出明确、具体的规定。该司法解释对贪污、受贿、挪用公款等犯罪的定罪标准、刑罚适用等问题作出详尽规定，对于指导地方各级司法机关办案，统一法律适用标准，解决实务难题具有重要意义。①

法律的生命在于实施。由于刑法修正和司法解释的出台时间都还不长,如何使广大法律工作者更加及时、正确地把握刑法的修法精神,准确理解和适用修改后的刑法和司法解释,把“纸上的法律”真正贯彻到每一个案件中,切实维护刑事司法的公平正义,已成为当前实践部门面临的重大课题。

第一节 职务犯罪疑难问题的司法认定

本书结合笔者对新法的学习体会和以往的职务犯罪审判实践,就当前职务犯罪司法认定中的若干疑难问题再作如下梳理、探讨。

一、贪污罪疑难问题的司法认定

(一)国有企业改制中隐瞒国有资产行为的司法认定

在实践中,有些国有企业的负责人,在资产评估机构评估拟改制企业时,利用职务上的便利条件,采取虚报债务、隐瞒债权、隐匿、转移资产等手段隐瞒国有资

---

① 概括起来,具体内容主要包括四个方面:一是明确了贪污贿赂犯罪及其他职务犯罪的定罪量刑标准。比如,将贪污、受贿罪“数额较大”的一般标准由1997年刑法确定的五千元调整至三万元,“数额巨大”的一般标准定为二十万元以上不满三百万元,“数额特别巨大”的一般标准定为三百万元以上。司法解释同时规定,贪污、受贿一万元以上不满三万元,同时具有特定情节的,亦应追究刑事责任;数额不满“数额巨大”“数额特别巨大”,但达到起点一半,同时具有特定情节的,亦应认定为“严重情节”或“特别严重情节”,依法从重处罚。二是规定了对贪污罪、受贿罪适用死刑立即执行、死刑缓期二年执行及终身监禁的适用原则。三是进一步明确了司法实践中长期以来有争议的有关贪污贿赂犯罪认定的相关法律、政策界限。比如,《解释》第12条细化了贿赂犯罪的对象,即“财物”的范围;第13条规定了受贿犯罪的构成要件“为他人谋取利益”的认定原则;第14条规定了与行贿罪相关的一些法律概念的理解,如什么叫“情节较轻”、什么叫“重大案件”,什么叫“对侦破案件起到了关键作用”等;第15条规定了受贿犯罪的数额计算方法;第16条规定了受贿犯罪故意认定原则,尤其是在特定关系人收受贿赂的情形下如何认定国家工作人员具有受贿故意的问题;第17条规定了受贿罪和渎职犯罪并罚的原则。四是明确了赃款赃物的追缴和财产刑的适用原则,体现了《刑法修正案(九)》注重从经济上制裁贪污贿赂犯罪、不让犯罪分子在经济上占便宜的立法精神。

产,并骗取资产评估机构确认和主管部门认可。该类案件中,行为人一般任企业改制后新企业的负责人或成为新企业的股东,并占据主要股份或较大股份,原企业的人员有的成为新企业的股东。司法机关对此类案件的把握存在一定困难,相关定性处理并不一致。

我们认为,对该类国有企业改制中隐瞒国有资产的行为如何定性,应当结合案情,从贪污罪、私分国有资产罪、国有公司、企业人员滥用职权罪等相关罪名进行具体分析认定。一般来说,在处理中,应当注意把握以下几个问题:

1. 行为人实施的行为符合想象竞合犯特征的,即行为人基于数个不同的具体罪过,实施了一个危害行为,而触犯两个以上异种罪名的情形,无须实施数罪并罚,而应按照其犯罪行为所触犯的数罪中最重的犯罪论处。例如,某国有企业法定代表人在企业改制前的资产评估过程中,利用职务上的便利,以隐瞒部分应收款的方式隐匿国有净资产 1000 余万元人民币,自己成为新企业的股东(股份比例占25%),其主观上既有为个人谋利益的思想动机和非法占有目的,也有滥用职权的故意,客观上其作为改制以后的新公司的股东,实际非法占有了被隐瞒的净资产的25%(股份比例)计 250 余万元,而且致使被隐瞒的国有净资产的其余 65%(股份比例)流失,造成国有企业严重损失,这一行为既符合贪污罪的构成要件,又触犯了国有企业人员滥用职权罪,构成贪污罪与国有企业人员滥用职权罪的想象竞合犯,应以两罪中法定刑较重的贪污罪一罪定罪处罚。

2. 构成贪污罪的,认定贪污数额应以行为人在改制后的企业所占股份比例来确定,其余部分作为造成的国有财产损失在量刑时予以考虑。

3. 贪污罪与私分国有资产罪的区分,关键在于搞清隐瞒下来的国有资产究竟是被新企业非法占有还是被行为人等股东非法占有。隐瞒下来的国有资产如果表面上被新企业非法占有,实际上是被行为人等股东非法占有的,构成贪污罪。

(二)贪污罪既遂与未遂的司法认定

根据《全国法院审理经济犯罪案件工作座谈会纪要》的规定,贪污罪是一种以非法占有为目的的财产性职务犯罪，与盗窃、诈骗、抢夺等侵犯财产罪一样，应当以行为人是否实际控制财物作为区分贪污罪既遂与未遂的标准。对于行为人利用职务上的便利，实施了虚假平账等贪污行为，但公共财物尚未实际转移，或者尚未被行为人控制就被查获的，应当认定为贪污未遂。行为人控制公共财物后，是否将财物据为己有，不影响贪污既遂的认定。

二、受贿罪疑难问题的司法认定

（一）受贿罪中“为他人谋取利益”的司法认定

《刑法》第 385 条规定成立受贿罪必备要件之一是“为他人谋取利益”，也即利用职务上便利为请托人“办事”。而有些贿赂案件被告人是否具备“为他人谋取利益”要件，在司法认定中容易产生争议。为了解决实践中的争议，统一司法尺度，《解释》第 13 条作出如下规定：“具有下列情形之一的，应当认定‘为他人谋取利益’，构成犯罪的，应当依照刑法关于受贿犯罪的规定定罪处罚：（一）实际或者承诺为他人谋取利益的；（二）明知他人有具体请托事项的；（三）履职时未被请托，但事后基于该履职事由收受他人财物的。国家工作人员索取、收受具有上下级关系的下属或者具有行政管理关系的被管理人员的财物价值三万元以上，可能影响职权行使的，视为承诺为他人谋取利益。”

从上述内容来看，本次司法解释对于受贿罪“为他人谋取利益”要件的认定，特别是规定“国家工作人员索取、收受具有上下级关系的下属或者具有行政管理关系的被管理人员的财物价值三万元以上，可能影响职权行使的，视为承诺为他人谋取利益”，显然在坚持既往司法做法的基础上作了一定的扩张解释。此外，《解释》第 15 条还规定：“国家工作人员利用职务上的便利为请托人谋取利益前后多次收受请托人财物，受请托之前收受的财物数额在一万元以上的，应当一并计入受贿数额。”这些规定直面司法实践中认定受贿罪的常见疑难问题，增强了受贿犯罪的司法认定和犯罪金额的计算的可操作性，彰显了刑法从严惩治腐败的法律精神。

根据司法解释规定,“为他人谋取职务提拔、调整”属于“为他人谋取利益”的表现形式之一。可能存在的疑问是,“为他人谋取职务提拔、调整”是否也包括“承诺、实施、实现”的任何一个阶段?回答是肯定的。正如参与司法解释起草人员所言,“为他人谋取利益”这个要件,已经被最高司法机关过去发布的规范性文件“虚化”了。2003 年 11 月,最高人民法院发布了《关于办理经济犯罪案件的会议纪要》,明确规定:国家工作人员明知他人有具体的请托事项而收受其财物的,视为“承诺”为他人谋取利益。这一条规则,对于“为他人谋取职务提拔、调整”也是适用的。无论是承诺为他人职务提拔、调整,还是已经实施、实现职务提拔或调整,都应认定为“为他人谋取职务提拔、调整”。问题在于,在司法实践中,究竟如何理解和认定司法解释中的“提拔、调整”?一般来说,“提拔”比较容易理解,关键是对“调整”的理解容易发生偏差。对此,参与司法解释起草的最高人民法院刑二庭副庭长苗有水博士强调指出,《解释》的目的和意图是打击买官卖官,在实践中要从本质上来认定某种行为是否符合解释的意图,不属于跑官卖官的不宜认定为这里的“调整”。比如,为了解决夫妻两地分居,甚至到更差的地方平调任职的,不属于跑官卖官,就不宜认定为《解释》中的“调整”。①

(二)人情往来、感情投资与受贿界限的司法认定

《解释》第 13 条第 2 款规定:“国家工作人员索取、收受具有上下级关系的下属或者具有行政管理关系的被管理人员的财物价值三万元以上的,可能影响职权行使的,视为承诺为他人谋取利益”。这里的 3 万元能否累计?是针对一个行贿人累计,还是不同行贿人累计?据苗有水庭长介绍,这个问题在解释制定过程中就有过讨论,结论是可以累计。那么,累计是针对一个下属或者被管理人员,还是不同的下属或者被管理人员呢?目前,对这个问题实践中存在争议。有人认为,原则上不能针对不同的人进行累计,如果针对不同下属或者被管理人员进行累计,结果分散

---

① 参见《最高法院苗有水权威解析〈贪贿解释〉二十个疑难问题》,载 http://www.360doc.com/content/16/0519/11/31717540_560393409.shtml,2016 年 5 月 19 日访问。

到某个送礼人那里数额会很小,按受贿认定会显得很不合理,设定3万元这个数额界限也就没有意义了。有人认为,无论是否收受不同对象的钱财,都要累计。笔者倾向于同意第一种观点,是否需要累计,一方面要考虑司法解释的本意,另一方面要兼顾司法的社会效果。我们认为,司法解释设定3万元这个数额界限的意义在于,这是个"超出人情往来"的数额,应当认定为贿赂。因而从另一个角度说,那种针对不同相对人的累计必然混淆人情往来与受贿之间的分界。至于《解释》第15条第2款"国家工作人员利用职务上的便利为请托人谋取利益前后多次收受请托人财物,受请托之前收受的财物数额在一万元以上的",此处的"一万元"是针对同一人的,当然可以累计。

(三)贿赂犯罪中"财物"的司法认定

我国1997年《刑法》规定,受贿罪是指国家工作人员利用职务上的便利,索取他人财物,或者非法收受他人财物,为他人谋取利益的行为。从刑法规定看,对贿赂犯罪中的"贿赂"采用的是"财物"这一表述。因为将贿赂对象限定为财物,在司法实践中,有些行为能否认定为行贿受贿,容易产生争议。比如安排官员旅游的所谓"游贿"现象,有的认为花几万元钱请官员到国内外旅游,和直接送钱有所区别,难以认定为受贿,有的则认为"游贿"现象与一般的受贿没有本质的区别。对此,2007年最高人民法院、最高人民检察院作出的《关于办理受贿刑事案件适用法律若干问题的意见》作了明确规定,该意见指出,"财物"的范围包括可以直接用货币计算的"财产性利益"。2008年最高人民法院、最高人民检察院《关于办理商业贿赂刑事案件适用法律若干问题的意见》再次明确指出,"商业贿赂中的财物,既包括金钱和实物,也包括可以用金钱计算数额的财产性利益"。虽然这些规定已经将"财物"的范围扩大到了"财产性利益",但仍包含不了"非财产性利益",并且这些规定只限于司法解释,没有上升至法律层面,以至于在理论与实践中对贿赂的范围等问题还存在不少争议。有的学者甚至还主张借鉴《联合国反腐败公约》的有关规定,将贿赂对象扩大到"不正当的好处",有的则主张将"性贿赂"纳入贿赂的范围。

为了回应理论与实践的关切,《解释》第12条明确规定如下:“贿赂犯罪中的‘财物’,包括货币、物品和财产性利益。财产性利益包括可以折算为货币的物质利益如房屋装修、债务免除等,以及需要支付货币的其他利益如会员服务、旅游等。后者的犯罪数额,以实际支付或者应当支付的数额计算。”据此,房屋装修、会员服务、旅游等可以折算为货币的物质利益或其他需要支付货币的财产性利益均可以纳入贿赂的范围,体现了从严惩治腐败的法律精神。

(四)受贿主观故意的司法认定

《解释》第16条规定了受贿犯罪故意认定原则,尤其是在特定关系人收受贿赂的情形下如何认定国家工作人员具有受贿故意的问题。根据《解释》第16条的规定,国家工作人员出于贪污、受贿的故意,非法占有公共财物、收受他人财物之后,将赃款赃物用于单位公务支出或者社会捐赠的,不影响贪污罪、受贿罪的认定,但量刑时可以酌情考虑。特定关系人索取、收受他人财物,国家工作人员知道后未退还或者上交的,应当认定国家工作人员具有受贿故意。

(五)“多次索贿”中的未遂与“多次”的司法认定

《解释》第1条第3款第1项规定的“多次索贿”,是否包括未遂的情形?索取对象是一人还是多人?在实践中,容易发生争议。对此,我们认为,可按以下几个原则加以把握:(1)索贿未遂的,应当认定为“多次索贿”的情形之一,即计入次数。(2)“多次”的判断要具体案件具体分析。一般而言,基于同一个目的和事由,向同一个人前后多次发出索贿信号的,算一次索贿比较合适。如果是因为不同的事由在同一场所分别向不同的人索贿,那么认定为一次索贿恐怕就不合理。在具体办理案件时需要结合个案进行裁量判断,就像“多次抢劫”“多次盗窃”的认定一样,需要考量具体的案情和时空条件,比如同一个时间段在一个小区同一个单元楼上楼下实施了多次抢劫，是算一次还是多次，在这个实践中结合个案还是能够判断的。①

三、挪用公款罪疑难问题的司法认定

（一）挪用有价证券、金融凭证用于质押行为性质的司法认定

挪用公款罪侵犯的客体是公共财产的使用收益权，即行为人在一定时间内，利用职务便利，对公共财产予以占有、使用，从而侵犯了公共财产所有权中的部分权利。挪用公款罪的犯罪对象是公款，其典型形式是货币，除此之外，也包括股票、债券等有价证券以及金融凭证等。因此，最高人民法院2003年11月13日《全国法院审理经济犯罪案件工作座谈会纪要》规定，挪用金融凭证、有价证券用于质押，使公款处于风险之中，与挪用公款为他人提供担保没有实质的区别，符合刑法关于挪用公款罪规定的，应以挪用公款罪定罪处罚，挪用公款数额以实际或可能承担的风险数额认定。

（二）接受非行政指令型挪用公款罪的司法认定

在挪用公款犯罪中，“用”是犯罪动机；“挪”则是犯罪目的，以挪动公款的危害行为得以实现。在实践中，挪用公款罪中经常出现直接实施者接受主管领导的“非行政指令”挪用公款行为，直接挪走公款者完全有机会拒绝挪用公款，在明知挪用公款情况之下依旧挪用，虽然在挪用公款的原因上存在被动，但是不影响挪用公款罪的成立，同时为挪用公款罪的主犯。②

---

① 参见《最高法院苗有水权威解析〈贪贿解释〉二十个疑难问题》，载 http://www.360doc.com/content/16/0519/11/31717540_560393409.shtml，2016年5月19日访问。

② 赵侠：《接受非行政指令型挪用公款罪辨析——重庆城口县法院判决马某挪用公款案》，载《人民法院报》2014年12月4日“案例精选”版。

(三)挪用公款转化为贪污的司法认定

挪用公款罪与贪污罪的主要区别在于行为人主观上是否具有非法占有公款的目的。挪用公款罪是否转化成贪污,应当根据主客观相一致的原则,具体判断和认定行为人主观上是否已经形成了非法占有公款的目的。比如说,在实践中,行为人实施了“携带挪用的公款潜逃”“采取虚假发票平账、销毁账目等手段使原先所挪用的公款难以在单位账目上得以反映”“款项去向不明”等行为,足以表明其具有非法占有目的的,应当按贪污罪定性处罚。

四、介绍贿赂罪疑难问题的司法认定

(一)介绍贿赂罪中“情节严重”的司法认定

我国现行《刑法》第 392 条对介绍贿赂罪专门作了规定:“向国家工作人员介绍贿赂,情节严重的,处三年以下有期徒刑或者拘役,并处罚金。介绍贿赂人在被追诉前主动交代介绍贿赂行为的,可以减轻处罚或者免除处罚。”可见,“情节严重”是介绍贿赂罪构成的必备要件。但是由于该规定过于简单概括,对什么样的情形算“情节严重”在司法实践中往往存在争议。

所谓介绍贿赂,是指行为人在行贿人与受贿人之间进行沟通、撮合,使行贿和受贿得以实现的行为。我国对介绍贿赂罪的立法最早可追溯到 1952 年《惩治贪污条例》,1979 年《刑法》对本罪与行贿罪并列规定在第 185 条第 3 款中,即向国家工作人员行贿或介绍贿赂的,处 3 年以下有期徒刑或者拘役。1997 年刑法在对介绍贿赂罪设置专条予以单独规定的同时,还增加了“情节严重”的要求,即作了如下规定:“向国家工作人员介绍贿赂,情节严重的,处三年以下有期徒刑或者拘役。”

从介绍贿赂罪的立法沿革看,将“情节严重”作为本罪的构成要件是 1997 年刑法新增加的内容,这表明:现行立法特别强调,情节不严重的,不构成介绍贿赂罪。

因此,在司法实践中对“情节是否严重”的正确判断对本罪的准确认定极为重要,直接影响罪与非罪的区分。但是由于法律规定过于简单概括,对什么样的情形算“情节严重”在司法实践中往往存在争议,确有必要对“情节严重”的具体判断标准问题予以研究解决。

最高人民检察院于1999年8月6日公布的《关于人民检查院直接受理立案侦查案件立案标准的规定》对介绍贿赂罪的立案标准作了规定。根据该立案标准,一般认为下列情形属于“情节严重”的范围:一是介绍个人向国家工作人员行贿,数额在2万元以上的;介绍单位向国家工作人员行贿,数额在20万元以上的。二是介绍贿赂数额不满上述标准,但具有下列情形之一的,也应当视为“情节严重”:(1)为使行贿人获取非法利益而介绍贿赂的;(2)3次以上或者为3人以上介绍贿赂的;(3)向党政领导、司法工作人员、行政执法人员介绍贿赂的;(4)致使国家或者社会利益遭受重大损失的。

根据上述有关规定的精神,结合审判实践,我们认为,对介绍贿赂“情节严重”问题应从以下几个角度予以综合分析判断:

1.结合介绍贿赂的动机目的判断“情节是否严重”

行为人的动机、目的不是介绍贿赂罪的法定构成要件,不直接决定本罪的成立,但能够反映行为人主观恶性、行为之社会危害性的大小,能够反映“情节是否严重”。在司法实践中,介绍贿赂的行为人之所以愿为权钱交易者牵线搭桥,其动机多种多样,有的是为建立关系网联络感情,有的是为阿谀奉承而卖力,有的出于情义或碍于面子而帮忙,但是在当前形势下,多数则是为了赚钱。显然,行为人若为谋取非法利益而介绍贿赂,其社会危害性更大,一般应当考虑认定“情节严重”。

2.结合介绍贿赂的次数判断“情节是否严重”

一些介绍贿赂的行为人尝到了甜头,把介绍贿赂作为发财致富的主要手段,这些人在“受贿者”和“行贿者”专司联络、议价、送货之职,常以受贿者密友自居,受贿者对他放心,行贿者认为他可靠,久而久之,实质上已成为名副其实的介绍贿赂惯犯。在实践中,有的行为人还向职业化发展,其行为渠道广泛,手段多样,有的为调动工作、提干、招工、升学或乡进城、农转非而介绍贿赂,有的为承包建筑工程、招投标、拍卖、租赁而介绍贿赂,有的专门为打官司而介绍贿赂。对这些数次介绍贿赂、有职业化势头的行为人也应当认定为"情节严重"。

3. 结合介绍贿赂行为的客观要素判断"情节是否严重"

这里所谓的客观要素包括介绍贿赂的数额、涉及官员的范围、造成的后果和社会影响、对贿赂行为实现的作用程度等客观特征。目前,介绍贿赂案件有数额不断增大、促成或导致腐败向公检法等权力部门蔓延、涉及官员日趋增多的趋势,典型的应当认定为"情节严重"。例如,曾经受社会各界和新闻媒体广泛关注、有腐败"名托"之称的浙江省某市"表姐"赵某介绍贿赂案。该案被告人赵某原系某市卫生防疫站副站长,1996 年至 2000 年,赵某周旋于政法领导干部与请托人之间,转送贿赂款,经她之手转送的贿赂款近 20 万元人民币,4000 美元,沦为罪犯的两名公安局长、一名检察长被她拉下水。类似的案件,均应当认定为"情节严重"。

(二)介绍贿赂罪与行贿、受贿共犯界限的司法认定

理论界对介绍贿赂罪的存与废的争论一直没有停止过,历来存在介绍贿赂罪"取消说"与"保留说"之争。在刑法修订前,持取消说的人就认为介绍贿赂可以分别作为行贿罪和受贿罪的教唆犯、帮助犯看待,没有必要规定独立的罪名。① 刑法修订后,仍有不少学者主张取消这一不切实际、没有必要的罪名,对刑法规定介绍贿赂罪的立法价值提出质疑。② 持与取消说相对立的保留说者则认为,介绍贿赂的主体是不依赖于受贿和行贿方的第三者,介绍贿赂罪与行贿、受贿的共犯有区别,介绍贿赂罪是一个独立的罪名。③ 最近,有的人还根据介绍贿赂罪法定最高刑只有

---

① 刘有祥:《简析全国人大常委会〈补充规定〉对贿赂罪的修改》,载《法学》1988 年第 6 期;肖扬主编:《贿赂犯罪研究》,法律出版社 1993 年版,第 330 页。

② 王作富等:《论贿赂犯罪的刑法完善》,载《检察理论研究》1999 年第 1 期;张明楷:《受贿罪的共犯》,载《法学研究》2002 年第 1 期;刘源远、万晓勇:《介绍贿赂应以受贿或行贿罪共犯论处》,载《检察日报》2003 年 4 月 24 日;赖早兴、张杰:《介绍贿赂罪取消论》,载《湖南社会科学》2004 年第 5 期。

③ 朱孝清:《略论介绍贿赂罪》,载《法学》1990 年第 2 期;王礼仁:《我国贿赂犯罪立法的修改与完善》,载《法学评论》1997 年第 1 期;孙国祥:《贪污贿赂犯罪疑难问题与学理判解》,中国检察出版社 2003 年版,第 495 页。

有期徒刑三年的现实，从不将介绍贿赂的实行行为解释为行贿、受贿的帮助行为，就会出现“重罪轻判”这一角度对介绍贿赂罪独立成罪的价值提出质疑，并主张介绍贿赂罪是一种行贿、受贿的帮助行为，在行贿人或者受贿人均构成犯罪的情况下，介绍贿赂行为应以行贿、受贿的共犯论处，只有在行贿人、受贿人都不构成犯罪的情况下，介绍人的行为方可能构成犯罪，从此意义出发，介绍贿赂罪只起到一种补漏的作用（以下简称“补漏说”）。[①] 由上可见，介绍贿赂罪独立成罪不仅是一个立法问题，也是司法问题。如果不从理论上予以澄清，在实践中就容易混淆介绍贿赂罪与受贿罪和行贿罪共犯的界限。事实上，由于理论指导上的混乱，导致在司法实践中对介绍贿赂罪与受贿罪和行贿罪共犯的区分往往存在争议，已经成为司法疑难问题。

笔者认为，上述介绍贿赂罪取消论及“补漏说”都属于对现行刑法将介绍贿赂罪独立规定的一种质疑，使刑法遭受该质疑的原因之一在于刑法对介绍贿赂罪规定的法定刑过低而引发，实际上均有失偏颇，不能指导司法实践。

1. “介绍贿赂罪取消论”不能成立

主要理由在于：(1)介绍贿赂行为与行贿、受贿的一般帮助行为有本质的区别。从主观故意看，行贿、受贿的帮助犯认识到自己是在帮助行贿一方或受贿一方，仅有单纯帮助行贿、帮助受贿的故意，而介绍贿赂罪的行为人认识到自己处于第三者的地位，有介绍贿赂的故意，并非仅有帮助行贿或者帮助受贿的意思。从客观行为看，行贿、受贿的帮助犯的行为是为一方服务，而介绍贿赂罪的行为是在行贿人和受贿人之间穿梭或牵线搭桥、撮合，促成行贿人、受贿人双方行为内容的实现。从利益基础看，介绍贿赂人有自己独立的利益追求，其不是为了受贿，也不是为了行贿，而是为了通过促成受贿和行贿双方权钱交易的成功来谋取自身的物质的或非物质的利益。(2)将介绍贿赂这一种特殊的帮助行为独立成罪是立法技术的考虑，也是全面打击贿赂犯罪的需要。说其特殊，乃是因为介绍贿赂行为既帮助行贿人，又帮助受贿人。如果取消介绍贿赂罪，则将其到底是以行贿的帮助犯还是受贿的

① 朱铁军：《介绍贿赂罪与行贿、受贿共犯界限之分析》，载《中国刑事法杂志》2003 年第 1 期。

帮助犯处理呢？显然会造成定性处理上的两难。其实，诸如此类，我国刑法中将本是共犯的行为单独定罪不乏其例：例如《刑法》第358条一方面规定了组织卖淫罪，另一方面又将组织卖淫的从犯定协助组织卖淫罪，第359条还规定了介绍卖淫罪等；《刑法》第158条规定虚报注册资本罪，第229条又规定了提供虚假证明文件罪等，均是分别定罪。此外，立法将介绍贿赂行为独立规定为犯罪，也是向世人昭示：不但行贿、受贿构成犯罪，介绍贿赂也要构成犯罪。这是国家全面打击和遏制贿赂犯罪、加强反腐败力度的政策需要。（3）将介绍贿赂行为单独定罪符合世界各国的通行做法。综观世界各国的立法，除极个别国家刑法典如匈牙利1979年刑法典只规定了单一的受贿罪外，有相当多的国家规定了介绍贿赂罪，如苏联、蒙古国、阿尔巴尼亚、保加利亚等，都单独设立介绍贿赂罪。

2.“补漏说”也不足取

应当看到，与行贿罪、受贿罪相比，现行刑法对介绍贿赂罪配置的刑罚即最高法定刑只有有期徒刑三年确实过低，同时也与当前形势下介绍贿赂罪所表现的新特点及其社会危害性不符，由此确已带来不少立法和司法问题，不利于全面打击贿赂犯罪。在现阶段立法存在问题的情况下，“补漏说”出于严厉惩罚介绍贿赂犯罪、追求实质上的罪刑相适应考虑，将介绍贿赂行为进行限制解释，试图缩小介绍贿赂行为的犯罪圈，将大部分介绍贿赂行为都以行贿、受贿的共犯论处，这种主张的出发点是良好的，但也有明显缺陷。一方面，该种所谓的限制解释不顾立法将介绍贿赂行为独立成罪的立法事实，有架空《刑法》第392条、虚置介绍贿赂罪的危险，其实质与介绍贿赂罪取消论相去不远。另一方面，将实践中对介绍贿赂案件重罪轻判的现象归因于立法将介绍贿赂罪独立成罪的理由并不充分。从前面分析可见，介绍贿赂罪的独立存在是必要的，造成重罪轻判的主要原因在于目前刑法对该罪配置的法定刑过低。因此，妥善的解决方案是通过修改介绍贿赂罪的刑罚规定加以解决，而不是全盘否定该罪独立存在的价值。因而笔者建议在将来修改刑法的时候，适当提高介绍贿赂罪的法定刑，问题便可解决。①

（三）介绍贿赂罪行为指向的司法认定

《刑法》第392条规定："向国家工作人员介绍贿赂，情节严重的，处三年以下有期徒刑或者拘役，并处罚金。"理论和实践对其中"向国家工作人员介绍贿赂"的含义即介绍贿赂的指向对象有两种不同的理解。一种观点为"单向说"，认为根据该条规定的字面含义，介绍贿赂的指向仅指为了行贿人的利益，受行贿人之托，向受贿人介绍贿赂，而不包括受受贿人之托，而向行贿人索要或者收受贿赂，否则，该条文应该在向国家工作人员介绍贿赂之后再加上一句"或者为国家工作人员介绍贿赂"。持此论者进一步认为，最高人民检察院《关于人民检察院直接受理立案侦查案件标准的规定》将"介绍贿赂"解释为"在行贿人与受贿人之间沟通关系，撮合条件，使贿赂得以实现的行为"，将"为国家工作人员介绍受贿的"也包括在内，系对介绍贿赂行为的指向作了广于条文字面含义的解释。② 另一种观点为"双向说"，认为介绍贿赂行为有两种基本形式，既包括介绍行贿，即接受行贿人的请托，而向国家工作人员介绍贿赂，又包括介绍受贿，即为国家工作人员物色可能的行贿人，居间介绍。③ 这是目前理解介绍贿赂犯罪行为的通说，也被最高司法机关采纳，如上述司法解释即是。

笔者支持通说。理由如下：首先，从介绍的含义理解，介绍应为"双向"。按《辞源》解释，古代传送宾主言语的人叫介、绍、继，相继传话，后来用作联系、接洽、举荐的意思。从解释来看，介绍应包括为双方的任何一方联系介绍，不具有方向

---

① 据笔者网上查询发现，目前全国有不少犯介绍贿赂罪因过追诉时效而被宣告无罪的案例。如被告人韩忠胜介绍贿赂案、孙爱勤介绍贿赂案。这些案件的共同特点是一审法院认定被告人犯商业受贿罪、受贿罪，但二审法院审理认为，被告人的行为系介绍贿赂，但该介绍贿赂罪的追诉期限已过，依法不能再追究其刑事责任。故二审法院宣告无罪。笔者无意于对这些案件本身发表评论，只是认为，因为法律规定较低法定刑的缘故，实践中类似的个案不断增多，可能会造成不良的社会效果，从这一角度而言，也迫切需要立法方面对介绍贿赂罪的法定刑进行调整。

② 王俊平等：《受贿罪研究》，人民法院出版社2002年版，第274～275页。

③ 王作富主编：《刑法分则实务研究》（下），中国方正出版社2001年版，第1808页。

性。其次,从刑法规定“向国家工作人员介绍贿赂”的字面含义理解,应将“为国家工作人员介绍贿赂”理解成“向国家工作人员介绍贿赂”的题中应有之义。须知,即使是“为国家工作人员介绍贿赂”的介绍受贿型介绍贿赂犯罪,也是最终要表现成“向国家工作人员介绍贿赂”,在我们看来,“向国家工作人员介绍贿赂”还是“为国家工作人员介绍贿赂”的判断只是所站角度、立场不同而已,并无本质区别,上述“单向说”将二者绝对对立起来不符合法条的字面含义。最后,上述“单向说”对介绍贿赂行为限定方向,系不当的限制解释,势必会放纵犯罪。将介绍受贿型介绍贿赂犯罪排除在介绍贿赂罪的处罚范围之外,显然不利于全面、有效地打击此类犯罪,有放纵犯罪之虞,实不足取。

(四)“介绍人劫贿”行为的司法认定

“介绍人劫贿”行为,有的称为“中间人截留行贿款”,是指作为中间人的行为人以介绍贿赂为名或在介绍贿赂过程中,获取行贿人的财物后予以截留并据为己有的现象。对这种行为究竟如何定性,在司法实践中也不无争议。有的认为应按介绍贿赂罪(未遂)和侵占罪数罪并罚;有的认为,应按介绍贿赂罪(未遂)和诈骗罪数罪并罚;有的则认为,介绍贿赂罪不存在未遂形态,对“介绍人劫贿”应定侵占罪或诈骗罪一罪定罪处罚。对这个问题,笔者的看法是不可一概而论。

其一,介绍贿赂罪存在未遂形态,否定本罪有未遂情况的观点不能成立。根据刑法规定,已经着手实行犯罪,但由于犯罪分子意志以外原因而未得逞的,是犯罪未遂。如果介绍贿赂行为符合这一特征,应当构成介绍贿赂犯罪未遂。实际上介绍贿赂罪是否存在未遂形态的关键是,介绍贿赂行为未全部完成时其社会危害性是否严重到需要追究刑事责任的问题。① 从理论上讲,本罪有预备犯、中止犯、未遂犯三种未完成形态,但因预备犯及预备阶段的中止犯危害不大、无可罚性且难以证实,故实际只存在实行中止犯和未遂犯。②

① 胡杨成:《介绍贿赂罪存在未遂形态》,载《检察日报》2004 年 9 月 13 日。
② 胡祥福、何学忠:《论介绍贿赂罪》,载《南昌大学学报》2002 年第 4 期。

其二，对“劫贿”行为本身究竟以诈骗罪还是侵占罪定性要视行为人“非法占有目的的产生时间”而定。笔者认为，诈骗罪和侵占罪有许多相似之处，但非法占有对方财物目的的产生时间明显有别。① 如果行为人主观上并无为他人介绍贿赂的诚意，在持有行为人用于行贿的财物之前，就已经产生非法占有的目的，从而以介绍贿赂为名骗取行贿人交付钱财，财物骗到手后并未转交给受贿人，自己予以非法占有的，则应当以诈骗罪定罪处罚。如果行为人事先确有介绍贿赂的意愿，但在行贿人将财物交付给行为人以后、帮助转交贿赂过程中才产生非法占有目的，从而将用于行贿的财物部分或全部侵吞，由自己予以非法占有，则构成侵占罪。在确定“劫贿”行为之定性后，如果行为人还构成介绍贿赂罪（未遂）的，则与介绍贿赂罪数罪并罚。

五、建筑领域项目经理职务犯罪的司法认定——《关于审理建筑领域职务犯罪和经济犯罪案件若干问题的解答》解读

随着我国社会经济的快速发展和城市化进程的日益加快，建筑行业已经成为国民经济的支柱产业，并对上、下游产业和周边产业产生强大的辐射和带动作用。建筑领域行政审批事项繁多、程序复杂，在楼房、道路、码头、机场等建筑的设计、施工、监理、验收、装修等过程中，建设主管部门的国家工作人员利用职务便利实施贪污、受贿等腐败现象时有发生，致使建筑领域成为传统职务犯罪的高发领域。近年来，由于建筑企业管理体制不完善等多种原因，以项目经理为主体的新类型职务犯罪在建筑领域日益突出。由于缺乏专门的司法解释和相关法律法规，司法实践中对建筑领域职务犯罪特别是新类型犯罪存在立案处置难、执法标准不统一等诸多问题，成为困扰办案机关的难点，以及律师、人大代表、政协委员等社会各界关注的焦点。为加强建筑领域职务犯罪案件的审判工作，充分发挥刑事审判职能，推动建立健全预防建筑领域职务犯罪有效机制，浙江省高级人民法院联合绍兴市中级人

---

① 陈增宝：《“非法占有目的的产生时间”之研究》，载《中国刑事法杂志》2004 年第 2 期。

民法院、金华市中级人民法院、台州市中级人民法院等单位于2015年4月成立了课题组，并由省高级人民法院主管刑事审判副院长担任课题组主持人，对建筑领域职务犯罪有关问题开展专题调研。课题组先后赴绍兴、台州、杭州、金华等地，通过召开座谈会、走访有关行政机关和建筑企业、发放问卷调查、收集典型案例等方式，掌握了全省建筑领域职务犯罪案件的基本情况和存在的问题，并进行了分析、研究，形成《关于建筑领域职务犯罪有关问题的调研报告——以项目经理犯罪为重点的考察》，该调研报告已被《浙江法治蓝皮书》(2016年卷)收录。为进一步转化调研成果，加强建筑领域职务犯罪和经济犯罪案件的审判工作，我们将调研中收集到的有关问题进一步梳理汇总，在征求相关业务部门意见的基础上，形成《关于审理建筑领域职务犯罪和经济犯罪案件若干问题的解答》(以下简称《解答》)下发全省各级法院刑事审判庭，供审理案件时参考。[①]《解答》主要解决以下几个方面的问题。

(一)关于项目经理犯罪管辖问题的司法认定

建筑施工企业的注册地、施工项目所在地、被告人户籍所在地、犯罪行为发生地往往不在同一地区，导致项目经理经济、职务犯罪存在管辖难的问题。根据《刑事诉讼法》和司法解释的有关规定，刑事案件一般由犯罪地的人民法院管辖，如果由被告人居住地人民法院管辖更为适宜的，可以由被告人居住地的人民法院管辖；犯罪地包括犯罪行为发生地和犯罪结果发生地。我们认为，对项目经理职务侵占、挪用资金等职务犯罪和经济犯罪案件的管辖问题一般可按以下几个原则加以把握：(1)建筑施工企业的工程项目所在地与建筑企业注册地一致的情况下，依照法律规定，犯罪地和被告人居住地的人民法院均当然具有管辖权。(2)建筑施工企业

---

① 《解答》的出台受到社会各界的好评，“两会”期间，代表委员提出了由省公检法联合出台规范性文件的建议提案。于是，为进一步统一法律适用尺度，防止执法偏差，浙江省高级人民法院、浙江省人民检察院和浙江省公安厅就办理建筑施工企业项目经理等从业人员犯罪案件中出现的新情况、新问题作了研讨，于2017年12月25日联合出台了《关于办理建筑施工企业从业人员犯罪案件若干法律适用问题的会议纪要》(浙高法〔2017〕228号)，对《解答》内容予以全面吸收。

的工程项目不在建筑施工企业注册地，但所挪用、侵占的资金是由建筑施工企业汇到项目地的，该建筑施工企业注册地可视为犯罪结果发生地，当地司法机关具有管辖权。(3)被告人居住地、工程项目所在地、资金汇出地均不在建筑施工企业注册地的情况下，可参照单位犯罪、网络犯罪等司法解释的有关规定办理，不具有法人资格的建筑施工企业的项目部作为建筑施工企业的主要办事机构，本质上是建筑施工企业内部分支机构，项目经理在分支机构实施的犯罪可视为建筑施工企业内部人员实施犯罪，有关犯罪行为也必然侵害建筑施工企业的财产利益、使其遭受财产损失，故也应认可建筑施工企业注册地的司法机关有管辖权。

(二)关于项目经理犯罪主体身份的司法认定

从调研的情况看，全省各地区对于项目经理主体身份的认定尚存在争议，标准还不统一。鉴于项目经理的形态多种多样，能否成为职务侵占、挪用资金等职务类犯罪的主体，《解答》明确指出，既要作形式审查，又要作实质判断，不宜一概而论。

一般情况下，对项目经理的主体身份问题，可按以下几个原则加以把握：

1. 对于项目经理与建筑施工企业签订劳动合同或者存在事实上的劳动关系的情形，由于二者之间存在合法的劳动关系，项目经理由建筑施工企业任命，且以建筑施工企业的名义施工，符合职务类犯罪的主体要件，可以成为职务侵占、挪用资金等职务类犯罪的主体。

2. 对于不存在劳动关系的挂靠、非法转包情形，对项目经理的主体身份问题，可以按“授权型项目经理”和“非授权型项目经理”作进一步区分。所谓授权型项目经理，指建筑施工企业通过签订内部承包协议、出具任命文件、介绍信、委托书或者其他授权方式，赋予与建筑施工企业不存在劳动关系的项目经理以建筑施工企业的名义对外行为的权限，建筑施工企业愿意对外承担责任的情形，授权型项目经理可以成为职务侵占、挪用资金等职务类犯罪的主体。所谓非授权型项目经理，指与建筑施工企业不存在劳动关系的项目经理与建筑施工企业之间，既没有内部承包协议、任命书等文件，也不存在其他足以证明其已获建筑施工企业明确授权的情况,项目经理对外擅自以建筑施工企业的名义从事相关行为的情形,非授权型项目经理不宜成为职务侵占、挪用资金等职务类犯罪的主体。

(三)关于施工项目资金所有权归属的认定

职务侵占罪、挪用资金罪侵犯的客体是公私财物的所有权,侵害的对象是行为人所在单位的财产。实践中,对于项目经理将施工项目资金、工程中的材料、实物占为己有或者将工程款挪作他用能否构成职务侵占、挪用资金等犯罪存在较大争议。我们认为,依法准确认定施工项目资金等财物所有权归属,是审查认定职务犯罪和经济犯罪的前提和基础。在项目经理内部承包责任制下,项目经理“垫资”现象十分常见。因此,在审理相关案件时应以施工项目资金本质上是否垫付为判断标准,具体可分以下三种情况加以把握:

1. 对于项目经理垫付范围内的施工项目资金,垫付并不改变其财产所有权的归属,即应确定施工项目资金的所有权仍归属于项目经理。在此情形下,项目经理“侵占”“挪用”其自己垫付的施工项目资金的行为一般不宜以职务侵占、挪用资金等犯罪定罪处罚。

2. 对于项目经理垫付范围外的施工项目资金,工程没有完工的,应当以工程结算节点为界。结算以前或者无法进行结算的,施工项目资金的所有权归属于建筑施工企业,结算以后施工项目资金的所有权归属于项目经理。

3. 建筑施工企业与项目经理对资金归属、资金使用范围等进行明确约定的,从其约定。

(四)关于建筑领域项目经理拒不支付劳动报酬行为的司法认定

《刑法修正案(八)》增设了拒不支付劳动报酬罪,对项目经理拖欠、拒不支付民工工资等行为具有较大的威慑作用。但在司法实践中,对于项目经理拒不支付劳动报酬案件,还存在主体身份难确定、入罪标准不明确等问题。具体表现在:

(1)实际用工主体确定困难。建筑领域实行项目经理负责制,并且存在内部承包、挂靠经营、非法转包、违法分包等多种经营模式,各类主体之间的关系错综复杂,在确定具体的用工主体时容易产生争议。(2)劳动行政部门发出责令支付劳动报酬通知难。根据《刑法》第276条的规定,构成拒不支付劳动报酬罪必须以"经政府有关部门责令支付后仍不支付"为前提,等等。对此,我们认为,一般宜按以下几个原则加以把握:

1.根据最高人民法院《关于审理拒不支付劳动报酬刑事案件适用法律若干问题的解释》第2条、第7条的规定,拒不支付劳动报酬罪的犯罪主体为一般主体,既包括用工单位,也包括用工个人。

2.当建筑施工企业为用人单位时,应由建筑施工企业对外承担支付劳动报酬的法律责任,项目经理以逃匿、去向不明等方式转移资产拒不支付劳动报酬的行为,可按职务侵占等犯罪处理,一般不宜以拒不支付劳动报酬罪定性处罚。

3.当项目经理作为用工主体时,其以逃避支付劳动者的劳动报酬为目的转移财产、逃匿、去向不明的,宜以拒不支付劳动报酬罪追究刑事责任。

(五)关于项目经理虚假诉讼行为的司法认定

虚假诉讼是指民事诉讼各方当事人恶意串通,采取虚构法律关系、捏造案件事实方式提起民事诉讼,或者利用虚假仲裁裁决、公证文书申请执行,使法院作出错误裁判或执行,以获取非法利益的行为。近年来,项目经理进行虚假诉讼的案件屡见不鲜,不但浪费了司法资源、损害了司法权威,还对建筑企业的合法权益造成了严重损害。在《刑法修正案(九)》出台之前,由于刑法并未明确规定虚假诉讼的刑事责任,实践中各地法院对项目经理虚假诉讼案件的处理并不统一,有的定妨害作证罪,有的定诈骗罪,还有的定职务侵占等犯罪,导致该类案件的处理较为混乱。《刑法修正案(九)》实施后,我们认为,对于项目经理虚假诉讼行为,可按以下原则加以把握:

1.对于项目经理与他人恶意串通进行虚假诉讼的行为一般以虚假诉讼罪定罪

处罚。实践中,应注意审查虚假诉讼行为是个人行为还是单位行为。若项目经理以其个人名义,以捏造的事实提起民事诉讼,并将违法所得归个人所有的,项目经理构成个人犯罪。若项目经理以其所在单位的名义进行虚假诉讼,且违法所得归单位所有的,可构成单位犯罪。

2. 项目经理实施虚假诉讼,非法占有他人财产或者逃避合法债务,同时构成诈骗罪、职务侵占罪等其他犯罪的,依照处罚较重的规定定罪从重处罚。

第二节　职务犯罪要案判解

刑法和司法解释对贪污受贿的量刑数额标准作了大幅度的调整。首先需要说明的是,下面论述的若干案例均发生在法律修改之前,在量刑方面对今后的案件审理已经没有更多的参考价值,但在定罪方面仍具有重要参考意义,所以本书仍然将相关内容纳入,供理论和实践参考。

1. 新型受贿的裁判尺度与社会指引

——最高人民法院指导案例 **3** 号“潘玉梅、陈宁受贿案”评析①

裁判要旨

案例指导制度的建构是一个长期、渐进的演化过程。对已公布的指导性案例进行实证考察并对今后的发展方向提出建议,是推进案例指导制度建设的“另一条有效途径”。指导性案例作为典型法律事例,是事实与规范相互匹配的样板案件。指导案例 3 号提供了新型受贿的一般裁判尺度,相关裁判要点是对刑法条文的适法性解释,与特定的事实情形相匹配。在理解和参照指导性案例的过程中,应聚焦于“类似案件”的事实识别。同时,在成文法语境下,刑事指导案例作为公法性案例

① 本文原载《浙江社会科学》2013 年第 1 期。

具有不同于私法性案例的形成和运行机制，其原创性和能动性是有限度的，不宜过度期待和追求。不过，这也并不影响其“指导性”功能，包括统一裁判尺度、实现“同案同判”，承载“社会指引”等多重价值目标的实现。此外，定罪案例和量刑案例应当并重，今后应加大量刑案例的培育和研发力度，同时在编写技术上加强对“案情事实”的叙述和公布。

自2011年年底开始，最高人民法院先后公布了11批指导性案例。每批数量虽然少了点，但足以让人感到欣慰。可以说，若干指导性案例的推出，是建构中国特色案例指导制度跨出的实质性一步。就是这一步，丰富了人们对制度的感性认知，使案例指导制度“具象化”，[①]增强了社会各界对建立中国特色案例指导制度的信心，不愧为近几年司法改革的一大亮点。不过，陆续公布的几个案例也遭到一些学者的议论或质疑。应当看到，任何一个新生制度的诞生，争议和挑战总是难免的，案例指导制度在当下中国的建构无疑是一个长期、渐进的演化过程。要想在挑战和争议中继续前行，还需要一些新的推力和思考点。而对具体的指导性案例进行实证观察和细微研究，无疑是推进制度建设的必要路径和新视角。正如有学者指出，作为推进案例指导制度的基本思路，“制度建构”和“案例研究”这两种路径必须得到有机的整合及统一。“案例研究”意味着对“部门法领域一个个特定规范命题如何通过个案得以丰富发展”的实证考察，能够促进法律共同体内围绕案例形成的讨论沟通，刺激司法实践更加有意识地尝试相关制度的建构及发展，这是推动案例指导制度建设的“另一条有效途径”。[②] 借鉴和延续这一理论路径，本文尝试对最高人民法院首批公布的“潘玉梅、陈宁受贿案”即指导案例3号进行评析，围绕这一典型法律事例，考察新手段新形式受贿案件的一般裁判尺度，探索成文法语境下刑事指导性案例的功能定位和承载的“社会”价值，并以具体入微的案例评析，凸显刑事指导性案例作为公法性案例不同于民事等私法性案例的形成和运行机制，

---

① 参见黄卉、辛剑生：《判例研究及其方法——基于第七期“判例研读沙龙”的评论性综述》，载《华东政法大学学报》2011年第3期。

② 参见王亚新：《判例研究中新的视角及方法探求》，载《昆明理工大学学报》（社会科学版）2011年第1期。

提炼理解和参照指导性案例的一般思路与方法。

一、指导案例3号连接的事实与规范

典型的法律事件(事态)是实现法律条文与具体事实相互连接、结合和匹配的重要媒介。法官既要在法律要件的指引下建构案件事实,又要在案件事实中确定法律的含义。因此,对指导性案例蕴含的裁判规则的探讨,不能脱离其具体的事实语境。

基本案情

潘玉梅利用职务便利为他人谋取利益,共计收受贿赂1190.2万余元;陈宁收受贿赂559万元;所得赃款及赃款收益均被依法追缴。与裁判要点联系密切的事实信息有:(1)潘玉梅、陈宁为陈某低价获取土地等提供帮助,并分别以其亲属名义与陈某共同注册成立"多贺公司",以"开发"上述土地。潘玉梅、陈宁既未实际出资,也未参与该公司经营管理,却以参与利润分配名义,分别收受陈某给予的480万元。后陈宁因潘玉梅被调查,退给陈某80万元。(2)潘玉梅、陈宁为南京某置业发展有限公司提供帮助,先后4次各收受该公司总经理吴某某给予的50万元。(3)潘玉梅为南京某发展有限公司提供帮助,并在购买对方开发的一处房产时接受该公司总经理许某某为其支付的房屋差价款和相关税费61万余元。后潘玉梅因检察机关从许某某的公司账上已掌握其购房仅支付部分款项的情况而补还给许某某55万元。在审理过程中,潘玉梅、陈宁及其辩护人分别提出:二被告人与陈某共同开办多贺公司开发土地获取"利润"480万元不应认定为受贿;潘玉梅没有为许某某实际谋取利益;购买许某某开发的房产,在案发前已将房产差价款给付了许某某,不应认定为受贿。南京市中级人民法院经审理后,以受贿罪分别判处潘玉梅死缓刑,判处陈宁无期徒刑。宣判后,潘玉梅、陈宁提出上诉。江苏省高级人民法院经审理后裁定驳回上诉,维持原判,并核准以受贿罪判处潘玉梅死缓刑。

【裁判要点】指导案例3号提示的4个"裁判要点",分别概括了新形式、新手段受贿案件的裁判规范。其中,裁判要点1确认:国家工作人员利用职务上的便利为请托人谋取利益,并与请托人以"合办"公司的名义获取"利润",没有实际出资和参与经营管理的,以受贿论处,从而明确了公司合作型受贿的认定标准。裁判要点2确认:国家工作人员明知他人有请托事项而收受其财物,视为承诺“为他人谋取利益”,是否已实际为他人谋取利益或谋取到利益,不影响受贿的认定,从而明确了“为他人谋取利益”的判定标准。裁判要点3确认:国家工作人员利用职务上的便利为请托人谋取利益,以明显低于市场的价格向请托人购买房屋等物品的,以受贿论处,受贿数额按照交易时当地市场价格与实际支付价格的差额计算,从而明确了交易型受贿的认定和数额计算标准。裁判要点4确认:国家工作人员收受财物后,因与其受贿有关联的人、事被查处,为掩饰犯罪而退还的,不影响认定受贿罪,从而明确了收受财物后退还或者上交的处理标准。本案援引《刑法》第385条第1款作为法律依据:“国家工作人员利用职务上的便利,索取他人财物的,或者非法收受他人财物,为他人谋取利益的,是受贿罪。”因此,指导案例3提示的4个“裁判要点”实际上是对刑法条文中有关受贿罪规定的适法性解释,因其典型性而具有作为一般裁判尺度的指导意义。

从法理上讲,任何案例,都是“事实加规范形成裁决”这一思维模式运作的结果。一个成功的指导性案例不仅是法律解释和规范发现的典范,而且是案件事实认定的典范。从技术角度分析,指导案例3号虽然公布了潘玉梅、陈宁受贿的基本事实,但是没有提供相关证据等较为详细的事实信息。显然,目前的案例编写比较侧重于“规范”层面,借个案之解决传达出法的规则与原理,以为今后同类案件处理之效法,但有疏于“事实”的一面,构成当前指导性案例的一大通病,有待于今后改进。

二、规范考察:新型受贿的裁判尺度及其法理阐释

法律经由个案而明确。裁判规范是指通过案例的裁判结论所明确的法律性质的规则,是案例的灵魂所在。根据上述裁判要点,国家工作人员以“合办”公司名义或以交易形式收受贿赂、承诺“为他人谋取利益”未实际谋取利益而受贿的以及为掩饰犯罪而退赃的,不影响认定受贿罪,从而确认了新型受贿的裁判尺度。从法理上分析,具体的裁判规则往往建立在更为抽象的一般法律命题基础之上。探究隐藏在规则背后的法理、事理和情理,可以帮助我们更好地理解司法裁判赖以存在的法律基础和社会基础,诠释裁判的法律效果和社会效果,从而提升典型案例的方法

论功能和指导性价值。根据本案“裁判要点”，结合具体的“裁判理由”，至少可以抽象出以下具有一般意义的法律命题：

第一，受贿犯罪行为的本质特征系权钱交易，其表现形式和手段可能会随着社会经济的发展而变化，但犯罪行为的本质特征不会改变，对新型受贿的判定必须透过现象看本质。受贿罪的本质是一个与受贿罪保护法益密切联系的、内在的重要问题。对受贿罪的本质，通常情况下难以把握，只有通过受贿人对社会利益的侵犯形式的研究才能予以把握。尽管理论界对受贿罪的法益存在形形色色的具体学说，但基本上都承认受贿罪的谋利要件与受财要件存在对价关系，从侵犯职务行为的不可收买性，从而侵犯职务行为的廉洁性这一角度作为处罚受贿罪的基本理由。① “无论从哪一个角度分析，其行为的共同之处都在于把职务或者职权当作获取额外收入的筹码……其本质都是把职务或者职权当作可供买卖的商品，都是对国家工作人员公务行为廉洁性的侵害。”②由于受贿行为对公务人员职务行为的不可收买性、廉洁性的侵犯是以权钱交易为特征的，行受贿双方各取所需的社会危害性也就必然通过权钱交易表现出来，利用职务便利进行权钱交易也就顺理成章地成为判断受贿犯罪最本质的特征。受贿犯罪是一种传统的职务犯罪，但随着经济和社会的快速发展，行受贿犯罪正在朝更加隐蔽化、策略化的方向发展。在现实生活中，一些受贿分子假借各种“合法”民事活动之名，收取贿赂的现象时有发生，并故意混淆“合法”与“非法”的界限，规避法律法规，以逃避法律追究。此类行为具有形式合法、方法隐秘、手段狡猾等特点，因而给审判实践对行为性质的准确判定带来一定困难。为此，最高人民法院、最高人民检察院于 2007 年 7 月 8 日《关于办理受贿刑事案件适用法律若干问题的意见》(以下简称《受贿意见》)对若干新型受贿的认定提出相对明确的处理意见。从法理上分析，“新型受贿区别于传统受贿的独立性特征在于其与合法民事行为或正当社会生活紧密交织”。③ 其中，交易型受

---

① 一般认为，将职务行为的不可收买性作为受贿罪的法益，最具说服力。参见张明楷：《论受贿罪中的“为他人谋取利益”》，载《政法论坛》2004 年第 5 期。

② 游伟、谢锡美：《“为他人谋取利益”在受贿罪构成中的定位》，载《法学》2001 年第 8 期。

③ 薛进展、闫艳、谢杰：《新型受贿犯罪司法认定若干疑难问题探讨》，载《甘肃警察职业学院学报》2010 年第 4 期。

贿、公司合作投资型受贿与委托理财型受贿、干股分红型受贿等在规范上均属于典型的民刑交织案件。要检验民刑规范实体交织情形下的新型受贿案件是否构成犯罪,必须经过民刑法律规范的两次判断。其中,民事法律规范对请托人与受托人之间的法律关系设定的是形式判断标准,而刑事法律规范对请托人与受托人之间的财产流转关系设定的是实质判断标准。实质标准是认定受贿犯罪的决定性尺度。① 从实质角度考量,各种假借"民事行为"名义,行"受贿犯罪"之实的现象虽然花样不断翻新,但其"非法性"的"权钱交易"本质特征难以改变,司法机关也必然能够通过对证据的全面掌握与审查判断,透过假象揭露犯罪本质。本案中,两被告人借公司合作、房产交易之名,行受贿之实的情形,虽然是受贿犯罪的新形式,但其与传统受贿行为的本质特征仍然是一致的,仔细分析起来,这些"合法的"民事行为背后存在"权钱交易"的黑幕。

第二,"为他人谋取利益"是受贿罪的必备构成要件,包括承诺、实施和实现三个不同阶段的行为,只要具有其中一项,就属于为他人谋取利益。受贿犯罪这一典型的权钱交易行为在想象中似乎并不难以认定,然而在司法实践中认定了受贿行为并不意味着就可以认定为受贿犯罪,其中一个很重要的原因是认定受贿犯罪还需要"为他人谋取利益"这一法定构成要件。长期以来,"收钱没办事算不算受贿"备受争议。在司法实践中,一些受贿案的被告人以"收钱了但未办事"为由否认犯罪,辩护律师通常以被告人收受请托人的财物但实际没有为请托人谋取利益作为辩护理由。现实中,一些贪腐官员即使"收了钱"并"办了事",也刻意将"收钱"与"办事"两个环节尽量"隔离"。大量案例显示,行为人均非在帮他人"办事"的前后短时间内收受他人贿赂款,行贿人往往在年节期间或一些特定的时机送礼送钱,且遵循"小额多次"的潜规则,故意将"办事"与"收钱"分开,制造一种"收钱"与"办事"之间没有必然联系的假象。事实上,这样的操作只是手法上的区别,权钱交易仍然是存在的,唯一变化的是金钱利益的兑现时间,使受贿犯罪更加隐蔽。"收了钱没办事算不算受贿"争议的背后,其实隐藏着另一个更深层次的争议——"为他

① 薛进展、闫艳、谢杰:《新型受贿犯罪司法认定若干疑难问题探讨》,载《甘肃警察职业学院学报》2010年第4期。

人谋取利益”在受贿罪构成要件中的地位问题。对此，长期以来，存在肯定说与否定说之争。在肯定说中，又有客观要件说与主观要件说之分。客观要件说中还有旧客观要件说与新客观要件说之别。旧客观要件说认为，所谓“为他人谋取利益”，是指受贿人为行贿人谋取某种非法的或者合法的利益，这是受贿人与行贿人之间的一个交换条件。旧的客观要件说把“为他人谋取利益”理解为为他人谋取利益的行为，但又不要求实际上为他人取得利益。如果国家工作人员收受了财物，但尚没有为他人谋取利益，则不构成受贿罪。这样一来，实际上会导致对部分受贿犯罪的放纵，缩小了受贿罪的范围。[①] 新客观要件说把“为他人谋取利益”理解为受贿者的一种许诺。该学说从拓展法律惩罚受贿犯罪范围的角度去思考问题，有利于打击受贿犯罪，但是会带来在司法实践中如何证明这种“许诺”的难题。[②] 主观要件说认为，为他人谋取利益在受贿罪的构成要件中只是行为人的一种主观意图，为他人谋取利益并不能由受贿行为本身实现，而有赖于将这一意图付诸实施。主观要件说主张将“为他人谋取利益”理解为受贿者的一种主观意图，带有明显的为处罚而处罚的功利主义色彩。有的学者认为该要件不能体现受贿犯罪的真正客体，并且为司法实践增加了极大的难度，索性呼吁取消这一定罪要件。笔者认为，“为他人谋取利益”是指行为人利用职务上的便利，为行贿人谋取各种好处，从而作为收受贿赂的对价，体现了受贿罪权钱交易的本质特征，其在诉讼中的证明困境不足以成为取消这一要件的理由。根据刑法规定，为他人谋取利益显然是受贿罪的构成要件，关键在于如何理解和认定“为他人谋取利益”。在实践中，“为他人谋取利益”主要有以下几种情形：(1)有“为他人谋取利益”的意图，但尚未实际进行；(2)正为他人谋取利益但未获得成功；(3)已着手为他人谋取了部分利益，还未完全实现；(4)已为他人实际谋取了全部利益。对此，最高人民法院于2003年11月13日印发的《全国法院审理经济犯罪案件工作座谈会纪要》(以下简称《经济犯罪纪要》)指出：“为他人谋取利益包括承诺、实施和实现三个阶段的行为。只要具有其中一个阶段的行为，如国家工作人员收受他人财物时，根据他人提出的具体请托

① 夏强：《论“为他人谋取利益”在受贿罪中的地位及认定》，载《行政与法》2001年第1期。
② 游伟、谢锡美：《“为他人谋取利益”在受贿罪构成中的定位》，载《法学》2001年第8期。

事项,承诺为他人谋取利益的,就具备了为他人谋取利益的要件。明知他人有具体请托事项而收受其财物的,视为承诺为他人谋取利益。”潘玉梅、陈宁受贿案的裁判要点2确认:国家工作人员明知他人有请托事项而收受其财物,视为承诺“为他人谋取利益”,是否已实际为他人谋取利益或谋取到利益,不影响受贿的认定。该裁判要点在《经济犯罪纪要》中关于受贿罪“为他人谋取利益”有关规定的基础上,进一步明确了“为他人谋取利益”的具体含义,也向潜在的“贪官”发出一个警示信号——“收钱”了,没有“办事”也是受贿。

第三,国家工作人员收受请托人财物“及时退还或上交”不是一个单纯的时间概念,而要联系行为人是否具有受贿故意才能作出准确的判定,受贿犯罪一旦成立,不因事后行为而影响定性。现实生活中,国家工作人员收受他人财物后,基于各种原因退还或上交财物的案件时有发生,情况复杂,如何妥当地区分其中罪与非罪的界限,是司法机关长期面临的又一难题。有的认为,只要行为人在案发前退还或者上交的,都可以不以犯罪处理;有的认为,此种情况均属于受贿既遂后的赃物处置问题,不影响定罪,但可以作为量刑情节加以考虑。为了解决这一司法难题,《受贿意见》第9条第1款、第2款分别作出如下规定:“国家工作人员收受请托人财物后,及时退还或者上交的,不是受贿。”“国家工作人员受贿后,因自身或与其受贿有关联的人、事被查处,为掩饰犯罪而退还或者上交的,不影响认定受贿罪。”该条第1款的宗旨和精神是“将客观上收受了他人财物,主观上没有受贿故意的情形排除在受贿罪之外”①。而第2款规定的情形说明行为人收受财物时具有受贿故意,因自身或与其受贿有关联的人、事被查处,为掩饰犯罪而退还或者上交的,不影响受贿性质的认定。上述规定体现了“行为与故意同时存在”的刑法原理。受贿罪是行为人在一定的犯罪故意的心态支配下所实施的犯罪行为,行为人收受请托人财物后,及时退还或者上交,能够说明其主观上没有受贿故意的,可不以受贿论处。受贿犯罪已经实施完毕,因自身或与其受贿有关联的人、事被查处,为掩饰犯罪而退还或者上交的,说明其主观上有受贿故意,应构成受贿罪。潘玉梅、陈宁受贿案

① 张明楷:《受贿罪中收受财物后及时退交的问题分析》,载《法学》2012年第4期。

的裁判要点4在上述刑法原理和《受贿意见》第9条规定的基础上进一步明确解决了收受财物后退还如何处理的问题。

需要进一步思考的是，究竟如何看待刑事指导性案例的原创性和新颖性问题？本案所涉4个问题在最高人民法院于2007年7月8日印发的《受贿意见》中均有所规定，因此发布后其原创性引起一些学者的质疑。如有的指出，"本案作为第一批指导性案例之一，其创制的规则缺乏原创性，它只是对已有司法解释的一种重申"。① 对此，最高人民法院案例指导工作办公室认为，本案属于新类型案件，所涉4个问题虽在《受贿意见》中有所规定，但是刑法和司法解释尚未明确具体规定，并且4个问题具有一定的代表性，同时出现在一个案例中很难得，故作为指导性案例使用。② 笔者认为，最高人民法院有关部门给出的解释还是有道理的。首先，以往的"意见"类司法文件与司法解释有所不同，将"意见"类的司法文件等同于司法解释尚不够严谨。其次，受罪刑法定原则的制约，案例是适用刑法的结果，由案例创设的裁判规则本身是释法性的，不可能达到也不允许类似于"造法"的境界，其能动性和创新性是有限度的。最后，"案例式"指导与司法解释等"条文式"的指导是两种不同的业务指导方式，其功能和作用上各有千秋，具有互补性。值得警惕的是，指导性案例制度设计中表现出提炼抽象规则的偏好，需要谨防重蹈立法型司法解释的覆辙。③ 虽然"这些司法规则对于正确处理同类受贿案件具有重要的参考价值。尤其是这些司法规则以抽象的规范形式呈现出来，它在一定程度上已经与具体案例分离，从而对此后同类案件提供了规范根据"，④但是，如果脱离指导性案例的具体案情和事实语境，单纯地将指导性案例中载明的裁判要点当作"法律规则"来进行推演使用，实际上很容易与司法解释混为一谈，使案例指导制度最终失去独立存在的价值，违背了搞案例指导制度的初衷。

---

① 陈兴良：《案例指导制度的规范考察》，载《法学评论》2012年第3期。

② 最高人民法院案例指导办公室：《指导案例3号"潘玉梅、陈宁受贿案"的理解与参照》，载《人民司法·应用》2012年第7期。

③ 吴英姿：《案例指导制度能走多远?》，载《苏州大学学报》2011年第4期。

④ 陈兴良：《案例指导制度的规范考察》，载《法学评论》2012年第3期。

三、"类似案件"的事实识别与裁判规则的"参照"适用

最高人民法院《关于案例指导工作的规定》第7条规定:各级法院在审判"类似案件"时应当"参照"指导性案例。学者也指出,"指导性案例的独特价值必须体现于形成发展可供实务一般参照运用的规则之中"。[①] 但是,至今为止,如何判定案件的"类似性"以及如何"参照"适用,尚未予以明确。依笔者浅见,对什么是类似案件的判定、具体又如何参照等问题,最高人民法院实际上是无法作出统一规定的,在实践中必须借助特定的案例、聚焦于某一个罪案才能使这些概念得到具体、形象的展示。从指导性案例为此后处理类似案件提供权威性参照这一角度来看,指导性案例的基本功能应聚焦于解决"同案同判"问题。[②] 所谓"同案同判",换言之,就是"同等情况同等对待"。[③] "参照"的技术特征和操作前提主要表现为"同案"的把握("同等情况"的事实识别)和"同判"的把握("同等对待"的具体把握)。

指导案例3号刚推出不久,加上没有指导性案例的运用和"参照"方面的硬性规定,实践中尚难找到"参照"该指导案例进行裁判的实例。但是,根据实践经验,可对可能遇到与本案案情"最相类似"的事实情形作出预测。据此,本文以裁判要点1为例,对以合办公司等合作投资名义收受贿赂裁判规则的理解与参照问题作一简要推演。

根据潘玉梅、陈宁受贿案的裁判要点1,国家工作人员利用职务上的便利为请托人谋取利益,并与请托人以"合办"公司的名义获取"利润",没有实际出资和参与经营管理的,以受贿论处。对应的基本事实为:(1)国家工作人员利用职务上的便利为请托人谋取利益;(2)与请托人以"合办"公司的名义获取"利润";(3)没有实际出资和参与经营管理。一旦具备这三项要件事实,即产生"以受贿论处"的法律效果。第一项要件事实"利用职务上的便利为请托人谋取利益"是认定受贿的传统标准,关键是判断第2、第3两项要件可能出现的情形是否与本案"最为类似"。在实践中,除了以合办公司的名义收受贿赂,有的还以进行其他合作投资的名义收

① 王亚新:《一审判决效力与二审中的诉讼外和解协议》,载《法学研究》2012年第4期。
② 张志铭:《中国法院案例指导制度价值功能之认知》,载《学习与探索》2012年第3期。
③ 刘树德:《刑事司法语境下的"同案同判"》,载《中国法学》2011年第1期。

受贿赂,无论采取哪种形式,其本质都是一致的,因此,案情是否类似的探讨可以忽略和超越案件的细节。对今后有可能出现的案件,可以设想以下几种与本案基本事实“最为类似”或“较为类似”的事实情形:

情形一:“虚假出资、虚假合作”型。此类案件中,国家工作人员既没有实际出资,又没有参与管理、经营,却以“合作”开办公司或者进行其他“合作”投资的名义获取“利润”。

情形二:“虚假出资、真实合作”型。此类案件中,国家工作人员的出资额虽然由请托人出资,系虚假出资,但是其出资数额在协议中有明确记载,且国家工作人员参与了公司的经营管理,并承担经营风险,有真实合作成分。

情形三:“部分出资、部分合作”型。此类案件中,国家工作人员有实际出资,但收取了超出出资比例应得的收益。

情形四:“请托人垫资、真实合作”型。此类案件中,由请托人垫付资金,国家工作人员或者其指定的第三人以参与合作开办公司或者进行其他合作的形式,不参与经营管理而获取“利润”。

上述情形一即为指导案例 3 号所展现的典型法律事态,意味着行为人没有任何正当理由获取所谓“利润”,属于打着合作开办公司或者其他合作投资的名义,行受贿之实的变相受贿行为,可直接“参照”适用本案的裁判规则,其获取的“利润”数额应全部认定为受贿数额。在实践中,有的虽然在协议中明确了国家工作人员的出资数额,但实际上系虚假出资,不影响受贿的认定。有的虽然以其指定的第三人名义参与开办公司获取“利润”,但实质上只是手段更为隐蔽而已。如进一步细分,潘玉梅、陈宁受贿案的裁判要点与基本案情也有不一致的地方,该案例中合作开办公司的名义人并非国家工作人员本人,而是以其亲属的名义,但从实质的角度考量,只不过是一种更为隐蔽的受贿手段。以亲属名义与国家工作人员自身名义,两者并无本质区别。根据举重明轻的原则,“以亲属名义”情形均可认定为受贿,“以国家工作人员本人名义”的情形自然可以参照前者的有关规则加以裁判。

上述情形二、情形三、情形四为情形一的变种,不能一概而论。情形二中,可参照指导案例,对出资额部分认定为受贿,但对于经营利润宜认定为受贿资本的非法孳息。情形三中,对其收取的超出出资比例的部分应认定为受贿。情形四中,应当结合案件具体情况,参照指导性案例的基本情况,根据是否真实出资、是否权钱交易这一根本判断标准进行分析认定。

由上述分析可见,案例指导制度的实质是从“具体”到“具体”的事实参照。所谓类似案件或者同类案件是指在案情上基本相同,由此而为“参照”适用指导性案例的规则提供事实根据。把握“参照”问题的关键在于对案情事实是否类似的“事实识别”。以语言表达的简单规则,常常涵盖不同的、并不简单的事实情形。本案4个裁判要点涉及的4个问题均具有代表性,分别涵盖不同的典型法律事态。在今后可能出现的实际案件中,一个案件不一定同时遇到上述4个问题。如果对上述4个问题可能出现的不同事实情形进行排列组合,将会呈现出更多种类的复杂的案件事实形态。但“万变不离其宗”,遇到具体的个案,均可将其拆解后进行具体识别、判断。

此外,从普通法系和大陆法系相互吸收、兼容并蓄的趋势来看,“判例”均被视作司法和立法的混合产品,判例本身存在一个发展的过程,即没有永恒不变的先例。我国虽然不是实行判例法的国家,但从遵循司法本身的规律性角度看,法律适用的过程本身带有一定的能动性和创造性,案例存在一个新陈代谢的过程,指导性案例的参照适用也是相对的。一个指导性案例是事实与规范匹配的结果,体现了“摆事实讲道理”。在实践中,不排除法官以判例法体系中“案件区别技术”为参考,可以通过对鲜活的案情进行横向与纵向比较和细致辨析,用“区分事实”的识别技术,突破旧的裁判规范,发展出新的裁判方案。

四、案例“指导”量刑与量刑公正的有效实现

量刑公正是刑事审判正义的最终落脚点。由于量刑理论研究上的不足,长期以来量刑公正的有效实现成为刑事审判的难点。特别是,受贿等职务犯罪案件的量刑失衡问题,成为一个社会广泛议论的话题。一是立法上的质疑。受贿罪的刑罚规定依附于贪污罪,被指缺乏独立的量刑标准,且有九个量刑档次,存在犯罪情节之“较重”“较轻”“严重”“特别严重”缺乏清晰的界定、量刑档次交叉重叠过多等缺陷。二是司法上的混乱。笔者认为,司法问题除了立法上的原因以外,司法本身缺乏统一的裁量尺度和相应运行机制也是重要原因。从实践情况来看,受贿罪

的个案间确实存在量刑严重失衡问题,必须予以正视并纳入“量刑规范化”改革体系中妥当解决。

近年来,理论界和实践部门围绕量刑规范化和量刑公正的实现进行了许多有益的探索。但大多数是从制定量刑指导意见等实体法的角度加以探索,较少从案例指导量刑的角度探讨。这种“规范措施”式改革或许能够将量刑朝细密化、具体化的方向推进,但由于其脱离具体的案件情景,其考虑问题的周延性和公正性仍易引起质疑,无法充分彰显量刑公正的全部含义。从发布的案例来看,实务部门比较注重定罪案例,而对量刑案例相对忽视。虽然已有部分学者撰文呼吁用案例指导量刑,但相关工作的推动非常缓慢。依笔者浅见,今后的量刑理论与实践中,应当从抽象地讨论“量刑公正”问题,转向追求“量刑公正感”的具体形成与有效实现上来。除了制定规范的量刑细则等制度建设,还要统筹兼顾量刑公正的心理标准与社会标准,关注案例的心理学意义。典型的量刑案例能够提供可比性,既可以为相同或类似的案件提供统一的司法标准,还可“以看得见的方式”作为参照物发挥其以往采取封闭的逻辑推论形式所难以达到的论证“说服”效果,对于解决“同案同判”、塑造“量刑公正感”具有独特的优势。事实上,就连美国的量刑指南经过二十多年的实践,也造成了很多纷争,批判其在具体案件中无法顾及特殊的情况。2005年1月,美国联邦最高法院在美国诉布克案(Vnited States v. Booker)中以5:4的微弱多数正式宣布联邦量刑指南不再作为强制性的法律规则,而只是供法官们在量刑的时候参考而已。正如有学者所言,“美国量刑指南的演变史为我们提供了规范量刑的一面镜子,更加深了用案例指导量刑的信念”。①

从指导案例3号的裁判要点来看,本案的侧重点显然是为了解决定性问题,旨在为今后类似案件的裁判提供参照样本。但该案例亦较详细地阐述了刑罚裁量的具体理由,特别是对判处潘玉梅死缓的量刑情节和裁量理由作了充分的阐述。最高人民法院案例指导工作办公室起草的《指导案例3号〈潘玉梅、陈宁受贿案〉的理解与参照》一文中专门对本案的量刑进行了说明。由此可见,最高人民法院选取

① 王瑞君:《案例指导量刑与量刑规范化》,载《法学杂志》2009年第8期。

本案作为指导案例不仅看中了其定性，而且看中了其量刑的指导性。

本案例涉及量刑理由的表述为："受贿数额特别巨大，但同时鉴于二被告人均具有归案后如实供述犯罪、认罪态度好，主动交代司法机关尚未掌握的同种余罪，案发前退出部分赃款，案发后配合追缴涉案全部赃款等从轻处罚情节，故一审、二审法院依法作出如上裁判。"在笔者看来，本案对量刑的指导性在于以直观的形式，对今后类似受贿案件的量刑提供了实在的事实参照，同时向法官和社会公众提示了三条操作或评判量刑的基本规则：一是数额是衡量受贿行为的社会危害性和行为人主观恶性的最重要依据，但不是唯一情节。二是对受贿被告人量刑时，包括裁量是否适用死刑时，应当坚持"数额加情节"的量刑原则，综合考虑受贿数额、受贿后不正确履行职责对国家或者人民利益造成的损失等危害后果、受贿手段、是否索贿、认罪态度、退赃情况、被告人的主观恶性等情节，依法判处相应的刑罚。既不能搞"唯数额论"，而不考虑犯罪的其他情节，也不能只考虑其他情节，而忽视受贿数额。三是社会公众对受贿案件量刑的认知和评判也应当走出"唯数额论"的误区。本案例的公布无疑有利于引导公众利用先例，对照手头案件，对比案件的处理过程和诉讼结果，在量刑上形成合理的预期和理性的评判。

五、法律之外：案例承载的"社会"示范意义

司法判决不能仅限于当事人之间的"案结事了"，而且要考虑"社会"示范意义，起到教育规制社会、保驾护航的作用，展示改变社会陋习、保卫文明成果的功能，具有引领社会的职责。绝不能出现这种情况："社会本无事，经司法判决后反而引发更严重的社会问题"。[①] 一个高质量的指导性案例，不仅对司法本身有指导性，而且具有社会指导意义，能够弥合法律和社会的差距。

与普通法国家通过判例探索法律规则相似，案例指导制度作为中国特色的"判例"制度，有填补法律漏洞以及解决法律滞后等目标，但更重要的背景是来自"司法不公"的压力及其引发的司法公信力危机。笔者认为，根据"司法公正"可替换成"司法公正感"的讨论框架，造成"司法不公正感"的原因可从两个层面探究：一个

---

① 于兆波：《公共政策视域中的判例制作》，载《法学杂志》2011年第4期。

层面为“判决确有不公”,另一个层面是“事实上公正,但当事人和社会公众没有感受到公正”,因此主观上认为“司法不公”。而抽象的原则性规定,不可能提供详细、具体、感性的可比性标尺,指导性案例制度最大的效用就是给当事人提供具体的、实在的评价尺度,让“司法的公正性”评判从抽象走向可操作,强化民众对司法的可控制感,从而理性地表达自己对司法判决的评价性意见。也就是说,案例的“指导性”,不仅体现在指导“司法者”通过案例实现和直观地证明司法公正,而且指导“被司法者”通过案例观察和体认司法公正。本案为新型受贿的定性量刑提供了一般的裁判尺度,实际上就是为社会公众今后可能遇到“手头案件”提供了可比性的样本,为司法公正的价值提供了“一般等价物”。引领社会在理性地对待司法判决的同时,自然有利于树立司法权威。

一个成功的指导性案例应具有良好的法律效果和社会效果,其“社会”示范意义不仅在于指引公众理性评判司法判决,而且有利于划清行为边界、促进社会成员自觉规范自身行动。和其他几个案例相比,指导案例 3 号所释放的政治、政策显示功能表现得更明显一些。本指导性案例的发布,对于依法惩治新形势下出现的新类型受贿犯罪、加大惩治腐败力度具有重要意义:其一,它针对近年来受贿案件出现的一些新情况、新问题,通过合办公司、低价购房等表面现象,抓住了受贿罪权钱交易的本质,对利用更具有隐蔽性、复杂性的新手段受贿提出了具体明确的处理意见,有利于依法从严惩处腐败犯罪。其二,它对新类型受贿行为的细化及其罪与非罪界限的区分,划清了国家工作人员和社会交往的应有边界,可以教育和警示国家工作人员廉洁自律、遵纪守法,提高拒腐防变、掉入受贿泥潭的警惕性和自觉性。其三,它具有宣传和教育群众的作用,有利于人民群众依法监督国家工作人员的职务行为。[①] 可见,指导案例 3 号所释放的“惩治腐败”的社会意义与警示价值是该案例的显著亮点,也为指导性案例的功能定位拓展了空间。

六、结语:刑事指导性案例的合理期待

以上讨论是粗浅的,案例指导制度实践中的许多问题亦尚未显现端倪。但是,

---

① 最高人民法院案例指导办公室:《指导案例 3 号“潘玉梅、陈宁受贿案”的理解与参照》,载《人民司法·应用》2012 年第 7 期。

可以肯定,要想让案例指导制度走向良性发展轨道,其前提必须明晰刑事指导案例的功能属性和运行方法,保持合理的期待和理性的追求。

第一,受罪刑法定原则的制约,对刑事指导性案例的讨论不宜脱离我国成文法的语境。在成文法背景下,刑事指导案例作为公法性案例具有不同于民法等私法性案例的形成和运行机制,其原创性和能动性是有限度的,无论是理论研究还是制度建构实践中都不宜过度期待和追求。在理论研讨和实践中对公法性案例与私法性案例应当分开讨论、区别对待。

第二,指导性案例是来自部门法领域的典型法律事例,是事实与规范相互匹配的样板案件。刑事指导性案例的裁判要点是对刑法具体条文的适法性解释,与特定的事实情形相匹配。在讨论和"参照"指导性案例的过程中,应聚焦于"类似案件"的事实识别。今后在编写技术上应加强对"案情事实"的叙述和公布。

第三,定罪案例和量刑案例应当并重,应加大量刑案例的培育和研发力度。目前,已经初露以案例指导量刑的端倪,但和量刑案例指导制度的建立尚有距离,今后指导性案例的选编过程中应当专门为量刑预留一席之地,以期今后在适用法律和刑罚裁量幅度上,都可以参照指导性案例进行判决。

第四,对指导性案例的功能认知应持开放的态度,承认其价值目标的层次性和多样性。实行案例指导制度最为直接而显著的价值目标是统一法律适用,追求"同案同判",以维护司法公正,但该项基本功能并不排斥其多重价值目标的实现。大力推行案例指导制度有助于强化民众对司法判决乃至法治的认同和信仰,实现其"社会"指引意义。

2. 以公司合作的形式拿钱是否构成受贿罪

——陈韬、王有秋受贿案

裁判要旨

一、国家工作人员虚假设立公司,利用职务之便,迫使对方与该公司合作,以利润分成的名义索取巨额钱财,其行为符合受贿罪中权钱交易的本质特征,构成受贿罪。

二、受贿罪是否成立应由受贿者本人的认知状况决定，行贿者对财物归属的认知状况不影响受贿罪的成立。

三、收取贿赂后，受贿犯罪已经完成，行为人事后将受贿款用于何处并不影响受贿的认定。

案号索引

一审：浙江省衢州市中级人民法院(2005)衢中刑初字第47号；

二审：浙江省高级人民法院(2006)浙刑二终字第33号。

基本案情

被告人陈韬，男，1956年10月30日出生，汉族，浙江省永康市人，捕前系浙江省衢州市文化广电新闻出版局副局长。因本案于2005年9月1日被刑事拘留，同月15日被逮捕。

被告人王有秋，男，1962年7月26日出生，汉族，浙江省金华市人，捕前系浙江省衢州市文化广电新闻出版局社会文化处处长。因本案于2005年8月23日被刑事拘留，同年9月5日被逮捕。

浙江省衢州市人民检察院以被告人陈韬、王有秋犯受贿罪，向衢州市中级人民法院提起公诉。起诉书指控：

被告人陈韬、王有秋案发前分别担任浙江省衢州市文化局(2005年7月起更名为衢州市文化广电新闻出版局)副局长、社会文化处处长，兼任2004年、2005年衢州元宵灯会组委会办公室主任、成员。2004年至2005年春节间，被告人陈韬、王有秋先后利用自己负责衢州市2004年、2005年元宵灯会彩灯制作的招标和管理职务之便，共同向承接彩灯制作业务的四川省自贡市众鑫实业公司、德力西集团自贡文化艺术传播有限公司(以下简称自贡公司)负责人吴志勇索取贿赂75000元人民币，予以平分。其间，陈韬还单独收受吴志勇所送贿赂2次，计4000元人民币。

在筹办衢州2005年元宵灯会过程中，被告人王有秋还趁自己代表衢州市文化局与自贡公司洽谈业务、签订彩灯制作合同之机，向该公司负责人吴志勇提出衢州市本地有公司要与其“合作经营”2005年元宵灯会，吴志勇迫于无奈，答应了被告人王有秋的要求。随后，被告人王有秋便个人出资，以其侄子王伟、妻子傅少程为挂名股东，向当地工商部门注册成立了衢州市天然文化传播有限公司（以下简称天然公司），然后让王伟出面以天然公司的名义与吴志勇"合作"。天然公司自身并没有承制彩灯的资质和实际业务，仅王伟一人参与了自贡公司与其他灯展单位之间合同的签订、收款、结算等事宜。事后，在王有秋的策划、安排下，天然公司以"利润分成"的名义，按60%的比例，分得六成利润共计12万余元人民币，款最终全被王有秋个人提走。

综上，起诉书指控，被告人陈韬、王有秋利用职务之便，共同索贿计75000元人民币；陈韬还单独受贿计4000元人民币；王有秋还以天然公司合作经营的名义，索贿计12万余元人民币。

审 判

一、一审情况

浙江省衢州市中级人民法院经审理后认为，起诉书指控被告人王有秋以天然公司与吴志勇公司合作经营的名义，索贿计12万余元人民币，构成受贿罪的依据不足，故不予认定，对指控的其余事实予以认定，即确认被告人陈韬、王有秋共同索贿计75000元人民币，陈韬还单独受贿计4000元人民币。遂于2005年12月28日作出（2005）衢中刑初字第47号刑事判决：以受贿罪，分别判处被告人陈韬、王有秋有期徒刑五年，均并处没收个人财产计一万元人民币；追缴被告人陈韬、王有秋受贿所得赃款，予以没收，上缴国库。

二、二审情况

一审宣判后，浙江省衢州市人民检察院认为，天然公司是被告人王有秋为受贿犯罪而专门设立，且在2005年元宵灯会制灯业务中未产生实际作用，王以公司合作经营的名义向吴志勇索取12万余元人民币，构成受贿，原判对该起事实不予认定错误，导致量刑不当，故向浙江省高级人民提出抗诉，要求二审改判。

被告人陈韬、王有秋不服，分别提出上诉。陈韬提出，其与王有秋没有共同受贿的故意和行为，不应对王收取贿赂的行为负责，原判认定共同索贿证据不足，且其有自首和检举他人犯罪的立功表现等情节，原判量刑过重。王有秋及其辩护人提出,天然公司并非为受贿而专门设立,其与吴志勇双方系自愿合作并承担风险,应属合法经营行为,虽然违纪,但不违法,更不构成受贿犯罪,抗诉不能成立;原判认定共同受贿有误;有自首情节,原判量刑偏重。均要求二审改判。

出庭二审法庭的浙江省人民检察院检察员除支持抗诉以外,还提出原判对75000元认定共同受贿正确,上诉、辩护意见不能成立,建议对被告人陈韬、王有秋否认共同受贿等上诉理由予以驳回。

浙江省高级人民法院经公开开庭审理后认为,原判认定被告人陈韬、王有秋共同索贿75000元人民币及陈韬单独受贿4000元人民币的事实清楚,但检察机关抗诉提出被告人王有秋以天然公司与自贡公司负责人吴志勇合作经营的名义收取12万余元构成索贿的理由成立,原判对该起事实不作认定错误,导致量刑不当,故确认被告人王有秋受贿犯罪数额为157500余元,决定改判;被告人陈韬、王有秋对按管理费5%的标准向吴志勇索要贿赂共计75000元人民币经事先商议,有共同索贿的犯罪故意和行为,且均分赃款,符合共同受贿的构成特征;王有秋收取贿赂后,受贿犯罪已经完成,其事后将受贿款用于何处并不影响受贿的认定;陈韬在侦查、审判期间提出的检举揭发,经查不实,其行为不构成立功;侦查机关掌握陈韬、王有秋受贿犯罪事实在先,两被告人在接受传唤审讯后被迫交代自己的罪行,也不构成自首。故陈韬、王有秋上诉及其辩护人要求从轻处罚的理由不足,不予采纳。依照《中华人民共和国刑事诉讼法》第一百八十九条第(一)、(三)项,《中华人民共和国刑法》第三百八十五条第一款、第三百八十六条、第三百八十三条第一款第(一)、(二)项、第二十五条第一款、第六十四条之规定,于2006年4月5日判决如下:

一、驳回陈韬、王有秋的上诉;

二、撤销(2005)衢中刑初字第47号刑事判决中对被告人王有秋的量刑部分,维持其他部分;

三、被告人王有秋犯受贿罪,判处有期徒刑十一年,并处没收财产计十五万元人民币。

本判决为终审判决,现已发生法律效力。

法官评述

本案争议的焦点问题是：被告人王有秋以其个人出资成立的天然公司与自贡公司吴志勇合作的名义，分得六成“利润”计12万余元人民币，是否构成受贿罪，在审判实践中究竟如何区分合法经营与受贿犯罪？此外，行贿人对贿赂款最终归属的主观认知、受贿款的用途和去向等情节是否影响受贿罪成立？这也是审理中发生争议的内容，有一定的法理探讨价值。笔者认为，二审法院将被告人王有秋收取该12万元增加认定为受贿并进行改判，是正确的。现围绕上述争议的主要问题，评析如下：

一、如何区分合法经营与受贿犯罪

近年来，行受贿犯罪正在朝更加隐蔽化、策略化的方向发展，犯罪分子反侦查、反审判的能力越来越强。在现实生活中，一些受贿分子假借各种“合法”民事活动之名，收取贿赂的现象时有发生，并故意混淆“合法”与“非法”的界限，规避法律法规，以逃避法律追究。此类行为具有形式合法、方法隐秘、手段狡猾等特点，因而给审判实践对行为性质的准确判定带来一定困难。从遇到的实际案例来看，假借向行贿人“借款”“接受馈赠”“人情往来”“合法报酬”“正常购物”“消费折扣”等形式进行受贿的案件比较常见，但被告人自己直接开办公司，利用“公司合作经营”的形式，再以“利润分成”的名义拿取对方钱财的案件并不多见，且从表面上看有关人员参与了“经营活动”，故定性显得更为复杂。就此而言，本案是一起新形式的受贿案件，如何区分合法经营与受贿犯罪是一个值得深入研究的实务难题。

其实，各种假借“合法”名义行“犯罪”之实的现象虽然花样不断翻新，但其“非法性”的本质特征难以改变，司法机关也必然能够通过对证据的全面掌握与审查判断，透过假象揭露犯罪本质。本案借公司合作之名，行受贿之实的情形，虽然是受贿犯罪的新形式，但其与传统受贿行为的本质特征仍然是一致的。根据以往审判经验，笔者认为，一般可从以下几个方面审查判断国家工作人员收受他人财物的行为是否“假合法、真受贿”：一看经济交往的基础是否合乎情理。如向行贿人“借款”案件中要看借款人是否确有借款必要，与行贿人“礼尚往来”案件中要看双方的关系是否确有亲情基础，以“入股分红”“兼职工资”等形式收取财物的案件中要看行为人是否参与投资经营、既享受利益又共同承担风险责任,等等;二看经济交往中财物的数量与价值数额是否离谱。如所谓“礼尚往来”的案件中要看所送的钱物价值数额是否远远超出了当地人情往来的“一般行情”,所谓“搭股分红”“兼职报酬”等案件中要看收取财物数额与其经营劳动付出是否成正比,所谓“购物消费”案件中要看是否遵循等价交换这一市场经济的基本规律、有关“折扣”是否相对合理,等等;三看行为人有无利用了职务上的便利。具体要看行受贿双方之间有无权力制约关系、被告人有无利用职务便利为他人谋取利益;四是看接受与提供财物的方式是否具有隐蔽性,等等。需要强调指出的是,对上述问题一定要全面分析、综合判断,[①]才能得出唯一确定的结论。

本案中,被告人王有秋冒名虚假注册公司,利用职务之便迫使对方与自己的公司合作,以“合作利润”的形式索取钱财,不具备市场经济条件下经营行为应有的基本特征,而属“借合作之名,行受贿之实”,构成受贿罪。具体理由如下。

1.天然公司实质上系王有秋为索贿而虚假设立的犯罪工具

主要表现在以下几个方面:其一,天然公司在被告人王有秋所在单位与彩灯制作承包商洽谈业务签订合同期间成立。在案的工商登记材料等书证证实,天然公司于2005年1月11日经工商登记部门注册成立,而被告人所在的文化局与彩灯制作承包商吴志勇签订合同的时间就在2005年1月12日,相隔时间只有一天,因此,检察机关认为天然公司系被告人专门为受贿而虚假设立,是有事实根据的。其二,天然公司的设立违法。从查明的事实和证据情况看,天然公司系被告人王有秋出资让侄子王伟、妻子傅少程挂名成立,注册资金10万元人民币,住所地为被告人王有秋的住宅;王伟系被王有秋临时叫来的挂名法定代表人,王伟证言证实公司的任何活动都由王有秋决定、安排、操作,其只是给王有秋打工,拿几千元的工资;王有秋妻子傅少程不知道自己是公司股东,更不清楚公司的经营状况。其三,天然公司的运作也违法。该公司既无其他社会人员参与经营管理,也无任何实际经营活动,从未向税务部门申报纳税,只做了这一笔所谓的生意,事后就已注销。这些均

---

① 张明楷:《刑法学》,法律出版社2003年版,第930页。

表明，天然公司不是正常经营的合法企业，实质上系被告人王有秋为索贿而冒名虚假设立的犯罪工具。

2. 天然公司与自贡公司之间的“合作”关系不符合经营行为的特征

首先，双方的合作并非平等自愿商谈的结果。证人吴志勇等人证言均证实，双方并非平等自愿合作，自贡公司于2004年灯会中一个公司就能完成业务，也不需要合作，系因为直接主管此项业务的文化局处长王有秋有要求，迫于无奈才答应。其次，整个制灯业务系吴志勇承接、投资并承担风险，而天然公司并没有承接彩灯业务的资质，更无任何实际投资，且不承担任何风险。最后，被告人王有秋叫侄子王伟以天然公司的名义参与所谓灯展合同的签订及收款等工作，也不是经营行为。本案中，怎样正确看待王伟参与灯会业务的部分行为性质？这对案件定性的分析和判断有一定影响。从表面上看，被告人王有秋雇用王伟参与了灯展合同的签订及收款等事宜，做了一些事务性工作，似乎带有一定的经营性质，参与了灯会业务的经营活动。但实际上，根据查明的事实和证据情况，透过现象看本质，被告人王有秋这样做的目的仅仅是通过掌握收款、结算等手段控制承包商吴志勇的财务，从而为最终索取贿赂创造便利条件。从这些情况可以看出，王有秋受贿作案的手段比较狡猾，方法也很隐蔽。天然公司与自贡公司之间的合作是假，根本不是经营行为，而系王有秋为掩盖索贿犯罪而采取的形式。

3. 被告人利用了职务上的便利，进行“权钱交易”，符合受贿罪的本质特征

根据法学理论通说和有关法律规定，“受贿罪是利用职务上的便利而收受财物，而合法收入则与职务没有关系。因此，是否利用了职务对于受贿行为与合法收入的区分也具有重要意义”。[①] 利用职务便利进行权钱交易是受贿犯罪的本质特征。行受贿双方各取所需的基础就在于行为人具有一定的职务上的便利条件，而这正是受贿罪的权钱或权物交易这一本质的体现。[②] 本案中，“权钱交易”的性质还是比较明显的。首先，行受贿双方具有行政权力制约关系，而非平等的民事合

---

① 陈兴良:《当代中国刑法新境域》,中国政法大学出版社2002年版,第781页。

② 王俊平、李山河:《受贿罪研究》,人民法院出版社2002年版,第40页。

作关系。被告人王有秋作为国家文化行政主管机关的处长，对元宵灯会方案的实施、彩灯制作的招标等工作承担直接管理的职责，其与彩灯制作承包商吴志勇之间已经形成管理性质的权力支配关系，这是考察本案定性不容忽视的背景和基础。双方的所谓合作是王有秋掌握行政权力运作的结果。其次，被告人刚好在对方与其任职的单位洽谈业务、签订合同期间，提出本地有公司要与其“合作”，迫使对方同意，有从中索贿的故意，反映出其“权钱交易”的主观心态。最后，“所得”远远超出“劳动付出”。被告人开办的天然公司在灯展的筹办、制作过程中并未产生任何实质性的作用，反而分得“利润”六成，而真正承接业务、承担投资风险对整个灯展业务起作用的经营单位却只获得四成利润，如此“分配利润”，显然严重违背了商业化和市场运作的基本规律，足以表明“假合作、真受贿”的权钱交易本质。

以上三个方面实际上是一个相互体现、彼此补充的有机整体。综合起来，不难判断被告人王有秋先冒名虚假注册公司，再利用职务之便迫使对方与自己的公司合作，不承担风险反而分得“利润”六成，根本不是合法经营收入，而属“借合作之名，行受贿之实”，故构成受贿罪。

二、行贿人对财物归属的认知状况是否影响受贿罪的成立

从案情来看，行贿人吴志勇事先并不知道天然公司就是王有秋开办的。这也就意味着，行贿人对 12 万余元款项最终要被王有秋一人拿走事先并不清楚。因此，在审理过程中，有人就提出，行贿人不清楚财物的归属这一情节能够证明行贿人没有向王有秋行贿的故意，因此影响受贿罪的成立。笔者认为，这一观点不能成立。理由如下：

1. 受贿罪是否成立应由受贿者本人的认知状况决定

受贿罪是行为人在一定的犯罪故意的心态支配下所实施的犯罪行为，是客观方面和主观方面的统一体。受贿者的主观故意是其主观方面的核心所在，反映了犯罪人主观恶性的大小，是承担刑事责任的主观基础，是区分罪与非罪、此罪与彼罪的重要标志。[①] 因此,受贿罪是否成立应由受贿者本人的认知状况决定。判断被告人的行为是否构成受贿罪,必须从分析与判断被告人自身的主观心态入手,而不是从行贿人的认知情况分析受贿行为人的定性。

2. 本案被告人的主观状况符合受贿罪的主观要件

一般认为,受贿者均具有利用职务之便索取或者收受财物,以及利用职务之便为他人谋取利益的双重故意。受贿者在主观上必须明知索取或者收受贿赂与其利用职务便利为他人谋取利益之间有着"等价交换"的"权钱交易"关系。[②] 对受贿罪的主观要件,我国台湾地区刑法学者林山田也认为,"行为人主观上必须明知其行为系属于职务之范畴,且对其要求、期约或收受之贿赂或其他不法利益系其职务行为之对等给付有所认识……否则如欠缺此等主观之不法要素,自不负本罪之刑责"。[③] 根据该刑法原理,本案中,被告人王有秋对自己利用职务之便迫使对方与天然公司合作、天然公司没有发挥实质性的作用反而获取10多万元的巨额利润等情况显然明知,也就意味着对自己从事"权钱交易"的行为状况完全明知,符合受贿犯罪的主观要件。

3. 行贿人的认知状况不影响受贿罪的成立

首先,行贿人吴志勇虽然不知道天然公司就是王有秋开办的,但明知王有秋有从中索贿的故意。从吴志勇的证言内容看,其对天然公司就是王有秋的这一情况事先不知情,但对天然公司系王有秋提出并要求其与之合作是明知的,也即对王有秋要从中捞取利益、有索贿的故意是明知的;其次,行贿人吴志勇只关注王有秋能否为自己谋取利益,至于王有秋最终从中捞取多少利益,是为本人占有还是为他人占有,都不违背行贿人的意志,包括12万元最终被王有秋一人提走这一情况,可以说也在其主观认识范围之内;最后,受贿犯罪是一种以非法占有为目的的职务犯罪,从刑法解释论的角度讲,非法占有既包括为本人占有,也包括为他人占有,行为人既可以为本人收受贿赂,也可以为他人收受贿赂。因此,即使行贿人对款项的最

① 肖介清:《受贿罪的定罪与量刑》,人民法院出版社2000年版,第45页。
② 肖介清:《受贿罪的定罪与量刑》,人民法院出版社2000年版,第61页。
③ 林山田:《刑法特论》(下),台北,三民书局1980年版,第70页。

终归属不知情，也不应影响受贿罪的成立。其实，在受贿案件中，的确存在利用职务便利为请托人谋取利益的行为人没有直接占有受贿款物的情形，如最高人民法院有关业务庭编辑的李葳受贿案中就是这种情形，被告人李葳是为其弟索要住房，巨额差价款个人也没有直接所得，而是由其弟所得，但法院最终认定，这并不影响其受贿罪的成立。[①] 2003 年 11 月 13 日最高人民法院印发的《全国法院审理经济犯罪案件工作座谈会纪要》规定："国家工作人员利用职务上的便利为他人谋取利益，并指定他人将财物送给其他人，构成犯罪的，应以受贿罪定罪处罚。"从该规定看，利用职务便利为他人收钱可以构成受贿。故行贿人对行贿款是否被受贿者本人直接占有的认知状况并不影响受贿的认定。

三、受贿款的流向是否影响受贿罪的成立

商业贿赂犯罪行为本身的复杂性，决定着受贿款最终流向的多元性，有的行为将贿赂财物用于个人挥霍或者消费，有的将之纳入部门"小金库"使用，有的私下用于"业务开支"，有的则在听到风声后退还行贿人，等等。在审判实践中，对商业贿赂中行为人业已收受的其他单位或者个人的财物流向与定罪量刑的关系，长期以来存在争论，至今缺乏相应的司法解释予以明确规定。但一般认为，商业贿赂犯罪中的财物流向通常不能对其行为的性质、形态及其数额计算发生实质性的影响，当有足够的证据证明其确实用于正当业务活动等合理支出时，可以作为酌定量刑情节予以考虑。[②] 本案中，被告人王有秋辩解称自己收受财物后，曾将部分钱财用于单位开支，并以此否认受贿，这一辩解理由不能成立。笔者认为，被告人王有秋收取贿赂后，受贿犯罪就已经完成，其事后将受贿款用于何处是其对赃款的处分，并不影响受贿性质的认定，法院的裁判是正确的。

---

① 最高人民法院刑事审判第一庭、第二庭编：《刑事审判参考》（总第 43 集），法律出版社 2005 年版，第 49 页。

② 游伟：《商业贿赂犯罪法律适用问题探讨》，载《人民司法》2006 年第 9 期；游伟：《商业贿赂犯罪的证据审查与数额判定研究》，载赵秉志主编：《和谐社会的刑事法治：中国刑法学年会文集》（2006 年度），中国人民公安大学出版社 2006 年版，第 1294 页。

3. 滥用职权同时又受贿的是否实行数罪并罚

——黄德林滥用职权、受贿案①

裁判要旨

行为人在实施滥用职权等渎职犯罪行为的同时又收受贿赂符合两个犯罪构成，除刑法有特别规定的以外，应当认定为两罪，实行数罪并罚。②

案号索引

一审：浙江省洞头县人民法院(2009)温洞刑初字第44号。

基本案情

公诉机关浙江省洞头县人民检察院。

被告人黄德林，男，1954年11月28日出生，浙江省洞头县人，原系洞头县民政局福利中心主任。

浙江省洞头县人民法院经审理查明：2000年至2005年，被告人黄德林在担任洞头县民政局福利中心主任期间，每年率县福利企业年检年审检查小组到浙江恒博电气制造有限公司(2003年前称洞头电器开关厂)检查，该企业的董事长郑西平明确告诉被告人黄德林自己在正常员工人数上弄虚作假，瞒报企业员工人数，使残疾员工数占全部员工数的比例符合福利企业全额退税的标准，并伪造虚假的福利企业材料应付检查。被告人黄德林发现该问题后，不履行自身职责，不对企业正常员工人数进行检查，不将该问题在年审表中如实反映，仍以企业虚报的材料为准进行检查，致使浙江恒博电气制造有限公司顺利通过福利企业的年检年审，在1999年至2004年享受了本不应享受的退税优惠政策，造成国家税收损失计7513284.9

---

① 本案例系与浙江省洞头县法院林中琪法官合作完成，原文载《刑事审判参考》2010年第5集(总第76集)。

② 对此，2016年4月18日最高人民法院、最高人民检察院联合发布的《关于办理贪污贿赂刑事案件适用法律问题的解释》第17条已经作出明确规定："国家工作人员利用职务上的便利，收受他人财物，为他人谋取利益，同时构成受贿罪和刑法分则第三章第三节、第九章规定的渎职犯罪的，除刑法另有规定外，以受贿罪和渎职犯罪数罪并罚。"

元人民币。

1999 年年底至 2006 年,被告人黄德林利用其担任洞头县民政局福利中心主任的职务便利,为郑西平福利企业的设立,及前述骗取退税优惠提供帮助,先后 6 次收受郑西平的贿赂共计 10 万元人民币。

被告人黄德林因滥用职权犯罪嫌疑接受检察机关讯问后,主动交代了检察机关尚未掌握的受贿事实。案发后,黄德林已退赃款 10 万元。

洞头县人民检察院指控被告人黄德林身为国家机关工作人员,在履行职责过程中滥用职权,造成国家税收损失 7513284.9 元人民币,情节特别严重;同时,被告人黄德林利用职务之便收受他人钱财 10 万元人民币,为他人谋利益,其行为已分别触犯《中华人民共和国刑法》第三百九十七条、第三百八十五条第一款、第三百八十六条、第三百八十三条第一款第(一)项,应当以滥用职权罪、受贿罪追究其刑事责任。

被告人黄德林及其辩护人提出,黄德林作为福利企业年检年审领导小组下设的办公室主任,虽然参与年检年审工作,但在整个年审年检工作中没有决定性的作用,故与国家的税收损失没有必然的因果关系;并称即使被告人的行为构成滥用职权罪,也与受贿行为有牵连关系,应当择一重罪处罚,而不是数罪并罚。

审 判

洞头县人民法院认为,被告人黄德林利用职务之便非法收受他人钱财 10 万元,为他人谋利益,同时,被告人黄德林身为国家机关工作人员,在履行职责过程中滥用职权,造成国家税收损失 7513284.9 元,情节特别严重,其行为已分别构成受贿罪、滥用职权罪,应予以数罪并罚。鉴于其受贿部分系自首,可对所犯受贿罪减轻处罚。遂作出如下判决:以受贿罪,判处被告人黄德林有期徒刑六年,以滥用职权罪,判处其有期徒刑三年,决定执行有期徒刑七年。宣判后,没有上诉、抗诉。现判决已发生法律效力。

争议问题

1. 本案是否构成滥用职权罪?

2. 行为人在实施滥用职权等渎职犯罪行为的同时又收受贿赂的,是否应当实行数罪并罚？

法官评述

一、本案被告人黄德林构成滥用职权罪

在审理中，有一种意见认为：被告人黄德林的行为并不必然导致福利企业年审年检的通过，与国家税收损失没有直接必然的因果关系，不构成滥用职权罪。我们认为，明确国家工作人员的职责是解决滥用职权定性的前提条件，本案被告人黄德林的行为符合滥用职权罪的构成特征：

其一，被告人黄德林具有对福利企业的设立开办进行监督管理职责。其身为洞头县民政局福利中心主任，每年均率县福利企业年检年审检查小组到浙江恒博电气制造有限公司检查，系履行职责，符合滥用职权罪的前提条件。

其二，被告人黄德林主观上明知企业存在虚报情况，具有滥用职权的主观故意。被告人率县福利企业年检年审检查小组到恒博公司检查期间，多次发现该企业在正常员工人数上弄虚作假，瞒报企业的正常员工人数，但被告人还是让该企业顺利通过年检年审，享受福利企业退税的优惠政策。根据被告人的供述，其在2000年到洞头县电器厂进行年检年审时就已经发现虚报正常员工人数的情况存在，且郑西平也告诉他在上报的材料中减少了正常员工的人数，从而使残疾员工占正常员工的比例达到50%以上，使企业能够顺利获得福利企业的退税优惠，证人郑西平的证言也印证了被告人黄德林明知这一情况。

其三，被告人黄德林客观上实施了滥用职权行为，符合滥用职权罪的客观特征。其明知企业虚报正常员工人数实，仍放弃自己的职责，滥用职权，在2002年至2005年年检年审表上填上“符合福利企业年检要求”且在“安置比例”一栏中均根据企业虚报的数据予以填写。

其四，被告人的行为与损失结果具有因果关系。年检年审小组的其他人员是根据企业提供的“四表一册”进行检查，没有存在明知虚报的事实，而福利企业退还增值税税额申请表上有“年检年审是否合格”一栏，年检年审合格才符合退税标准，虽然上一年度的税收已经退回，但如果年检年审不符合要求，那么对企业所退回的税收将予以追缴。如果被告人能正确履行职责，制止福利企业瞒报、虚报，就要取消福利企业的资格,该企业也就不能享受退税的优惠政策。正因为被告人滥用职权,才造成了国家税收7513284.9元的损失。因此被告人的行为符合滥用职权罪的构成要件。

二、行为人在实施滥用职权等渎职犯罪行为的同时又收受贿赂符合两个犯罪构成,除刑法有特别规定的以外,应当认定为两罪,实行数罪并罚

近年来,在拆迁管理、土地、能源资源、环境、金融、民政等监管领域,渎职犯罪与贿赂犯罪共生的现象较为突出。由于理论上对刑法规定的不同认识和错误解读,在司法实践中,对此类案件究竟定一罪还是实行数罪并罚经常发生争议,导致不少案件本应实行数罪并罚而实际上仅以受贿罪一罪处理,造成轻纵犯罪,削弱了此类犯罪的打击力度,有必要加以统一。

本案具有一定的典型性。在审理过程中,各方对被告人黄德林滥用职权犯罪的同时又收受他人贿赂的行为,究竟认定为一罪,还是实行数罪并罚存在分歧。一种意见认为:滥用职权的行为与收受贿赂的行为具有手段行为和目的行为的关系,两者系牵连关系,应根据牵连犯从一重罪处断的原则加以处理。被告人收受贿赂与滥用职权的目的都是使恒博公司能够向税务机关退税。本案被告人滥用职权罪应在3年以上7年以下量刑,而受贿罪应在5年以上10年以下量刑,故对本案应以受贿罪一罪处理。另一种意见认为:滥用职权是独立于受贿行为之外的犯罪行为,两者是没有必然的联系;受贿罪中的"为他人谋取利益"仅是一个主观要件,并不要求客观上实际实施了为他人谋取利益的行为。本案被告人黄德林滥用职权与受贿之间不存在牵连关系,故对被告人应该实行数罪并罚。我们认为,法院认定被告人构成滥用职权罪、受贿罪两罪,对其实行数罪并罚是正确的。理由如下:

其一,判断罪数应当遵循刑法的基本原则。即在罪数的把握上应当依据罪刑法定和罪刑相适应两大基本原则。根据刑法基本原则,刑罚的轻重,应当与犯罪分子所犯罪行和承担的刑事责任相适应,同时,也要防止重复评价。只有如此,才能有效实现刑法适用的公平与正义。实践中因受贿而为行贿人谋取利益又触犯其他罪名的情况较为普遍,如掌握国家秘密的国家机关工作人员因受贿向外商故意泄露国家对外贸易秘密;司法工作人员因受贿而故意枉法追诉、枉法裁判、私放在押的罪犯、违法减刑、假释、暂予监外执行;林业主管部门的工作人员因受贿而滥发林木采伐许可证;银行工作人员因受贿违法发放贷款造成重大损失等。显然,受贿型渎职犯罪高发、频发,一定程度上与司法机关对此类犯罪惩治过轻、打击不力有关。对此类案件除刑法有特别规定的以外,原则上实行数罪并罚,无疑有利于实现罪刑均衡。

其二,判断罪数应以犯罪构成为基准。即行为具备一个犯罪构成的,是一罪;行为之间相互独立,具备数个犯罪构成的,原则上应认定为数罪。这既是在司法实践中贯彻罪刑法定原则的重要体现,又是实现罪刑相应原则的必然要求。本案中,被告人黄德林主观上具有滥用职权和受贿两个故意,客观上既实施了受贿行为又实施了滥用职权行为,是两个独立的犯罪行为。从客体上讲,由于被告人不正确履行职责、滥用职权造成的后果是致使国家税收等利益遭受重大损失,侵犯的客体是国家机关的正常活动;而被告人受贿犯罪侵犯的主要客体是国家工作人员职务行为的廉洁性。由此可见,被告人的行为符合两个独立的犯罪构成。

其三,牵连犯理论难以有效解决此类案件的罪数判断问题。根据刑法理论,构成牵连犯必须具备的条件为:行为人必须基于一个犯罪目的,这是构成牵连犯的主观要件,而且是认定各行为之间具有牵连关系的主要标准;行为人必须实施了两个以上的相对独立的犯罪行为;必须是数行为之间有牵连关系,具体表现为手段行为与目的行为的牵连关系或原因行为与结果行为的牵连关系;数个行为必须触犯不同罪名,如果数个行为只触犯一个罪名则不能成立牵连犯。而解决受贿与滥用职权之间是否存在牵连的关系,关键在于对作为受贿构成要件的“为他人谋取利益”有不同的理解与认识。我们认为,“为他人谋取利益”仅作为主观要件,并不能涵盖所有受贿犯罪,受贿与滥用职权之间并不必然存在牵连关系。因为,受贿罪可分为索取型受贿和收受型受贿,索贿型犯罪并不要求“为他人谋取利益”,只要行为人利用职权索贿,即构成受贿既遂。其为他人谋取利益的行为又构成渎职犯罪的,是完全独立的犯罪行为,根本就不存在所谓的牵连问题,也不存在重复评价问题。就收受型受贿来说,受贿与滥用职权之间虽可能存在一定的交叉和关联,但需要强调的是,受贿罪中的“为他人谋取利益”只要承诺为人谋取利益即可构成受贿既遂,并不要求为他人谋取利益的实际实施、实现,对其数罪并罚也是符合罪刑相适应原则的。本案中被告人黄德林滥用职权的行为与受贿的行为也不必然存在牵连关系,通过审查的事实中可以看出被告人黄德林与浙江恒博电气制造有限公司董事长黄德林本来就是私交密切,所以被告人黄德林滥用职权的行为不是以得到贿赂为目的的,因此该两罪不存在牵连关系,应当数罪并罚。

其四,数罪并罚与《刑法》第399条第4款的规定并不矛盾。上述行为一方面构成了受贿犯罪,另一方面又触犯了刑法规定的其他罪名,对于这些行为人是定一罪还是按照数罪来定罪处罚?1997年刑法修订前,争议还是比较少的,类似的情况被明确规定为两罪,并均按数罪并罚原则处理。如1988年全国人大常委会《关于惩治贪污贿赂罪的补充规定》明确规定:“因受贿而进行违法活动构成其他罪的,依照数罪并罚的规定处罚。”问题的产生主要与修订刑法增加了对徇私枉法、民事、行政枉法裁判罪的特别规定有关。《刑法》第399条第4款规定:“司法工作人员收受贿赂,有前三款行为的,同时又构成本法第三百八十五条规定之罪的,依照处罚较重的规定定罪处罚。”有人据此提出,这是刑法取消了上述规定,对因受贿而进行违法活动构成其他犯罪的,也应依照处罚较重的规定定罪处罚。我们认为,这是对刑法规定的误解。《刑法》第399条第4款对司法工作人员作此规定有特殊的考虑,属于特别规定,仅限于该条所涉的四个罪名,不是刑法总则条文,不具有普遍适用的意义。相反,《刑法》第399条第4款并非对牵连犯从一重罪处断的认可,该法条本身也说明刑法承认二罪的存在。

其五,数罪并罚贯彻了上级法院的相关指导性意见。2001年,最高人民法院刑一庭审判长会议达成了以下意见:受贿兼有徇私舞弊减刑、假释的,同时符合两个罪的构成,应当认定为两罪,实行数罪并罚(《关于被告人受贿后徇私舞弊为服刑罪犯减刑、假释的行为应定一罪还是数罪的研究意见》,载《刑事审判参考》2001年第3辑)。该意见虽然不是司法解释,但对审理好同类案件有指导意义。2002年7月8日最高人民法院、最高人民检察院、海关总署颁布的《关于办理走私刑事案件适用法律若干问题的意见》第16条规定:“海关工作人员收受贿赂又放纵走私的,应以受贿罪和放纵走私罪数罪并罚。”虽然这是对走私类犯罪所作的规定,但也有指导意义。也正是基于上述几方面的考虑,浙江省高级人民法院刑二庭曾于2006年6月29日印发《全省法院经济犯罪疑难问题研讨会纪要(二)》对此作了统一规定,即“行为人因受贿实施徇私舞弊不移交刑事案件等渎职犯罪行为,同时符合两个犯罪构成的,除有特别规定的以外,应数罪并罚。”

4. 信贷员为客户转账挪用资金未归还如何定性

——金某挪用公款案

裁判要旨

一、大多数案件的定性之争,既涉及法律问题,又涉及事实问题,甚至有时事实问题和法律问题相互交织。本案中,与定性相关的可能选择的罪名包括诈骗罪、侵占罪、贪污罪、挪用公款罪,真正疑难的不是法律的理解问题,而是如何从实际发生的整个初始事件中筛选出事实、准确地认定案件事实。

二、在现实经济生活中,银行工作人员利用职务便利或自身的专业知识在为客户办理资金转账过程中非法占有、使用该资金未归还的违法犯罪现象时有发生。由于在办理转账过程中,有的并未严格按照银行有关规定操作,导致情况较为复杂,因而给司法实践对此类案件的正确定性带来一定困难。本文拟从司法实践中遇到的个案切入,对有关问题加以学理探究。

基本案情

被告人金某,男,1968年出生,原系建设银行A支行信贷科信贷员。

1998年4月,B省交通运输协会向建设银行A支行贷款800万元作为奶业培训中心交运大厦(以下简称交运大厦)建设的专项资金,该贷款由被告人金某负责经办。同年6月19日,交运大厦筹建办决定将其中的180万元贷款作为工程款支付给施工单位C建筑公司,但由于种种原因,该单位后来又不想支付这笔工程款。当日下午,筹建办负责人黄某与出纳高某等人到被告人金某办公室,商量关于这笔已开出并付给施工单位的转账支票如何拒付事宜。被告人金某查验后得知该款尚未转入C建筑公司账户时,就提出提走部分现金,造成账户余额不足以达到拒付的目的,得到了黄某和高某的赞同。高某回到筹建办开出现金支票,后由于数额太大,提现没有成功,于是,金某遂提出通过内部转账的方式将其中部分资金转移,从而造成拒付,黄某和高某均没有异议。此后,黄某让高某拿来盖好有效印鉴的转账支票,在转账支票上填好出票日期(6月22日)、付款行名称、出票人账号后,交由被告人金某具体操作。金某在拿到交运大厦筹建办开出的印鉴齐全但没有填写收款单位的半空白转账支票后,填写了收款单位和金额,将工程款中的100万元资金通过银行转账的方式转入在同一银行开户、由其岳母开设的D涂料有限公司。同月23日,金某将该笔资金从D公司转入某证券交易营业部的个人股票账户中,用于其买卖股票的营利活动。之后,交运大厦多次催讨,至今未还。

分歧意见以及审理结果

本案在侦查、起诉、审理过程中,各方对被告人金某的行为究竟应该如何定性,意见分歧较大。主要有以下五种意见:

第一种意见认为,金某作为国有金融机构的信贷员,对信贷资金有监管责任,其对贷款单位的违规行为不但不履行监督职责,反而帮助违规操作,并利用其银行工作人员的职务之便,掌握贷款单位的资金运作,将贷款单位的100万元资金转账至其可以控制的涂料公司,并最终转入个人账户中,用于其买卖股票的营利活动,其主观上具有挪用公款的故意,客观上利用职务之便实施了侵犯国家金融管理制度和公款的行为,已触犯《中华人民共和国刑法》第一百八十五条第二款的规定,构成挪用公款罪。

第二种意见认为,金某擅自将交运大厦筹建办的100万元公款用于个人炒股,该行为与其信贷员的职责没有必然的联系,并没有利用其信贷员的职务之便,且该款也不是银行的公款,即本案侵犯的客体是交运大厦筹建办的财产权利,而不是银行的利益,故不构成挪用公款罪。本案属于个人民事委托而产生民事纠纷,被告人无罪。

第三种意见认为,金某基于交运大厦筹建办工作人员的信任,利用信贷工作的便利条件,获取交运大厦筹建办开具印鉴齐全的100万元转账支票后转移该款并用于炒股等，且至今未能归还，其行为比较符合诈骗犯罪的构成特征。但目前要认定被告人主观上具有非法占有目的、构成诈骗罪的证据尚不够充分。

第四种意见认为，金某的行为更符合侵占罪，但侵占罪告诉才处理，本案不宜由检察机关公诉。

第五种意见认为，金某的行为构成贪污罪。

J区人民检察院以被告人金某构成挪用公款罪为由，向J区人民法院提起公诉。J区人民法院认定被告人金某的行为构成挪用公款罪。宣判后，金某不服，提出上诉。二审法院审理后裁定驳回上诉，维持原判。

法官评述

笔者认为，法院认定被告人金某构成挪用公款罪是正确的。现尝试从事实认定的角度入手，运用有关法理论证法院裁判的正确性。

众所周知，大多数案件的定性之争，既涉及法律问题，又涉及事实问题，甚至有时事实问题和法律问题相互交织。但就审理方法而言，笔者认为，考虑并解决问题的前提还是需要先分清“究竟是事实问题还是法律问题”，唯有如此，才能谈得上“事实与规范的相互靠拢”。本案中，与定性相关的可能选择的罪名包括诈骗罪、侵占罪、贪污罪、挪用公款罪，有关法律规定很清楚，上述犯罪构成要件也应该没有多大争议，只要在分析问题时能严格依照法律规定、紧密围绕犯罪构成就行。因此，本案真正疑难的不是法律的理解问题，而是如何从实际发生的整个初始事件中筛选出事实、准确地认定案件事实。当然，所谓“事实”应该指在上述罪名构成要件指引下、可能涉及的所有事实，相关的事实均应进入法官的考察范围，在筛选事实的过程中要求法官的目光不断往返、穿梭于事实与规范之间，进行事实与法律的有效对应，防止遗漏具有法律意义即对定罪有影响的主要事实，同时，对事实的认定应严格遵循证据采信规则。这是讨论本案定性首先必须坚持的方法和思路。

综观各方意见，本案主要是事实问题，有的属于对事实该认定没认定，或对事实有不同的认定意见，产生分歧的直接原因就在于没有在事实问题达成一致的前提下讨论属于法律适用范畴的定性问题。因此，笔者认为，要统一对本案定性的意见，前提是要先解决事实认识的统一。需要重点分析考察的事实问题包括：

1. 被告人主观上是否具有非法占有100万元的目的，其将钱从涂料公司转入个人股票账户是非法占有还是非法使用？

2. 什么是被告人的职务，其获取资金有无利用职务之便？本案是个人之间的民事委托还是客户与银行之间的委托？

3. 被告人在获取财物过程中有无采取虚构事实、隐瞒真相的诈骗手段？

4. 本案的被害人是谁，即被告人到底拿了谁的钱，侵犯了谁的利益？

一、关于“非法占有目的”之有无：本案认定被告人“非法占用”

被告人主观是否具有非法占有100万元的目的，其将钱从强胜公司转入个人股票账户是非法占有还是非法使用？这是本案定性的关键。该事实问题，是区分占用型犯罪与占有型犯罪的前提，即是区分构成挪用型犯罪还是贪污、诈骗、侵占等犯罪的前提。如果被告人主观上具有非法占有的目的，则其行为应被认定为贪污罪、诈骗罪或侵占罪，如果被告人主观上仅具有非法占用的目的，则其行为应被认定为挪用公款罪或挪用资金罪等罪名。因此，被告人的主观心理事实是不容回避的重要问题。

有人提出，从以下角度可以运用刑事推定的方法认定被告人具有非法占有目的：其一，被告人获取对方财物后，在较短的时间内将钱转入个人账户，表明其没有“履约”诚意。案情显示，交运大厦筹建办于1998年6月22日出票，银行当天将款划入涂料公司，被告人于6月23日就将相关款项全额转入证券交易营业部，该情节表明，其根本没有归还至少没有立即归还的诚意。其二，在股票交易过程中，被告人多次提取现金，总额达50多万元（被告人交代三四十万元），自称用于个人还债，最终去向不明。其三，被告人事后没有采取部分还款等减少损失的积极行为，而是采取敷衍的办法。

但是，有人认为，本案认定被告人主观上具有非法占有目的尚不够扎实。笔者支持该观点。理由如下：其一，凭以上理由认定被告人具有非法占有目的的结论只是推定的结果，而推定的结论往往具有或然性。特别是本案，这种推定结论能否经得起反驳，是值得推敲的。如有人提出，如果被告人的确存在非法占有的犯罪动机，其当时无须提出提现的主意，可直接提出转账的方案，而提出转账的方案得到了对方的同意，就是一个比较有力的反证。其二，本案一半款项系在股市中亏损，而股市尽管高风险，但仍属经营行为，不能完全排除非法使用的动机。其三，本案侦查取证、指控均围绕挪用性质展开，对是否具有非法占有意图的取证、举证并不到位，导致相关事实如被告人本人经济状况、负债情况，其将100万元投入股市是否具有抗风险的能力，尚不清楚。从证据规则的角度讲，事实认定存疑时应有利于被告人，就低认定。其四，本案检察机关认为是非法占用，现审判机关要否定检察的认定没有十分充足的理由，且从程序上讲，在没有指控非法占有的情况下，人民法院也难以直接纠正。因此，综合考虑本案的证据以及审判的程序，笔者认为，人民法院根据检察机关的指控认定被告人主观上只具有非法占用他人财物的目的，是正确的。

二、关于职务问题：本案认定被告人利用职务之便

被告人金某获取资金有无利用职务之便？这是区分职务犯罪（挪用、贪污）与普通犯罪（诈骗、侵占）的核心问题。而认定被告人有无利用职务便利，关键在于，确定什么是被告人的职务，被告人替交运大厦违规操作的全过程能否视为履行职务的过程，其所作所为是否属于职务行为。

笔者认为，本案应认定被告人利用职务之便。理由如下：

其一，对职责范围的理解不能过于狭窄。职务是指依职责从事的公务活动，而区分职务与私务的关键是要界定职责的范围。一般情况下，法律、法规或单位的规章对员工的职责均事先有所规定，但在实际工作中，由于体制原因以及员工素质等方面原因，职责不清、职能不分等现象比较普遍，一些人掌握的权力或从事的工作比规定的要多、广。因此，利用职权，不但应包括利用法定（规定）职权，而且应包括利用实际职权，职务行为既包括依法定职责实施的具体行为，也可以包括实际进行的违规操作。

其二，被告人与对方单位之间的关系为工作关系。本案中，一个不可否认的事实是，田园大厦筹建办是该银行的一个客户，银行曾有贷款给这一客户，因此，我们有合理的理由推定客户找被告人想办法拒付,实际上是出于对银行的信任,是来请银行帮忙想办法,被告人身为银行工作人员,在上班时间、办公室内应客户要求受理有关帮助违规操作的事务,显然具有公务的特征。

其三,此项事务虽不属规定的信贷员业务范围,但根据银行规定,信贷员具有发放贷款、跟踪了解贷款使用、监督检查和及时收回的职责,也有不良贷款申报认定的权力。本案中被告人为客户实施的违规操作与其信贷业务有联系,是信贷员服务工作的一种延伸,仍可视为其本职工作范围。那种认为本案属于个人之间的民事委托的说法不能成立。

其四,从占有的归属考察,客户在银行内的钱存在多重控制的性质。其中,银行对客户资金,显然有管理职责,那种认为客户自己完全、单独控制资金的说法不能成立。

三、关于欺骗手段之有无:不影响挪用公款罪的认定

根据法学理论通说,挪用公款、贪污等职务犯罪的本质特征是行为人利用职务上便利,在侵犯单位财产利益的同时,侵犯了其职务的廉洁性,并不排斥行为中是否具有欺骗手段的存在,也就是说,有欺骗手段的,也能认定挪用公款、贪污犯罪,因此,本案是否存在欺骗手段不影响挪用公款罪的认定。当然,若要认定诈骗犯罪,除了确定被告人主观上具有非法占有目的以外,还需重点考察有无欺骗行为在获取财物的过程中起手段作用。案情显示,被告人的确存在虚假承诺、虚构事实、隐瞒真相等欺骗行为,若本案认定被告人主观上具有非法占有目的,则可以考虑定诈骗犯罪。

四、谁是本案的被害人

被告人到底拿了谁的钱,侵犯了谁的利益?这与能否认定挪用、贪污犯罪也密切相关,实际上取决于上述被告人行为是否属于职务行为的认定。如果能够认定其行为系代表银行的职务行为,则这100万元,虽然几经周转,所有权在表面上仍归属于交运大厦筹建办,但实际上该款处于国有银行管理控制之中,按照《刑法》第91条的规定,在国有公司、企业管理、使用或运输中的私人财产,以公共财产论。故被告人私自使用该100万元,最终导致银行的利益受损失,银行成为本案的被害人。

第三节　职务犯罪的裁判依据与案例索引

一、现行法律、司法解释和司法业务文件索引

（一）现行法律、司法解释

1.《中华人民共和国刑法》第 382 条、第 383 条、第 385 条、第 387 条、第 388 条之一、第 163 条、第 397 条至第 419 条

2. 最高人民法院、最高人民检察院《关于办理贪污贿赂刑事案件适用法律若干问题的解释》（2016 年 4 月 18 日）

3. 最高人民法院、最高人民检察院《关于适用犯罪嫌疑人、被告人逃匿、死亡案件违法所得没收程序若干问题的规定》（2017 年 1 月 5 日）

4. 最高人民检察院《关于贪污养老、医疗等社会保险基金能否适用〈最高人民法院、最高人民检察院关于办理贪污贿赂刑事案件适用法律若干问题的解释〉第一条第二款第一项规定的批复》（2017 年 7 月 26 日）

5. 最高人民法院、最高人民检察院《关于办理渎职刑事案件适用法律若干问题的解释（一）》（2013 年 1 月 9 日）

6. 最高人民法院、最高人民检察院《关于办理受贿刑事案件适用法律若干问题的意见》（2007 年 7 月 9 日）

7. 最高人民检察院《关于国有单位的内设机构能否构成单位受贿罪主体问题的答复》（2006 年 9 月 12 日）

8. 最高人民法院《对行为人通过伪造国家机关公文、证件担任国家工作人员职务并利用职务上的便利侵占本单位财物、收受贿赂、挪用本单位资金等行为如何适用法律问题的答复》（2004 年 3 月 30 日）

9. 最高人民检察院《关于佛教协会工作人员能否构成受贿罪或者公司、企业人

员受贿罪主体问题的答复》(2003 年 1 月 13 日)

10. 最高人民法院、最高人民检察院《关于办理国家出资企业中职务犯罪案件具体应用法律若干问题的意见》(2010 年 10 月 26 日)

11. 最高人民法院、最高人民检察院《关于办理职务犯罪案件严格适用缓刑、免予刑事处罚若干问题的意见》(2012 年 8 月 8 日)

(二)地方性司法文件

1. 江苏省高级人民法院、江苏省人民检察院《关于认定滥用职权、玩忽职守所造成的经济损失的意见》(2001 年 9 月 12 日)

2. 浙江省高级人民法院、浙江省人民检察院、浙江省公安厅《关于办理危害食品、药品安全犯罪案件适用法律若干问题的会议纪要》(2012 年 9 月 17 日)

二、常见问题的裁判规则

(一)关于涉食品、药品安全类渎职犯罪的处罚

对于国家工作人员在食品、药品安全监管和查处违法犯罪活动中收受贿赂、滥用职权、玩忽职守、徇私枉法的,要加大查处力度,构成犯罪的,依照刑法有关规定追究刑事责任,在量刑时应从重处罚。

——浙江省高级人民法院、浙江省人民检察院、浙江省公安厅《关于办理危害食品、药品安全犯罪案件适用法律若干问题的会议纪要》第 13 条(2012 年 9 月 17 日)

(二)关于收受贿赂物品未办理权属变更问题的认定

国家工作人员利用职务上的便利为请托人谋取利益,收受请托人房屋、汽车等

物品,未变更权属登记或者借用他人名义办理权属变更登记的,不影响受贿的认定。

认定以房屋、汽车等物品为对象的受贿,应注意与借用的区分。具体认定时,除双方交代或者书面协议之外,主要应当结合以下因素进行判断:(1)有无借用的合理事由;(2)是否实际使用;(3)借用时间的长短;(4)有无归还的条件;(5)有无归还的意思表示及行为。

——最高人民法院、最高人民检察院《关于办理受贿刑事案件适用法律若干问题的意见》第8条(2007年7月8日)

(三)关于以赌博形式收受贿赂的认定问题

根据最高人民法院、最高人民检察院《关于办理赌博刑事案件具体应用法律若干问题的解释》第七条规定,国家工作人员利用职务上的便利为请托人谋取利益,通过赌博方式收受请托人财物的,构成受贿。

实践中应注意区分贿赂与赌博活动、娱乐活动的界限。具体认定时,主要应当结合以下因素进行判断:(1)赌博的背景、场合、时间、次数;(2)赌资来源;(3)其他赌博参与者有无事先通谋;(4)输赢钱物的具体情况和金额大小。

——最高人民法院、最高人民检察院《关于办理受贿刑事案件适用法律若干问题的意见》第5条(2007年7月8日)

(四)国家机关负责人员渎职罪的认定

国家机关负责人员违法决定,或者指使、授意、强令其他国家机关工作人员违法履行职务或者不履行职务,构成刑法分则第九章规定的渎职犯罪的,应当依法追究刑事责任。

以"集体研究"形式实施的渎职犯罪,应当依照刑法分则第九章的规定追究国家机关负有责任的人员的刑事责任。对于具体执行人员,应当在综合认定其行为性质、是否提出反对意见、危害结果大小等情节的基础上决定是否追究刑事责任和应当判处的刑罚。

——最高人民法院、最高人民检察院《关于办理渎职刑事案件适用法律若干问题的解释(一)》(2012年12月7日)

三、职务犯罪案例索引

1. 高金有盗窃案(载《刑事审判参考》第7集,第52号)

——外部人员与银行工作人员勾结窃取银行现金的行为如何定性

2. 肖元华贪污、挪用公款案(载《刑事审判参考》第8集,第63号)

——定额承包者占有或支配本人上缴定额利润后的营利部分是否构成贪污罪

3. 李平贪污、挪用公款案(载《刑事审判参考》第11集,第79号)

——对贪污、挪用犯罪行为直接造成的财产损失能否提起附带民事诉讼

4. 陆建中被控贪污案(载《刑事审判参考》第12集,第83号)

——律师事务所主任将名为国有实为个体的律师事务所的财产据为已有不构成贪污罪

5. 徐华、罗永德贪污案(载《刑事审判参考》第19集,第124号)

——在国有企业改制中隐瞒资产真实情况造成巨额国有资产损失的行为如何处理

6. 宾四春、郭利、戴自立贪污案(载《刑事审判参考》第21集,第136号)

——如何认定村民委员会等村基层组织成员为依照法律从事公务的人

7. 于继红贪污案(载《刑事审判参考》第29集,第216号)

——不动产能否成为贪污罪的犯罪对象

8. 彭国军贪污、挪用公款案(载《刑事审判参考》第31集,第236号)

——如何认定以挪用公款手段实施的贪污犯罪

9. 张珍贵、黄文章职务侵占案(载《刑事审判参考》第35集,第274号)

——受委托管理经营国有财产人员的认定

10. 胡启能贪污案(载《刑事审判参考》第35集,第275号)

——截留并非法占有本单位利润款的贪污行为与收受回扣的受贿行为的区分

11. 胡滋玮贪污案(载《刑事审判参考》第37集,第292号)

——贪污罪中非法占有目的的推定

12. 田亚平诈骗案(载《刑事审判参考》第38集,第301号)

——银行出纳员用自制“高额利率定单”,对外虚构单位内部有高额利率存款的事实,将吸存的亲朋好友的现金占为己有的行为如何定性

13. 江仲生等贪污案(载《刑事审判参考》第39集,第311号)

——贪污罪犯罪对象的理解与认定

14. 尚荣多等贪污案(载《刑事审判参考》第39集,第312号)

——学校违规收取的“点招费”能否视为公共财产

15. 阎怀民、钱玉芳贪污、受贿案(载《刑事审判参考》第42集,第334号)

——国家工作人员利用职务上的便利以单位的名义向有关单位索要“赞助款”并占为己有的行为是索贿还是贪污

16. 朱洪岩贪污案(载《刑事审判参考》第45集,第355号)

——租赁国有企业的人员盗卖国有资产的行为如何处理

17. 郭如鳌、张俊琴、赵茹贪污、挪用公款案(载《刑事审判参考》第48集,第383号)

——证券营业部工作人员利用职务便利私分单位违规自营炒股盈利款的行为如何定性

18. 王铮贪污、挪用公款案(载《刑事审判参考》第53集,第422号)

——已办理退休手续依然从事公务的国家工作人员仍构成挪用公款罪主体

19. 顾荣忠挪用公款、贪污案(载《刑事审判参考》第56集,第446号)

——由国有公司负责人口头提名、非国有公司聘任的管理人员能否以国家工作人员论

20. 高建华等贪污案(载《刑事审判参考》第58集,第462号)

——使用公款购买房屋构成贪污的,犯罪对象是公款还是房屋

21. 廖常伦贪污、受贿案(载《刑事审判参考》第71集,第594号)

——村民小组长在特定情形下属于"其他依照法律从事公务的人员"

22. 钱银元贪污、职务侵占案(载《刑事审判参考》第75集,第642号)

——如何理解村基层组织人员协助人民政府从事"国有土地的经营和管理"

23. 黄明惠贪污案(载《刑事审判参考》第79集,第692号)

——利用受国家税务机关委托行使代收税款的便利侵吞税款的行为,如何定罪处罚

24. 王妙兴贪污、受贿、职务侵占案(载《刑事审判参考》第82集,第734号)

——对国有公司改制中利用职务便利隐匿并实际控制国有资产的行为,如何认定

25. 李成兴贪污案(载《刑事审判参考》第85集,第771号)

——社保工作人员骗取企业为非企业人员参保并私自收取养老保险费的行为,如何定性

26. 苗辉诈骗案(载《刑事审判参考》第91集,第850号)

——家电销售商虚报冒领国家家电下乡补贴资金的行为应如何定性

27. 曹建亮等职务侵占案(载《刑事审判参考》第92集,第872号)

——村干部侵吞土地补偿费的如何定性

28. 苏豫鲁挪用公款案(载《刑事审判参考》第2集,第13号)

——二审宣告无罪的案件如何适用法律

29. 陈超龙挪用公款案(载《刑事审判参考》第7集,第55号)

——以假贷款合同掩盖挪用公款的行为如何定罪

30. 歹进学挪用公款案(载《刑事审判参考》第41集,第326号)

——工商营业执照上标明的企业性质与企业的实际性质不一致时如何确定企业性质

31. 王正言挪用公款案(载《刑事审判参考》第10集,第75号)

——以使用变价款为目的挪用公物的行为是否构成挪用公款罪

32. 马平华挪用公款案(载《刑事审判参考》第64集,第510号)

——国有企业改制过程中,原国企中国家工作人员的主体身份如何认定

33. 杨培珍挪用公款案(载《刑事审判参考》第69集,第574号)

——利用职务便利将关系单位未到期的银行承兑汇票背书转让用于清偿本单位的债务,同时将本单位等额的银行转账支票出票给关系单位的行为,不构成挪用公款罪

34. 吴江、李晓光挪用公款案(载《刑事审判参考》第80集,第709号)

——职务犯罪中自首及协助抓捕型重大立功的认定

35. 刘群祥被控受贿案(载《刑事审判参考》第2集,第15号)

——索要正当合伙承包经营的分成不构成受贿罪

36. 陈晓受贿案(载《刑事审判参考》第8集,第64号)

——事后收受财物能否构成受贿罪

37. 左佳等受贿、贪污、挪用公款案(载《刑事审判参考》第27集,第195号)

——单位领导研究决定收受回扣款并为少数领导私分行为的定性

38. 姜杰受贿案(载《刑事审判参考》第29集,第218号)

——逢年过节收受下级单位"慰问金"的行为如何定性

39. 蒙某受贿案(载《刑事审判参考》第33集,第257号)

——税务机关工作人员利用职务之便索取他人"赞助费"不征应征税款的行为如何定性

40. 曹军受贿案(载《刑事审判参考》第42集,第335号)

——对于依照公司法规定产生的公司负责人能否认定为受国有单位委派从事公务的人员

41. 李葳受贿案(载《刑事审判参考》第43集,第340号)

——利用与其他单位共同开发房地产的职务便利要求合作单位为其亲属提供低价住房的行为是否构成受贿罪

42. 胡发群受贿、巨额财产来源不明案(载《刑事审判参考》第48集,第384号)

——国家工作人员利用职务便利索要高额投资回报的行为是否构成受贿罪

43. 钱政德受贿案(载《刑事审判参考》第50集,第399号)
——在国家机关设立的非常设性工作机构中从事公务的非正式在编人员是否属于国家工作人员
44. 方俊受贿案(载《刑事审判参考》第51集,第407号)
——国家工作人员以“劳务报酬”为名收受请托人财物的应认定为受贿
45. 马平、沈建萍受贿案(载《刑事审判参考》第59集,第470号)
——以房产交易形式收受贿赂的犯罪数额认定问题
46. 梁晓琦受贿案(载《刑事审判参考》第68集,第562号)
——收受无具体金额的会员卡、未出资而委托他人购买股票获利是否认定为受贿
47. 周小华受贿案(载《刑事审判参考》第70集,第584号)
——特定关系人在受贿案件中的认定问题
48. 蒋勇、唐薇受贿案(载《刑事审判参考》第70集,第585号)
——如何认定国家工作人员与特定关系人的共同受贿行为
49. 张留群受贿案(载《刑事审判参考》第71集,第595号)
——村民组组长依法从事公务的认定
50. 李万、唐自成受贿案(载《刑事审判参考》第72集,第608号)
——国有媒体的记者能否构成受贿罪的主体
51. 黄长斌受贿案(载《刑事审判参考》第79集,第693号)
——国有企业改制期间,国家工作人员与企业解除劳动关系后,还能否被认定为国家工作人员,从而构成受贿罪
52. 朱永林受贿案(载《刑事审判参考》第81集,第724号)
——如何认定以“合作投资房产”名义收受贿赂
53. 陆某受贿案(载《刑事审判参考》第84集,第754号)
——国家工作人员通过其情人职务上的行为收取贿赂,为他人谋取不正当利益的行为,如何定性
54. 姚太文贪污、受贿案(载《刑事审判参考》第87集,第805号)

——个人决定以单位名义将公款借给其他单位使用,虽然在事后收受对方财物,但难以证实借款当时具有谋取个人利益目的的,如何定罪处罚

55. 吕辉受贿案(载《刑事审判参考》第87集,第806号)

——社区卫生服务中心网管员为医药销售代表"拉单"收受财物的行为,如何定性

56. 褚明剑受贿案(载《刑事审判参考》第89集,第823号)

——法院如何审查受贿案件辩方提出的非法证据排除申请

57. 杨孝理受贿、非国家工作人员受贿案(载《刑事审判参考》第91集,第855号)

——分别在国有独资公司委派到国有参股公司、国有参股公司改制为非国家出资企业任职期间收受贿赂的行为如何定性

58. 周龙苗等受贿案(载《刑事审判参考》第93集,第884号)

——非特定关系人凭借国家工作人员的关系"挂名"取酬并将财物分与国家工作人员的是否构成共同受贿

59. 陈凯旋受贿案(载《刑事审判参考》第95集,第935号)

——省农村信用合作社联合社委派到市、县、乡、镇农村信用合作社联合社、农村信用合作联社的人员是否属于"以国家工作人员论"的范围

60. 袁珏行贿案(载《刑事审判参考》第86集,第786号)

——配合检察机关调查他人受贿案件时,交代向他人行贿的事实,能否认定为被追诉前主动交代

61. 刘忠伟私分国有资产案(载《刑事审判参考》第19集,第125号)

——集体私分国有资产行为与共同贪污行为如何区分

62. 张金康、夏琴私分国有资产案(载《刑事审判参考》第37集,第293号)

——如何区分变相集体私分国有资产犯罪与违反财经纪律超标准、超范围发放奖金、福利等行为的界限

63. 杨代芳贪污、受贿案(载《刑事审判参考》第39集,第313号)

——私分国有资产与共同贪污的区分

64. 李祖清等被控贪污案(载《刑事审判参考》第47集,第377号)

——国家机关内部科室集体私分违法收入的行为构成私分国有资产罪

65. 于庆伟职务侵占案(载《刑事审判参考》总第31集,第235号)

——单位的临时工能否构成职务侵占罪

66. 林通职务侵占案(载《刑事审判参考》总第32集,第247号)

——名义职务与实际职务不一致的应当如何判断是否利用了职务之便

后　记

写写停停，经过多年的努力，本书的编写算是完成了。

在内容方面，本书以“经济犯罪疑难问题的司法认定与要案判解”为主线搭架子、做串联，首先，包含经济犯罪中自首立功疑难问题的司法认定、单位犯罪疑难问题的司法认定、走私犯罪疑难问题的司法认定、金融犯罪疑难问题的司法认定、占有型经济犯罪疑难问题的司法认定、侵犯财产罪疑难问题的司法认定、职务犯罪疑难问题的司法认定七个专题，突出了“疑难问题”“司法认定”等主题特色，以区别于一般的刑法理论著作，体现了实践性、实用性的特点。其次，本书在每个专题中，在阐述“疑难问题司法认定”的基础上，配上若干“疑案”，以要案判解的形式加深对经济犯罪领域疑难问题的探讨，体现了理论密切联系实践、理论与实践良性互动、最终服务于司法实践的特色。最后，在每个专题的第三部分，本书还专门收集了有关经济犯罪疑难问题的裁判依据与案例索引，包括现行法律、司法解释和司法业务文件索引、常见问题的裁判规则、常见疑难问题的案例索引。所配的司法解释和司法文件中不仅有最高人民法院、最高人民检察院等最高司法机关的司法解释，而且收集了浙江、江苏、上海等部分省市的地方性业务文件，特别是在前述有关章节中还重点穿插了笔者亲自参与起草或制定的若干地方性业务文件的解读，便于法官、检察官同行以及律师、学者等读者朋友掌握交流。

虽然平时工作很忙，只有在做好工作的前提下，才有可能挤出时间，用于看书和写作，但我依然习惯于并喜欢把读书和写作当作自己的生活方式，而且希望能够一直坚持下去。与我先前出版的《裁判的形成——法官断案的心理机制》《法官心理与司法技巧》等法律心理学作品相比，本书直接针对刑事审判专业内容而创作，属于对法律专业知识和刑事司法经验的总结与提炼。本书稿是在无数个夜晚、周末，利用点滴的业余时间不断积累的结果，自然凝聚着我点点滴滴、长期汇集而成的心血和汗水。值得一提的是，2016 年受组织指派，我到北京驻京接访半年。驻京接访期间，虽然远离家乡，但也为书稿的集中编写提供了时间，使我有相对集中的时间用于看书、写作，本书的构思和汇编工作大部分在这段时间完成。虽然从事经济犯罪审判实践有 20 个年头，但我深感刑法理论的博大精深，对实践中的学问一直心存敬畏。套用一句老话，将这样还很粗浅的所谓研究成果摆在读者面前，而读者则自然是审判它的法官。作为探讨经济犯罪疑难问题司法认定的前沿话题，的确还有待在今后的工作、学习中进行更深入的研究。

能够将自己的所思、所想、所得、所悟转化成一本书来出版，更是得益于各位领导、师长、同学、朋友和家人的关心、鼓励、指导和帮助！在此，要特别感谢法律出版社，以及出版社的张雪纯博士、冯雨春分社长、编辑蒋橙女士！

文稿既成，疏误亦见。说自己粗浅，不是谦虚，而是事实！本书中的不当、疏漏之处，敬请批评指正。

2018年6月10日于钱塘江畔

图书在版编目(CIP)数据

经济犯罪疑难问题司法认定与要案判解 / 陈增宝著
. -- 北京 : 法律出版社, 2019(2023.6 重印)
ISBN 978-7-5197-2928-8

Ⅰ. ①经… Ⅱ. ①陈… Ⅲ. ①经济犯罪-认定-研究
-中国 Ⅳ. ①D924.334

中国版本图书馆 CIP 数据核字(2018)第 284160 号

经济犯罪疑难问题司法认定与要案判解
JINGJI FANZUI YINAN WENTI SIFA RENDING YU YAOAN PANJIE

陈增宝 著

策划编辑 冯雨春 蒋 橙
责任编辑 蒋 橙
装帧设计 李 瞻

出版发行 法律出版社
编辑统筹 法律应用出版分社
责任校对 朱海波
责任印制 刘晓伟
经　　销 新华书店

开本 710 毫米×1000 毫米 1/16
印张 32 **字数** 482 千
版本 2019 年 2 月第 1 版
印次 2023 年 6 月第 5 次印刷
印刷 天津嘉恒印务有限公司

地址:北京市丰台区莲花池西里 7 号(100073)
网址:www.lawpress.com.cn
投稿邮箱:info@lawpress.com.cn
举报盗版邮箱:jbwq@lawpress.com.cn

销售电话:010-83938349
客服电话:010-83938350
咨询电话:010-63939796

书号:ISBN 978-7-5197-2928-8　　**定价**:98.00 元
凡购买本社图书,如有印装错误,我社负责退换。电话:010-83938349